COMMUNICATIO

Band 20

Studien zur europäischen Literatur- und Kulturgeschichte

Herausgegeben von Fritz Nies und Wilhelm Voßkamp
unter Mitwirkung von Yves Chevrel und Reinhart Koselleck

Matthias Bickenbach

Von den Möglichkeiten einer ›inneren‹ Geschichte des Lesens

Max Niemeyer Verlag
Tübingen 1999

Gedruckt mit Unterstützung des Förderungs- und Beihilfefonds
Wissenschaft der VG WORT

Die Deutsche Bibliothek – CIP-Einheitsaufnahme

Bickenbach, Matthias:
Von den Möglichkeiten einer ›inneren‹ Geschichte des Lesens / Matthias Bickenbach. – Tübingen : Niemeyer, 1999
(Communicatio ; Bd. 20)

ISBN 3-484-63020-5 ISSN 0941-1704

Gedruckt auf alterungsbeständigem Papier.
Satz und Druck: AZ Druck und Datentechnik GmbH, Kempten
Einband: Buchbinderei Geiger, Ammerbuch

Inhalt

Vorwort

> Studium verdient nur das Lesen genannt zu werden, was cyklisch ist.[1]

Die Arbeiten zu dieser Dissertation begannen als Studie zur Leserlenkung bei Christoph Martin Wieland und endeten in dem Versuch einer Erörterung der Möglichkeiten, die Historizität des Lesens selbst in den Blick zu nehmen. Das Lesen ist, trotz individueller Ausübung, eine historische Angelegenheit. In den Alphabetisierungsmethoden wie in den Vorstellungen und Anweisungen zu welchem Zweck man lesen solle, vermitteln sich den Lesern historische Konzepte dieser Kulturtechnik. Das entgeht der Selbstverständlichkeit, mit der Lektüre ausgeübt und als universale Fähigkeit vorausgesetzt wird. Nicht immer bildete das Paradigma hermeneutischen Verstehens das Ziel von Lektüre. Gerade aber in Folge der Erschütterung der Hermeneutik im Zuge des *linguistic turn* und der Programme des Poststrukturalismus erscheint es angebracht, Lesen nicht einfach als universale Fähigkeit zur Bildung vorauszusetzen, sondern sich der Differenzen innerhalb dessen, was Lesen als Operation ausmacht, anzunähern. Daher stehen hier basale Parameter des Leseprozesses, die ich als *Lektüretechniken* bezeichne, im Vordergrund. Sie geben der Operation des Mediums Lesen ihre Form, noch vor aller Funktionalisierung in Konzepten und Praktiken der Lektüre.

Man wird in der vorliegenden Arbeit weder eine dezidierte Hermeneutikkritik noch die Vorführung etwa dekonstruktiver Lektürearbeit an Texten finden. Auch kognitive und psychophysische Aspekte des Lesens und seiner Effekte sind hier nur insofern von Belang, als sie zur Klärung historischer Aspekte des Lesens selbst beitragen können. Anders gesagt: Die vorliegende Arbeit will keine Theorie des Lesens noch Modelle von Lesern oder Lektüren entwerfen, sondern zur historischen Differenzierung der Kulturtechnik beitragen. Die zeitgenössischen Konzepte, von Rezeptionsästhetik bis Dekonstruktion, treten dabei in den Hintergrund.

Die Frage nach der Historizität von Leseoperationen gilt immer dem *Wie* der Lektüre, vorrangig vor Lesestoffen und personalen Trägern, den Lesern oder

[1] Friedrich Schlegel: »Zur Philologie II«, Nr. 73. In: ders.: Kritische Ausgabe [KA]. Hg. v. Ernst Behler u.a. Bd. 16,1: Fragmente zur Poesie und Literatur. Hg. v. Hans Eichner. Paderborn u.a. 1981, S. 67.

Lesertypen. Doch wie beobachtet man das Wie? *Wie* jemand liest, kann nicht einfach direkt beobachtet werden. Das Lesen muß gelesen werden. Lesen ist eine komplexe Wahrnehmungs- und Verarbeitungsleistung von Augen und Gehirn, die buchstäblich unsichtbar bleibt, selbst dem eigenen Lesen. Zu fragen ist daher weniger nach Erfahrungen, Erlebnissen oder Effekten, die Leser beschreiben, als nach spezifischen Thematisierungen von Lektüretechniken und deren Wertung. In den – recht verstreuten – Anweisungen zur Lektüre von Büchern lassen sich Lektüretechniken und -konzepte unterscheiden. Das setzt einen Zugriff voraus, der sozial- und mentalitätsgeschichtlichen Forschungen abgeht. Denn zum einen können solche Thematisierungen in historischen Texten nicht a priori als ›Belege‹ gewertet werden, sie müssen vielmehr selbst gelesen, d. h. an ihrer Stelle genau beobachtet und in ihrem Kontext beurteilt werden. Anders gesagt: Lektüre rückt hier selbst als Verfahren der Analyse an die erste Stelle. Zum anderen bedingt dieser Zugriff eine Umkehrung: Erst aus den zu analysierenden Relationen der Lektüretechniken zueinander – der Privilegierung einer über andere oder die Kopplung mehrerer – können Rückschlüsse auf Wirkungen, Werte und Lesetraditionen gezogen werden. Die Arbeit übt sich hier in Vorsicht gegenüber verallgemeinernden Hypostasierungen über Diskurse, soziale Felder, Mentalitäten oder Schichten. Zu schnell und vollmundig werden heute ›Revolutionen‹ konstatiert.

Die Historizität von Leseoperationen ist ein weites und komplexes Feld. Der Versuch, eine Geschichtsschreibung des Lesens selbst zu projektieren, ist daher ein gewagtes Unterfangen. Nicht zufällig ist solches bislang Desiderat der Forschung geblieben. So detailgenau zahlreiche Fallstudien über sozial- und buchmarktgeschichtliche Kontexte zu einem bestimmten Zeitraum informieren, so zaghaft erscheinen die Passagen, die gleichsam beiläufig eine allgemeine Entwicklungsgeschichte des Lesens anvisieren, nicht selten einfach voraussetzen. *Die* Geschichte des Lesens gibt es – bei allen Anzeichen einer Konjunktur des Themas – nicht.[2] Auch hier wird man Abstriche machen müssen. Zu mächtig ist die relevante Informationsmenge aus Literatur-, Buch-, Kultur- und Sozialgeschichte, die einbezogen werden müßte, um tatsächlich eine, gar die Geschichte des Lesens zu erstellen. Wünschenswert wären kollektive Anstrengungen von Seiten verschiedenster Experten, zumal auch außereuropäische Lektüretraditionen zu berücksichtigen bleiben. Doch nicht nur die Fülle und Vernetzung der Informationen ist das Problem. Nicht zuletzt ist die Unbeobachtbarkeit des Gegenstands selbst ein Problem jeder Lese(r)geschichte, das bis-

---

[2] Seit Abschluß der Arbeit, Anfang 1995, hat sich die Forschungsdiskussion eher noch belebt. Alberto Manguel hat jüngst *Eine Geschichte des Lesens* vorgelegt, ein beachtenswertes Kompendium, dessen anekdotische Form das Anliegen, die »Magie« des Lesens zu preisen, fördert, jedoch dem Drang des Erzählens notwendige Differenzierungen opfert. Vgl. Alberto Manguel: »Eine Geschichte des Lesens«. Berlin 1998. Zum Ansatz, Biographie und Kulturtechnik zu verschränken, siehe S. 33ff.

lang vor allem durch Typologisierung der Leser umgangen wurde. Es gilt, zu fragen: Ist das Lesen selbst historisch oder sind es nur die Leser und ihre Kontexte?

Für diese Arbeit wurde daher ein spezieller Ansatz gewählt und als Beobachtungsmaxime fruchtbar zu machen versucht. Als *innere Geschichte des Lesens* ist eine Beobachtung vorgeschlagen worden, die historische Veränderungen des Lesens nicht aus äußeren Bedingungen – sozialgeschichtliche Raster und buchmarktgeschichtliche Veränderungen – ableitet, sondern sich darauf konzentriert, historische Veränderungen im Lesen selbst zu beschreiben. Der Zugang zu dieser Form der Beobachtung wird in der Einleitung gebahnt. Er beschränkt sich spezifisch auf die Lektüre von Schrift und Büchern als Primärmedien der Operation, bezieht also die, wie auch immer metaphorische, Rede vom Lesen des Vogelfluges, der Gesichter, der Gestirne und der Natur nicht ein.[3] Als Ansatz zur Beobachtung der Operation Lesen dienen die hier als *Lektüretechniken* bezeichneten technisch-formalen Parameter des Leseprozesses, welche – das soll hier behauptet werden – die basal konstitutiven Möglichkeiten darstellen, dem Medium des phonetischen Alphabets und seinen Textorganisationen Form zu geben und so unterschiedliche Lektüreergebnisse, je auf ihre Weise, resultieren lassen. Der kursorische Durchgang durch die Geschichte wird hier anhand der Parameter des lauten und des stillen, des langsamen und des schnelleren Lesens gewagt. Dabei kommt es zwangsläufig zu Wiederholungen, allerdings unter wechselnden Gesichtspunkten. Zu komplex sind die Funktionen, die Lektüretechniken übernehmen, als daß sie linear und sukzessive abgehandelt werden könnten. Zudem stellt sich heraus, daß ein lineares Geschichtsmodell, nach dem Vorbild einer Entwicklungsgeschichte, der Historizität des Lesens nicht gerecht werden kann. Während die verbreitetste Version der Geschichte des Lesens eine genetische Entwicklung von ehemals lautierenden Lektüregewohnheiten zu deren ›Verstummen‹ annimmt, möchte diese Arbeit zu einer differenzierteren Ansicht beitragen. Mit der strikten Unterscheidung von Lektüretechniken als Parametern des Lesens auf der einen und Lektürepraktiken als deren Konzeptualisierung auf der anderen Seite – unter Flankierung von und Kopplung mit kulturellen Wertvorstellungen – wird darauf hingewiesen, daß sich

[3] Zu den Berührungs- oder Übertragungspunkten, die das Lesen als alteuropäische Zentralmetapher von Einsicht und Wissenserwerb motivierte vgl. Walter Benjamins Herleitung eines Lesen »vor aller Sprache, aus Eingeweiden, den Sternen oder Tänzen« als ältestes menschliches Vermögen, indem mittels dieser Operation die Zusammenschau von Ähnlichkeiten erkannt bzw. konstituiert wird. Vgl. W. Benjamin: »Lehre vom Ähnlichen«. Sowie ders.: »Über das mimetische Vermögen«. In: ders.: Gesammelte Schriften II,1. Werkausgabe Bd. 4. Hg. v. Rolf Tiedemann und Hermann Schweppenhäuser. Frankfurt a. M. 1980, S. 204–213. Hier: S. 213. Zum Thema insgesamt Hans Blumenberg: »Die Lesbarkeit der Welt«. Frankfurt a. M. 1986. Monika Schmitz-Emans: »Entzifferung, Buchstabieren und Konjektur. Aspekte und Funktionen des Weltschriftgleichnisses bei Lichtenberg«. In: Lichtenberg Jahrbuch 1991, S. 29–58.

nicht die Techniken selbst ändern – sie bleiben als prinzipielle Möglichkeiten des Textumgangs stets virulent –, sondern vielmehr die kulturellen Funktions- und Wertzuschreibungen der spezifischen Form von Lektüre, die sie privilegiert haben. Lautes Lesen beispielsweise gilt je nach Tradition sowohl als privilegierter Zugang zum Verständnis wie auch als Hindernis desselben. Hier sind Lektürekonzepte, in denen dieselbe Lektüretechnik unterschiedliche Funktionen übernimmt, auseinander zu halten. Entscheidend sind kulturelle Konfigurationen, innerhalb derer eine Umwertung der Lektüretechniken erst erfolgreich werden kann. Die Berufung auf das Wissen um den Wert lauter Lektüre in der Antike – wie sie sich bei Christoph Martin Wieland und bei Friedrich Nietzsche zeigt (vgl. Kapitel II.1 und II.2) – bedeutet nicht einfach eine Erinnerung an und Klage über vergangene kulturelle Ideale, für die diese Lektüreform einsteht. Vielmehr geht schon mit der Erinnerung eine Umwertung einher, die ihre Verwendung als ›Beleg‹ schwieriger macht, als bislang angenommen wurde.

Zum anderen soll hier darauf hingewiesen werden, daß spätestens zu Beginn des 18. Jahrhunderts ein ganz anderes Paar von Lektüretechniken vorrangig ist als laut und still, nämlich das Paradigma des *Lesetempos* mit seiner internen Unterscheidung von schnell und langsam. Der Göttinger Philologe Johann Matthias Gesner stellte schon 1735 ein ausgereiftes Konzept der Kopplung beider Parameter als Lesepädagogik vor und bezog damit das schnellere Lesen, bislang im Bereich der Gelehrsamkeit diskreditiert, auch in die Philologie ein (vgl. Kapitel III.3).

Nachdem die Einleitung eine kurze Problemgeschichte bisheriger Ansätze zur Erforschung der Lese(r)geschichte in Deutschland und Frankreich anbietet – bevor sie den Ansatz einer ›inneren‹ Geschichte des Lesens vorstellt – werden zwei Fallstudien zu Wielands und Nietzsches lektürehistorischen Bezügen die Komplexität von Wiederaufnahme und Umwertung vorstellen (Kapitel II.1 und II.2). Die drei Kapitel des III. Teils widmen sich dann – suggestiv chronologisch geordnet – den einzelnen Lektüretechniken. Kapitel III.1 stellt zunächst das Ideal lauter Lektüre in der Antike im Kontext der Rhetorik vor und geht dann – im Zusammenhang mit den materiellen und medialen Veränderungen der Textorganisation – zu Funktionen stillen Lesens über. Hierbei steht vor allem Augustinus' programmatische Abkehr vom rhetorischen System im Vordergrund. Seine Bekehrung koinzidiert mit der Umstellung der Bibellektüre von laut zu still.

Das Kapitel III.2 gilt einem Parameter, der dem Lesen implizit ist: Der Selektion. Auswahl aus wie in Schriften ist eine Notwendigkeit, die immer schon in Regeln zu fassen versucht wurde. Auch hier gilt die Aufmerksamkeit bestimmten Konzepten im Spannungsfeld zwischen Auswahl und Aneignung des Schriftlichen, mithin der Transformation vom ›Fremden‹ zum ›Eigenen‹. Das ist vor allem anhand Senecas Anweisungen und deren Aufnahme bei Montaigne auszuführen. Die alternative Vorstellung von einer vorab notwendigen und umfassenden ›Reinigung‹ der Schriften zum guten Kanon durch die Instanz des Lehrers wird anhand Juan Luis Vives als ›Rhetorik der Leseliste‹ vorgestellt, in der nicht die Form der Lektüre und die Kompetenz des Lesers, sondern die Gefährlichkeit bestimmter Stellen im Vordergrund steht, die den Lehrer als auswählende Autorität fordert.

Das Kapitel III.3 stellt die Lektüretechniken der Geschwindigkeit ausführlich dar. Es geht auf J. M. Gesners heute wenig bekanntes Konzept der Kopplung kursorischer und statarischer Lektüre und dessen Erfolg im 18. Jahrhundert ein. Dabei spielt vor allem Johann Georg Herder eine wichtige Rolle. Kontrastiv wird in einem Exkurs das gelehrte Lektüreideal der gleichmäßig langsamen, als Sorgfalt und Genauigkeit begriffenen, Lektüre dargestellt.

Das vierte Kapitel gilt Wielands ›Lesepoetologie‹. Anhand seines ersten Romans, »Die Abenteuer des Don Sylvio von Rosalva« (1764) und dessen späteren Textfassungen (1772, 1794), wird die komplexe Leserlenkung im fiktionalen Text detailliert und ausführlich analysiert. Dem Roman kommt eine besondere Stellung in der ›inneren‹ Geschichte des Lesens zu, da er als *zeitgenössischer Ort* einer *Lesetheorie* fiktionaler Literatur zu werten ist. Zwar läßt sich aus heutiger Sicht – nach Rezeptionsästhetik und Dekonstruktion – leicht sagen, daß jeder Text Leser und Lektüren ent- und verwirft, doch Wielands *Don Sylvio* hat seine Besonderheit darin, daß er einerseits konkret auf zeitgenössische Einstellungen zum Lesen bezogen ist und andererseits diese in das Thema wie in die Form des Romans konstitutiv einbezieht. Darin unterscheidet er sich ebenso vom *Don Quixote* wie von Romanen seiner Zeit, die Leserfiguren einsetzen.

Die historischen Bedingungen für die außerordentlich komplexe Leserlenkung in Wielands Roman werden abschließend dargestellt. Mit der Entstehung des Buchmarktes entsteht auch ein allgemeines und anonymes Lesepublikum. Was der Lese(r)geschichte als Revolution gilt und schon den Zeitgenossen als Beginn der ›Leseepoche‹ in Deutschland, zeigt sich jedoch aus der Perspektive der Autoren als Problem der Kommunikation zwischen Autor, Text und Leser. Gerade die Anonymität des heterogenen Massenpublikums, dem keine rhetorische Kalkulation mehr gerecht werden kann, läßt als Korrelat der Texte die »Idee des Lesers als Muse und Gehülfe des Autors« (J. G. Hamann), als fiktiven Kommunikationspartner und damit zugleich komplexere Textverfahren entstehen.

Eine zentrale Lektüretechnik hat kein eigenes Kapitel erhalten. Die *Wiederholungslektüre* wird innerhalb verschiedener Kapitel verhandelt. Das hat seinen Grund darin, daß die Wiederholungslektüre zwischen Lektüretechnik und Lektürekonzept changiert. Drei Formen sind grundsätzlich zu unterscheiden. Zum einen die auf Wiederholung des Gleichen angelegte rituell memorierende Lektüre, die Rolf Engelsing mit dem Begriff des »intensiven Lesens« belegt hat. Zum anderen eine komplexe doppelte Lektüre der Texte, die sich ihnen zweimal auf verschiedene Weise nähert. Drittens stellt Wiederholungslektüre Texte auf Dauer, sie bleiben Themen der Kommunikation und das Qualitätskriterium ihres Wertes, zweimal und nicht nur einmal gelesen zu werden, erlaubt die Unterscheidung von Kanon und übrigen Werken (vgl. Kapitel III.3).

Doch damit ist die Potenz der Wiederholungslektüre nicht ausgeschöpft. Vielmehr kann sie als zyklische Lektüre – wie das Motto Friedrich Schlegels konstatiert – zur zentralen Form historisch-interpretierenden Studiums avancieren, indem sie die Tradition und ihre Texte nicht nur erneut, sondern neu liest. Dieses kritische Potential der Wiederholungslektüre wird im Nachwort als Form der ›inneren‹ Geschichte des Lesens selbst abschließend thematisiert.

Dank

Die vorliegende Arbeit verdankt sich nicht zuletzt der Unterstützung von Freunden, Kollegen und Institutionen. Zu danken habe ich vor allem meinen Eltern und meiner Lebensgefährtin Sandy Auert für ihre Nachsicht und stete Unterstützung.

Herrn Professor Dr. Wilhelm Voßkamp sei für seine tolerante und behutsame Betreuung und Herrn Professor Dr. Karl-Heinz Göttert sei für die ermunternde Lektüre der Arbeit gedankt.

Möglich wurde diese nicht zuletzt durch ein großzügiges Promotionsstipendium des Evangelischen Studienwerks Villigst e. V., das mir die ausschließliche Konzentration auf das Thema erlaubte. Dem Wieland-Archiv, Biberach a. d. Riß, namentlich Frau Viia Ottenbacher ist für ihre freundliche Bereitschaft zu danken, ebenso wie den Franckeschen Stiftungen in Halle a. d. Saale.

Für Anregungen und Kritik im Vorfeld der Arbeit danke ich Dr. Nikolaus Wegmann, dessen Lehrtätigkeit und Publikationen das Thema mit verschuldet haben sowie Dr. Heiko Christians, Leidensgefährte in diesem Abschnitt akademischen Daseins. Die Arbeit haben mit großen Fleiß und Aufmerksamkeit Wolfgang Scheffter und Christfried Bickenbach Korrektur gelesen. Ihre Mühen wurden nicht selten durch die computertechnisch vereinfachte Fortschreibung wieder aufgehoben und erneuert.

I. Einleitung: Überlegungen zur historischen Beobachtung des Lesens

Wie sich die Leute plagen! Was für ein blödes Gezappel!
– Wer, meinst du, wird das lesen?
Mich fragst du? – niemand natürlich!
– Niemand?
Entweder zwei – oder niemand.[1]

Der Titel einer ›inneren‹ Geschichte des Lesens muß etwas anderes halten, als er zu versprechen scheint. Die Verwendung der Metapher des ›Inneren‹ soll keineswegs die traditionelle Wertung einer Privilegierung des Inneren über das bloß Äußere signalisieren, die auch für das Lesen normierende Geltung besaß.[2] Die Metapher markiert hier nur eine Unterscheidung. Die ›innere‹ Geschichte des Lesens fragt nach der Historizität der Leseoperationen selbst. Im Unterschied zu historischen Forschungen, in denen die Form der Lektüre aus äußeren Umständen abgeleitet wird – Verbreitung von Alphabetisierung, Entstehung des Buchmarktes, schichtenspezifischen Verteilungsungleichheiten des Buchbesitzes, lokale, konfessionelle Kontexte – soll hier die *Beobachtung der Kulturtechnik selbst* im Vordergrund stehen.[3] Die ›innere‹ Geschichte des Lesens bezieht sich damit weder auf *eine* spezifische Form des Lesens, noch auf die Innerlichkeit desselben. Das Innere des Lesens ist keine Einheit. Lektüre als Operation konstituiert sich vielmehr aus verschiedenen – teils alternativen, teils komplementären – Formen der Buchstabensynthese. Anders gesagt: Was als Lesen gemeinhin selbstverständlich universal bezeichnet wird, ist immer nur eine Form des Mediums namens Lesen. Diese Formen – und es geht hier zunächst nur um den formalen Aspekt – entstehen durch Unterscheidungen, die hier *Lektüretechniken* genannt werden.

[1] Persius: »Satiren«. 1,1–3a. Übersetzt von Hans Magnus Enzensberger in: ders.: »Landessprache«. Frankfurt a. M. 1969.

[2] Die Privilegierung eines ›wahren‹ ›inneren‹ Lesens, das den lebendigen Gehalt statt der toten äußeren Hülle interpretiert, gehört mit seiner paulinischen Unterscheidung von ›Geist‹ und ›Buchstabe‹ vielmehr als beherrschendes Lektürekonzept zur ›inneren‹ Geschichte des Lesens. Zur Tradition siehe Norbert Bolz: »Der Geist und die Buchstaben – Friedrich Schlegels hermeneutischen Postulate«. In: Ulrich Nassen (Hg.): Texthermeneutik – Aktualität, Geschichte, Kritik. Paderborn u. a. 1979, S. 79–112.

[3] Zum Ansatz siehe die »Einleitung« der Herausgeberin Brigitte Schlieben-Lange zum Themenheft »Lesen – historisch«. LiLi 15 (1985), H. 57/58, S. 7ff.

Lektüretechniken sind Unterscheidungen, die sich auf die Form des Lesens beziehen. Eher beiläufig in den Adjektiven laut und still, schnell und langsam verbucht bezeichnen sie – neben dem impliziten Parameter Selektion – nichts anderes, als die basalen Möglichkeiten, mit dem phonetischen Alphabet umzugehen – noch vor jeder Funktionalisierung und Wertung der Lektüre selbst oder ihrer Resultate und Effekte in der Praxis. Erst der Einsatz eines der Parameter, seine Privilegierung vor den anderen, ermöglicht es ›der‹ Lektüre, für bestimmte kulturelle Leistungen und Werte einzustehen. Das heißt, daß Funktionen, die dem Lesen zugeschrieben werden, abhängig sind vom Einsatz jeweils bestimmter technischer Parameter an Lektüretechnik. ›Verstehen‹ als hermeneutisches Ziel der Lektüre etwa setzt a priori eine höhere Geschwindigkeit, ein schnelleres Lesen, voraus, dessen Normalisierung nicht zuletzt auch den Typus des ›pedantischen‹ Gelehrten resultieren läßt, da dieser extrem langsam liest. Durch die Veränderung der Lektüretechnik verändert sich mithin die Haltung zu Texten ebenso wie die Wirkung von Texten. Insofern bilden die Lektüretechniken die basale Ebene der Operation Lesen. Das entgeht der Selbstverständlichkeit, mit der das Lesen jeweils ausgeübt wird, wenn es erst einmal in einer bestimmten Form erlernt und automatisiert wurde.

Üblicherweise wird Lesen als eine einheitliche, universale Fähigkeit konzeptualisiert (so in den theoretischen Modellen von Rezeptionsästhetik, Hermeneutik und Dekonstruktion), während die Historizität der Operation auf sozial- und buchmarktgeschichtliche Kontexte verschoben wird. Mit dieser gleichsam aristotelischen Logik, welche Lektüre als Substanz und deren Historizität als Akzidenz ansetzt, läßt sich Lesen nicht historisch beobachten. Universalisierende Verfahren setzen Lesen als Metapher eines homogenen Aktes und überspringen damit die Beobachtung konstitutiver Lektüretechniken, die historisch variieren. Wie aber sieht es mit der historischen Forschung zum Lesen aus? Inwiefern spielen hier Unterschiede im Lesen eine Rolle? Bevor das eigene Konzept zur Beobachtung weiterentwickelt wird, soll ein Blick die historische Lese(r)forschung beleuchten.

1. Lesergeschichten/Lesegeschichten – eine Problemgeschichte

Bisherige Geschichten des Lesens sind Geschichten des Lesers. Die beiden zentralen methodischen Ansätze der historischen Leseforschung – die Zurechnung des Lesens auf den Leser sowie deren soziologische Typologisierung – verdecken jedoch die Unterschiede im Lesen selbst. Aus den Daten der Geschichte des Buches[4] entstehen Lesertypologien, deren quantitative Verteilung »zumin-

[4] Vgl. Herbert G. Göpfert: »Vom Autor zum Leser. Beiträge zur Geschichte des Buchwesens«. München 1970. Wolfgang Dittrich und Bernhard Zeller (Hg.): »Die Erforschung der Buch- und Bibliotheksgeschichte in Deutschland«. Wiesbaden 1987. Ei-

dest« – so Rolf Engelsing vorsichtig – »die Umrisse einer Lesergeschichte« bilden.[5] Die einflußreiche Studie Engelsings hat nicht nur zu Kontroversen über die beherzte These einer »Leserevolution« in der zweiten Hälfte des 18. Jahrhunderts geführt. Sondern die Unterscheidung zwischen ›intensiven‹ und ›extensiven‹ Lesern (!) bietet wenigstens eine Unterscheidung von Lektüreformen an, die trotz aller Kritik – und mangels Alternativen – immer wieder gerne in Anspruch genommen wird.[6]

Die historische Buch- und Leserforschung hat gleichsam unfreiwillig gezeigt, zu welchen Problemen die notwendigen regionalen, konfessionellen und schichtenspezifischen Differenzierungen führen, die der Ansatz am Leser fordert. Die angestrebte Repräsentativität der Ergebnisse zersplittert in lokalen Besonderheiten. Eine allgemeine Aussage über die Konturen einer Leser- oder gar Lesegeschichte wird gerade mit der Genauigkeit der Forschung zusehends unwahrscheinlicher. Der Hinweis auf die Unschärfen der Forschung ist inzwischen selbst zum Topos der historischen Lese(r)forschung in Deutschland geworden.[7]

Aber nicht nur daß für diese an Statistik, Wirtschafts- und Sozialgeschichte orientierten Forschungen zahlreiche lokale Differenzierungen notwendig sind, die bezüglich der Gattungen des Lesestoffs noch einmal zu differenzieren sind, ist das Problem. Schwerwiegender für eine Perspektive, die Möglichkeiten der Beobachtungen von Lektüre sucht ist, daß der Rückschluß von Buchbesitz auf Buchumgang immer problematisch bleibt. Der Leser bleibt gleichsam eine

---

nen kompakten Überblick bietet Erich Schön: »Der Verlust der Sinnlichkeit oder die Verwandlungen des Lesers. Mentalitätswandel um 1800«. Stuttgart 1987, S. 31ff. Ausführlich Bezug nimmt auch Reinhart Wittmann: »Geschichte des deutschen Buchhandels«. Frankfurt a.M. 1992.

[5] Rolf Engelsing: »Die Perioden der Lesergeschichte in der Neuzeit«. In: ders.: Zur Sozialgeschichte deutscher Mittel- und Unterschichten. Göttingen 1973, S. 112–154. Hier: S. 112f.

[6] Intensive Lektüre bedeutet die immer wiederholte Lesung ein und desselben Textes, jedenfalls sehr weniger Bücher, vor allem religiöse Literatur. Extensive Lektüre dagegen bedeutet ein Lesen, das ein Buch nach dem anderen durchliest. Problematisch bleibt die Unterscheidung vor allem, weil sie sich auf Idealtypen bezieht und deren Verbreitung, Einfluß, Vorherrschaft etc. schwer zu messen ist. Zur Diskussion um Engelsings Konzept vgl. hier nur René König: »Geschichte und Sozialstruktur. Überlegungen bei Gelegenheit der Schriften Rolf Engelsings zur Lesergeschichte«. In: IASL 2 (1977), S. 134–143. Für Argumente, Leserevolutionen – wenn überhaupt! – erst für das 19. Jahrhundert anzunehmen siehe Rudolf Schenda: »Volk ohne Buch. Studien zur Sozialgeschichte der populären Lesestoffe 1770–1910«. Frankfurt a.M. 1970.

[7] Vgl. Georg Jäger: »Historische Lese(r)forschung«. In: Die Erforschung der Buch- und Bibliotheksgeschichte in Deutschland. Hg. v. W. Arnold u.a. Wiesbaden 1987, S. 485–507. Für einen kurzen Überblick siehe ders.: Art. »Leser, Lesen«. In: Walter Killy (Hg.): Literatur Lexikon. Bd. 14. Hg. v. V. Meid. Gütersloh, München 1993, S. 5–12. Mit geschärften Problembewußtsein Wolfgang Adam: »Privatbibliotheken im 17. und 18. Jahrhundert. Forschungsbericht 1975–1988«. In: IASL 5 (1990), S. 123–173. Zur französischen Forschung Roger Chartier: »Lesewelten. Buch und Lektüre in der frühen Neuzeit«. Frankfurt a.M. u.a. 1990, S. 25–54.

›black box‹, die nur durch Typologisierung etwas aufgehellt werden kann. Die Statistiken, Quellen und Belege der Buch- und Lesergeschichte sind in hohem Maße interpretationsbedürftig. Neben den zentralen Problemen der Repräsentativität und der Quellenproblematik[8] taucht damit das aus der empirischen Forschung Verdrängte wieder auf: Die Frage nach der (auch eigenen) Lektüre – nach der Form der Konstruktion, um Lektüre zu beobachten. Das gilt im gleichen Maße für diejenigen historischen Aussagen über Lektüre, die gerne als ›Belege‹ zitiert werden. Sie können nicht einfach wörtlich genommen werden. Oft genug repräsentieren sie Topoi, die lange Traditionen haben. Da jede Leseforschung auf Texte angewiesen ist, begegnet sie in ihrer Arbeit – gleich welcher methodischen Richtung – einem Problem der Lektüre selbst, der Bewertung von Texten und dem Urteil über sie.

Das zentrale Problem für die Umrisse einer Lesegeschichte liegt darin, daß sich Lektüre als Praxis nicht standardisieren läßt, aber bezüglich verallgemeinerungsfähiger Aussagen standardisiert werden muß.[9] Dazu verhilft die Methode der Typologisierung von Lesern. Lesertypen entstehen durch Selektion und Verallgemeinerung einer bestimmten Lektüreform auf angenommene Gruppen.[10] Dagegen kann eingewendet werden, daß verschiedene Lektüreformen durchaus bei einem Leser und in einer Gruppe nebeneinander existieren und etwa gattungsspezifisch oder situationsgebunden angewandt werden können. Der Einwand hat weitreichende Konsequenzen, insofern die Ordnung der *Geschichte* über die Abfolge von Lesertypologien oder über die ›Entwicklung‹ von Lektürepraktiken gedacht oder strukturiert ist. Man darf die Leistung der Typologie allerdings nicht verkennen. Sie hat ihre Produktivität darin, daß sie in der Reduktion der Komplexität eine Ordnung konstituiert.[11]

Die Ergebnisse der historischen Leserforschung bilden eine zentrale Voraussetzung jeder künftigen Geschichte des Lesens. Doch die Fragetopologie des

---

[8] Bekanntlich deckt das Quellenmaterial (Meßkataloge, Bibliotheken, Bücherverzeichnisse) immer nur einen Teil der Buchmarktproduktion ab. Gerade populäre Literatur (Kalender, Almanache, Zeitungen, Einblattdrucke) werden nicht verzeichnet, ebensowenig Neuauflagen und die wichtigen Importe ausländischer Drucker. Vgl. nur Reinhart Wittmann (Hg.): »Bücherkataloge als Quelle«. Wiesbaden 1984.

[9] So auch Engelsing: »Perioden der Lesergeschichte«, S. 113. Vgl. auch das offensive Plädoyer von Michel de Certeau: »Kunst des Handelns«. Berlin 1988, S. 11ff., insbes. das Kapitel »Lesen heißt Wildern«, ebd., S. 293ff.

[10] Zu berufssoziologischen Unterschieden zwischen Kaufmanns-, Adels-, Gelehrtenbibliotheken vgl. etwa Engelsing: »Der Bürger als Leser. Lesergeschichte in Deutschland 1500–1800«. Stuttgart 1974. Trotz des Titels ist und bleibt die Untersuchung eine Bücherauszählung innerhalb Bremens.

[11] Die Methode war erfolgreich, weil sie das anfängliche Problem der Leseforschung, den Hiat zwischen nur individuellem und ganz allgemeinem Beobachten zu schließen versprach. Vgl. das wirkungsmächtige Plädoyer von Harald Weinrich: »Für eine Literaturgeschichte des Lesers«. In: Merkur 21 (1967), S. 1026–1083. Redigierte Fassungen in: ders.: »Literatur für Leser«. Stuttgart 1971 sowie München 1986. Bezeichnenderweise schließt Weinrich Lektüre im engeren Sinne, Textinterpretation, von der Literaturgeschichte des Lesers aus.

›wer hat was wann und wo gelesen‹ erscheint für eine ›innere‹ Geschichte des Lesens als nicht ausreichend. Der Ansatz bei der Figur des Lesers als Zugang zum Lesen führt notwendig über die konkrete Ebene des Lesens selbst hinaus. Das ist allerdings auch bei anderen Disziplinen der Fall. Auch die Literaturwissenschaften haben dem Leser Beachtung geschenkt. Für sie gilt, was eingangs vom universalistisch konzipierten Lesen gesagt wurde. Entweder man untersucht die Rezeptionsgeschichte einzelner Texte, oder man interpretiert die ›Figur des Lesers‹ im Text als Motiv oder »fiktionalen Leser«[12] oder aber als Korrelat des Textes als »fiktive« bzw. »implizite Leser«.[13] Die verschiedenen Theoriebildungen des *reader-response criticism* wie der Rezeptionsästhetik konstruieren Modell-Leser als Modelle für Lektüren.[14] Diese Theorien geben Aufschlüsse über Textstrukturen und Lektüremodelle, doch für eine historische Differenzierung von Lesern, gar von Lektüreformen, sind sie untauglich.[15]

Im Rahmen der französischen Schule der Buchgeschichte haben sich jenseits des deutschen sozialempirischen Ansatzes Forschungen herausgebildet, die – ausgehend von der Schule der *Annales* und der Mentalitätengeschichte – die *Praktiken* des Lesens in den Vordergrund stellen und die Probleme, die sich dabei stellen, in Augenschein nehmen.[16]

Roger Chartier setzt an der »Unzufriedenheit« mit dem »doppelten Reduktionismus« rein quantitativer Auswertung und ihrer sozialgeschichtlichen Ver-

---

[12] Vgl. Ralph-Rainer Wuthenow: »Im Buch die Bücher oder Der Held als Leser«. Frankfurt a.M. 1980. Paul Goetsch: »Lesefiguren in der Erzählkunst«. In: GRM 33 (1983), S. 199–215. Edgar Bracht: »Der Leser im Roman des achtzehnten Jahrhunderts«. Frankfurt a.M. u.a. 1987. Robert Stockhammer: »Leseerzählungen. Alternativen zum hermeneutischen Verfahren«. Stuttgart 1991.

[13] Zur Typologie theoretischer Modell-Leser vgl. Wolfgang Iser: »Der Akt des Lesens«. München 1976, S. 37–86. Eine pointierte Übersicht bietet Robert Stockhammer: »Leseerzählungen«, S. 9ff.

[14] Vgl. Volker Roloff: »Der Begriff der Lektüre in kommunikationstheoretischer und literaturwissenschaftlicher Sicht. Überlegungen zu aktuellen Problemen der Leseforschung«. In: Romanistisches Jb. 29 (1978), 33–57. Zum reader-response criticism vgl. den hervorragenden Sammelband: »Reader-Response Criticism. From Formalism to Post-Structuralism«. Hg. v. J. P. Tompkins, Baltimore, London 1980. Zur Rezeptionsästhetik: Rainer Warning (Hg.): »Rezeptionsästhetik«. München ^{2}1979. Bezüglich der Diskussion um Dekonstruktion vgl. Jonathan Culler: »Dekonstruktion«. Reinbek 1988, S. 33–93.

[15] So Schlieben-Lange: »Einleitung«. In: Lesen – Historisch, S. 7f. Man vergleiche nur Isers Kapitel »Historische Differenzierung der Interaktionsstruktur«. In: »Der Akt des Lesens«, S. 315–326 für eine Bestätigung.

[16] Henri J. Martin: »Pour une histoire de la lecture«. In: Revue Française d'Histoire du Livre 16 (1977), S. 583–609. Robert Darnton: »What is the History of Books?« In: Daedalus, Summer 1982, S. 65–83. Ders.: »First steps toward a History of Reading«. In: Australian Journal of French Studies, Bd. XXIII, Nr. 1 (1986), S. 5–30. Roger Chartier: »Ist eine Geschichte des Lesens möglich? Vom Buch zum Lesen: einige Hypothesen«. In: LiLi 15, H. 57/58 (1985), S. 250–273. Ders. (Hg.): »Pratiques de la lecture«. Marseilles, Paris 1985. Sowie die schon zitierten »Lesewelten« Chartiers.

wertung an.[17] Was Texte bedeuten, werde immer noch von Faktoren abhängig gemacht, die außerhalb der Wechselwirkung von Text und seiner Lektüre liegen. Durch festgelegte Raster würden Textkategorien und soziale Kategorien einander zugeordnet und außer acht gelassen, daß zumindest die Textkategorien vom spezifischen Lektüreumgang abhängig sind. Es kann z. B. gezeigt werden, wie durch Format und Typographie neue Leserschichten erschlossen und wie diese ihrerseits wiederum den Charakter des Lesestoffs neu valorisieren.[18] Gerade Verlegerstrategien, auf potentielle Käuferschichten hin kalkuliert, verändern den Status und den Charakter der Texte strategisch und schaffen damit eine »neue Lesbarkeit«.[19]

Das Wissen um die »doppelte Einheit der Variation« – der Konstituierung des Textes durch den Leser sowie die Leserlenkung durch den Text[20] – modifiziert die Raster der Sozialgeschichte. Texte stellen keine abstrakten ideellen Objekte dar, die innerhalb a priori festgelegter sozialer Schichten- oder Typenmodelle rezipiert werden. »Die Perspektive muß umgekehrt werden«, so Chartier, denn es sei vor allem zu beobachten, wie durch Lektürepraktiken Bücher und Wissen querstehend zu sozialen Schichtungen integriert werden.[21] Rückt die französische Forschung näher an die Beobachtung des Lesens heran, so gilt die Beobachtung auch hier vor allem den sozialen Bedingungen als Möglichkeit der Lektüre. Als strukturbildende Momente dieser »Archäologie der Lektürepraktiken« gelten historische Variationen von Lektürepraktiken empirischer Leser, aber die Beobachtung gilt vornehmlich dem »sozialen Feld«, in dem sie heimisch sind. Diesen Ansatz formuliert Pierre Bordieu so:

> Kann man irgendeinen Text lesen, ohne sich zu fragen, was lesen bedeutet; ohne sich zu fragen, welches die sozialen Bedingungen der Möglichkeit des Lesens, der Lektüre sind?[22]

---

[17] Zum folgenden Chartier: »Lesewelten«, S. 7ff.

[18] Für ein Fallbeispiel vgl. D. F. McKenzie: »Typographie and Meaning: the case of William Congreve«. In: Buch und Buchhandel in Europa im 18. Jahrhundert. Hg. v. Giles Barber und Bernhard Fabian. Hamburg 1981, S. 81–126. Congreves Werke erhalten durch die Formatänderung von Quart zu Oktav nach 1710 eine erneute Rezeption und damit einen neuen Status. Durch die Formatänderung wird auch die inhaltliche Präsentation der Texte verändert. Congreve paßt dann später seine Schreibweise diesem neuen Status wiederum an.

[19] Vgl. Chartier: »Lesewelten«, S. 13ff. Vorrangiges Beispiel ist die »Bibliothèque bleue«.

[20] Hierzu grundlegend D. F. McKenzie: »Bibliography and the sociology of texts«. London 1986.

[21] Chartier: »Lesewelten«, S. 10ff. Angestrebt ist eine Kombination der »Analyse von Texten literarischen oder alltäglichen Ursprungs« mit den Forschungsergebnissen der Geschichte des Buches, was zu »einer Untersuchung der Praktiken, die sich auf unterschiedliche Weise dieser Objekte bemächtigen und jeweils eigene Verwendungen und Bedeutungen erzeugen«, führt.

[22] Pierre Bordieu: »Lektüre, Leser, Gebildete, Literatur«. In: ders.: Rede und Antwort. Frankfurt a. M. 1992, S. 119–131. Hier: 131. Vgl. auch: P. Bordieu und R. Chartier: »La lecture: une pratique culturelle«. In: Pratiques de la lecture. Hg. v. R. Chartier. Marseille 1985, S. 271–239.

Als unterliegendes Modell des Wechsels von Praktiken der Lektüre scheint hier die These Levin L. Schückings, daß neue Publikumsschichten neue Umgangsformen entwickeln, aufgenommen zu sein.[23] Das Problem liegt darin, daß – so richtig und fruchtbar die Beobachtung Schückings ist – ihre Differenzierung nicht automatisch die einer diachronen Sukkzession darstellt, sondern eher ein Modell für synchrone Schnitte. Folgerichtig findet man in der französischen Forschung detaillierte Studien zu einzelnen regionalen und sozialen Feldern, doch keine befriedigende Version einer Geschichte des Lesens selbst. Die Eindeutigkeit der implizit vorausgesetzten Entwicklungsgeschichte zerbricht an den zahlreichen Variationen und Funktionen, die Lektüre übernehmen kann. Die Vorstellung eines allgemeinen Verlaufs steht im Widerspruch zu dem spezialisierten Wissen um Lektüreformen aus zahlreichen Fallstudien zu Regionen und Zeiträumen und ihren Lesern. Die Form der Fallstudie hat sich daher zum vorrangigen Typus der wissenschaftlichen Behandlung entwickelt.

Zentrale Punkte in der Epocheneinteilung bleiben jedoch in der Forschung umstritten. Was die Versuche einer (impliziten oder expliziten) Formalisierung zu einer Kontur der Geschichte des Lesens auszeichnet, ist ein bestimmtes Gleiten der Epochenzäsuren. Das illustriert das Paradigma des lauten Lesens. Die vermeintliche Abfolge von lauter zu stiller Lektüre stellt das vom Konsens getragene vorrangige Modell einer Entwicklungsgeschichte des Lesens dar. Das Wissen über die antike Praxis lauten Lesens gilt als kulturhistorisches Wissen um eine andere Lektüreform als die der Neuzeit.[24] Der zentrale Übergang vom lauten zum stillen Lesen als Normalform der Lektüre wird allerdings ebenso für die hellenistische Zeit[25] wie für das Spätmittelalter und für die Zeit nach der Einführung des Buchdrucks behauptet.[26] Schließlich lassen sich auch im 16. und 17. Jahrhundert verbreitet Praktiken lauter Lektüre beobachten. Das führt zu der These, das Ende des lauten Lesens sei erst gegen Ende des 18. Jahrhunderts eingetreten.[27] Jede der Thesen über die ›Ablösung‹ und Ersetzung

---

[23] Analog D. F. McKenzies Diktum, auf das sich Chartier immer wieder bezieht: »New readers make new texts, and their new meanings are a function of their new form.« McKenzie: »Bibliography and the sociology of texts«, S. 20. Auch E. Schöns Mentalitätengeschichte des Lesens verweist auf die These Schückings. Vgl. E. Schön: »Verlust der Sinnlichkeit«, S. 50.

[24] Zu den ›Gewährsleuten‹ Wieland und Nietzsche und der Komplexität ihrer Aussagen über dieses kulturhistorische Wissen vgl. unten Kapitel II.1 und II.2.

[25] So die klassische Studie von Josef Balogh: »›Voces Paginarum‹. Beiträge zur Geschichte des lauten Lesens und Schreibens«. In: Philologus LXXXII (N. F. XXXV) (1926), S. 84–109 und S. 202–240.

[26] Helga Hajdu: »Lesen und Schreiben im Spätmittelalter«. Pécs 1931, S. 28f. und S. 49. Michael Giesecke: »Der Buchdruck in der frühen Neuzeit. Eine historische Fallstudie über die Durchsetzung neuer Informations- und Kommunikationstechnologien«. Frankfurt a.M. 1991, S. 89 und S. 135.

[27] Zur Vorherrschaft lauter Lektüre im 16. und 17. Jahrhundert vgl. etwa Chartier: »Lesewelten«, S. 11. Zur These der endgültigen Ablösung im 18. Jahrhundert: E. Schön: »Verlust der Sinnlichkeit«, insbes. das Kapitel »Das Ende des lauten Lesens«, S. 99ff.

der einen durch die andere Praxis von Lektüre läßt sich durch Quellenmaterial belegen, dessen Repräsentativität jedoch in Folge wieder begründet angezweifelt werden kann.

Umgekehrt hat Paul Saenger eine fulminante und gut belegte Chronologie der Verbreitung stiller Lektüre vom 7. bis zum 14. Jahrhundert erarbeitet.[28] Roger Chartier wiederum kritisiert: »Die These ist angreifbar: Tritt die stille Lektüre in der griechischen und römischen Antike nicht häufiger auf, als es Paul Saenger annimmt?«[29] Das Dilemma wird sichtbar. Denn obwohl Chartier Saengers Geschichte des stillen Lesens mit seiner Frage fundamental in Frage stellt, kommt er selbst nicht umhin, sie zu akzeptieren. Er schließt sich Saenger schließlich explizit an und spricht von der »Zäsur«, die das stille Lesen in der Geschichte dieser Kulturtechnik bedeute.[30] Die Rede von einer Zäsur impliziert immerhin, es gebe den einen entscheidenden Übergang, und trägt die Suggestion der Entwicklungsgeschichte auch wieder in die Fallstudien, als ein unterliegendes Vorstellungsmodell, das den unausgesprochenen Kontext der Detailanalyse trägt. Trotz des Wissens um Gegenbeispiele scheint die Geschichte des Lesens auf die Ordnungsfunktion der Chronologie angewiesen zu sein. Das Ideal der Geschichtsschreibung der Lektüre folgt dem Modell der Entwicklung gemäß organisch genetischen Strukturen. Noch einmal Chartier: Stilles Lesen ist »eine fortschreitende Errungenschaft, [...] die sich nach und nach ausgebreitet hat.«[31] Der Kredit für eine organisch-genetische Struktur von Geschichte, der Erzählung von Anfang, Entwicklung und Verlauf, ist heute geschwunden. Dennoch bleibt die Vorstellung einer Entwicklungsgeschichte die Idealvorstellung. In diesem Spannungsfeld befinden sich Arbeiten zur Geschichte des Lesens. Die Kulturtechnik der Lektüre selbst aber scheint hartnäkkig Widerstand gegen diese Form der Darstellung zu leisten.

Das Modell einer historischen Beobachtung anhand von Lektürepraktiken führt nicht zu einer homogenen Geschichtsstruktur. Heißt dies jedoch umgekehrt die Frage nach der Historizität von Leseoperationen aufzugeben? Muß eine Fragmentarisierung vieler einzelner Geschichten des Lesens folgen oder die Annahme – wie es die Zeichentheorie der Dekonstruktionen Derridas und de Mans nahelegen –, daß Lektüre eine aporetische a-historische Operation dar-

---

[28] Paul Saenger: »Silent Reading. Its Impact on late Medieval Script and Society«. In: Viator 13 (1982,), S. 376–414. Vgl. ders: »Manières de lire médiévales«. In: Histoire d'Edition Française. Hg. v. R. Chartier e. a. Bd. 1. Paris 1983, S. 131–141. Dazu ausführlicher unten Kapitel II.1.

[29] Chartier: »Lesewelten«, S. 37, vgl. ebd., S. 159ff. Chartier bezieht sich auf B. N. W. Knox: »Silent Reading in Antiquity«. In: Greek, Roman and Byzantine Studies 9 (1968), S. 421–435. Knox greift allerdings lediglich zwei Szenen stiller Lektüre bei Aristophanes und Euripides auf. Er differenziert dabei nicht zwischen stummer und leiser Lektüre und ist daher ein eher schwacher Gewährsmann.

[30] Chartier »Lesewelten«, S. 37.

[31] Ebd., S. 159.

stellt, deren immer erneute *mißreadings* allenfalls historisch unterschiedliche Diskurse zeitigen?

Trotz der methodischen und praktischen Schwierigkeiten, eine allgemeine Geschichte der Lektüreformen zu schreiben, müssen deren Rahmenbedingungen präzisiert werden. Denn auch die Fallstudien ordnen sich, beiläufig meist, in den Kontext der Vorstellung ein, dessen Modell das Bekannte der Entwicklungsgeschichte ist.

2. Vom Ansatz einer ›inneren‹ Geschichte des Lesens. Unterscheidungen: Lektüretechniken, -konzepte, -praktiken

Eine Geschichte des Lesens, der es um die Beobachtung der ›Leseoperation selbst‹ geht, muß die Perspektive konsequent vom Leser auf das Lesen verschieben. »Lesen – historisch? Ist diese Fragestellung überhaupt sinnvoll?« Diese rhetorische Frage Schlieben-Langes stellt nicht den Glauben an die Geschichtlichkeit historischer Praktiken und Kontexte, in denen Buchumgang situiert ist, auf die Probe, sondern bezieht sich auf den spezifischen Ansatz einer ›inneren‹ Geschichte des Lesens. Diese konzentriert sich auf die Möglichkeiten einer Beobachtung der Historizität von Leseoperationen selbst, setzt also an der Form der Tätigkeit an, bevor das Lesen aus mentalitäten-, sozial- oder buchgeschichtlichen Umständen rekonstruiert wird. Der Ansatz stellt vor nicht minder schwierige methodische Probleme. Zunächst muß geklärt werden, was ›Lesen selbst‹ heißen soll und inwiefern sich dieses beobachten läßt.

Von den durch Schlieben-Lange für die historische Beobachtung des Lesens vorgeschlagenen Programmpunkten möchte ich hier zwei hervorheben. Sie fundieren den Ansatz, die *Unterscheidungen* von Lektüretechniken in Texten zu wählen und zu beobachten. Zunächst: Betrachtet man das ›Lesen selbst‹, hat man es mit Qualitäten, nicht mit Quantitäten zu tun. Die Methode muß daher notwendig die quantifizierende Beobachtung verlassen. Dazu bietet sich ein Vorgehen an, welches von konstitutiven Elementen des Lesevorganges ausgeht und eine Geschichte der Umakzentuierungen der konstitutiven Elemente schreibt. Dieser Ansatz eignet sich, um »Entautomatisierung eingeschliffener Lesegewohnheiten« als »soziale Distinktionen« zu betrachten und deren eventuellen Erfolg als »Lesetradition« zu beobachten:

> In unserem Verständnis sind diejenigen Veränderungen von Lesetraditionen besonders zentral, die direkt mit den Konstitutionsbedingungen des Lesens zu tun haben, das heißt solche, die Elemente der universellen Eigenschaften des Lesens in relevanter Weise hervorheben und entfalten.[32]

---

[32] Schlieben-Lange: »Einleitung«. In: Lesen – Historisch, S. 10. Dies ist in Zusammenhang mit sozialgeschichtlichen Kategorien zu sehen, jedoch nicht in Form einer Kor-

Als Konstitutionsbedingungen des Lesens gelten die hier als *Lektüretechniken* bezeichneten Parameter. Sie ermöglichen der Lektüre neue Funktionen, wenn die Relationierung innerhalb der Lektüretechniken verschoben wird. Der Erfolg der Bibel als Bezugstext des christlichen Lebens ist auch an den Einsatz der Technik stiller Lektüre gebunden. Der programmatisch inszenierte Wechsel der Lektüretechnik in Augustinus' *Confessiones* – vom rhetorischen Konzept lauten Lesens zur stillen »meditatio in lege dei« – zeitigt nicht nur dessen Bekehrung, sondern setzt eine der erfolgreichsten Lektüretraditionen in Gang, die Exegese.[33]

Ein zweiter Punkt, den Schlieben-Lange eher nebenbei anspricht, muß ebenfalls hervorgehoben werden:

> Auch die verschiedenen Möglichkeiten des Umgangs mit der konstitutiven Unabgeschlossenheit, ›Feld‹bedürftigkeit des schriftlichen Texts dürften traditionsbildend sein.[34]

Die im Rahmen der Fiktionalitätsdebatte als Kriterium geltende Charakterisierung von Texten – i. U. zur oralen Kommunikation – als situationsunabhängige und insofern unterdeterminierte sprachliche Produkte zwingt jede Lektüre zur Kontextbildung. Dem korrespondiert die Offenheit oder Überdetermination der kontextunabhängigen Schriftzeichen. Unter dieser Perspektive lassen sich Konzepte wie die wirkungsmächtige Unterscheidung von Geist und Buchstabe in der christlichen Tradition als *Lektürekonzepte* betrachten, die eine irreduzible Problematik der Schrift konzeptualisieren und damit handhaben.

Es liegt daher nahe, Lesen zunächst als Problem zu betrachten, d.h. als Unwahrscheinlichkeit der Kommunikation.[35] Lektüreformen lassen sich dann als Konzepte beobachten, die das basale Zeichenproblem des Mediums Schrift ins Produktive zu wenden versuchen.[36] Erfolgreiche Lektürekonzepte ermögli-

---

relation zu ihnen. Schlieben-Lange exemplifiziert dies durch ihre These einer doppelten Emanzipation des Lesens von Bild und Ton.

[33] Vgl. unten Kapitel III.1.

[34] Schlieben-Lange: »Einleitung«. In: Lesen – Historisch, S. 11. Schlieben-Lange bezieht sich hier auf das Kriterium der »Kontextunabhängigkeit«, seit Platon ja ein Vorwurf an das Medium Schrift. Vgl. dazu genauer etwa Iser: »Der Akt des Lesens«, S. 102ff.

[35] Niklas Luhmann: »Die Unwahrscheinlichkeit der Kommunikation«. In: ders.: Soziologische Aufklärung Bd. 3, Opladen 1981, S. 25–34. Erweitert in: Luhmann: »Soziale Systeme«. Frankfurt a.M. 1984, S. 191ff. »Verbreitungsmedien« wie Schrift, Druck und Funk steigern noch die Unwahrscheinlichkeit, die nur über »symbolisch generalisierte Kommunikationscodes« konzeptualisierbar wird. Vgl. ebd., S. 221ff.

[36] An diese Perspektive ist sowohl Paul de Mans Ansatz, jede Lektüre sei notwendig *mißreading* (und jede gelingende Lektüre sozial vereinbarte Fehllektüre), wie auch Luhmanns Theorie der »symbolisch generalisierten Kommunikationsmedien« anzuschließen. Beide gehen von einem irreduziblen Kommunikationsproblem aus, das nur durch Konzeptualisierung handhabbar wird, damit jedoch philosophische Letztbegründung oder Wahrheit (im Sinne adäquater Abbildung) negieren. Siehe Luhmann: »Einführende Bemerkungen zu einer Theorie symbolisch generalisierter Kommunikationsmedien«. In: ders.: Soziologische Aufklärung Bd. 2, Opladen 1975, S. 170–192.

chen die funktionale Reduktion der Komplexität der Zeichen. Lesen bedeutet immer, auf die eine oder andere Weise, eine Reduktion möglicher Bedeutungen des Textes. Daher sind Lektürekonzepte, die Mittel finden, die Kohärenz von Schriftzeichen zu allgemeinen Werten herzustellen, kulturell erfolgreich.

Die Möglichkeit einer ›inneren‹ Geschichte des Lesens hängt also davon ab, inwieweit es gelingen kann, Formen des Lesens zu unterscheiden. Notwendig ist ein Beobachtungsprogramm, das Differenzierungen zwischen und innerhalb historischer Konzepte, für die das Wort Lesen steht, leisten kann. Der Ansatz einer »Beobachtung«[37] des ›Lesen selbst‹ als Unterscheidung von Lektüretechniken bündelt die Beobachtung zu einem darstellbaren Maß. Dabei kristallisieren sich, jenseits empirischer Praktiken, Problemfelder von Lektüre selbst heraus, die in der Tradition immer wieder behandelt werden.

Formen des Lesens werden sich nur unterscheiden lassen, wenn man an der Operation selbst ansetzt. Dazu bedarf es zunächst eines gewissen Abstraktionsgrades, der das Lesen nicht schon selbstverständlich als diese oder jene Form voraussetzt, sondern die Unterbestimmtheit, die den Terminus für die historische Beobachtung kennzeichnet, durch eine Bestimmung grundsätzlicher Formationen zu präzisieren in der Lage ist. Um Formen des Lesens beobachten zu können, muß also nicht nur das ›Lesen selbst‹ in den Vordergrund gestellt werden, sondern vielmehr das, was diese Formen bestimmt. Das ist schon immer, etwa als Unterscheidung von laut und still, geschehen. Entscheidend ist hier jedoch, daß diese Unterscheidungen nur *als Relation* einen Wert haben, daß sie selbst nicht schon die konkrete Form des Lesens aussprechen. Was ›laut lesen‹ bedeuten mag, ist abhängig vom Kontext, in dem es als solches bezeichnet wird. In der Tat läßt sich an vielen Stellen historischer Texte nicht eindeutig angeben, ob hier die Form halblauten Murmelns oder etwa die Rezitation angesprochen ist. Die Unterscheidung durch die Bezeichnung markiert zunächst nichts weiter als die Differenz zu einer anderen Form von Lektüretechnik. Sie kann noch nicht als Beleg für das jeweilige historische Konzept einer Lektüre gelten.

Geschichten anderer Sachgebiete haben einen entscheidenden Vorteil. Ihre Kontinuität läßt sich anhand positiver Daten und Fakten herstellen. Die Schwierigkeiten einer ›inneren‹ Geschichte des Lesens lassen sich anschaulich darin zusammenfassen, daß es nicht möglich zu sein scheint, eine Begriffsgeschichte des Wortes Lesen zu schreiben. »Staat« oder »Geschichte« haben dem Begriff »Lesen« voraus, daß sie in ihrer historischen Entwicklung selbst schon

---

[37] Der Begriff der Beobachtung wird hier in seiner »extrem formalen« erkenntnistheoretischen Funktion übernommen, wie sie Luhmann entfaltet hat. Vgl. Niklas Luhmann: »Die Wissenschaft der Gesellschaft«. Frankfurt a.M. 1990, S. 68–121. Luhmann definiert Beobachten als »Operation des Unterscheiden und Bezeichnens« unter Rückgriff auf die Logik Spencer Browns (»Laws of Form«. New York 1979), vgl. ebd., S. 73ff.

Orte der Thematisierung, wie eben Staatstheorie oder Geschichtsphilosophie gefunden haben. Für das Lesen ist dies nicht der Fall. Das ›Lesen selbst‹ ist prinzipiell unbeobachtbar. Nur indirekt, über Text, Kontexte und Bilder lassen sich Rückschlüsse ziehen.[38] Es ist sogar die Frage, inwiefern einem Leser selbst sein Lesen unbeobachtbar bleibt. Immerhin gilt als Lesefähigkeit die Einübung in eine reibungslose Worterkennung, so daß die entscheidende Syntheseleistung außerhalb des Bewußtseins bleibt. Diesen Umstand hat man als Axiom von Abwesenheit und Anwesenheit bezeichnet. Damit Bedeutung entstehen kann, muß das Bedeutende verschwinden.[39] Physiologisch, das sei hier nur angemerkt, funktioniert der ›Lesefluß‹ als für das Bewußtsein der Leser unbeobachtbare diskontinuierliche Bewegung von Sprung und Pause, Sakkade und Fixation.[40]

Begreift man Lesen als Kompetenz, so scheint diese, über den Erwerb der Grundfähigkeit hinaus, kaum systematisch verschriftlicht worden zu sein. Kompetenzerwerb in der Lektüre ist an die mündliche Unterweisung im Unterricht, an die Praxis und Übung mit dem Lehrer gebunden und findet seine Fortsetzung in privater Ausübung. Zur Häufigkeit der Erwähnung wie der Hochschätzung der Vokabel Lesen steht die thematische Reflexion auf diese Kulturtechnik in auffallenden Mißverhältnis. Zwar differenziert sich der Buchumgang seit der Antike in professionalisierte Formen der Textherstellung, aber die Praxis der Spezialisten, angefangen bei den antiken Grammatikern,[41] wird

---

[38] Zur aufschlußreichen Interpretation von Bildern von Lesenden vgl. Fritz Nies: »Bahn und Bett und Blütenduft: Eine Reise durch die Welt der Leserbilder«. Darmstadt 1991. Ders.: »Der Leser der Romantik. Ein ikonographischer Streifzug«. In: Romantik. Aufbruch zur Moderne. Hg. v. Karl Maurer und Winfried Wehle. München 1991, S. 511–526. Rudolf Schenda: »Bilder vom Lesen – Lesen von Bildern«. In: IASL 12 (1987), S. 82–106. Ferner die Kupferstich-Anthologie von Heinke Wunderlich und Gisela Klemt-Kozinowski: »Leser und Lektüre«. Dortmund 1985. Über Lesende als Motiv der niederländischen Malerei informiert vorzüglich der Katalog »Leselust. Niederländische Malerei von Rembrandt bis Vermeer«. Ausstellung Schirn Kunsthalle Frankfurt a. M. Hg. v. Sabine Schulze. Frankfurt a. M. 1993.

[39] Vgl. Aleida Assmann: »Die Sprache der Dinge. Der lange Blick und die wilde Semiose«. In: Materialität der Kommunikation. Hg. v. Hans Ulrich Gumbrecht und Karl Ludwig Pfeiffer. Frankfurt a. M. 1988, S. 237–251.

[40] Otto-Joachim Grüsser und N. Galley: »Augenbewegungen und Lesen«. In: Lesen und Leben. Hg. v. H. G. Göpfert e. a. Frankfurt a. M. 1975, S. 65–75. Vgl. auch ders.: »Zeit und Gehirn. Zeitliche Aspekte der Signalverarbeitung in den Sinnesorganen und im Zentralnervensystem«. In: Die Zeit. Hg. v. H. Gumin und H. Meier. München 1992, S. 79–132. Ausführliche Testergebnisse bei H. Ghazarian: »Quantitative elektrooculographische Untersuchungen der Augenbewegung beim Lesen verschieden schwieriger Texte«. Berlin 1980. Überblick über das Feld gibt John R. Anderson: »Kognitive Psychologie. Eine Einführung«. Heidelberg [2]1989, S. 313ff., insbes. S. 338ff.

[41] Für einen Überblick vgl. J. E. Sandys: »A History of classical scholarship«. Vol. I. Cambridge [3]1921. Der Unterricht im Lesen erfolgt zunächst in den Diskursen der Grammatik und Rhetorik, bis im *Trivium* (Grammatik, Rhetorik, Dialektik (Logik)) das Instrumentarium als Propädeutik des Textumgangs institutionalisiert wird. Erst danach kommt das *Quadrivium* mit seinen Disziplinen zur Vermittlung. Diese Insti-

als differenziertes Wissen um Lektüre nicht eigens etwa in Form eines Lehrbuches gefaßt. Nur die Geschichte des Erstleseunterrichts kennt, seit Valentin Ickelsamers *Die rechte weis aufs kuorzist lesen zu lernen* (1527), den Streit um Buchstabier- und Lautiermethoden bzw. um analytische und synthetische Methoden.[42] Für die oft beschworene »Kunst des Lesens« dagegen gibt es kaum Kompendien. Und gerade diejenigen Disziplinen, die sich jene Kunst zuschreiben, Philologie und Hermeneutik, überraschen durchweg damit, daß nach der Nennung der hohen Kunst kaum noch ein Wort über Lektüre fällt.[43]

---

tutionalisierung wird bekanntlich von Martianus Capella in seiner »Hochzeit des Merkur mit der Philologie« in kanonischer Form festgelegt und über Cassiodor und Boethius ins Mittelalter tradiert. Auf die Organisationsformen in der Schule kann hier nicht ausführlich eingegangen werden. Für den Zeitraum von der frühen bis zur späten Antike vgl. dazu umfassend Henri I. Marrou: »Geschichte der Erziehung im klassischen Altertum«. (1948) München 1977, zum Lektüreunterricht bes. S. 288ff. und S. 314ff. zum gelehrten griechischen Unterricht. Zu den römischen Unterrichtsformen vgl. ebd., S. 490ff. und zu den mittelalterlichen Schulen S. 600ff. Über den klösterlichen Umgang mit Manuskripten informiert Jean Leclerq: »The Love of Learning and the Desire for God«. New York 1982. Zur neuzeitlichen höheren Schulen vgl. immer noch Friedrich Paulsen: »Geschichte des gelehrten Unterrichts auf den deutschen Schulen und Universitäten vom Ausgang des Mittelalters bis auf die Gegenwart«. 3. erw. Auflage hg. v. R. Lehmann. 2 Bde. Berlin 1919/1921. Für eine kompetente Übersicht vgl. Detlev Kopp: »(Deutsche) Philologie und Erziehungssystem«. In: Wissenschaftsgeschichte der Germanistik im 19. Jahrhundert. Hg. v. J. Fohrmann und W. Voßkamp. Stuttgart 1994, S. 669–741.

42 Überblick in Alfred Clemens Baumgärtner (Hg.): »LESEN. Ein Handbuch«. Hamburg 1973, S. 173–202 und S. 355ff. Ausführliches Material über den Erstleseunterricht bei Heinrich Fechner: »Die Methoden des ersten Leseunterrichts. Eine quellenmäßige Darstellung ihrer Entwicklung«. 2. völlig umgearbeitete und stark vermehrte Ausgabe der Schrift »Der erste Leseunterricht«. Berlin 1882.

43 Etwa so: »Kritik und Exegese sind weder Wissenschaft noch wissenschaftliche Forschung, sondern Kunst (techne). Sie sind, zusammengenommen, die Kunst der Behandlung und Auslegung von Texten, oder einfach: sie sind die Kunst zu lesen.« Theodor Birt: »Kritik und Hermeneutik«. In: Handbuch der klassischen Altertumswissenschaft. Bd. 1,3. Abt., München 1913, S. 6. Danach fällt kein Wort mehr über Lektüre. Das bedingt die Universalie ›Verstehen‹, auf die Lektüre teleologisch ausgerichtet wird. Sie verdeckt die Beobachtung einzelner Techniken des Lesens. Nach Hans Georg Gadamer – der die Hermeneutik immerhin aus der rhetorischen *ars legendi* entwickelt sieht (vgl. Gadamer: »Hermeneutik und Rhetorik«. Göttingen 1976) – gilt als Kunst des Lesens eine »Verlebendigung« der schriftlichen Zeichen: »Alles Schriftliche ist, [...] eine Art entfremdete Rede und bedarf der Rückverwandlung der Zeichen in Rede und in Sinn. Weil durch die Schriftlichkeit dem Sinn eine Art von Selbstentfremdung widerfahren ist, stellt sich diese Rückverwandlung als die eigentliche hermeneutische Aufgabe.« Gadamer: »Wahrheit und Methode«. Tübingen ^{5}1986, S. 397. Das hermeneutische Lesen hat die Form der Erweckung durch die Überwindung der ›Selbstentfremdung‹ des Sinns in der Schriftlichkeit: »Ihre Überwindung, das Lesen des Textes, ist also die höchste Aufgabe des Verstehens.« Ebd., S. 368. Gadamer geht es um diese »Transpositionsbewegung« in einer »alles umfassenden Kunst des Lesens.« Ebd., S. 368f. Zur »Transpositionsbewegung« vgl. auch Gadamer: »Wer bin ich und wer bis Du«. Frankfurt a.M. 1973, S. 24 u. ö. Genauer besehen rekurriert Gadamer auf die »Einheit von Klang und Sinn«, wie er als Antwort auf Derrida präzisiert. Vgl. ders.: »Unterwegs zur Schrift?« In: J. Assmann (Hg.): Schrift und Gedächtnis, S. 10–19. Zu Gadamers Konzept vgl. Hugo Aust: »Lesen. Überlegungen zum sprachlichen Verstehen«. Tübingen 1983. Eine

Dennoch war und ist das Lesen immer ein Thema gewesen. Neben einer Unzahl unspezifischer Erwähnungen und Lobpreisungen lassen sich überraschende historische ›Marginalien‹ finden. Marginalien deshalb, weil sie innerhalb verschiedener übergreifender Diskurse ihren Ort haben, an dem die Lektüre in einer konkreten Form in Beziehung zu ihnen gesetzt wird. Quintilians Beobachtung der unterschiedlichen Rhythmen von lauter und stiller Lektüre zu Beginn der *Institutio oratoria*, deren Synthese das Ideal eine rhetorischen Lektüreartikulation ergibt oder Senecas zweiter Brief an Lucilius sind Beispiele für diese Form der Lektürereflexion an kanonischem Ort, aber gleichsam nur als Marginalie innerhalb größerer Diskurse über Rede- oder Lebensideale. Diese Diskurse wechseln. Zu Beginn des 18. Jahrhunderts etwa ist der Ort, über Lektüre etwas zu sagen, noch die Logik, Ende des 18. Jahrhunderts wird es die Anthropologie und ihre Verbindung zur Diätetik sein, die Lektüre als prekäre Ökonomie des Geistes verhandelt. Nur sehr wenige Schriften gehen als Lesepropädeutiken thematisch geschlossen auf das Thema ein.[44] Zusätzlich lassen sich in einer heute nahezu vergessenen Gattung immer auch eigene Passagen über Lektüre finden, nämlich in Anweisungen zum Studium, sog. Hodegetiken oder Isagogiken.[45] Doch gerade diese Studienführer und Propädeutiken beziehen sich vornehmlich auf klassische Topoi – man soll gründlich und aufmerksam lesen –, die oft genug aus den oben angesprochenen Marginalien resultieren.

Die Lektüretechniken – wie auch die (Speise-) Metaphoriken und die zu Topoi funktionalisierten Regeln – erfahren jedoch oft genug eine andere Wertung. Das Diktum, von dem Plinius d. J. berichtet, »non multa, sed multum«, nicht vieles, aber viel solle man lesen, zieht sich quer durch die Geschichte. Aber es wird ganz unterschiedlich ausgelegt. Zunächst eine Anweisung zur Selektion kanonischer Texte, kann das Sprichwort sowohl als Regel für das

---

Ausnahme in der hermeneutischen Tradition, so weit ich sehe, ist Klaus Weimars »Enzyklopädie der Literaturwissenschaft«. Paderborn 1981, vgl. §§ 55–69. Dort gilt Lektüre als erste Tätigkeit des Literaturwissenschaftlers und folglich ist die Enzyklopädie danach strukturiert.

44 Wenn man Schriften wie Plutarchs »De Audiendis Poetis« nicht zählt, sind nach Morhof: »Polyhistor«, II,8 und Walchs »Philosophischen Lexikon«. Leipzig 1726, Art. »Bücher«, Sp. 322, vor allem Francesco Sacchini: »De ratione libros« sowie Thomas Bartholinus: »De libris legendis dissertationes [...]«. Hafniae [Kopenhagen] zu nennen. Ferner: Alexandro Ficheto: »Arcana studiorum methodo«; Schufner: »De Multitudine librorum« 1702 und Joh. Nicolaus Funck: »De lectione auctorum classicorum«. Harburg 1730 (^{3}1763). Erst sehr viel später wird Johann Adam Bergk: »Die Kunst Bücher zu lesen«. Jena 1799 schreiben. Nur Sacchini erhält durch die Übersetzung Walchners 1832 einige Bekanntheit. In das neuzeitliche Wissen um Lektüre ist dabei nicht aufgenommen Hugo von St. Viktors »Didascalion« (um 1128), das nach seinem Kommentator Ivan Illich eine erste Summe der Lektürepropädeutik darstellt. Vgl. dazu unten Kapitel III.1 dieser Arbeit.

45 Zur Gattung vgl. Scheidler: Art. »Hodegetik«. In: Ersch/Gruber (Hg.): Allgemeine Enzyklopädie der Wissenschaften und Künste. Leipzig 1818–1889, Nachdruck Graz 1969ff., 2. Section, S. 204f.

kontinuierliche Durchlesen eines Buches nach dem anderen sowie später als Anweisung zur Wiederholungslektüre genutzt werden.[46] Die unterschiedlichen Funktionalisierungen ein und desselben Topos lassen historische Veränderung in der Funktion, für die das Lesen steht, erkennen. Zu beobachten sind Privilegierungen und Umwertungen.[47]

Die Textstellen, die hier im Vordergrund stehen, wurden bisher kaum eigens behandelt, sondern eher als selbstevidente Belege in der Leseforschung verwendet, nicht selten wurde lediglich auf sie verwiesen. Die Interpretationsbedürftigkeit dieses Quellenmaterials gebietet allerdings Vorsicht für die einfache Verwendung als Beleg. Denn die Texte stellen keine einfachen Aussagen über die Historizität der Lektüre dar, ihre Darstellungen sind keine metasprachlichen Begriffe, sondern sie selbst sind historische Formen dessen, was etwa laut Lesen heißt. Dieses ›Archiv‹ der Lektürereflexionen und -anweisungen, das sich allerdings aus Texten in unterschiedlichsten Diskursen konstituiert, kennt eine Gemeinsamkeit. In dem Versuch, die jeweilige vorbildliche Funktion des Lesens festzulegen, wiederholen, reflektieren, werten und ordnen die Texte die grundlegenden Parameter der *Lektüretechniken*. Das, was den Namen Lesen zu einer Zeit trägt, läßt sich als die Unterscheidung und Relation der Lektüretechniken genauer beschreiben. Die vereinzelten Texte zeigen dabei eine erstaunlich hohes Maß an intertextuellen Bezügen zueinander. Sie unterhalten eine Beziehung untereinander, jenseits ihrer Zeit und ihres diskursiven Ortes.

Aber die Schwierigkeit einer Begriffsgeschichte für das Lesen liegt nicht allein im fehlenden konsistenten Diskurs. Es ist vielmehr die Offenheit und Unschärfe des Begriffs, die Probleme bereiten. Anders gesagt: dem Wort Lesen fehlen, ähnlich wie dem Begriff »Text«, die historischen Indikatoren.[48]

Obwohl die Möglichkeit eines rein begriffsgeschichtlichen Ansatzes ausscheiden muß, läßt sich eines anhand des vorliegenden Materials aus der Forschung feststellen. Als ›Lesen‹ wird die jeweils selbstverständliche Form der Lektüre bezeichnet, die erlernte Praxis, die ausgeübt wird. Alternative Lektüreformen müssen daher eigens adjektivisch präzisiert werden. Die griechischen Vokabeln und Synonyme für Lektüre zeigen z. B. enge Verbindungen zu Bedeutungen des Hörens und des Klanges. Es dürfte eines der stärksten Argumente für die These des Normalfalles lauter Lektüre sein, daß die etymologischen

---

[46] Vgl. unten Kapitel III.2.

[47] Vgl. z. B. die Wandlung der Konnotation von *überlesen*. Zunächst neutraler Terminus für durchlesen, wandelt sich das Wort gegen Ende des 17. Jahrhunderts zu unserer heutigen pejorativen Bedeutung i. S. von Übersehen. Vgl. Art. »überlesen«. In: »Deutsches Wörterbuch von Jacob und Wilhelm Grimm«. Bd. 23. Reprint München 1984, Sp. 393f.

[48] Zu diesem Problem analog vgl. Clemens Knobloch: »Zum Status und zur Geschichte des Textbegriffs. Eine Skizze«. In: Philologische Grundbegriffe. LiLi 20, H. 77 (1990) Hg. v. Helmut Kreuzer, S. 66–87. (Auch hier findet man Lesen nicht als philologischen Grundbegriff verzeichnet).

Verflechtungen des Lesens etwa zu *logos*, *noein*, *nomos* und *anamnese* deutliche Spuren oraler Konzepte zeigen.[49] Spuren stiller oder zumindest stummer Lektüre finden sich in der griechischen Antike daher nur indirekt, nämlich aus dem Kontext heraus.[50] Im Lateinischen dagegen erhält das *legere*, wenn es die nicht artikulierte Formen bezeichnen soll eigens die Zusätze eines *tacite* oder *sicosa*, eben stummes Lesen.[51] Erst im späteren Mittelalter bilden sich eigene Formen neu wie *inspixere* als Bezeichnung stillen Lesens.[52] Auch unser heutiger Gebrauch zeigt diese Sprachregelung. Wenn wir von lauter Lektüre reden wollen, müssen wir »laut« Lesen schreiben oder sagen. Lassen sich hier Unterscheidungen treffen, so darf nicht vergessen werden, daß dennoch viele Unschärfen bleiben. An den Anweisungen zur Lektüre lassen sich Tradierung und Umfunktionalisierung von Lektürekonzepten beobachten, deren empirische Wirkung auf die Leser freilich schwer festzulegen ist, von denen aber zumindest behauptet werden kann, daß sie selbst normativen Anspruch haben.

Was aber bezeichnen die Zusätze zum Wort Lesen, um es präziser als diese oder jene Form auszuweisen? Es sind zunächst *Unterscheidungen*. Sie bezeichnen die eine Seite einer Unterscheidung zwischen zwei Alternativen. Diese Unterscheidungen möglicher Formen des Lesens nenne ich hier *Lektüretechniken*. Sie sind dadurch charakterisiert, daß sie das Set grundsätzlicher Möglichkeiten der Rezeption des Mediums Schrift bezeichnen. Tertium non datur. Lesen ist immer Form der einen oder anderen – oder die Kombination – dieser Lektüretechniken. Diese sind allerdings von der Praxis der Lektüre zu unterscheiden. Wie jemand laut liest, mit welcher Inbrunst oder Langeweile, differenziert sich nach äußeren Umständen, die selbstverständlich wichtig werden können. Aber es sind empirische Variationen der Lektüretechniken, deren konkrete Darstellung mentalitäten- und sozialgeschichtlichen Studien zur Geschichte des Lesens überlassen bleibt.

Zu unterscheiden ist von der Form des Lesens auch die *Funktion* der Lektüre. Während die Lektüretechniken ein sehr kleines Set basaler Operationen darstellen, sind die Effekte und Funktionen, die sich daraus herleiten können, vielfältig. Und: Während die Unterscheidungen von laut und still jahrhundertelang wiederholt werden – als Lektüretechniken jedem erlernbar und wiederholbar sind – lassen sich die kulturellen Funktionen nicht wiederholen, sondern nur umfunktionalisieren.[53] »Lesen«, in der einen oder anderen Form, unterliegt einem Bedeutungswandel, der nur schwer ›abzulesen‹ ist und daher selbst einer ausführlichen Lektüre bedarf.

---

[49] Jesper Svenbro: »Phrasiklea. Anthropologie de la lecture en Grèce ancienne«. Paris 1988. Vgl. P. Chantraine: »Les verbes grecs signifiant ›lire‹«. In: Mélanges Grégoire II, Brüssel (1950), S. 115–126.

[50] Vgl. B. N. W. Knox: »Silent Reading in Antiquity«, S. 421ff.

[51] Vgl. Balogh: »Voces Paginorum«, S. 89f.

[52] Paul Saenger: »Manières de lire médiévales«, S. 131–141.

[53] Vgl. unten Kapitel II.3.

Ich unterscheide also *Lektüretechnik*, als begriffliche Unterscheidung grundsätzlicher Möglichkeiten Buchstabenmengen wahrzunehmen und zu operationalisieren von *Lektürepraktiken*, die eine solche Technik funktionalisieren. *Lektürekonzepte* stellen dann festgelegte diskursive Funktionen von Lektüre dar, die über Ausschluß alternativer Formen Eindeutigkeit des Sinnes ermöglichen und ihre Lektüre gezielt als selektive Informationsgewinnung einsetzen.

Die Unterscheidung von laut und still kann nicht ausreichen, die Konturen einer ›inneren‹ Geschichte des Lesens zu präzisieren. Neben laut und still muß die Unterscheidung der Techniken des schnelleren und langsameren Lesens hervorgehoben werden. Es ist zu vermuten, daß diese Parameter erst nach der Zeit des Buchdrucks eigens reflektiert werden konnten. Mit den Optimierungen der Texte bezüglich einer rein visuellen Erfassung durch die Augen scheint es gegen Ende des Mittelalters vermehrt zu Klagen über zu schnelles »durchlouffen« der Schrift zu kommen.[54] Diese deutsche Übersetzung des lateinischen *cursim* bezeichnet die eine Seite einer Unterscheidung, die mit dem 17. Jahrhundert zentral wird. Schon 1630 empfiehlt Johann Heinrich Alsted in seiner Enzyklopädie, Texte zuerst cursorisch sowie »deinde cum cura«, mit Sorgfalt, zu lesen.[55] Diese Anweisung faßt Johann Matthias Gesner 1735 für den Schulunterricht in die methodische und didaktische Unterscheidung einer cursorischen und statarischen (verweilenden) Lektüre, die nacheinander folgen sollen.[56]

Lesen konstituiert sich immer aus einer oder einer Kombination dieser Lektüretechniken. Während laut und still sich ausschließende Alternativen der Lektüre sind, die jeweils mit den Parametern schnell und langsam gekoppelt sind, stellt die Unterscheidung des Lesetempos keinen Ausschluß dar. Gerade die Kombination beider Tempi in einem Lesefluß muß als hohe Lektürekompetenz angesehen werden.

Lektüre ist eine Technik zum Umgang mit Schriftzeichen. Ohne Entscheidung für die eine oder andere Lektüretechnik kann Lesen nicht funktionieren. Das Medium des phonetischen Alphabets bietet in sich jedoch schon alternative Formen des Umgangs an. Das Medium der Schrift, genauer das phonetische Alphabet, bildet so das Primärmedium, an das Lektüre in seiner Operation gebunden ist. Deshalb werden für die ›innere‹ Geschichte des Lesens grundsätzliche Umstellungen der Textorganisation bedeutsam. Das Primärmedium gibt zumindest zwei Bedingungen der Lektüre vor.

Zum einen motiviert das phonetische Alphabet Artikulation *und* visuelle Wahrnehmung der Zeichen. Beide Dimensionen, Bild und Laut, sind in dieser Schrift angelegt, so daß immer eine (Vor-)Entscheidung getroffen werden muß,

---

[54] Vgl. H. Hajdu: »Lesen und Schreiben«, S. 28 und 49. Vgl. Giesecke: »Der Buchdruck«, S. 135.

[55] J. H. Alsted: »Encyclopaedia septem tomae distinctae«. Herborn 1630, 35. Buch, XXI,VII.

[56] Vgl. dazu Kapitel III.3 dieser Arbeit.

welcher Dimension man den Vorzug gibt. Zum anderen determiniert das bekannte Kriterium der Linearität von Schrift die Lektüre als sukkzessives Vorgehen. Gerade diese Bedingung aber ermöglicht die Reflexion auf den Nutzen eines schnelleren Lesedurchgangs, der vorselektiert, welche Stellen dann langsam gelesen werden, also eine Ökonomie der Lektüre sowie die Notwendigkeit der Wiederholungslektüre, die das Sukkzessionsmodell wieder sprengt. Da Lesen nur als Selektion funktioniert – das ist ein physiologisches Gesetz – kann kein noch so ›genaues‹ Lesen je einen Text gänzlich fassen, sondern die Arbeit des Lesens nur wiederholen und die Leseeindrücke in einer rekursiven Korrektur korrigieren und erweitern. Wiederholungslektüre und rekursives Lesen werden als sogenannter »hermeneutischer Zirkel« später eine zentrale Rolle für den Umgang mit Literatur spielen.

Die ›innere‹ Geschichte des Lesens wird demnach durch ein doppeltes Register bestimmt. Zum einen konstituiert sich Lesen aus Formen, die als technische Parameter historisch invariabel sind. Zum anderen zeigt die Wertung und Umwertung dieser Parameter historische Veränderung bezüglich der Leistungen und Funktionen dieser spezifischen Form von Lektüre, die zu ihrer Zeit den schlichten Namen Lesen trägt.

Allerdings wird man nicht von einer linearen Sukzession, einer Entwicklung der einen aus der anderen, gefolgt von der nächsten Lektüreform ausgehen können. Vielmehr erlauben die basalen Parameter der Lektüretechniken jederzeit ihren Wechsel. Ob dieser sinnvoll oder gar erfolgreich ist, hängt allerdings von gesellschaftlichen und materialen Bedingungen ab. So ist stilles Lesen als Technik der Lektüre seit der Verwendung des phonetischen Alphabets als Möglichkeit angelegt, eine Möglichkeit, die mitunter auch praktiziert wurde. Erst mit der Organisation von Texten aber in einer Form, die rein visuell gut zu erfassen ist, kann sich stilles Lesen etablieren, womit laute Lektüre ihre zentrale Funktion der Textkonstitution verliert und andere Funktionen übernimmt.[57]

Für die ›innere‹ Geschichte des Lesens ist daher das lineare Geschichtsdenken zu verwerfen. Vielmehr können die historischen Veränderungen als Umwertungen, Modifikationen sowie Wiederaufnahmen des Wissens um die Möglichkeiten von Lektüretechniken angesehen werden. Insofern diese Wiederaufnahmen auf ältere Lektüreanweisungen rekurrieren, kann man hier von einem Erinnern oder Wiedererinnern sprechen. Während sich aber die Möglichkeiten der Lektüretechniken an sich nicht verändern, strukturieren sich deren Funktionen neu. Dies wird bedingt durch die Veränderungen, die das Medium Text selbst in seiner materiellen sowie seiner kulturellen Organisation erfährt. Analog zur Beobachtung der Funktion historischer Medien muß man von alternati-

---

[57] Vgl. Kapitel III.1.

ven Funktionen der Kulturtechniken ausgehen, deren Einsatz die jeweils anderen nicht einfach ersetzen, sondern funktional modifizieren.[58]

Es ist für die ›innere‹ Geschichte des Lesens daher hilfreich, sich an den Ansätzen zu einer historischen Mediengeschichte zu orientieren. Die Nützlichkeit einer medientechnisch orientierten Beobachtung ist schon von verschiedenen Seiten angemerkt, jedoch nicht weiter verfolgt worden.[59] Zunächst ist eine genauere Bestimmung des Terminus Medium geboten. Friedrich A. Kittlers medientechnische Diskursanalyse bezog ihre Polemik und Analysekraft durch eine Kontextualisierung der Geisteswissenschaften mit dem technischen Apriori der empirischen Schreib- und Speichermedien.[60] Trotz des Nachweises entscheidender Kopplungen der Literatur an jeweilige Aufschreibesysteme stellt sich hier das Problem der Relation von empirischen Medien zu deren theoretischer Konzeption.[61] Bezüglich der Lektüre ist es vorteilhaft, dem Medienbegriff selbst eine variablere Fassung zu geben, so daß er seine mittlerweile ubiquitäre Anwendung auch theoretisch explizieren kann. Dazu hat Niklas Luhmann die Unterscheidung von Medium und Form vorgeschlagen. Medium bezeichnet dabei ganz allgemein eine – relativ zur Form betrachtet – lockere Kopplung von Elementen, während Form deren striktere Organisation bezeichnet.[62] Angewandt auf Lektüre lassen sich damit Textorganisationen als Formen des Mediums Schrift einerseits und Lektürekonzepte als Formen des Umgangs andererseits fassen. Diese Formen lassen sich wiederum anhand von Lektüretechniken unterscheiden.

Eine ›innere‹ Geschichte des Lesens wäre mithin eine Problemgeschichte der Lektüre, die traditionelle Reflexionen und Umwertungen des Begriffs beob-

---

[58] Vgl. Giesecke: »Der Buchdruck«, S. 21ff. Ders.: »Als die alten Medien neu waren. Medienrevolutionen in der Geschichte«. In: Rüdiger Weingarten (Hg.): Information ohne Kommunikation? Frankfurt a.M. 1990, S. 75–98. Ein ähnliches Problem stellt sich für die Sprachgeschichtsschreibung. Vgl. B. Schlieben-Lange: »Traditionen des Sprechens«. Stuttgart u.a. 1983.

[59] Vgl. etwa Iser: »Akt des Lesens«, S. 110f. mit der Überlegung, kybernetische Kriterien wie feed back zur Beschreibung einzusetzen. Zu einer allerdings recht lapidaren Beschreibung des Lesens als kybernetische Informationsverarbeitung vgl. G. L. Stonum: »Cybernetic Explanation as a Theory of Reading«. In: NLH 20,2 (1989), S. 397–410.

[60] Fr. A. Kittler: »Aufschreibesysteme 1800–1900«. München ^{2}1987. Vgl. ders.: »Grammophon Film Typewriter«. Berlin 1987.

[61] Vgl. Thomas Sebastian: »Technology Romanticized: Friedrich Kittlers ›Discourse Networks 1800/1900«. In: MLN 105 (1990), S. 583–595. Das Problem wird besonders deutlich bei Bernhard Siegert: »Relais. Geschicke der Literatur als Epoche der Post«. Berlin 1993. Zum Problem vgl. meine Rezension, Matthias Bickenbach: »Release it! Geschicke der Literatur in der ›Kittler-Schule‹«. In: Hagen 1 (1995), S. 16–20.

[62] Niklas Luhmann: »Das Medium der Kunst«. In: DELFIN 4, H. 1 (1986), S. S. 6–15. Vgl. Luhmann: »Zeichen als Form«. In: Dirk Baecker (Hg.): Probleme der Form. Frankfurt a.M. 1993. Hier: S. 74. Ausführlich zu diesem Ansatz und dessen Umsetzung siehe Michael Giesecke: »Der Buchdruck«, S. 21–62.

achtet. Da zentrale Einsichten in die Lektüretechniken schon in der Antike vorhanden sind – wie die schon erwähnte Beobachtung Quintilians –, sind nicht Entwicklungen, sondern Umfunktionalisierungen zu beobachten. Dieses Programm kann hier allenfalls in Ansätzen zur Ausführung kommen. Erst ein weiterer Schritt wäre es, unter der Perspektive von Druck und Gegendruck der Kultur Abweichungen und Variationen der vorgeschriebenen Lektüretechniken in der Praxis der Leser aufzuzeigen.[63]

Wie komplex die Gemengelage zwischen Wiederaufnahme einmal historisch existent geglaubter Lektürepraktiken und ihrer Umfunktionalisierung durch die spätere Beschreibung ist, soll in den folgenden Kapiteln anhand zweier ›Zeugen‹ für das Wissen um die Praxis lauten Lesens in der Antike ausführlich dargestellt werden.

[63] Zum Konzept des Zusammenhangs von Orientierung, Konformitätsdruck und Kontrolle einerseits sowie deren Subversion andererseits vgl. Christoph Wulf und Gunter Gebauer: »Mimesis«. Reinbek 1992, S. 26ff.

II. Zwei Zeugen: Christoph Martin Wieland und Friedrich Nietzsche

1. Mehr als eine Fußnote: Wieland und die ›innere‹ Geschichte des Lesens

Es ist zunächst tatsächlich nur eine Fußnote, die Christoph Martin Wieland mit der Geschichte des Lesens verbindet. Doch es ist keine beliebige Verbindung, denn die Worte bezeichnen genau das, wonach gefragt ist. Nicht die Historizität des Textes selbst steht dabei im Vordergrund, sondern das, was er über die Historizität von Lektüre aussagt.

Anläßlich seiner Übersetzung kommentiert Wieland die Worte Lukian, der einem »ungebildeten Büchernarren« vorwirft, er lese viel zu schnell, genauer gesagt: »so schnell, daß die Augen den Lippen immer zuvorlaufen«. Wieland kommentiert diese Stelle in einer Fußnote folgendermaßen:

> Diese Stelle beweist, dünkt mich, deutlich genug, daß die Alten (wenigstens die Griechen) alle Bücher, die einen Wert hatten, laut zu lesen pflegten und daß bei ihnen Regel war, ein gutes Buch müsse laut gelesen werden. Diese Regel ist so sehr in der Natur der Sache begründet, und daher so indispensabel, daß sich mit bestem Grunde behaupten läßt, alle Dichter und überhaupt alle Schriftsteller von Talent und Geschmack müssen laut gelesen werden, wenn nicht die Hälfte ihrer Schönheiten für den Leser verloren gehen soll.[1]

Lukians Bemerkung ist eine Schelte des stillen – und daher – schnelleren Lesens, das die als Regulativ angesehene ›Höchstgeschwindigkeit‹ artikulierenden Lesens überschreitet. Lukian geht dabei immerhin so weit, dem Büchernarren abzusprechen, überhaupt ein Buch lesen zu können.[2] Wielands Reflexion erkennt die implizite »Regel«, die als verpflichtende Norm vorausgesetzt sein muß, damit Lukians Kritik nicht nur eine unbegründete Polemik darstellt: Die Artikulation der Lippen stellt das Idealmaß der Lesegeschwindigkeit dar.

---

[1] Lukian von Samosata: »Der ungebildete Büchernarr«. In: ders.: Sämtliche Werke. Nach der Übersetzung von C. M. Wieland. Neuausgabe von H. Floerke. München 1911. Bd. V, S. 75, Fußnote 3.

[2] »Freilich hast du das vor dem Blinden voraus, daß du in deine Bücher hineingucken kannst, bis du genug hast; ich gebe sogar zu, daß du einige flüchtig überliest, wiewohl so schnell, daß die Augen den Lippen immer zuvorlaufen. Aber das ist mir noch nicht genug, und ich werde dir nie zugeben, daß du ein Buch gelesen habest oder lesen könnest, wenn du nicht alle seine Tugenden und Fehler kennst.« Ebd.

Diese einzelne Fußnote hat außerhalb der Wieland-Forschung Karriere gemacht. Zusammen mit einer Stelle Friedrich Nietzsches fungiert sie als Topos für das kulturhistorische Wissen um eine andere Form und Praxis des Lektüre, als es die Norm der Neuzeit darstellt.[3] Mehr noch: Sie konstituiert geradezu den allgemeinen Rahmen für die prominenteste Sicht auf die Geschichte des Lesens: Die »Alten« lasen für sich selbst laut, während der »moderne Mensch« – wie Nietzsche schreibt – seine »Ohren dabei ins Schubfach« gelegt hat.[4] Die Geschichte des Lesens verliefe also zwischen einem Anfang und einem Endzustand, laut und still, und sie verliefe als Entwicklungsgeschichte, als ›Ende der lauten Lektüre‹ oder als Entstehung und Verbreitung stiller Lektüre.[5] Dieses Modell ist zweifellos auch durch die (phonozentrische) Sicht auf die Entwicklung von oraler zu literaler Kultur beeinflußt.[6] Bewertungen tasten die Leitvorstellung der Entwicklungsgeschichte nicht an. Stilles Lesen kann als »Errungenschaft« des verinnerlichenden, verstehenden Lesens privilegiert oder als »Verlust der Sinnlichkeit« betrachtet, aber auch als »Metaphysik der stillen Lektüre« für phantasmagorische Effekte neuzeitlicher Diskurse zur Verantwortung gezogen werden.[7]

Wielands und Nietzsches Stellen bilden den Auftakt zu Josef Baloghs grundlegender Studie zur »Normalform« lauter Lektüre in der Antike.[8] Seitdem gelten die beiden Lektüretechniken laut und still als Leitbegriffe für die historische Veränderung des Lesens.[9] Das Modell dieses genetischen Paradigmas

---

3 Z. B. Manfred Günter Scholz: »Hören und Lesen. Studien zur primären Rezeption im 12. und 13. Jahrhundert«. Wiesbaden 1980, S. 15. Vgl. auch Erich Schön:»Verlust der Sinnlichkeit«, S. 104. Josef Balogh: »Voces Paginarum«, S. 84, zitiert die Stellen zuerst als Belege.

4 Friedrich Nietzsche: »Jenseits von Gut und Böse«, Nr. 247. Vgl. Kapitel II.2 dieser Arbeit.

5 Dem folgt z. B. auch Alberto Manguel: »Eine Geschichte des Lesens«.

6 Auf die Theorie der Entstehung literaler Gesellschaften und die Differenzen zwischen Parry, Lord, Havelock, Ong, Goody und Watt kann hier nicht eigens eingegangen werden. Vgl. nur Heinz Schlaffer: »Einleitung«. In: Goody, Watt, Gough: Entstehung und Folgen der Schriftkultur. Frankfurt a. M. 1986, S. 7–23. Eine kritische Perspektive bietet Paul Goetsch: »Der Übergang von Mündlichkeit zu Schriftlichkeit«. In: Symbolische Formen – Medien – Identität. Hg. v. W. Raible. Tübingen 1991, S. 113–130.

7 Die Anspielungen beziehen sich auf R. Chartier: »Lesewelten«, S. 159, auf E. Schön und auf Friedrich A. Kittler: »Aufschreibesysteme«, S. 73.

8 J. Balogh: »Voces Paginarum«, S. 84ff.

9 Wie verbreitet diese Ansicht ist, kann man etwa anhand J. L. Borges Essay »Vom Bücherkult« (1951) sehen, der diese weiter verbreitet haben dürfte. Borges versammelt u. a. die kanonische Stelle Augustinus Wundern über Ambrosius stille Lektüre wie auch einen Verweis auf Lukians Schelte. Vgl. Jorge Luis Borges: »Vom Bücherkult«. In: ders.: Inquisitionen. Frankfurt a. M. 1992, S. 122–127. Vgl. auch das Interview mit Oswaldo Ferrari »Über den Bücherkult«, in dem Borges die historische Veränderung stärker konturiert und zwar in der Form, die Wieland und Nietzsche vorgaben: »Ja, aber das verliert sich jetzt natürlich [die laute Lektüre von vor allem Lyrik], da ja die Menschen das Gehör verlieren. Leider sind heute alle imstande leise zu lesen, weil sie nicht mehr hören, was sie lesen; sie gehen direkt zum Inhalt des

von Geschichte, die Darstellung von Beginn, Verlauf und Entwicklung, Anfang oder Ende hat sich jedoch als problematisch erwiesen. Schon Balogh selbst signalisiert grundsätzliche Schwierigkeiten, für das ›Verstummen‹ des Lesens eindeutige Kriterien oder gar Daten festzulegen. Doch nachfolgende Studien entdifferenzierten seine Hinweise wieder zugunsten einer Entwicklungsgeschichte.[10] Der Übergang zur stillen Lektüre wird, wie gesagt, je nach Blickwinkel, für nicht weniger als vier Epochen in Anspruch genommen.[11] Während Forscher wie Roger Chartier für die Kontinuität der Praktiken lauter Lektüre optieren und so das ›Verstummen‹ weitgehend eliminieren, plädieren andere Forschungen inzwischen für eine sehr frühe Verbreitung stiller Lektüregewohnheiten.[12]

Offensichtlich korrespondieren Lektüretechniken nicht mit Epocheneinteilungen. Daher ist den historischen Aussagen über kulturelle Lektürepraktiken mehr Aufmerksamkeit zu widmen. Anders gesagt: Sie sind nicht einfach zu lesen. Sie zeigen ein kompliziertes Verhältnis von Wiederaufnahme kulturhistorischen Wissens und dessen Umfunktionalisierung innerhalb ihres eigenen historischen Kontextes.

Laut und still selbst auf die Epochen von Antike und Moderne zu applizieren, verdeckt vorschnell das Besondere der Beobachtung Wielands. Es ist paradox: Einerseits gelingt es Wieland, anhand der Formulierung Lukians auf eine Lektürepraxis zu schließen, die zu seiner Zeit – darauf kommt es an – in einer völlig anderen Form institutionalisiert war. Zum anderen muß er zugleich die Funktion der antiken Lektürepraxis verkennen, indem er diese im zeitgenössischen Rahmen denkt.

Das Besondere der Fußnote liegt in den Worten, daß »*alle* Bücher, die einen Wert hatten« laut gelesen werden, so daß sich »mit bestem Grunde behaupten läßt, *alle* Dichter und überhaupt *alle* Schriftsteller von Talent und Geschmack müssen laut gelesen werden«. [Herv. MB] Allein die universale Anwendung lauten Lesens – jenseits von Situation und Lesestoff – stellt die vergessene Seite der Lektürepraxis dar. Denn laute Lektüre von Versdichtungen und Lyrik

---

Textes über.« Siehe Borges/Ferrari: »Lesen ist denken mit fremden Gehirn. Gespräche über Bücher & Borges«. Zürich 1990, S. 84–94. Hier: S. 94.

10 Am deutlichsten transformiert Hajdu die bei Balogh recht offen gelassene Folgerungen in einen linearen Verlauf. Vgl. H. Hajdu: »Lesen und Schreiben im Spätmittelalter«, S. 46ff.

11 Vgl. oben Kapitel I dieser Arbeit. Obwohl Erich Schön die »verlorenen Funktionen« des lauten Lesens als Funktionswandel gut konturiert, verfällt er letztlich doch der Rede von einem »Ende«, statt konsequenterweise den Funktionswandel in das Zentrum des »Mentalitätswandels« zu stellen.

12 Paul Saenger zeichnet die Linie stiller Lektüre ab dem 7. Jahrhundert. P. Saenger: »Manières de lire médiévales«, S. 131–141. Ivan Illich legt an Hugo von St. Victors »Didascalion« die religiösen Funktionen stiller Lektüre im 11. Jahrhundert ausführlich dar. I. Illich: »Im Weinberg des Textes. Als das Schriftbild der Moderne entstand. Ein Kommentar zu Hugos ›Didascalion‹«. Frankfurt a.M. 1991.

ist (gerade) zur Zeit Wielands eine wohlbekannte, beliebte und verbreitete Form des Lesens. Klopstock erfreute sich einer ausgedehnten, geradezu ritualisierten gemeinschaftlichen wie privaten Lektüre in diesem Sinne.[13] Mindestens seit Francesco Sacchinis Lesepropädeutik von 1614 aber ist die Differenzierung von lauter und stiller Lektüre auf die Gattungsunterscheidungen von Vers- und Prosaschriften kanonisch geworden.[14] Wieland erkennt anläßlich Lukians Schelte, daß die Beschränkung lauter Lektüre auf Lyrik oder Verse keinerlei Fundierung in der Sache selbst haben kann. Folglich gilt ihm lautes Lesen als Rezeption aller Bücher von Wert als »indispensabel«.

Doch Wieland gibt als Funktion der lauten Lektüre etwas als »in der Natur der Sache begründet« an, das eine spezifisch moderne Differenzierung darstellt: Man muß die Schriftsteller von Geschmack laut lesen, »wenn nicht die Hälfte ihrer Schönheiten für den Leser verloren gehen soll«.[15] Genau diese Unterscheidung – zwischen ästhetischem Potential der Texte und ihrer inhaltlichen Information über die ›Sachen‹ – kannte das antike Konzept des lauten Lesens nicht. In ihm fallen Verständnis und Artikulation notwendig zusammen.[16] Nur unter den Vorzeichen stiller Lektüre, die per se als Verstehen gilt, indem sie ›das Ganze‹ des Textes in Betracht zieht, kann lautes Lesen als Wert einer Form, welche die »Hälfte der Schönheiten« nicht verlieren läßt, gedacht werden. Voraussetzung wiederum für die Erfassung des Zusammenhangs des Ganzen eines Textes aber ist eine ganze andere Lektüretechnik, nämlich das beschleunigte Lesetempo, das sich von der (im Unterricht vorgeschriebenen) Lektüre kanonischer Stellen löst und statt der verweilenden Erklärung jeder Stelle den Text als Ganzes durchliest.

1.1. Laut Lesen ist nicht gleich laut Lesen

Das von Wieland vertretene Konzept lauter Lektüre als Mobilisierung von wirkungsästhetischen Potentialen der Texte steht neben einer anderen ungleich wirkungsmächtigeren Hochschätzung der Artikulation. Damit beginnen die Differenzierungen innerhalb dessen, wofür lautes Lesen stehen kann. Gemeint

[13] Vgl. Richard Alewyn: »Klopstocks Leser«. In: Fs. Rainer Gruenter. Hg. v. B. Fabian. Heidelberg 1978, S. 100–121.

[14] P. Sachini [d.i. Franceso Sacchini]: »Über die Lektüre, ihren Nutzen und die Vortheile sie gehörig anzuwenden. Nach dem Lateinischen des P Sachini teutsch bearbeitet und mit einem Anhange begleitet von Hermann Walchner«. Karlsruhe 1832, S. 38–51. Vgl. auch E. Schön: »Verlust der Sinnlichkeit«, S. 99f.

[15] Obwohl Wieland sich hier auf »alle Schriftsteller von Talent« bezieht, gilt dies natürlich für »alle Dichter« insbesondere. Denn die »dem Ohre gefällige[n] Eurythmie und Singbarkeit« sind Werte, »wovon ganz gewiss kein geringer Theil des Vergnügens abhängt« und zwar auch für Leser, die der Prosodie »ganz unkundig sind.« So Wieland in der Vorrede zur »Idris und Zenide« in der Ausgabe letzter Hand: C 17, S. 5. Zur Notation der Wieland-Ausgaben vgl. das Literaturverzeichnis.

[16] Dazu genauer Kapitel III.1 dieser Arbeit.

ist hier ein Konzept, das aufgrund einer bestimmten Theorie der Sprache die laute Lektüre als generell privilegierte Form des Lesens ansehen läßt, nämlich als ›lebendige Rede‹. Klopstock schreibt in seiner Empfehlung, (seine) Lyrik laut zu lesen: »Wird das Gedicht nicht gesprochen; so seht ihr die Seelen nicht, denen / Inhalt, treffendes Wort mir zu erscheinen gebot.«[17] Klopstocks Worte stehen in der Tradition, die laute Lektüre als Vermittlung über die Ohren als Zugang zu einer Innerlichkeit, ein wie auch immer Sehen der Seelen, in Rechnung stellt.[18] Nicht wirkungsästhetisches Potential als ›Schönheit‹ der Texte ist hier Funktion des lauten Lesens, sondern die Artikulation führt zugleich zu einer direkten Anschauung der im Text kodierten ursprünglichen Empfindungsqualitäten und Intentionen. Entscheidend ist, daß die unreflektierte Hierarchie zwischen Sprache und Schrift das laute Lesen immer wieder als Ideal denken kann, nämlich als Situation idealer Kommunikation.

Der Einklang, die ideale Abbildungsrelation durch die Schriftzeichen hindurch, basiert auf einer Sprachtheorie, die Jacques Derrida als *die* Epoche der westlichen Zivilisation unter den Namen des »Phonozentrismus« gestellt hat. Möglich ist der Zugang zu den Seelen, zum Geist, zu Gefühlen, zur Intention des Autors – wie auch immer die Verbindung vom Leser durch die Schrift hindurch zu einer ursprünglichen Bedeutung genannt wird – allein durch eine strikte Hierarchie der Zeichen. Die empirische Schrift stellt nur die äußeren Zeichen dar, während diese selbst auf innere Zeichen der Seele weisen. Während die Schrift als »Zeichen des Zeichens« jedoch als defizitär gedacht wird, unterhalten die inneren Zeichen, für die die ›lebendige‹ Stimme steht, ein ideales Abbildungsverhältnis zu den Stimmungen der Seele. Dieses Modell findet sich programmatisch bei Aristoteles formuliert. Nach Aristoteles ist »das in der Stimme Verlautende [das] Zeichen für die in der Seele hervorgerufenen Zustände und das Geschriebene Zeichen für das in der Stimme Verlautende«.[19]

Die These Derridas, der Logo- bzw. Phonozentrismus sei, indem das »Wesen der *phone*« unmittelbar auf das, »was im ›Denken‹ als Logos auf den ›Sinn‹ bezogen ist«,[20] das eine totalitäre System der westlichen Zivilisation, braucht an dieser Stelle nicht erörtert zu werden.[21] Entscheidend sind hier – gleich ob Variation desselben Modells oder Alternativen, die nicht auf Phonozentrismus basieren – die Unterschiede in den Konzepten von Lektüre.

---

[17] Friedrich Gottlieb Klopstock: »Epigramme«. (1797) In: ders.: Werke und Briefe. Hist. Krit. Ausgabe. Abt. Werke. Bd. 2. Berlin, New York 1982, S. 40.

[18] Vgl. dazu Robert Stockhammer: »Leseerzählungen«, S. 64 mit Verweis auf Diderots Art. »Lecture« in der »Encyclopédie«, Bd. IX, S. 336.

[19] Aristoteles: »De interpretatione«, I,16 a3. Zitiert nach Jacques Derrida: »Grammatologie«. Frankfurt a. M. 1974, S. 24ff.

[20] Ebd.

[21] Zur Auseinandersetzung mit Derrida und der Suche nach Schriftkonzepten in den Traditionen vgl. »Schrift«. Hg. v. H. U. Gumbrecht und K. L. Pfeiffer, München 1993.

Während Wieland die Funktion lauter Lektüre auf ›Schönheiten‹ begrenzt, ihr also gar keine ›tiefere‹ Erkenntnis zuschreiben kann,[22] lassen sich zahlreiche ›Stimmen‹ zitieren, die das Ohr als Zugang in das »Innere der Gegenstände«, in die »erste ideellere Seelenhaftigkeit«[23] dem Auge entgegensetzen und laute Lektüre als Abbildung der Empfindungen der Seele ansehen. Diese ›Sagkraft‹ der Texte wird bis heute gerne durch ein »sinnerfassendes Lesen« gerettet, das sich als »Rückübersetzung« der »Entfremdung« durch die Schriftzeichen versteht.[24] Doch bei aller Evokation des Wertes lauter Lektüre für die ›Sinnentnahme‹ aus Texten, wird hier nicht mehr klar zwischen realem laut Lesen und ›innerem Sprechen‹ in der stillen Lektüre unterschieden. Das Ideal der Verlebendigung durch Klang und Stimme hat sich von seiner Praxis als lauter Lektüre gelöst. Übriggeblieben ist lediglich eine heute nicht mehr zu haltende Einstellung, Sprache sei gesprochene Sprache und Schrift nur ein Gefäß, das durch die Transformation einer ›verlebendigenden‹ Lektüre seinen ursprünglichen Sinn als Präsenz wieder unverstellt entfalten soll.[25]

Die Traditionen mischen und verwirren sich. Laute Lektüre als Ideal des wahren Verstehens steht neben lautem Lesen als Verhinderung des Verstehens. Entscheidend ist, daß nicht die Technik der Lektüre per se ihre Funktion bestimmt, sondern daß beobachtet werden muß, aufgrund welcher Konfigurationen und impliziten Voraussetzungen das Lesen auf bestimmte Ideale verpflichtet werden kann.

Heute ist man übereingekommen, daß reales lautes Lesen Verstehen eher behindert als fördert. Erich Schön kommt zu dem Schluß, daß es beim lauten Lesen nur um die Wiederholungslektüre bekannter Texte oder um Texte, auf deren Verstehen man verzichtet, gehen kann, wobei beides in einer Bewegung verschwinde:

> Das laute Lesen und die Wiederholungslektüre gehören ebenso zusammen, wie beider Verschwinden *eine* Bewegung ist. Laut Lesen ist also eine das Verstehen, die Ratio ausschaltende, oder doch zurückdrängende Rezeptionsform [...] eine Technik zur Stei-

---

[22] Gemäß der schulphilosophischen Grundlegung der Ästhetik ist die Wahrnehmung von Schönheit ja notwendig die ›undeutliche‹ Vorstellung einer Vollkommenheit, d.h. klar, aber nicht unterschieden, i. U. zur wissenschaftlichen Erkenntnis, die sie deshalb auch zerstört.

[23] So Hegel in seiner *Ästhetik*. Zitiert nach Derrida: »Grammatologie«, S. 26.

[24] »Alles Schriftliche ist, wie wir sagten, eine Art entfremdete Rede und bedarf der Rückverwandlung der Zeichen in Rede und in Sinn.« Hans-Georg Gadamer: »Wahrheit und Methode«. Tübingen [5]1986, S. 397. Ähnlich ders.: »Rhetorik und Hermeneutik«. Göttingen 1976, S. 10ff.

[25] Dazu ausführlich Hugo Aust: »Lesen. Überlegungen zum sprachlichen Verstehen«, S. 50–93. Aust kommt auf völlig andere Weise als Derrida zur *Unhaltbarkeit* der skizzierten Position. Zu den psychologisch-physiologisch orientierten Theorien über lautes und stilles Lesen sowie ›innerem‹ Sprechen vgl. neben der Literatur bei Aust auch das ältere Standardwerk von E. J. Gibson und H. Levin: »Die Psychologie des Lesens«. Frankfurt a.M. 1989. Hier: S. 176ff. und S. 289ff.

gerung des Rezeptionserlebnisses und nicht zur Förderung des Sinnverstehens, sondern zur Erhöhung der sinnlichen Kraft des Leseeindrucks.[26]

Diese Wertungen verdecken jedoch Funktionen, die laute Lektüre im rhetorischen System der Antike übernehmen konnte. Sie sind in sich historisch. Schöns Position ist implizit abhängig von der Gattungsunterscheidung zwischen Prosa und Lyrik. Denn nur vor dem Hintergrund einer als Verstehen gewerteten stillen Lektüre kann lautes Lesen als Behinderung gewertet werden. Wie schon Lukians Schelte des Büchernarren zeigt, galt in der Antike das Umgekehrte. Andererseits stützt sich Schön – indem er lautes Lesen als Hingabe an den Text mit Wiederholungslektüre und Auswendiglernen koppelt – auf die Darstellung Engelsings, die im ›Verschwinden‹ der ›intensiven‹ Lektüre, d. h. der immer erneuten Lektüre ein und derselben Texte, eine ›Leserevolution‹ sieht. Es darf jedoch nicht übersehen werden, daß gegen Ende des 18. Jahrhunderts der lauten Lektüre als pädagogischem Mittel nach wie vor eine Zentralstellung eingeräumt wird, und zwar als Form sowohl für intellektuelle wie auch für sinnliche Funktionen.

In einer Schulrede von 1796 legt der Schulinspektor Johann Gottfried Herder den Wert des lauten Lesens unmißverständlich als Übung, als *Exercitatio* dar. Gerade weil Rede und Sprache Herder als Bildung überhaupt gelten, muß der mündliche Ausdruck sorgfältig gelehrt und gelernt werden. Das Reden soll weder gekünstelt, noch strenge Nachahmung sein, sondern natürlich, verständig und aufrichtig: »Wahrheit, Wahrheit bilde unsern Ausdruck auch im Ton der Stimme«. Und genau dazu ist für Herder lautes Lesen die perfekte Übung:

> Lesen heißt diese Übung; aber ein Lesen mit Verstande und Herz; ein Lesen im Vortrage jeder Art; und neben ihm eigene Komposition und ein lauter lebendiger Vortrag. Dies ist die Schule, in welcher die Rede der Menschen gebildet und geübt wird [...]. Das Lesen, ein lautes Lesen der besten Schriften in jeder Art des Vortrags, Erzählung, Fabel, Geschichte, Gespräch, Selbstgespräch, Lehre und Lehrgedichte, Epopöen, Oden, Hymnen, Lust- und Trauerspiele in Gegenwart andrer oder mit andern, ohne Zwang in der natürlichen Art giebt der Rede sowohl als der Seele selbst eine große Vielförmigkeit und Gewandheit.[27]

---

[26] E. Schön: »Verlust der Sinnlichkeit«, S. 109. Schön stützt sich hier auf Balogh: »Voces Paginorum«, S. 108, der allerdings auch nur seine eigene, moderne Überzeugung zum Ausdruck bringt. Schön verweist kurz auf die oben skizzierte Tradition lauter Lektüre als ideale Lektüre, sieht aber in den Metaphern des ›Kostens‹ und ›Speisens‹ nur die sinnliche Konnotation. Für ihn besteht die Funktion des lauten Lesens darin, »sich in bewußter Auslieferung an das movere dem Text anzupassen«, die mit dem lauten Lesen verloren gehe.

[27] Johann Gottfried Herder: »Von der Ausbildung der Rede und Sprache in Kindern und Jünglingen«. (1796) In: J. G. Herders Pädagogische Schriften und Äußerungen. Hg. v. H. Keserstein. Langensalza 1902. Hier: S. 56f. (Der Text folgt der Suphan-Ausgabe). Auch Johann Heinrich Campe notiert unter dem Stichwort »Lesekunst« noch ›declamatorik‹: die Kunst richtig und schön zu lesen und vorzutragen. Vgl. hier: Art. »Lesekunst«. In: Deutsches Wörterbuch von Jacob und Wilhelm Grimm. Bd. 12. Reprint München 1984, Sp. 773.

Durch laute Lektüre werden »Ohr, die Zunge, das Gedächtnis, die Einbildungskraft, der Verstand und Witz« geübt.[28] Die Kultur lauten Lesens – er verweist auf die Griechen und Römer – gilt Herder als Vorbild für eine optimale Aneignung ebenfalls aller Texte, sowohl ihrer Inhalte wie ihrer Formen:

> Dies laute Lesen, Auswendiglernen, Vortragen bildet nicht nur die Schreibart, sondern es prägt die Formen der Gedanken ein und weckt eigne Gedanken, es giebt dem Gemüt Freude, der Phantasie Nahrung, dem Herzen einen Vorgeschmack großer Gefühle und erweckt, wenn dies bei uns möglich ist, einen Nationalcharakter.[29]

Herders Schulrede hält den Wert lauten Lesens weiterhin hoch. Konserviert sich derart ein Wissen in Schulreden und -programmen,[30] darf man für die allgemeine Praxis der Leser durchaus annehmen, daß ihre gemeinsame laute Lektüre nicht mit diesen hohen Idealen besetzt ist.

Entscheidend aber ist die Differenzierung der Lektüretechniken auf die Gattungen von Poesie und Prosa. Das zeigt auch ein Blick in »Die Kunst, Bücher zu lesen« (1799) des Kantianers Johann Adam Bergk. Obwohl auch Bergk bezüglich lauter Lektüre schreibt, daß der Leser »bei dieser Art von Lektüre in den Sinn des Buches tiefer eindringen muß und jeder Empfindung ihren Ton zu geben sucht«,[31] wiegt die Gattungsunterscheidung zwischen ›sinnlichen‹ und ›intellektuellen‹ Texten diese Funktion vollkommen auf. Die Folge ist nicht nur implizit, daß als Verstehen nur stille Lektüre gelten kann, sondern ein explizites Verbot lauter Lektüre für Texte, welche vor allem verstanden werden sollen. Anders gesagt: Kant soll nicht laut gelesen werden. Denn

> Philosophische Schriften dürfen nicht laut gelesen werden, weil uns das Vernehmen der Töne an dem Uiberschauen [sic] des Ganzen hindert. Wir vergessen, was wir gelesen haben, und denken immer nur an das, was gegenwärtig ist. Wir können daher weder die Folgerichtigkeit, noch die Wahrheit der behaupteten Säzze prüfen.[32]

Die Begründung ist stichhaltig. Hier kommt allerdings die neue Unterscheidung zur Anwendung, die den Wert der Unterscheidung laut und still ersetzt. Das »Uiberschauen des Ganzen« stellt ein neueres Ideal der Lektüre dar. Die Erfassung des ›Ganzen‹ setzt die schnellere Lesung voraus. Erst unter diesen Vorzeichen muß lautes Lesen dem so verstandenen Verstehen als hinderlich erscheinen. Während Lukian eine Lektüre, die schneller als die Zunge vorgeht, verdammt, verwirft Bergk die Nützlichkeit lauter Lektüre für philosophische Texte aufgrund der Langsamkeit, die unter dem Ideal des Zusammenhangs des Ganzen zur Behinderung wird. Genau hier – im Kontext der Substitution des alten Paares laut/still durch das neue Paar schnell/langsam als für Pädagogik

[28] J. G. Herder: »Von der Ausbildung der Rede und Sprache«. Ebd., S. 57.
[29] Ebd.
[30] Vgl. etwa auch Herders: »Von Schulen als Übungsplätzen der Fähigkeiten der Seele«. (1799) Ebd., S. 63.
[31] J. A. Bergk: »Die Kunst, Bücher zu lesen«. Jena 1799, S. 69.
[32] Ebd., S. 72.

und Literatur relevante Lektüretechniken im 18. Jahrhundert – ist Wielands eigentlicher Beitrag zur ›inneren‹ Geschichte des Lesens zu sehen. Die Fußnote zur lauten Lektüre der Alten ist tatsächlich nur eine Marginalie, da längst andere Parameter entscheidend geworden sind.

1.2. Ein kurzer Blick auf Wielands ›Lesepoetologie‹

Der Göttinger Philologe Johann Matthias Gesner hatte 1735 mit der Unterscheidung zwischen *cursorischer* (durcheilender) und *statarischer* (verweilender) Lektüre die traditionelle Form der Schullektüre (und des gelehrten Lesens) vollständig verlassen und ein äußerst erfolgreiches Lektürekonzept vorgestellt.[33] Unter den Vorzeichen dieser Unterscheidung von Lektüretempi zeigt sich Wielands *Don Sylvio* als ein besonderer Text zur ›inneren‹ Geschichte des Lesens. Denn die Schwärmerei, welcher der jugendliche Leser Don Sylvio durch die Lektüre von Feenmärchen verfällt, resultiert weder aus einer anthropologischen Disposition, noch aus dem Modell der Temperamentenlehre wie im *Don Quixote*, sondern aus einem unreflektierten Wechsel der Lektüretechniken. Don Sylvio geht von der gemeinsamen Lektüre gelehrter Folianten – laut und langsam – zur ›einsamen‹, heimlichen Lektüre von Feenmärchen über. Das Entscheidende aber ist, daß er – wie der Text explizit notiert – mit dem Wechsel des Lesestoffes die *Lektüregeschwindigkeit* steigert, indem er die kurzen Hefte in einem Zug durchliest. Die Schwärmerei, als Verwechslung der gelesenen Fiktion mit der zu lebenden Wirklichkeit, resultiert aus dem Effekt einer schnellen kontinuierlichen Lektüre, ein Durchlesen, die das ›Ganze‹ als in sich konsistente Illusion auferstehen läßt.

Resultiert aus keiner der im Roman zahlreich vorgeführten Leseeinstellungen ein Vorbild für die Lektüre des Romans selbst, so kann dieses in der nicht bezeichneten Seite des kursorischen Lesens, im reflektierenden Anhalten oder Verweilen der Lektüre, gesehen werden. Der zeitgenössische Leser, liest Romane ›durcheilend‹ wie Don Sylvio. Was (auch) er nicht berücksichtigt, ist Gesners komplementäre Lektüretechnik: Das Ein- oder Anhalten an bestimmten Stellen. Die ausführliche Interpretation des *Don Sylvio* wird zeigen, daß der Text in seiner formalen und inhaltlichen Struktur immer wieder Signale zur statarischen Lektüre gibt.[34] Der *Don Sylvio* zeigt eine Reflexion auf die Relevanz von Lektüretechniken, die es erlaubt, den Roman als einen zeitgenössischen Ort der Lesetheorie anzusehen.

Unter der Fragestellung: ›Lesen historisch?‹, können Wielands Texte als Reflexion auf die Kommunikationsbedingungen des entstehenden Literatursy-

---

[33] Detlev Kopp und Nikolaus Wegmann: »Das Lesetempo als Bildungsfaktor? Ein Kapitel aus der Geschichte des Topos ›Lesen bildet‹«. In: Der Deutschunterricht IV (1988), S. 45–58. Ausführlich Kapitel III.3 dieser Arbeit.

[34] Vgl. Kapitel IV.1.

stems des 18. Jahrhunderts gelten. Indem Wieland die Abhängigkeit der Literatur von der Art der Lektüre reflektiert, konzipiert er eine *Lesepoetologie*. In einer solchen werden dem Leser nicht mehr normative Anweisungen gegeben wie er sich zu verhalten habe, sondern vielmehr werden ihm verschiedene Lektürepraktiken vorgeführt, die er vergleichen kann und muß, um daraus für sein eigenes Verhalten (eigene) Schlüsse zu ziehen.[35] Entscheidend ist, daß den empirischen Lesern geradezu programmatisch überlassen bleibt, wie sie den Text verarbeiten. Dies ist der Unterschied zu anderen diskursiven Formen der Behandlung von Lektüre, die Modelle ›richtigen‹ Lesens und vorbildlicher Literatur mehr oder minder normativ anweisen. Normative Anweisungen aber haben das Problem, daß die vorgeschriebene Anwendung kaum kontrolliert werden kann.

Die Freiheit des Lesers, die Wieland strapaziert, bedeutet eine hohe Anforderung. Daß aber Texte es explizit den Lesern überlassen, als was sie den Text nutzen oder sehen wollen – als Kunst oder Unterhaltung, als Erbauung oder Lehrbuch –, markiert eine Zäsur in der ›inneren‹ Geschichte des Lesens. Gerade die Einsicht in die Unmöglichkeit der Kontrolle von Lektüre könnte die Reflexion auf die Bedeutung von Lektüre motiviert haben. Wie kommt es zu dieser Enttäuschung? Dem sei in einem Exkurs anhand Wielands Einstellungen zur Lektüre nachgegangen, die sich von zeittypischen Vorstellungen geradezu zu einer Poetik der gezielten Enttäuschung des Lesers wandeln.

1.3. Reflexion des Lesens durch Kontrollverlust? Zu Wielands Lektüredidaktik der Enttäuschung

Der Kontrollverlust der Autoren über ihre Leserschaft dürfte gerade für den Roman eine der mächtigsten Motivationen gewesen sein, das Lesen unter den Bedingungen des anonym werdenden Massenmarktes zu reflektieren. Daß der Leser liest wie er will, wird zum zeitgenössischen Topos werden. Wieland läßt diese Freiheit die Figur eines Lesers der Figur eine Autors gegenüber aussprechen: »Leser: Aber Herr [Autor], das Etwas, das Sie von mir verlangen, mag so klein sein als es will, so müssen Sie wissen, daß ich allezeit der Mann bin, der es Ihnen versagen kann.«[36]

---

[35] Darauf weist schon die Erzähltechnik hin, im Text fiktionale Leser auftreten zu lassen. Diese Erzählform dient nicht nur einfach dazu, empirischen Lesern eine Instanz der Identifikation im Text anzubieten. Diese verbreitete Interpretation von *fiktionalen* Lesern (Figuren im Text als Leser) sowie *fiktiven* Lesern (Leseranreden, Erzähler-Leser-Gespräche im Text) greift zu kurz. Vielmehr ermöglicht die Darstellung von Lesern und ihrer Art des Lesens dem empirischen Rezipienten eine Beobachtung der Voraussetzungen und Folgen aus den je konkret dargestellten Einstellungen zu Text und bezeichnet daher gerade die Differenz zwischen Lesern im Text und der empirischen Rezeption. Beobachtungstheoretisch muß man hier von einer Beobachtung des Beobachters sprechen.

[36] »Ein Gespräch zwischen Autor und Leser«. In: Wieland Werke. Göschen Bd. 36,

Dieser Kontrollverlust wird während des 18. Jahrhunderts zum Thema und stellt eine entscheidende Umorientierung auch in der ›inneren‹ Geschichte des Lesens dar.[37] Novalis wird diese Problematik der schriftlichen Kommunikation in zwei Aphorismen bündeln. Zum einen definiert er den Leser durch die Funktion eines »erweiterten Autors« und zum anderen liest dieser zweite Autor eben nicht in den Richtlinien des ersten, sondern gemäß eigener Vorgaben im Modus einer folglich als »freye Operation« zu charakterisierenden Form:

> Der Leser setzt den Accent willkürlich – er macht eigentlich aus dem Buche, was er will. [...] Es giebt kein allgemeingeltendes Lesen, im gewöhnlichen Sinn. Lesen ist eine freye Operation. Wie ich und was ich lesen soll, kann mir keiner vorschreiben.[38]

Ein kleiner Text Wielands im »Teutschen Merkur« zieht 1781 die Folgerung aus dieser Lage. Er fundiert geradezu nachträglich die ironische Form der Leselenkung in Wielands Romanen. Der Text nennt sich eine »Anekdote« und trägt den Titel »Wie man liest«.[39] Die Anekdote selbst handelt von Rousseaus *Heloise*, in der angeblich der Selbstmord gerechtfertigt wird. Dem ist so, wenn man nur einen einzelnen Brief St. Preux' – ohne Kontext der vorangehenden und folgenden Briefe – herausgreift. Diese Anekdote berichtet Wieland jedoch nur, um allgemein das Unglück, falsch gelesen zu werden, aufzuzeigen sowie um »meine Leser zu eignem beliebigen Nachdenken« anzuregen. Doch auch diese eigene ›lehrreiche‹ Anekdote kennzeichnet Wieland schon im vorhinein als »vorläufige und vergebliche«. Zunächst gibt er einen summarischen Überblick über das Unglück der Autoren, d. h. eine Liste falscher Lektürehaltungen:

> Das Unglück – obenhin, unverständig, ohne Geschmack, ohne Gefühl, mit Vorurteilen, oder gar mit Schalksaugen und bösem Willen gelesen zu werden – oder, bloß zum Zeitvertreibe auch wenn dies gar nicht der Zwek des Autors ist – oder zur Unzeit, wenn der Leser übel geschlafen, übel verdaut, oder unglücklich gespielt, oder sonst Mangel an Lebensgeistern hat: – oder gelesen zu werden, wenn gerade dieses Buch unter allem möglichen sich am wenigsten für ihn schickt, und seine Sinnesart,

---

S. 342. Die Autorschaft Wielands ist nicht geklärt, aber es handelt sich – als Beitrag zum »Teutschen Merkur« – zumindest um einen Text aus dem näheren Umfeld Wielands.

37 Zum Zusammenhang von moderner Autorschaft und Unsicherheit Herbert Jaumann: »Emanzipation als Positionsverlust. Ein sozialgeschichtlicher Versuch über die Situation des Autors im 18. Jahrhundert«. In: LiLi 11 (1981), H. 46, S. 64–72. Den Kontext von Orientierungsverlust der Autoren durch die Auflösung gelehrter Kommunikationsformen beleuchtet Kerstin Stüssel: »Poetische Ausbildung und dichterisches Handeln: Poetik und autobiographisches Schreiben im 18. und beginnenden 19. Jahrhundert«. (= Communicatio Bd. 6) Tübingen 1993.

38 Novalis: »Teplitzer Fragmente«, Nr. 79. In: ders.: Werke, Tagebücher und Briefe. Bd. 2. Hg. v. H.-J. Mähl und R. Samuel. München 1978, S. 398.

39 Wieland: »Wie man liest. Eine Anekdote«. In: Teutscher Merkur I, 1781, S. 70–74. Alle folgenden Zitate ebd. Der Text findet sich ebenfalls in: AA, I,22, S. 267–269. Der Wortlaut des Textes weicht von dem der Göschen-Ausgabe erheblich ab. Vgl. Wieland: »Werke«. Göschen Bd. 36, S. 337–340.

> Stimmung, Laune, mit des Autors seiner den vollkommensten Contrast macht – das Unglück so gelesen zu werden, ist, [...] keines von den geringsten [...].[40]

Der Zusammenhang des Werkes sei allein maßgebend für dessen Beurteilung. Dieser Anspruch fordert eine hohe Aufmerksamkeit und läßt sich nicht erzwingen: »Geduld und Nachsicht ist alles, was man für dergleichen Arbeiten verlangen und nicht mehr, als man von billigen Lesern hoffen kann.«[41]

Doch das ist nicht wenig. Der Begriff der ›Billigkeit‹, aus der Tugendlehre und Rechtstradition in die allgemeine Hermeneutik einfließend, bezeichnet eine ebenso gunstvolle wie flexible Haltung, welche bereit ist, sich auf Überraschungen einzulassen, auch wenn diese von den eigenen Normen oder Gewohnheiten abweichen. Maßstab ist ein Kredit zugunsten der »Klugheit des Urhebers«.[42] Vor allem sind außerliterarische Funktionalisierungen sowie Ablenkungen nicht erlaubt, aber genau diese können vom Text selbst nicht verhindert werden. Im ersten Kapitel der »Geschichte der Abderiten« (1774) wird dem Leser genau diese Leseanweisung mitgeteilt: Wenn sie anderes zu tun hätten, sollten sie es tun: »In Gottes Nahmen! Studiert, besucht, referiert, recensiert, übersetzt, kauft und freyet!« Aber lest dann nicht, ließe sich einfügen, denn:

> Beschäftigte Leser sind selten gute Leser. Bald gefällt ihnen alles, bald nichts; bald verstehen sie uns halb, bald gar nicht, bald (was noch schlimmer ist) unrecht. Wer mit Vergnügen und Nutzen lesen will, muß gerade sonst nichts andres zu thun noch zu denken haben.[43]

---

40 Wieland: »Wie man liest«, S. 70f. Solche Listen des Fehlverhaltens sind nicht selten gewesen z. B. bei Jean Paul.

41 Ebd.

42 Vgl. K. H. Sladeczek: Art. »Billigkeit«. In: Historisches Wörterbuch der Philosophie. Hg. v. J. Ritter, Bd. I. Basel 1971, Sp. 939–943. Zur »hermeneutischen Billigkeit« vgl. vor allem Georg Friedrich Meier: »Versuch einer allgemeinen Auslegekunst«. Halle 1757. Neudruck Düsseldorf 1965, § 39 bzgl. »natürlicher Zeichen«. Bezüglich der »willkührlichen Zeichen« heißt es in § 89: Der Ausleger muß »bey der Auslegung willkührlicher Zeichen billig seyn«, d. i., »durch die Neigung desselben, diejenige Bedeutung willkührlicher Zeichen für hermeneutisch wahr zu halten, welche mit der Klugheit des Urhebers der Zeichen am besten übereinstimmt, bis das Gegentheil erwiesen wird.« Die »Neigung« des Auslegers oder Lesers wird mit »Liebe« präzisiert. Vgl. auch § 90 zur »Scheinbilligkeit« sowie §§ 91, 92 zur »Unbilligkeit« der Ausleger.

43 Wieland: »Geschichte der Abderiten«, I,1. In: C 19, S. 6. Die Auseinandersetzung, die Wieland im »Teutschen Merkur« aufgrund der Rezeption der *Abderiten* führt, bedürfte einer eigenen Arbeit. Wieland wirft seinen Lesern die unzulässige Referentialisierung seiner ironischen Darstellung vor. Die vor allen in den ersten beiden Büchern allgegenwärtige Ironie untergräbt jeden Versuch einer referentiellen Deutung. Weder der Erzähler, noch Demokrit können noch wörtlich gelesen oder verstanden werden. Dabei werden die Abderiten selbst zur Metapher des Lesers, eines negativen Ideallesers, der immer falsch (referentiell) liest. Vgl. die »Varianten und Ergänzungen zur Geschichte der Abderiten« im »Teutschen Merkur« 1774–1780, abgedruckt in: Wieland: »Werke« 1964, Bd. 2. Hier: S. 742–752.

Die Leserlenkung des Textes ist jedoch immer nur eine potentielle. Sie ist nie gesichert. Der Leser liest, wie er will.

> Der Autor und sein Buch werden, mit Urtheil und Recht, aber nach eben so seinen Grundsätzen, nach einer eben so tumultarischen und albernen Art von Inquisition, kurz mit eben der Iniquität oder Sancta Simplicitas verdammt, wie ehmals in ganz Europa, und noch heutigen Tages in einigen hellen Gegenden unsers lieben teutschen Vaterlandes – die Hexen verbrannt werden.[44]

Die Gründe dafür aber seien allein in der Art des Lesens zu finden:

> Die Art, wie die meisten lesen, ist der Schlüssel zu allen diesen Ereignissen, die in der literarischen Welt so gewöhnlich sind. Wer darauf Acht zu geben Lust oder innern Beruf hat, erlebt die erstaunlichsten Dinge in dieser Art.[45]

Was kann man dagegen nun tun? Wielands Antwort ist ironisch und pessimistisch zugleich. »Gansköpfe« seien unbelehrbar. Einwürfe eines fiktiven Lesers, der nach Auswegen und Mitteln fragt werden dreimal mit »Nichts!« beantwortet. Die *Anekdote* endet nicht mit einer Lesepädagogik, sondern mit einem Wunsch: »Mit den Autoren ist kein Mitleiden zu haben – und den Lesern ist nicht zu helfen. Aber gleichwohl wäre zu wünschen, daß die Leute besser lesen lernten.«[46]

Dies mag als die berühmte Skepsis Wielands abgetan werden. Sie ist – unter dem Aspekt der Lektüre als konstitutivem Teil von Literatur – jedoch nicht einfach die frustrierte Reaktion eines Autors, der seine Texte – trotz allem Erfolg – nicht adäquat rezipiert fand. Die Anekdote »Wie man liest« verweist vielmehr auf eine spezifische Form der Leserlenkung, die ihre Stärke in der Konfrontation mit und der gezielten Enttäuschung von vorgefaßten Erwartungen und Einstellungen zur Literatur sucht. Eine solche Einstellung reflektiert den Kontrollverlust angesichts einer allgemeinen Leserschaft als Publikum, das anonym und unkalkulierbar bleibt.[47]

Während der junge Wieland noch auf (empfindsame) Modelle setzte, welche die Möglichkeiten einer lehrhaften Vermittlung von Werten wie Tugend durch Literatur annahm[48], ändert sich diese Einstellung schon bald. Nur wenige Jahre

---

[44] Wieland: »Wie man liest. Eine Anekdote«. In: Teutscher Merkur I, 1781, S. 73f.

[45] Ebd.

[46] Ebd., S. 74.

[47] Vgl. dazu unten Kapitel IV.2.

[48] »Wir wollen sittenlehrer seyn, wir wollen empfindungen der religion und liebe zur tugend in unsern lesern erwecken« schreibt Wieland etwa im Vorbericht zu: »Der gepryfte Abraham«. (1753) In: AA I,3, S. 104. Vgl. auch den Brief vom 20.12.1751 an Bodmer, in: WBr 1, S. 25. In seinen Akademieplänen der Schweizer Zeit und den Züricher Privatunterweisungen mißt Wieland der Lektüre einen hohen Stellenwert zu. Zur Kritik an der gelehrten i. U. zur neuen Lektüre vgl. Wieland: AA I,4, S. 176f. Vgl. Fr. Sengle: »Wieland«, S. 68ff. Zur Schulpraxis der Zeit allgemein Georg Jäger: »Schule und literarische Kultur. Sozialgeschichte des deutschen Unterrichts an höheren Schulen von der Spätaufklärung bis zum Vormärz«. Bd. 1, Stuttgart 1981, S. 6–20 und S. 96–145.

später scheint er sowohl hinsichtlich seiner Berufung zur Pädagogik als auch hinsichtlich der Eignung von Literatur zur Verbreitung von Moral abgeklärter.[49] Zugleich mit der Abwendung von Bodmer und dessen rhetorisch ausgerichteten wirkungsästhetischen Vorstellungen zur Lektüre[50] signalisiert Wieland in der Vorrede zu »Araspes und Panthea« ein Abrücken vom Topos der lehrreichen Dichtung und stellt zugleich die Funktion des Lesens als zentrale Aufgabe denkbar offensiv in den Vordergrund. Um die überraschende Bewegung nachzuvollziehen, ist die Textstelle hier ausführlich zu zitieren:

> Soll ich noch etwas von der Absicht sagen, die ich bei Verfertigung dieses Stückes gehabt haben möchte? Einige werden mich einer ziemlich ernsthaften beschuldigen; andere werden aus dem scheinbaren Absatz desselben mit etlichen Arbeiten meiner jüngern Jahre, in denen ich bloß mein Herz reden ließ, liebreiche Schlüsse ziehen. Erfahrung macht behutsam. Seit dem ich die Welt und mich besser kenne, habe ich gefunden, daß es leichter sey, uns selbst zu verbessern als andere. Die Entwürfe, die Sitten der Völker zu verschönern, die Unschuld des goldnen Alters herzustellen, die Oran-Outangs zu Menschen und die Menschen zu Engeln zu erhöhen, sind gut, schön und erhaben. Sie zeugen, wenn sie von einem Jünglinge gefaßt werden, von der Güte seines Herzens; von einem Alten, daß er die Welt niemals anders als aus seiner Celle betrachtet habe. Seit dem Hermes Trismegistus, dem Zoroaster und Confucius arbeiten Legionen kleiner und großer Geister an diesem löblichen Werke, und die Würkungen ihrer Thaten füllen die Geschicht-Bücher. Der Ritter von Mancha zog durch Berge und Thäler, die bedrängte Unschuld zu schützen, allem Uebel zu steuern, Princessinnen zu entzaubern und die Riesen auszurotten. Seine Absicht war gut und sein Eifer löblich. Aber die irrende Ritterschaft hat ihre Unbequemlichkeiten, und man muß ein Held von einer besondern Composition seyn, um durch die Preller und die bezauberten Mohren nicht zur Ruhe gebracht zu werden. Nach diesen kleinen Abschweifung endige ich mit der Versicherung, daß ich bey Bekanntmachung dieses Gedichts keine andere Absicht habe, als gelesen zu werden; und dieses ist genug.[51]

---

[49] »Ehmals habe ich öfters gewünscht, mit jungen Kindern eine Probe meiner Education zu machen. Zuweilen habe ich gewünscht einen Prinzen zu erziehen. Itzt hat mich die Erfahrung vieles gelehrt daß ich vor 5 Jahren nicht wußte. Ich habe genug mit mir selbst zu tun etc.« Wieland an Zimmermann 5.12.1758 in: WBr 1, S. 392. Vor fast fünf Jahren nämlich hatte er noch werbend an den Abt Jerusalem in Braunschweig geschrieben: »Ich finde mich zur Unterweisung der Jugend so aufgelegt, daß ich nicht zu irren glaube, wenn ich sie für meine eigentliche Bestimmung halte.« WBr 1, S. 199, (14.4.1754). Zum Abt Jerusalem und die bedeutende Stellung des Braunschweiger Carolinums für die neue Pädagogik, vgl. G. Jäger: »Schule und literarische Kultur,« S. 18f., und ausführlich Isa Schikorsky: »Gelehrsamkeit und Geselligkeit. Abt Johann Friedrich Wilhelm Jerusalem (1709–1789) in seiner Zeit«. Braunschweig 1989.

[50] Vgl. Friedrich Schlegel: »Sich ›vom Gemüthe des Lesers Meister‹ machen. Zur Wirkungsästhetik der Poetik Bodmers und Breitingers«. Frankfurt a. M. u. a. 1986.

[51] Wieland: »An Herrn Bernhard Tscharner von Königsfelden«, (28.4.1760 datiert) Vorrede zu »Araspes und Panthea. Eine moralische Geschichte in einer Reyhe von Unterredungen«. Hier zitiert nach dem Erstdruck in: Wieland: »Der goldene Spiegel und andere politische Dichtungen«. Hg. v. Herbert Jaumann. München 1979, S. 834. Daß der Text eine Veränderung in der Leserlenkung darstellt zeigt Walter Erhart: »Entzweiung und Selbstaufklärung«, S. 29ff. Hier: S. 44ff. Erharts brillante Interpretation zeichnet die Linie vom frühen, empfindsamen Lektüremodell Wielands

Die Intention, durch Schrift die Menschheit zu bessern, ist in den Bereich der Schwärmerei gerückt. An die Stelle konkreter moralischer Vermittlungsabsichten tritt der Versuch, die Rezeption über Textmerkmale selbst anzuleiten. Hier ist noch nicht einmal die Rede vom ›richtigen‹ Lesen. Das Lesen selbst – »gelesen zu werden; und dieses ist genug« – wird zu Aufgabe und Ziel des Textes, sein Erfolg liegt in der Wiederholungslektüre.[52] Alles andere sind Anschlußhandlungen, die vom Autor nicht mehr zu kontrollieren und auch nicht zu verantworten sind.[53] Wenn aber literarische Texte keine ›guten‹ Vorbilder oder Handlungsanweisungen vermitteln, so doch Anleitungen zur Rezeption ihrer selbst. Das wird der *Don Sylvio* als erster Roman ausführlich umzusetzen versuchen.[54]

Eine Möglichkeit dieser Leserlenkung, die von Wieland eingesetzt wird, liegt darin, die Leser in ihren Erwartungen gezielt zu enttäuschen. Dies spricht die »Selbstanzeige« zum *Goldenen Spiegel* in der »Erfurtischen gelehrten Zeitung«[55] fast aggressiv aus. Kritik gilt zunächst einer falschen Lektürehaltung gegenüber der Gattung »vergoldeter« Fürstenspiegel, an denen das Gold mehr gelte, als ihre pragmatische Funktion. Wielands *Goldener Spiegel* soll dagegen das Korrektiv sein.[56] Doch Wieland verspricht dann keineswegs Vorbild-Funktionen für Erziehung und Regierungsgeschäft der Fürsten. Vielmehr prognostiziert die Selbstanzeige für alle vorweggenommenen drei »Gattungen von Lesern« die Enttäuschung ihrer Erwartungen:

> Da das Buch vornämlich dreyerley Gattungen von Lesern finden wird, so ist in Absicht ihrer auch ein dreyfacher Wunsch zu thun. Der Prinzenmentor lerne daraus die wichtigen Kapitel der Staatskunst vom Ursprung der Reiche, vom Luxus, von der Tyranney, von der Religion, von der öffentlichen Erziehung, von der Gesetzgebung u.s.f. deren er keines übergangen finden wird, (ausser daß sich in den Betrachtungen über die Religion einige Lücken finden) aus allgemeinen Spekulationen in praktische Wahrheiten verwandeln und spiegle sich an Danischmendens Beyspiele! Der gemeine Leser, der seine Hofnung, ein Mährchen von der gewöhnlichen Art zu finden, getäuscht sieht, schreibe seine Langeweile auf seinen Mangel an Patriotismus. Eine Anwendung auf sein eigen Vaterland sollte ihn nicht kalt lassen. Sollte endlich ein Schach auf die Gedanken kommen, es zu seiner Lektüre vor der Mittagsruhe zu machen, und dankbar die rührenden Stellen bezeichnen, wo ihm die Gedanken in Schlaf

als ideales Gespräch »empfindsamer Seelen« zu dessen Problematisierung als »Selbstaufklärung des einsamen Romanlesers« nach.

[52] Im *Agathon* stellt der Erzähler die Wiederholungslektüre explizit als potentiellen Erfolg des Textes heraus. Vgl. Wieland: »Geschichte des Agathon«. Editio princeps. Hg. v. K. Schaefer. Berlin 1961, XI,5, S. 408f.

[53] Vgl. dazu ausführlich Wieland: »Unterredungen mit dem Pfarrer von ***«. (1775) In: C 30, S. 428–528.

[54] Vgl. Kapitel IV.1.

[55] »Erfurtische gelehrte Zeitungen für das Jahr 1772«, S. 371f. (4.6.1772) Abgedruckt in: AA I,9, S. 324f.; Nachweis AA I,11, S. 55 nach Seuferts »Prolegomena« V, Nr. 185.

[56] Zum *Goldenen Spiegel* als politischer Dichtung vgl. vor allem Herbert Jaumans »Nachwort« in der von ihm besorgten Wieland-Ausgabe: Der goldene Spiegel und andere politische Dichtungen. München 1979, S. 859–889.

übergiengen (S. Wilhelmine [Thümmel], dritter Gesang), so möchten wir den etwanigen Entschliessungen, die es in ihm erwecke, eine etwas längere Dauer oder schnellere Vollziehung wünschen, als die von Schah-Gebal gehabt haben sollen.[57]

Der »gemeine Leser« findet keine vergnügliche Unterhaltung und der ernsthaft Interessierte soll sich an das Schicksal der Verbannung Danischmendes erinnern. Allenfalls der Fürst kann lernen, daß er entschlossen handeln muß, um seine Macht zu erhalten. Das ist wenig erbaulich. Die Lehre des *Goldenen Spiegels* ist Desillusion:

Mehr traurig als vergnügt werden alle drey Klassen von Lesern von dieser Lektüre zurückkommen über die Schwierigkeiten der Regierungskunst und über die schaudernden Folgen, welche die Fehler in deselben über das Geschlecht der Sterblichen verbreiten.[58]

Der kleine Text zeigt auch, daß Wieland nicht erst in der Anekdote »Wie man liest« keinen anderen Ausweg als Desillusionierung anerkennen kann. Die Haltung ist skeptisch. Dennoch verspricht die fiktionale Gestaltung mehr Aussicht auf Erfolg, als eine gelehrte Darstellung.

In seiner nachträglichen ›Vorrede‹ an die Leser rechtfertigt Wieland die poetische ›Einkleidung‹ des *Goldenen Spiegels* als »einer erdichteten Geschichte«. Dies sei für den angestrebten »gemeinnützlichen Zweck« geeigneter, als eine Belehrung »durch Personen und Begebenheiten, welche im eigentlichen Verstande historisch genannt werden könnten«.[59]

Zur Debatte steht der prekäre Vorzug der Fiktion als nützlichem Instrument einer Aufklärung. Wieland scheint in dieser Nachricht an den Leser dieses Programm noch einmal auszubuchstabieren. Die Besonderheit liegt jedoch darin, daß der Wert der Dichtung als Fiktion keineswegs mehr in Frage steht. In Frage steht vielmehr das prekäre Projekt, mit einem fiktionalen Text dennoch Bewußtsein verändern zu wollen. Die Gattungswahl ist ernst gemeint. Der Fürstenspiegel soll Anleitung und Hilfe bieten. Daran möchte der ›Herausgeber‹ Wieland trotz ›poetischer Einkleidung‹ keinen Zweifel lassen.

Das Argument, eine fiktionale Geschichte zu schreiben, die nicht nur vergnügt, sondern auch lehrt, ist hier ein doppeltes und es ist auf die Rezeption bezogen. Eine solche Geschichte erreiche mehr – den »gemeinnützlichen Zweck« – und sie erreiche ihn leichter durch die »Art der Einkleidung«, die »diesem Buch etwas Anziehendes und Ergötzendes« gibt, das es als historisches

---

57 »Erfurtische gelehrte Zeitungen für das Jahr 1772«, S. 371f.

58 Ebd.

59 »Der Herausgeber an die Leser« erscheint ursprünglich vor dem 3. Teil des *Goldenen Spiegel* (S. III–XXVI) in der Erstausgabe Leipzig 1772 bei Weidmanns Erben und Reich. (Vgl. AA I,11, S. 7). Wilhelm Kurrelmeyer setzte sie in der Akademieausgabe ohne Begründung an den Anfang, vgl. AA I,9, S. 2–7. Der Text ist auch enthalten in der Ausgabe von Jaumann, S. 729ff.

oder philosophisches Buch nicht haben könnte.[60] Das ist nichts Neues. Doch Wieland ist nicht so naiv zu glauben, daß die Affektentheorie so einfach funktioniert, so daß automatisch mit den Ergötzenden die nützliche Wirkung ins Haus steht. Es ist eine Kosten-Nutzen-Rechnung. ›Dogmatischen‹ Werken kommt eine eingeschränktere Funktion zu als fiktionalen, was letztere privilegiert, aber die Problematik der Lektüre nicht löst.

Wer über »Gegenstände der praktischen Philosophie« schreiben will, zur »Besserung seiner Leser«, dem bieten sich zwei Wege, die jeder für sich »ihre besonderen Vortheile und Unbequemlichkeiten« haben.[61] Entweder bessere man die Leser durch »allgemeine Betrachtungen, Theorien und Beweise a priori oder durch Beyspiele und Inductionen«. Bei allgemeinen Theorien ergibt sich der Vorteil, daß Zusammenhang und Ordnung deutlich und die Beweise schärfer sind. Sie haben einen »größeren Schein der Gründlichkeit« und damit zunächst einen Vorteil in der Rezeption, denn »der Leser, der sie auch nur mittelmäßig versteht, hat das Vergnügen sich zu schmeicheln, daß er große Felder der menschlichen Erkenntnis durchschaue, und den Schlüssel zum Aufschluß der wichtigsten Aufgaben besitze.«[62] Obwohl damit eine gewisse Illusion aufgedeckt wird, gesteht Wieland den ›dogmatischen Werken‹ zu, daß sie »unanstößigen Mißdeutungen weniger ausgesetzt« seien. Doch sie haben ein anderes Problem, nämlich ihre geringe Verbreitung. Oder anders gesagt, man mag sie nicht lesen:

> Aus Ursachen, deren Entwicklung hier zu weitläufig wäre, sind sie, ordentlicher Weise, nur den Gelehrten von Profession und auch unter diesen nur dem kleinsten Theile verständlich, die übrigen finden eine solche Abhandlung trocken und unangenehm, bloß weil sie sich schämen zu gestehen, daß sie ihnen unverständlich ist. Durch eine sehr natürliche Folge werden sie also wenig gelesen.[63]

Alles spricht also für den zweiten Weg: Erfahrung und Induktion in erzählerischer Darstellung gegen die ›trockene‹ Kenntnis der Gelehrsamkeit. Doch Wieland ist skeptisch genug, auch hier kein Loblied zu singen. Denn gerade hier, im fiktionalen Text, potenziert sich das Problem der Anwendung. Dem Vorteil der Verbreitung durch Anschaulichkeit und Unterhaltung korrespondiert das Problem der Mißdeutung. Denn als Werkzeuge der Vermittlung von

---

[60] Ebd. Schon Iselin als Rezensent der *ADB* meinte hier »dogmatische Werke« zu unrecht abgewertet zu sehen. Vgl. *ADB* 1772, 18 Bd., S. 329–363. Iselin reagiert auf die vermeintliche Herabsetzung der »dogmatischen Schriftsteller«, nicht zuletzt, da er sich selbst angesprochen fühlt. Er verweist bezüglich einiger Passagen über Erziehung in einer Fußnote u.a. auf seine Schrift über Erziehungsanstalten. Wieland erkundigt sich bei Nicolai nach dem Rezensenten und bekommt daraufhin einen Brief von Iselin (10.8.1773), in dem dieser zugibt, geglaubt zu haben, daß Wieland sich über ihn lustig mache. Vgl. AA I,11, S. 45. Der Brief in: WBr 5, S. 156.

[61] Wieland: AA I,9, S. 2

[62] Ebd.

[63] Ebd., S. 2f.

Erfahrung und Wissen gelten Wieland hier Induktion und Exempel. Gerade das Exempel jedoch gilt nicht mehr – wie vormals in der *Historia*[64] – als schlechthin exemplarisch anzuwenden, sondern als Einzelfall. Eine allgemeine Anwendung ist geradezu verboten.

Genau in dieser paradoxen Funktion liegt die Funktionalität der Fiktion. Sie führt konkret vor Augen, was im Einzelnen sein könnte. Sie kann daher einen ›Spiegel‹ abgeben. Doch das Spiegelbild ist keineswegs Abbild, sondern eher spezifisches Einzelbild, das nur kritisch auf andere Situationen übertragen und angewandt werden kann. Es kann nicht einfach verallgemeinert werden. Darin liegt nach Wieland das Hauptproblem der Rezeption fiktionaler Texte.

Zunächst allerdings scheint er diesen zweiten Weg anzupreisen. Er sei anschaulich und bestimmt, also führe er zu »sichern Praktischen Urteilen«.[65] Die »lebhaften Vorstellungen« dringen leicht ins Herz, sie rühren, erschüttern, wirken. Doch die schönen Vorstellungen der zeitgenössischen Wirkungsästhetik beseitigen das Problem nicht. Denn fiktionale Text sind nicht nur leicht mißzuverstehen, sondern geradezu nur mißzuverstehen! Wieland konstatiert die notwendige Fehllektüre fiktionaler Texte durch unkritische Verallgemeinerung:

> Hingegen ist mit diesem Weg unter andern der Nachtheil unbedachtsamer oder muthwilliger Mißdeutungen, und die Sucht, Sätze, welche nur unter gewissen Bestimmungen wahr sind, durch Weglassung derselben allgemeiner aber eben dadurch falsch und betrüglich zu machen, auf Seiten vieler Leser beynahe unvermeidlich verbunden.[66]

Damit kehrt auch dieser zweite Weg zum Problem und zur Aufgabe der rechten Lektüre zurück.

›Besser lesen lernen‹, das ist die Zielsetzung jeder Kunst des Lesens. Wielands Anteil an dieser Geschichte ist es, daß er den Leser auf das Problem seiner Lektüre zurückwirft. Indem er zugleich die Möglichkeiten verschiedener Lektüren im Text vorführt, kann diese Leserlenkung als ›Lesepoetologie‹ verstanden werden die versucht, das Bewußtsein dafür zu schärfen, daß der Leser es ist, der dem Text seine Werte verleiht. Das Lesen erhält damit seinen *aktiven* Wert an der Textkonstitution und seiner Bedeutung, ein Thema, das in Verbindung mit der zeitgenössischen Parole des *sapere aude* zum Losungswort auch für Lektüre wird. Doch so einfach die Forderung aufzustellen ist, so brillant Texte auch dazu stilistisch und erzähltheoretisch anzuleiten vermögen, sie setzt eine hohe Aufmerksamkeit voraus und ihr Erfolg ist eher unwahrscheinlich. Herbert Jaumann hat das Zusammenspiel zwischen Scheitern und Erfolg der Lesepoetologie Wielands treffend zusammengefaßt:

---

64 Reinhard Koselleck: »Historia Magistra Vitae«. In: Natur und Geschichte. Hg. v. M. Riedel und H. Braun. Stuttgart 1967, S. 196–219.

65 Wieland: AA I,9, S. 3.

66 Ebd.

> Die Wirklichkeitserfahrung wird gleichsam durch das Erzählverfahren nochmals katalysiert und auf ihre Haltbarkeit geprüft (bei Wieland selbst heißt das ›Grazie‹ und ›Poesie des Stils‹). Die Frage der Verbindlichkeit wird von der Ebene der erzählten Gegenstände auf diejenige der Erzählform selbst verschoben. [...] Das hat mit Ästhetizismus nicht das mindeste zu tun, sehr viel dagegen mit dem geschärften Adressatenbewußtsein des Schriftstellers der Aufklärung, der auch die Erziehung des Publikums zum ›mündigen Leser‹ im Auge hat: Eine Lehre überzeugt nur, wenn sie ›richtig‹ erzählt ist. So sehr dieses gerade von Wieland durch virtuos instrumentierte Erzählkunst bezeugte Adressatenbewußtsein den Erfolg dieses Autors mit erklären hilft, so wenig war das Lesepublikum schon in der Lage, mit diesem Angebot auch seinerseits reflexiv gleichzuziehen, d. h. seinerseits auf die Leserreferenz als konstitutives Moment der erzählerischen Fiktion zu reflektieren.[67]

Wielands Reaktion auf die Rezeption des *Agathon* zeigt, wie unzufrieden er mit der Rezeption seiner Werke war. Obwohl der Roman durchweg gut aufgenommen und gelobt wurde, verurteilt Wieland die Rezeption seiner Zeitgenossen in aller Schärfe:

> Insonderheit wird der arme Agathon so abscheulich gelobt und so dumm getadelt, daß man nicht weiß, ob man lachen, weinen oder nach dem spanischen Rohre greifen soll. [...] Das Lustigste ist, daß keiner, auch nicht ein einziger, die Absicht und den Zusammenhang des Ganzens ausfindig gemacht hat.[68]

Wieland fordert demgegenüber von seinen Lesern und Kritikern eine Kompetenz, die den Text nach seinen eigenen immanenten Kriterien beurteilt. Das impliziert ein besonderes Lesen, nämlich eine Wiederholungslektüre, die den Text als Einheit erkennt, als ein Ganzes mit seinen eigenen Gesetzen. Wieland wünscht sich von seinen Kritikern,

> daß Sie Zeit und Muße haben möchten, den Agathon nach wiederholtem Lesen, mit kaltem Blut, und in der Absicht: de saisir l'esprit de l'ouvrage zu kritisieren; denn diesen haben, wie mich däucht, alle bisherigen Recensenten übersehen.[69]

Schließlich schreibt Wieland an den Freund Zimmermann: »Die Art wie Agathon aufgenommen worden ist, hat mich *radicaliter* von dem Einfal geheilt mir Verdienste um die köpfe und herzen meiner Zeitgenossen zu machen wollen«.[70]

Daß Wielands Romane ein ›Spiel mit dem Leser‹ inszenieren, ist in der Forschung keineswegs unberücksichtigt geblieben. Inwieweit schon Wielands erster Roman als Ort einer zeitgenössischen Lesetheorie anzusprechen ist, wird im IV. Teil dieser Arbeit ausführlich untersucht werden. Hier ist zu den Problemen der ›inneren‹ Geschichte des Lesens zurückzukehren. Möglicherweise ist Wielands Erinnerung an den universalen Anspruch lauten Lesens nur zufällig ein komplizierter Fall? Das nächste Kapitel gilt dem zweiten ›Zeugen‹ für das

---

[67] H. Jaumann: »Nachwort«. In: Wieland: Der goldene Spiegel. Hg. v. H. Jaumann, S. 881f.
[68] WBr 3, S. 512.
[69] WBr 3, S. 520.
[70] WBr 3, S. 542.

Verschwinden der lauten Lektüre. Ein Jahrhundert nach Wieland weist Friedrich Nietzsche wiederum auf die vergessene Kulturtechnik des lauten Lesens hin.

2. Wiederkäuen ist nicht einfach zweimal lesen: Friedrich Nietzsche zur Methode lauten Lesens

> Das erste, was noth thut, ist Leben: der Stil soll leben.[71]

> Die Musik als Supplement der Sprache: viele Reize, und ganze Reizzustände, die die Sprache nicht darstellen kann, giebt die Musik wieder.[72]

Auch Friedrich Nietzsche verweist nicht einfach nur auf die Praxis lauter Lektüre in der Antike. Während sein Hinweis auf das Vergessen der antiken Lektüremethode strategisch in seine Modernitätskritik eingefügt ist, nutzt er selbst das laute Lesen als ›Gebärde‹ im Zusammenhang seines Ideals vom »großen Stil«. Damit aber gibt Nietzsche einen Hinweis auf die komplexe Struktur der ›inneren‹ Geschichte des Lesens. Diesen Zusammenhängen ist im Folgenden nachzugehen.

Im Abschnitt 59 des *Antichrist* verweist Nietzsche darauf, daß die Kunst, gut zu lesen bereits gefunden war:

> Alle Voraussetzungen zu einer gelehrten Kultur, alle wissenschaftlichen *Methoaen* [sic] waren bereits da, man hatte die große, die unvergleichliche Kunst, gut zu lesen, bereits festgestellt [...] – die Methoden, man muß es zehnmal sagen, *sind* das Wesentliche, auch das Schwierigste, auch das, was am längsten die Gewohnheiten und Faulheiten gegen sich hat.[73]

Nietzsche schreibt »bereits festgestellt«, was die Möglichkeit einer objektiven Vermittlung dessen, was die Kunst, gut zu lesen ausmacht, zumindest suggeriert. Das ist – entgegen der Annahme, Lesen sei individuell erlernte und entwickelte Fähigkeit – der Inbegriff von Methode. Der Hinweis evoziert die Kunst des Lesens im Sinne der alten Bedeutung von Kunst als *techne* oder *ars*, die durch Übung und Anwendung methodischer Werkzeuge – eine gewisse Befähigung immer vorausgesetzt – perfektioniert werden kann. Läßt sich dieser allgemeine Hinweis auf eine Methode der Kunst des Lesens, deren planmä-

---

71 Friedrich Nietzsche an Lou von Salomé (8./24.8.1882).

72 Friedrich Nietzsche: »Nachgelassene Fragmente 1869–1874«. Kritische Studienausgabe [KSA] Bd. 7. Hg. v. Giorgio Colli und Mazzino Montinari. München 1967ff., S. 465.

73 Friedrich Nietzsche: »Der Antichrist. Fluch auf das Christentum«. In: ders: Werke in drei Bänden. Hg. v. Karl Schlechta. München 1965ff., Bd. II, S. 1230f. (Verweise im folgenden nach dieser Ausgabe).

ßiger Einsatz Texten Wirkung und der Kultur erst die Voraussetzung zur Gelehrsamkeit verleiht, präzisieren?

Nietzsche bezieht sich nicht nur auf das laute Lesen, sondern zunächst – i. U. zu zahlreichen unspezifischen Evokationen der ›Kunst des Lesens‹ – konkret auf die Philologie.[74] Die Lektüre des Philologen zeichnet sich – so der Topos – durch Gründlichkeit, Geduld und Vorsicht voraus. Der gelernte Philologe Nietzsche spitzt dies jedoch entscheidend zu: Geduld und Vorsicht ist gegenüber den sich beim verstehenden Lesen (automatisch) bildenden Interpretationen zu wahren. Die Gründlichkeit des Philologen besteht in der Geduld einer Lektüre, die nicht sofort interpretiert. Nietzsche definiert:

> Unter Philologie soll hier, in einem sehr allgemeinen Sinne, die Kunst, gut zu lesen, verstanden werden – Tatsachen ablesen können, ohne sie durch Interpretation zu fälschen, ohne im Verlangen nach Verständnis die Vorsicht, die Geduld, die Feinheit zu verlieren. Philologie als *ephexis* in der Interpretation [...].[75]

Die zentrale hermeneutische Funktion der Lektüre, ihre Funktion als Medium des Verstehens, wird von Nietzsche unterschieden von der Operation der Lektüre selbst. Dem »Verlangen nach Verständnis« muß eine Lektüretechnik entgegengesetzt werden, welche vor zu schnell getroffenen Entscheidungen und Urteilen schützt. Lesen wäre im Idealfalle das Ablesen der Tatsachen ohne Verfälschung durch eigene Interpretation.

Die Unterscheidung von Tatsache und Interpretation ist zwar eine zentrale, jedoch keine unproblematische Angelegenheit. Was Tatsachen sind, die abgelesen werden sollen, bleibt hier offen.[76] Nietzsche betont oft genug, daß vermeintlich objektive Tatsachen immer Interpretationen des Beobachters darstellen.[77] Sicher ist hier nur: Er warnt davor, »im Verlangen nach Verständnis«

---

[74] Zur Stellung der Lektüre in der Philologie sowie zum Philologen Nietzsche ausführlich Nikolaus Wegmann: »Was heißt einen ›klassischen Text‹ lesen? Philologische Selbstreflexion zwischen Wissenschaft und Bildung«. In: Wissenschaftsgeschichte der Germanistik im 19. Jahrhundert. Hg. v. J. Fohrmann und W. Voßkamp. Stuttgart 1994, S. 334–444. Hier: S. 419ff.

[75] Nietzsche: Werke II, S. 1218. Solche Leser wünscht Nietzsche sich für seine eigenen Schriften. Vgl. ebd., S. 1104f. sowie S. 1163.

[76] In der Philologie wird bekanntlich zwischen Wort- und Sacherklärungen unterschieden. Sacherklärungen beziehen sich auf geographische und kulturgeschichtliche Tatsachen, die im zu erstellenden oder zu kommentierenden Text erwähnt werden. Für eine kurze, aber konzise Darstellung der Philologie vgl. Friedrich Haase: Art. »Philologie«. In: Ersch/Gruber, 23. Theil, Leipzig 1843, S. 374–422. Es ist allerdings keineswegs klar, ob Nietzsche hier auf diese sprachphilosophisch naive – von der rhetorischen Trennung der *res* und *verba* abhängige – philologische Unterscheidung abhebt.

[77] Vgl. etwa aus dem »Nachlaß der 80er Jahre«, als Kritik der Wahrheitsidee: »Was kann allein *Erkenntnis* sein? – ›Auslegung‹, Sinn-hineinlegen – *nicht* ›Erklärung‹ [...] *Es gibt keinen Tatbestand*«. Nietzsche: Werke III, S. 503. Sowie als Überlegung interner Differenzierung, statt Erklärung qua äußerer Kausalität: »*Gegen* die Lehre vom Einfluß des *Milieus* und der äußeren Ursachen [...] vieles, was wie Einfluß von außen aussieht, ist nur ihre Anpassung von innen her. Eben dieselben Milieus können

allzuschnell zu verstehen. Er stellt Lesen als eine Funktion der Verzögerung (so die wörtliche Bedeutung von *ephexis*) von Interpretation dar. Das verstehende Lesen soll – so läßt sich folgern – durch die vergessene Methode der Antike – in der man nur das laute Lesen sehen kann – verlangsamt werden und damit reflexiv werden können.

Nietzsche nutzt hier eine Vorstellung, die in der Philologie des 19. Jahrhunderts unter veränderten Vorzeichen zu neuem Ruhm gelangte: die Kraft des langsamen Lesens. Die Ausgrenzung der schnelleren Lektüre war in der zeitgenössischen Philologie zugunsten der Identifikation des langsamen mit dem akribischen als ›genauem‹ Lesen *wieder* üblich geworden.[78] Während Philologen und Pädagogen des 18. Jahrhunderts – wie J. M. Gesner, E. Chr. Trapp oder Fr. D. Schleiermacher und selbst Philosophen wie J. G. Fichte – betonen, daß die Variation von Lektüregeschwindigkeiten anzustreben sei,[79] wird die Seite des schnelleren, kursorischen Lesens von J. H. Chr. Barby Anfang des 19. Jahrhunderts programmatisch wieder ausgeschlossen.[80]

Nietzsche übernimmt diesen Diskurs. Er faßt in der Vorrede zur *Morgenröthe* (1886) zusammen: »Man ist nicht umsonst Philologe gewesen, man ist es vielleicht noch, das will sagen, ein Lehrer des langsamen Lesens.«[81] Ihm gilt das Paradigma der langsamen Lektüre philologisch disziplingetreu als Sicherung vor der »unverschämten Willkürlichkeit der Auslegung« der »heiligen Epileptiker und Geschichte-Sehern«, denn: »Der Philologe liest noch Worte, wir Modernen nur Gedanken.«[82]

Entscheidend ist hier die implizite Kopplung der ›Methode‹ des lauten Lesens als Ideal der Antike mit diesem Ideal der zeitgenössischen Philologie. Nietzsche bleibt daher der verbreiteten Emphase des lauten als ›lebendigen‹ Lesen fern.[83] Er setzt vielmehr auf eine (methodisch kontrollierbare?) reflexive

---

entgegengesetzt ausgebeutet und ausgenutzt werden: *es gibt keine Tatsachen.*« Ebd., S. 481.

78 Für diesen Zusammenhang Nikolaus Wegmann: »Was heißt einen ›klassischen Text‹ lesen?«, S. 421ff.

79 Dazu mehr in Kapitel III.3 dieser Arbeit.

80 Bekanntlich, so Barby, teile man die »Methode die alten Klassiker zu lesen in die sogenannte statarische und in die cursorische« ein. Die »sorgfältigere Interpretation« allerdings »findet, wie sich das von selbst versteht [sic!], eigentlich nur bei der statarischen Lektüre statt«. J. H. Chr. Barby: »Encyklopädie und Methodologie des humanistischen Studiums oder der Philologie der Griechen und Römer«. Erster Theil. Berlin 1805, S. 296.

81 Nietzsche: »Morgenröte, Gedanken über die moralischen Vorurteile«. In: ders.: Werke I, S. 1016. »Vor allem aber sagen wir es *langsam* [...] überdies sind wir beide Freunde des *lento*, ich ebenso als mein Buch.« Die philologische Arbeit erreichte nichts, »wenn sie es nicht *lento* erreicht.«

82 Nietzsche: »Homer und die classische Philologie«. In: ders.: Gesammelte Werke. München 1922 (Musarionausgabe), Bd. II, S. 29. Hier zitiert nach Wegmann: »Was heißt einen ›klassischen Text‹ lesen?«, S. 421ff.

83 Z. B. Adam Müller: »Zwölf Reden an die deutsche Nation«. (1812) Neuausgabe München 1920, S. 67: »Seien wir gerecht gegen die Dichter und Redner der Nation,

Wiederholung des mit den Augen Gelesenen in der Artikulation. In der nicht-identischen Wiederholung der Schrift durch die Spaltung und Dopplung der Lektüre in Augen- und Stimmbewegungen, sieht Nietzsche die Chance einer wirksamerer Schriftkommunikation, als es die zeitgenössische Praxis von nur schnell oder nur langsam ausübt.

Das laute Lesen hat – neben der methodischen Verlangsamung moderner Schnelleser – für Nietzsche eine weitere wichtige Funktion. Es verspricht der unzulänglichen Begriffssprache zu entkommen. Laute Lektüre bahnt den Zugang zu einer anderen Ebene der Sprache, zu ihren »Gebärden«. Anders gesagt: Erst der Blick auf die Technik des lauten Lesens ermöglicht es, das unklare Verhältnis zwischen Nietzsches Sprachskepsis und seinem zugleich zu konstatierenden Sprachvertrauen zu präzisieren.

2.1. Die Gebärden der Sprache und der ›Große Stil‹

Nietzsches Sprachskepsis verweigert der Sprache bekanntlich jede Eignung als Medium adäquater Bezeichnung. Worte und Begriffe funktionieren – so die Darlegungen in »Über Wahrheit und Lüge im außermoralischen Sinne« – nur durch eine Gleichsetzung des Nicht-Gleichen. Durch die Abstraktion der Semantik sowie die Suggestionen der Grammatik entstehen nach Nietzsche metaphysische Vorstellungen, die hinter individuellen Phänomenen aufgrund von Allgemeinbegriffen Substrate denken lassen. Vom herakliteischen ›Fließen‹ aller Dingen aus gedacht, werden Worte und die durch sie festgestellten Tatsachen als willkürliche Selektion und unberechtigte Verallgemeinerung verdächtig. Die fundamentale Sprachkritik der Frühschrift setzt sich auch später fort:

> Das Wort und der Begriff sind der sichtbarste Grund, weshalb wir an diese Isolation von Handlungen-Gruppen glauben: mit ihnen bezeichnen wir nicht nur die Dinge, wir meinen ursprünglich durch sie das Wahre derselben zu erfassen. Durch Worte und Begriffe werden wir jetzt fortwährend verführt, die Dinge uns einfacher zu denken, als sie sind, getrennt voneinander, unteilbar, jedes an und für sich seiend. Es liegt eine philosophische Mythologie in der Sprache versteckt, welche alle Augenblicke herausbricht, so vorsichtig man sonst auch sein mag.[84]

Die Vorsicht, die hier als prekäre Aufmerksamkeit der Sprache gegenüber gekennzeichnet wird, erschöpft sich bei Nietzsche nicht in der Vorsichtigkeit von Interpretation, sondern erstreckt sich auf den gesamten Bereich des Denkens.[85]

---

indem wir sie lesen lernen, was wir jetzt noch nicht können: ich meine lesen mit lebendiger artikulierter Stimme, indem wir sie [...] eifersüchtig mißgönnen dem Papier, herausreißen aus den toten Lettern, der Buchdruckerkunst zum Trotz«.

84 Nietzsche: »Menschliches, Allzumenschliches. Ein Buch für freie Geister«, II,11. In: Werke I, S. 878f.

85 »Wir hören auf zu denken, wenn wir es nicht in dem sprachlichen Zwange thun wollen, wir langen gerade noch bei dem Zweifel an, hier eine Grenze als Grenze zu sehen.« Nietzsche: KSA 12, 5 [22].

Bezüglich des Lesens muß daher eine bloß gesteigerte Konzentration als Ausweg verworfen werden. Lektüre selbst muß aus dem semantischen System ausbrechen. Dazu dient – neben typographischen und rhythmischen Stilmitteln[86] – die Lektüretechnik lauten Lesens, die beide Funktionen ermöglicht: Verzögerung ebenso wie die leibliche Interaktion mit den rhythmischen Qualitäten des Textes.

Artikulierendes Lesen bremst die selbstverständlich gewordene Geschwindigkeit des rein visuellen Durchlaufens eines Textes. Das ist die Technik, der Nietzsches Verweis auf die Kunst, gut zu lesen gilt. Während aber die Philologie als Widerstand gegen das (vorschnelle) Verstehen durchaus noch als erlernbar zu gelten scheint, stellt die laute Lektüre eine Tradition in Rechnung, deren Technik zwar nicht grundsätzlich als Möglichkeit verschwunden ist, deren mentalitätengeschichtliche und soziale Voraussetzungen aber vergessen, unwiederholbar und deshalb neu zu erfinden sind.

Der Hinweis auf die »unvergleichliche Kunst, gut zu lesen« als Methode, verbindet die Passagen des *Antichrist* mit der Vorrede zur *Genealogie der Moral* von 1887. Hier empfiehlt Nietzsche zunächst das Lesen als Kunst zu üben und zwar als »Auslegung« seiner eigenen Aphorismen. Aphorismen nämlich (besonders die eigenen) wollen nicht einfach »abgelesen« werden:

> Ein Aphorismus rechtschaffen geprägt und ausgegossen, ist damit, daß er abgelesen ist, noch nicht ›entziffert‹; vielmehr hat nun erst dessen Auslegung zu beginnen, zu der es einer Kunst der Auslegung bedarf.[87]

Dazu müßte der moderne Leser allerdings eine Fähigkeit haben, die in der Kultur nicht mehr verwurzelt ist. Die Vorrede zur »Genealogie der Moral« schließt:

> Freilich tut, um dergestalt das Lesen als Kunst zu üben, eins vor allem not, was heutzutage gerade am besten verlernt worden ist [...], zu dem man beinahe eine Kuh und jedenfalls nicht ›moderner Mensch‹ sein muß: das Wiederkäuen.[88]

Dieses ›Wiederkäuen‹ bezieht sich nun *nicht* – wie man vermuten könnte – einfach metaphorisch auf die ebenfalls zum ›guten‹ Lesen gehörende Wiederholungslektüre, sondern vielmehr wortwörtlich auf eine Technik (halb)lauten Le-

---

[86] Zu Nietzsches Ansatz einer »Signifikantenlogik«, die seine Stilistik umsetzt vgl. Fr. A. Kittler: »Aufschreibesysteme«, S. 196.

[87] Nietzsche: Werke II, S. 770. Er verweist auf sein eigenes »Muster von dem, was ich in einem solchen Fall «Auslegung» nenne – dieser Abhandlung ist ein Aphorismus vorangestellt, sie selbst ist dessen Kommentar.« Es handelt sich um ein Motto aus dem »Zarathustra«, das der 3. Abhandlung der »Genealogie der Moral« vorangestellt ist (ebd., S. 839–900!). Das Motto entstammt nicht zufällig dem Kapitel »Vom Lesen und Schreiben« (vgl. Werke II, S. 305ff.), mit dem bekannten Aphorismus: »Wer den Leser kennt, der tut nichts mehr für den Leser. Noch ein Jahrhundert Leser – und der Geist selber wird stinken./Das jedermann lesen lernen darf, verdirbt auf die Dauer nicht allein das Schreiben, sondern auch das Denken.«

[88] Nietzsche: Werke II, S. 770.

sens, auf die *Ruminatio*.[89] Schon Schopenhauer hat »Rumination« als einzig sinnvolle Form der Aneignung des Gelesenen bezeichnet. Aber er bezieht das Wiederkäuen nicht auf seinen Ursprung in der murmelnden Lektüre, sondern auf das wiederholende Nachdenken.[90] Für Schopenhauer steht Lektüre jedoch als »Surrogat des eigenen Denkens« prinzipiell unter dem Verdacht des Parasitären, das es gegen die eigenen Gedanken zu verteidigen gilt: »Im Grund haben nur die eigenen Gedanken Wahrheit und Leben«.[91] Nietzsche dagegen stellt das Wiederkäuen – unter Mißachtung der christlichen Herkunft – in den Zusammenhang mit den Erkenntnisfunktionen lauter Lektüre, die in der Antike einmal bestanden haben sollen.[92] Schon zwei Jahre vor der zitierten Vorrede zur *Genealogie der Moral* beschreibt er den kulturellen Wandel der Lektüretechnik, auf den die zitierten Stellen sich strategisch beziehen:

> Der Deutsche liest nicht laut, nicht fürs Ohr, sondern bloß mit den Augen, er hat seine Ohren dabei ins Schubfach gelegt. Der antike Mensch las, wenn er las – es geschah selten genug – sich selbst etwas vor, und zwar mit lauter Stimme; man wunderte sich, wenn jemand leise las, und fragte sich insgeheim nach Gründen. Mit lauter Stimme: das will sagen, mit all den Schwellungen, Biegungen, Umschlägen des Tons und Wechseln des Tempos an denen die antike öffentliche Welt ihre Freude hatte.[93]

»Die ganze Arbeit der antiken Welt umsonst«, so beginnt die anfangs zitierte Passage des *Antichrist*. Jene »Methoden« sind als Methoden zwar vor dem Vergessen zu retten und zu üben,[94] aber der kulturelle Kontext, »der feine Takt und Geschmack«, läßt sich nicht restaurieren. Dennoch nutzt Nietzsche seine

---

89 »Ruminatio« = Wiederkäuen (von rumen: der Schlund) bezeichnet eine Technik halblauten Lesens und Betens., wie sie vor allem bei Mönchen gepflegt wurde. Vgl. I. Illich: »Im Weinberg des Textes,« S. 58. Kanonisch als geistige Verarbeitung der Hl. Schrift bei Thomas v. Aquin: »Summa Theologica« I,2, 106, 6.

90 »Lesen ist noch geisteslähmender, als beständige Handarbeit; [...] durch fortwährendes Aufdringen fremder Gedanken. Und wie man durch zu viele Nahrung den Magen verdirbt und dadurch dem ganzen Leibe schadet; so kann man auch durch zu viele Geistesnahrung den Geist überfüllen und ersticken. Denn selbst das Gelesene eignet man sich erst durch späteres Nachdenken darüber an, durch Rumination. Liest man hingegen immerfort, ohne späterhin weiter daran zu denken; so faßt es nicht Wurzel und geht meistens verloren.« Schopenhauer: »Parerga und Parlipomena II«, § 291. In: ders.: Werke in fünf Bänden. Nach den Ausgaben letzter Hand. Bd. 5, Zürich 1987, S. 481.

91 Vgl. ebd., § 259 und § 260, S. 436. Vgl. auch §§ 246, 261 und 274.

92 Völlig unspezifisch verwendet Nietzsche das Wort vom Wiederkäuen in einem frühen Fragment. Vgl. KSA 7, 5, [83], S. 115.

93 Nietzsche: »Jenseits von Gut und Böse. Vorspiel einer Philosophie der Zukunft«. (Nr. 247). In: ders.: Werke II, S. 714. Vgl. auch ebd., Nr. 246, in der das Thema begonnen wird: »Welche Marter sind deutsch geschriebene Bücher für den, der das dritte Ohr hat! [...] Und gar der Deutsche, der Bücher liest! Wie faul, wie widerwillig, wie schlecht liest er!« Ebd., S. 713.

94 »[M]einen Lesern die Tugenden des rechten Lesers – oh was für vergessene und unbekannte Tugenden! – ins Gedächtnis zu rufen«. Vgl. Nietzsche: Werke II, S. 259.

Beobachtung strategisch in doppelter Weise: Einerseits als Kulturkritik in der Gegenüberstellung von ›Antike‹ und ›Moderne‹ sowie andererseits für sein eigenes Schreiben als Konzept der »Gebärde« eines »großen Stils«, der die Sprachskepsis in einem Modell der Sprache als »Tonuntergrund« aufhebt, welches laute Lektüre als ideale Rezeption privilegiert.

Die Klage im *Antichrist* um die vergessene Methode des Lesens folgt nicht zufällig der Passage, in der Nietzsche sein Konzept vom »großen Stil« als »Kunst der Periode« vorstellt. Dieser Stil – den er erst erfinden will – zeichnet sich durch Rhythmus und somit durch paralinguistische Merkmale jenseits semantischer Codierungen aus. Nur lautes Lesen bringt diese ›Gebärden‹ zum Klingen. Nietzsche bemüht sich seine Texte – als Meisterwerk gilt ihm der *Zarathustra* – nach Gesetzen zu konstruieren, die nicht-semantische Codierungen von Schrift stärker hervortreten lassen[95] und damit den abstrakten Worten eine alternative Erkenntnis- und Überzeugungsfunktion verleihen.[96]

Nietzsches Sprachskepsis und Sprachvertrauen – bislang kaum systematisch im Zusammenhang beachtet[97] – lassen sich auf zwei verschiedenen Ebenen von Sprache verteilen: Steht er der Sprache als Semantik, Syntax und Grammatik radikal skeptisch gegenüber, favorisiert er Sprache als Medium fließender Skalen von Ton, Melodie, Rhythmus und Tempo. Das Diktum Zarathustras, daß man mit Blut schreiben soll,[98] steht in diesem Zusammenhang, denn Blut ist das körperliche Medium des Herz-Rhythmus'.[99]

Zu vermuten ist, daß diese Konzeption schriftlicher Wirkung qua subliminaler Dynamik sich aus Nietzsches Blick auf die Tragödie der Sprache als inadäquates semantisches ›Begriffsgerüst‹ auf dem schwankenden Untergrund von Metaphern ergibt. Im Zusammenhang mit seiner Rhetorik-Vorlesung im Wintersemester 1872/73 kommt er – unter Verwendung von Gustav Gerbers »Die Sprache als Kunst«, aus der er Wesentliches exzerpiert[100] – in »Über Lüge

[95] Stefan Sonderegger: »Nietzsche und die Sprache. Eine sprachwissenschaftliche Skizze«. In: Nietzsche Studien 2 (1973), S. 1–30.

[96] Zum Thema Stil bei Nietzsche siehe Hans-Martin Gauger: »Nietzsches Stil am Beispiel von ›Ecce homo‹«. In: Nietzsche-Studien 13 (1984), S. 332–355. Sowie ders.: »Nietzsches Auffassung vom Stil«. In: Hans Ulrich Gumbrecht und Karl Ludwig Pfeiffer. Frankfurt a. M. 1986, S. 200–214.

[97] Für Hinweise siehe Gerold Ungeheuer: »Nietzsche über Sprache und Sprechen, über Wahrheit und Traum«. In: Nietzsche Studien 12 (1983), S. 134–213. Die Aufmerksamkeit für das Thema verdanke ich Prof. Dr. Dietz Bering, dem hier herzlich gedankt sei.

[98] Nietzsche: »Also sprach Zarathustra. Ein Buch für Alle und Keinen«. Hier das Kapitel: »Vom Lesen und Schreiben«. In: Werke II, S. 305ff.

[99] Zum Phänomen allgemein, Wilhelm Seider: »Rhythmus. Eine Begriffsbestimmung«. Darmstadt 1976.

[100] Gustav Gerber: »Die Sprache als Kunst«. Nachdruck der 3. Aufl., Hildesheim 1961 (2 Bde.) Vgl. die »Konkordanz« Gerber – Nietzsche von Anthonie Mejers und Martin Stingelin sowie deren Darlegungen in Nietzsche-Studien 17 (1988), S. 336–390. Zur Lehrtätigkeit Nietzsches vgl. Curt Paul Janz: »Friedrich Nietzsches akademi-

und Wahrheit im außermoralischen Sinn« zu dem entscheidenden Schluß, daß Sprache kein geeignetes Medium des wissenschaftlichen Umgangs sei, denn: »Jeder Begriff entsteht durch Gleichsetzen des Nichtgleichen.«[101] Sprache sei nicht *episteme*, Wissenschaft, sondern *doxa*, Meinung, weil sie grundsätzlich und ursprünglich rhetorischer Natur sei und nur insofern als ›wahr‹ gilt, als durch Konvention und Tradition der uneigentliche Status der figürlichen Rede vergessen worden ist. Wahrheit ist insofern eine Täuschung, nämlich die Verwechslung sprachlicher, konventionalisierter Darstellung mit ihrem Gegenstand. Die Bezeichnung der Dinge ist keine Abbildung, sondern eine mehrfache Übertragung von Nervenreiz zu Bild, von Bild zu Laut und von dort zum »Bretterwerk der Begriffe«.[102] Nietzsche gelangt zur Definition von Wahrheit als »Heer von Metaphern, Metonymien, Anthropomorphismen«, deren metaphorischen und sinnlichen Status man vergessen hat. Wahrheit bedeutet daher »nach einer festen Konvention lügen.«[103]

Die Grundannahme, daß Sprache ursprünglicher rhetorischer Natur sei, findet sich schon bei Vico oder bei Condillac. Gustav Gerber verweist im Vorwort seiner »Sprache als Kunst« auf die romantische Tradition, namentlich auf Jean Paul. Gerbers fulminantes Kompendium leitet Nietzsche in seiner Rhetorik-Vorlesung, neben vielen einfachen Übernahmen, zur entscheidenden Aussage an:

> Es giebt gar keine unrhetorische ›Natürlichkeit‹ der Sprache, an die man appelliren könnte: die Sprache selbst ist das Resultat von lauter rhetorischen Künsten. [...] die Sprache ist Rhetorik, denn sie will nur eine *doxa*, keine *episteme* übertragen. [...] In summa: die Tropen treten nicht dann und wann an die Wörter heran, sondern sind deren eigenste Natur. Von einer ›eigentlichen‹ Bedeutung, die nur in speziellen Fällen übertragen würde, kann gar nicht die Rede sein.[104]

Von hier aus läßt sich Lektüre als Aporie der Referenz kennzeichnen, wie es vor allem die Dekonstruktion Paul de Mans u.a. anhand und mit Nietzsches Text vorgeführt hat.[105] Der nie veröffentlichte Text bricht denn auch mit der aporetischen Typologie zweier ausweglosen Einstellungen ab, die beide »über das Leben zu herrschen« begehren und beide scheitern. Der »unkünstlerische [...], von Begriffen und Abstraktionen geleitete Mensch« kann nicht zum Glück kommen, vermeidet aber möglichst den Schmerz dieser Unmöglichkeit,

---

schen Lehrtätigkeit in Basel 1869–1879«. In: Nietzsche-Studien 3 (1974), S. 192–203.

[101] Nietzsche: »Über Wahrheit und Lüge im außermoralischen Sinn«. In: ders.: Werke III, S. 309–332. Hier: S. 313.

[102] Ebd., S. 312f. und S. 321.

[103] Vgl. ebd., S. 314.

[104] Nietzsche: »Gesammelte Werke«. München 1922 (Musarionausgabe), Bd. 5, S. 297ff.

[105] Paul de Man: »Rhetoric of Tropes (Nietzsche)«. In: ders.: Allegories of Reading. Yale UP 1979, S. 103–118.

während der »intuitive Mensch« mit Einblick in die Unsicherheit des sprachlichen Mediums zwar »Erhellung, Aufheiterung« erfährt, aber: »Freilich leidet er heftiger, wenn er leidet: ja er leidet auch öfter«.[106]

Die Metaphysik der Sprache wird fundamental in ihrer Stellung als Medium der Erkenntnis kritisiert, insofern sie den Menschen als Maß aller Dinge ansetzt und damit alle Dinge auf das sprachliche Maß konventionalisierter Metaphern abbildet. Sprache zeigt sich insofern als Medium des Anthropomorphismus im doppelten Sinne, einmal als Ausdruck desselben und zum anderen als stetige Verführung zu ihm. *Über Wahrheit und Lüge* setzt an dieser zentralen Verbindung an. Von daher kann es nicht verwundern, daß Nietzsche eingangs die Parabel der »erkennenden Tiere« erzählt, die Geschichte der anthropozentrischen Illusion, daß alle Vorgänge des Kosmos auf jene »klugen Tiere« ausgerichtet seien.[107]

Die Aufmerksamkeit soll hier jedoch nicht einer dekonstruktiven »Rhetorik der Tropen« gelten, sondern der impliziten Verbindung der Sprachkritik mit dem alternativen Konzept des »großen Stils« und der lauten Lektüre. Nietzsches Ableitung der Entstehung von Sprache, Worten und Begriffen als mehrfacher Übertragung konzipiert eine Vorstellung von Sprache, die dem Laut und der Stimme das Privileg einräumt. Überraschenderweise scheint Nietzsche hier durchaus in der Tradition des Phonozentrismus zu stehen.

> Was ist ein Wort? Die Abbildung [!] eines Nervenreizes in Lauten. Von dem Nervenreiz aber weiterzuschließen auf eine Ursache außer uns, ist bereits das Resultat einer falschen und unberechtigten Anwendung des Satzes vom Grunde.[108]

Während er den Rückschluß auf die äußere Ursache als unberechtigt verwirft, gilt ihm die Relation von Nervenreiz zu Laut als ebenso unkomplizierte Abbildung, als *adäquatio*, wie Aristoteles' Definition der Abbildung von Seelenregungen in Lauten es konzipiert.[109] Während aber die Tradition des Phonozentrismus – nach Derrida – die Schrift als Derivat der Sprache ausgrenzte, totalisiert Nietzsche seine Kritik auf die Sprache insgesamt, die er insofern als Schrift

---

106 Nietzsche: »Über Wahrheit und Lüge«, ebd., S. 321f.

107 Zur Tradition dieser »anthropofugalen« Perspektive vgl. Ulrich Horstmann: »Das Untier. Konturen einer Philosophie der Menschenflucht«. Frankfurt a.M. 1983. Nietzsches Ansatz könnte durch d'Holbachs »System der Natur« angeleitet sein. Man vergleiche den Beginn von »Über Lüge und Wahrheit« mit dem Paul Thiry d'Holbach: »System der Natur«. Frankfurt a.M. 1978, S. 80. Als Vermittlung ist durchaus Friedrich Albert Langes »Geschichte des Materialismus«. (1866, 1873. Hier: 2 Bde. Frankfurt a.M. 1974) denkbar, vgl. Bd. 1, S. 378ff. Nietzsche erwarb Langes Erstausgabe im August 1866. Vgl. Jörg Salaquarda: »Nietzsche und Lange«. In: Nietzsche-Studien 7 (1978), S. 236–259.

108 »Über Wahrheit und Lüge«, ebd., S. 312. Zur unberechtigten Anwendung des Satzes vom Grunde vgl. Nietzsches Dekonstruktion des Satzes vom Widerspruch in: Werke III, S. 537ff.

109 Vgl. oben Kapitel II.2.

denken kann.[110] Aber *vor* der Schrift oder der Sprache konzipiert Nietzsche eine Genese der Sprache aus ursprünglichen, instinktiven und individuellen Lauten:

> Aus dem Schrei mit der begleitenden Geberde ist die Sprache entstanden: hier wird durch den Tonfall, die Stärke, den Rhythmus das Wesen des Dinges, durch die Mundgeberde, die begleitende Vorstellung ausgedrückt, das Bild des Wesens, die Erscheinung. Unendlich mangelhafte Symbolik nach festen Naturgesetzen [!] gewachsen: in der Wahl des Symbols zeigt sich keine Freiheit, sondern der Instinkt.[111]

Als Modell wird die Musik der Sprache entgegengesetzt. Dies verweist nicht nur auf Nietzsches Erstlingsschrift und ihrer Verbindung zu Wagner, sondern allgemeiner auf die Musik, die die Stufendynamik des Barock durch die Bevorzugung gleitender Skalen verlassen hatte. Wagner hatte bekanntlich im *Tristan* das starre Schema der Tonleitern und Harmonien erstmals aufgebrochen. Die Musik kann damit für Nietzsche zum idealen Modell einer Sprachlichkeit werden, das mit Rhythmus (i.U. zum festgefügten Metrum) und Ton unendliche individuelle Nuancen ausdrücken kann, während die Sprache als Semantik und Grammatik nur diskrete Allgemeinheiten bezeichnet.[112] Erst unter diesen Vorzeichen unterscheidet Nietzsche zwischen Schrift- und »Wortsprache«:

> Die Musik ist eine Sprache, die einer unendlichen Verdeutlichung fähig ist. Die Sprache deutet nur durch Begriffe, also durch das Medium des Gedankens entsteht die Mitempfindung. Dies setzt ihr eine Grenze. Dies gilt nur von der objektiven Schriftsprache, die Wortsprache ist tönend: und die Intervalle, die Rhythmen, die Tempi's, die Stärke und Betonung sind alle symbolisch für den darzustellenden Gefühlsinhalt.[113]

Die nachgelassene Notiz aus der Zeit 1869/70 dekliniert das Thema von Laut und Gebärde als dem Ursprünglichen und Instinktiven der Sprache nur als eines unter vielen.[114] Im Frühjahr 1871 notiert Nietzsche eine lange Passage über das »Verhältnis des Mimus zur Musik«, in der er sein Modell verfestigt.[115]

---

[110] So Derrida: »Grammatologie«, S. 36. Ausführlich thematisiert Derrida Nietzsches Philosophie als Schrift in: »Sporen. Die Stile Nietzsches«. In: Werner Hamacher (Hg.): Nietzsche aus Frankreich. Frankfurt a.M., Berlin 1986, S. 129–168, bes. S. 153.

[111] Nietzsche: KSA 7, S. 63. (Frühjahr 1870). Der Ursprung der Sprache aus dem Laut ist eine oft bemühte Sprachursprungserklärung, etwa bei Condillac oder Herder. Informativ hierzu Jürgen Trabant: »Vom Ohr zur Stimme. Bemerkung zum Phonozentrismus zwischen 1770 und 1830«. In: Materialität der Kommunikation. Hg. v. H. U. Gumbrecht und K. L. Pfeiffer. Frankfurt a.M. 1988, S. 63–79.

[112] Zum Thema der Musikalität in den Texten vgl. auch Thomas Medicus und Manfred Geier: »›Neue Ohren für neue Musik‹. Gedanken zur Musikalität der philosophischen Aphorismen und Gedichte Friedrich Nietzsches«. In: Das Subjekt des Diskurses. Hg. v. M. Geier und H. Woetzel. Berlin 1983, S. 133–145.

[113] Nietzsche: KSA 7, S. 47f. (Winter 1869).

[114] Als Überblick: Claudia Crawford: »The Beginnings of Nietzsche's Theory of Language«. Berlin, New York 1988.

[115] Vgl. KSA 7, S. 359ff. (Frühjahr 1871).

Der Mimus zeichnet sich durch seine »gesteigerte Geberdensymbolik« aus, obschon er an der Musik gemessen »nur ein Gleichnis« derselben abgeben kann, insofern er nicht »deren innerstes Geheimnis«, »sondern nur ihre rhythmische Außenseite« darstellen kann. Dies aber genügt, die Sprache überhaupt »unter die Kategorie der leiblichen Symbolik« zu fassen.

Die »ungeheure Allgemeinheit und Ursprünglichkeit der Vokalmusik, der Verbindung von Ton mit Bild und Begriff« gilt Nietzsche seitdem als »die von der Natur vorgebildete Doppelheit im Wesen der Sprache«.[116] Während Worte als Symbole nur auf ihre ursprüngliche Bildlichkeit verweisen, die nirgends dem »Abbild der Welt« entsprechen, da es »nirgends eine direkte Brücke« gibt, symbolisieren sich alle

> Lust- und Unlustgrade – Äußerungen eines nicht durchschaubaren Urgrundes – [...] im Tone des Sprechenden: während sämmtliche übrigen Vorstellungen durch die Geberdensymbolik des Sprechenden bezeichnet werden. Insofern jener Urgrund in allen Menschen derselbe ist, ist auch der Tonuntergrund der allgemeine und über die Verschiedenheit der Sprachen hinaus verständliche.[117]

Aus jener gleitenden Skala des »Tonuntergrund[es]« habe sich dann eine »nicht völlig adäquate Geberdensymbolik« entwickelt, mit der die Sprachvielfalt der Völker beginne. Dieses Modell wird Nietzsche für den »großen Stil« nutzen. Denn der a-semantische »Urgrund der Sprache« erstreckt sich auf alle Bereiche der Schrift:

> Das ganze Bereich des Consonantischen und Vokalischen glauben wir nur unter die Geberdensymbolik rechnen zu dürfen – Consonanten und Vokale sind ohne den vor allem nöthigen fundamentalen Ton nichts als Stellungen der Sprachorgane, kurz Geberden –; sobald wir uns das Wort aus dem Mund des Menschen hervorquellen denken, so erzeugt sich zu allererst die Wurzel des Wortes und das Fundament jener Geberdensymbolik, der Tonuntergrund, der Wiederklang der Lust- und Unlustempfindungen.[118]

Die nachgelassenen Fragmente finden unter dem Titel »Gebärde und Sprache« in *Menschliches, Allzumenschliches* ihre veröffentlichte Form:

> Älter als die Sprache ist das Nachmachen von Gebärden, welches unwillkürlich von sich geht [...] Die nachgeahmte Empfindung leitete den, der nachahmte, zu der Empfindung zurück [...] So lernte man sich verstehen. [...] Sobald man sich in Gebärden verstand, konnte wiederum eine Symbolik der Gebärde entstehen: ich meine, man konnte über eine Tonzeichensprache sich verständigen [...].[119]

---

116 Ebd., S. 360.

117 Ebd., S. 361. Nietzsche bezieht sich hierbei auf Schopenhauer und modifiziert dessen »Wille« als Äußerung des »gesamte[n] Trieblebens« zur Kategorie der »Vorstellung«. Selbst der »Wille« Schopenhauers sei »nichts als die allgemeinste Erscheinungsform eines uns übrigens gänzlich Unentzifferbaren«.

118 Ebd., S. 361f.

119 Nietzsche: »Menschliches, Allzumenschliches. Ein Buch für freie Geister«. In: ders.: Werke I, S. 573f.

Diese verschwundene Selbstverständlichkeit der Tonsprache wird hier auf die »absolute Musik« – »in der alles ohne weitere Beihilfe sofort symbolisch verstanden wird« – übertragen. Das kann jedoch nur gelingen, wenn der Leser in seiner Lektüre die Stilistik nachempfindet. Die Kunst zu schreiben, verlangt eine Kunst zu lesen – und umgekehrt:

> *Schreibtstil und Sprechstil.* – Die Kunst zu schreiben verlangt vor allem *Ersatzmittel* für die Ausdrucksarten, welche nur der Redende hat: also für Gebärde, Akzente, Töne, Blicke. Deshalb ist der Schreibstil ein ganz anderer, als der Sprachstil, und etwas viel Schwierigeres: – er will mit wenigerem sich ebenso verständlich machen wie jener. Demosthenes hielt seine Reden anders, als wir sie lesen: er hat sie zum Gelesenwerden erst überarbeitet. – Ciceros Reden sollten, zum gleichem Zwecke, erst demosthenisiert werden: jetzt ist viel mehr römisches Forum in ihnen, als der Leser vertragen kann.[120]

Das Modell dieser ursprünglichen Sprache der Ausdruckgebärde scheint sich in Nietzsches Werk kaum zu verändern.[121] Die Vorstellung kulminiert im *Ecce homo* in der Darlegung dessen, was der »große Stil« heißt:

> Ich sage zugleich noch ein allgemeines Wort über meine *Kunst des Stils*. Einen Zustand, eine innere Spannung von Pathos durch Zeichen, eingerechnet das Tempo dieser Zeichen *mitzuteilen* – das ist der Sinn jedes Stils; [...] Gut ist jeder Stil, der einen inneren Zustand wirklich mitteilt, der sich über Zeichen, über das Tempo der Zeichen über die *Gebärden* – alle Gesetze der Periode sind Kunst der Gebärde – nicht vergreift.[122]

Diese »Kunst des *großen* Rhythmus, der *große* Stil der Periodik« als Ausdruck »übermenschlicher Leidenschaft« sei erst von ihm entdeckt worden und es gebe »bis dahin« niemanden, der diese Kunst begreife.[123] An Lou von Salomé schreibt Nietzsche schon im August 1882 einen Brief, der nichts anderes enthält als eine »Lehre vom Stil«, in dem die Verbindung zur Lektüre deutlich wird:

> Man muß erst genau wissen: ›so und so würde ich dies sprechen und vortragen‹ – bevor man schreiben darf. Schreiben muß eine Nachahmung sein. [...]
>
> Der Reichthum an Leben verräth sich durch Reichthum an G e b ä r d e n. Man muß Alles, Länge und Kürze der Sätze, die Interpunktionen, die Wahl der Worte, die Pausen, die Reihenfolge der Argumente – als Gebärden empfinden l e r n e n.[124]

---

[120] Ebd., S. 922. Die »Restitution von Mündlichkeit in der Schriftlichkeit mit den Mitteln der Schriftlichkeit selbst« wird denn auch von Gauger als Focus Nietzsches Stilwillen festgestellt. Hans-Martin Gauger: »Nietzsches Auffassung vom Stil«, S. 212.

[121] Die frühe Sprachkonzeption aus »Über Wahrheit und Lüge« wird nahezu wörtlich wiederholt in einer auf die Klage über die vergessenen Methode des Lesens folgende Passage: »Worte sind Tonzeichen für Begriffe; Begriffe aber sind mehr oder weniger bestimmte Bildzeichen für oft wiederkehrende und zusammenkommende Empfindungen, für Empfindungs-Gruppen. Es genügt noch nicht, um sich einander zu verstehen, daß man dieselben Worte gebraucht.« Vgl. Nietzsche: »Jenseits von Gut und Böse«, Nr. 268. In: Werke II, S. 740.

[122] Nietzsche: »Ecce homo. Wie man wird, was man ist«. In: Werke II, S. 1104.

[123] Ebd.

[124] Nietzsche an Lou von Salomé 8./24.8.1882. In: ders.: »Briefe«: KGB, Berlin 1975ff.

»Gebärden empfinden lernen«, das ist das Programm, zu dessen Ausführung das antike Ideal der lauten Lektüre als kulturhistorisch anerkanntes Modell strategisch in Szene gesetzt wird. Die Technik des lauten Lesens wertet die semantische Fixierung auf Sprache zu einer ›leiblichen‹ Interaktion mit dem Text um. Mit der Aussprache der Worte und dem Rhythmus ihrer Perioden wird nach Nietzsche nichts weniger als die Empfindung – welche als nuancierte Lust- und Unlustgrade dem geschriebenen Stil zugrunde liegt – wiederholt. Was den »großen Stil« ausmacht ist, daß er als authentisch gelten soll.[125] Das langsame laute Lesen des Wiederkäuens dient dazu, mit der Sprache zu »tanzen«[126] und im Tanz die Distanz zwischen eigenem und Text-Körper zu verlieren. Der »große Stil« ist jedoch nicht nur empfindsame Stilistik, sondern gleichbedeutend mit dem »Willen zur Macht«. Denn es resultiert, worauf es nach Zarathustras Lehre vom »Willen zur Macht« ankommt: rückhaltlose Überzeugung.[127] Die Gebärden der Texte durch lautes Lesen empfinden lernen, verzögert nicht nur die sich in Interpretation einstellende Deutung, sondern ersetzt sie, supplementiert sie vollständig. Eine solche Lektüreform wäre nicht nur reproduktiv, sondern gleichsam selbstschaffend. Der Leser, der laut wiederkäut, ›wird‹ zur ersten Person Singular, zu (einem) Zarathustra, der seine Lehren spricht.

2.2. Nietzsches Wissen über antike Lektüre

Die vielzitierte Stelle in »Jenseits von Gut und Böse« kann nicht isoliert betrachtet werden. Auch sie ist doppelt codiert. Zum einen ist sie strategisch mit weit ausgreifenden sprachphilosophischen Konzepten verbunden. Andererseits ist gerade der Philologe Nietzsche außerordentlich gut informiert über die Lektüreform ›der Alten‹: Daß der »antike Mensch [...] sich selbst etwas vor[las], und zwar mit lauter Stimme«, das ist eine formal genaue Beschreibung.[128] Es ist aber auch ein durchaus zeitgenössisch verbreitetes Wissen, ein Gemeinplatz,

---

Nr. 288. Der Text findet sich mit einer Vorfassung auch in: Nietzsche KSA, Bd. 10, S. 22f. und S. 38f. Schrittweise interpretiert bei H.-M. Gauger: »Nietzsches Auffassung vom Stil«, S. 200ff.

125 »Der Stil soll beweisen, daß man an seine Gedanken glaubt, und sie nicht nur denkt, sondern empfindet.« Ebd.

126 Vgl. den Brief in: Nietzsche KGB 1, S. 479 zum »Zarathustra«: »Mein Stil ist Tanz.«

127 »Das höchste Gefühl von Macht und Sicherheit kommt in dem zum Ausdruck, was großen Stil hat.« Nietzsche: Werke II, S. 997.

128 Nietzsche:»Jenseits von Gut und Böse«, Nr. 247. In: Werke II, S. 714. Die Formulierung »man wunderte sich, wenn jemand leise las, und fragte sich insgeheim nach Gründen«, zielt zugleich auf eine weitere zum »locus classicus« gewordene Stelle, nämlich Augustinus Wundern über die stille Lektüre des Ambrosius. Vgl. dazu unten, Kapitel III.1.

den schon das System der Rhetorik nahelegt.[129] Nietzsches Verweis fungiert jedoch als kulturkritische Strategie. Während Wieland eher vorsichtig die Schlußfolgerung zieht, konstatiert Nietzsche selbstsicher die Vorherrschaft lauter Lektüre auf der Basis seines Sprachkonzeptes einerseits und seiner Kulturkritik andererseits. Das Vergleichsschema zwischen *antiqui* versus *moderni* steht hier ganz im Vordergrund und das wertvolle Klassische der antiken Welt wird als Differenzbegriff zur Kulturkritik gezielt eingesetzt.

An dezidierter Kenntnis hat der Philologe mehr zu bieten. Er hat den Zusammenhang von rhetorischer Rede, ihrem Stilideal und der Lektüre an anderer Stelle sogar ausführlich dargelegt. In seiner »Geschichte der griechischen Beredsamkeit« von 1872/73 stellt Nietzsche Isocrates' prosaischen Stil als eine Kunst dar, die es voraussetzt, »dass damals schon der Leser existirte« und zwar für einen »klassische[n] Lesestil«.[130]

> Das isocrateische Kunstwerk [...] steht uns fremder gegenüber als etwa die Demosthenische Rede; wir hören zu stark auf die Gedanken [...] und wir begreifen die Wirkung nicht, die sie hatten. Selbst für die Form haben wir keinen Sinn mehr; das mag daher kommen, weil wir an viel stärkere Würzen und Contraste gewöhnt sind und allesammt dem asianischen Genuss der Rede huldigen. [...].[131]

Die »epideiktische Art« des Isocrates', seine *simplicitas*, konnte nur von den »noch feineren Ohren der Griechen« nachempfunden werden. Denn dieser Stil will auf den Leser wirken:

> Es ist die epideiktische Art. Diese will auf den *Leser* wirken; man kann sich so das Bild des griechischen Lesers aus Isocrates Zeit vorstellen, einen langsamen Leser, der Satz für Satz einschlürft, mit verweilenden Auge und Ohre, der eine Schrift wie einen köstlichen Wein zu sich nimmt, alle Kunst des Autors nachfühlt; für den zu schreiben noch eine Lust ist, den man nicht zu übertäuben, zu berauschen, fortzureissen hat, sondern der wirklich die *natürliche* Stimmung des *Lesers* hat: der handelnde, der leidenschaftliche, der leidende Mensch ist nicht Leser.[132]

Nietzsche konzeptualisiert genau diese »*natürliche* Stimmung des Lesers« für seine Kulturkritik. Dazu dient die Polarisierung ›der Deutsche‹ als »moderner Mensch« versus »der antike Mensch«, die eine zentrale und strategische Funk-

---

[129] Auch für Nietzsche war es z. B. Lehrstoff. In seinem »Baseler Kolleg« spricht er von der Prosa des Altertums als »Widerhall der lauten Rede«, die daher für uns »rhetorisch« sei. Als modern dagegen gäbe es eine »Stilistik« »als eine durchs Lesen zu perzipierende«. »Der Lesende und der Hörende wollen aber eine ganz andere Darstellungsform [...] wir kennen Literaturpoeten, die Griechen wirkliche Poesie ohne Vermittlung des Buches.« Nietzsche: »Werke«. Kröner. Leipzig 1912, Bd. 8. S. 248, vgl. S. 131–157. Zur Differenz des Umgangs mit dem Buchmedium in Antike und Moderne vgl. z. B. auch Erwin Rhode: »Der griechische Roman«. Leipzig ^{2}1900, S. 304.

[130] Nietzsche: »Geschichte der griechischen Beredsamkeit«. In: ders: Gesammelte Werke (Musarionausgabe), Bd. V. München 1922, S. 18.

[131] Ebd., S. 17.

[132] Ebd., S. 17f.

tion innerhalb der Modernitätskritik besitzt. Der Hinweis auf die laute Lektüre des ›antiken Menschen‹ in »Jenseits von Gut und Böse« bekommt damit eine andere Funktion. Er ist nur Beleg für die Tatsache, daß Lektüretechniken, als Methode des Lesens, schon seit der Antike nebeneinander bestehen und unterschiedlich funktionalisiert werden können. Die angenommene Vorherrschaft der lauten Lektüre ist eine strategische Position für die Kultur- und Modernitätskritik Nietzsches. Das laute Lesen gilt als Exempel einer ursprünglich instinktiven Praxis, die in der Neuzeit weg-dressiert wurde. Laute Lektüre bestand als Instinkt und noch nicht – so Nietzsche in aller Deutlichkeit – »als Gehirn-Dressur! Nicht als deutsche Bildung mit Rüpel-Manieren. Sondern als Leib, als Gebärde, als Instinkt – als Realität mit einem Wort«.[133]

Die Emphase für »Realität«, »Instinkt« und »Leib« leitet den Übergang zur expliziten Kulturkritik ein. »Das Christentum hat uns um die Ernte der antiken Kultur gebracht«, so lautet der nächste Abschnitt.[134] Nietzsche ist hier am Scheideweg. Er fügt die verschwundene, ›natürliche‹ Lektürepraxis der griechischen Antike in das Konzept seiner Kulturkritik ein. Er identifiziert, auf der Basis seines Sprachkonzeptes des Ursprungs aus den Gebärden, das Natürlich-Instinktive mit der Antike, die ihm zur Auseinandersetzung mit dem Christentum verhilft und vernachlässigt darüber die Einsicht, daß jener »Takt und Geschmack« der Antike ebenfalls nichts anderes darstellt, als kulturelle Normierung.

Nietzsche gibt den Hinweis darauf, daß wesentliche Methoden von Lektüre »bereits festgestellt« waren. Vergessen ist nicht die Lektüretechnik, sondern die Selbstverständlichkeit ihrer Praxis und ihr daraus resultierender Wert in ihrem kulturellen Kontext. Doch wenn die kulturellen Kontexte sich ändern, bleibt nur die Information, die in den Speichern der Bücher verzeichnet ist.

Für eine ›innere‹ Geschichte des Lesens ist damit die Dynamik von Vergessen und Erinnern als Neuinszenierung herausgestellt. Es ist die zentrale Struktur, die beobachtet werden muß. Die Beobachtungen müssen davon ausgehen, daß Lektüretechniken weder gegeben noch einfach entwickelt werden, sondern immer schon im Rückgriff auf ›bereits festgestellte‹ Möglichkeiten mit neuen Funktionen ›restauriert‹ werden. Die Erinnerung an den Wert, den diese oder jene Lektüretechnik in ihrem kulturellen Kontext einmal besaß, dient vor allem als Absicherung und Mittel zur Akzeptanz, als Unterstellung eines Wertes, der einmal Bestand hatte. Das laute Lesen, an dem »die antike öffentliche Welt ihre Freude hatte«, ist als soziale Praxis der Lektüre unwiederholbar. Die Technik des ›Wiederkäuens‹ aber kann – wie in Nietzsches Konzept vom ›großen Stil‹ – neu erfunden werden.

---

133 Nietzsche: »Der Antichrist«, Nr. 59. In: Werke II, S. 1231.

134 Insofern ist es folgerichtig wenn Augustinus, der die stille Lektüre kanonisiert, von Nietzsche an dieser Stelle als personifizierte Epochenschwelle, als Prototyp des modernen Menschen, herausgestellt wird.

III. Lektüretechniken und die Geschichte des Lesens

1. Von lauter und stiller Lektüre in Antike und Mittelalter

Das folgende Kapitel versucht anhand der Unterscheidung ›laut‹ und ›still‹ Veränderungen in den Konzepten des Lesens darzustellen. Im Vordergrund steht dabei nicht die Frage nach der empirischen Verbreitung der Lektürepraktiken, sondern die Konturierung der Umstellungen in der Relation zwischen den beiden Lektüretechniken. Entgegen der Annahme, das laute Lesen sei eine ursprünglichere Form, die in einer Entwicklung später durch stille Lektüre ›ersetzt‹ werde, wird davon ausgegangen, daß beide Lektüretechniken a priori vom Medium des phonetischen Alphabets schon angelegt sind und daher schon immer miteinander in Beziehung stehen. Schriftlichkeit und Mündlichkeit sind Unterscheidungen, die jeweils die eine Seite der Kultur bezeichnen und die andere ausschließen. Während die Unterscheidung bezüglich oraler versus literaler Kulturen Einsichten eröffnet hat, was die »Konsequenzen der Schriftlichkeit« für Gesellschaften angeht, so muß bezüglich der Unterscheidung mündlicher und schriftlicher Lektüre innerhalb von literalen Kulturen Vorsicht walten. Mit Jacques Derridas Theorie der Schrift als vorgängigem Prinzip jeder Sprachlichkeit und Kommunikation, sind Fragen nach der Schriftlichkeit des Oralen ebenso wie nach der Oralität des Schriftlichen möglich geworden.[1] Eine komplexere Kombinatorik der Unterscheidung ist die Folge, die nun in sich selbst noch einmal vorkommt und so die Frage nach der Unterscheidung selbst neu stellt. Legitimation, Reichweite und Konsequenz solcher Dekonstruktion sollen hier im einzelnen nicht zur Debatte stehen. Für die Vorstellung einer ›inneren‹ Geschichte des Lesens kann allerdings die Einsicht übernommen werden, daß es als naiv gelten muß, auch weiterhin noch vom ursprünglichen Primat des Mündlichen auszugehen. Wie auch immer die ›Entwicklung‹ ›wirklich‹ war: Die stumme Seite des Zeichens gehört im phonetischen Alphabet immer schon zu seiner redenden Seite, ebenso wie Signifikat und Signifikant – nach Saussure – unlösbar voneinander wie die beiden Seiten eines Blattes sind.

In Frage steht damit nicht die ›Entwicklung‹ eines lauten Lesens zu einem besseren (da tiefer verstehenden) oder schlechteren (da Ausdruck reduzierenden)

[1] Jacques Derrida: »Grammatologie«. Zum Schrift- und Spurkonzept vgl. auch Michael Wetzel: »Die Enden des Buches oder die Wiederkehr der Schrift. Von den literarischen zu den technischen Medien«. Weinheim 1991.

stillen Lesen. In Frage stehen vielmehr Konzepte, die der einen oder anderen Lektüretechnik erst ihren Wert verleihen und sie so über ihren Gegenpol privilegieren.

Die Übersicht über einen so großen Zeitraum bedingt notwendig historische Entdifferenzierungen. Anhand von spezifischen Textstellen sollen hier Modelle und ihre Voraussetzungen herauspräpariert werden. Diese stellen zwar Beobachtungen dar, die nur innerhalb gebildeter Eliten zirkulieren, doch jenseits davon bleibt Lektüre weitgehend ungreifbar. Da es sich bei den Textstellen jedoch um kanonische Texte handelt, beanspruchen sie selbst Autorität und bilden Bezugspunkte für spätere Anweisungen zum Lesen.

Es wird zu zeigen sein, aufgrund welcher Bedingungen die Form der Artikulation als Ideallektüre in der Antike konzipiert wurde und aufgrund welcher Veränderungen im rituellen und kulturellen Kontext des Lesens dieses antike Lektüreideal entwertet wird und die Rollen von stiller und lauter Lektüre neu verteilt werden. Im Wesentlichen beschränke ich mich auf drei ›Stadien‹ von Lektürekonzepten. Auf das antike rhetorische Lektüreideal, auf die programmatische Abkehr von diesem System in der Spätantike durch die christliche Exegese sowie ferner auf die Ausdifferenzierung der Lektüremodi im Hochmittelalter, die das Konzept des monastischen Lesens verläßt. Entscheidend beteiligt an den jeweiligen Konzepten sind auch die Veränderungen der Textorganisation, vor allem die Einführung des *Codex* und die spätere Erfindung der Trennung von Worten, die eine rein visuelle Erfassung der Texte privilegiert.

1.1. Ein antikes Lektüreideal: Die Einheit von *audire, legere und intellegere*

Wieland und Nietzsche gaben der Leseforschung den Hinweis, daß ›die Alten‹ die Technik des lauten Lesens als Normalform praktizierten. Wenn man las, dann laut, nicht nur für andere, sondern auch für sich selbst. Die schöne und verständliche Rede, die zur kulturellen Identität der Griechen zählt, ist das Vorbild, von der Lektüre ihre verpflichtende Gestalt erhält und von der sie schon vor der griechischen Demokratie ihren öffentlichen Wert bezieht. Dazu tragen drei Diskursformationen bei, die in ihrer immensen Wirkungsgeschichte Bezugspunkte für Erziehung, Kunst und Wissenschaft gebildet haben. Der sprachliche Wettkampf *(agon)* findet seinen Ausdruck zuerst in der mythologischen Tragödie und im rhetorisch-dialektischen Diskurs als einer durch die Sophisten Korax und Teisias um die Mitte des 5. Jahrhunderts v. Chr. begründeten *techne* sowie schließlich in der anfangs darin konstituierten »philosophische Wissensbildung«.[2]

[2] Vgl. hier nur Lothar Bornscheuer: »Zur Ursprungsgeschichte des europäischen Argumentierens im historischen Kontext von Mythos (Tragödie), Rhetorik und Philosophie«. In: Poetica 22 (1990), S. 217–241.

Obwohl sich durchaus schon für die frühe Antike Hinweise auf Formen stiller bzw. zumindest leiser Lektüre vermuten lassen,[3] hat die Arbeit Baloghs die Ansicht untermauert, daß lautes Lesen die Regel und »Normalform« der Lektüre dargestellt habe. Das kann jedoch nicht einfach ohne weitere Bestimmungen angenommen werden. Es gilt, das antike Lautieren von anderen Formen lauten Lesens, die sich in allen Jahrhunderten finden lassen, zu unterscheiden. Nach welchem System wird laut gelesen und woher bezieht das Artikulieren der Worte seinen Wert? Baloghs Arbeit gründet zunächst auf einer umfangreichen Stellensammlung von Verweisen auf akustische Metaphern für Buchstaben, Seiten und eben Lektüre. Daraus folgert er:

> Für den antiken Menschen hat eben das Blatt eines Buches, ja sogar der tote, isolierte Buchstabe, in erster Reihe eine Stimme: das Buch oder der Buchstabe ›sprechen‹ oder ›schweigen‹, ›ertönen‹ oder ›verstummen‹, – ›pagina loquitur aut silet, littera sonat‹ [...]. Die Beispiele sind unzählig.[4]

Der Bereich der Schrift ist von der »selbstverständlich vorausgesetzte[n] akustischen Wirkung eines Textes« dominiert. Dem korrespondiert die Abwertung rein visueller Wahrnehmung. Ein Buchstabe, der nicht laut gelesen wird, hat keine Realität, er ist amorphe Materialität nur für das Auge, die solange nichts gilt, bis ihm eine Stimme Form gibt.[5]

Wird stille oder stumme Lektüre eigens angemerkt, so ist sie mit Erklärungen verbunden, was nahelegt, daß sie eine ungewöhnliche Sonderform darstellte. Obwohl Balogh von der These der Normalform lauter Lektüre in der Antike ausgeht, ist er vorsichtig in den Schlußfolgerungen und versucht die Umfunktionalisierung der Lektürekonzepte in späteren Zeiten zu bezeichnen:

> So vererbte sich zwar das laute Lesen auf das Mittelalter, es stand aber nicht mehr im Dienste eines Ideals, noch war es ein System, und auch als Gewohnheit hat es an Zähigkeit viel verloren.[6]

Als System dieses Ideals ist das System der Rhetorik anzusehen. Baloghs Arbeit ist nicht nur Materialsammlung. Sie legt auch die Funktion der Kopplung von Artikulation, Augen und Ohren als »Dreiphasenfunktion« des antiken Lektüreideals dar. Das ist der Rezeption entgangen. Das Ideal des Lesens stellt die Synthese von *Audire-legere-intelligere* dar: »Für den antiken Menschen waren da-

---

[3] Vgl. B. N. W. Knox: »Silent Reading in Antiquity«, S. 421ff. Knox differenziert leider nicht zwischen leisem und stillem Lesen.

[4] Balogh: »Voces Paginorum«, S. 203. Die Nachweise gelten der These von der »Gewohnheit« dieser Lektüreform vgl. ebd., S. 87 und S. 202ff.

[5] Balogh: »Voces Paginorum«, S. 216f.

[6] Balogh: »Voces Paginorum«, S. 233. Ab dem 5. Jahrhundert n Chr. bleibe unklar, was mit den Vokabeln für Lektüre bezeichnet werde. Vgl. ebd., S. 99 und S. 105ff. Über das 16. Jahrhundert hinaus stünden ihm »keine Belege mehr zur Verfügung, welche für die allgemeinere Technik des Lesens bemerkenswert wären.« Ebd., S. 236. Dafür vermutet Balogh den Buchdruck als Wirkung, da die klare Typographie ein »ein rasches und leichtes Lesen« motiviere.

her Lesen, d.i. Sehen und Hören einerseits und Verstehen andrerseits, eine dreifaltige Einheit.«[7]

Das bedeutet jedoch nicht, daß die Unterschiede zwischen laut und still übersehen worden wären. Die pädagogisch orientierte Rhetorik Quintilians[8] kommt gleich zu Beginn auf diesen Unterschied zu sprechen. Quintilian reflektiert auf die »Trennung der Aufmerksamkeit« durch die unterschiedlichen Geschwindigkeiten von Auge und Artikulation beim Lesen: »dividenda intentio animi, ut aliud voce, aliud oculis agatur«. Der Leser beschäftige mit Auge und Stimme zwei »verschiedene Arbeiter«[9] und es ist vorbildlich, wenn sie miteinander kongruieren. Damit formuliert er das antike Ideal von Lektüre: »Vermutlich war das [den Unterschied im Takt nicht merken lassen] nach antiker Auffassung die höchste Vollkommenheit der Lesetechnik.«[10]

Die Beobachtung der unterschiedlichen Wahrnehmungsformen zeigt, daß die Unterschiede der alternativen Möglichkeit bewußt sind.[11] Stille Lektüre als Form ist möglich, aber sie wird als »zu flüchtige« diskreditiert, wie einige Zeit nach Quintilian die Schelte des »eingebildeten Büchernarren« durch Lukian deutlich macht. Quintilians Rhetorik privilegiert zwar eindeutig das kunstvolle laute Lesen.[12] Doch die stille Lektüre der Augen wird nicht grundsätzlich ausgeschlossen, nur besitzt sie keinen eigenständigen Wert. Aber die Arbeit der Augen ist eine notwendige Voraussetzung für die perfekte laute Lektüre. Quintilian bewundert diejenigen, die einen Satz mit den Augen still aufnehmen,

[7] Ebd., S. 95.

[8] Zum Kontext Manfred Fuhrmann: »Die antike Rhetorik«. München, Zürich 1984, S. 11f.

[9] Quintilian: »Institutio Oratoria«, vgl. I,1, 30ff.

[10] Balogh: »Voces Paginarum«, vgl. S. 229. Zur Differenzierung zwischen Stimme und Buchstabe in der antiken Tradition Gregor Vogt-Spira: »Vox und Litera. Der Buchstabe zwischen Mündlichkeit und Schriftlichkeit in der grammatischen Tradition«. In: Poetica 23 (1992), S. 295–327. Dort auch weitere Literatur zum Spannungsfeld zwischen Mündlichkeit und Schriftlichkeit aus den jeweiligen Forschungsgruppen in Freiburg und Konstanz. Vgl. auch: »Strukturen den Mündlichkeit in der römischen Literatur«. Hg. v. Eckard Lefèvre. Tübingen 1990.

[11] Wobei bis heute der Unterscheidung »dividenda intentio animi« wenig hinzuzufügen bleibt. Es sei denn der neurophysiologische Nachweis, daß der Unterscheidung im Gehirn tatsächliche verschiedene Areale (bzw. Kombinationen dieser) entsprechen. Das gelang erst 1988 mittels Messung der Hirndurchblutung mit Xenon 133 Gammastrahlung. Man kann dann sehen, daß lautes Lesen über die Aktivierung der linken und rechten Hirnhälften beim Sprechen hinaus (Hörzentrum, Areale für Gesicht, Zunge und Mund der Körperfühlsphäre) sowie der motorischen Rinde und des Sprachzentrums (Brocas Zentrum) auch noch das Feld der Sehassoziationen und der frontalen Augenfelder (sowie wahrscheinlich des Sehzentrums selbst) aktiviert werden. Beim stillen Lesen bleiben dagegen – wie zu erwarten – die Mundareale der Körperfühlsphäre und der motorischen Ringe ebenso unberührt wie die Hörzentren. Für Bilder und Information vgl. die Messungen von Lassen, Ingvar und Skinhoi: »Hirnfunktion und Hirndurchblutung«. In: Spektrum der Wissenschaft. Gehirn und Nervensystem. Heidelberg 1988. Hier: S. 140f.

[12] Vgl. Quintilian: »Institutio Oratoria«, I,8, 1f. Zur Folgerung der Notwendigkeit lauter Lektüre (für sich) im Zusammenhang mit Mnemotechnik vgl. ebd., XI,2, 33.

um ihn dann perfekt artikulieren zu können. Insofern spricht er von der Notwendigkeit einer Kopplung der beiden Lektüretechniken.

Das Lesen besitzt zudem einen eigenen Stellenwert gegenüber der Rede, indem es wiederholbar ist. Damit hat es didaktischen Wert für die Ausbildung des Redners, dessen »sichere Gewandtheit« nur durch Wiederholungslektüre erreicht werden kann.[13] Das gilt für die Eloquenz wie für ihre Voraussetzung, den Wortschatz, der *copia verborum*. Hören und Lesen haben zudem beide ihre eigenen Vorteile, sie werden als eigenständige Medien unterschieden: Begeistert das Hören eher, so gilt Quintilian die Lektüre als »zuverlässiger« im Urteil.[14] Mit der Funktion der Wiederholungslektüre führt sich dabei auch die Speisemetaphorik ein:

> So wollen wir es [das Gelesene] denn wiederholt überdenken, und wie wir die Speisen gut gekaut und geradezu im flüssigen Zustand schlucken, um sie leichter zu verdauen, soll auch der Lesestoff nicht roh, sondern durch oftmalige Wiederholung erweicht und gleichsam zerkaut dem Gedächtnis zur Nachahmung einverleibt werden.[15]

Lektüre hat mithin als Medium der Wiederholung eine gesicherte eigenständige Stellung. Für die Ausbildung des Redners ist freilich das Sprechen »das Allerwichtigste«. Aber die unterschiedlichen Tätigkeiten von Lesen, Schreiben und Reden sind unterschiedliche Funktionen, die »so fest verbunden und unzertrennlich sind«, daß in der Ausbildung des Redners keine davon fehlen darf. Das Fehlen eines Bereiches würde die Übung in den anderen nutzlos werden lassen.[16] Quintilians Darlegungen stellen keine Innovationen dar, vielmehr muß angenommen werden, daß sie eine auf langer Tradition fußende Konzeption bilden, die im rhetorischen Unterricht der *ars legendi* im Rahmen der *Exercitatio* vermittelt wurde.[17]

---

[13] Ebd., X,1,1ff. Schon die Aneignung des Wortschatzes kann »nicht anders als durch unablässiges Lesen und Hören« erreicht werden. Ebd., X,1, 10.

[14] Vgl. ebd., X,1, 16–19. »Die Lektüre ist ungebundener und verflüchtigt sich nicht wie der Schwung des mündlichen Vortrags, sondern es steht frei, sich das bereits Gelesene öfters vorzunehmen, wenn man im Zweifel ist oder wenn man es sich genau einprägen möchte.« (X,1, 19)

[15] Ebd., X,1, 19. Übersetzung hier von Franz Loretto in seiner Ausgabe des »Liber X Quintilians«. Stuttgart 1974, S. 21. Vgl. auch die Wiederholung der Anweisung zur Wiederholung als Notwendigkeit, die in Reden verborgenen Vorzüge zu erkennen in X,1, 20f. Im folgenden des 1. Abschnitts geht Quintilian die verschiedenen Lesestoffe (Reden, Geschichte, Satire etc.) durch.

[16] Ebd., X,1, 1f.

[17] *Exercitatio* umfaßt die Bereiche *lectio* und *dicendo*. Das Vorlesen und vorgelesen bekommen bilden den Anfang der Regel- und Systembeherrschung der Eloquenz, die durch die Lektüre der Autoritäten eingeübt wird. Diese in Grammatik und Rhetorik vermittelt Übung wird im humanistischen Unterricht beherrschend. Hier setzen vor allem jene auf die Exercitatio, die strenge imitatio favorisieren. Hinweise in Gerd Ueding und Bernd Steinbrink: »Grundriß der Rhetorik. Geschichte – Technik – Methode«. Stuttgart ^{2}1986, S. 58ff. und S. 304f. Bei Cicero vgl. »De oratore. Über den Redner«. Lateinisch und deutsch. Übersetzt und hg. v. H. Merklin. Stuttgart ^{2}1991, S. 123–129 und S. 147–159. Auch Cicero plädiert für Übung nicht nur der Stimme, sondern auch des Schreibens und Lesens.

Indem die Artikulation an das rhetorische System des Vortrags und seine Wirkungsintentionen gekoppelt war, bedeutet lautes Lesen gerade nicht langsames oder genaueres Lesen – wie später in der Philologie –, sondern das Idealmaß einer ›schönen‹, flüssigen Lektüre, die als »schnelle«[18] gilt und bei den (professionellen) Vorlesern als hohe Kunst geschätzt wurde.[19] Erst mit der Wertung, still-innerlich/laut-äußerlich, durch die Metaphysik des Christentums, wird laute Lektüre zu einem Hindernis des (jetzt geforderten ›tieferen‹) Verständnisses und die stille Lektüre wird der privilegierte Zugang zum Wort. Diese Differenzierung war für das angenommene antike Leseideal nicht gültig. Vielmehr fällt in der antiken Rhetorik die Artikulation der angemessenen *verba* für die Darstellung eines Sachverhaltes, bezogen auf ein spezifisches Publikum, also gemäß des *aptum*, mit dem Verständnis zusammen. Gerade die wohlartikulierten Worte, ihr Klang und Rhythmus, sind das Medium der Bedeutung, denn, so Cicero: »die Ohren erwarten, daß der gedankliche Gehalt eines Satzes durch die Wörter zusammengefaßt wird.«[20]

1.2. *Euphonie* als Bedeutungsmedium: Ciceros kritische Ohren

Den Zusammenhang zwischen Artikulation und Prosatexten stellt erstmals Cicero ausführlich in Rechnung.[21] Die Flüssigkeit der Perioden und Satzschlüsse, der Rhythmus der Texte, wird zum vorrangigen Kriterium für deren Organisation. Dieses Ideal der *Euphonie* – von Platons Konzept der Musik- und Gymnastikerziehung herkommend – privilegiert als rezeptive Instanz der lauten Lektüre das Ohr als »kritischen Richter«. Verstehen und Wohlklang bedingen einander, wobei die Klangqualität des hervorragenden Textes den Maßstab für

---

[18] In diesem Sinne interpretierte ich Platons Bemerkung, schnelle Lektüre sei schön. Vgl. Platon: »Charmides« 159c. In: ders.: Sämtliche Dialoge. Hg. v. Otto Apelt Bd. III, Reprint Hamburg 1988, S. 28.

[19] Zur hohen Wertschätzung der Vorlesesklaven Platon: »Theätet« 143c. Vgl. Theodor Birt: »Die Buchrolle in der Kunst«. Leipzig 1907, S. 171f.; Balogh: »Voces Paginorum«, S. 228f. und S. 232.

[20] Cicero: »Orator«. Lateinisch und deutsch. Hg. v. B. Kytzler. Zürich und München 1988. XLIV, St. 168. Für die Ausbildung des Redners sind die Bereiche von Hören, Lesen und Schreiben gleichermaßen essentiell, ihnen muß sich »hingegeben« werden. Vgl. dazu Cicero: »De oratore«, I,95, S. 95. Zum Schreiben als Übung vgl. ebd., I,150f., S. 125f.: »Der Griffel ist der beste und vorzüglichste Urheber und Lehrmeister der Rede.« Zum Lesen hier vor allem I,158, S. 129. Dichter, Lehrer und Schriftsteller der Künste sowie Geschichte müssen gelesen und zu »Übungszwecken« gelobt, erklärt, verbessert, getadelt und widerlegt werden. »Bei jeder Sache hat man das Für und Wider zu erörtern«. Insofern die drei Bereiche aber der Ausbildung des Redners dienen, dessen Überzeugungskraft wiederum durch das Medium des Gehörs vermittelt werden soll, dienen die Übungen nur als Vorbereitung zu diesem Ziel, nicht aber etwa als Ausbildung in einer Kunst zu lesen.

[21] Vgl. Karl-Heinz Göttert: »Einführung in die Rhetorik. Grundbegriffe – Geschichte – Rezeption«. München 1991, S. 116ff.

die Selektion der Worte abgibt. Cicero schreibt anläßlich des zu vermeidenden Hiat in sprachlichen Kompositionen:

> Denn wie beim Lesen das Auge, so wird der Geist beim Sprechen vorausblicken auf das, was folgen muß, damit nicht das Zusammentreffen der letzten Worte mit den folgenden ersten einen klaffenden oder harten Klang hervorbringt. So ansprechend oder tief die Gedanken auch sein mögen, so verletzen sie doch, wenn sie in formloser Sprache vorgetragen werden, das Ohr, dessen Urteil so überaus kritisch ist.[22]

Die Klangqualität des Textes ist Voraussetzung für die Aufgabe des Redners das Ziel des *movere* zu erfüllen. Er muß – in Kalkulation der Erwartungen der Hörer – den richtigen Ton treffen, wobei der Stil sich nach dem Thema richtet. Wohlklang der Worte und Sprachrhythmus werden so zur zentralen Instanz der Rede. Daß ist nur möglich auf der Basis der rhetorischen Unterscheidung von *res* und *verba*, d. h. durch die Variationsmöglichkeiten verschiedener (angemessener) *verba* für die darzulegenden Themen oder Dinge. In diesem Selektionsspielraum hat der Redner die Aufgabe die Euphonie herzustellen, die das Ziel der Überzeugung anleitet. Sinn und Überzeugung der Argumentation basieren so auf dem Medien von Klang und Rhythmus gesprochener Worte. Der Rhythmus der Worte, Satzschlüsse und Perioden verleiht dem Text Wirkung und Überzeugungskraft, gerade weil er unbemerkt rezipiert wird:

> Denn die Hörer richten ihre Aufmerksamkeit auf eben diese zwei und finden an ihnen ihr Vergnügen – ich meine die Wörter und die Gedanken. Während sie diese aufmerksamen Sinnes und voll Bewunderung in sich aufnehmen, entgeht ihnen der Rhythmus und fliegt unbemerkt vorbei.[23]

Cicero fundiert hier theoretisch eine Textqualität, die auf Artikulation angelegt ist. Zieht man die herausragende Stellung der Rhetorik für die römische Gesellschaft in Betracht, wird die Gleichsetzung von Lektüre mit lautem Lesen sowie das Vorlesen als Veröffentlichungsform plausibel.[24]

Dieser Wert lauter Lektüre scheint sich jedoch allmählich aufzulösen. Schon im 2. Jahrhundert muß Quintilian, wie gezeigt, die Notwendigkeit lauter Lek-

---

[22] Cicero: »Orator«, XLIV, St. 150. Cicero geht so weit, die Instanz der Ohren mit dem (ausgebildeten) Humanum zu identifizieren – mit entsprechend rigorosen Folgerungen: »Wer diese Dinge nicht selbst empfindet – ich weiß nicht, was für eine Art Ohren der besitzt, ja überhaupt, was Menschenähnliches an ihm zu finden ist!« (Ebd., St. 168).

[23] Cicero: »Orator«, XLIV, St. 197.

[24] Zu den Bedingungen der Buchproduktion und -distribution und den Unterschieden in der griechischen und römischen Antike, auf die hier nicht eingegangen werden kann Theodor Birt: »Das antike Buchwesen in seinem Verhältnis zur Littertatur«. Berlin 1882, vgl. S. 17ff. zur »Rollenatur« des Buchwesens. Ferner Frederic Kenyon: »Books and Readers in ancient Greece and Rome«. Oxford [2]1951. Einen guten Überblick bietet Tönnes Kleberg: »Buchhandel und Verlagswesen in der Antike«. Darmstadt 1967. Zur Vorlesung in der griechischen Antike vgl. ebd., S. 5ff.; als Veröffentlichungsform in Rom vgl. ebd., S. 25ff. Eine noch nicht verlesene Schrift nannte man *anecdoton*. Zum lauten Lesen für sich ebd., S. 31.

türe ausführlich hervorheben und begründen. Aulus Gellius sieht sich ebenfalls genötigt an die *Euphonie* eigens zu erinnern: »Daß die eleganten Schriftsteller dem schönen Laut der Worte und Sätze mehr Aufmerksamkeit schenken (was die Griechen euphonie nannten), als den Regeln und Rezepten der Grammatiker« – so lautet der Titel eines Abschnitts der *Attischen Nächte*. Hierin versammelt Gellius ausführlich die Anweisungen, das Ohr als Maßstab für die Wahl der Worte – auch gegen grammatische Regeln und Sprachgebrauch – einzusetzen: »aurem tuam interroga quo quid loco conveniat dicere«.[25] Das Ohr gilt als kritische Instanz, die mit den Regel des Wohlklangs die Entscheidung über die Wortformen (»urbes« oder »urbis« z.B.) trifft. Dabei kann u. U. sogar das falsche grammatische Geschlecht gesetzt werden, damit der Satz nicht harsch oder hart klingt.[26] Dies wird mit Beispielen vor allem aus Homers *Ilias* und Ciceros *Orator* ausführlich belegt. Die älteren Grammatiker hätten dies noch gewußt. Anscheinend drohen zu Gellius Zeit (um 165 n. Chr.) die Regeln in Vergessenheit zu geraten, was den Anlaß zu diesem Kapitel gibt.

1.3. Nuancen: Senecas philosophisches Murmeln oder Lektüre als Gespräch und Gymnastik

Laute Lektüre hat ihren institutionalisierten Ort in den (öffentlichen) Reden und Lesungen. Wurde für sich alleine laut gelesen, so dürfte die Stimmstärke zwischen laut, halblaut und murmelnd variiert haben. Das ist schwer festzustellen, begriffliche Präzisierungen sind eher selten. Doch einige Differenzierungen lassen sich beobachten.

Lucius Annaeus Seneca empfiehlt seinem Lucilius im 38. Brief ausführlich das Konzept eines halblauten Lesens von Philosophie. Diese Form einer am Ideal des vertraulichen Gesprächs orientierten Lektüre eigne sich i.U. zur Artikulation des Vortrags viel besser für den Umgang mit Philosophie. Seneca nimmt die Tradition mündlicher und persönlicher Unterweisung der Antike auf und versucht dessen Vorteile auf die ›einsame‹ Lektüre zu übertragen. Der dialogische Unterricht habe den Vorteil einer subtileren Wirkung auf den Lernenden, denn die Gesprächssituation kann situativ und individuell angepaßt werden. Vor allem aber strukturiert der Dialog den Stoff in überschaubare Einheiten. Im Wechselspiel der Reden dringe das Wissen, so Seneca, einfacher ein: »Am meisten bringt ein Gespräch voran, weil es in kleinen Abschnitten ein-

---

[25] Aulus Gellius: »Attic Nights«, XIII,21, 3 Bde. Loeb Classical Library, Bd. 2, S. 466–477. Hier: S. 466.

[26] Cicero setzt etwa im »Verres« (IV,99) für Priester (antistites) die weibliche Form (antistitae), vgl. Gellius ebd., S. 474. Gellius Ziel ist die Darlegung dieses Sachverhaltes, die zu dem Fazit führt: »Usque adeo in quibusdam neque rationem verbi neque consuetudinem, sed solam aurem secuti sunt, suis verba modulis pensitantem.«

dringt in die Seele.«[27] Dies wird als Modell auf Lektüre angewendet, nämlich auf ein leises, halblautes Lesen. Da Texte immer mehr Information beinhalten, als auf einmal aufgenommen werden kann, soll die am Gespräch orientierte Lektüre aktiv die günstige Strukturierung vornehmen. Umgekehrt kontrastiert Seneca auch die Form der Vorlesung oder Rede mit dem Ideal des Gespräches. Öffentliche Reden nämlich überlasten den Lernenden durch ihren ausgefeilten Vortrag.[28] Sie »tönen« und sind nicht vertraulich. Philosophie dagegen müsse für sich selbst in einer vertraulichen Form gelesen werden: mit leiser Stimme. Erst die Vertraulichkeit des Gesprächs schaffe den Rahmen, um lernen zu können:

> Vorträge, ausgearbeitet und vorgetragen, wenn eine Menge zuhört, bieten mehr Getön, weniger Vertrautheit. Die Philosophie ist ein guter Rat: einen guten Rat gibt niemand mit lauter Stimme. Manchmal muß man sich auch jener, sozusagen, Volksreden bedienen [...] wo es aber nicht darum geht, daß einer lernen wolle, sondern daß er lerne [ut uelit discere, sed ut discat], muß man auf diese mit gesenkter Stimme gesprochenen Worte zurückkommen. [ad haec submissiora uerba ueniendum est].[29]

Diese Lektüreform hat den Vorteil, nicht vieles, sondern viel zu leisten. Sie reduziert das »Getön« zugunsten eindringlicher Aufmerksamkeit. Seneca vergleicht die Aufgabe des Lehrenden mit der Aussaat der Samen, die an sich klein sind, aber, auf geeignetem Boden aufgehen und wachsen. Mit verhaltener Stimme gelesene Worte sind wirksamer als das »Getön«, sie motivieren die Aktivität des Zuhörens. Die nach dem Modell des vertraulichen Gesprächs modulierten Worte finden

> Zugang und bleiben hängen: nicht nämlich sind viele nötig, sondern wirksame. [...] Wie Samen müssen sie gestreut werden: mag das gering sein, wenn es einen geeigneten Platz gefunden hat, entwickelt es [suas explicat] seine Kräfte [...].[30]

Das Wenige, das so in die »Seele« aufgenommen wird, entwickelt eine eigene Produktivität, der in Senecas Philosophie eine zentrale Rolle zukommt, da sie die Voraussetzung für die innere Ruhe[31] darstellt:

> Wenig ist es, was man sagt, aber wenn es die Seele gut aufgenommen hat, gewinnt es Kraft und erhebt sich. Ebenso ist, sage ich, die Situation von Lehren wie von

---

[27] Lucius Annaeus Seneca: »An Lucilius. Briefe über die Ethik«. In: ders.: Philosophische Schriften. Lateinisch und Deutsch, Bd. 3. Hg. v. M. Rosenbach, Darmstadt 1974. 38. Brief, S. 305f.

[28] Horaz – der sich zur stillen Lektüre bekannte (»ego lecto [...], quod me tacitum iuvet«, »Satiren«, I,6, 122f.) – spottete schon über die Überstrapazierung der Zuhörer bei öffentlichen Vorträgen. Vgl. Kleberg: »Buchhandel und Verlagswesen in der Antike«, S. 31.

[29] Seneca: »An Lucilius«, 38. Brief, ebd., S. 305.

[30] Ebd.

[31] Damit ist nicht nur auf die allgemeine Zielsetzung der sittlichen Vollkommenheit und der Erfüllung eines glücklichen Lebens angespielt, sondern auch auf die Funktion der Lektüre als ›Gespräch‹ für die stoische Privatsphäre und Lebenshaltung. Vgl. hier etwa den 78. und 80. Brief (Bd. 4 der zitierten Ausgabe).

Samen: viel bewirken sie, auch wenn sie klein sind. Nur, wie ich sagte, fasse eine geeignete Seele sie auf und nehme sie in sich auf [et in se trahat]: viel wird sie ihrerseits selbst hervorbringen [generabit] und mehr zurückgeben, als sie empfangen hat.[32]

Gleich zweierlei wirkungsmächtige Vorstellungen sind hier formuliert. Zum einen kann die Vorstellung des aufgehenden Samens in die christliche Metaphysik übernommen werden und dort sowohl für die eigene Lehre wie vor allem für die Gefährlichkeit gewisser Textstellen einstehen, was die ›Reinigung‹ sowie Übernahme wie Assimilation antiker heidnischer Schriften ermöglicht. Die Kirchenväter praktizieren eine Lektürepolitik als Gärtner, die sähen und ausjäten. Für die Ökonomie eines jeden Kanons ist die Vorstellung, daß der rechte Samen und nur dieser aufgeht – als Metapher für substantielle Bedeutungseinheiten – die notwendig implizite Wertvorstellung.[33]

Das Paradigma des Gespräches zum anderen, wird die Vorstellung interessierter und ambitionierter Lektüre über Jahrhunderte für Humanisten von Petrarca bis Gadamer leiten. Hier verschwindet bzw. verwischt sich die Grenze zwischen realem halblautem Artikulieren und dem stillem Lesen, in dem jedoch gleichwohl das ›innere Sprechen‹ als Repräsentanz einer anderen Stimme gedacht wird. Humanistische Lektüre und Briefkommunikation pflegte geradezu eine akustische Telepathie oder Radiophonie, indem das »hohe Geistergespräch« die Jahrhunderte zwischen Antike und zeitgenössischer Gegenwart – im universalen Schriftmedium Latein – ebenso überwand, wie nationale und geographische Unterschiede zwischen den in Europa kommunizierenden Gelehrten.[34]

Seneca gibt allerdings auch eine Hinweis auf einen völlig anderen Wert lauten Lesens, der weder dem antiken Ideal, noch seinen späteren Funktionen entspricht. Es ist die wörtlich heilsame Übung lauter Artikulation als Gymnastik. Im 78. Brief, der die Gesundung des schon alten Senecas erzählt, weist er

[32] Seneca: »An Lucilius«, 38. Brief, ebd., S. 307. Das Thema des ›in sich aufnehmens‹ und Aneignens von Lektüre wird in Kapitel III.2 näher erläutert.

[33] Vgl. dazu Kapitel III.2 dieser Arbeit. Wenn sich dieses Modell auflöst – wie heute zu sehen – pluralisiert sich ›der‹ Kanon in Kanones verschiedener Gruppen und Gemeinschaften, die ihre Beobachtung von Wert-Konsens gegen die anderer absetzen. Damit wird jedoch das Modell nicht verlassen. Andererseits sind Versuche, den Kanon nicht-substantiell zu denken in die Aporie verstrickt, ihn voraussetzen zu müssen, allerdings um den Nutzen reicher, die Problematik (produktiv) zu bearbeiten. Vgl. David Martyn: »Die Autorität des Unlesbaren. Zum Stellenwert des Kanons in der Philologie Paul de Mans«. In: Ästhetik und Rhetorik. Lektüren zu Paul de Man. Hg. v. K. H. Bohrer. Frankfurt a. M. 1993, S. 13–33.

[34] Siehe Karl Otto Brogsitter: »Das hohe Geistergespräch. Studien zur Geschichte der humanistischen Vorstellungen von einer zeitlosen Gemeinschaft der großen Geister«. Bonn 1958. Wie zentral die Vorstellung von ›Rede‹ für Schriften noch bis Ende des 18. Jahrhunderts gewesen ist zeigt die schöne kleine Studie Heinrich Bosses: »Sprechen und Schreiben«. In: ders.: Autorschaft ist Werkherrschaft. Paderborn 1981, S. 17–24.

Lucilius an, den Arzt wegen Heilmittel *(remedia)* zu Rate zu ziehen. Unter den vom Arzt zu regulierenden körperlichen Übungen der Bewegung und der Muße *(exercearis/otio)* findet sich hier auch die Übung, »zu lesen mit vollerer Stimme«.[35] Der Herausgeber der Schriften Senecas fühlt sich hier verpflichtet, den heutigen Leser in einer Fußnote darauf aufmerksam zu machen, daß man damals mit »halblauter Stimme« las. Das ist richtig, aber an dieser Stelle genau falsch. Denn diese vom Arzt anzuweisende Übung bezieht sich weder auf das oben angeführte halblaute Lesen, noch auf das Vortragen. Das Lesen mit »vollerer Stimme« meint eine gymnastische Übung, die angewendet wird, um »den Atem, dessen Weg und Organ geschwächt sind, zu trainieren.«[36] Das ist nicht »haec submissiora uerba«, sondern der lateinische Text notiert: »ut legeas clarus et spiritum«.

Diese *clara lectio* in ihrer Funktion als Körperübung wird bei Aulus Cornelius Celsus behandelt. Es ist eine der »Verhaltensmaßregeln für Schwächliche« – und das heißt schon kurz nach der Zeitenwende vor allem für Gelehrte.[37] Sie sollten gut verdauen und »aktive Körperbewegung« pflegen, die immer dem Essen vorausgehen muß. Zu diesen Übungen zählt auch das laute Lesen.[38] Lautes Lesen hilft z.B. auch bei Magenschmerzen:

> Leidet jemand am Magen, so muß er laut lesen, nach dem Lesen spazieren gehen, dann durch Ballspielen oder durch Fechten oder andere Dinge, wodurch die oberen Körperpartien in Bewegung gesetzt werden, sich üben [...].[39]

Die *clara lectio* wird erst im System der mittelalterlichen Mönche zu einem Terminus, der das Vorlesen für andere von der murmelnden Lektüre für sich selbst (»sibi legere«) unterscheidet.[40] Ihre Funktion als diätetische Gymnastik rückt in den Hintergrund und taucht schließlich – während die anderen Anweisungen antiker medizinischer Autoritäten übernommen werden – nicht mehr auf.[41] Das Jahrhundert, das im Lesen den hermeneutischen Geist univer-

[35] Vgl. Seneca: »An Lucilius«, 78. Brief. In: ders. Philosophische Schriften. Bd. 4. Darmstadt 1984, S. 129ff.

[36] Ebd., S. 131.

[37] »Schwächliche Naturen, zu denen ein großer Teil der Städter und fast alle Gelehrten gehören [...].« Aulus Cornelius Celsus: »Über die Arzneiwissenschaft in acht Büchern«. Übersetzt und erklärt v. Eduard Scheller. Nach der Textausgabe von Daremberg neu durchgesehen von Walter Friesboes, 2. Aufl. Braunschweig 1906. (Zwischen 25 und 35 n. Chr. entstanden). Hier: I,2, S. 36.

[38] Ebd.: »Als gute Körperübung dient: lautes Lesen, Fechten, das Ballspiel, Laufen, Spazierengehen.«

[39] Ebd., I,8, S. 48. Vgl. auch: »Krankheiten des Magens«, IV,12, S. 183. Nicht lesen sollen dagegen, wer an Augenschmerzen, Stockschnupfen, an Katarrhen und Mandelerkrankungen leidet; und weder »Lesen« noch »laut reden« sollen diejenigen, die an der »Schwäche des Kopfs« leiden. Ebd.: »Diät für am Kopfe Leidende«, I,4, S. 46 und IV,2, S. 167ff.

[40] Vgl. Ivan Illich: »Im Weinberg des Textes«, S. 59.

[41] Zur Diätetik des 18. Jahrhunderts Lothar Müller: »Die kranke Seele und das Licht der Erkenntnis. Karl Philipp Moritz' Anton Reiser«. Frankfurt a.M. 1987. Sowie Ulrich Nassen: »Trübsinn und Indigestion – Zum medizinischen und literarischen

sal werden läßt, verliert in diesem Sinne tatsächlich die rudimentäre physiologische Funktion der Lektüre.

1.4. Die Siege des Lesens und die Schrift in der Rede

Die Unterscheidung zwischen Rede und gelesenem Vortrag dürfte mindestens seit Aristoteles Bestand haben.[42] Nach Kenyon ist der Sieg des Lesens über das mündliche Unterweisen auf Aristoteles zurückzuführen.[43] Das ist plausibel, weil Aristoteles für Wissen und Wissenschaft möglichste Unvoreingenommenheit fordert.[44] Dazu ist Erfahrung vonnöten, sowie – hier kommt Lektüre ins Spiel – die Auseinandersetzung mit Lehrmeinungen.[45] Eigene Erfahrung und kritische Auseinandersetzung mit den Lehrmeinungen bilden so die (klassischen) Pole des Wissens. Bei den Lehrmeinungen aber soll man genau prüfen, was sich als gültig halten läßt. Dazu muß man das schriftliche Gedächtnis nutzen, d.h. Stellen nachlesen und sich Exzerpte anlegen. Aristoteles besaß selbst eine beachtliche Bibliothek und war als belesen bekannt. Platon soll einmal gesagt haben: »Laßt uns in die Wohnung der Leseratte gehen.«[46]

Ob dieses Vergleichen der exzerpierten Lehrmeinungen laut oder still vor sich ging, wissen wir nicht. Aber Aristoteles Anweisung zum Umgang mit wahrscheinlichen Schlüssen stellt die erste lektürespezifische Anweisung für die notwendige Auswahl dar.[47] Was Aristoteles in die wissenschaftliche Kommunikation einbringt, ist die gedächtnisstützende Funktion von Notizen, als Exzerpt oder Kommentar. Diese einfache Funktion von Schrift, als Aufzeichnung von Dingen, die man erinnern will, wird schon in der Schriftkritik Platons von der Ausgrenzung der Schrift als Simulakrum ausgenommen. Die Kritik der Schrift

Diskurs über Hypochondrie im 18. Jahrhundert«. In: Fugen. Hg. v. M. Frank, Fr. A. Kittler und S. Weber. Freiburg i. Br. 1980, S. 171–186.

42 Es sei eine grundsätzliche Regel, so Aristoteles im 5. Kapitel des II. Buches seiner »Rhetorik«, daß geschriebene Kompositionen einfach zu lesen sein sollen. Anfang des 12. Kapitels unterscheidet Aristoteles dann zwischen geschriebener und gesprochener Sprache. Beides habe eigene Gesetze. Zeilen unverbundener Worte und Wortwiederholungen seien ein Mittel, das für Schriften geeignet sei, aber nicht für gesprochene Sprache. In ihr müssen andere Gesetze der Variation von Ton und Rhythmus herrschen, um den dramatischen Effekt zu erzielen.

43 Frederic Kenyon: »Books and Readers in ancient Greece and Rome«, S. 25. Sokrates lehrte bekanntlich noch mündlich und schrieb keine Bücher, aber es war ihm nicht ungewohnt Bücher zu lesen und sich Notizen *(hypomnemata)* zu machen. Vgl. ebd., S. 21.

44 Vgl. Aristoteles: »Nikomachische Ethik«, 1096a, 14–17.

45 Aristoteles: »Analytica«, 46a, 17f.

46 Zitiert nach F. F. Schwarz: »Einleitung«. In: Aristoteles: Politik. Stuttgart 1989, S. 11f. Der Hinweis auf Aristoteles Bibliothek wird geradezu topisch in den frühneuzeitlichen Chroniken und Lexika von der Schedelschen »Weltchronik« bis Zedlers »Universallexikon« tradiert.

47 Vgl. Aristoteles: »Topica«, 105b, 10–18. Darauf wird im Kapitel IV.2 genauer eingegangen.

bedient sich einer mindestens seit Platon fest installierten Gedankenfigur: Die Abwertung des als abgeleiteten, sekundären Wissens durch Textumgang gegenüber einem als authentischen oder wahr gesetzten Wissens. Wer aus Büchern glaubt Wissen oder gar Weisheit beziehen zu können, ist blind und verloren, mit Platon zu sprechen. Allerdings verwendete auch Sokrates, als letzter in der Oralität fundierter Philosoph, schon Notizen als Gedächtnisstütze. Platon schreibt in seiner berühmten Passage des »Phaidros« als Resumée seines erfundenen Mythos von der Erfindung der Schrift:

> Also wer da meint, in schriftlicher Aufzeichnung eine Kunstanweisung zu hinterlassen und andererseits wer solche annimmt in dem Glauben es könne etwas Deutliches und Sicheres aus schriftlichen Aufzeichnungen entnommen werden, dürfte mit großer Einfalt behaftet sein [...], indem er geschriebenen Worten eine weiter gehende Bedeutung beilegt, als die, Wissenden zur Erinnerung zu dienen an die Dinge, worüber die Aufzeichnungen handeln.[48]

Platons Kritik an Schrift und Kommentar ist zwiespältig. Er verdammt die Illusion, genaues und sicheres Wissen aus Texten ziehen zu können. Der König Thamus weist Theuts Erfindung der Schrift als »Mittel für Gedächtnis und Weisheit« zurück, da diese gerade das Gegenteil bewirke, nämlich das Vergessen, indem das eigene Gedächtnis vernachlässigt würde, »aus Achtlosigkeit« und in »Vertrauen auf das Schriftstück«. Die Erinnerung basiert nämlich auf technischer Basis »von außen« und weder Weisheit noch Erinnerung würden so »von innen heraus durch Selbstbesinnen« gepflegt.[49]

Doch Platon differenziert zwischen *Anamnese* als Wiedererinnerung der Ideen und *Hypomnese* als auf Hilfsmittel gestützte Erinnerung. Er gesteht der schriftlichen Aufzeichnung im oben zitierten Passus ausdrücklich die Funktion einer Gedächtnisstütze zu, als Notiz über etwas, das man bereits weiß. Damit ist wörtlich der Kommentar in seiner einfachsten Bedeutung angesprochen, »hypomnemata«, »Dinge, die zu erinnern sind«. Der Terminus wird als »commentarii« ins Lateinische übersetzt und bezieht sich, bevor der Kommentar zu einer Gattung wird, auf jegliche Aufzeichnung oder Mitschrift.[50]

Obwohl laut Lesen als eine wichtige Memorierungsfunktion angesehen werden kann, muß hier auch deutlich werden, daß historisch schon sehr früh der (empirischen) Schrift Funktionen zugewiesen wurden. Schriftkritik richtet sich, wie jede Medienkritik – für die Platons Mythos von Thamus und Hermes eine Urszene bietet – auf Kritik des Unkontrollierbaren (der Verbreitung, des

---

48 Plato: »Phaidros«, 275. In: ders.: Sämtliche Dialoge. Hg. v. Otto Apelt, Bd. II, S. 104.

49 Ebd., S. 103.

50 Vgl. Art. »Commentarii«. In: Paulys Real-Encyclopädie der classischen Altertumswissenschaften, Bd. 7,1, Sp. 726ff. Zur Übernahme des griechischen Terminus in die römische Literatur siehe Bruno Sandkühler: »Die frühen Dantekommentare und ihr Verhältnis zur mittelalterlichen Kommentartradition«. München 1967. Hier: S. 15.

Umgangs) eines Mediums, welches für sich meist schon lange institutionalisiert ist.

Gerade für eine Zentralfunktion des alten rhetorischen Systems, das durch und durch auf Oralität zu beruhen scheint, ist ein ›Einfluß‹ von Schrift – hier verstanden als Prinzip – zu konstatieren. Die Memoria bzw. die Mnemotechnik und noch genauer, das »künstliche Gedächtnis« i. U. zur natürlichen Merkfähigkeit, beruht geradezu auf einer schrift-typischen Struktur: der topographischen Organisation von Inhalten und deren sukkzessiven, linearen ›Abrufen‹. Mnemotechnik beruht auf der Zuordnung von *imagines*, von Bilder zu Orten (*loci*).[51] Der Rhetorikschüler, so stellt man sich vor, muß vor den Inhalten, die er später in freier Rede wohlorganisiert vortragen will, eine architektonische Struktur internalisieren, die es ihm erlaubt, in ihr jederzeit bestimmte Orte ›aufzusuchen‹. Während die Mneme als Mutter der Musen und also der Künste dem formlosen Element Wasser zugeordnet ist (ebenso wie die zentrale Funktion des Vergessens dem selben Element angehört: Lethe), vollzieht das künstliche Gedächtnis der Rhetorik den Sprung zur Zivilisation, zu einer Informationsarchitektur, wie sie der Mythos von Simonides, der die Toten aufgrund ihrer Sitzordnung identifizieren kann, ausführt. Informationen aber sukkzessive und räumlich organisiert zu speichern und abzurufen, läßt sich als eine erst durch die Schrift und ihre Charakteristika von Linearität und Sukzession möglich gewordene Struktur ansprechen. Gedächtnisräume sind nicht nur Gebäude, sondern auch Wachstafeln und Papyrii. Im Zentrum des auf dem gesprochenen Wort basierenden Systems der alten Rhetorik regiert also die Struktur der Schrift. Die Rhetorik *Ad Herennium* – wichtigster Quellentext zur antiken Mnemotechnik – zieht die Analogie zwischen den *loci* und Papyrus, Erinnerungsbild und Buchstabe explizit.[52] Für den unbekannten Rhetoriklehrer des 1. Jahrhunderts vor der Zeitrechnung, der die traditionellen Anweisungen schriftlich niederlegt, ist es ausgemacht, daß die Gedächtniskunst einem inneren Schreiben gleicht:

> Denn die Orte gleichen den Wachstäfelchen oder dem Papyrus, die Bilder den Buchstaben, die Anordnung und Stellung der Bilder der Schrift, und das Hersagen gleicht dem Lesen.[53]

---

[51] Das ist hier – nach der Konjunktur des Themas in den letzten Jahren – nicht ausführlich darzustellen. Vgl. Frances A. Yates: »Gedächtnis und Erinnern. Mnemonik von Aristoteles bis Shakespeare«. Berlin ^{3}1994 (zuerst als »The Art of Memory«. London 1966). Hier S. 5–33. Zur Forschung siehe Aleida Assmann, Jan Assmann und Christian Hardmeier (Hg.): »Schrift und Gedächtnis«. München 1983. Sowie Aleida Assmann und Dietrich Harth (Hg.): »Mnemosyne. Formen und Funktionen der kulturellen Erinnerung«. Frankfurt a. M. 1991.

[52] Vgl. Dietrich Harth: »Einleitung. Gedächtnisbilder und Erinnerungsspuren« in seine hervorragende Textsammlung: Die Erfindung des Gedächtnisses. Texte, zusammengestellt und eingeleitet von Dietrich Harth. Frankfurt a. M. 1991, S. 13–49. Hier: S. 26f.

[53] »Ad Herennium« zitiert nach Yates: »Gedächtniskunst«, S. 15. Die Metaphorik für

Wenn laut Lesen in der Antike als die privilegierte Form eines primären Zugangs zur Schrift gelten kann, so jedoch nicht nur allein wegen seiner Funktion im System der Rhetorik. Die Artikulation ist zugleich diejenige Form, die dem Medium Schrift in seiner damaligen Erscheinungsform erst die Form eines Textes (und einer Bedeutung) bereitstellt. Laute Lektüre löst hier ein wahrnehmungsphysiologisches Problem: die Wort- und Satzerkennung. Diese Funktion wird durch zwei Schübe der Textorganisation, in der Spätantike und im Hochmittelalter, nicht nur in den Hintergrund gedrängt, sondern ersetzt.

Es ist zunächst die ohne Trennung von Worten, Sätzen oder Absätzen geschriebene *scriptio continua* der ältesten Buchrollen,[54] die notwendig eine Kopplung von Auge und Stimme zur Regel werden läßt. Erst mit der Stimme erhält das Geschriebene die stilistischen Merkmale, Betonung und Rhythmus eines Vortrages, die als Rede oder Text seine Wirkung ausmachen. Die Regel, laut zu lesen motiviert sich durch das Ideal der Rhetorik ebenso wie es durch die *Form* der Worte fundiert ist. Dieses laute Lesen, das daher nicht zwischen einsamer und gemeinsamer Lektüre zu unterscheiden braucht, wird durch die zentrale Ausbildungsfunktion der Rhetorik aufgenommen und als Lektürekonzept etabliert.[55] Das Medium Schrift besitzt eine Funktion als Hilfsmittel für den Vortrag, auf den hin es schon kodiert ist.[56] Und insofern kann Lektüre und Schrift als Optimierung des oralen Mediums gelten.[57] Dies bedeutet jedoch nicht, daß stilles Lesen nicht möglich oder nicht vorgekommen ist. Man kann allerdings annehmen, daß eine rein visuelle Erfassung der *scriptio continua* große Übung verlangt und insofern eine Form des Lesens darstellt, die als ungewöhn-

das Gedächtnis ist folgerichtig auf Speichermedien fixiert, neben Kästen (auch: *arca*, *arche*) und (Korn-) Speicher vor allen auf Schriftspeicher wie die Wachstafel, die schon von Plato als Bild vom Gedächtnis genutzt wird. Sich etwas ›einprägen‹ – so heißt es noch heute. Vgl. Harald Weinrich: »Typen der Gedächtnismetaphorik«. In: Archiv für Begriffsgeschichte (1964), S. 23–26. Aus medientechnischer Perspektive ist der Nachweis zu führen, daß die Gedächtnismetaphorik auf technische Speichermedien (Grammophon, Film bis Computer und Netzwerk) angewiesen bleibt. Vgl. Matthias Bickenbach und Michael Stolzke: »Das Gedächtnis. Eine Mediengeschichte«. (unveröff. Vortrags-Ms. Köln 1993).

54 Vgl. Jean Vezin: »La fabrication du manuscrit«. In: Histoire du l'Edition Française. Bd. 1 hg. v. J. H. Martin u. R. Chartier. Paris 1983, S. 25–47. Hier: S. 39f. Zum Kriterium der Qualität und Größe der Buchrollen und der Spalten (*pagina*) vgl. auch Theodor Birt: »Das antike Buchwesen in seinem Verhältnis zur Litteratur«, S. 253f.

55 Daß jedoch Schrift nicht nur die Funktion hat, als Lesung zur Lehre oder Vergnügen veröffentlicht zu werden, sondern einfach zu speichern, betont schon Thukydides. Er, der in Athen, Olympia, Korinth und Theben las, schreibt, daß seine Werke »eher ein bleibender Besitz für spätere Zeiten als ein Prunkstück zur Unterhaltung für den Augenblick« seien. Zitiert nach Kleberg: »Der Buchhandel in der Antike«, S. 5.

56 Das gilt – in anderer gesellschaftlicher Form – bis weit ins Mittelalter hinein. Vgl. Michael Curschmann: »Das Abenteuer des Erzählens. Über den Erzähler in Wolframs ›Parzival‹«. In: DVjs 45 (1971), S. 627–667. Zur Diskussion, inwieweit aber »das Geschriebene das Mündliche von vornherein als Funktion der Darstellung festlegt« (ebd., S. 662) vgl. M. G. Scholz: »Hören und Lesen«, S. 98–111.

57 Vgl. M. Giesecke: »Der Buchdruck«, S. 30ff.

liche Praxis angemerkt wurde. Doch empirische Aussagen und Annahmen über Praktiken sind hier begrenzt. Trotz der Privilegierung der Rede in der Antike scheint die stille Rezeption – als andere Seite der Form des Lesens – geradezu eine Voraussetzung gewesen zu sein.

Eine jüngere Studie zur Lektüre in der frühen griechischen Antike untermauert diese These nachhaltig. Im Unterschied zu Balogh rekurriert Jesper Svenbro nicht allein auf die Metaphoriken der »voces paginorum«. Svenbro zeigt zunächst auf, in welchen Formen die griechischen Vokabeln für Lektüre Verflechtungen mit den Termini für Gedächtnis, Gesetz und Erkenntnis zeigen und dabei durchgehend auf das engste mit dem Klang verflochten sind.[58] Mit Svenbros Arbeit, die vor allem die sozialen Machtformationen von Lesern in der griechischen Kultur behandelt,[59] kann die These von einer »Normalform« lauter Lektüre als stichhaltig angesehen werden. Die griechische Lektüre sei »avant tout une machine à produire du son.«[60] Das Zeichen bleibt unvollständig, d.h. ohne Erinnerung (»anágnosis«), wenn es nicht artikuliert wird.[61] Das Hören der Klangsequenz, die durch den Leser aus der graphischen Sequenz produziert wird, erlaubt gleichzeitig dem Leser den Sinn der Worte wiederzuerkennen. Daher wurde als technischer Terminus für Lesen das Wiedererkennen (»anagignóskein«) verwendet.[62] Deshalb repräsentieren die Buchstaben für die Griechen, die nicht laut lasen, keine Stimme – die still gelesenen Buchstaben sind kein Bild der Stimme.

Diese Unterscheidung ist wichtig wegen der leicht unterlaufenden Metaphorisierung der ›redenden Steine‹ und redenden Buchstaben, auf die Balogh seine Untersuchung stützte. Svenbro beharrt darauf, daß dies eine Funktion der Relation von Leser und Schrift darstellt. Die Buchstaben selbst sind stumm, sie reden nicht, mag in ihnen auch die Aufforderung zur Lektüre, zur lauten Lektüre, etymologisch eingraviert sein oder wie in den Grabstelen, die den Leser dazu auffordern, ihren Namen auszusprechen und so zu vergegenwärtigen. Doch die Schrift ›spricht‹ nicht selbst, jedenfalls nicht anders als metaphorisch, sondern die Zeichen sind »áphthongos«, ohne Stimme:

---

58 Jesper Svenbro: »Phrasiklea. Anthropologie de la lecture en Grèce ancienne«. Paris 1988.

59 Svenbro untersucht das wechselseitige Macht- bzw. Abhängigkeitsverhältnis von Schrift, Stimme und Leser: »Comme le légilateur, tout scripteur a besoin du lecteur pour que sa parole différée puisse retenir, fait essentiel pour les Grecs, qui sont obsédés par le «renom sonore», le kleos. L'ecrit ne puet pas se passer de la voix. [...] pour le lecteur grec moyen, les lettres sont vides de sens jusqu'à leur vocalisation. Car la lecture sonore est la condition nécessaire pour que les lettres puissent constituer un text intelligible: son et sens coïncident dans le lógos à la fois ›réson‹ et ›raison‹«. Ebd., S. 8, vgl. S. 53ff.

60 Ebd., S. 6.

61 Ebd., S. 53.

62 Ebd., S. 8f.

> Inscrit ou non, le sèma est silencieux en luimême, mais quiconque le reconnaît en passage fera usage de son appareil vocal. La pierre déchlenchera la voix.[63]

Die Lektüretechnik stillen Lesens ist als Möglichkeit, ja als Voraussetzung der Artikulation gegeben. Erst die Unterscheidung zwischen stumm und laut läßt die Metaphorik einer ›redenden‹ Schrift entstehen:

> En bref: à l'intériorisation de la voix dans la lecture silenciueuse répond la métaphore des ›lettres parlantes‹, deveneue courante au moment où l'on commence à pratiquer peu ou prou la lecture silencieuse.[64]

Svenbro datiert die ›Erfindung‹ der stillen Lektüre schließlich schon auf das Ende des sechsten vorchristlichen Jahrhunderts.[65] In einer brillanten Interpretation der Grabinschrift der Stele der *Phrasiklea* legt er dar, daß beide Techniken der Lektüre einen eigenständigen, aber aufeinander verweisenden Funktionsbereich haben. Zwar steht die Artikulation, die der Grabinschrift das Gedächtnis der Abwesenden sichert im Vordergrund – der Leser wird zum Medium der Worte und vergegenwärtigt so den Toten für sich und für andere – aber, so Svenbro, die Statue der Phrasiklea läßt etwas hören, das man nicht sehen kann und läßt etwas sehen, das man nicht hören kann.[66] Erst die Relation zwischen den stummen Gesten der steinernen Mädchendarstellung und der Artikulation der Inschrift ergibt eine Lektüre, welche die Geschichte des Mädchens erzählt.

Svenbros Arbeit zeigt die komplizierte Kopplung der im phonetischen Alphabet angelegten Möglichkeit interdependenter Benutzung. Zugleich wird deutlich, daß die griechische Kultur die Artikulation privilegiert und die visuelle Rezeption als Supplement der Lektüre bewertet. Dieses Supplement wird erst durch zwei kulturelle Veränderungen in der Spätantike zur privilegierten Form des Lesens werden: Durch Veränderungen der Textorganisation im Zuge der Ersetzung von Buchrollen durch den Codex einerseits sowie durch die ihn nutzende christliche Metaphysik andererseits

1.5. Der Codex: Revolution der Lektüre durch Veränderung von Speicher- und Zugriffstechnik

Erst seitdem Handschriften Textorganisationen erhalten haben, die eine rein visuelle Erfassung des Geschriebenen unterstützen, hat lautes Lesen nicht mehr die Funktion des primären Zugangs zur Lektüre, braucht die Stimme nicht

---

[63] Ebd., S. 22.

[64] Ebd., S. 9. Gerade für diejenigen, die still lesen, wie für Theseus in Euripides »Hippolyte«, ›sprechen‹, ›schreien‹ und ›singen‹ die Buchstaben.

[65] Vgl. ebd., S. 50.

[66] Vgl. ebd., S. 16–26. Darauf verweist auch schon der Name: Das *kleos* bedeutet zunächst Name, Beiname (rénom) und zeigt Verbindungen zur phoné. Die Übersetzung von Phrasiklea als: »Die, die aufmerksam macht auf ihren Namen«, ist jedoch ungenügend. Denn phrasein bedeutet auf etwas zeigen, weisen, und zwar als *stumme* Geste.

mehr als vorrangiges Medium der Aneignung des Textes fungieren. Obwohl weiterhin und bis heute das »sich selbst laut Vorlesen« als Lektüretechnik möglich ist – im Erstleseerwerb immer erneut den Beginn markiert – verändern sich die Funktionen der lauten Lektüre, indem diese Technik der Rezeption auf bestimmte Gelegenheiten hin – jemanden vorlesen, gemeinsam lesen – oder auf bestimmte Gattungen (Lyrik/Prosa) differenziert wird. Diese Umfunktionalisierung der lauten Lektüre wird auch durch Innovationen der Textformen angeleitet.

Die Verdrängung der Buchrolle (*volumen*) durch den Codex – ein Prozeß der Spätantike, der mehrere Jahrhunderte dauert – gilt in der Geschichte des Buches als ›Revolution‹, die der Erfindung des Buchdrucks gleichkommt.[67] Codices treten schon im 1. Jahrhundert n. Chr. auf; sie schaffen Textsammlungen und verbreiten eine kursive Schrift.[68]

Die Umstellung des Speichermediums von der Buchrolle zum Codex ist vor allem eine Revolution im Umgang mit schriftlicher Information. Denn das *Blättern* im Codex erlaubt eine ganz andere und völlig neue Zugriffstechnik auf bestimmte Stellen. Die Optimierung des Zugriffs wird bis zum Buchdruck schon nahezu alle heute bekannten Mittel entwickelt haben. Mehrfache Gliederung der Texte in Bücher, Kapitel und Absätze, Inhaltsverzeichnisse und Register steigern nicht nur die Geschwindigkeit des Zugriffs durch die vorab mögliche Selektion, sondern führen langfristig zu einer Textorganisation, in der das Visuelle der Schrift die primäre Rolle auch für den ›Gedankengang‹ spielt.

Der Umgang mit Buchrollen war nicht einfach und genau vorgeschrieben.[69] Nach Lukians (einzig konkreten) Schilderung rollt der Leser mit der rechten Hand die aneinander geklebten Seiten ab und mit der linken wieder auf. Die häufig zu findende Darstellung von Menschen mit Buchrollen in der linken Hand hat von daher die Bedeutung des »gelesen haben«. Man las sitzend, damit die Rolle nicht beschädigt wurde. Die Rolle sollte dabei etwas vom Körper weg gehalten werden. Dies galt als schöne Haltung.[70] Nur bei den Rezitationen stand man.[71]

Ein Codex dagegen ließ sich wesentlich einfacher handhaben und transportieren. Zudem führt er eine neue Zugriffstechnik auf Informationen ein: das

---

[67] Jean Vezin: »La fabrication du manuscrit«, S. 25ff. Die Wertung als ›Revolution‹ ist weitverbreitet. Vgl schon H. A. Sanders: »The beginnings of the modern book. The codex of the classical era«. In: Michigann Alumnus. Quarterly review. 44 Nr. 15 (1938), S. 95–111. Ebenso, unter Aufnahme der älteren Buchgeschichte (Kenyon, Wattenbach, Birt), Kleberg: »Der Buchhandel in der Antike«, S. 80.

[68] Vgl. Paul Saenger: »Manières de lire médiévales«, S. 131.

[69] Zur »Rollennatur« antiken Buchwesens und den begrifflichen Differenzierungen (*biblios* i.U. zu *liber*, *volumen* etc.) siehe Theodor Birt: »Das antike Buchwesen«, S. 17ff.

[70] Th. Birt: »Die Buchrolle in der Kunst«. Leipzig 1907, S. 42f., S. 124ff., S. 165ff. Vgl. ders.: »Das antike Buchwesen«, S. 18 und S. 503.

[71] Birt: »Die Buchrolle in der Kunst«, S. 144.

Blättern. Die Kontinuität des Sprachflusses als Vortrag eines Textes oder einer Passage von Anfang bis Ende wird von der Buchform des Codex aufgebrochen zugunsten der Möglichkeit, gezielt und schnell bestimmte Passagen nachzuschlagen. Zusätzlich speichert der Codex mehr Texte und läßt so einheitliche Textsammlungen – den *Corpus* – entstehen.

Zwei Epigramme Martials geben Hinweise auf diese Revolution. Das 14. und letzte Buch seiner *Epigramme*, betitelt *Apophoreta*, bezieht sich immer wieder auf Bücher. Das hat seinen Grund darin, daß *Apophoreta* Geschenke sind, die Gäste bei Tafel mitnehmen. In dieser Liste der Geschenke tauchen Bücher, ebenso Schreibutensilien auf. Martial, der im 12. Jahrhundert gerne rezipiert wurde, kann damit auch als ein wesentlicher Anreger für die Verbreitung der Buchmetaphorik gelten.[72] Im 184. Epigramm des 14. Buches weist Martial auf die Sammlung der *Ilias* und der *Odyssee* in einem einzelnen Band mit gefalteten Blättern hin. Damit ist die entscheidende Funktion des Codex, die funktionale Reduktion in doppelter Weise von Speicherung und Zugriff bezeichnet. Im Codex ist es möglich, auf geringem Raum viel Text zu speichern. Die Revolution aber besteht darin, daß er Texte in völlig anderer Weise zugänglich werden läßt. Zunächst gewährleistet er schlicht einen einfacheren Umgang mit der Literatur. Das Heftchen kann man einfach bei sich führen, man kann es leicht einsehen. Das ist bei Buchrollen, zumal wenn sie umfangreich sind, nicht der Fall. Diesen Vorteil der Zugänglichkeit und Verfügbarkeit des Schriftlichen spielt Martial schon zu Beginn seiner *Epigramme* offensiv aus, indem er sie selbst in ihrer Buchform anpreist:

> Der du immer zur Hand willst haben, was ich gedichtet, Nicht willst missen du es, wo auch du reist oder bleibst, Kauf es in kleinem Format, in dem handlichen Hefte aus Tierhaut! Rollen im Hüllenschutz ruhn – mich hast du stets in der Hand.[73]

Das Büchlein wird zum ständigen Wegbegleiter des Lesers. Erst der Codex ermöglicht so die Entkopplung der schriftlichen Lehren von festen Orten der Rede. Zugleich bietet der Codex einen *random access memory.* Das Buch in dieser Form vereinigt und optimiert nun beide Funktionen eines technischen Speichers: Dauerhafte und kompakte Speicherung (ROM) und eine für jeweils aktuelle Operationen schnell verfügbare Zugriffsmöglichkeit.[74] Der Zugewinn an

---

[72] Erst mit Martial spielt Buch- und Schriftwesen in der römischen Dichtung wieder eine Rolle. Siehe Ernst Robert Curtius: »Schrift und Buchmetaphorik in der Weltliteratur«. In: DVjs 20 (1942). Hier: S. 371.

[73] Martial: »Epigramme«, 1,2, 1ff.

[74] Die technische Terminologie deutet an, was hier nicht eigens ausgeführt werden kann: Den nächsten Schritt der Zugriffsoptimierung durch elektronische Texte und »search engines«. Dieser Schritt – vom Text zum Hypertext – verändert allerdings die Begriffe von Text, Autorschaft und Lektüre selbst. Sie werden, um es mit der neuen Terminologie zu sagen, »rekonfiguriert«. Vgl. George P. Landow: »Hypertext. The Convergence of Contemporary Critical Theory and Technology«. Baltimore, London 1993. Hier bes. S. 19ff.

Geschwindigkeit für Suchoperationen ist ebensowenig zu überschätzen wie die dadurch erst entstehenden Möglichkeiten der Indizierung und Katalogisierung von Stellen. Erst die Kopplung beider Funktionen erklärt den evolutionären Erfolg der Buchform Codex von der Spätantike bis zur Postmoderne.

Die formale Verteilung des Textes auf Seiten ermöglicht die neue Technik des Blätterns. Jede beliebige Stelle kann von einer Ausgangsposition aus gesucht werden, die für alle Stellen gleich ist. Die Textorganisation der Rolle – auch in der Form aufeinanderfolgender zur Rolle zusammengehefteter Blätter (*pagina*), die antike Rollen (in denen die Zeilen linear durchlaufen) von mittelalterlichen unterscheiden[75] – ermöglicht solchen selektiven Zugriff nicht. Buchrollen sind zwar noch während des gesamten Mittelalters erhältlich, aber die Umstellung der Form des Buches bewirkt entscheidende Veränderungen in der Lektüre.

Die Textorganisation auf der Seite wird in der Folge in sich weiter perfektioniert, so daß die Zugriffsgeschwindigkeit weiter erhöht werden konnte. Die skriptographische Textorganisation entwickelt funktionale, in Absätze und Abschnitte gegliederte Formen,[76] die ihrerseits mittels roter Tinte (*rubrica*) und Initialen gekennzeichnet werden. Marginalien und skriptographisch unterschiedene Glossen trennten Text von Kommentar. Numerierung der Absätze, Register und Inhaltsverzeichnis erleichtern den funktionalen Zugriff auf spezifisch Gewünschtes. Dies war vor allem für das Bibelstudium zentral, so daß der Codex vom Christentum sofort aufgegriffen und privilegiert wurde. Schon im 4. Jahrhundert sind erste Register (von Situationen innerhalb der 4 Evangelien durch den Hl. Eusebius) entstanden.[77] Solche Register waren bis ins Spätmittelalter für andere Texte allerdings noch etwas Unübliches und wurden eigens gerechtfertigt. Bis zur Zeit Gutenbergs hat der handschriftliche Codex viele Formen der heute üblichen Textorganisation schon entwickelt. Erst um 1530 variieren die Buchdrucker die Formen noch einmal, etwa indem sie Glossen zu Fußnoten werden lassen.

Während antike Rollen zweigliedrig in Werk und Bücher (*opus* oder *liber*, i. U. zu *libri* oder *volumina*) gegliedert sind, bilden sich schon im Verlauf der Spätantike drei- und vierstufige Gliederungen heraus.[78] Die dritte Gliederungsstufe, die Zählung der Kapitel in den Büchern wird bei vielen Werken auch von den Schreibern und Editoren hinzugefügt. Schon seit etwa dem 4. Jahrhundert vor Christus kommen für die Unterteilungen Kapitelüberschrif-

[75] Vezin: »La fabrication du manuscrit«, S. 25.
[76] Vgl. ebd., S. 39ff.
[77] Mary A. und Richard H. House: »La naisance des index«. In: Histoire de l'Edition Française Bd. 1, 1983, S. 77–85.
[78] Zur Typologie des hierarchisch gegliederten Buchs siehe Nigel F. Palmer: »Kapitel und Buch. Zu den Gliederungsprinzipien mittelalterlicher Bücher«. In. Frühmittelalterliche Studien 23. Hg. v. H. Keller und J. Wollasch, Berlin, New York 1989, S. 43–88.

ten und Paragrapheneinteilung (*capitula* oder *tituli*) zum Einsatz, welche die Übergangsformeln, die den Lesern bislang Ende oder Beginn einer neuen Passage anzeigten, letztendlich ersetzen. Die mehrstufige Gliederung ermöglicht den Lesern einen direkteren Zugriff und eine Gedächtnisstütze. Das Buch muß nicht mehr in Gänze durchgelesen werden. Aus der Kapitelzählung entwickelt sich die *capitulatio* oder *titulatio*, die durchnummerierte Aufzählung der Kapitel am Anfang des Buches oder der einzelnen Bücher. Wenn die Kapitelüberschriften im Text nicht wiederholt werden, sind sie numeriert und der Leser kann so, unter Verwendung der *capitulatio*, gezielt auf einen gewünschten Wissensstoff zugreifen. Plinius d. Ä. führt dieses Verfahren, zwar unter Verweis auf einen griechischen Vorläufer, als Neuheit in die lateinische Literatur ein. Das erste Buch seiner *Historia naturalis* stellt die *capitulatio* für die 37 Bände dar. Plinius weist in seinem »Vorwort« eigens darauf hin, daß sein Werk gar nicht mehr durchgelesen werden brauche, da die Bücher durch das Inhaltsverzeichnis erschlossen seien: »summaque curo ne legendos eos haberes operam dedi. tu per hoc aliis praestabis ne perlegant, sed ut quisque desiderabit aliquid id tantum quaerat, et sciat quo loco inveniat.«[79]

Im Zuge der Vorteile gegliederter Textorganisation verändern sich auch die Zitiermethoden. Spätestens seit dem 6. Jahrhundert wird unter Verwendung der Kapitelzählung zitiert, man verweist nicht mehr nur auf das Werk, sondern auf die konkrete Passage.[80] Bis zum hohen Mittelalter wird die Gliederung in vier oder mehr Stufen etabliert. Die so gewonnene Komplexität wird in der Scholastik dann an die innere Struktur der Argumentations- und Gedankengänge angepaßt.[81] Damit wird eine Textorganisation etabliert, die sich vor allem an das Visuelle der Leser richtet. Die hochmittelalterliche Lektüre grenzt sich damit von der monastischen *lectio* ab, indem die Erleichterung des Nachschlagens eine neue Einstellung zu Buch und Studium anregt. »Modus legendi in dividendo constat«, schreibt Hugo von St. Viktor programmatisch in seiner Lektürepropädeutik.[82]

Obwohl die Ablösung der Buchrolle durch den Codex ein Prozeß über mehrere Jahrhunderte ist, läßt sich spätestens seit dem 4. Jahrhundert die Vorherrschaft feststellen. Augustinus' Leseszene des »tolle lege« in den *Confessiones* ist

---

79 Plinius d. Ä.: »Historia naturalis«, Praefatio, S. 33. Hier zitiert nach Palmer: »Kapitel und Buch«, S. 50.

80 Ebd., S. 51.

81 Ebd., S. 58. Die These stammt von Malcolm B. Parkes: »The Influence of the Concepts of Ordinatio and Compilatio on the Development of the Book«. In: Medieval Learning and Literature. Hg. v. J. J. G. Alexander und M. T. Gibson, Oxford 1976, S. 115–141. Der älteste mittelhochdeusche Verstext mit vierstufiger Gliederung ist Thomasin von Zerclaeres »Welscher Gast«. (1215/16), vgl. Palmer ebd., S. 68ff.

82 Hugo von St. Viktor: »Didascalion«, III,10 und VI,12. Hier zitiert nach Palmer: »Kapitel und Buch«, S. 59. Zu Hugo und seiner Lektürepropädeutik als programmatisch neues Lesekonzept vgl. ausführlich Ivan Illich: »Im Weinberg des Textes«. Darauf wird weiter unten noch eingegangen werden.

nicht nur programmatisch die einer stillen Lektüre, sondern zugleich die Szene einer Verwendung des Zufalls beim Aufschlagen der Hl. Schrift, was mit einer Buchrolle unmöglich ist. Die Bekehrung Augustinus' signalisiert mit ihrer Darstellung eine programmatische Abkehr vom System der Rhetorik und der antiken Kultur zugleich: Der privilegierte Zugang zur Heiligen Schrift ist die stille Lektüre. Dieser Umwertung der Lektüretechniken ist im folgenden ausführlich nachzugehen.

1.6. »Außen lesen – innen begreifen«: Augustinus Umwertung der Lektüretechniken

> Denn Hunger war da wohl in meinem Innern, nach der Speise für das Innere [...].[83]

Der Studie Baloghs entgeht eine entscheidende Umfunktionalisierung der Lektüretechnik in der späten Antike. Sie verkennt die Verlagerung der »Dreiphasenfunktion«, welche die Lektüre in die »Dienste eines Ideals« der Artikulation stellt, zu einer zweistelligen Funktion eines Innen-Außen Modells. Das hat seinen Grund darin, daß Balogh selbst die laute Lektüre als Umweg zum Textverständnis ansieht.[84] Als Beleg führt Balogh Cassian an, der im 4. Jahrhundert schreibt, daß für die Mönche erst das Zurückkehren vom gemeinsamen lauten Lesen und Beten zur stillen Lektüre das Verständnis schwieriger Bibelstellen ergebe. Ambrosius gilt Balogh daher als »erste und ›lesetechnisch‹ verwandte lesende und schreibende Gestalt des Altertums.«[85]

Diese Differenzierung und Verteilung der Lektüretechniken spricht hier jedoch weniger für eine Verwandtschaft mit heutigen Lektüreformen als für die Umfunktionalisierung der lauten Lektüre, die im christlichen System der Bibelexgese und ihrer klösterlichen Verwaltung vorgenommen wurde. Cassians Bemerkung steht im Zusammenhang mit der Klosterorganisation, der Trennung von Arbeit und Beten, welche die Lektüre in gemeinsame murmelnde Rezitation und selbständige stille Meditation differenziert.

Für die Umstellung des an *Euphonie* der Worte gekoppelten Lesens hin zu einer Trennung von Wort und Bedeutung ist der Wechsel vom antiken System der Rhetorik zur neuplatonischen und christlichen Philosophie entscheidend.[86]

---

[83] Augustinus: »Bekenntnisse«. Lateinisch und deutsch. Übersetzt von Joseph Bernhart. Frankfurt a.M. 1987, III,1, S. 97.

[84] Balogh: »Voces paginorum«, S. 105.

[85] Ebd., S. 220. Eben weil er still liest – und wegen der damit verbundenen »Verinnerlichung«. Vgl. Ambrosius: »Epistel«, 47,1. Nach Balogh: »Voces paginorum«, S. 209.

[86] Für den Übergang bezüglich Augustinus vgl. noch immer Henri I. Marou: »Saint Augustin et la fin de la culture antique«. Paris 1938.

Damit einher geht ein Konzept der Lektüre, das das stille Lesen als Technik privilegiert, indem es ein ›inneres Verstehen‹ fordert, das unabhängig von der Artikulation der Worte existiert. Dieses Verstehen ist Erkenntnis einer schon bestehenden idealen Welt, zu der die Verinnerlichung führen soll. Das laute Lesen dagegen gibt nur den ersten Anreiz zu einer Stufenleiter, auf dem die Seele sich Gott nähert.

Auch für Augustinus gilt zwar das Modell, daß Buchstaben vor allem ein akustisches Bild darstellen, nur der gesprochene, tönende Buchstabe (»litera sonat«) wird zum Wort. »Ita fit, ut cum scribitur verbum, signum fiat oculis, quo illus, quod ad aures pertinet, veniat in mentem.«[87] Aber Balogh selbst führt die entscheidende Umstellung an, eine typische Antithese Augustins von Innen und Außen, die eine neue Verteilung der Lektüretechniken ergibt: »et exclamabam legens haec foris agnoscens intus« – »Außen lesen und innen begreifen«, das ist die Formel, zu der Augustinus nach seiner Bekehrung gelangt.[88]

Augstinus entwickelt ein Sprachmodell, das die Worte als äußeren Sprachklang abwertet. Für Schriftauslegung ebenso wie für die Predigt gilt ihm, daß das gesprochene Wort nur bis an das Ohr der Hörer heranreicht, die Wahrheit der Worte aber erst innen wirkt.[89] Verstehen setzt daher einen schöpferischen Akt voraus, für dessen Gelingen wiederum Gott einsteht: »So ist nun weder der da pflanzt, noch der da begießt etwas, sondern Gott, der das Gedeihen gibt.« (1. Kor. 3, 6f.) Über 70 mal (!) bezieht Augstinus die paulinische Weisung zur Veranschaulichung auf die Predigt. Der lehrende Logos der Heilsworte soll von denen, die sie fassen können, als geistiger Sinn eines Textinneren begriffen werden. Das Verstehen wird nicht vom artikulierten Wort her gewährleistet, sondern vom Modell eines *verbum aeternum*, dem das innere Ohr lauscht.[90] Für das Verstehen allerdings muß zugleich die apriorische Instanz des Gottes, der die Welt durch sein ewiges Wort geschaffen hat, einstehen.[91]

---

87 Augustinus: »De magistro«, C,IV. Zitiert bei Balogh: »Voces paginorum«, S. 96.

88 Augustinus: »Bekenntnisse«, IX,4, S. 441. Vgl. Balogh: »Voces Paginorum«, S. 95. *Foris – intus* gehört zu den beliebtesten Ausdrücken des antithetischen augustinischen Stiles. Balogh ignoriert den Wechsel vom rhetorischen Denkmodell zum christlichen bei Augustinus und sieht daher diese Stelle noch im Rahmen der »Dreiphasenfunktion«. Er verweist auf einen Brief Augustins, in dem die »dreifache Funktion« *audire-legere-intelligere* angesprochen wird, erläutert jedoch nicht inwiefern diese zur Sprache kommt. Ähnlich subsumiert Hendrickson Augustinus noch unter das antike Modell. Vgl. G. L. Hendrickson: »Ancient Reading«. In: Classical Journal 25 (1929), S. 182–196.

89 Ausführlich dazu Ulrich Duchrow: »Sprachverständnis und biblisches Hören bei Augustin«. Tübingen 1965. Hier: S. 150ff.

90 Vgl. ebd., S. 174ff.

91 Augustinus legt im Genesis-Kommentar der »Bekenntnisse« dar, daß Gott nicht in der sukzessiven und zeitlichen Form menschlicher Worte gesprochen habe. Sein Wort gilt als ewige Präsenz der »wandellosen Wahrheit«. Vgl. Augustinus: »Bekenntnisse«, XI,6, S. 613ff. und XII,27, S. 733ff. Das Wort vom »Inwendig-Ewigen« (*aeternum internum*) kann als »Schlüsselwort augustinischer Frömmigkeit überhaupt« an-

Diese Umstellung muß in der ›inneren‹ Geschichte des Lesens als Funktionsveränderung der Lektüre in Anschlag gebracht werden. Lektüre als Funktion innerhalb der antiken »Dreiphasenfunktion« kann weder als Hindernis des Verstehens gewertet werden, ebenso wie es unzulässig ist, der Umstellung auf stilles Lesen einfach ›tieferes‹ Verständnis zu unterstellen. Balogh selbst führt ein Gegenbeispiel an. Der Hl. Gregor von Navianz (auf den sich auch Aulus Gellius stützt) schreibt gerade der lauten Lektüre diejenige Funktion zu, die heute der stillen, ›verinnerlichten‹ Lektüre zukommt:

> lese ich es mit lauter Stimme, so gelange ich vor den Schöpfer, sehe den Sinn der Schöpfung ein, und meine Bewunderung für den Schöpfer ist größer, als sie früher war, da noch allein meine Augen mich belehrten.[92]

Die augustinische Formel »außen lesen – innen verstehen« aber trennt und verteilt die im rhetorischen System gekoppelten Funktionen neu, so daß stille Lektüre als Verinnerlichung das Privileg, im Konzept einer auf Glaube und Exegese angelegten Lektüre, erhält, während laute Lektüre als Predigt und gemeinsame Rezitation die Funktionen von Wiederholung und Mnemotechnik übernimmt.[93] Seit Cassians Anweisung im 4. Jahrhundert wird in klösterlicher Gemeinschaft zwischen beiden Formen der Lektüre streng unterschieden, die automatische laute Lektüre wird in den Klöstern untersagt, da sie andere Leser stört. Der Gegensatz zwischen *silentio* und *lectio* institutionalisiert den Raum für die stille Lektüre.[94]

Augustinus *Bekenntnisse* gestalten diesen Wechsel in der Lektüretechnik programmatisch. Vom gesprochenen Wort der Rhetorik herkommend, weiß Augustinus genau um dessen Wert als Artikulation. Die beiden zu loci classici gewordenen Stellen aus den *Bekenntnissen*, in denen die stille Lektüre privilegiert wird, müssen als genau kalkulierter strategischer Einsatz gesehen werden. Augustinus Bericht seiner Bekehrung ist nicht einfach eine autobiographische Erzählung. Ihre Handlung folgt vor allem dem von ihm zuvor entwickelten theologischen System der Gnadenlehre.[95] Sie legt fest, daß der Mensch von Gott schon erwählt sein muß, um überhaupt einen Zugang zum Glauben zu erhalten. »Der Mensch kann Gott von sich aus nicht einmal loben.«[96] In diesem

---

gesehen werden. Vgl. ebd., IX,4, S. 439 sowie die Fußnote des Herausgebers ebd., S. 888.

92 Zitiert bei Balogh: »Voces Paginorum«, S. 95.

93 Augustinus setzt in den »Bekenntnissen« das Murmeln bzw. ›Wiederkäuen‹ von der meditativen stillen Lesung ab: »Was meine leiblichen Augen sahen, und wie ich im Innern nur wiederkäute, was ich durchs Auge verschlungen hatte.« Vgl. »Bekenntnisse«, III,6, S. 115.

94 So auch die Klosterregeln des Hl. Benedikt.

95 Kurt Flasch: »Augustin. Einführung in sein Denken«. 2. erweiterte Auflage Stuttgart 1994, S. 255, für eine genauere Darlegung der Rolle der Gnadenlehre vgl. S. 229ff. Zur Gnadenlehre selbst S. 172ff.

96 Ebd., S. 255.

theologischen Rahmen haben die beiden Stellen zur stillen Lektüre – die Beobachtung dieser Lektürepraxis bei Ambrosius sowie die Bekehrungs- und Leseszene des »tolle lege« – einen anderen Stellenwert.

Ambrosius stille Lektüre, die Augustinus verwundert, muß als Vorzeichen auf seinem Weg zur Bekehrung, denn als autobiographischer oder historischer Bericht, gesehen werden. Angesichts dessen nämlich, daß stille Lektüre seit etwa dem 3. Jahrhundert schon verbreitet war, ist Augustinus Wundern selbst verwunderlich.[97] Die Stelle zeigt in ihrer Darstellung jedoch schon die spezifische Privilegierung des stillen Lesens als einem vom sinnlichen Rezipieren abgelösten ›tieferen‹ Verständnisses.

Augustinus schildert, wie er in Mailand mit seiner Mutter zu Ambrosius gelangt. Zu einer persönlichen Aussprache aber kommt es nicht, denn Ambrosius ist ständig von »Menschen mit Alltagssorgen« umlagert und vor allem nutzt er, wenn er nicht in dieser Weise in Anspruch genommen ist, die Zeit zur Lektüre. Die verwunderliche Lektüretechnik, die Ambrosius dabei anwendet, macht ein Gespräch vollends unmöglich:

> Wenn er aber las, so glitten die Augen über die Blätter, und das Herz spürte nach dem Sinn, Stimme und Zunge aber ruhten. Oft, wenn ich zugegen war [...], sah ich ihn so still ins Lesen versunken, und anders nie. Und war ich dann geraume Zeit schweigend dagesessen – wie hätte man es auch gewagt, ihm lästig zu fallen in solcher Sammlung [silentio] –, so entfernte ich mich wieder und machte mir meine Gedanken [...].[98]

Worauf die Kommentatoren dieser Leseszene, einschließlich Nietzsches, eingingen, nämlich die ›Gedanken‹, die Augustinus sich zur Lektüreform des Ambrosius macht, ist nicht das Entscheidende. Augustinus führt Gründe an, warum Ambrosius still lese: Er wolle sich nicht ablenken lassen, etwa durch lästige Fragen zu »dunklen Stellen des Textes«, die gestellt werden könnten, wenn er laut läse. Er wolle in seinem Buch vorankommen, »aber auch die Schonung der Stimme, die bei ihm sehr leicht in Heiserkeit übergeht, kann recht wohl der Grund sein, warum er das stille Lesen [tacite legendi] vorzieht.«[99]

Entscheidender aber als die Begründungen, die in der Forschung als Hinweis auf die Extravaganz der Lektürepraxis gewertet wurden, sind die impliziten Wertungen im Text Augustins. »Nun, was immer seine Absicht dabei ist, sicherlich kann sie bei einem solchen Manne nur gut sein.« Dieser Kredit, den Augustinus dem Bischof gibt, ist in die Darstellung der Lektüre schon eingeschrieben. Nicht zufällig ›spürt‹ die zentrale Instanz des Herzens »nach dem Sinn«, nicht zufällig gilt die Lektüre a priori als »Sammlung« und nicht

---

[97] So Jeffrey T. Schnapp: »Lesestunden. Augustinus, Proba und das christliche Détournement der Antike«. In: Schrift. Hg. v. H. U. Gumbrecht und K. L. Pfeiffer. München 1993, S. 35–53. Hier: S. 38.

[98] Augustinus: »Bekenntnisse«, VI,3, S. 249f.

[99] Ebd., S. 251.

als flüchtiges Lesen. Das Beispiel des Ambrosius, dem Augustinus folgen wird, rührt nicht aus der Überzeugungskraft einer ungewöhnlichen Lektürehaltung her, sondern aus der wichtigen Stellung der Person des Ambrosius für Augustinus.

Augustinus lernt Ambrosius in Mailand im Zustand des »unschlüssigen Schwankens« kennen, »in einer Art Krisis«.[100] Zunächst sind es die berühmten Predigten des Ambrosius, die ihn anziehen.[101] Wie entscheidend diese öffentliche Verbreitung und Auslegung der Bibel durch Ambrosius für Augustinus gewesen ist, wird in den *Bekenntnissen* nicht genauer dargestellt.[102] Doch erst durch Ambrosius lernt Augustinus eine Form der Bibelauslegung kennen, die seine skeptischen Fragen zur Stimmigkeit dieses Textes auflösen. Durch Ambrosius wird Augustinus mit dem von Origenes entwickelten mehrfachen Schriftsinn und vor allem der Form der allegorischen Auslegung bekannt.[103] Die durch dieses Lektürekonzept motivierte Wendung ist in den *Bekenntnissen* deutlich ausgesprochen:

> Was mich vor allem bewegte, war die Behandlung des einen oder andern alttestamentlichen Textes, wobei des öfteren sich Rätsel lösten, die mir, nach dem Buchstaben aufgefaßt, tödlich geworden waren. Da nun viel Stellen der alttestamentlichen Bücher eine Auslegung im geistigen Sinne erfuhren, so nahm ich vorerst meine frühere Meinung zurück [...].[104]

Zwei Dinge verändern sich damit entscheidend. Zum einen gelangt Augustinus hier zu dem Glauben an Gott als reiner Geist. Die Schwierigkeiten, sich Gott nicht sinnlich vorzustellen und die Abkehr vom Sinnlichen überhaupt, bilden eine der zentralen Strukturen auf der Stufenleiter zur Bekehrung in den *Bekenntnissen*.[105] Damit verbunden ist die Vorgängigkeit Gottes, die der Glaube

---

[100] Ebd., VI,1, S. 245.

[101] Vgl. ebd., V,13ff., S. 234ff.

[102] Vgl. Flasch: »Augustin«, S. 42: »Er [Ambrosius] war der erste Bischof, der nicht nur Kirchenpolitik, sondern Reichspolitik trieb. Ambrosius gelang offenbar die Verbindung von römischem Machtsinn, christlicher Ethik und neuplatonischer ›Weisheit‹. Was Augustin in der Rhetorik gesucht, aber nicht gefunden hatte, kam bei Ambrosius zusammen: politischer Einfluß und Wahrheit. Diese Vereinigung von Karrierebewußtsein, Realitätstüchtigkeit und christlicher Motivation mußte Augustin zur Identifikation geradezu herausfordern.«

[103] Flasch: »Augustin«, S. 41: »Ambrosius legte durch Philo, Origenes und die Kappadozier beeinflußt, die Bibel in einer Weise aus, die Augustin beeindrucken mußte. Seine Auslegung beseitigte, was einem Gebildeten der Spätantike anstößig sein mußte.« Zu Origenes und der mit den Schriftsinnen arbeitenden »machine théologale« vgl. André Compagnon: »La seconde maine ou le travail de la citation.« Paris 1979, S. 155ff.

[104] Augustinus: »Bekenntnisse«, V,14, S. 237.

[105] Das beginnt explizit mit dem Thema des Theaters ebd., III,1, S. 97ff. Daß damit auch das zentrale Thema der Bekehrung angesprochen ist, zeigt IV,11, S. 165. Die Bekehrung zur Gott ist die Abkehr vom Sinnlichen und Körperlichen. Denn dies gilt, gleichsam hermeneutisch, als Wahrnehmung nur von Teilen, statt des Ganzen. Als Notwendigkeit der Bekehrung auch in V,14, S. 237f. Und erneut aufgenommen in VII,1, S. 301.

als conditio sine qua non festsetzt: »›Wenn ihr nicht glaubt, werdet ihr nicht erkennen‹ [...], das wird, nach Jesaja 7,9 Augustins Formel.«[106]

Zum anderen gibt die Auslegung gemäß mehrerer Schriftsinne nicht nur ein Mittel zur Homogenisierung der Hl. Textes an die Hand, sondern bildet ein Instrumentarium geistiger Arbeit, das mit lauter Lektüre nicht verbunden ist. Die Artikulation der Worte hat nichts mit ihrem Sinn zu tun.[107] Das bedeutet: Die allegorische Deutung leitet die (christliche) Institutionalisierung stiller Lektüre ein. Augustinus bemerkt die neue Möglichkeit der Lektüre durch die über Ambrosius vermittelte Technik mit freudiger Erregung:

> Ich freute mich auch, daß ich nun die alten Schriften des Gesetzes und der Propheten nicht mehr mit jenem Auge zu lesen brauchte wie vordem, als sie mir unsinnig vorkamen, da ich Deine Heiligen bezichtigte, als ob sie es so (buchstäblich) gemeint hätten; und sie meinten es doch gar nicht so. Und als ob er eine Regel aufs nachdrucksamste einprägen wollte, hörte ich – wie war ich doch so froh – Ambrosius in seinen Predigten ans Volk oft jenes Wort anführen: ›Der Buchstabe tötet, der Geist ist's der lebendig macht.‹ Und wenn er dann von Stellen, wo sich dem Buchstaben nach ein übler Sinn ergab, den geheimnishaften Schleier wegzog und ihren geistlichen [spiritualiter] Sinn erschloß, lehrte er nichts, woran ich mich gestoßen hätte [...].[108]

Durch Ambrosius' allegorische Auslegungen gewinnt Augustinus den Zugang zum katholischen Glauben. Fortan wird die Stille und Versenkung – »meditari in lege tua« – die Form des Zugangs zu Gott sein[109] und der Neuplatonismus wird die philosophische Grundlage werden, rein Geistiges vorstellbar zu machen.[110] Lektüre wird analogisiert mit der neuplatonischen Ontologie: Wie das körperliche Sehen nur bis an die Oberfläche der Körper reicht, gelangt das Sehen oder Lesen mit dem Geist bis zu Gottes Sphäre.

Für diese als rein geistig vorgestellten, durch keine Sinnlichkeit geformten Vorgänge mußten Metaphern veranschaulichend einstehend. Dafür bot sich die *Speisemetaphorik* geradezu an. Die Speisemetaphorik für Lektüre scheint gerade durch Origenes für das Christentum neu aufbereitet worden zu sein. Die Analogisierung geistiger Vorgänge mit körperlichen wird zum zentralen Mittel der Veranschaulichung. Ganz typisch schreibt Hugo von St. Viktor in seinen Darlegungen zu stillen, meditativen Lektüre:

> Wie er [der Mensch] äußerlich durch passende Kräfte geformt wird, so wird sein Inneres auf wunderbare Weise durch ähnlich angemessene Kräfte geordnet. Und die

---

106 Flasch: »Augustin«, S. 42.

107 Die Worte sind nur sukzessive Silben, vergänglicher Hauch, sie lassen immer nur Teile hören, nie aber das Ganze. Vgl. Augustinus: »Bekenntnisse«, IV,11, S. 167.

108 Ebd., VI,4, S. 255. Aber auch hier bleibt noch die Schwierigkeit, »rein Geistiges« zu denken.

109 Vgl. ebd., VII,7, S. 325ff. und VII,20, S. 354ff. mit der Lektüre Paulus', die ihn dann »durchdrang« bis »ins Innerste«. Hier: S. 359. Der allegorischen Auslegung widmet Augustinus auch eine eigene Passage im »Gottesstaat«.

110 Auch die Platoniker liest Augustinus dann schon »nicht gerade wörtlich«. Ebd., VII,9, S. 329, vgl. passim bis S. 345 zur Wandlung nach Innen.

> leiblichen Glieder versinnbildlichen die geistigen Tugenden. Der Kopf steht für den Geist. Die Augen sprechen für die Kontemplation. Denn wie wir sichtbare Dinge mit den Augen des Leibes sehen, so bekommen wir durch die Strahlen der Kontemplation eine Vorstellung von der unsichtbaren Wirklichkeit. Wir können mit der Nase unterscheiden. [...] So ist es nicht unziemlich, daß wir die Nase als Kennzeichen der Urteilskraft sehen. Die Ohren bedeuten Gehorsam, da sie dem Hören und damit dem Gehorchen dienen. Der Mund deutet Intelligenz an. Denn wie wir Nahrung mit unserem Mund aufnehmen, so nehmen wir kraft der Intelligenz die Nahrung des heiligen Lesens auf. Und die Zähne stehen für Meditation, denn wie wir die Nahrung mit unseren Zähnen kauen, so können wir durch die Übung der Meditation die Feinheiten im lebensspendenden Brot des Lesens schmecken.[111]

Diese im 12. Jahrhundert weit verbreitete Analogisierung ist eine Beschreibungsnotwendigkeit im Zusammenhang mit der meditativen Lektüre und der Privilegierung geistiger Sinne. Sie hat ihre Möglichkeit im Zusammenhang mit Origenes Modell mehrfacher Schriftsinne als Doktrin spiritueller Sinne gefunden.[112]

Der zwölf Jahre nach seinem realen Bekehrungserlebnis verfaßte Bericht Augustinus steht von Beginn an in einem theologischen System, das die Gnade Gottes, jemanden zum Glauben zu führen, ebenso wie die Notwendigkeit, den Sinn der Worte geistig zu erfassen, festgelegt hat. Die Komplexität der Bekenntnisse resultiert auch aus der Verdopplung der Perspektive einer Erzählung, die den Weg zum Glauben beschreibt und zugleich den Glauben als vorgängige Bedingung schon voraussetzt.

Lesen spaltet sich in eine sinnliche und in eine rein geistige Tätigkeit. Die Unterscheidung zwischen sinnlicher Lektüre und der »meditatio in lege dei«,[113] zwischen der Rezeption gesprochener Worte i.U. zur Rezeption im ›inneren Ohr‹, das Augustinus immer wieder anruft, etabliert das Innen-Außen-Modell, das Augstinus Sprachphilosophie charakterisiert. Das gesprochene Wort soll Gott als Lob und als Opfer dienen, es ist selbst Bekenntnis, aber der »Dienst des Gedankens« erst erfüllt die Aufgabe, die Hl. Schrift und die Schöpfung zu erkennen.

Die *Bekenntnisse* stehen daher schon von der ersten Seite an unter der zentralen Unterscheidung von innen und außen, von lautem Lob Gottes und stillem Begreifen.

---

111 Hugo von St. Viktor: »Sermo«, XXI, zitiert und übersetzt von Ivan Illich: »Im Weinberg des Textes«, S. 142. Vgl. ebd., S. 26: »Er [Hugo] faßte geistige Vorgänge analog zur Wahrnehmung seines Körpers.« Zum Verhältnis von Hugo und Augustinus vgl. ebd., S. 17.

112 Vgl. dazu Karl Rahner: »Le début d'une doctrine des cinq sens spirituels, chez Origène«. In: Revue d'ascétique et de mystique 13 (1932), S. 113–145. Rahner verfolgt in einem weiteren Artikel ebd., S. 263–299 auch die Differenzierungen dieser Doktrin während des Mittelalters.

113 Die Formel des Psalm 1,2 »Nachzudenken deinem Gesetz«, wird als zentrale Aufgabe – auch für die Genesis-Auslegung innerhalb der »Bekenntnisse« – ausgewiesen. Vgl. Augustin: »Bekenntnisse«, XI,2, S. 603.

> Laß mich, Herr, es wissen und erkennen, was denn früher sei, ob Dich anrufen oder Dich preisen; ob Dich kennen oder Dich anrufen früher sei! Aber wer riefe Dich, ohne von Dir zu wissen?[114]

Das Lob Gottes basiert auf seiner Erkenntnis, die gleichwohl – nach der Gnadenlehre – erst durch Gott ermöglicht wird. Denn die stille Lektüre geht dem Lob und der Predigt voraus. Laute Lektüre bildet lediglich einen ersten Anreiz, sie »rüttelt das Herz auf«,[115] aber dringt nur bis zum »äußeren Ohr«, während die stille Lektüre das »innere Ohr« mit den ewigen Worten Gottes erreicht.[116] Die Wahrheit wirkt innen und sie ist nur durch den (vorgängigen) Glauben zu erfahren.[117] Das Medium des Lesens (wie das des Schreibens) hat eine andere als die empirische Funktion der Informationsvermittlung zugewiesen bekommen.[118] Das hat Augustinus mit der Leseszene des »tolle lege« programmatisch inszeniert.

Eine Stimme scheint ihn zu rufen und sie ist der Anlaß, sich einer Stochastik des Blätterns in der Bibel zu bedienen, deren zufälliges Ergebnis als »Gottesspruch« Geltung hat: »Da auf einmal höre ich aus dem Nachbarhaus die Stimme eines Knaben oder Mädchens im Singsang wiederholen: Nimm es, lies es, nimm es, lies es.«[119]

Der in Scham und »in der bittersten Zerknirschung« begriffene Augustinus, in »grabende[r] Selbstschau« unter »schweren Regen von Tränen«, hatte sich von seinem Freund Alypius abgesondert. Was Augustinus zu dieser letzten schweren Krise bringt, ist das Bewußtsein, daß er noch immer sinnlich denkt und wahrnimmt, daß er noch immer an den weltlichen Lehren hängt, d.h. an ihren artikulierten Worten: »Da schämte ich mich sehr, daß ich noch immer das Geflüster jener Wahnwelt nicht aus den Ohren brachte.«[120] Das »Werk der Tränen« schafft ein Rauschen, in dem jenes verführerische Geflüster untergeht und die unbekannte Stimme mit dem Imperativ, zu nehmen und zu lesen,

---

114 Ebd., I,1, S. 13.

115 Ebd., X,3, S. 491.

116 Die Struktur ist ubiquitär in den »Bekenntnissen«. Etwa X,2f., S. 487ff. oder XIII,29, S. 829: »Darauf spricht Du zu mir, weil Du mein Gott bist, sprichst mit lauter Stimme Deinem Knecht inwendig in sein Ohr«. Vgl. auch I,5, S. 19, »meines Herzens Ohr« und vor allem im Zusammenhang der Szene mit Alypius: »Durch seine Ohren war es in sein Inneres gedrungen und hatte seine Augen aufgeriegelt.« VI,8, S. 273.

117 Etwa: »Die Dinge, die Du gemacht hast, sehen wir, weil sie sind; sie sind aber, weil Du sie siehst. Und wir- wir sehen außen, daß sie sind, und sehen innen, daß sie gut sind.« Ebd., XIII,38, S. 841.

118 Augustinus setzt Lektüre zwecks Lernen oder Vergnügen schon anläßlich der Erzählung seiner eigenen Erziehung von ihrem ›höheren‹ Zweck, dem Dienst an Gott, ab. Vgl. »Bekenntnisse«, I,13ff., S. 47ff. Die rhetorische Erziehung in den »üppigen« Worten stellt sich dann als Verführung zur Droge dar, als »Taumelwein«, der von trunkenen Lehrer verabreicht wird. Vgl. ebd., S. 53.

119 Ebd., VIII,12, S. 415.

120 Ebd., VIII,11, S. 413.

auftauchen kann. Sofort, so stellt es Augustinus dar, weiß er, was das bedeutet: »ich wußte keine andere Deutung, als daß mir Gott befehle, das Buch zu öffnen [apirem codicem] und die Stelle zu lesen, auf die zuerst ich träfe.«[121]

Diese Technik – allein durch die Form des Codex möglich – funktioniert, indem man, wie Augustinus von Antonius gehört hatte, die zufällige Stelle als »Gottesspruch« so nimmt, »als wäre es für ihn vermeint, was man da las« und es sich zur Mahnung nimmt. In der Tat gab es zur Zeit Augustinus nicht nur diese auf Orakel verweisende Technik,[122] sondern eine eigene Buchgattung, die *sortes virgilianae* oder *sortes Biblicae*, »die die Meditation einzelner heiliger Sprüche dem Zufall der geöffneten Seite überließen.«[123] Genau das tut Augustinus:

> So ging ich eilends wieder an den Platz, wo Alypius saß; denn dort hatte ich das Buch des Apostels hingelegt, als ich aufgestanden war. Ich ergriff es, schlug es auf und las still für mich den Abschnitt [et legi in silentio capitulum], auf den zuerst mein Auge fiel.[124]

Die Worte Paulus aus dem Brief an die Römer (13, 13f.) über die Abkehr von »Schmausereien« und »Schlafkammern«, tun ihre Wirkung, indem »Licht ins kummervolle Herz« des Lesers Augustinus strömt und »alle Nacht des Zweifels hin und her verschwand.« Das *silentio* der Lektüre bezeichnet nicht nur die Stille, in der diese vor sich geht, sondern zugleich die Privilegierung dieser Lektüretechnik, wie sie bei Ambrosius' Lektüre als meditative »Sammlung« mit demselben Wort ausgewiesen wurde.

Erst nach der stillen Lektüre erklärt Augustinus seinem Freund den Zusammenhang, der daraufhin dasselbe wiederholt. Ihm wird nicht vorgelesen, sondern auch er liest selbst und still und bezieht den nachfolgenden Satz der gefundenen Stelle ebenfalls auf sich. Indem hier die stille Lesung programmatisch als Initiation einer Bekehrung fungiert, wird ihre Privilegierung vor dem antiken rhetorischen Ideal manifestiert. »Die Betonung des stillen statt lauten Lesens unterstreicht die Bedeutung der Praxis für beider Bekehrung.«[125]

Das Ideal der Lektüre ist nach Augustinus die Exegese eines stillen Lesens, das den Wert der Worte, frei von rhetorischen Wertigkeiten und Normen,

---

121 Ebd., VIII,12, S. 415.

122 Die Bekehrungsszene steht in Verbindung mit den Orakeln in IV,3, S. 145ff. Hier werden »ratsuchend beliebige Dichter« aufgeschlagen und die Verse auf sein Anliegen bezogen. Augustin erkennt die Zufälligkeit, die solchen Orakel anhaftet, wenn sie passend sind. Aber sein Bericht stilisiert die Szene mit dem wahrsagenden Arzt in Karthago dennoch als Zeichen Gottes, der »in meinem Gedächtnis vorgezeichnet, was ich später in eigenem Forschen ausführen sollte.« Ebd., S. 147.

123 Vgl. J. T. Schnapp: »Lesestunden«, S. 38.

124 Augustinus: »Bekenntnisse«, VIII,12, S. 417.

125 J. T. Schnapp: »Lesestunden«, S. 38. Zur Figur »Bekehrung durch Lektüre«, die durch Augustinus als Exemplum über das Mittelalter hinaus wirkt vgl. Peter von Moos: »Geschichte als Topik. Das rhetorische Exemplum von der Antike zur Neuzeit und die historiae im ›Polycratus‹ Johanns von Salisbury«. Hildesheim u.a. 1988, S. 97ff.

entfaltet. Mit dem Wechsel der Lektürefunktion werden Eloquenz und laute Lektüre der antiken Rhetorik umgewertet. Auch das ist schon in die Leseszene des Ambrosius' eingeschrieben. Der meditativen Versenkung im stillen Lesen entspricht die Bewegungslosigkeit des gesenkten Kopfes wie beim Gebet, der auf den Bruch mit der Rhetorik hinweist:

> die Verbindung zwischen Vokalisation und Lesen ist und bleibt eine der Grundlagen der Rhetorik. Indem er diese Verbindung bricht, verkörpert Ambrosius für Augustinus die neue Art des christlichen Lesens. Schweigend, fast bewegungslos, den Kopf wie im Gebet gesenkt, erhält Ambrosius direkten Zutritt zu den verborgenen Schätzen der Heiligen Schrift; Schätze, die einmal entdeckt, die unpolierte Oberfläche der Evangelien mit völlig neuem Glanz erstrahlen lassen und so die strikten Normen der Rhetorik unerheblich machen.[126]

Zwar verliert die öffentliche Rede keinesfalls an Bedeutung, sie hat ihre Funktion als missionarische Unterweisung, wie Augustinus in *De doctrina Christiana* ausführlich darlegt, aber die ›Eloquenz‹ der Bibel, in stiller Lektüre erfahren, folgt ganz anderen Regeln als die Normen der alten Rhetorik.

Die Hl. Schrift ›spricht‹ mit klaren, bescheidenen Worten, die sie für alle Situationen und für alle Rezipienten geeignet werden läßt. Sie läßt jeden einzelnen, je nach seinem Vermögen, einen tieferen Sinn hinter der Hülle der Worte ahnen oder erreichen. Stille, versenkende Lektüre sowie Lectio und Predigt als laute Lesung werden zum »Fundament der christlichen Institution des literarischen Studiums.«[127] Während aber rhetorische Texte auf ihre Zuhörer hin kalkuliert sein müssen und einen durchgängigen Stil gemäß des Themas einhalten, soll die höchst unrhetorische Stilmischung des biblischen Textes[128] allen Menschen gelten und wird, so will es die Doktrin, von allen, je nach ihrem Vermögen, verstanden.[129] Gottes Worte, die er Moses diktierte, gelten Augustinus in

---

[126] J. T. Schnapp: »Lesestunden«, S. 38. Auf die Verbindung zwischen gesenktem Kopf und Zugang zur Heiligen Schrift verweist Augustinus explizit im Anschluß an die Lektüre Ambrosius. Vgl. »Bekenntnisse«, III,5, S. 109: »und ich, wie ich damals war, hätte nicht vermocht, hineinzugelangen [intrare] oder den Nacken zu beugen, um in der Sache voranzukommen.« Der gesenkte Kopf ist zugleich Zeichen der Demut im direkten Gegensatz zum Stolz und Pathos des rhetorischen Redners, dessen sich Augustinus hier anklagt und das ihm den Zugang zur Bibel versperrt.

[127] Vgl. J. T. Schnapp: »Lesestunden«, S. 39.

[128] Wie in Kapitel I schon angemerkt, gälte der Rhetorik die Bibel als schlechter Text wegen der Stilvermischung. Augustinus frühe Lektüreerfahrung mit ihr wertet sie daher auch ab. Nach seiner wichtigen Cicero Lektüre (siehe »Bekenntnisse«, III,4, S. 107) erscheint ihm der Stil der Bibel »unwürdig, mit der Würde des Ciceronischen in Vergleich zu treten.« Vgl. »Bekenntnisse«, III,5, S. 109.

[129] Zum Doppelsinn der Bibel, als »in gemeinverständlichen Worten« für die Allgemeinheit »jedermann zugänglich« aber andererseits den »tieferen geistigen Sinngehalt« wahrend, vgl. Augstinus, ebd., VI,5, S. 261. Auch der »doppelte Sinn« für die Masse und die Gebildeten ist durch Origenes schon ausführlich dargelegt worden. Vgl. »Bibliothek der Kirchenväter: Origenes«, Bd. II, S. 26 f, S. 104ff. und S. 357ff. Das Generalregister versammelt unter den Stichworten »Schrift« und »Schriftlesung« die relevanten Stellen der Kirchenväter zum Umgang mit der Bibel. Das damit das

ihrer »Lehrgewalt« als ubquitäre Autorität, wörtlich als »Firmament«, als Lesetafel oder Buch, das nicht zusammengerollt wird, sondern sich »über den Völkern bis ans Ende der Welt« wölbt.[130] Das bedingt zugleich den Ausschluß der antiken Literatur: »Nein, wir kennen keine anderen Bücher«.[131] Der »krumme Weg« oder Umweg der Rhetorik[132] weicht der Direktkommunikation mit Gott als »meditari in lege tua«. Wie auch immer man über das Christentum denkt, die Vorstellung eines ›tieferen‹ als wörtlichen und rhetorischen Sinnes[133] hat sich in unserer Kultur nachhaltig festgesetzt. Der Wechsel des Kanons durch das Christentum ist nicht nur ein Wechsel der Bezugstexte, sondern auch ein Wechsel in der Lektüretechnik, der es ermöglicht, das Gelesene grundsätzlich neu zu bewerteten.

1.7. Grammar of legibility: Textorganisation für stille Lektüre

Die Textorganisationen der Handschriften bilden im Laufe des Mittelalters nicht nur die skriptographische Unterscheidung für Stellen, die laut oder still gelesen werden aus,[134] sondern optimieren die Gestaltung des Textes für eine vornehmlich visuelle Erfassung. Erst die Kürzung der Schriftzeilen auf ein Maß, welches die Augen leicht erfassen können, gibt stiller Lektüre eine geeignete Materialität. Die Ablösung der *scriptio continua* durch den Codex wird hier weiterentwickelt zu den lesetechnischen Größen wie Wortbild und Lesezeile.

Das verändert die Wertungen. Die Aufforderung, laut zu lesen stellt seit der Scholastik eine Anweisung dar, den primären visuellen Zugang zur Schrift durch eine Alternative zu bereichern und ihr andere Aspekte zu verleihen. Paul Saenger verweist auf das Paradox einer Aufforderung zur lauten Lektüre durch einen Text, der von seiner Organisation her spezifisch für die visuelle Erfassung eingerichtet ist.[135]

Auslegungsmonopol und die Hierarchie zwischen Laien und Predigern fundiert wird, braucht nicht eigens betont werden.

130 Vgl. Augustinus: »Bekenntnisse«, XIII,15ff., S. 778ff. zur omnipräsenten Verständlichkeit des Bibeltextes.

131 Ebd., S. 779.

132 Diese typische Charakterisierung der Rhetorik bei Quintilian wird von Augustinus als Absetzung gestaltet, vgl. ebd., VI,6, S. 263.

133 Der *sensus literalis* ist nicht nur der wörtliche Sinn, sondern umfaßt auch alle rhetorischen Modi. Ausgenommen ist natürlich der spirituelle Sinn. Vgl. A. Nemetz: »Literalness and the sensus literalis«. In: Speculum 34 (1959), S. 76ff. Zur Typologischen Auslegung insgesamt vgl. Friedrich Ohly: »Vom geistigen Sinn des Wortes im Mittelalter«. In: ders.: Schriften zur mittelalterlichen Bedeutungsforschung. Darmstadt 1977, S. 1–31. Sowie ders.: »Typologie als Denkform der Geschichtsbetrachtung«. In: Typologie. Hg. v. Volker Bohn. Frankfurt a.M. 1988, S. 22–63.

134 In den Stundenbüchern werden Stellen für laute, gemeinsame und stille, einsame Lektüre durch unterschiedliche Schrift signalisiert. Vgl. Paul Saenger: »Books of Hours and the Reading Habits of Later Middle Ages«. In: Scrittura e Civilità 9 (1985), S. 239–269.

135 Saenger: »Manières de lire médiévales«, S. 131ff.

Saengers Geschichte der Verbreitung der stillen Lektüre hat viel für sich, da er seine These von der Verbreitung stiller Lektüre nicht über repräsentative Quellen oder Statistiken belegt, sondern durch die manifesten Umstrukturierungen in der Textorganisation. Die entscheidenden Änderungen bestehen in der Trennung der Worte und Kürzung der Zeilen auf ein Maß, das den physiologischen Eigenheiten des Auges angemessener ist. Saenger rekurriert auf diese entscheidende Neuerung durch die Verwendung religiöser Texte im 7. Jahrhundert der Mönche Englands und Irlands. Diese hatten, im kulturellen Kontext der oralen Kultur der Kelten beheimatet, größte Schwierigkeiten mit den Texten römischer Kultur. In ihrem Bestreben, die lateinischen Texte korrekt zu lesen, führten sie die Trennung der Worte ein. Damit wird das Wort als Schriftbild lesbar. Die Texte wurden schließlich in Zeilen von 10 bis 15 Buchstaben geschrieben, nicht wie ehemals in Zeilen von 30 bis 50 Buchstaben. Zeilen und Text besaßen nun eine Form, die einem Erfassen durch das Auge physiologisch angemessen war. Das Auge hatte jetzt die Möglichkeit, einen Textabschnitt rein visuell zu umfassen und war nicht mehr auf die vokalisierende Lektüre angewiesen, um den Text für das Gedächtnis oder den Vortrag zu strukturieren. Diese Umstellung bewirkt nach Saenger langfristig die Ausbreitung der stillen Lektüre wie die Möglichkeit stillen Kopierens, zumal nun auch die Zeichensetzung ausdifferenziert und auf grammatische Einheiten, nicht willkürlich, wie noch in der Spätantike, angewandt wurde.[136]

Zugleich kommen Hilfsmittel wie der einleitende *Accessus*, der ›Zugang‹ zum Einsatz. Er stellt eine Einführung mit kurzen biographischen und ›literaturhistorischen‹ Angaben dar und wurde schon in der Karolingerzeit gezielt eingesetzt. Er erreicht seinen Höhepunkt im 12. Jahrhundert, bevor die scholastische Form des Kommentars, mit der Übernahme des aristotelischen Frageschemas gemäß der *causae*, etabliert wird. Der *Accessus* als Texterklärung eines Autors mit Angaben über Leben und Werk kann zunächst als ›irische Eigentümlichkeit‹ bezeichnet werden,[137] die im frühen Mittelalter als Kommentarform für die gelehrte Arbeit wie für den Schulunterricht übernommen wurde. Der *Accessus* bietet eine Darlegung kanonischer Texte in streng normierter Form.[138] Traditionelle Bestandteile dieser Form, die sich in ihrem Frageschema von dem der Scholastik unterscheidet, sind folgende Elemente: Den Anfang macht die Frage nach der *vita auctoris*: Auf sie folgt die Klassifizierung des im

[136] Zur für die Geschichte des Lesens spannende Strukturierung des Textes durch Zeichensetzung vgl. ausführlich Malcolm B. Parkes: »Pause and Effekt. An Introduction tho the History of Punctuation in the West«. Berkeley, Los Angeles 1993.

[137] Ausführlich dazu A. Quain: »The Medieval Accessus ad Auctores«. In: Traditio 3 (1945), S. 215–264.

[138] Zur Herausbildung eines Kanons seit der karolingischen Zeit Günter Glauche: »Schullektüre im Mittelalter. Entstehung und Wandlungen des Lektürekanons bis 1200 nach den Quellen dargestellt«. München 1970. Zum Accessus S. 1ff., S. 37 und S. 43.

Text behandelten Stoffes als Darlegung der *materia*. Die Absicht oder der Zweck sowie der Nutzen der Schrift wird daraufhin als *intentio* bzw. *finis-utilitas* festgelegt, bevor in der *diviso* oder *forma* die Einteilung und Struktur der Texte dargestellt wird. Schließlich wird die Zugehörigkeit des jeweiligen Textes zu den Sparten der Philosophie bestimmt mit der Frage *cui parti philosophiae supponatur*? Oft findet sich hier auch schon eine Auslegung des Titels als Programm oder Schlüssel der Schrift.[139]

Gegen Ende des 11. Jahrhunderts. wird die Trennung der Worte und das stille Lesen sowie das gemeinsame stille Kopieren der Mönche in Europa üblicher.[140] Die Komplexität des scholastischen Systems führt schließlich die Autoren dazu, ihre Text zu redigieren und Werke mit reichem Referenzenwerk zu formieren. Dies unterstützt den Leser, den Text blätternd nach spezifischen Argumenten zu ordnen und zu vergleichen. Die Argumentationsstruktur wird durch Numerierung kenntlich gemacht (etwa bei Th. v. Aquin und Albertus Magnus). Dies ist eine Organisation des Textes zur visuellen Lektüre, nicht zum Hören und laut Lesen.[141] Mit dem 12./13. Jahrhundert. werden Referenzen und Rückverweise im und am Text (Marginalglossen) üblicher, alphabetische Indizes werden vermehrt eingesetzt und die standardisierte Unterteilung der Bibel in Kapiteln wird verfeinert in Unter-Unterteilungen, die *distinctiones*.[142] Die Schrifttype der gotischen Kursiva wird allgemein für die scholastischen Autoren des 14. Jahrhunderts, und dies führt zu einer Personalisierung und Privatisierung des Schreibens.

Die stille Lektüre der Gelehrten und Mönche erreicht auf anderen Wegen auch die *idiotae* oder *illiterati*[143] und zwar durch eine gesteigerte Schriftproduktion auch gerade in der Alltagskultur, etwa bei der Gebetsliteratur. Durch religiöse Bewegungen, vor allem die »Brüdern vom gemeinsamen Leben«, deren Ziel die Multiplikation der Hl. Schrift (nicht Predigt!) war, wird die Nütz-

---

139 Vgl. Bruno Sandkühler: »Die frühen Dantekommentare«, S. 25 und S. 29. Sandkühler nennt drei antike Vorbilder für diese Tradition, nämlich Cicero (»De inventione«, I,5–9), den Anfang von Servius' »Aeneis-Kommentar« und »vor allem« Boethius »Trost der Philosophie«.

140 Ausführliche Informationen über die paläographischen Entwicklungen vom 7. bis zum 15. Jahrhundert gibt die Aufsatzsammlung von M. B. Parkes: »Scribes, scripts and readers. Studies in the communications, presentation and dissemination of medieval texts«. London 1991. Hier vor allem S. 1–70. Parkes geht von einer »Grammar of Legibility« als Komplex graphischer Konventionen aus, der den Informationszugang der Schrift steuert und sich innerhalb verändernder kultureller Kontexte entwikkelt.

141 Paul Saenger: »Manières de lire médiévales«, S. 135.

142 Der Terminus *distinctio* kommt im 12. Jahrhundert erst auf. Vgl. Palmer: »Kapitel und Buch«, S. 59.

143 Zur Diskussion um die *illiterati* im Mittelalter vgl. Franz Bäuml: »Varieties and Consequences of Medieval Literacy and Illiteracy«. In: Speculum 55 (1980), S. 237–256. Bäuml legt dar, daß die von Herbert Grundmann getroffene Unterscheidung keinesfalls strikte Unwissenheit im Umgang mit Schrift bedeutet.

lichkeit des ›Selbstlesens‹ i. U. zum offiziellen Programm der Vermittlung durch die Predigt (*viva vox*) in der katholischen Kirche zumindest propagiert.[144]

Weitere Indizien für die Verbreitung stiller Lektüre in Saengers Darlegung sind in der Organisation der Bibliotheken zu finden. Während die Klosterbibliotheken für laute Lektüre organisiert waren, ändert sich die Organisation der Bibliotheken zur Zeit der Universitäten grundsätzlich. Die Zellen erlaubten Diktate und laute Lektüre, da sie die jeweiligen Leser trennten. Die Mönche hatten Stellen auswendig parat und daher keine Referenzwerke nötig. Ende 13. Jahrhunderts verändert sich die Ausstattung, die Möbel und die Architektur der Bibliotheken radikal. Oxford, Paris und Cambridge richten große, zentrale Säle ein, mit Lesepulten und Bänken, in denen die Leser Seite an Seite sitzen. Wichtige Referenzwerke waren an zentralen Orten an Lesepulten angekettet und mußten von allen an diesem Platz benutzt werden. In Bibliotheken wurde Stille so zur Notwendigkeit und dafür gab es eigens Anweisungen.[145]

Im Kontrast zur früheren Lektüre ist der stille Leser des späten Mittelalters durch seine Schnelligkeit charakterisiert.[146] Unabhängig von der Aussprache erlaubt die Lektüre eine größere Mobilität des Auges, und die Textorganisation stellt dafür weitere Hilfsmittel zur Verfügung. Saenger bringt dies in Zusammenhang mit dem Einsatz der Marginalglossen, die eine schnelle Übersicht über die im Text verhandelten Punkte anleiten.[147] Zu dem ›Impact‹, den die Verbreitung stiller Lektüre auf die Gesellschaft hat, gehört jedoch nicht nur die funktionale Einrichtung der Verwendung von Information. Saenger betont, daß durch stille Lektüre Subversionen und Häresien entscheidend ermöglicht werden. Während lautes Lesen eine wechselseitige Kontrolle impliziert, kann die stille Lektüre andere Texte ebenso wie dieselben Texte anders rezipieren. So können etwa die Mystiker des 16. und 17. Jahrhunderts einen Textumgang der »absoluten Lektüre« entwickeln und pflegen, der das aufgeschlagene Buch als Initiation zu einer von Text und Wortlaut völlig unabhängigen Meditation benutzt.[148] Seitdem wird aber das Lesen, jetzt begriffen als automatisch stille und ›private‹ Beschäftigung, suspekt und oft als asozial und gefährlich be-

---

[144] Helga Hajdu: »Lesen und Schreiben im Spätmittelalter«. Hajdus Studie geht allerdings von der recht diffusen Kategorie eines »Bedürfnis des Volkes« aus und konstituiert schließlich einen Verlauf von laut zu still durch das »Verstummen des Lesens«, welcher sich als Relektüre Baloghs ausweisen läßt. Vgl. etwa S. 46ff.

[145] Paul Saenger: »Manières de lire médiévales«, S. 136f.

[146] Ebd., S. 134.

[147] Hierbei handelt es sich natürlich vor allem um theologische sowie enzyklopädische Werke, etwa die »Summen«. Zur Gattungsdifferenzierung bezüglich der Textorganisation vgl. Palmer: »Kapitel und Buch«, zu den Differenzierungen bezüglich der Kommentare vgl. Sandkühler: »Die frühen Dantekommentare«.

[148] Zu diesem Lektürekonzept Michel de Certeau: »La lecture absolue (Théorie et pratique des mystiques chrétiens: XVI–XVIIe siècles)«. In: Problèmes actuels de la lecture. Unter der Leitung von L. Dällenbach und J. Ricardou. Paris 1982, S. 65–80.

schrieben, wie es in der 2. Hälfte des 18. Jahrhunderts einen lebhaften Höhepunkt erreicht.

Laute Lektüre behält als Vorlesen wichtige Funktionen der Vermittlung, sei es die Lectio in der Kirche, das Vorlesen bei Hofe durch den Lector oder die Vorlesung des Lehrers, der den Schülern vorbildliche Schriften erklärt. Das laute Lesen dient der Vermittlung und laute Lektüre hat die vorrangige Funktion einer langsamen, Wort für Wort den Text erklärenden Erziehung zur Sprachkompetenz. Hierbei steht nicht das Verstehen im Vordergrund, sondern das Training, grammatische und rhetorische Figuren zu erlernen und schließlich selbst mustergültig anzuwenden. Der Terminus *lectio* steht in der Scholastik für die technische Unterweisung im Lesen. Die in den Schulen verwendeten Methoden des Unterrichts und der Darstellung beginnen mit der *lectio*, indem der Lehrende den Text der *auctoritas* vorliest und ihn dabei kommentiert. Die Schüler aber vergleichen das Vorgelesene still in ihren eigenen (!) Texten.

Die scholastische *lectio* unterscheidet dabei drei Ebenen der Interpretation des Gelesenen. Zunächst wird der Text nach den Buchstaben (*litera*) ausgelegt, d.h. Wörter und Sätze werden gemäß formaler Kriterien expliziert. Die zweite Ebene bildet die Darlegung des Sinnes (*sensus*), wobei auch alte Worte durch geläufigere paraphrasiert oder übersetzt werden. Erst die dritte Ebene arbeitet den tieferen Sinn und die Lehre (*sententia*) heraus.[149]

Der scholastische Kommentar folgt einem neuen Schema, das von Aristoteles übernommen wurde, dem Frageschema der vier Ursachen, das durch die neuen Universitäten ausgebildet wird. »Scire est res per causam cognoscere« ist die beliebte Formel vieler Kommentare zu ihrer neuen Form des Textumgangs. Der scholastische Kommentar gliedert sich in die Darlegung der – *Causa efficiens*, *causa materialis*, *causa formalis* sowie der *causa finalis*.[150]

Die langwierigen und komplexen Prozesse in der Textorganisation und ihre Einwirkung auf die Form der Lektüre, die hier nur sehr grob referiert werden konnten, lassen im 12. Jahrhundert eine Darstellung möglich werden, die programmatisch das Lesen als Kunst und als lebenslanges *studium* in Absetzung von der monastischen Lektürepraxis des Murmelns neu fundiert. Schon in Hugo von St. Viktors *Didascalion* (um 1128) – nach seinem Kommentator Ivan Illich »das erste Buch, das über die Kunst des Lesens geschrieben wurde« – läßt sich eine weitere entscheidende Umwertung in der Einstellung zum Buch beobachten.[151]

---

[149] Vgl. hier nur Paul Benoit: »Die Theologie im dreizehnten Jahrhundert«. In: Elemente einer Geschichte der Wissenschaften. Hg. v. Michel Serres. Frankfurt a.M. 1994, S. 315–350. Hier: S. 329.

[150] Vgl. Sandkühler: »Die frühen Dantekommentare«, S. 30f. Sandkühler stellt die eigenständige Genese der Kommentarform durch die Universitäten eigens heraus, vgl. ebd., S. 31.

[151] Ivan Illich: »Im Weinberg des Textes«, S. 13.

Illich stellt die These auf, daß hier, lange vor dem Buchdruck, ein »Bündel von Neuerungen« dazu geführt habe, sich Texte »als etwas von der physischen Realität der Buchseite Losgelöstes vorzustellen.«[152] Der eingehende und komplexe Kommentar kann hier unmöglich ausführlich behandelt werden. Entscheidend ist, daß Hugo auf dem Höhepunkt der monastischen Tradition des Textumgangs steht und zugleich die Umwertung zum stillen, blätternden Lesen markiert.[153] Das monastische Lesen ist in einem »Hörmilieu« fundiert, in der das murmelnd Gelesene in die Formen der Liturgie und der *lectio divina* eingebunden wird.[154] Hugo plädiert in seiner Kunst des Lesens, die für Laien geschrieben war, für eine lebenslange, demutsvolle Tätigkeit, deren Inbegriff das *studium* durch Lektüre ist.[155] Um 1140 sieht Illich eine Veränderung, die er metaphorisch als »Umblättern einer Seite« in der Geschichte des Alphabets bezeichnet.[156] Der gesellschaftliche Status des Lesers verändert sich, indem das »Hörmilieu« des komplexen Systems der monastischen Lektüre zu einem individualistischen, stillen und technischen Akt des Entzifferns wird.[157] Hugo steht auf dem Höhepunkt der monastischen Tradition, insofern er Lektüre als umfassende Hingabe und moralische Suche nach Weisheit begreift und zugleich an deren Ende, da er zugleich die Form stiller Lektüre als individuelle von anderen Formen unterscheidet.[158]

Die Lektüreformen differenzieren sich seit der Scholastik aus. Lautes Lesen als Vermittlung steht in der scholastischen *lectio* neben der eigenen stillen Lektüre. Seit etwa dem 14. Jahrhundert, mit der Entstehung eines ›Literatursy-

---

152 Ebd., S. 11 und S. 30. Ausführlich S. 121ff.

153 Vgl. ebd., S. 86.

154 Ebd. Zur monastischen Lektüre ausführlich ebd., S. 55ff. Vgl. auch Jean Leclerq: »Wissenschaft und Gottverlangen. Zur Mönchstheologie des Mittelalters«. Düsseldorf 1963. Sowie vor allem ders.: »The Love of Learning and the Desire for God«. New York 1982, S. 15ff. und S. 37–87ff. Weitere Literatur bei Illich. Auf die Formen mittelalterlicher Exegese wird hier nicht eingegangen. Vgl. das Standardwerk Henri de Lubac: »Exégèse médiévale: les quatre sens de l'ècriture«. 4 Bde. Paris 1964.

155 Hier kommen Begabung, Zucht und Übung in der Meditation zusammen. Für Hugo ist Lektüre dabei immer noch eine »motorische Aktivität des Körpers«. Meditation und murmelnde Lektüre ergänzen einander in einem moralisch verstandenen, den ganzen Körper umfassenden Textumgang. Entsprechend stark ist die Speisemetaphorik. Vgl. Illich: »Im Weinberg des Textes«, S. 55–66 und S. 78ff.

156 »Um 1140 wird ein Blatt gewendet. In der Buchkultur wird die monastische Seite zu – und die scholastische Seite aufgeschlagen. Und das Kloster von St. Viktor manifestiert den prekären Moment, in dem die Seite umgeblättert wird.« Ebd., S. 85. Zum Ansatz Illichs »Geschichtsschreibung des Alphabets«, vgl. ebd., S. 8ff. und S. 99f.

157 Vgl. ebd., S. 86. Zur Ökonomisierung und Beschleunigung der Lektüre in der Scholastik vgl. S. 103ff.

158 Vgl. das Kapitel »Leises Lesen«, ebd., S. 91ff. Hugo unterscheidet das Lesen der Lehrenden (Vorlesung) vom Lesen des Lernenden, der »der Stimme der Seiten lauscht« sowie diese beiden (monastischen) Formen von der individuellen Form des stillen Studiums. Die Herausbildung eines »neuen Selbst« im 12. Jahrhundert bildet für Illich eine wichtige Grundlage seines Kommentars. Vgl. ebd., S. 27ff.

stems‹, verstärken sich die Formen allgemeinen Umgangs mit Schriften in diversifizierten Formen.[159] Lektüre erhält eine Vorschrift, die als universale Basis auch die Theologie, die nicht mehr alleiniger Lektürestoff ist, mit abdeckt: nämlich die moralische Erziehungsfunktion, die auch Literatur aufgrund einer Berufung auf deren mimetischer Kraft als Mittel zu Tugend und Glauben funktionalisiert.[160] Lektüre ist der Weg zur Tugend *und* zu Gott und Moral bildet das Medium, in dem Lektüre seine Formen ausprägt.

Der ›private‹ Buchumgang, das Lesen im eigenen Exemplar, setzt schon vor der Zeit des Buchdrucks ein. Aber der Buchdruck verstärkt den Wert des Selbstlesens nachhaltig.[161] Damit gewinnt die Ausdifferenzierung an Fahrt. Man kann sie in Zusammenhang mit der Annahme der Auflösung der schichtenspezifisch organisierten Gesellschaftsformen bringen. Lesen als praktischer Informationsgewinn, durch die neuen Gattungen praktischer Ratgeber, die durch den Buchdruck verbreitet werden, Lektüre als schlichte Nachricht und Bekanntmachung, als Spezialwissen, als religiöse Übung und als Wissenschaft bestehen nun nebeneinander. Der Buchdruck bedingt vollends eine zu gesellschaftlichen Hierarchien querstehende Kommunikationsebene der Gesellschaft.[162]

Damit rückt eine Lektüretechnik verstärkt in den Blickpunkt: die *Selektion*. Stand Lektüre seit jeher unter institutioneller Verwaltung, die mit der Erziehung zur Lesefähigkeit zugleich die als kanonisch geltenden Schriften auswählte, kann man im 16. Jahrhundert Lektüreanweisungen beobachten, die nicht mehr über laut oder still diskutieren, sondern darüber, welche Passagen

---

[159] Ausführlich Hans Ulrich Gumbrecht: »Beginn von ›Literatur‹/Abschied vom Körper?« In: G. Smolka-Koerde, P. M. Spangenberg und D. Tillmann-Bartylla. (Hg.): Der Ursprung von Literatur. Medien, Rollen und Kommunikationssituationen zwischen 1450 und 1650. Paderborn 1988, S. 15–50. Durch Eliminierung des Körpers aus der Kommunikation verstärke sich die Asymmetrie der Rollen zwischen Autor und Leser. Seit dem frühem 16. Jahrhundert, rechnet Gumbrecht, rechnen Rezipienten mit »Alterität der funktionalen Welten«, womit auch die »Grenze zwischen den Sinnsphären«, zwischen Literatur und Alltag bewußt wird. Die Differenz von Wirklichkeit und Fiktion etabliert sich.

[160] »Im Cinquecento wurde in der moralischen Erziehung weitgehend das Ziel der Dichtung gesehen. Über ihr mimetisches, die Aneignung unterschiedlicher dichterischen Figuren und Darstellungen ermöglichendes Potential sollte sie zur Bildung des Menschen beitragen. Unter Verweis auf Aristoteles werden Argumente gesammelt, Mimesis ins Zentrum der Dichtung zu stellen.« Gebauer/Wulf: »Mimesis«, S. 114.

[161] Am bekanntesten im reformatorischen Schriftprinzip (*sola scriptura*) Luthers, Melanchtons und der Hermeneutik des Flaccus Illyricus. Michael Giesecke beleuchtet die damit entstehende neue Funktion des Selbstlesens auf breiter Basis. Siehe Giesecke: »Der Buchdruck«, S. 131, S. 161ff., und S. 173.

[162] So Giesekes These von der Durchsetzung des neuen Kommunikationsmediums Buchdruck. Statt der *Approbation*, die nur durch Autoritäten legitimierte Informationen in das Kommunikationsnetz einspeist, ›veröffentlicht‹ der Druck jegliches Gedrucktes. Das neue Kommunikationsmedium nimmt sich sofort auch volksprachlicher Informationen an und agiert unter Marktgesetzen, statt unter Innungs- oder Ständenormen.

oder Texte zur Lektüre ausgewählt werden sollen. Diese recht rigorosen Anweisungen zur Selektion, die ihre Tradition im christlichen Umgang mit heidnischer Literatur hat, können als Reaktion auf die Ausdifferenzierung von Lektürestoffen begriffen werden. Wichtiger aber ist es hier, daß die Selektion einzelner Sätze aus einem Text eine wichtige Funktion motiviert, die im Humanismus in den Vordergrund rückt. Aus einzelnen Stellen werden *exempla* zur pragmatischen und moralischen Unterweisung, deren Funktion von der der *auctoritates* im Mittelalter unterschieden ist.

2. Von der »Nothwendigkeit, im Lesen eine Wahl zu beobachten«. Die Lektüretechnik Selektion: Auswahl und Aneignung

> Ein Gewitter, das eine volle Woche dauert. Finsternis überall. Lesen nur, wenn es blitzt. Das in Blitzen Gelesene erinnern und verbinden.[163]

Selektion von und in Büchern stellt eine allgemeine und notwendige Lektüretechnik a priori dar. Man kann nicht Alles lesen. Diese einfache Feststellung bezieht sich nicht einfach nur auf die Menge der jeweils vorhandenen Bücher, sondern auch auf den jeweils vorliegenden Text. Die Vorstellung, erst mit dem Buchmarkt gäbe es eine ›Flut‹ von Büchern, die Leser zur Selektion zwingt, ist kein brauchbares Modell für die ›innere‹ Geschichte des Lesens. Vielmehr hat man davon auszugehen, daß jedes Lesen immer schon notwendig zur Selektion gezwungen ist. Lektüre ist per se immer schon eine Form von Selektion, worauf schon die Etymologie des »Sammelns« verweist.[164] Das hat auch eine physiologische Basis. Schon die Augenbewegungen beim Lesen gehen diskontinuierlich und selektiv vor. Das bedeutet auch: Kein Text kann vollständig, wie ein Objekt oder eine Gestalt als Ganzes erfaßt werden, sondern Literatur muß als beobachterabhängiges Phänomen in Relation zu den Operationen gesehen werden, die es allererst erlauben, bestimmte Sinnzusammenhänge herzustellen.[165]

---

[163] Elias Canetti: »Die Provinz des Menschen«. Frankfurt a.M. 1976, S. 296.

[164] Vgl. Michael Cahn: »Das Schwanken zwischen Abfall und Wert. Zur kulturellen Hermeneutik des Sammelns«. In: Merkur 36 (1991), S. 674–690. Sowie ders.: »Hamster: Wissenschafts- und mediengeschichtliche Grundlagen der sammelnden Lektüre«. In: Lesen und Schreiben im 17. und 18. Jahrhundert. Hg. v. Paul Goetsch. Tübingen 1994, S. 63–77.

[165] Zu den Konsequenzen für die Definitionen von Literatur siehe jetzt Nikolaus Wegmann: »Vor der Literatur. Über LITERATUR, Entscheidungen und starke Lektüren«. In: Jürgen Fohrmann, Harro Müller (Hg.): Literaturwissenschaft. München 1995, S. 77–102. Für ein einschlägiges Plädoyer, Texte als »Netz mit tausend Eingängen«, d.h. als »pluralen Text« in Relation zur Pluralität möglicher Lektüren und Sprachspiele aufzufassen siehe Roland Barthes: »S/Z«. Frankfurt a.M. 1987.

Insofern münzen Anweisungen zur gezielten Auswahl von und in Büchern die Notwendigkeit der Selektion aus der ›Flut‹ in eine planmäßige und pragmatische Verwendung um.[166] Die Anweisung, beim Lesen den Griffel bereitzuhalten und Stellen anzustreichen bzw. herauszuschreiben, ist in Studien- und Lektüreanweisungen weitverbreitet, wenn nicht der am häufigsten gegebene Ratschlag. Wer von seiner Lektüre etwas haben will, der soll exzerpieren. Und natürlich immer »das Wichtigste«.[167] Wie man allerdings dieses erkennt, kann nicht a priori festgelegt werden. Anweisung zur Selektion gehen deswegen immer einher mit Funktionsbestimmungen für die Lektüre, in denen implizit festgelegt wird, was sie zu leisten hat.[168]

Die funktionale Auswahl führt auch zu einer Verwendung von Textstellen, die für Literatur charakteristisch ist. Das ›fremde Eigentum‹ wird in ›Eigenes‹ verwandelt, indem das Ausgewählte aus seinem Kontext herausgelöst und in das eigene System eingefügt wird. Die Lektüretechnik Selektion führt zur Produktion eigener Werke. Noch Canettis Gedankenspiel, zufällig zu sehende Passagen im Gewitterblitz zu verbinden, bilden eine Anweisung zur Selektion, die einer langen Tradition folgt, in der das Ausgewählte zum eigenen Text transformiert wird. Ihr soll im folgenden besondere Aufmerksamkeit gelten.

2.1. Viel, nicht vieles lesen! Der Kontroll-Topos der Tradition

Wichtig ist, das man das Richtige liest. Was aber ist das Richtige? Neben der restaurativen Übernahme in den Bahnen von a priori anerkannten Autoritäten bietet sich zunächst eine funktionale Lösung an. Richtig ist, was man für die

---

[166] Die Metapher vom ›Plan‹ im Lesen taucht immer wieder auf. Z. B. Erhard Kästner: »Planvolles Lesen«. In: Das kleine Buch der 100 Bücher. Hg. v. Dieter Lattmann. München 1966, S. 3–5. Ziel ist es – seltene Wendung – nicht »Opfer eines Nadelansturms von Information zu werden« und den »Lesesplan« nicht von anderen machen zu lassen, sondern selbst anders zu lesen, also durch selbsbestimmte Lektürestoffe sich zu bilden. Vgl. auch K. S. Morgenstern: »Plan im Lesen. Rede bey Bekanntmachung der Preisaufgaben für die Studierenden der kaiserlichen Universität zu Dorpat, gehalten am 12.12.1805«. In: ders.: Johann Müller oder Plan im Lesen. o.O., o.J. (1808), S. 59–90.

[167] Zu einer typischen Exzerpt-Anweisung »mit der Feder in der Hand seine Kenntnisse durch Lektüre zu erweitern suchen« vgl. etwa J. M. G. Besecke: »Ueber Lektüre und Selbststudium«. In: Deutsches Museum. 4. Stück 1786. Hier: S. 363. Ausführlich behandelt etwa schon Sacchinis Lektürepropädeutik die Vor- und Nachteile des Exzerpierens. Denn auch hier stellt sich das Problem der Masse. Wenn Notizen oder Kommentare zu umfangreich werden, kehrt die Notwendigkeit der Selektion wieder. Vgl. Sacchini: »Über die Lektüre«. Kapitel X–XIII, S. 32–48.

[168] Ein anderes sind Versuche, die mit den Mitteln der Bibliographie der Masse Herr zu werden versuchen. Konzisen Einblick in die Problemzusammenhänge bietet hier Helmut Zedelmaier: »Bibliotheca universalis und Bibliotheca selecta. Das Problem der Ordnung des gelehrten Wissens in der frühen Neuzeit«. Köln u.a. 1992. Zu den Zusammenhängen zwischen *Bibliotheca*, *notita librorum* und *historia litteraria* vgl. auch Rudolf Blum: »Bibliographia. Eine wort- und begriffsgeschichtliche Untersuchung«. In: Archiv für Geschichte des Buchwesens (AGB) Bd. X (1970), Sp. 1009–1246.

Klärung einer Frage, eines Problems benötigt. Diese funktionale Differenzierung von Selektionen hat eine lange Tradition, sie *ist* Wissenschaft.

Es ist Aristoteles, der die Anweisung gibt, zur Überprüfung wie Erstellung von wissenschaftlich haltbaren Sätzen, *Stellen* nachzuschlagen, zu exzerpieren und zu vergleichen. Aristoteles' *Topik* empfiehlt zur Ermittlung der wahrscheinlichen Annahmen die Auswahl von Sätzen, deren Prüfung »als Prinzip und geltende These« für die eigene Arbeit zu verwerten ist:

> Was nun die Sätze betrifft, so muß man sie in so vielfacher Weise auswählen, wie wir es oben (K. 10) bezüglich des Satzes festgestellt haben, muß also entweder die Meinungen nehmen, an denen alle festhalten oder die Meisten oder die Weisen, und von den Weisen entweder Alle oder die Meisten oder die Angesehensten, oder muß auch die Meinungen nehmen, die den geläufigen entgegengesetzt sind, und die in den Künsten und Wissenschaften gelten. Die den geläufigen entgegengesetzte Meinungen muß man aber in dem vorhin angezeigten Sinn aufstellen, d. h. verneinend. Es ist auch nützlich sie so aufzustellen, daß man nicht nur wirklich wahrscheinliche auswählt, sondern auch ihnen ähnliche [...].[169]

Durch Vergleich der Übereinstimmung von Textstellen sowie deren dialektischer Prüfung entstehen zu den festgelegten Problembereichen (hier: Ethik, Physik, Logik bzw. Erkenntnistheorie) philosophische Urteile nach dem »Maßstabe der Wahrheit«.

Das Auswahlverfahren legt zwei Verfahren fest, die zum festen Bestandteil wissenschaftlichen Umgangs mit bzw. der Produktion von Zitaten werden. Zum einen gilt die Autorität der Lehrmeinung Kraft der Erfahrung und des Ansehens der Autoren (»die Weisen«), zum anderen aber ist die Bedingung für die Wirkung der Autorität seine Benennung, also die explizite Bezugnahme auf die Lehrmeinung als eine solche:

> Man muß seine Sätze auch aus geschriebenen Ausführungen nehmen und die Angaben so machen, daß man sie gesondert über jede Gattung anbringt [...]. Auch muß man die Meinungen der jeweiligen Gewährsmänner als solche bezeichnen, muß z. B. anmerken, daß Empedokles vier körperliche Elemente gelehrt hat. Denn was ein angesehener Mann gesagt hat, wird einem bereitwillig als haltbare These gelten können.[170]

Seitdem rekurriert und speist sich das Wissen immer aus dem Bezug zu vorausgehenden Büchern. Die Möglichkeit, eigene Erfahrung und eigenständige Experimente als Lehrmeinungen zu präsentieren, wird erst im Spätmittelalter

---

169 Aristoteles: »Topik«. 14,105. Übersetzt v. E. Rolfes. Hamburg ³1992, S. 17.

170 Ebd. Zum Zusammenhang von Autorität und Literatur als dialektischer Findung des Wahrscheinlichen vgl. Walter Veit: »Auctoritas – Autorität in der Literatur«. In: Dichtung, Sprache, Gesellschaft. Akten des IV. Internationalen Germanisten-Kongresses. Hg. v. Victor Lange und Hans-Gert Roloff. (= Beihefte zum Jahrbuch. für Internationale Germanistik 1) 1971, S. 99–106. Über den Hintergrund informiert vorzüglich der Art. »Auctoritas«: [L. Calboli Montefusco, S. Z., Gregor Kalivoda] In: Historisches Wörterbuch der Rhetorik. Hg. v. Gert Ueding. Bd. 1. Tübingen 1992, Sp. 1177–1188.

(etwa mit Roger Bacon) stärker hervortreten. Aber bis heute verläuft die institutionelle Anerkennung von Wissen immer über den Verweis auf Lehrmeinungen, die zur Überprüfung angegeben werden müssen.

Die notwendige Auswahl von Stellen aus Büchern wird keineswegs so funktional und formal begründet. Zu den stets gleichen Argumenten für Selektion gehört zwar auch die Menge von Information, doch wirkungsmächtiger war die Behauptung eines per se gefährlichen Status nicht der richtigen, sondern der falschen Schriften. Vor allem Schüler dürfen nicht Alles lesen.[171]

Der immer wieder bemühte Topos, der dieses kontrolliert, lautet: »multum legendum esse, non multa«. Er wird Plinius d. Ä. zugeschrieben, doch die Redewendung wird schon zu seiner Zeit als stehender Ausdruck ausgewiesen. Sein Neffe und Adoptivsohn referiert auf ihn als Sprichwort (»aiunt«), nicht als Diktum seines Verwandten. Plinius d. J. schreibt an Fuscus Salinator, der ihn um Anweisungen zum Studium gebeten hatte:

> Non enim dixi quae legenda arbitrarer: quamquam dixi, cum dierem quae scribenda. Tu memineris generis auctores diligenter eligere. Aiunt enim multum legendum esse, non multa. Qui sint hi adeo notum probatumque est, ut demonstratione non egeat [...].[172]

Plinius hatte in dem Brief vor allem Übersetzungen als Übung in Sprachkompetenz angeraten und ferner den Wechsel von Gattungen, da es z. B. auch in der forensischen Rede, um die es dort in erster Linie geht, narrative Elemente geben müsse. Was sich auf das Schreiben beziehe, gelte ebenso für Lektüre. Voraussetzung ist eine sorgfältige Auswahl anerkannter Autoren für jeweilige Stoffe.[173] Denn diese Autoren seien so wohlbekannt und geprüft, so daß sie Gültigkeit besitzen. Der Spruch: »Nicht vieles, sondern viel solle man lesen«, steht für diese Auswahltechnik ein. Lektüre erhält ihren Übergang von Quantität zu Qualität durch die Wiederholungslektüre kanonischer Quellen.[174] Selek-

---

171 Das wird vor allem moralisch begründet. Vgl. etwa Sacchini: »Über die Lektüre«, S. 4f.: »Und weil doch unsere sittliche Vollkommenheit und reine moralische Lebensweise der höchste Zweck jeder Wissenschaft seyn sollen, so müssen wir uns bei der Wahl der Bücher nach dem Grundsatze richten: kein Buch zu lesen, das mit Gefahr für unsere Moralität, dem Geiste Licht verschaft.«

172 Caecilius Secundus Plinius: »Pliny Letters and Panegyricus in two volumes«. Lat. and engl. translated by Betty Radice. The Loeb Classical Library. London, Cambrigde Mass. Buch VII, Epistel 9, S. 506.

173 Die Auswahl ist im System der antiken Rhetorik und Topik über die Anweisungen zur Auffindung der Stoffe (*inventio*) und deren Strukturierung (*dispositio*) als Arrangement von Topoi sowie in der kalkulierte Präsentation für das spezifische Publikum (*aptum*) gewährleistet. Der Vorteil der Lektüre liegt dabei dann in der Möglichkeit der Wiederholung des Gespeicherten zwecks genauerer Nachahmung. Vgl. Quintilian: »Institutio Oratoria«, X,1, 19f. Zum Wissenarrangement qua Topoi vgl. Michael Cahn: »Hamster: Wissenschafts- und mediengeschichtliche Grundlagen der sammelnden Lektüre«. Sowie Zedelmaier: »Bibliotheca universalis und Bibliotheca selecta«, S. 70ff.

174 Die zitierte englische Übersetzung interpretiert hier einen Übergang von Breite zu Tiefe: »I have said nothing about what I think you should read, though this was

tiert wird nur aus dem, was vorab als richtig anerkannt wurde. Eigene Urteile sind hier nicht erwünscht. Und auch aus dem, was vorab als Autorität feststeht, braucht keineswegs Vieles gelesen werden. Denn der Propädeutik der Lektüre geht es hier nur um die Erlernung der sprachlichen Regeln. Für dieses (rhetorische) Lehrziel ist die Lektüre vieler verschiedener Texte hinderlich, die Regeln lassen sich auch an einem einzigen Text lernen.

Doch der Topos, der sich in zahlreichen Lektürepropädeutiken und Anweisungen zur Lektüre tradiert findet,[175] öffnet sich verschiedenen Interpretationen. Francesco Sacchini schreibt:

> Ob Du viele Bücher habest, daran liegt nichts', so sagt Seneca [Epist. 45], ›aber ob Du gute Bücher habest, daran liegt es. Und der jüngere Plinius: ›Lies die vorzüglichsten Schriften von jeder Klasse, denn das Sprichwort [!] sagt: man müsse nicht Vieles, aber Viel, lesen.‹ – Das heißt: Liebhaber der Wissenschaften sollen fleißig lesen, und zwar mit Nachdenken und Eifer; übrigens sollten sie von jeder Klasse nur die besten Schriftsteller wählen, weil doch eigentlich Wissenschaft mehr durch anhaltendes und gutgewähltes Lesen, als durch Umwühlen ganzer Bibliotheken erworben werde.[176]

Fleiß und Eifer eines anhaltenden Lesens rückt Sacchini in seiner Interpretation in den Vordergrund. Der durch Plinius hervorgehobene Punkt einer Wiederholungslektüre bestimmter Autoritäten fehlt hier. Der Übersetzer Sacchinis seinerseits rückt dies – zwei Jahrhunderte später – zurecht. Er schreibt in seiner Vorrede:

> Plinius erkannte dieß [die Notwendigkeit der sorgfältigen Auswahl] sehr wohl, da er den besonnenen Rath ertheilte: Non multa, sed multum, d.h. nicht Vieles durch einander, sondern oft, und wiederholt dasselbe zu lesen.[177]

---

implied when I was telling you what to write. Remember to make a careful selection from representative author in each subject, for the saying is that a man should be deeply, not widely read. These authors are too well known and approved to need further indication.« Plinius: »Pliny Letters«, S. 507.

175 Der Topos wird über Morhof tradiert. Vgl. Daniel Georg Morhof: »Polyhistor in tres tomos [...] [1688]. Opus Posthumum«. Lubecae 1708. Vgl. I,2, Kapitel 8,21. Morhof zitiert den Topos wiederum aus Alexandro Ficheto: »De arcana studiorum methodo«. So findet er sich etwa Ende des 18. Jahrhunderts bei E. Chr. Trapp: »Vom Unterricht überhaupt«. In: J. H. Campe (Hg.): Allgemeine Revision des gesammten Schulwesens. Achter Theil. Wien und Wolfenbüttel 1787, S. 174. Im 20. Jahrhundert findet sich die Anweisung dann in Kompilationen für Bücherfreunde, etwa H. Kliemann: »Stundenbuch für Letternfreunde«. Dortmund 1984, S. 58. Kliemann versammelt, leider ohne Quellenangaben und mit vielen Fehlern, Wiederholungen des Topos von Luther ebd., S. 62, Gervinus ebd., S. 66 und Lessing ebd., S. 69.

176 Sacchini: »Über die Lektüre«, S. 7. Das Thema der Selektion stellt Sacchini generell in den Vordergrund. Wenn Lektüre zum Wissenserwerb notwendig ist, wie er im 1. Kapitel darlegt, so »ergiebt sich nicht nur die Nützlichkeit des Lesens, sondern zugleich die Nothwendigkeit einer Auswahl in den Büchern«. Ebd., S. 4. Das 2. Kapitel behandelt die »Wahl der Bücher«, bevor das 3. Kapitel, »Was für Bücher soll man lesen« zu den zitierten Anweisungen kommt.

177 Walchner: »Vorrede«, S. IV. In: Sacchini, ebd.

Für ihn steht 1832 wiederum die Wiederholungslektüre weniger Texte im Vordergrund, wobei nicht geklärt ist, ob bestimmte Texte gemeint sind oder ob die Wiederholungslektüre schon in sich die Qualität des Lesens sichert. Wie offen der Topos für verschiedene Funktionalisierungen ist, zeigt auch, daß Sacchini auf die Lesart des Aldus verweist, der seinerseits vor der glatten Umkehrung nicht zurückschreckte: »man müsse nicht Viel (oft), sondern Vieles lesen.« Dies ist für Sacchini, durch seine Festlegung auf langsame, genaue Lektüre, dann »nicht ungereimt«, sondern nur nach »dem Worte zwar anders«, »der Sache nach aber die nämliche«. Auch dieses drücke aus, »was Plinius damit sagen wollte«.[178]

So unwichtig die Verschiebungen erscheinen mögen, sie beziehen sich auf ganz unterschiedliche Lektürekonzepte. Wiederholungslektüre ist etwas anderes, wenn sie auf einen streng geregelten Kanon bezogen ist, auf die ›intensive‹ Lektüre (Engelsing) einiger weniger Texte oder aber auf Schriften allgemein, die erst durch die Wiederholungslektüre ihre Qualität beweisen.[179] Die Anweisung, nicht vieles, sondern viel zu lesen, markiert vor allem einen Übergang von bloßer Masse zu Qualität. Von daher legt Sacchini das ›anhaltende‹ Lesen als ein langsames, »mit Nachdenken« verbundenes nahe. Die Selektionsregel, nur kanonische Schriften zu rezipieren, wird verbunden mit der gelehrten Lektüre, die im langsamen Lesen ihr Ideal der Genauigkeit sieht. Demgegenüber empfiehlt Walchner über dreihundert Jahre später in einer Kultur, die ihre ›Lesewut‹-Debatte schon hinter sich hat, als Korrektiv gegen Vielleserei wiederum das Mittel der Wiederholungslektüre weniger Bücher. In unserem Jahrhundert wiederholt Ezra Pound die Anweisung als Qualitätssicherung für Poesie. Um die Qualitäten dieser zu erfahren, sei Belesenheit nicht wichtig, sondern: »it ist my firm conviction that a man can learn more about poetry by really knowing and examining a few of the best poems than by meandering about a great many.«[180]

---

[178] Ebd., S. 7. Auch Lessing versucht mit einer Dopplung zu sagen, was Plinius sagen wollte: »Viel muß man lesen, nicht vielerlei. Ich meine nicht vieles, sondern viel: ein weniges, aber mit Fleiß.« Lessing ohne Angabe zitiert nach Kliemann: »Stundenbuch für Letternfreunde«, S. 69. Es ist mir nicht gelungen, die Stelle bei Lessing nachzuweisen.

[179] Zu dieser zentralen Funktion der Wiederholungslektüre i. U. zum ›intensiven‹ Lesen Georg Stanitzek: »›0/1‹, ›einmal/zweimal‹ – der Kanon in der Kommunikation«. In: Technikpathologien. Hg. v. B. Dotzler. München 1992, S. 111–134. Was als qualitativ hochwertige Schrift gilt, ist Literatur, die zweimal gelesen werden muß. Der Kanon der Schriften ist nicht mehr unhinterfragt festgelegt, wie in der ›intensiven‹ Lektüre, sondern wird unter der Leitdifferenz von »einmal/zweimal« konstituiert. Zugleich regelt die Differenz den Unterschied zwischen bloß konsumierenden und interessierten Lesern. Für ein weniger theoretisch angelegtes Plädoyer der Wiederholungslektüre vgl. auch Walter Killy: »Über das Lesen«. In: ders.: Schreibweisen – Leseweisen. München 1982, S. 10–21. Zur Wiederholungslektüre als doppelten Durchgang durch den Text mit zwei verschiedenen Lesegeschwindigkeiten siehe unten, Kapitel III.3.

[180] Ezra Pound: »ABC of Reading«. Norfolk, Conneticut o. J. (1934), S. 43.

Mit Auswahl ist nur formal die Reduktion von Informationsmenge bezeichnet. Welche Bücher oder Stellen ausgewählt werden sollen und wie diese weiterverwendet werden, bleibt offen. Zur Auswahl muß noch die Aneignung kommen. Nicht nur der Wandel des Lektürekanons, also derjenigen, die unter jeweiligen Perspektiven als ›die besten Schriftsteller‹ gelten, bildet hier das Problem. Wie die Selektion konkret vorgehen soll, kann immer nur normativ festgelegt werden, aber die Normen verändern sich. Auf dieses Problembewußtsein wird am Ende dieses Kapitels noch eingegangen werden. Zunächst soll im Vordergrund stehen, wie man sich die Verwendung des durch Selektion gewonnenen Materials als Aneignung vorzustellen hat.

2.2. Wir müssen die Bienen nachahmen: Senecas Anweisungen zur produktiven Aneignung durch Lektüre

> Statt Original sein zu wollen, sollten die Leute aneignen lernen![181]

In Senecas *Moralischen Briefen* widmet sich schon der zweite Brief an Lucilius dem Thema der Lektüre. Es ist dies eine typische Stellung der Lektürereflexion innerhalb übergreifender Diskurse, hier der stoischen Philosophie Senecas mit ihren zentralen Themen der inneren Ruhe und des glücklichen Lebens. Lektüre wird hier zu einem Exempel auch der rechten philosophischen Lebenseinstellung, die Lucilius erlernen soll. Dabei zeigt Senecas Brief eine geschickte Illustration des Themas Lektüre und seiner Auswahl mit den Metapher der Reise und vor allem der Nahrung. Diese Bildbereiche werden zur anschaulichen Erklärung eingeführt und auf Lektüre angewendet, bis schließlich die Lektüre selbst wieder auf sie angewendet wird.

Lektüre und Nahrung fallen in dem einen Wort der zentralen Aufgabe des Lesens zusammen. Ziel der Lektüre und ihrer Auswahl sei es, daß man sich das Gelesene ›zu eigen‹ mache. Die Aneignung von Information setzt eine gewisse ›Verinnerlichung‹ voraus, eine Technik nämlich, die nicht mit dem Memorieren und Auswendiglernen beendet ist, sondern erst in der Verarbeitung zu eigenen Produkten ihren Abschluß findet. Entscheidend ist hier eine Übernahme von Informationen, die diese so geschickt und schlüssig in die eigenen Vorstellungen bzw. das eigene philosophische System einzufügen weiß, daß die Übernahme selbst vergessen werden kann. Senecas zentrale Anweisung zur Lektüre lautet: »wenn du viel durcheilt bist [multa percurreris] nimm eines heraus [unum excerpe], das du an jenem Tag ganz dir zu eigen [concoquas] machen willst.«[182]

---

181 Robert Musil: »Der Mann ohne Eigenschaften«. Bd. II. Hg. v. Adolf Frisé, S. 2112.

182 Lucius Aenaeus Seneca: »Briefe an Lucilius«, 2. Brief. In: ders.: Philosophische Schriften. Bd. 3, S. 6–11. Hier: S. 9. Der Begriff der Auswahl, der hier benutzt wird,

Im Begriff der *concoquas*, hier als »zu eigen machen« übersetzt, fallen Lektüre und Bildbereich der Speise zusammen, denn concoquas heißt »verdauen«.[183] Wie aber hat man sich das vorzustellen? Die Metapher des Verdauens bezeichnet nur geschickt den natürlichen Vorgang der Umwandlung von Speise in Nährstoffe für den Körper. Folgt man der Metapher, so gilt es aus den Lesestoffen nur das Nahrhafte für sich selbst herauszunehmen. Selektionsmaßstab ist der Zusammenhang mit dem eigenen (philosophischen) ›Körper‹. Das tertium comparationis der Metapher bildet bei Seneca hier tatsächlich die Analogie von Leib und Werk als *corpus*.

Folgen wir Senecas Anweisungen Schritt für Schritt, Metapher für Metapher. Er beginnt seine Darlegung über die Auswahl von Lektüre mit einer allgemeinen Lebensregel: »erster Beweis für eine Beruhigung der Seele ist, meine ich, stehen bleiben zu können und mit sich zu verweilen [secum morari].«[184] Dies, gezielt auf die Fortschritte des Zöglings Lucilius, wird postwendend appliziert auf Lektüre: »Darauf aber achte, daß nicht diese Lektüre vieler Autoren und Bücher aller Art mit sich bringe etwas Planloses und Unstetes.« Denn:

> Bei bestimmten Geistern muß man verweilen [Certis ingeniis inmorari] und sich von ihnen durchdringen lassen, wenn du etwas gewinnen willst, was in der Seele zuverlässig Platz finden soll. Nirgends ist, wer überall ist.

Damit folgt die Illustration mit dem Beispiel der Reise:

> Die das Leben auf Reisen verbringen, erleben, daß sie viele Reisebekanntschaften haben, [aber] keine Freunde. Dasselbe geschieht notwendig denen, die zu keines Menschen Geist eine vertraute Beziehung gewinnen, sondern an allem im Laufe und eilends vorüberrennen [sed omnia cursim et properantes transmittunt].[185]

Schnelle Lektüre wird als zu flüchtig und zu unstet verworfen. Die flüchtige Reisebekanntschaft gibt dazu ein kräftiges Bild an die Hand, charakterisiert jedoch den zentralen Punkt der Aneignung nicht näher. Daher folgt dieselbe Regel mit Illustration der Speise:

> Nicht nützt Speise, noch kann sie der Körper verwerten, die sofort nach der Aufnahme wieder ausgebrochen wird; nichts behindert in gleicher Weise die Gesundheit wie häufiger Wechsel der Heilmittel [remediorum crebra mutatio]; nicht kommt die Wunde zur Vernarbung an der Heilmittel [medicamenta] ausprobiert werden; nicht kommt zu Kräften eine Pflanze, die oft versetzt wird; nichts ist so nützlich, daß es im Vorübergehen [in transitu] nützt.

»unum excerpe«, stellt zugleich die Anweisung zum Exzerpieren i.S. des Herausschreibens in Rechnung, auf die hier nicht eigens eingegangen werden kann.

183 Der Terminus *concoquo* bedeutet weichkochen, verdauen. Vgl. den 84. Brief Senecas. In ders.: Philosophische Schriften Bd. 4, 84,7, S. 227. Dort als »Verdauen« übersetzt, wird der Begriff unverständlicherweise in Anführungszeichen gesetzt, als ob es sich um die uneigentliche Bedeutung des Terminus handele, während »zu eigen machen« im 2. Brief als Übersetzung ohne Anführungszeichen steht.

184 Seneca ebd., Brief 2,1, S. 6.

185 Ebd., 2,2.

Jetzt kann die Applikation auf Lektüre erfolgen: »Es zerstreut der Bücher Menge: daher – weil du nicht lesen kannst, wieviel du [an Büchern] besitzen könntest – ist es genug, zu besitzen, was du lesen kannst.«[186]

Das Maß dessen, was man lesen kann, ist als die Begrenzung dessen, was man lesen soll, zugleich auch das Maß des Besitzes von Büchern. Die Anweisung bleibt aber ungenau, weil immer noch das, was in Frage steht, *wie* man lesen soll, nicht ausreichend erklärt ist. Die Absetzung des Steten von dem Unsteten reicht dazu nicht aus. Deshalb führt Seneca seine Anweisung weiter aus, den Einwand vorwegnehmend und akzentuiert den Speise-Bildbereich noch einmal stärker:

> ›Aber bald‹, sagst du, ›will ich dieses Buch aufschlagen, bald jenes.‹ – Eines verwöhnten Magens Art ist es, vieles zu kosten [degustare]; sobald es vielfältig und verschieden ist, verunreinigt, nicht nährt es. [suae ubi uaria sunt et diuersa inquinant, non alunt].

Damit folgt die schon zitierte Lektüreanweisung sich für eines, das man ›herausnehme‹, zu entscheiden. Die Selektion von Büchern wechselt zur Anweisung der Selektion *in* den Büchern und zwar in denen von anerkannten Autoren. Die Anweisung im Zusammenhang lautet:

> Anerkannte [Autoren] lies daher stets [semper lege], und wenn es einmal zu anderen sich hinzuwenden beliebt hat, kehre zu den früheren zurück [ad priores redi]. [...] und wenn du viel durcheilt bist nimm eines heraus, das du an jenem Tag ganz dir zu eigen machen willst. Das tue ich auch selber; aus vielem, was ich gelesen habe; mache ich mir etwas zu eigen.

Heute sei es, so Seneca zu seiner Wiederholungslektüre, »sogar« etwas aus Epikur gewesen. Sogar, denn er pflege auch in »fremde Lager« hinüber zu gehen, aber nicht als »Überläufer«, sondern als »Kundschafter«. In Epikurs Satz: »Eine ehrenhafte Sache ist freudige Armut«,[187] findet Seneca eine Applikationsmöglichkeit für seine eigene Philosophie: »nicht wer zu wenig besitzt, sondern wer mehr begehrt ist arm.«[188] »Zuerst haben was nötig ist, sodann, was genug ist«, sei des »Reichtums Maß«. Die von Epikurs Satz hergeleitete freudige Armut des Maßes stellt damit selbst wiederum die Lektüreanweisung für Besitz und Nutzung von Büchern dar.[189]

---

[186] Ebd., 2,3.

[187] Epikur, »Fragmente«, Nr. 475.

[188] Seneca ebd., 2,6, S. 11.

[189] Vgl. auch Senecas Schilderung der heilsamen Funktion von Lektüre und Studien (neben Freundschaften) für ihn selbst im 78. Brief: »eben die Mittel, durch die ich innerlich zur Ruhe kam, hatten eines Heilmittels [medicina] Kraft. Zum Heilmittel [remedium] werden sittlich orientiert Tröstungen, und was immer die Seele aufgerichtet hat, nützt auch dem Körper, unsere wissenschaftliche Arbeit [studia] ist mir heilsam [saluti] gewesen. Als Geschenk der Philosophie verstehe ich es, daß ich wieder hochkam, daß ich gesundete«, 78,3, ebd., Bd. 4, S. 129ff.

Das ›zu eigen machen‹ bleibt allerdings eine nicht so ganz problemlose Operation. Seneca deckt die Illusion auf, qua Bruchstücken wirklich etwas lernen zu können und denunziert jene, die Sprüche und Zitate als Zierat und Beleg verwenden, als Blender.

> Deshalb laß fahren diese Hoffnung, du könntest im Überblick kosten [summatim degustare] das geistige Schaffen der bedeutendsten Männer: als Ganzes mußt du es zur Kenntnis nehmen, du mußt dich mit ihm als Ganzen befassen [tota tractanda]. Im Zusammenhang [Continuando] vollzieht sich eine Sache und in seinen eigenen Grundzügen knüpft sich des Geistes Arbeit, daraus nichts entfernt werden kann ohne Zusammenbruch [ex quo nihil subduci sine ruina potest].[190]

Wenn Lucilius dennoch einzelne Aussprüche fordere, so könne er sie allerdings haben, denn »riesig ist die Menge des weit und breit Verstreuten, man braucht nur zuzugreifen, nicht zu sammeln. Nicht nämlich tropfenweise gibt es sie, sondern sie strömen. [Non enim excidunt, sed fluunt]. «Nützlich könnten Zitate allenfalls für »Uneingeweihte und draußen Lauschende« sein: »leichter nämlich bleiben Einzelformulierungen (singula insidunt) haften, genau begrenzt und versartig gestaltet.«[191] Deshalb eignen sich Sinnsprüche für Knaben, aber nicht für Männer:

> Für einen Mann von sicherem Fortschreiten ist nach Blümchen haschen [captare flosculos] schimpflich und sich zu stützen auf ganz bekannte und wenige Sprüche und sich auf das Gedächtnis verlassen: auf sich selbst nunmehr stütze er sich. Formulieren soll er derartiges können, nicht im Gedächtnis festhalten [...].[192]

Diejenigen, die dieses täten, werden »niemals schöpferische Denker«, sondern »stets Nachbeter unter fremden Schatten« bleiben. Die entscheidende Differenz ist die zwischen Gedächtnis als Speicher und Wissen als eigenständige Verarbeitung des Gespeicherten:

> Das Gedächtnis haben sie an fremden Eigentum geübt: eines aber ist es sich zu erinnern, ein anderes zu wissen. Sich zu erinnern bedeutet, einen dem Gedächtnis anvertrauten Sachverhalt zu bewahren: aber hingegen wissen heißt, alles sich zu eigen zu machen [sua facere] [...].[193]

Immer noch bleibt die Frage unbeantwortet: Wie geht dieses »zu eigen machen« – jetzt sogar zum Inbegriff des Wissens avanciert – vor sich? Hier gelangen Lektüretechniken und ihre Anweisungen an die Grenze ihres Systems. Die Anweisungen bleiben äußerlich, nur der jeweilige Leser kann sie mit seiner Aufmerksamkeit wirksam werden lassen. Aber Seneca setzt hier nicht die Meta-

---

190 Brief 33,5, ebd., Bd. 3, S. 281. Daher auch Senecas Kritik an der Gattung Kommentar. Es sei ärmlich, seine Weisheit bloß aus Kommentaren zu beziehen und selbst nichts zur Welt zu bringen: »turpe est enim seni aut prospicienti senectutem ex commentario sapere« Ebd. 33,7, S. 283.

191 Ebd., 33,6, S. 282.

192 Ebd., 33,7, S. 283.

193 Ebd., 33,9, S. 285.

phorik, sondern den technischen Terminus *sua facere* für das »sich zu eigen machen«. Zu eigen machen bedeutet selbst machen. Als Wissen und rechte Verwendung gilt also ein Umgang mit Schriften, der die Selektion durch eine Rekombination für das eigene Schreiben nutzbar zu machen weiß. Die fremden Stellen werden assimiliert durch eine Auswahl, die dieses Material ordnet, neu mischt und schließlich selbst verwendet, ohne den Bezug zum fremden Text zu wahren oder zu erwähnen: »unum excerpe«. Erst dies ist eine gelungene Verdauung der geistigen Nahrung.

Deutlich ist hier die Absetzung des Philosophen von der rhetorischen Tradition, die ›an fremden Eigentum‹ übt, indem sie das Nachzuahmende wiederholen. Quintilian gilt die wiederholte Lektüre als »Einverleibung« selbst.[194] Diese Einverleibung aber ist eine Funktion des Auswendiglernens, das die Nachahmung und die Eloquenz stützt, von der Seneca das ›Wissen‹ als eigenständige An- und Verwendung absetzt. Demzufolge muß die Auswahl anderen Maximen folgen, als die *copia verborum* der Rhetorik. Sie hat keine Funktion als Nachahmung, sondern als Transformation des ›Fremden‹ in das ›Eigene‹. Seneca beschreibt den Vorgang der Transformation vom Fremden zum Eigenen noch einmal in aller Anschaulichkeit im 84. Brief, eine Stelle, die man als sein ›Bienengleichnis‹ bezeichnen kann. Er beginnt diesen längeren Brief mit der Darlegung, daß er sich, obwohl »die Liebe zu den Wissenschaften« ihn »träge und nachlässig« gegenüber seinem Körper mache, von seiner Lektüre eben nicht »zurückzuziehen« brauche:

> Sie [die Lektüre] ist aber, wie ich meine, unbedingt notwendig, erstens, damit ich nicht mit mir allein mich zufrieden geben muß, zweitens, damit ich, wenn ich die Untersuchungen anderer zur Kenntnis nehme, mir über ihre Entdeckungen ein Urteil bilde und nachdenke [inuentis iudicem et cogitem de inuenienis] über notwendige Entdeckungen. Es stärkt den Geist und erfrischt ihn, wenn er ermüdet, nicht ohne Mühe freilich.[195]

Diesen Satz nimmt er im folgenden zum Leitthema: Lektüre stärkt und erfrischt den Geist – aber nicht ohne Mühe – und das bedeutet auch: nicht ohne geplante Anwendung. Dazu ist vor allem der Wechsel der Tätigkeiten von Lesen und Schreiben wichtig:

> Wir dürfen weder nur schreiben noch nur lesen: das eine wird die Kräfte verzehren und erschöpfen, die Schriftstellerei [stilo dico] meine ich, das andere sie auflösen und verströmen lassen [soluet ac diluet]. Im Wechsel muß man sich hierin und dorthin begeben und das eine mit dem anderen im rechten Verhältnis mischen, damit die Schriftstellerei, was immer man bei der Lektüre zusammengelesen hat [ut quidquid lectione collectum est], in ein Ganzes einbringe [stilus redigat in corpus].

---

194 Quintilian: »Institutio Oratoria«, X, 1,19. Der Lesestoff soll »nicht roh, sondern durch oftmalige Wiederholung erweicht und gleichsam zerkaut dem Gedächtnis zur Nachahmung einverleibt werden.« Vgl. dazu oben Kapitel III.1 dieser Arbeit.

195 Seneca: »An Lucilius«, Brief 84,1. In: ders.: Philosophische Schriften Bd. 4, S. 223.

Das ist das Lektüremodell: der Wechsel ist nur die handlungspraktische Ebene einer Produktivität, deren Ziel immer darin liegt, aus Lesefrüchten wiederum ein Produkt als Ganzes, einen *corpus* werden zu lassen. So kommt Seneca auf das Thema zurück, in welcher Art aus fremden Eigentum etwas Eigenes gemacht werden müsse. Das Bild ist diesmal nicht die menschliche Nahrung, sondern die Tätigkeit der Bienen, die aus Nektar Honig werden lassen:

> Die Bienen, wie man sagt, müssen wir nachahmen [debemus imitari], die umherfliegen und die zur Honiggewinnung geeigneten Blüten aussaugen, sodann, was sie eingebracht haben, ordnen, auf die Waben verteilen [...].[196]

Dieses nachzuahmende Exempel führt Seneca zunächst anhand der Sache (Bienen, Honig) aus :

> Bei ihnen steht nicht genau fest, ob sie einen Saft aus den Blüten holen, der bereits Honig ist, oder ob sie das, was sie gesammelt haben, zu diesem Geschmack durch eine Art von Mischung [mixtura] und die Eigenart ihres Wesens umwandeln.[197]

Er führt die Lehrmeinungen ausführlich aus, appliziert die ›Sache‹ dann aber auf sein Thema:

> Doch um mich nicht auf ein anderes Thema als das, worum es geht, bringen zu lassen – auch wir müssen diese Bienen nachahmen und, was immer wir aus verschiedener Lektüre zusammengetragen haben, trennen [et quacumque ex diuersa lectione congessimus separare] – besser nämlich läßt es sich gesondert aufbewahren [distincta seruantur] – sodann Sorgfalt sowie Einfallsreichtum unseres Verstandes anwenden [adhibita ingenii nostri cura et facultate] und in einem einzigen Geschmack [in unum saporem] jene verschiedenartigen Lesefrüchte [libamenta] zusammenfließen lassen [confundere] : dadurch wird es – auch wenn deutlich ist, woher es stammt – dennoch offenkundig etwas anderes sein als das, woher es genommen worden ist.[198]

Auswählen, sammeln, ordnen und neu mischen, das sind die Anweisungen zu Operationen, welche die Lektüre zu einer produktiven Instanz werden lassen, die nicht nur Wissen ansammelt, sondern neu produziert. Eben deshalb kann Seneca trotz der gesundheitlichen Nachteile nicht davon lassen. Lesen ist Verarbeiten und Lektüre in dieser Form gehört zur Philosophie des rechten Lebens.

---

[196] Ebd., 84,3, S. 225.

[197] Ebd., 84,4, S. 225. Diese Uneindeutigkeit in der Taxierung der Bienen privilegierte sie schon in der Antike zum Exempel für literarische Prozesse. Bienen wurden als »Vögel der Musen« bezeichnet, Dichter, Redner und Philosophen galten »bisweilen« als Bienen. Vgl. den Art. »Bienen, Bienenzucht«. In: Der kleine Pauly. Lexikon der Antike in fünf Bänden. Bd. 1, Sp. 898ff. Der Bienenkorb galt als Symbol der Beredsamkeit und wurde z. B. Ambrosius zugesprochen.

[198] Ebd., 84,5, S. 255f. Denn bekanntlich – so Platon – »sagen uns ja die Dichter, daß sie von hinströmenden Quellen aus wundersamen Gärten und Tälern ihre Lieder einsaugen und sie zu uns bringen wie die Biene (den Honig)«. Der Aspekt, den Platon hier ironisch (!) gegen den Rhapsoden Ion wendet, ist hier etwas anders. Er liegt nicht auf der Auswahl, sondern auf der Funktion der Übermittlung, wie sie in vornehmlich noch oral organisierten Gesellschaften wichtig war. Vgl. Platon: »Ion«, St. 543. In: ders.: Sämtliche Dialoge. Bd. III, S. 113.

Entscheidend ist hier die mit dem Naturvorgang der Honiggewinnung legitimierte Transformation ›fremder Blüten‹ zu einem Neuen, das sich um die Herkunft des Stoffes nicht mehr zu kümmern braucht. Durch Selektion und Rekombination entsteht ein Produkt, das die Herkunft einzelner Stellen aus den Schriften anderer Autoren beruhigt vergessen kann, weil es eine neue Struktur und damit einen neuen Kontext anbietet.

Erst jetzt folgt der Vergleich zum Körper und zur Verdauung bzw. deren Lebensmitteln (*alimenta*). Die Analogie von der Nahrung des Geistes zu denen des Körpers hat nun ein konkretes Modell. Verdauung ist nicht nur Aufnahme und Auswertung von Material, sondern dessen Verwandlung in eine andere Qualität. Wenn die Lebensmittel »unverdaut im Magen schwimmen« sind sie eine Belastung, nur wenn sie »verwandelt« werden, gehen sie in »Kräfte und Blut über«:

> Dasselbe wollen wir bei dem leisten, womit unser Geist genährt wird was immer wir aufgenommen haben, nicht unverändert lassen [!] [non patiamur integra esse], damit es nicht fremd bleibt. [...] ›Verdauen‹ [Concoquamus] wir es: sonst geht es nur in unser Gedächtnis über, nicht in unser Wesen. [...] Seien wir damit ehrlich einverstanden und machen wir es zu unserem Eigentum, damit eine Art von Einheit entstehe aus der Vielheit, [...] das soll unsere Seele tun: alles, wovon sie Hilfe erfahren hat, verberge sie [abscondat], gerade nur das zeige sie, was sie selbst geleistet hat.[199]

Die Lesefrüchte sollen also durch Selektion und veränderte Anwendung in eine ›höhere Einheit‹ übergehen.[200] Deswegen braucht sich die Seele nicht mehr darum zu kümmern, woher sie ihre »Hilfe« (*alimenta*) bezog, sondern darf und muß diese Komplexität reduzieren, indem sie nur sich selbst zeigt.

Senecas Ausführungen über Auswahl und Aneignung sind Teil des Problemfeldes der Kopplung von Lektüre und Schreiben, das in der Paradoxie von ›eigenen Worten‹ und ›fremden Eigentum‹ sehr viel später erneut eine pointierte Behandlung erfährt. Und auch hier ist es ein ›Ich‹, das nur sich selbst zeigen möchte. Michel de Montaigne wird das ›Bienengleichnis‹ aufnehmen, um sein Lektüreverfahren und dessen Funktion für seinen eigenen Diskurs zu erläutern.

2.3. Montaigne oder die Kunst des Wählens

Gerade Schriften, die ihre Eloquenz über die Erzählung des individuellen Selbst entfalten – Augustinus *Bekenntnisse*, Montaignes *Essais*, aber auch die *moralischen Briefe* Senecas – scheinen geradezu zwangsläufig auf das Problem der

---

199 Ebd., 84,6f., S. 257f.

200 Seneca führt den Chor als Beispiel an. Vgl. ebd., 84,10, S. 259: »[E]in harmonischer Klang aus unterschiedlichen Einzelstimmen. So soll es auch mit unserem Geist sein: in ihm wirken viele Wissenschaften, viele Lebensregeln, vieler Epochen Beispiele, doch zu einer Einheit harmonisch vereint.«

Anleihen von und aus Büchern zu sprechen zu kommen. Wenn Bezugssysteme nicht wie bei Augustinus a priori festgelegt sind[201], ergibt sich die Notwendigkeit, auf das ›fremde Eigentum‹ und damit auf das Kriterium der Selektion zu sprechen zu kommen. Bei Montaigne bildet die Unabhängigkeit in »Denken und Existenz«, die er propagiert, bei gleichzeitiger Einsicht in die Verhaftung in Umwelt, Gesellschaft und Sprache, eine der zentralen Strukturen seiner *Versuche*, sich selbst zu erkennen.[202]

In Absetzung zur Gelehrsamkeit setzt Montaigne auf eine genau ausgewählte Verwendung von Stellen aus (bestimmten) Schriften, deren Montage sowohl als Beleg eingesetzt wird, als auch derart assimiliert, daß sie nicht sofort erkannt werden sollen.[203] Das ›Verbergen‹ hat wiederum eine doppelte Aufgabe: Den eigenen Diskurs zu bereichern sowie den Leser zur Vorsicht anzuhalten, auf daß er nicht etwa vorschnell kritisiere, was gar nicht Montaignes Versuchen zugehörig ist, sondern anderen Autoritäten.[204] Insofern spielt Montaigne mit der Differenz von fremd und eigen.

---

[201] Augustinus »Bekenntnisse« bilden geradezu einen Flickenteppich an (oft nicht ausgewiesenen) Bibelzitaten. Eine Reflexion darauf findet sich nirgends. Da Gott ihn ›anspricht‹ und die Bibel als Gottes Worte gelten, können Zitate aus ihr als privilegierte Formulierungen die ›Autobiographie‹ (wie das Leben) des Autors durchwuchern. Es wäre eine größere Aufgabe, genauer zu analysieren, in welcher Art Augustinus aus der Bibel selektiert. Deutlich ist die Vorliebe für Paulus. Einen Eindruck der Fülle von Bibelzitaten bietet die Ausgabe von J. Bernhart, der die Verweise als Marginalien beigibt, beim Aufschlagen einer beliebigen Seite.

[202] Vgl. Jean Starobinski: »Montaigne. Denken und Existenz«. Frankfurt a. M. 1989.

[203] Indem Montaigne als Ziel angibt, sich selbst zu erkennen (und zu erkennen zu geben), kann er sowohl von der Gelehrsamkeit, der es um systematische Gliederung von Wissensstoffen geht, als auch von der Rhetorik als Eloquenz abrücken. Nicht Worte und Stilistik stehen im Vordergrund, sondern die ›Sachen‹. Als Stilideal resultiert eine als natürliche Schreibweise deklarierte gemischte, durchaus sprunghafte Stilistik je nach ›Sache‹. Zur Absetzung von Gelehrsamkeit vgl. Michel de Montaigne: »Essais. Ins Deutsche übersetzt von J. D. Tietz, nach der Ausgabe von P. Coste«. (Leipzig 1753/54) Reprint Zürich 1992, II,X, S. 806. (Alle weiteren Verweise nach dieser Ausgabe.) Die Relevanz von Gelehrsamkeit für die Kindererziehung wird schon in I,XXV, S. 247ff. behandelt. Sie steht unter dem Problem, als bloß äußerlich vermittelter Stoff zur »Pedanterey« zu führen und muß daher nicht auswendiggelernt (vgl. I,XXIV, S. 213ff. und S. 221), sondern mit Verstand und Urteilskraft angewandt werden. Vgl. II,XXV, S. 254ff., S. 263f. und S. 285. Dazu dient vor allem sorgfältige Selektion im Unterricht von seiten des Lehrers sowie eigene Erfahrung in der Welt, etwa durch Reisen. Gelehrsamkeit, die nur auswendiggelernt ist, bleibt bloße Rhetorik und damit ›fremd‹. Vgl. auch Montaignes Anmerkungen zur Gelehrsamkeit der Frauen, ebd., Bd. 2, III,3, S. 805f. Zur Absetzung von Cicero und den rhetorische Idealen siehe I,XXV, S. 292ff. und S. 298ff. sowie zu Montaignes Schreibform ebd., S. 299ff. Vgl. auch II,X, S. 821ff.

[204] Das Zitatverfahren Montaignes ist eingehend behandelt worden. Starobinski nennt drei Typen des Zitats. Das gekennzeichnete Zitat, die übersetzende Paraphrase und der verdeckte ›Diebstahl‹, die Plünderung, die Montaigne oft genug selbst anspricht. Vgl. Starobinski: »Montaigne«, S. 166ff. Letzteres hat auch die Strategie, Kritiker Montaignes die Falle zu stellen, da sie unreflektiert womöglich nicht ihn, sondern eine nicht gekennzeichnete Autorität angreifen und sich damit bloßstellen: »Ich möchte gerne, daß sie auf meiner Nase dem Plutarch einen Nasenstüber gäben, daß

Die Selektion selbst fungiert aber genau daher – gekennzeichnet oder nicht – als Qualität des eigenen Textes. Dessen Anlage und Erfindung ist, so Montaigne, sein eigener »Grund und Boden«. Deshalb kann es nicht darum gehen, in der Art gelehrter Schriften, einfach Belege zur Legitimierung aufzureihen, sondern die Bezüge müssen qualitativ den eigenen Diskurs anreichern:

> Ich liefere hier bloß einen Versuch meiner natürlichen Fähigkeiten, nicht aber der erworbenen. [...] Wer Gelehrsamkeit suchet, muß sie da fischen, wo sie sich aufhält. Ich rühme mich keiner Sache weniger, als diese. Ich trage hier meine Einfälle vor, durch welche ich nicht die Sachen, sondern mich selbst zu erkennen suche. [...] Man muß nicht auf die Materien, sondern auf die Art des Vortrags sehen. Man beurtheile bey dem, was ich entlehnet, ob ich im Stande gewesen bin, etwas zu erwählen, welches die Erfindung, die allezeit von mir kömmet, zu bestärken und zu unterstützen geschickt ist. [...] Ich zähle die entlehnten Gedanken nicht, sondern ich wiege sie ab. Wenn ich dabey auf die Menge gesehen hätte, so würde ich mich mit zwey mal so vielen beladen haben. [...] Wenn ich ihre Gründe, Vergleichungen und Beweise in meinen Grund und Boden versetze, und mit den meinigen vermische; so verschweige ich den Urheber derselben wissentlich, um die Verwegenheit der voreiligen Urtheile im Zaume zu halten [...].[205]

Der selektive Umgang mit Schriften hat auch bei Montaigne die zentrale Aufgabe, sie sich zu eigen zu machen.[206] Nicht Anreicherung des Wissens durch Übernahme gelehrter Analyseinstrumentarien ist das Ziel, sondern die produktive Verwendung von Stellen für den eigenen Diskurs.

> Wir haben anderer Leute Meynung und Gelehrsamkeit auf, und das ist auch alles, was wir thun. Wir müssen sie uns eigen machen. [...] Was hilft es uns, daß wir den Magen voll Speise haben, wenn sie nicht verdauet wird, und uns nicht gedeihet?[207]

Unter der Zielsetzung sich selbst zu erkennen und also weise zu werden, kann die gelehrte Literatur nicht bestehen. Montaigne grenzt gelehrte Literatur aus und privilegiert vor allem die Geschichte als Gattung sowie seine ›Leibauto-

---

sie sich verbrenneten und in meiner Person den Seneca verunglimpften.« Montaigne ebd., II,X, S. 807f. Das Verfahren soll also zur Vorsicht im Urteil anhalten. Die Sondierung der »fremden Federn« gilt Montaigne dann allerdings als lobenswerte Urteilskraft. Vgl. ebd.: »Ich wolt einen loben, der mir die fremden Feder ausrupfte: ich meyne durch seine Urtheilskraft und Unterscheidung der Stärke und Schönheit der Gedanken.« Zu Montaignes Zitatverfahren vgl. auch M. B. McKinley: »Words in a corner. Studies in Montaigne's Latin quotations«. Lexington 1981. Sowie A. Compagnon: »La seconde main«, S. 235ff.

205 Montaigne: »Essais,« II,X, S. 806f. Vgl. auch I,XXV, S. 242: »Gleichwohl weiß ich selbst, wie kühn es von mir gehandelt ist, was ich andern entwendet habe, nahe zu kommen, und demselben gleich zu thun nicht ohne einige verwegene Hoffnung die Augen scharfsichtiger Richter zu betrügen.«

206 Zu dieser Funktion als Mimesis vgl. Gebauer/Wulf: »Mimesis«, S. 128ff., zu Montaigne speziell ebd., S. 134ff.

207 Montaigne: »Essais«, I,XXIV, S. 223. Vgl. auch II,X, S. 822: »Ich verlange überhaupt Bücher, welche die Wissenschaft gebrauchen, nicht aber solche, die sie erst in Ordnung bringen.«

ren‹, Plutarch und Seneca.[208] Selbst wenn man annimmt, daß man durch Gelehrsamkeit gelehrt werden könne, »weise können wir wenigstens nicht anders, als durch unsere eigene Weisheit werden.«[209] Zu dieser Weisheit gehört die Urteilskraft, die auch für die Selektion von Schriften zuständig ist. Diese Urteilskraft legitimiert hier eine selbstbewußte Lektürepraxis, die einem weiterem Topos der Lektüre folgt, nämlich der von Plutarch verbreiteten Auffassung, »daß kein Buch ganz unnütz sei.«[210]

Die kundige Selektion, in ihrer Montage und Vermischung mit dem eigenen Diskurs, gilt Montaigne als Form, das ›fremde Eigentum‹ zu assimilieren und sich selbst nutzbar zu machen. Zur Illustration dient wiederum die Speisemetaphorik mit dem Bild der Verdauung:

> Es ist ein Zeichen eines verderbten und schwachen Magens, wenn das Fleisch wieder weg geht, wie es hinuntergeschluckt worden ist. Denn, der Magen thut das Seinige nicht, wenn er dasienige, was man ihm zu verdauen giebt, nicht in eine andere Gestalt und Form bringt.[211]

Diese Transformation anzuleiten, ist vor allem die Aufgabe des Lehrers oder Hofmeisters in der Erziehung. Die Erziehung der Kinder hat nach Montaigne die Aufgabe, ihnen »unvermerkt« Wissensstoffe so einzuverleiben, daß sie ihnen in »Fleisch und Blut« übergehen.[212] Die Zöglinge sollen nicht gemäß der gelehrten Klassifikationen zuordnen lernen, sondern das Erlernte »auf hunder-

---

[208] Zu Plutarch und Seneca als ›Leibautoren‹ vgl. ebd., I,XXV, S. 239ff. und II,X, S. 818ff. Zur Leistung von Historien vgl. vor allem II,X, S. 825ff. Geschichtsschreiber beurteilt Montaigne wiederum nach dem Kriterium, wie sie ihr Material auswählen. Nämlich einmal, ob sie »entweder einfältig oder vortrefflich sind«, da sie nichts Eigenes in ihre Darstellung mischen »und alles ohne Wahl und ohne Unterschied« aufschreiben. Diese Darstellung hat den großen Vorteil, »uns ein freyes Urtheil zur Erkenntniß der Wahrheit« zu lassen. Die »ganz vortrefflichen Geschichtsschreiber« aber »besitzen die Geschicklichkeit, das Wissenswürdigste zu wählen, und aus zwo Erzählungen die wahrscheinlichste aus zu suchen.« Dagegen »verderben« die »Mittelgattung von Geschichtsschreibern« alles. »Sie wollen uns die Bissen vorkauen.« Ebd., S. 827f.

[209] Ebd., S. 224.

[210] Plutarch: »Moralia«, 32 E/F. Als Selektionsmaxime für vorbildliche Werke wie Autobiographien und Historien empfiehlt Erasmus diese Ansicht. Vgl. Erasmus: »Fürstenerziehung«, S. 132. Ein solches Lesen setzt allerdings die Urteilskraft, die Fähigkeit zu selektieren, wiederum voraus. Daher wird der Topos in den Lektürepropädeutiken nur mit Argwohn zitiert und nur für geübte Leser, »deren Beurtheilungskraft mit dem reiferen Alter Fertigkeit und Stetigkeit erlangt hat« zugelassen. So Sacchini: »Über die Lektüre«, S. 4, der den Topos allerdings Plinius d.J. zuschreibt. Die ungeübten Leser, »schwache Jünglinge«, um die es Lektürepropädeutiken geht, sollen Stellen und Stoffen nur schon ausgewählt zu Gesicht bekommen, damit sie nicht der Gefahr der Verführung unterliegen. Vgl. ebd., S. 4f. Ironisch verwendet Cervantes den Topos im zweiten Teil, Kap. 59 des »Don Quixote«, als dieser nämlich das Gespräch über die Fortsetzung seiner Abenteuer durch Avellaneda anhören muß. Dadurch verbreitet der Topos sich im 18. Jahrhundert als Legitimationsargument für den Roman.

[211] Montaigne: »Essais«, I,XXV, S. 251.

[212] Vgl. ebd., S. 284f.

teley Art verändern, und auf eben so viel verschiedene Gegenstände anwenden lassen.«[213] Dazu gehört die selektive Benutzung der Wissenschaften und ihrer Literatur, die der Lehrer vorgibt und schließlich als Kunst selbst vermittelt haben muß.[214] Verstand und Urteilskraft werden jedoch vor allem durch Erfahrung in der Welt geschärft. Diese moderne Pädagogik, die die ›Welt‹ gegen das Bücherwissen ausspielt,[215] greift nur selektiv auf Schriften als pragmatische Handlungsanweisungen zu, d.h. mittels *exempla*: »Mit Beyspielen kann man füglich alle die nützlichsten Lehren der Weltweisheit vereinbaren, nach welcher die menschlichen Handlungen, als nach ihrer Richtschnur, geprüfet werden müssen.«[216] Indem Exempel Stellen darstellen, die aus ihrem Kontext abgelöst sind, werden sie auf vielfältige Weise anwendbar. Selektion als Technik verwendet produziert *exempla*. Unter dem Studienziel, »Was wissen oder nicht wissen heißt«[217] und damit der »Selbsterkenntnis« sollen alle Schriften und Wissenschaften dazu dienen, »unser Leben gehörig einzurichten.« Nur müssen sie dazu gezielt ausgewählt werden: »Allein, wir wollen diejenigen [Bücher] heraus nehmen, welche unmittelbar und eigentlich dazu dienen.«[218]

Die Möglichkeit solches zu tun, fundiert Montaigne mit dem Hinweis, daß Wahrheit und Vernunft Allgemeingut sind: »derjenige, welcher sie zuerst gesagt hat, hat nicht mehr Anspruch daran, als der welcher sie nachsagt.«[219] Damit ist der Weg frei für eine nicht-gelehrte Umgangsform mit Literatur, die sich einverleibt, was sie gerade braucht, um daraus einen eigenen Diskurs entstehen zu lassen. Für die Legitimation steht wiederum das Bienengleichnis ein:

> Die Bienen nehmen hie und da etwas von den Blumen: allein sie machen hernach ihren Honig daraus; und es ist kein Thymian und Maioran mehr. Eben so muß er [der Schüler] auch die von andern entlehnten Stücke verwandeln und unter einander mischen, um ein Werk, das gänzlich sein eigen ist, daraus zu machen: denn seine Urtheilskraft, seine Unterweisung, seine Bemühung, sein Studiren, zielen auf nichts anderes als auf dessen Verfertigung ab.[220]

Die »Verfertigung« des Eigenen als Ziel allen Studierens erlaubt dann auch, die Zitate und Übernahmen eben nicht mehr zu erkennen zu geben. Montaigne fährt hier fort: »Er kann alles, das, was ihm dazu behülflich gewesen ist, verbergen; und nichts, als das, was er daraus gemacht hat, sehen lassen.«[221]

Im Falle des angeführten ›Bienengleichnisses‹ ist dem so. Montaigne gibt nicht zu erkennen, daß er Senecas Worten auf das genaueste folgt. Als Erklä-

---

213 Ebd., S. 250.
214 Vgl. auch ebd., S. 273f.
215 Vgl. ebd., I,XXV, S. 268.
216 Ebd., S. 270.
217 Ebd.
218 Ebd., S. 271. Das bedeutet für Montaigne hier den Ausschluß gelehrter Schriften.
219 Ebd., S. 252.
220 Ebd., S. 252f.
221 Ebd., S. 253.

rung der Verwendung ›fremden Eigentums‹ setzt Montaigne also wiederum ein Zitat ein. Das ist nicht nur ironisches Spiel. Zwar ist der Bezug zu Seneca deutlich durch die Anweisung, das Assimilierte nicht mehr eigens als etwas Übernommenes zu kennzeichnen. Doch zugleich kann die Illustration des Naturvorganges vom Nektar zum Honig als Exempel der rechtmäßigen Transformation von Stoffen als Allgemeingut einer Wahrheit angesehen werden. Der Verweis auf Seneca als Autorität wäre daher hier fehl am Platz. Umsomehr, als Senecas ›Bienengleichnis‹ wiederum gar nicht Senecas Eigentum ist. Es findet sich bei verschiedensten antiken und neueren Autoren.[222]

Die Auswahl selbst aus den ›Blumen‹ leitet bei Montaigne schon zu einer Assimilation und Transformation der Stellen in den eigenen Diskurs an. Folgerichtig setzt Montaigne das Kriterium der Selektion als zentrale Kompetenz im Umgang mit Literatur, der eine aktive Rolle zukommt. *Die Auswahl selbst* gilt ihm in ihrer Aktivität der Entscheidung schon als ›Einverleibung‹: »Denn wenn er [der Autor] Xenophons und Platons Gedanken aus eigener Ueberlegung annimt: so werden es nicht mehr iener Männer ihre, sondern seine eigenen seyn.«[223] Dem entspricht eine Lektürehaltung, der es weder auf die stilistische Nachahmung von Eloquenz noch auf ein Verstehen der Texte ankommt, sondern auf deren Potential, das eigene Finden anzuregen. Montaigne schreibt zu seinem Lektüreverfahren:

> Ich suche nichts in den Büchern, als mich durch einen erlaubten Zeitvertreib damit zu vergnügen. Wenn ich ia nachdenke, so suche ich nichts als die Wissenschaft, welche von der Selbsterkenntniß handelt, und mich recht sterben und recht leben lehret.[224]

Damit ist seine eigene Selektionsmaxime angegeben. Unter dieser Maxime kann die Lektüre selbst ganz anders verfahren, als es gelehrte Anleitungen fordern:

> Ueber den Schwierigkeiten, welche ich bey dem Lesen antreffe, beisse ich mir nicht die Nägel ab: sondern übergehe sie, nachdem ich mich ein oder zwey mal drüber gemacht habe. Wenn ich mich dabey aufhielte, so würde ich mich und meine Zeit darüber verderben. Mein Verstand thut in der ersten Hitze das meiste. Was ich nicht gleich das erste mal einsehe, das sehe ich noch weniger ein, wenn ich hartnäckig nachdenke. [...] Allein das anhaltende und allzu emsige Nachdenken blendet meine Beurtheilungskraft, und machet sie düster und müde. [...] Wenn mir ein Buch nicht

---

222 Etwa bei Platon, Lukrez und Horaz (»Carmina«, IV,2,27). Ebenso bei Petrarca (»Le Familiari«, IV,206) oder in Pico de la Mirandolas »Epistel de imitatione«. Auch bei Martin Opitz: »Buch von der deutschen Poeterey«. Abdruck der ersten Ausgabe (1624). Halle a.d. Saale [7]1962, S. 13 findet sich das Gleichnis wieder. Zum Topos vgl. Jürgen v. Stackelberg: »Das Bienengleichnis«. In: Romanische Forschungen 68 (1956), S. 271–293.

223 Montaigne: »Essais«, I,XXV, S. 252.

224 Ebd., II,X, S. 809.

gefällt, so nehme ich ein anderes, und ich wende mich nicht eher dazu, bis mir das Müssiggehen verdrießlich zu werden anfängt.[225]

Die geordnete und anhaltende Lektüre, die von Gelehrten gepflegt wird, verwirft Montaigne, indem er sich auf die Eigenart seines Verstandes zurückzieht. Selektiert wird nach der Maxime, was nützlich ist für die Selbsterkenntnis oder was anregt, darüber zu reflektieren.

Die in Starobinskis Interpretation hervorgehobene Einstellung zum Zitat als »Diebstahl«, aufgrund dessen das Verbergen des Zitats folgen müsse,[226] übersieht die Funktion des Bienengleichnis. Die Honiggewinnung der Biene ist kein Diebstahl, sondern als natürliche Nahrungsaufnahme und nützliche Produktion verbürgt. Montaigne geht auf das Verstecken des Zitates nicht aus Gründen eines schlechten Gewissens ein, sondern folgt dem im Gleichnis legitimierten Prozeß der Transformation des Fremden mit dem Auswahlkriterium des Nützlichen für den eigenen Diskurs.

Im vorliegenden Fall triumphiert Montaigne, indem er eine seiner Erläuterungen über das von ihm thematisierte Spannungsfeld des unabhängigen Eigenen und dessen Abhängigkeit von äußeren Dingen in eine Theorie der Aneignung überführt, die selbst schon wieder ein unausgewiesenes, aber genaues Zitat aus der Tradition von Lektüretechniken darstellt.

Nach Starobinskis Interpretation gelingt Montaigne das Verfahren innerhalb des Paradoxes von abhängiger Unabhängigkeit nur, indem er diese vor dem Leser zugibt. Zu fragen ist jedoch nach der Sprachauffassung, deren Basis die Frage von ›Fremd‹ und ›Eigen‹ maßgeblich steuert. Es ist anzunehmen, so auch Starobinski, daß Montaigne in der humanistischen Tradition der Sprachauffassung steht, die davon ausgeht, daß »jede Sprache zwangsläufig erborgt« und »jede Form (und jeder Stil) angeeignet ist.«[227] Starobinski läßt dies unkommentiert. Eine solche Sprachauffassung, in der Wahrheit und Sprache Allgemeingut ist, erklärt jedoch erst den breiten Spielraum und die hohe Wertigkeit, welche die Auswahl der Lesefrüchte und ihre Assimilation in Montaignes *Essais* einnehmen. Montaignes Verfahren ist als individuelles Vorgehen am ehesten für die Literatur relevant geworden.[228]

Die Topographie von ›Fremd‹ und ›Eigen‹ ist schon aufgrund der angedeuteten Sprachauffassung eine zu einfache, binäre Opposition. Öffnet die Sprachauffassung doch zugleich den Raum für das Eigene im Fremden ebenso wie für

---

[225] Ebd., S. 809f. Zu seinen eigenen Lektürestoffen vgl. dann ebd., S. 810ff. Sowie zu seiner Jugendlektüre vgl. I,XXV, S. 307ff.

[226] Starobinski: »Montaigne«, vgl. S. 166ff.

[227] Starobinski: »Montaigne«, S. 172.

[228] Vgl. z. B. Umberto Eco: »Nachschrift zum ›Namen der Rose‹«. München 1984, S. 51f. Auch Eco spricht von einer »Assimilation« passender Stellen, deren Herkunft oder Angabe vernachlässigt werden kann, da in ihrer Montage etwas Eigenes entsteht.

das Fremden im Eigenen.[229] Bedeutsamer aber ist, daß Montaignes »sprunghafte« Stilistik, ebenso wie die Bewegung der *Essais* überhaupt, eine Schreibform darstellt, die zentral durch die Kombination und Montage bestimmt wird.[230] Diese Schreibweise illustriert Montaigne eingangs des Essays »Von der Freundschaft« als Mimesis eines Verfahrens der Malerei:

> Das Verfahren eines Malers, welchen ich habe, hat mir Lust gemacht, ihm nach zu ahmen. Ein Gemählde auf welches er allen möglichen Fleiß gewendet hat, setzt er an den besten und mittelsten Platz der Wand: und die leeren Stellen herum füllt er mit Krotesquen aus [...]. Und was sind dieses [die *Essais*] hier in der That anders als Krotesquen und ungeheuere, aus verschiedenen Stücken zusammen geflickte Körper, die keine gewissen Figur, keine Ordnung, keinen Zusammenhang, und nur ein zufälliges Ebenmaas haben? In diesem ersten Stücke thue ich es meinem Maler gleich: allein in dem andern und besten Theile bleibe ich zurück. Meine Geschicklichkeit erstreckt sich nicht so weit, daß ich mich an ein prächtiges und nach den Regeln der Kunst verfertigtes Gemählde Hand an zu legen unterstünde.[231]

Die Schreibweise, deren Zentrum das Porträt des ›Ich‹ darstellt, verpflichtet sich dem Stil der Groteske, welcher aus der Kombination heterogener Versatzstücke im sprunghaften Stil der Essayistik einen Rand oder Rahmen entstehen läßt, der auf das schreibende ›Ich‹ verweist. Gerhart von Graevenitz hat in einer Darstellung des Topos vom »Ich am Rande« gezeigt, wie Montaigne diese Schreibweise nutzt, um das leere Zentrum ›Ich‹ von den Rändern her zu determinieren.[232] Der essayistisch genannte Stil Montaignes findet in der Groteske – seine Erwähnung gilt als erster Beleg in der Literatur[233] – ein Stilideal, das ihm die Kombinatorik ›fremder‹ Stellen zur Montage seines Porträts erlaubt. Insofern ist die Anweisung Senecas zur Auswahl und Aneignung von Texten bei Montaigne zu einem konsequenten System ausgearbeitet, in dem noch das Fremdeste zum Thema gehören kann, indem es auf die »leere

[229] Das deutet Montaigne an, wenn er schreibt, daß »meine Meynungen öfters die Ehre haben mit den ihrigen [hier Plutarch und Seneca] überein zu kommen; und daß ich ihnen wenigsten von ferne nachfolge, und mein Jawort dazu gebe« weil sie besser ausdrücken, was er sagen möchte. Montaigne: »Essais«, I,XXV, S. 240, vgl. S. 243.

[230] »Mein Gedanken und mein Verstand gehen nur tappend, wankend, strauchelnd und stolpernd.« Ebd., S. 239. Zur Bewegung der Essais insgesamt vgl. Hugo Friedrich: »Montaigne«. 2. Aufl. Bern, München 1967, S. 306ff. Sowie Starobinski: »Montaigne«, S. 338ff., bes. S. 352f. zur »paradoxen Fruchtbarkeit der Leere«, die das von sich selbst sprechen zu füllen bemüht ist.

[231] Ebd., I,XXVII, S. 320f.

[232] Gerhart von Graevenitz: »Das Ich am Rande. Zur Topik der Selbstdarstellung bei Dürer, Montaigne und Goethe«. Konstanz 1989, S. 14ff.: »Eine groteske Kombination von Heterogenen heißt auch die Schreibweise, die von diesem Rand erzählt hat. Und Montaigne benennt diese Schreibweise nicht nur, er praktiziert sie auch.« Hier: S. 15. Daß die Essais nicht einfach eine Abbildung des ›Ich‹ Montaignes sind – wie die Vorrede, »An den Leser«, mit dem Satz: »Ich bin es, den ich darstelle« nahelegen könnte – sondern die Verfremdung durch die Sprache zugleich reflektiert, beweist u.a. der Satz: »Das Buch ist reicher als ich, wie ich weiser bin als mein Buch.«

[233] Wolfgang Kayser: »Das Groteske: Seine Gestaltung in Malerei und Dichtung«. 2. Aufl., Oldenburg 1961, S. 25ff.

Mitte« des ›Ich‹ sowie auf das zentrale Thema des Verhältnisses vom Schreibenden zu sich wie zu seinem Buch verweist.[234]

Jenseits des literarischen Diskurses wird der Umgang mit Lektüre und ihrer notwendigen Auswahl vorwiegend normativ verhandelt. Den Schülern muß ein Lehrer als Instanz der Selektion vorgegeben werden.[235] Dem Lehrer kommt daher die zentrale Rolle der Anleitung und Kontrolle zu. Wir werden dies anhand von Juan Luis Vives Anweisungen zur Selektion noch genauer betrachten können.

Die Kontrollinstanz des Lehrers erhält verstärkt Aufmerksamkeit, seitdem die Autorität der *auctoritas* brüchig geworden ist. Die programmatische Abwendung der Humanisten vom Prinzip der Autorität, sowohl was die Textbasis selbst angeht als auch die auf dieser als ›verderbt‹ angesehenen Grundlage entstandenen Auslegungen, muß daher auch das scholastische Verfahren der Lektüre verändern. Die Zeichen der Schrift stehen nicht mehr ausschließlich im Dienst einer universalen Allegorese, die das System der Theologie immer erneut bestätigt, sondern werden historisiert und individualisiert.

Indem die Eloquenz zum Ausdruck oder Repräsentation ethischen Verhaltens wird, ergibt sich die Möglichkeit, das Bildungsziel des Humanismus zu etablieren. Über die *exempla* hervorragender Schriften werden die Leser und die Gesellschaft gebessert. Das Lesen selbst kann nun als Methode zur Verbesserung der Sitten ausgegeben werden. Erasmus kurzer Satz bündelt diese Hoffnung der Humanisten: »Lectio transit in mores«.

Ein solches Bewußtsein im Umgang mit Lektüre und Sprache konnte sich erst verbreiten, nachdem die scholastische Trennung von Sein und Wort wieder aufgehoben wurde und Sprachkompetenz als Stilistik des Ethos eines Menschen gewertet werden konnte.

2.4. »Lectio transit in mores.« Ein kurzer Blick auf Erasmus

Es ist nicht verwunderlich, daß jenes Bienengleichnis auch bei Erasmus auftaucht. Aber die Basis ist hier eine andere. Erasmus vertraut der Macht der Worte, sie besitzen eine affektive Kraft, die den Leser »verwandelt«.[236] Das

---

[234] In einer fulminanten Interpretation zeigt Adi Ophir wie Montaignes Privatbibliothek als Medium der Selbstfindung fungiert. Vgl. Adi Ophir: »A Place of Knowlegde Re-Created: The Library of Michel de Montaigne«. In: Science in Context 4,1, (1991), S. 163–189.

[235] So auch Montaigne hinsichtlich der Erziehung der Kinder, vgl. »Essais«, I,XXV. Hier: S. 259f., S. 262f. und S. 273f.

[236] Vgl. Dietrich Harth: »Sprachpragmatismus und Philologie bei Erasmus von Rotterdam«. München 1970, S. 80f. Auf die komplexen Zusammenhänge dieses »Sprachhumanismus« kann hier nicht ausführlich eingegangen werden. Die neue *affektive* Lesemethode der Humanisten funktionalisiert Lektüre im Zusammenhang mit Übersetzung, Auslegung und Kritik als Transformation der Quellen für eine praktische Philosophie. Damit geht die Abwendung vom scholastischen System einher. »Kritik, Lesen und Auslegen treten daher als neue Weisen praktischer Religiosität an die

Plädoyer, gezielt auszuwählen, geht zunächst einher mit der Speisemetaphorik und ihrer Illustration der Verdauung. Die geistige Nahrung allerdings soll nicht nur angeeignet werden, sondern wie eine Medizin auf den ganzen Menschen (und auf die ganze Menschheit) wirken.

> Die Speise für den Geist taugt erst dann, wenn sie nicht im Gedächtnis wie im Magen liegen bleibt, wenn sie vielmehr auf alle Regungen und die ›Eingeweide‹ des Intellekts übergreift.[237]

Im Unterschied zu den antiken Topoi konzeptualisiert Erasmus die Sprachgewalt als eine Macht, die das Verhalten verändern kann. Die Lektüreanweisung ist folglich:

> Dies sei dein erstes und einziges Ziel [scopus], das dein Gebet; das allein betreibe, daß du umgestaltet werdest, daß du hingerissen, begeistert und in das, was du lernst, verwandelt werdest.[238]

Was hier für die Lektüre der Bibel empfohlen wird, kann auch als »einziges Ziel« für den Umgang mit Literatur überhaupt gelten. Die Selektion aus der Bibel und den anderen Lesestoffen folgt dabei durchaus dem rigiden Konzept der Kirchenväter, namentlich Augustinus, auf den Erasmus sich hier beruft.[239]

Lektüre ist in diesem Konzept Funktion der Erziehung durch Beispiele. Da Lesen so in die Funktion einer Mimesis rückt,[240] ist die Selektion der nachzuahmenden Stellen die wichtigste Aufgabe. Damit rückt auch die Literatur in den Vordergrund bzw. in die Funktion der Erziehung. Die Devise der *bonae litterae* der humanistischer Bildung gab »der Poesie den Vorzug vor der logischen Begrifflichkeit der Philosophie, wenn es sich darum handelte, Muster des richtigen Redens und Handelns zu vermitteln.«[241] Das Konzept der *bonae litterae* in der *respublica litteraria* erhofft sich von der exemplarischen Lektüre, die nicht mehr nur auf Stilsicherheit, sondern auf moralische Inhalte gerichtet ist, durch-

---

Stelle der bisher geübten spekulativen Theologie.« Harth: »Sprachpragmatismus«, S. 44.

237 Erasmus von Rotterdam, »Ratio. Theologische Methodenlehre«. In: ders.: Ausgewählte Schriften in 8 Bde. Lateinisch und Deutsch, Hg. v. Werner Welzig, Bd. 3, übersetzt von Gerhard B. Winkler, Darmstadt 1967, S. 129.

238 Ebd.

239 Ebd. »Wenn etwas vorkommt, was nicht ganz mit der göttlichen Natur übereinstimmt, oder was mit der Lehre Christi in Widerspruch zu stehen scheint, so hüte dich zu verleumden, was geschrieben steht; nimm vielmehr an, daß du das Gelesene nicht ganz begreifst, oder daß den Worten ein übertragener Sinn zugrunde liegt [subesse tropum in verbis], oder daß der Codex verderbt ist.« Erasmus bezieht sich auf Augustinus: »De doctrina christiana«, II,39,58.

240 Zum Paradigma der Mimesis als einer produktiven transformierenden ›Wiederbelebung‹ in der Kultur der Renaissance vgl. Gebauer/Wulf: »Mimesis«, S. 128ff. Sowie: J. D. Cave: »The mimesis of reading in the Renaissance«. In: Lyons/Nichols (Hg.): Mimesis. From Mirror to Method. Hannover, London 1982, S. 149–165.

241 H. R. Jauß: »Ästhetische Erfahrung und literarische Hermeneutik«. Frankfurt a. M. [4]1984, S 35. Unter Verweis auf D. Harth: »Sprachpragmatismus«.

aus die Lösung zeitgenössischer Probleme durch eine pragmatische Mimesis, die das Exemplum in eigene Handlungsnormen übersetzt.[242] Dabei wird Lektüre als Präsenz einer Rede gedacht. Das Modell des ›hohen Geistergesprächs‹ denkt die gereinigte Überlieferung als direkte Ansprache der Texte an den Leser.[243] Dieser rückt so in eine passive Stellung, in der die Texte affektiv auf ihn wirken können.[244] Dem ›Reden‹ der schriftlichen Zeichen korrespondiert hier jedoch keineswegs unabdingbar ihre Artikulation. Vielmehr resultiert die Anrede der Bücher aus der stillen Lektüre, in der ein ›inneres Sprechen‹ generiert wird.

Erasmus' Satz: »Lectio transit in mores«[245] ist selbst ein alter Nachahmungstopos, der hier die Vokabel Mimesis einfach durch »lectio« ersetzt hat.[246] »Jene stummen Buchstaben verwandeln sich nämlich in Sitten und Leidenschaften«, schreibt Erasmus in seiner *Fürstenerziehung* von 1515, in der er auf die Notwendigkeit von Lektüre und Selektion zu sprechen kommt.[247]

---

242 Die *bonae litterae* sind für Erasmus nicht nur Gegenstand gelehrter Studien als Instrument der Bildung, sondern er sieht »in ihnen den besten Weg, die Probleme der Zeit zu bewältigen« Vgl. August Buck: »Einleitung«. In: Erasmus und Europa. Hg. v. A. Buck. Wiesbaden 1988, S. 8. Obwohl für Erasmus die *respublica litteraria* aus jenen besteht, »quicumque studiis iisdem initiati sunt«, will er, wie er in einem Brief an den befreundeten Guillaume Budé (Buddäus) schreibt (der sich vor allem an Gelehrte wendet) die größtmögliche Zahl von Lesern oder Adressaten erreichen. Vgl. Buck ebd.

243 »Lesen als Lernen und die daraus resultierende Transformation des Subjekts war für den pädagogisch engagierten Literaten dieser Zeit ein verbürgter Tatbestand. Der Humanist schlug die Bücher auf, um sich von ihnen anreden zu lassen.« D. Harth: »Sprachpragmatismus«, S. 85. Zum »hohen Geistergespräch« als Modellvorstellung Karl Otto Brogsitter: »Das hohe Geistergespräch. Studien zur Geschichte der humanistischen Vorstellungen von einer zeitlosen Gemeinschaft der großen Geister«. Bonn 1958.

244 Vgl. Harth: »Sprachpragmatismus«, S. 85ff. *Animos inflammare* ist die Formel, die Erasmus dafür gibt. Diese Aufgabe hat auch die Auslegung. Vgl. S. 155ff. Hier: S. 162f.

245 Erasmus: »Methodus«. (Hg. v. Holborn, S. 161). Zitiert nach D. Harth: »Sprachpragmatismus«, S. 93 vgl. ebd., S. 165.

246 Vgl. Quintilian: »Institutio Oratoria«, I,11, 3: »nam frequens imitatio transit in mores.« F. H. Colson notiert in seinem Kommentar zum ersten Buch Quintilians an dieser Stelle: »Cp. the Ovidian ›abeunt studia in mores‹« (Herenniade. 15,83). Vgl. aber auch Platon: »Staat«, III,395 D: »daß die Nachahmungen, wenn sie von Jugend auf ununterbrochen fortgesetzt werden, zur Gewohnheit und (andern) Natur werden«. (Übersetzung Apelt) Die Übernahme aus Quintilian ist wegen der zentralen Stellung Quintilians für Erasmus wahrscheinlich. Vgl. F. H. Colson (Hg.): »Quintilian Institutio Oratoria. Lib. I «. London 1924, S. LXXff.

247 Erasmus von Rotterdam: »Fürstenerziehung. Institutio Principiis Christiani. Die Erziehung des christlichen Fürsten«. Hg. und übersetzt von Anton J. Gail. Deutsch und Latein. Paderborn 1968, S. 135. Erasmus kommt im 2. Kapitel über die »Unnahbarkeit des Fürsten für Schmeichelei« auf das Studium der Bücher und deren notwendige Auswahl zu sprechen. Denn aus Büchern kann der Fürst entnehmen, »was ihm die Freunde nicht zu sagen wagen«. Dichter schaden weniger als Ratgeber. Bücher seien »unbestechlich« bzw. man stellt in ihnen die Wahrheit »bequemer und mit geringerer Beschämung fest«. Vgl. ebd., S. 135ff. und S. 141f.

Die Auswahl ist essentiell, schlechte Bücher verderben die Sitten. Lektüre und Auswahl sind streng nach der Erziehungsfunktion ausgerichtet.

Die Einübung des Guten, in der Fürstenerziehung speziell gegen das Übel der Tyrannei gerichtet, soll von früh auf durch Erzählung vermittelt werden.[248] Bezüglich der Technik des Exempels ist Erasmus nicht zimperlich: »man muß sie einhämmern«,[249] heißt es schlicht zu der Aufgabe, wiederholt dieselben Stellen dem Zögling nahezulegen. Auch aus der Bibel müsse man »herauslesen«.[250] Für andere Literatur aber braucht es ein »Gegengift«, da nämlich Autoren für Erasmus automatisch antike Autoren zu sein scheinen, die Heiden sind. Das Gegengift besteht in der Regel, alles nach der Regel Christi zu messen.[251]

Die Rhetorik von Heilmittel, Gift und Gegengift[252] in Verbindung mit der Funktion der Auswahl läßt sich anhand von Vives' Abhandlung »Über den wissenschaftlichen Unterricht« beobachten. Auch Vives betreibt eine planvolle Reinigung der Literatur, allerdings keine textphilologische. Seine Schrift läßt vielmehr eine prototypische Behandlung von Lektüre als zu kontrollierender Tätigkeit erkennen, die man in ihrer Metaphorik als ›Rhetorik der Leseliste‹ bezeichnen könnte. Mit der metaphorischen Beschwörung der Ambivalenz von Lektüre als Heilmittel und Gift ergibt sich die Notwendigkeit, das Material der Lesestoffe zuerst zu ›reinigen‹ oder zu ›säubern‹.

2.5. Die Ökonomie der Reinigung oder die Rhetorik der Leseliste: Der Lehrer als Gärtner auf dem überfluteten Feld der Schriften

> Mit denen wir aber vmbgehen mußen wie die Bienen, welche ihr honig auß den gesunden blumen saugen, und die gifftigen Kräuter stehen lassen.[253]

Während die Bienen von Natur aus zwischen Gift und Heilmittel zu unterscheiden wissen, müssen Menschen erst trainiert und das bedeutet angeleitet werden:

> Gefährlich sind diese Gegenstände für solche Neugierige, die nicht Bedenken tragen, den Schierling zu kosten und seinen Geschmack zu erproben, was den Menschen tötet; ebenso für Unkundige und Unvorsichtige, die keinen richtigen Gebrauch davon zu machen wissen. Es würde überhaupt wegen der Schwachheit und Blindheit unseres

248 Ebd., S. 55.
249 Ebd., vgl. S. 51f.
250 Ebd., S. 141.
251 Ebd., S. 135.
252 Zur Signatur der pharmazeutischen Ambivalenz für das Medium Schrift vgl. Jacques Derrida: »Plato's Pharmacy«. In: ders.: Dissemination. Translated by Barbara Johnson. Chicago 1981, S. 61–172.
253 Martin Opitz: »Buch von der deutschen Poeterey«, Kapitel III, S. 13.

Geistes sehr heilsam sein, wenn dieses alles gesäubert wäre, so daß gar keine Gelegenheit zur Schädigung mehr vorhanden wäre, und wir nur auf solchen Feldern verweilten, auf denen nur nützliche und eine ehrenhafte Freude bereitende Kräuter wüchsen, die von einem rechtschaffenen und kluge Landmanne gesäet, und aus dem sicheren Garten der heiligen Religion genommen, oder die, wenn sie gut befunden sind, aus den gefahrvollen Äckern hierher verpflanzt wären.

Dieses Programm einer planmäßigen Säuberung des Feldes der Literatur überhaupt schreibt jemand, der seine Darlegungen über den wissenschaftlichen Unterricht i. U. zu seinen Vorgängern »klar und deutlich, so daß meine Worte leicht verstanden und behalten werden können«, darlegen will.[254] Es ist kein geringerer als der spanische Humanist Juan Luis Vives. Zu diesem Programm gehört das scharfe Urteil über die bisherigen Autoritäten, die überprüft, statt unkritisch tradiert werden müssen.[255]

Vives Darlegung über die Wissenschaften, deren Stellung oft mit Bacons »Novum Organon« verglichen wurden, zeigen in doppelter Weise eine Einstellung zu Literatur und der Funktion von Lektüre, die in ihrer Art der Behandlung weitverbreitet ist. Obwohl Lektüre nicht als eigenes Medium in seinen Formen und Voraussetzungen behandelt wird, spielt sie eine zentrale Rolle in der Erziehung. Zusammen mit der ›Öffnung der Bibliotheken‹, gemeint ist die Überlieferung der Antike, ergibt sich die Notwendigkeit der Auswahl.[256]

Vives Vorgehen ist als Darlegung der notwendigen Kontrolle des Lektürestoffes geradezu ein stilbildendes Paradigma einer Rhetorik der Lektüre, die sich in zahlreichen Schriften wiederfindet. Diese Lektüreanweisungen werden als Vorschriften über den zu lesenden Kanon normativ gegeben. Die Inhalte des Kanons variieren historisch, je nach den Voraussetzungen der gesellschaftlichen Funktionen, in denen Lektüre eingebunden wird. Aber gemeinsam ist dieser ›Rhetorik der Lektüre‹ die Ausgrenzung anderer Schriften mittels einer Metaphorik, welche die Gefährlichkeit des Umgangs mit den ausgeschlossenen Schriften als ›Gift‹ und folglich den Kontakt als ansteckend und verderblich

---

254 Juan Luis Vives: »Über den wissenschaftlichen Unterricht«. (De disciplinis) In: ders.: Ausgewählte pädagogische Schriften. Übersetzt v. Ruldolf Heine Leipzig 1881. Vorrede, S. 6. Das obige Zitat Buch 1, Kap. 6, S. 35. Vives Schrift ist zuerst 1531 in Brügge erschienen und erfreute sich einer großen Verbreitung. Im selben Jahr folgt eine Ausgabe in Antwerpen, dann 1532 Drucke in Köln, Oxford und Lyon. Neuauflagen: Köln 1536, Leyden 1536 und Lyon 1551. Die Liste ist nicht vollständig. Zum Einfluß von Vives vgl. die Beiträge in August Buck (Hg.): »Juan Luis Vives«. Wolfenbüttel 1981.

255 Ebd., »Vorrede«, S. 7.

256 Die ›Öffnung der Bibliotheken‹ wird Petrarca als humanistischer Leitfigur zugeschrieben. Zum Zusammenhang im Kontext von Vives Wissenschaftsprogramm siehe H. Zedelmaier: »Bibliotheca universalis und Bibliotheca selecta«, S. 269ff. Für einen Überblick vgl. Horst Rüdiger: »Die Wiederentdeckung der antiken Literatur im Zeitalter der Renaissance«. In: Geschichte der Textüberlieferung der antiken und mittelalterlichen Literatur. Bd. 1. Zürich 1961, S. 511–580.

beschwört. Lektüre wird hier als Medium der Vermittlung vorbildlicher (sittlicher oder religiöser) Inhalte gesehen. Die Konzentration auf den Inhalt läßt keine Reflexion auf die Form und Technik der Lektüre zu, sondern die Problematik, an denen die Autoren sich abarbeiten, liegt in der Selektion und Begründung des Kanons von zu Lesendem und vor allem von nicht zu Lesendem. Daß dabei die verderblichen Schriften größtenteils genannt und so als ›Adressen‹ veröffentlicht werden, wird nicht reflektiert.

Bis heute vollzieht sich die Festlegung von Inhalten des Literaturunterrichts über die Diskussion von Lektürelisten, nicht über die Vermittlung einer Kunst des Lesens, die Lektüre in seinen Formen und Voraussetzungen lehrt. Allerdings werden heutzutage als ›ansteckend‹ und ›gefährlich‹ nicht Literatur gebrandmarkt, sondern, unter dem Druck der Medienkonkurrenz, sind es die neuen Medien wie Computer, Fernsehen, Comics und Videofilme, deren Verführung angeprangert wird. Die Bücherflut ist der vielbeschworenen Bilderflut gewichen.[257]

Die ›Rhetorik der Leselisten‹ kennzeichnet eine typische Ambivalenz gegenüber dem Lesen. Einerseits wird die zentrale Funktion der Lektüre hervorgehoben, andererseits wird Lektüre als gefährlicher Prozeß gewertet, der streng überwacht werden muß. Typisch ist die Ausblendung der konstitutiven Leseparameter, die zugunsten der Kontrolle eines Kanons vorbildlicher Literatur übergangen werden. Nicht die Form des Lesens ist ein Thema, sondern die Überwachung und Festlegung derjenigen Texte und Stellen, die dem Schüler unbedenklich überlassen werden können.[258]

Damit kommt die Notwendigkeit aller Lektüre in den Blickpunkt: die Selektion. Die Auswahl des Kanons ist dabei immer eng mit dessen Erziehungsfunktionen verbunden. Juan Luis Vives Text von 1531 stellt ein Modell der Lektürebehandlung dar, das nach der Ausbreitung des Buchdrucks ein immer wiederkehrendes Muster der Beschreibung und Funktionalisierung des Lesens vorstellt. An ihm läßt sich auch aufzeigen, wie sehr die europäische Kultur um 1530 schon eine Kultur geworden war, deren soziale Zulassungsbeschränkungen über die Fähigkeit zu lesen geregelt wurden.

Für Vives ist die Notwendigkeit der Lektüre unzweifelhaft. Die Umstellung der Gesellschaft auf einen Schriftverkehr in gedruckter Form scheint sich hier schon vollständig vollzogen zu haben:

---

[257] Für eine Darlegung des vielzitierten Umstands vgl. hier nur Götz Großklaus: »Das technische Bild der Wirklichkeit. Von der Nachahmung (Mimesis) zur Erzeugung (Simulation)«. In: Fridericana. Karlsruhe 1991, S. 39–57. Ders.: »Medien-Zeit, Medien-Raum. Zum Wandel der raumzeitlichen Wahrnehmung in der Moderne«. Frankfurt a.M. 1995.

[258] Leselisten für Schulen und Universitäten sind auch heute notwendig und prekär zugleich. Für ein jüngeres – publiziertes – Beispiel siehe etwa Wulf Segebrecht: »Was sollen Germanisten lesen? Ein Vorschlag«. Berlin 1994.

> Wir müssen alles aus Büchern kennen lernen (denn wer könnte hoffen, ohne Bücher sich die Kenntnis wichtiger Dinge anzueignen?) da ja Gottes heiliger Geist nur sehr wenige belehrt [...]. Der Mensch, der sich also der Wissenschaft befleißigen will, muß Bücher gebrauchen oder deren Stellvertreter, Lehrer, sonst bleibt ihm nichts übrig, als zu faseln.[259]

Nicht nur daß keine anderen Informationstypen mehr für das Wissen zugelassen werden – wie etwa praktische Erfahrung oder mündliche Unterweisung –, sondern der Lehrer, vormals zentrale und einzige personifizierte Instanz des Wissens, ist explizit zu einem Supplement, einem ›Stellvertreter‹ der Bücher geworden.[260] Bücher haben eine eigenständige Autorität gewonnen. D.h. umgekehrt auch, daß sie nicht mehr ausschließlich an den Vortrag, an laute Lektüre gebunden sind. Vives berücksichtigt dies, indem er strikt zwischen dem Vortrag des Lehrers als Vorlesung und der ›privatimen‹ Lektüre der Schüler unterscheidet.[261]

Wenn das Wissen derart auf das Medium Buch bezogen ist, rückt ein Faktum in den Vordergrund, das üblicherweise, auch in der Geschichte des Lesens, als moderne Erscheinung, des ausgehenden 18. Jahrhunderts und vor allem des 20. Jahrhunderts gewertet wird: die Masse der schriftlichen Information, die ›Bücherflut‹.

2.6. Kleiner Exkurs zur Bücherflut

Harald Weinrich hat aus dem Strukturmerkmal der wachsenden ›Bücherflut‹ ein praktisches Vehikel für eine Geschichte des Lesens werden lassen. Er unterscheidet fünf Lesertypen: Zunächst die Nichtleser der oralen Literatur, die nicht einfach zu Analphabeten oder »Kulturverweigerer« abzuwerten seien, sowie die gelehrten Leser, die mit dem Übergang zur skripturalen Kultur der Antike und des frühen Mittelalters entstehen. Diesen Lesertypen folgt der Typus des

---

259 Vives: »Über den wissenschaftlichen Unterricht«, I,6, S. 31.

260 Diese Transformation des Wissens durch den Buchdruck beschreibt ausführlich Michael Giesecke. Zur ›Ersetzung‹ der Lehrer durch gedruckte Schulbücher und die damit verbundene Veränderung des Unterrichts vgl. Giesecke: »Der Buchdruck«, S. 216–226. Letztlich normiert der Druck die Darstellungsform des Wissens selbst. Als solches gelten vor allem visuelle Information und – selbstreferentiell zum eigenen Medium – nur noch, was als gedruckte Information vorliegt. Vgl. ebd., S. 672ff.

261 Der Lehrer muß unterscheiden, ob er für Zuhörer lehrend vorliest, oder ob er selbst ein Buch verfaßt, das jemand liest. Vgl. Vives: »Über den wissenschaftlichen Unterricht«, III,2, S. 72. Im Unterricht soll er langsam und deutlich reden. Vgl. auch ebd., III,3, S. 77 dazu: »Der Verstand kann nämlich der pfeilschnellen Zunge nicht den genügenden Gedankenstoff zuführen; so wird er denn gezwungen entweder ganz zu schweigen oder dummes Zeug herauszuschwatzen.« Zum stillen Lesen gehört jedoch eine noch größere Konzentration: »Wunderbar ist es, daß es Leute gibt, die das, was sie zu sprechen verstehen, nicht verstehen, wenn sie es geschrieben lesen; dies kommt nach meiner Ansicht daher, daß der zerstreute Geist genug Sammlung zum Sprechen hat, aber, um Geschriebenes zu verstehen, vermag er sich nicht zu sammeln und gleichsam zusammenzuhalten.« Dagegen empfiehlt Vives Schreibübungen.

»intensiven Lesers«, der sich zur Zeit des Buchdrucks herausbilde. Er steht wenigen Büchern gegenüber, die als vorbildlich gelten, und liest dieselben immer und immer wieder. Die Formel lautet: »Wenige Leute lesen wenige Bücher.« Dann folgen die »extensiven Leser«. Der Buchmarkt breitet sich aus: Viele Leute lesen viele Bücher. Schließlich gelangt Weinrichs Geschichte zum »defensiven Leser«, ein Leser, der sich im Massenmarkt einer Flut von Informationen gegenüber sieht: »Alle Leser erwehren sich mühsam zu vieler Bücher.«[262]

So strukturiert diese Geschichte des Lesens sich darstellt, die umgekehrte These, ›alle Leser erwehren sich immer zu vieler Bücher‹, hätte ebensoviel Plausibilität. Die ermittelten Zahlen der Buchproduktion sagen wenig über die Quantität schriftlicher Informationen für die Leser aus. Auch in Zeiten, in denen nur wenige Texte zugänglich waren, bestand der Kanon des zu Lesenden doch immer aus (zu) großen Mengen von Information, die allein durch gezielte Selektion reduziert werden kann.

Mindestens seit dem späten Mittelalter, mit der zunehmenden Verbreitung von Handschriften außerhalb der *scriptorien*, taucht die Warnung vor der ›Bücherflut‹, so die klassische Metapher, immer wieder auf. Aber die Warnung vor dem Übermaß an zu verarbeitender Information ist bei weitem älter: »Welch eine Schar hat dieses Jahr hervorgebracht, beklagt sich schon Plinius bei Sossius Senecio, den ganzen April tagtäglich Rezitationen.«[263]

Doch die Wahrnehmung der angeblichen ›Flut‹ bezieht sich nicht objektiv auf das quantitative Vorkommen von Schriften. Wie man anhand von Petrarcas Kapitel »Von uberfluß menge und viele der Bücher« des weitverbreiteten *Heilmittel beider Glück* [264] sehen kann, gilt die Kritik der unkontrollierten Verbreitung des Lesens. Zur Lektüre – und damit verbunden zum Schreiben – schikken sich nicht mehr nur jene an, die als Gelehrte, als Schreiber oder als *poeta*

---

262 H. Weinrich: »Die Leser des Don Quijote«. In: LiLi 15, H. 57/58 (1985), hier S. 52–54. Die Typologie hat Weinrich schon 1984 entwickelt. Vgl. Weinrich: »Lesen – schneller lesen – langsamer lesen«. In: Neue Rundschau 95 (1984), vgl. S. 80ff.

263 So Robert Burton: »Anatomie der Melancholie«. Übersetzt von Ulrich Horstmann nach der 6. verb. Ausg. 1651. München 1991, S. 26. Schon für seine Zeit heißt es im Klartext: »Wer aber ist ein solcher literarischer Vielfraß, daß er alles, was auf den Markt kommt zur Kenntnis nehmen könnte. Wie schon jetzt werden wir uns mit einem immensen Chaos von Büchern, einem solchen erstickenden Durcheinander herumschlagen müssen, daß uns die Augen vom Lesen und die Finger vom Umblättern schmerzen.«

264 Francisci Petrarchae: »[...] Trostbücher von Rath/That und Arzney in Glück und Unglück/[...] Allen ehrlichlebenden Regiments Personen/Haußvättern/und jedermenniglichen/weß Standts sie seyn mögen/zu Nutz und Trost auß dem Lateinischen«. Gedruckt zu Franckfurt a.M. 1604. Vgl. I,XLIII, Bl. 40–42. Übersetzung und Druck sind nahezu identisch mit der (auch von Giesecke benutzten) Augsburger Ausgabe von H. Steiner Augsburg 1539. Petrarchas prominente, in vielen Übersetzungen und Drucken kursierende Schrift wurde als Manuskript am 4. Oktober 1366 fertiggestellt.

doctus eigens im Umgang mit ihren Medien ausgebildet worden sind. Insofern ist bei Petrarca die Kritik am »Überfluß der Bücher« und ihrer Rezeption eine Kritik an der Aufweichung der mittelalterlichen Ständeordnung, die auch den Zugang zu den schriftlichen Informationen strukturierte.[265]

Die Rede von der Bücherflut und ihrem Überfluß ist eine hochaufgeladene Metaphorik der Kulturkritik. Sie wird, verbunden mit der christlichen Einstellung zu Arbeit und Demut zu einer Brandmarkung des Unmäßigen und der Neugier, auf das ›neue‹ Medium des gedruckten Buchs bezogen. Zwar wird für die kulturkritische Funktion in der Tradition gerne Salomon (*Prediger* 12,12) in Anspruch genommen, aber sein Wort, daß des Büchermachens kein Ende sei, bezieht sich nicht spezifisch auf das Medium Buch, sondern auf jede Form von Information.[266]

An den irritierenden Analogien der Medienkritik, zur Zeit der Verbreitung der phonetischen Schrift, zur Zeit der Ausbreitung des Buchdrucks und in unserer Zeit der Verbreitung von digitalen Medien, läßt sich beobachten, daß die Gefahr des technischen und künstlichen Mediums als etwas von außen Bedrohliches jeweils hypostasiert aber der Status des jetzt alten Mediums als natürlich und innerlich vorausgesetzt wird. Dies kann als analog wiederkehrende Reaktion auf die Umfunktionalisierung alter durch neue Medien begriffen werden. Medien ersetzen einander nicht, sondern akkumulieren sich. Die Einführung neuer Medien läßt nicht nur neue Funktionen und Formen der neuen, sondern auch der alten Medien entstehen.[267]

Der ›Überfluß‹ und die ›Sündfluth‹, die zu Zeiten der ›Lesesucht‹ gegen Ende des 18. Jahrhunderts häufig bemüht werden, stellen eine Wasser-Metaphorik dar, die in der Tat auch biblischen Ursprungs ist. Die göttlichen Worte der Bibel werden oft als Regen, als Kanal oder Brunnen versinnbildlicht. Das geht nach dem Buchdruck, dem »letzten Geschenk Gottes« (Luther), auf die Technik über, der Druck wird als »göttlicher Brunnen« beschrieben.[268] So sind

---

[265] Vgl. Giesecke: »Der Buchdruck«, S. 171ff. Wie der Titel zeigt, scheut sich Petrarcha (oder seine deutschen Verleger) nicht, sein Buch an alle Stände zu adressieren.

[266] »Die Menge der Bücher ist sehr groß, und des schreibens ist kein Ende; wird auch kein Ende werden, so lange die gelehrte Welt stehet. Schon Salomon soll im Prediger cap. 12 Vers 12 der gemeinen Meynung nach geklagt haben, daß des Bücherschreibens kein Ende sey, wiewohl diese Worte in ihrem völligen Zusammenhang einen andern Verstand haben mögen.« So J. G. Walch wohlinformiert. Vgl. Art. »Bücher«. In: ders: Philosophisches Lexikon. Leipzig 1724, Sp. 319. Vgl. auch Giesecke: »Der Buchdruck«, S. 171.

[267] Vgl. dazu das Plädoyer Gieseckes für einen reiferen Umgang mit den Ambivalenzen der Medien. Ebd., vgl. S. 44ff. Hier: S. 53. Das Thema ausführend Michael Giesecke: »Als die alten Medien neu waren. Medienrevolutionen in der Geschichte«, S. 75–98.

[268] Giesecke: »Der Buchdruck«, S. 146ff. und S. 157ff. sowie als Kritik am Druck vgl. S. 171ff. Allerdings beschreibt schon die Antike ›Einflüsse‹ auf den Dichter mit der Wasser-Metaphorik: »man eifert dem nach, was man bei einem jeden der alten Schrifsteller für besonders gelungen hält, und leitet so gleichsam ein aus zahlreichen Quellen gespeistes Wasser in seinen Seele.« Dionysos von Halikarnassos: »De imita-

›Quellen‹, ›Kanäle‹, ›Brunnen‹, ›Ströme‹ und ›Fluten‹ ubiquitäre Metaphern für Information in schriftlichen und gebündelten mündlichen Formen.

Die Metaphorik der Flut bezieht ihre Motivation eher aus dem Problem der Kontrolle der Lektüre, als aus dem quantitativen Vorkommen von Büchern. Die Lektürepropädeutiken sind sich einig, daß Selektionen immer vorgenommen werden müssen. Petrarcas Kritik am »Überfluß der Bücher« stellt eine Kritik der Aufweichung ständespezifischer Ordnung dar und ist insofern auf die Formel zu bringen: nicht alle dürfen alles lesen. Damit etabliert sich, mit der Verbreitung von Lektüre, eine andere Konzeptualisierung der Selektion. Gelesen werden soll nur, was selbstverständlich und gut, d.h. sittlich und religiös gut ist. Dies gewährleisten jedoch nur die Schriften des christlichen Kanons sowie die Selektion aus den ›heidnischen‹ Autoren der Antike. Solange der Kanon im Rahmen der rhetorisch geprägten Sprachausbildung genügend Autorität hat, kann er als Reglement der Selektion gelten. Nachdem jedoch weitere Ausdifferenzierungen der Gattungen das Feld der Lektüre komplizieren, wird die Metaphorik der Flut verstärkt bemüht. Die Basis der Kritik ist nicht die Quantität, sondern die schwieriger gewordene Orientierung, auch für jene, die Regeln vorschreiben wollen.[269]

Die Kritik der Menge hat eine verborgene Kontrollfunktion. Zu den bekanntesten Topoi der Lektüreanweisungen gehört die Weisung, nur ja nicht zu viel zu lesen. Die Anweisung wird seit der Antike verbunden mit der Warnung vor gesundheitlichen Schäden. »Zuviel studieren ist ungesund«.[270] Die Regel viel, aber nicht zu vieles zu lesen, stellt jedoch nur eine Kontrollfunktion dar. Denn gelesen werden soll, aber das rechte. Was dieses sei, entscheiden die Lehrer und ihre Normen und Werte, die die Funktion von Lektüre als christliche Erziehung oder als universelle Bildung reglementieren.

Bezüglich des Topos vom Überfluß der Bücher hat jedenfalls der Rezensent der »Bibliothek der schönen Wissenschaften« von 1758 recht: »Die Klagen über die Menge der Bücher sind so alt, und zugleich so offenbar gegründet, daß niemand an der Nothwendigkeit, im Lesen eine Wahl zu beobachten, zweifeln kann«.[271]

Die Klage über die Quantität der Information hat einen interessanteren Aspekt als ihre kulturkritische Funktion. Sie lenkt die Aufmerksamkeit – wie

---

tione«. Hier zitiert in der Übersetzung M. Fuhrmanns in: »Einführung in die antike Dichtungstheorie«, S. 170.

269 Nicht umsonst sitzt der Büchernarr in Sebastian Brants »Narrenschiff« ganz vorne und warnt in diesem frühen gedrucktem Buch (Basel 1494) vor »unnützen Büchern«.

270 Hier Petrarcha: »Von uberfluß/menge und viele der Bücher«, ebd., Bl. 40 als Marginalie. Im Text dann die unvermeidliche Analogie zum Magen: »Dem Verstande und Kopff ists eben wie dem Magen/wann mans uberfüllet/uberschütt/und ubertreibt/so kommt undawung/widerwill/graw und eckel darauß«.

271 Rezension zu: »J. C. Stockhausens: Kritischer Entwurf einer auserlesenen Bibliothek«. In: Bibliothek der schönen Wissenschaften und freyen Künste, Bd. 4, 1. Stück, Berlin ^{2}1758, S. 456.

der Rezensent schön formuliert – auf die »Nothwendigkeit, im Lesen eine Wahl zu beobachten«. Aber, so fährt er fort,

> wenn man eine Wahl treffen will, so ist es auch nöthig, daß man sie mit Sorgfalt treffe, und daß derjenige, welcher andern hierin Rathschläge geben will, nicht allein die hinlängliche Einsicht besitze, um Bücher gehörig beurtheilen zu können, sondern auch Belesenheit genug, um alle zu einem gewissen Theile der Gelehrsamkeit gehörige Schriften zu kennen, und Behutsamkeit genug, um nichts zu beurtheilen, als was er selbst gelesen, und nichts anzupreisen, als was des Anpreisens würdig ist. Es ist nöthig, daß er den Charakter der vornehmsten Werke entwerfe, damit derjenige, der seine Vorschläge mit Nutzen gebrauchen will, wisse, wozu ein jedes nütze.[272]

Der hier rezensierten Leseliste namens ›Bibliothek‹ R. C. Stockhausens wird dies in scharfer Form abgesprochen. Das Zitat aus der Mitte des 18. Jahrhunderts faßt jedoch zusammen, was Lehrer wie Vives begonnen haben.

2.7. Zum Metapherngeflecht der giftigen Nahrung (Juan Luis Vives)

Juan Luis Vives betreibt eine Politik der normativen Lektürekontrolle. Die notwendige Selektion der Stoffe und Stellen darf keinesfalls den Lesern selbst überlassen werden. Schon gar nicht, wenn es auszubildende Leser sind. Zunächst noch einmal das Problem, wie es Vives formuliert:

> Wie aber bei jedem Gegenstande die Beobachtungen unbegrenzt sind [...] so sind auch die Bücher zu einer unermeßlichen Zahl angewachsen [...]. Daher reicht für die Lektüre der Aufzeichnungen, ich sage nicht vieler Wissenschaften und Künste, sondern einer einzigen ein Menschenleben nicht aus, noch viel weniger aber für das Verständnis derselben. [...] Es müssen also in jeder Wissenschaft oder Kunst die Bücher bezeichnet werden, welche im Unterrichte durchzugehen sind und welche privatim gelesen werden müssen, damit die so kurze und flüchtige Lebenszeit nicht auf überflüssige und nicht selten auf schädliche Gegenstände verwendet wird [...].[273]

Die Konsequenz ist eine auf allen Ebenen des Mediums Buch notwendige Selektion. D.h. nicht nur die vorhandenen Bücher müssen ausgewählt werden, sondern auch *innerhalb* der Bücher muß ebenfalls selektiert werden. Eine gewisse Auslese hat schon die Überlieferung ›geleistet‹. Denn wären, so Vives, wirklich alle Schriften überliefert worden, wäre der Haß und die Angst vor dem zu Lesenden noch größer als es ohnehin schon der Fall sei.[274] Diese evolutionäre Auslese reicht jedoch keineswegs aus. Der Selektion unter und in den Büchern korrespondiert bei Vives eine sehr differenzierte Buchbenutzung. Im Kapitel »Über die Schriftsteller im allgemeinen«, empfiehlt er:

> Man muß die Schriftsteller nicht alle mit einem Maße messen. Einige haben sich in ihren Überlieferungen an eine gewisse Ordnung, eine kurze, einleuchtende und leicht

---

[272] Ebd., S. 456f.
[273] Vives: »Über den wissenschaftlichen Unterricht«, I,6, S. 31.
[274] Ebd.

> verständliche Methode gehalten; diese muß man nicht nur öfter lesen, sondern sogar wörtlich auswendig lernen. Andere haben zwar genau an dem begonnenen Stoffe festgehalten, aber ihre Darstellung ist zu weitläufig und zu verwirrt, als daß sie dem Lernenden Nutzen bringen könnte. Einen solchen Autor muß man zwar wieder durchlesen, doch braucht man sich nicht so genau mit ihm zu befassen, wie mit einem solchen der ersteren Art. Andere Schriftsteller genügt es gelesen zu haben; wieder andere braucht man gar nicht zu lesen, sondern nur in seiner Bibliothek aufzubewahren, um sie vorkommendenfalls um Rat fragen zu können.[275]

Eine strenge Auswahl unter den vorhandenen Büchern bedeute, »eine sehr große Wohltat dem Menschgeschlechte verschaffen«. Die Bücher sollen nicht nur »rezensiert«, sondern man müsse »auch aus denselben die besonders lesenswerten Stellen«[276] bezeichnen. Das ist das Programm von Vives' Schrift, die als kritische Durchmusterung der alten Autoritäten angetreten ist: »Dies wollen wir bis zu einem gewissen Grade auszuführen versuchen.«

Die Auswahl bezieht Vives vor allem auf das ›Ausschneiden‹ schädlicher, d.h. unchristlicher, religionskritischer sowie obszöner Stellen. Vives ist in seiner pädagogischen Anlage streng dem Christentum und einer an Platon orientierten Wahrheitslehre verbunden. Lektüre übernimmt eine Funktion zur Vermittlung von Einsicht in die eine Wahrheit und diese wird durch das gläubige Verhältnis zu Gott definiert. Von daher ist jeder Lektürestoff, der sich aus den Bahnen der strengen Wissenschaft und der Religion entfernt, Betrug oder Täuschung. Mit diesem Stoff soll nicht umgegangen werden, sondern zumindest die ›gefährlichen‹ Stellen müssen streng »ausgeschnitten« werden. Dabei legt Vives starken Wert auf Bildung, vor allem auf den Sprachunterricht, der als Werkzeug (Organon) die Voraussetzung zur Wissenschaft ist. Die Wissenschaften selbst aber sind wiederum nur ein Werkzeug, um zu einem gläubigen Christen zu werden. Die Schüler müssen an die Sprachen in umfassenderer Weise herangeführt werden, als dies in den »Trivialschulen« geschieht. Sie sollen vor allem Latein und Griechisch lernen wie auch eine gute Kenntnis in der ihrer Alltagssprache erwerben. Der Lehrer führt die Regeln der Sprache mittels der Lektüre von Beispielen aus. Dazu muß er passende Stellen für die Schüler kompilieren. Erst wenn die Schüler über die »ersten Anfangsgründe« hinausgelangt sind, dürfen sie »privatim« lesen. Vives gibt dabei Listen von Werken aus, die sie lesen und sich möglichst für ihre eigene »Bibliothek« anschaffen sollen.[277] Die Schüler müssen dabei ein Heft führen, »in die sie alles eintragen, was ihnen bei der Privatlektüre oder bei der Erklärung von seiten des Lehrers

---

[275] Ebd., III,5, S. 83ff. Hier: S. 87f. Bezüglich Aulus Gellius formuliert Vives beispielsweise: »Man muß ihn zwar lesen, aber man muß sich gegenwärtig halten, daß man etwas Unbedeutendes liest.« Vgl. ebd., S. 99.

[276] Ebd., I,6, S. 32.

[277] Vgl. ebd., III,5, S. 93ff.

Bemerkenswertes aufstößt.«[278] Diese Exzerpt-Hefte dienen gleichzeitig der Rückkontrolle.

Der Unterricht, wie ihn Vives darlegt,[279] ist typisch für den rhetorisch geprägten Sprach- und Lektüreunterrichts. Nach dem ersten Sprachunterricht in Latein und bald darauf in Griechisch soll der Knabe ein leichtes Buch in lateinischer Prosa in die Hände bekommen. Anhand dieses ersten Lektürestoffes lernt er zunächst nur die Wörter grammatikalisch ordnen. Über die Ordnung von Wörtern und Satzteilen soll der Schüler zum leichteren Verständnis gelangen.[280] Dieses Vorgehen wird als Aufstieg vom einfachen zum komplexen unter Berufung auf Aristoteles als ›natürliches‹ Lernen ausgewiesen. Danach wird, unter Verwendung eines etwas »gediegeneren« lateinischen Schriftstellers, die Syntax erklärt, d.h. der Bau der Perioden.[281] Zuletzt kommt die Prosodie, die Verskunst an die Reihe, »mit der sich die Auslegung irgend eines Dichters verbinden möge.«[282] ›Verstehen‹ ist also letzter, wahlfreier Programmpunkt in diesem Sprachunterricht, der über Vorlesen, Wiederholen, Nachsprechen und Auswendiglernen die Werkzeuge der jeweiligen Sprache vermittelt. Erst dann folgen die »schweren« lateinischen Schriftsteller, die vom Lehrer »mit Aufzeichnung der Tropen und der Redewendungen« erklärt werden.[283] Die Knaben sollen dann schon größere Aufgaben eigenständig mündlich und schriftlich ausführen.[284] Einiges der Philologie soll ihnen vermittelt werden, d.h. hier nicht nur Wortbedeutungen, sondern vor allem Sachkenntnisse über Gegenstände, Zeit- und Ortsverhältnisse, Mythen, Sprichwörter, Sentenzen des »Privat- und Landlebens« sowie ein wenig Staatskunde.[285]

Zu all diesem muß der Lehrer jeweils passende Stellen aus der Literatur auswählen. Die Ökonomie der Leseliste folgt dabei einer Rhetorik der Säuberung. Das Programm der Selektion hat zwei Ebenen.[286] Es ist die doppelte Funktion des Lehrers – und Vives selbst stellt diesen Lehrer in seiner Schrift exemplarisch dar – als Gärtner und als Arzt.

---

278 Vgl. III,3, S. 73.
279 Vgl. III,1, S. 61ff.
280 Ebd., S. 66.
281 Darin liegt später auch die Kunst der Nachahmung vgl. IV,4, S. 108f.
282 Ebd., III,1, S. 67.
283 Zur Erklärung der Schriftsteller genauer vgl. III,2, S. 71f. sowie III,4, S. 79.
284 Zu den Schreibübungen, die nach Cicero als sicherster Weg zur angestrebten Stilsicherheit gelten, vgl. III,3, S. 77.
285 Ebd., S. 67.
286 Die Notwendigkeit der Auswahl betont Vives noch einmal bzgl. der für den Sprachunterricht verwendeten Schriftsteller in III,1, S. 67f. Bezüglich lateinischer Autoren, bei denen ebenfalls gilt »nicht alle« vgl. III,6, S. 89 und für Geschichte vgl. S. 93. Erasmus empfiehlt dem Fürsten dagegen eine andersartige Selektion aus den Historien: Bei Geschichtswerken brauche man keine Auswahl, der Zufall genüge! Wenn man dort etwas finde, so soll man es herausnehmen »wie einen Edelstein aus dem Mist«. Es gebe nämlich kein Leben, daß keine guten Exempla böte. Vgl. Erasmus: »Fürstenerziehung«, S. 137f.

Als *Gärtner* ist der Lehrer dafür zuständig, daß die obszönen und heidnischen Pflanzen ausgerottet werden und nur die heilsamen Kräuter auf das Feld der Erziehung zum Christen gelangen. Als *Arzt* verabreicht er gegen die anscheinend nie ganz auszurottenden gefährlichen Gifte Gegenmittel. Die Garten- und Giftmetaphorik ist für die Behandlung der Lektüre ubiquitär.

> Es müssen diese Bücher also gleichsam ein großes Feld sein, auf dem teils nützliche, teils schädliche, teils dem Vergnügen dienende Kräuter hervorsprossen, wie die Blumen. [...] Aber unter dies Heilsame mischt sich auch nicht wenig Verderbliches, es ist gleichsam das Gift mit Honig und süßem Wein gemischt.[287]

Die antiken, heidnischen Schriften sind, ebenso wie die Dichter, nicht gänzlich zu verwerfen. Zu sehr ist die Kultur eine Schriftkultur geworden, als daß diese Möglichkeit zur Debatte stünde. Aber gerade deswegen sollen den Schülern »Heilmittel« oder »Gegenmittel« für die Lektüre der Schriften an die Hand gegeben werden. Denn einer »guten Lektüre« schade nichts, da sie selbsttätig zu auszuwählen weiß.[288] Eine solche kann jedoch keinesfalls für junge Leser (und für Frauen)[289] vorausgesetzt werden. Ihnen gilt es ja erst die Normen der ›guten‹ Lektüre beizubringen. Nur der Wissende entgehe »vielleicht« der Gefahr, und ihm wäre es erlaubt, selbst auszuwählen, d.h.: »dies Feld zu betreten und das, was ihm gut schiene, zu pflücken.«[290]

Dieser Wissende ist aber zugleich wieder ein Lehrer und damit auch der Arzt: »Ja, weise Männer gebrauchen zuweilen Schädliches zur Abwehr desselben und geschickte Ärzte Gift gegen das Gift.«[291] Das Unternehmen ist aber deshalb prekär, weil die ›Säuberung‹ zwar zu leisten ist, doch – vor allem bei den Dichtern – oft genug »das Gift mit Honig und süßem Wein gemischt« bleibt. Insofern gilt die Ökonomie der Säuberung für alle, nämlich »Neugierige«, »Unkundige« und »Unvorsichtige«.[292]

Vives Leseprodädeutik basiert auf seiner Überzeugung, daß den Menschen anthropologisch vor allem seine ›Verführbarkeit‹ definiert. Diese aus der Bibel hergeleitete Position, die in noch höherem Maße für das ›schwache Geschlecht‹ gilt, bedingt, daß gerade die Dichter besonders gefährlich sind. Denn die Dich-

---

287 Vives: »Über den wissenschaftlichen Unterricht«, ebd., S. 34.
288 Ebd., S. 33f.
289 Das Selektionsprogramm für Frauen ist aufgrund der durch die Bibel zugrunde gelegten Basis des ›schwachen Geschlechtes‹ radikaler. Frauen dürfen aufgrund ihrer Verführbarkeit nur ausgezeichnete Information vor die Augen bekommen. Als Erziehungsziel fungieren zudem nicht Kenntnisse, sondern einzig Keuschheit. Vgl. die Katharina von England (und deren Tochter) gewidmete Erziehungsschrift von Vives: »Die Erziehung der Christin«. Ebenfalls in: ders.: Ausgewählte pädagogische Schriften. Leipzig 1881. Hier: S. 196ff. Trotzdem hält Vives Lesen für zentral und Bildung für Frauen nicht für verwerflich. Vgl. S. 203 und S. 206ff. Zur Anweisung für die Selektion vgl. das 5. Kapitel, S. 212ff.
290 Vives: »Über den wissenschaftlichen Unterricht«, ebd., S. 34f.
291 Ebd., S. 35.
292 Ebd.

ter sind nicht nur freizügig und wenig urteilsfähig, bzw. in Wissenschaften und Künsten nicht kompetent, sondern sie verführen mit ihrer Sprache, die von den Sachen ablenke: »Zudem haben die schlechten Aussprüche die Neigung unserer Natur zur Schlechtigkeit für sich, so daß sie wirksamer sind als die guten.«[293]

Aufgrund ihrer Verführungskraft glauben die Dichter, so Vives, sie seien von einem Gott beseelt, und daher muß man »das Zutrauen, das sie genießen, schwächen«.[294] Dichter dienen deswegen generell eher zur »Erfrischung« in den Nebenstunden, als zur Belehrung im Unterricht.[295] Oder in der Metaphorik der Speise ausgedrückt: Poesie ist nicht »Nahrung«, sondern »Würze«.[296]

Die im System der Rhetorik getroffene Unterscheidung von *res* und *verba* ermöglicht eine Verführung von seiten der Worte, die eine ständige subversive Gefahr für den Unterricht darstellt. Die Worte sind also mit äußerster Vorsicht zu genießen, was für Vives umgekehrt bedeutet, daß mit äußerster Strenge in der Auswahl vorzugehen ist. Die allgemeine Regel lautet aber schon hier: funktionale Differenzierung je nach Leser: »Vor allem muß man den Knaben vor einem Schriftsteller hüten, der irgend einen Fehler, an dem jener leidet, vergrößern könnte.«[297]

Das allgemeine Gegengift gegen die Gefahren liegt im klaren Bewußtsein um das Heil des Christentums. Dies ist gleichsam das Antibiotikum gegen das Gift des Zweifels, das etwa durch alternative Weltentwürfe angeregt werden könnte.[298] Der Schüler soll zur Lektüre »gleichsam mit einem Gegengift gegen die durch ihr Gift berüchtigten Acker versehen kommen.« Das bedeutet die ›Impfung‹ mit Frömmigkeit, sowie eine ständige Erinnerung an den gefährlichen Status der jeweiligen Schriften.[299] Zu diesen Vorsichtsmaßnahmen kommt hinzu, daß eine eingehendere Beschäftigung grundsätzlich verboten bleibt:

> der Schüler soll sich erinnern, daß er unter Heiden wandelt, d.h. zwischen Dornen und verderblichen Giftpflanzen, daß er aus ihnen nur das Nützliche nehmen, das

---

293 Ebd., S. 86, vgl. S. 87f. Der Übersetzer R. Heine fühlt sich hier verpflichtet, Vives rigorose Verwerfung der Dichter (auf die Vertreibung derselben in Platons Staat wird öfter verwiesen) seinerseits zu kritisieren. In einer langen Fußnote zitiert er aus Vives: »Über die Ursachen des Verfalles der Wissenschaften«: »Alle diese [Geschichten] erzählen sie aber nicht in einfacher Rede, sondern in einer gewählten und gefälligen Sprache, so daß schon die Worte an und für sich abgesehen von der Sache, verführen können.« Vgl. ebd., S. 368.

294 Vgl. ebd., S. 87.

295 Ebd., S. 90. Allerdings zum Lernen der Prosodie sind sie wichtig vgl. ebd., S. 92 mit der Empfehlung, Vergils »Bukolika« für diesen Zweck zu wählen.

296 Ebd., S. 92f.

297 Vgl. III,4, S. 84.

298 Besonders verwerflich ist z.B. die Kritik an Göttern, wie sie in der antiken Literatur Griechenlands vorkommt.

299 Dasselbe gilt für die Dichter. Da Dichter leicht und zuviel plaudern und nirgends wahre Kenntnisse besäßen, dürfe man nicht vergessen, daß sie eben nur Dichter sind, vgl. II,4, S. 60.

übrige aber fortwerfen soll. Er darf nicht ängstlich es durchforschen und der Lehrer soll sich nicht bemühen es zu erklären.[300]

Doch das radikalere Heilmittel – und ihm ist in Vives Erörterung bei weitem mehr Aufmerksamkeit geschenkt – ist die vorgängige Reinigung der Literatur von allen anstößigen Stellen. Falls doch noch eine anstößige Stelle gelesen wird, rät Vives, darüber hinweg zu gehen: »Der Lehrer soll den Schüler also lieber so weit als möglich davon abwenden und zu reineren Stellen führen.«[301]

Angeraten ist also eine radikale ›Blütenlese‹ von Seiten des Lehrers. Er muß funktional zu seinem Unterricht, von den Anfängen des Sprachunterrichts bis hin zu den fortgeschritteneren Übungen, alles selbst »kosten«.[302] Die Selektion bezieht sich folgerichtig auch auf das Vorlesen im Unterricht. Der Lehrer solle nicht von vorne beginnen, sondern nur das lesen, was jeweils für den Sprachunterricht nötig ist.[303]

2.8. Dichter verbannen oder nutzen? Vives kontra Plutarch

Das Programm der Säuberung empfiehlt Vives mit aller Strenge und Konsequenz. Das wird besonders bei den ›gefährlichen Dichtern‹ deutlich. Vives stellt die Frage, ob denn nicht die Dichter gänzlich zu verbannen oder zu verbrennen wären:

> Es könnte nun jemand fragen, wie man denn lesen müsse? auf welche Weise man die heilsamen Kräuter unter so viel schädlichen sammeln müsse? mit welcher Vorsicht man unter den Dornen einhergehen müsse? Oder sind die Dichter ganz zu verwerfen?[304]

»Was tut not? Ist es nicht besser das Gift gar nicht zu berühren?« Das sei bei ›jenen‹ Dichtern erotischer Literatur, tatsächlich das Beste. Er läßt Plutarchs Differenzierungen, auf die er sich bezieht, nicht gelten. Plutarch habe nichts anderes getan, als das Gift lediglich etwas zu mildern, lautet der Vorwurf.[305] Vives argumentiert von einem rigorosen Substantialismus aus, der nicht zuläßt, daß etwas ›Anstößiges‹ vor Augen käme.[306] Hinsichtlich Plautus schreibt er,

[300] Ebd., S. 84.

[301] Ebd.

[302] Ebd., S. 172, vgl. S. 33 und S. 90. Zu Blütenlesen bzgl. Redekunst (aus Demosthenes und Cicero) und Dichtkunst (aus Homer und Vergil) vgl. II,4, S. 60.

[303] Vgl. III,2, S. 71. Das Ideal sind also Kompilationen aus den besten Schriftstellern, die für die Unterrichtszwecke des Sprachunterrichts und der Erziehung zur Tugend dienen. Ebd., III,6, S. 89ff.

[304] Ebd., S. 85.

[305] Ebd. Vives bezieht sich auf Plutarchs »De Audiendis Poetis«. Dennoch empfiehlt er die Schrift, allerdings zusammen mit Basilius, auch als Remedium zur Lektüre der Dichter, vgl. ebd., S. 104.

[306] Ebd., S. 86. Während Vives offensiv ebenso die Notwendigkeit von Lektüre wie eine ›Rhetorik der Säuberung‹ propagiert, ließe sich Sacchinis Lektürepropädeutik mit dem Paradox einer ›Rhetorik der Überredung‹ charakterisieren. Man vergleiche nur den Anfang Vives' offensives »Wir müssen alles aus Büchern kennen lernen«, mit

»möchte ich dasjenige ausgeschnitten wissen, was die Knaben mit den Lastern beflecken kann, zu denen wir sozusagen durch einen Wink der Natur hinneigen.«[307] Was not tut ist zunächst, daß Leser älter und »gereifteren Verstandes« sein müssen. Dann aber:

> muß man sie nicht gänzlich über den Haufen werfen, sondern eine Reinigung vornehmen; man muß das kranke Glied nicht abnehmen, sondern zu heilen suchen. Das Anstößige soll völlig ausgeschnitten werden, als ob es schon abgestorben sei und ansteckend wirken würde. Da wird natürlich das Menschengeschlecht einen unerträglichen Verlust erleiden, wenn man aus einem obscönen Dichter das Anstößige absondert; aber das sollte man nicht mit einem Buche tun, was man am Körper vorzunehmen kein Bedenken trägt, wenn es eine Sachlage erfordert?[308]

Diese Säuberung gemäß einer ›Sachlage‹, die ihre festen ethischen und religiösen Normen befolgt, kann dann als kulturelle Leistung gelten:

> Jedenfalls wird sich derjenige, welcher diese Reinigung vornehmen wird, nicht nur um die lebenden und zukünftigen Geschlechter, sondern auch um die Dichtkunst und die Dichter selbst verdient machen: geradeso wie der sich um Gärten verdient macht, welcher die Giftpflanzen herausreißt und nur heilsame Kräuter wachsen läßt.[309]

Vives Programm der Reinigung unterscheidet sich von Plutarch, auf den er sich bezieht, in einem entscheidenden Punkt. Während Plutarch die Reize der Dichtung als Anreiz zur Philosophie nutzen will, propagiert Vives den rigorosen Ausschluß aller Stellen und gegebenenfalls aller Schriften, die ›Schädliches‹ enthalten können. Deshalb gilt ihm Plutarchs Schrift, die er gleichwohl auch empfiehlt, als nicht ausreichend. Plutarch schlägt ein anderes Konzept der Verwendung von Literatur für die Erziehung vor. »De Audiendis Poetis« ist ein Präventivschlag gegen den verderblichen Einfluß des Vergnügens an Dichtung.

Plutarch will in seiner wohl aus Vorlesungen hervorgegangenen Schrift[310] die Jugend zu Philosophie und Moral anleiten, indem er die Lektüre von Dichtung als Mittel oder genauer als Medium zur Einführung in die Philosophie nutzt. Plutarch sieht Dichtung, auf der Basis der platonischen und aristotelischen Theorie, als Nachahmung, wobei ihn der Inhalt (das Gute oder Schlechte des Nachgeahmten) interessiert.[311] Über das Vergnügen, das Dichtung verschafft (dies wird als mächtige Wirkung vorausgesetzt), soll der Leser oder

der vorsichtigen und umständlichen Herleitung Sacchinis die genau dasselbe durch eine längere Erzählung seiner eigenen Erfahrungen legitimiert. Sacchini: »Über die Lektüre«, S. 1ff.

307 Vives: »Über den wissenschaftlichen Unterricht«, III,6, S. 90.

308 Ebd., S. 86 unter Verweis auf die Selektion der Gesetze durch Justinian.

309 Ebd. Dies bedeute, den Lesern das schädliche Gift nehmen.

310 Ich verwende im folgenden die Edition Plutarchus: »De Audiendis Poetis. Introduction – Translation – Commentary«. L. J. R. Heirman, Gravenhage o. J. (Diss. Leiden 1972). Hier: S. 14.

311 Vgl. dazu ebd., Kapitel 3.

Hörer zu einem intellektuellen Vergnügen finden, da Hören und Sehen nach Aristoteles mit dem rationalen Teil der Seele verbunden sind. Der Wert der Dichtung liegt daher für Plutarch gerade in ihrer Wirkung. Die Lektüre muß dann allerdings von seiten des Lehrers so gelenkt werden, daß philosophisch und moralisch verwertbaren Sentenzen ausgewählt und angewendet werden.[312] Plutarchs Schrift ist ein Dokument, das die nützliche Funktion der Dichtung von der Seite der Rezeption offensiv propagiert.[313] Von Platons Ansicht der Erziehung der Seele als wohlkalkulierter Ernährung leiten sich die Metaphern der Speise her, neben der bei Plutarch gern verwendeten Vergleichsebene des Militärischen. Die Perspektive der Verwendung von Dichtung als Medium der Philosophie steht unter dem Paradigma einer ständigen Überwachung: »a constant guiding«.

Das Vergnügen der Jugend an der Mischung aus Geschichte und Meinung[314] kann unter dieser Überwachung als Propädeutik zur Philosophie genutzt werden. Mit Plutarchs Metaphorik gesprochen: Wenn die Tore einer Stadt alle verriegelt sind, kann diese sehr wohl erobert werden, wenn man durch die eine Tür, die offen ist, eindringt.

Die Unterhaltung der Dichtung stellt sich als eine nicht zu schließende Pforte dar, durch die die Unterweisung zur Moral und Philosophie eindringen kann. Daher soll man der Jugend ihr Vergnügen lassen, aber nicht vergessen, daß dies gleichsam nur die ›Vorspeise‹ ist und die ›Hauptspeise‹ als das eigentliche Ziel noch folgt. Der Erzieher stellt sich als väterlicher Beobachter der

---

312 Vgl. Heirmans Kommentar ebd., S. 189. Ausführlich dazu Plutarch ebd., Kapitel 11 und 13. Nachdem Plutarch das Gemisch der Dichter, die ja nicht die Wahrheit berichten wollen, sondern Wahres mit Unwahrem mischen (Kap. 2), erklärt hat und die Unterscheidung ausgibt, man solle Dichter für ihr Geschick zu erzählen bewundern, aber die Dinge, die sie erzählen nicht nachahmen, also nicht als vorbildlich annehmen (Kap. 3), folgt die Anweisung, die Worte im Kontext (Kap. 4) zu sehen sowie die vielfältigen Bedeutungen wichtiger Worte zu untersuchen (Kap. 6). Zuvor soll man die Kommentare der Autoren und andere Aussagen heranziehen. Im zweiten Teil geht Plutarch dazu über, die Dichtung nicht nur zu untersuchen, sondern zu verwenden. Zunächst soll der Leser Aussagen aus seiner Sicht beurteilen (Kap. 8) sowie verschiedene Perspektiven ausprobieren. Große Aufmerksamkeit gilt dabei dem Wert allgemeiner Aussagen (Kap. 9), und der Darstellung von Gut und Böse in der Dichtung (Kap. 10). Dann aber soll der Leser lernen die verborgenen pädagogischen Schätze in der Dichtung durch sorgfältige Lektüre zu entdecken (Kap. 11). Verdächtige Passagen werden zunächst aus verschiedenen Blickwinkeln geprüft, jedoch, falls notwendig, durch Veränderung von Wörtern entschärft (Kap. 12). Schließlich soll der Leser die Anwendung von Beispielen üben. Im letzten Kapitel unterstreicht Plutarch noch einmal den sinnlichen Charakter der Dichtung sowie ihre die Eignung als Propädeutik zur Philosophie, d. h. die moralischen Nutzanwendung in einem a priori feststehenden Raster von Gut und Böse auf das eigene Leben.

313 »In this brochure Plutarch does not want to teach his readers the art of writing poetry, but the art of listening to it for moral benefit.« Heirman ebd., S. 188.

314 Die hier durch Platons Ansicht der mangelhaften Mimesis der Dichtung motivierte »Mischung« aus *res factae* und *res fictae* wird in der Tradition durchgängig als Problematik des Umgangs mit Dichtung in Anschlag gebracht.

Ernährung dar. Die Speise der unterhaltenden Lektüre bleibt gefährlich, aber andererseits kann sie dazu verwendet werden, jene offene Pforte abzugeben, durch die der wohlmeinende Feind der Erziehung eindringt. Plutarch versucht das Gift zum Heilmittel werden zu lassen, indem er sich seines Reizes annimmt, dann aber einen strikt überwachten Umgang mit der ›Droge‹ Dichtung durchsetzen will:

> But, as far as the study of philosophy is concerned, I for one know without any doubt that young boys, the younger they are, feel happier and behave like obedient and tractable students, when they have to read books, that does not like textbooks; that do not even look serious. Of course, boys like to read Aesop's charming little stories, and books like Stories from the Poets. But even the Abaris of Heracleides and Ariston's Lycon, books dealing with the vicissitudes of human souls, but written as an amalgam of beliefs and story, they devour with ravenous pleasure and rapturous interest.
>
> That is why, just as we never forget to keep an eye on our boys at the table so that they behave decently while relishing their food and drink, so it is even more important to train them in their habits of listening and reading, and let them enjoy with moderation that which entertains them – thereby not forgetting that this is only an extra treat, and that the part that is most beneficial and wholesome ist the main dish.
>
> When the gates are locked a city can still be captured if the enemy can get through one gate that has been left open.[315]

Die Jungen bleiben nicht unbehelligt vom Kontakt mit der Unterhaltung, »the most powerful influence on a person«, die durch ihre Ohren eindringt und dies ist verderblich, wenn es nicht beobachtet wird (»is kept unchecked«), denn es verkrüppelt die Seele. Da es jedoch weder wünschenswert, noch möglich sei, die Bücher fernzuhalten, muß der Lehrer diesen Einfluß nützlich machen: »we should keep a very close watch on them, for in their readings they require constant guiding«. Deshalb habe er, Plutarch, diese Schrift als »a preventive« niedergeschrieben.[316]

Plutarch beschwört nach der Einleitung als Sendschreiben an Sedatius das »Amalgam« der Dichtung, die Gutes und Schlechtes enthält und daher ambivalente Wirkung zeitigt. Deshalb kommt es auf die richtige Anleitung (»right guidance«) an, um Konfusion zu vermeiden. Denn solle man der Jugend die Ohren verstopfen, wie Odysseus es seiner Mannschaft antat?[317] Oder solle man nicht eher »unseren jungen Lesern« den Vorteil des am Mast angebundenen verschaffen, indem man ihr Urteilsvemögen beobachtet, so daß es nicht von seinem Kurs durch Vergnügen abkommt, sondern in die richtige Richtung gelenkt werde?[318]

---

[315] Plutarch ebd., S. 44f.
[316] Ebd., S. 45.
[317] Hier also schon eine antike Dialektik der Aufklärung?
[318] Plutarch ebd., S. 46.

Laßt uns deshalb – so Plutarch in seinem durchweg sehr familiären Ton[319] – die Dichtung nicht ausschließen, denn ihre Vergiftung (»intoxination«) könnte gerade deswegen überhand nehmen. Vielmehr solle sie lieber gezielt genutzt werden, indem man philosophische Elemente einführt und mit der Dichtung ›verschneidet‹.[320]

Beherrschend für die ambivalente (berauschende und inspirierende) Wirkung der Dichtung ist folgerichtig die Metapher vom Wein, der den inspirierenden Rausch fördert – »the Muse's productive vine« –, die Vergiftung aber weitgehend ausschließt. Der Wein gilt zudem als förderliches Mittel, da er das Lernen leichter mache.[321] Dichtung stellt sich als zu überwachendes Medikament heraus, das als Mittel (Medizin, Medium) eine fördernde Wirkung besitzt, sobald Dosis und Umgang kontrolliert wird.

2.9. Ein reflexiver Lektürekanon? Rückkehr zu Platon

Die weitverbreitete Art der Behandlung von Lektüre als Selektion eines Kanons kann ein Problem nicht lösen: Da Lektüre nicht als ›Kunst‹ des Umgangs vermittelt wird, bleibt die Rhetorik der Darstellung notwendig bei der Beschwörung ›guter‹ Werte versus ›gefährlicher Gifte‹ stehen. Das gute Buch steht nicht dem schlechten Buch gegenüber (darüber redet man nicht), sondern dem angeblich gefährlichen. Läßt sich anhand vorgängig gesetzter Wertmuster durchaus unproblematisch ein Kanon bilden, so findet diese Art der Behandlung von Lektüre jedoch nie ihren Abschluß, denn die Werte der Selektionskriterien wechseln im Zuge des Wandels kultureller Werte.

Gibt es eine Reflexion auf das Problem des vorgängigen Werterasters anhand dessen die Selektion vorgenommen wird? Und wie könnte ein Kanon aussehen, der seine eigene Selektion als kontingent abhängig von seinem gesetzten Wertemuster erkennt?

Es ist für die ›innere‹ Geschichte des Lesens bezeichnend, daß eine solche Reflexion ganz zu Beginn der Diskussion um Lektüre und ihren Nutzen zu finden ist. So weit ich sehe, ist Platons Lektürepropädeutik die einzige, die konsequent auf Selbstreferenz setzt und somit dem Problem zumindest eine (nicht zu überbietende) elegante Lösung verleiht.

Im 7. Buch der »Gesetze« kommt Platon auf die schwierige Aufgabe der Erziehung der Knaben zu sprechen. Ein »Gesetzeswächter« muß über ihre Erziehung wachen und alles tun, um ihre »Natur dem Gesetze gemäß zum Guten zu lenken und rechtschaffene Menschen aus ihnen zu machen«, und d.h. er

---

319 Dazu trägt die Anrede der »Einleitung« an Sedatius bei, die nicht abgesetzt ist vom 1. Kapitel, so daß der Leser sich in der Lage des Angesprochenen fühlen kann. Vgl. Heirman, S. 16.

320 Ebd., S. 47.

321 Vgl. ebd., S. 46f.

muß ihnen »Zügel anlegen«.[322] Grundsätzlich wird die Regulierung der Erziehung durch Lust und Unlust geleistet.[323] Für Chorreigen, Gesänge und Tänze gebe es schon Anweisungen, für »in ungebundener Rede abgefaßten Schriftwerke« jedoch noch nicht. Auch über den Unterricht im Lesen, Schreiben und Leierspiel, sei man i. U. zur bekannten »kriegerischen Ausbildung« bei weitem »noch nicht genügend aufgeklärt«.

Nach der Grundausbildung zur Lektüre kommt es zum Problem.[324] Bei den »reinen Prosaschriften« gebe es »bedenkliche Erzeugnisse«. Welche Vorschrift erlasse man dazu, fragt der Athener Kleinias. Dies sei eine Verlegenheit, wird geantwortet, denn diese Vorschrift stehe im Widerspruch zu den allgemein üblichen. Die allgemeine Ansicht sei nämlich, daß Dichtung, ernst wie heiter, zur Erziehung beitrage. Dichter würden auswendig gelernt und exzerpiert. Was aber sei richtig daran? Kleinias weiß nur, daß man ein »Muster« haben müsse, weil Gutes und Schlechtes vermischt sei, es also »nicht ungefährlich für die Jugend« ist, »ihren Wissensschatz daraus zu schöpfen«. Nur durch ein vorgängiges Wertmuster kann der Kanon selektiert und seine Vobildlichkeit festgestellt werden. Der Athener antwortet ihm daraufhin, er sei :

> um ein Muster durchaus nicht in Verlegenheit. Denn wenn ich jetzt die Reden überblicke, mit denen wir uns vom frühen Morgen bis jetzt, wie mir scheinen will, nicht ohne einen Anhauch göttlicher Begeisterung unterhalten haben, so kommt es mir wenigstens durchaus so vor, als wären sie eine Art dichterischer Erzeugnisse. Und es geht wohl auch mit ganz natürlichen Dingen zu, wenn diese Reden, gleichsam in ein Gesamtbild vereinigt und so von mir überschaut, mir einen durchaus erfreulichen Eindruck machen. Denn verglichen mit dem Meisten von dem, was ich in Dichterwerken oder in Prosaschriften gelesen oder daraus angehört habe, scheinen sie mir weitaus am angemessensten und passendsten für die Bildung der Jugend; für den Gesetzeswächter und Jugendaufseher also wüßte ich, dünkt mich, als vorbildlichen Lernstoff nichts Besseres zu empfehlen als dies.[325]

Der Athener hat dieses Muster, denn es sind allein die vorliegenden ›Reden‹ über die »Gesetze« selbst. Das Gesamtbild der Reden und ihr geistiger »Stempel« sollen »aufgezeichnet werden«, damit »Elementarlehrer« und »Mitarbeiter« dieses weitervermitteln. Wer damit nicht übereinstimme, komme als Lehrer gar nicht erst in Frage. »Und damit wäre meine Rede über die Elementarlehrer und das ihnen zugewiesene Gebiet beendet.«

---

[322] Platon: »Gesetze«. 7. Buch, St. 808ff. In: ders.: Sämtliche Werke. Ed. Apelt. Bd. 7, S. 293ff. Zum Grundsatz strenger Zensur vgl. die Einleitung von Apelt ebd., S. XXVI.

[323] Vgl. dazu das 1. Buch der »Gesetze«.

[324] »Im Lesen und Schreiben soll der Knabe vom zehnten Jahr ab etwa drei Jahre unterwiesen werden.« Verlängerung oder Verkürzung sind nicht erlaubt. »Dieser grammatische Unterricht soll so weit gehen, daß der Knabe imstande ist, zu schreiben und zu lesen.«

[325] Platon: »Gesetze«. 7. Buch, St. 811, ebd., S. 297f.

3. Geschwindigkeit als Lektüretechnik

> Dis ist die rechte und wahre Philosophie, mit welcher alle weisen Leute bis an den Tod sich beschäftigen müssen.[326]

Das Lesetempo ist die verkannte Größe in der Geschichte des Lesens. Es kann als zentraler Parameter dessen, was Lektürekompetenz ausmacht, angesehen und als *das* neuzeitliche Konzept einer Kunst des Lesens bezeichnet werden. Dabei geht es weder um die grundsätzlich notwendige Beherrschung der Grundgeschwindigkeit von Buchstabenerkennung und -synthese, die erst einmal erlernt werden muß, noch um ein Hochgeschwindigkeitslesen, wie es manche Schulung heute anbietet.[327]

Als *Kunst des Lesens* ist vielmehr die Fähigkeit der Variation des Lesetempos in ein und demselben Text anzusprechen. Erst diese Technik einer doppelten Lektüre ermöglicht eine Ökonomie, die sowohl den jeweiligen Text als Ganzes in seinen Zusammenhängen erfassen kann, als auch einzelne Stellen vorselegiert, deren mikrologische Analyse für Verständnis und Interpretation notwendig wird. Erst jüngst ist auf ein spezifisches Lektürekonzept – i. U. zum hermeneutischen Zirkel –, das dieses doppelte Verfahren in die Unterscheidung von *kursorischer* und *statarischer* Lesung faßt, hingewiesen worden. Die Umstellung gewährleistet der literarischen Kommunikation, unter den Bedingungen der Ausdifferenzierung funktionaler Teilsysteme, die Anschlußfähigkeit der Literatur an das Konzept der Bildung im 18. Jahrhundert, ebenso wie es die zu Aufbau und Sicherung des Kanons unter den Bedingungen der Verzeitlichung notwendige Lektüretechnik ist, indem die ›guten Bücher‹ auf diese besondere Weise zweimal gelesen werden.[328]

---

326 Johann Matthias Gesner: »Kleine deutsche Schriften«. Göttingen und Leipzig 1756, S. 366.

327 Stichwort ›Turbo-Lesen‹. Es handelt sich hier um sog. ›Informationslesen‹. Schneller und dennoch »informationssicher« zu lesen ist das Ziel von Trainingsmethoden, die zunächst die automatisch mitlaufenden Subvokalisation ausschalten sowie dann die Vergrößerung des Lese(blick)feldes trainieren. Die dadurch bewirkte Reduktion der Fixationen der Augen beschleunigt das Lesetempo extrem. Zur älteren Forschung: G. H. McLaughin: »Reading at ›impossible‹ speeds«. In: Journal of Reading 12 (1969), S. 449–510. Für den heutigen Stand: Rotraut Michelmann und Walter Uwe Michelmann: »Effizient lesen«. Wiesbaden 1995.

328 Das Verdienst, darauf hingewiesen zu haben kommt Detlev Kopp und Nikolaus Wegmann zu. Vgl. Kopp/Wegmann: »›Wenige wissen noch, wie Leser lieset‹. (Jean Paul) Anmerkungen zum Thema: Lesen und Geschwindigkeit«. In: N. Oehlers (Hg.): Akten des Germanistentages 1987. Tübingen 1988, S. 92–104. Sowie Kopp/Wegmann: »Das Lesetempo als Bildungsfaktor? Ein Kapitel aus der Geschichte des Topos ›Lesen bildet‹«. In: Der Deutschunterricht IV (1988), S. 45–58. Zur Diskussion siehe Georg Stanitzek: »Der Klassiker als Abenteuerroman. Gelehrte Diskussion um langsames und schnelles Lesen«. In: Frankfurter Allgemeine Zeitung, Nr. 107 vom 10.5.1989, Seite 3 N. Wie die Wiederholungslektüre, die der doppelte Durchgang von schnell und langsam lesen impliziert, die Selektion eines Kanons in der literarischen Kommunikation ermöglicht, zeigt ebenfalls Georg Stanitzek: »›0/1‹, ›einmal/zweimal‹ – der Kanon in der Kommunikation«.

3.1. Dynamische Grenzen und Ökonomie der Lektüre

Das Lesetempo im allgemeinen stellt einen Parameter dar, der – wie die Selektion – den Lektüretechniken lauten und stillen Lesens vorgeordnet ist, da diese in sich schon Geschwindigkeitsparameter implizieren. Es ist dabei ein dynamischer Parameter, der auf beiden Seiten, dem Langsamen wie dem Schnellen, keine genaue, aber eine absolute Grenze hat.

Auf diesen Umstand, wie auf die Relevanz des Parameters für jede Lektüre, verweist schon Blaise Pascals Satz: »Wenn man zu schnell oder zu langsam liest, versteht man nichts.«[329] Das Diktum ist plausibel. Radikal langsame Lektüre – Korrekturlesen ist ein gutes Beispiel – kann in seiner Konzentration auf einzelne Buchstaben das übergreifende Bedeutungsgefüge der Zeichen nicht erfassen. Der Zusammenhang der Worte wie des Textes gerät aus dem Blick.[330] Der lateinischsprachige Schulunterricht und die gelehrte Lektüre konnte Lesen mit der langsamen sukkzessiven Bearbeitung des Textes nur solange gleichsetzen, wie die Identifizierung und Memorierung grammatischer und rhetorischer Kategorien im Vordergrund standen. Genau dies wird im 18. Jahrhundert zum Problem und führt zu einer Kritik, die die Bildungsvorstellung verändert.

Auf der anderen Seite ist eine extrem schnelle Lektüre – etwa als ›Querlesen‹ von Absatz zu Absatz – nur in der Lage, Inhalte zu beobachten, nicht aber formale Strukturen der Darstellung. Schnelles Lesen ist Lektüre mit Blick auf inhaltliche Information. Reflexionen auf die Art der Darstellung, auf die Klärung des Zusammenhangs von sprachlichen Möglichkeiten und ihren Bedeutungen geraten dem schnellen ›Informationslesen‹ aus dem Blick. Man kann dann wissen was im Text ›vorkommt‹, nicht aber, wie dieser gemacht ist, gar wie Darstellung und Inhalt zueinander stehen. Während die nur schnelle und einmalige oder ›extensive‹ Lektüre im späten 18. Jahrhundert in den ›Lesesucht‹-Debatten kritisiert wird,[331] hat sich umgekehrt die langsame Lektüre des Privilegs erfreut, von seiten der Gelehrten mit dem schlechthin nicht deutlich zu fassenden Ideal der Genauigkeit identifiziert zu werden.

---

[329] »Quand on lit trop vite ou trop doucement on n'entend rien.« Blaise Pascal: »Penseés«. II,69 Ed. Brunschvig.

[330] Extrem langsame Lektüre kann allerdings auch zur Meditation über einen Buchstaben, ein Wort oder eine Sentenz genutzt werden. Aber auch diese langsame Lektüre kann ihre Beobachtung nicht auf längere Textstücke und Zusammenhänge ausdehnen, sie initiiert eine »unendlichen Semiose«, die sich vom Text ablöst. Vgl. Aleida Assmann: »Die Sprache der Dinge. Der lange Blick und die wilde Semiose«. In: Materialität der Kommunikation. Hg. v. H. U. Gumbrecht und K. L. Pfeiffer. Frankfurt a.M. 1988, S. 237–251. Zur Lektürepraxis der Mystik, die eine aufgeschlagene Seite als Initiation für textunspezifische Meditation nimmt, einer ›absoluten Lektüre‹, insofern sie absolut autonom vom Geschriebenen verfährt vgl. Michel de Certeau: »La lecture absolue«, S. 65ff.

[331] Vgl. Günter Erning: »Das Lesen und die Lesewut«. Bad Heilbrunn 1974. Zu den Implikationen Helmut Kreuzer: »Gefährliche Lesesucht? Bemerkungen zur politischen Lektürekritik im ausgehenden 18. Jahrhundert«. In: Lesen und Leser. Wuppertal 1977, S. 62ff.

Es wird sich jedoch zeigen, daß der Wert des schnelleren Lesens mit den in die Beobachtung einrückenden metalinguistischen Einheiten wie Erzählverlauf, Situation und Personenkonstellation eine Begründung erfährt, die es im pädagogischen Diskurs der ›Bildung‹ unentbehrlich macht. Das wird noch vor der Mitte des 18. Jahrhunderts der Fall sein. Das pädagogische Konzept für Lektüre verläßt die traditionellen Vermittlungstechniken der Eloquenz und verweist unter Kritik der ›Wortgelehrsamkeit‹ auf die Notwendigkeit eines schnelleren, auf Zusammenhänge bedachten Lesens, in dem nicht die *verba*, sondern die *res* im Vordergrund stehen und so als Bildungsinhalte erscheinen. Ziel des Unterrichts soll es nicht mehr allein sein, Eloquenz zu trainieren, sondern durch Lektüre Sachwissen zu erlangen und sich zu bilden. Dazu aber muß die Art und die Technik des Lesen umgestellt werden. Daß der Schulmann Johann Matthias Gesner dies um 1735 darlegt, macht ein entscheidendes ›Kapitel‹ der ›inneren‹ Geschichte des Lesens aus.

Obwohl sich auch hier Gattungsdifferenzierungen anbieten – etwa in der Form, daß Illustrierte und Zeitungen schneller gelesen werden, während wissenschaftliche Texte und Literatur aufgrund ihrer Komplexität langsamere Lektüre erfordern –, darf nicht verkannt werden, daß die hier durch Pascal aufgewiesene Relevanz des Lesetempos grundsätzlich für *alle* Texte Geltung besitzt. Worauf es ankommt, ist keine gattungsspezifische, jeweils ›angemessene‹ Geschwindigkeit, sondern die interne Relationierung zwischen Geschwindigkeitsvariationen innerhalb des Leseflusses, die zweifache Bearbeitung des Textes als Wiederholungslektüre unter verschiedenen Gesichtspunkten. Deshalb kann es – auch wenn Pascals Satz dies in Formulierung und Kontext nahelegt – hier keineswegs um das Ideal eines mittleren Tempos gehen. Pascal steht noch in der älteren Gelehrtentradition, die eine kontinuierliche, mittlere Geschwindigkeit als ideales Maß annehmen. Gute Lektüre wird als Mitte zwischen zwei Extremen angesehen. Für Pascal ist es das theologische Thema, daß der Mensch (zwischen Engeln und Tieren) die Mitte zwischen Extremen zu finden versuchen muß, welches ihm die Beobachtung der Lektüretechnik Geschwindigkeit ermöglicht, indem er sie als Allegorie einsetzt. Nur wer das Maß halten kann, versteht die Schöpfung.[332]

Doch da Lektüre physiologisch eine diskontinuierliche Bewegung von Sprüngen (Sakkaden) und Ruhemomenten (Fixationen) darstellt, deren Dynamik durch Training veränderbar ist – schneller lesen bedeutet eine Steigerung der Sakkadenabstände, nicht eine Steigerung der Aufnahmegeschwindigkeit an

---

332 Pascals Diktum beginnt: »Die beiden Unendlichen. Mitte. – Wenn man zu schnell oder zu langsam liest, versteht man nichts.« Die Passage steht in den »Pensées« nicht etwa im Kontext der Bibelauslegung, sondern im Kapitel »Der Mensch im Weltall«, Abt. 1: »Die Schwäche des Menschen« in dem das Thema die Unbeständigkeit und Widersprüchlichkeit des Menschen ist. Vgl. Pascal: »Pensées«, Nr. 295, 298, 302 und 307.

sich – beherrscht der Parameter der Geschwindigkeit a priori die Operation Lektüre.[333] Auf den hohen Wert der Fähigkeit, das Lesetempo in ein und demselben Text variieren zu können, hat erst wieder Harald Weinrich hingewiesen. Lektüretempo variabel gestalten zu können, bedeutet eine perfektionierte *Ökonomie* der Informationsverarbeitung: Der schnelle (Über-) Blick ermöglicht erst die gezielte Selektion von Stellen, die genau betrachtet werden.[334]

Schon 1735 lag ein ausgereiftes Lektürekonzept vor, das zu großer Prominenz gelangte, aber mit Beginn des 19. Jahrhunderts wieder aus dem Blick der gelehrten Gemeinschaft geriet. Der Schulmann Johann Matthias Gesner (1691–1761), seines Zeichens zunächst Rektor der Thomas-Schule in Leipzig und 1734 der erste ordentliche Professor klassischer Philologie in Göttingen, wendet sich gegen die Gelehrtentradition, einzig und allein die langsame Lektürepraxis der Philologen als vorbildliche und genaue anzuerkennen. Er begründet in seinem 1735 veröffentlichen Vorwort »Livio de lectione cursoria & stataria«[335] die Auffassung, daß die kursorische Lektüre, die den Text ganz durchliest, der bislang vorbildlichen Lektüreform einer statarischen Lesung vorausgehen müsse. Doch bevor Reichweite und Bedeutung dieses pädagogischen und philologischen Konzeptes aufzuzeigen ist, stellt sich die Frage: Wie kommt es überhaupt dazu, daß die Geschwindigkeit von Lektüre als Kriterium beobachtet wurde?

3.2. Zugänge zur Lesegeschwindigkeit: Begriffe

Solange lautes Lesen eine normierende Geschwindigkeitsbegrenzung vorgab – wie anhand Lukians Schelte des »Büchernarren« deutlich wurde[336] – konnte es keinen Anlaß geben, über das Kriterium des Lesetempos zu reflektieren. Für Lukian war das Kriterium nicht die Geschwindigkeit, sondern das Ausbleiben der Artikulation, die auch eine angemessene Geschwindigkeit vorgibt, um den Worten Realität zu verleihen. Erst seitdem Schrift und Texte in Formen arrangiert werden, die eine rein visuelle und damit schnellere Erfassung unterstützen, formt sich eine Kritik, die Lektüre nicht mehr unter dem Kriterium laut oder still beobachtet, sondern unter dem Kriterium der Geschwindigkeit. Inso-

---

[333] Es »ergeben sich zwei Arten der Lektüre: die eine steuert direkt auf die Wendungen der Anekdote zu, sie betrachtet die Ausdehnung des Textes, sie ignoriert die Sprachspiele (wenn ich Jules Verne lese, komme ich sehr schnell voran [...]); die andere Lektüre läßt nichts aus; sie ist schwerfällig, sie klebt am Text, sie liest, wenn man so sagen kann, mit Akribie und Besessenheit, erfaßt an jedem Punkt des Textes das [...] Blattwerk der Signifikanz.« Roland Barthes: »Die Lust am Text«. Frankfurt a.M. 1974, S. 19.

[334] Harald Weinrich: »Lesen – schneller lesen – langsamer lesen«. In: Neue Rundschau 95, Bd. 3 (1984), S. 80–99.

[335] J. M. Gesner: »Praefatio«. In: T. Livii patavini historiarum libri qui supersunt. Ex editione et cum notis Ioannis Clerici. Lipsiae 1735.

[336] Vgl. unten Kapitel II.1.

fern läßt sich vermuten, daß der Begriff für schnelles Lesen erst im Spätmittelalter auftaucht und sich mit den Auswirkungen des Buchdrucks etabliert.

In der Tat treten im Spätmittelalter, im Zusammenhang mit der Ausbreitung stiller Lesegepflogenheiten, vermehrt Klagen über ein zu schnelles und daher eben flüchtiges »durchlouffen« von Texten auf.[337] Das Wort ist eine Übersetzung der lateinischen Vokabel *currere*, laufen, eilen. Dieser Begriff mit seinem Bedeutungsnetz, das Kurs und Kursus ebenso wie z. B. kursive Schrift umfaßt, erhielt schon im Römischen Reich einen nachrichtentechnischen Sinn, nämlich im Kontext des *cursus publicus*.[338] Die Anwendung des Begriffs auf Lektüre kommt jedoch erst sehr viel später. Einer der wenigen Hinweise auf diese spezielle Begriffsverwendung läßt sich darin finden, daß in den hochmittelalterlichen Universitäten Kurse angeboten werden, die als »kursorische Lektionen« bezeichnet wurden. Es handelt sich, ähnlich heutigen Tutorien, um weniger formale Kurse, die von Assistenten, meist in Verbindung mit den Vorlesungen der Professoren, gehalten wurden.[339]

Im Gegensatz zu dem mit vielen Konnotationen versehenen Begriff des Kursorischen – der sich in der Form des Cursors der Computer weiteren Gebrauchs erfreuen darf – bleibt der Begriff Statarisch nahezu unbekannt. Gesner ist wahrscheinlich der erste, der ihn auf Lektüre terminologisch angewendet hat. *Statarius* bedeutet stehend, feststehend und bezieht sich zunächst vornehmlich auf den militärischen Bereich.[340] Die *miles* stehen fest »in Reih' und Glied«, so jedenfalls faßt es Livius, dessen Edition Gesner besorgte. Gesner nutzt diesen Begriff als eine alternative Markierung der üblichen Lektürepraxis von Gelehrten, deren Terminologie das Ideal der genauen Lektüre mit dem Terminus *cum cura* versah. »Cum cura« bedeutet zugleich die Sorge und die Sorgfalt und bezeichnet so gleichermaßen die Art der Lektüre und ihre Ethik. An diese Stelle setzt Gesner – terminologisch wohlgemerkt – den nur technischen Begriff des Statarischen, der den Wechsel der Geschwindigkeit markiert, indem er nur einen momentanen Zustand (stehend, verweilend), aber keine Dauer bedeutet. Zugleich verschiebt der Wechsel der Begriffe die Konnotation des langsamen

---

337 Vgl. H. Hajdu: »Lesen und Schreiben im Spätmittelalter«, S. 28f. und S. 49. Neben allgemeinen Vermutungen über Verbreitung stiller Lektüre und Beschleunigung des Lesens verweist Hajdu auf das »Büchlein der Reformierung eines jeglichen geistlichen Menschen« (1490), Regel 16 »Du solt nit vast vnd zu viel auff ain mal lesen.« Zur Beschleunigung und der Klage über zu schnelles Lesen vgl. auch Giesecke: »Der Buchdruck«, S. 89f. und S. 135. Schon Balogh hatte die Beschleunigung des Lesens als Ursache des ›Verschwindens‹ lauter Lektüre angenommen. Vgl. Balogh: »Voces Paginorum«, S. 236f.

338 Vgl. Martin Fontius: »Post und Brief«. In: Materialität der Kommunikation. Hg. v. H. U. Gumbrecht u. K. L. Pfeiffer. Frankfurt a. M. 1988, S. 267–279.

339 Vgl. hier nur die Hinweise des »Oxford English Dictionary«. 2. Ed., Vol. IX, Oxford 1989, S. 155f.

340 Für die Rhetorik bezeichnet *statarisch* im übertragenen Sinne die Ruhe, mit der ein Rhetor vorträgt. Darüberhinaus ist der *Statarius* ein Schauspieler in einem ruhigen Charakterstück.

Lesens als Sorgfalt zugunsten einer technischen Bezeichnung, die ihren Wert nicht a priori in sich trägt, sondern erst in der Anwendung entwickelt.

Die Klagen über zu schnelles Lesen etablieren sich vermehrt nach der Zeit des Buchdrucks. Die »Cölnische Schulordnung« von 1543 beispielsweise sieht in dieser auch außerschulischen Lektürepraxis die Ursache ›verderbter Jugend‹. Der Schulunterricht soll dagegen die »reguln« der Rede »einbilden«, was die ständige Wiederholung der Grammatik voraussetzt, anstatt Lektüre als Medium fortlaufender Rezeption anderer Texte zu vermitteln:

> dweil vil arbeit und repetieren dazu gehört, so man den kinderen die reguln einbilden soll, und auch die kinder mit lust darzu haben, unterlassen die schulmeister die *Grammatica* [...] allein zum Poeten und Cicerone und dergleichen, wölche zu hören und zu lesen, nicht so unlustig sein, als die *Grammatica* zu repetieren, dadurch wirdt dann die Jugent ubel verderbt, den sie lehrnet nimmer gewiß reden[341]

Die »Cölnische Schulordnung« läßt ahnen, wie der Lektüreunterricht angelegt war: Lesen lernen bedeutet ständiges »repetieren« der Regeln, vor allem durch die Übersetzung des Lehrers »de verbo ad verbum«. Zwar gibt der Lehrer zuvor eine kurze Inhaltsangabe des zu behandelnden Textes, dann aber folgen die Schüler einem Rhythmus, der Wort für Wort übersetzt. Dies geschieht in drei Durchgängen. So werden die Regeln auswendig gelernt und am jeweiligen Text Exempel klassifiziert und memoriert. Diese Lektüre geht also außerordentlich gründlich und sehr langsam vor sich. Die Mustertexte werden in kleinste Teile zerlegt, diese werden durch ›Applikation‹ in ihrer Regelhaftigkeit wiederholt, bis die Schüler schließlich fähig sind, die Schulübung der Imitation, das Schreiben im Stile eines Autors oder einer Gattung, auszuführen. Ziel ist allein die lateinischsprachige Eloquenz. Die Lektüre eines solchen Textes, etwa eines Schauspiels, dauerte Monate, wenn nicht ein Jahr.[342] Weil aber Texte als Inventar sprachlicher Regeln fungieren, müssen die Schüler auch nicht viele Werke kennen, denn die Exempel und Regeln können sie an wenigen, kanonischen Texten auswendig lernen. Erst unter der Differenz von *verba* und *res* fordern Reformdidaktiker wie Comenius eine Lektürepraxis, die nicht nur Sprachkompetenz als Regelwissen trainiert, sondern auch das Sachwissen der Schüler fördert. Diese Argumentation scheint sich jedoch erst im 18. Jahrhundert durchsetzen zu können. Die Praxis des Lektüreunterrichts an den Gelehrtenschulen des 16. und 17. Jahrhunderts verändert sich kaum. Zwar legt schon Sacchini die »Ordnung beim Lesen« auf ein Durchlesen fest, aber diese Ordnung grün-

---

341 »Schulordnung aus der Cölnischen Kirchenordnung«. (1543) In: R. Vorbaum (Hg.): Die evangelischen Schulordnungen des sechzehnten Jahrhunderts. Gütersloh 1861, S. 405. Hier zitiert nach Kopp/Wegmann: »Wenige wissen noch, wie Leser lieset«, S. 97.

342 Vgl. ausführlich die Darstellung von Kopp/Wegmann, ebd., S. 96f. nach der »Weimarischen Schulordnung« von 1619 bezüglich der Lektüre einer Komödie von Terenz.

det vor allem auf der geordneten Lektüre der Bücher nacheinander. »Hüte Dich also, in allerlei Schriften umherzuschwärmen.« Jede einzelne Schrift müsse erst ganz durchgelesen werden, ohne etwas zu überschlagen:

> Was nun die Ordnung beim Lesen eines einzelnen Werkes betrifft, so muß solche von Anfang bis zu Ende des Buches gerade fortgesetzt werden. Dadurch gewinnt man eine leichtere Übersicht des Ganzen, prägt sich die einzelnen Sätze und ihre Verbindung unter einander sicherer ein, und behält sie länger im Gedächtnisse. Kommen einzelne schwere, tiefe Materien vor, so muß man weder an ihnen erliegen, noch sie überhüpfen [...] Durchblickt man endlich das Ganze nicht gehörig, so bleibt der Geist immer über das unschlüssig, was man überschlug [...].[343]

Obwohl hier die Stichworte vom Geist und vom Ganzen – zumindest in Walchners Übersetzung von 1832 – bemüht werden, kommt es Sacchini nicht auf eine Steigerung oder gar Kopplung der Lektüregeschwindigkeiten an, sondern auf einen Lesefluß, der das Buch *gleichmäßig* durch liest. Kursorische Durchgänge benötigen eine Sonderlizenz, da sie die Regeln ebenso wie die Disposition eines Werkes mißachten. Diese ist – auf der Seite des Schreibens – seit der Antike als Gattung der *sylvae*, der Wäldchen, institutionalisiert und stilbildend für die Formen von Gelegenheitsreden und -lyrik gewesen. Doch, so Qunitilians Mahnung, auf die die Tradition zurückgeht: Ein ordentliches Werk werde aus solchem Stückwerk nie entstehen können, weil es aus dem Augenblick heraus verfaßt wird oder aus einem Schnelldurchlauf durch die Materie (*decurrere per materiam*) herrührt.[344] Das Kursorische gilt als zu unordentlich, zu flüchtig. Erst die Kopplung an eine zweite, genauere Lesung eröffnet den Vorteil einer zugleich ökonomischen und genauen Lektüre.

Schon im 17. Jahrhundert läßt sich eine solche Lektüreanweisung zur Kopplung von schnellerer und verweilender Lektüre finden. Der Begriff Statarisch taucht noch nicht auf. An seiner Stelle steht noch die für Gelehrtenlektüre gut eingeführte Vokabel *cura*, die Sorgfalt, Sorge oder Aufmerksamkeit.

Im 35. Buch, 21. Abschnitt, »Analytica«,[345] gibt Johann Heinrich Alsted in seiner epochemachenden »Encyclopaedia septem tomae distinctae« von 1630 die Regel, man solle *erst* »cursim«, dann aber langsam mit Sorgfalt lesen. Dabei wird die Analyse streng von der Exegese unterschieden: »Aliud est analysis, aliud exegesis«. Die Analyse, die hier noch nicht die universale Hermeneutik

---

[343] Sacchini: »Über die Lektüre«, S. 18. Da mir das Original nicht zugänglich ist, kann hier nicht entschieden werden, inwieweit die Bearbeitung Walchners und nicht Sacchini selbst die Stichworte des ›Ganzen‹ und des ›Geistes‹ bemüht.

[344] Vgl. Quintilian: »Institutio Oratoria«, X,III,17. Zur Tradition ausführlich vgl. Konrad Adam: »Poetische und kritische Wälder«. Heidelberg 1989. Für den Hinweis ein Dank an Georg Stanitzek.

[345] Das 35. Buch gilt 37 »disciplinas compositas«, worunter u.a. neben Analytica, Apodemica zählen sowie Critica, Magia, Kabbala, Alchymia und Hieroglyphica, Mythologia, Enigmatologia, Pyrotechnika, Magnetographia, Paradoxologia, Dipnosophistica, Arithmologia Ethica, Cyclonomia, Ars Copia Rerum und Ars Copia Verborum, Polygraphia, aber auch Meletetica (ars bene meditandum) und Syzetetica.

ersetzt,[346] folgt einer anderen Lektüreregel. Als »primum analyseos principium« gilt: »Quid primum in analysi / Ante omnia tractatus ille, qui retexendus sumitur, est perlegendus; primo cursim, deinde cum cura«.[347]

Der Text soll nicht mehr »verbo ad verbum« durchgegangen, sondern zweimal auf unterschiedliche Weise gelesen werden. Hiermit ist eine neue, moderne Form der *Wiederholungslektüre* gegeben. Diese Wiederholungslektüre versucht gerade nicht, wie die rituellen religiösen Formen wiederholter Lesungen (›intensive Lektüre‹), den Text in seinem vorausgesetzten Wert zu erneuern und zu memorieren, sondern gerade umgekehrt in der zweifachen Lesung mit verschiedenen Maßen zu erschließen.[348] Gerade deshalb muß die Analyse strikt von der Exegese unterschieden werden. Der Wortlaut Alsteds zeigt den Bruch zur Schulpraxis wie zur Exegese an. Die Analyse soll das Musterhafte des Textes – durch die Vokabel »perlegendus« impliziert – einzig und allein in diesem doppelten Verfahren aufdecken oder wiederauftrennen (*retexendus*) können. Jede Schrift, die als Muster genau zu betrachten ist (*perlegendus*), muß dieser doppelten Lektüre unterzogen werden: zuerst ›im Laufe‹ (*cursim*) und erst danach mit der Sorgfalt der Ausarbeitung. Oder um die im Begriff »retexendus« implizierten Konnotationen weiter zu denken: In der doppelten Lektüre einer kursorischen und statarischen Lesung wird der Text neu gewebt. Obwohl Alsteds Enzyklopädie großen Einfluß gerade auf die ›artistische Fakultät‹ gehabt hat,[349] scheint sich diese Regel der Analyse von Schriften nicht durchgesetzt zu haben.[350]

---

346 »Analytica« ist definiert als: »disciplina mixta de ratione analyseos; seu, de modo resoluendi scripta aliorum.« Sie ist in »generalis« oder »specialis« geteilt, wobei »generalis« drei Disziplinen abdeckt: »lexico-grammitca« und »rhetorica« (= philologica) und »logica«. »Specialis« umfaßt dann »certae facultatis certa« also vor allem Jura, Medizin und Theologie.

347 J. H. Alsted: »Encyclopaedia septem tomea distinctae«. Herborn 1630. Lib. 35, Sectio 21. Ebenfalls im 4. Bd. der Enzyklopädie von 1649, S. 372.

348 Nur diese Form ist es, die Engelsing mit dem Begriff der ›intensiven‹ Lektüre bezeichnet hat. Jean Paul notierte in den »Flegeljahren« dazu: »beten heißet, wie Cicero religio von relegere, oft lesen, ableitet.« Vgl. Jean Paul: »Werke«. Hg. v. N. Miller, Bd. 3, München 1969, S. 34, hier zitiert nach Georg Stanitzek: »›O/1‹, ›einmal/zweimal‹ – der Kanon in der Kommunikation«, S. 119.

349 Vgl. dazu Gunter E. Grimm: »Literatur und Gelehrtentum in Deutschland«. Tübingen 1983, S. 94ff. Hier: S. 103f.

350 Die in den Blick geratene Unterscheidung der Parameter ermöglicht allerdings eine Differenzierung, wie sie etwa der Bedeutungswandel des Wortes »überlesen« zeigt. Erst spät bezeichnet es die oberflächliche Lektüre, wo vormals, aufgrund der Ineinssetzung von Lesen als langsamen Lesen, damit nur sachlich die fleißige und wiederholte Lektüre angezeigt war. Vgl. die Hinweise bei Grimm: »Deutsches Wörterbuch«, Bd. 23, Sp. 393f.

3.3. Johann Matthias Gesners Lektürepädagogik

Erst hundert Jahre nach Alsted gelingt die didaktische Umstellung der Lektüre von Eloquenztraining hin zu einem pragmatischen Lesen, einem Lesen, das Sachwissen sammelt. Die Kritik an der ›Wörterkrämerei‹ der Gelehrten setzt sich allmählich durch. Der traditionelle Dreischritt der Lektüreerziehung, *praecepta*, *exempla* und *imitatio*, ist unter Druck geraten.[351] Johann Matthias Gesner kann auf zwei Argumente für seinen Vorschlag, die Schullektüre zu reformieren, verweisen: Er weist zunächst darauf hin, daß in der bisherigen Lektüre- und Schulpraxis den Schülern das Lesen notwendig zum »Ekel« werden müsse. Die Kritik an der Unzulänglichkeit der Schulausbildung wird vor allem in Gesners »Bedenken, ein Gymnasium in einer fürstlichen Residenzstadt einzurichten« deutlich.[352] Diesem »Ekel« an der ewigen ›mechanischen‹ Wiederholung abzuhelfen, ist Gesners Reformziel.[353]

Für sein pädagogisches Ziel, ein nützliches und sich selbst motivierendes Lesen zu etablieren, sucht er sich ein Vorbild, daß ganz aus der akademischen Praxis und Welt herausfällt: Die Lektüre von Romanen. Die Art, wie Romane gelesen werden, soll das Vorbild auch für die akademische Lektüre und ihren Unterricht werden. Warum werden Romane interessiert gelesen? Weil der Leser, so Gesner, erfahren will, wie es weitergeht, weil er das Ende kennen möchte.[354] Diese Motivation will Gesner auf die Lektüre der kanonischen Texte des traditionellen Schulunterrichts übertragen sehen, indem er die Technik der

---

[351] Zum Kontext Kopp/Wegmann: »Das Lesetempo als Bildungsfaktor?«, S. 45ff.

[352] Vgl. J. M. Gesner: »Kleine deutsche Schriften«, S. 352–372.

[353] Diese Reform des Unterrichts wird sich – immer unter Verwendung des Topos ›Ekel‹ – bis ins 20. Jahrhundert wiederholen. Vgl. etwa Walter Benjamins analoge Ausführungen zu Realschule und Gymnasium. Benjamin kritisiert die Methode der Lektüre als Zergliederung und trockener Wiederholung sowie die Unfähigkeit der Lehrer, Zusammenhänge herzustellen. »So ergibt sich: die Dichtungen der Klassik – und sie vor allem kommen in Betracht – erscheinen der Mehrzahl der Schüler als völlig willkürlich [aufgrund der Stilübungen], jedes lebendigen Zusammenhangs entbehrende Spielereien für Ästhetiker; erscheinen unendlich trocken jedem, der seine Zeit mit ›Nützlicherem‹ ausfüllen kann.« Walter Benjamin: »Unterricht und Wertung«. In: ders.: Gesammelte Schriften, Bd. II,1, S. 35–42. Hier: S. 37.

[354] Die Motivation des Lesers durch Verwicklung – vor allem der »abenteuerlichen Liebesgeschichten« – ist schon für ältere Romane Bestandteil der Poetik. Gegen die »Episoda« die »in einander stecken wie die *Tunicae* einer Zwibel«, wettert schon Gotthard Heidegger in seiner »Mythoscopia Romantica« (1698). Reprint, hg. v. W. E. Schäfer, Bad Homburg, Berlin 1969. Hier: S. 59. Genau das aber ist für die Befürworter der Romane ein Argument, da deren Nützlichkeit ja durch das ›Ergötzende‹ der Dichtung mitbegründet wird. Das Vergnügen an der Dichtung besteht daher in der Verwicklung, die dem Leser Überraschung und Spannung geben soll. So schreibt etwa Magnus Daniel Omeis in seiner Poetik, »Gründliche Anleitung zur teutschen accuraten Reim= und Dicht=Kunst« (1704): »Die Geschicht an sich selbsten wird so viel müglich verwickelt also daß immer eine neue Begebnis aus der andern erwachse; und der völlige Ausgang muß unter großem Verlangen des Leser biß auf die Letze gespart werden.« Zitiert nach Lieselotte Kurth: »Die zweite Wirklichkeit«. Chapel Hill 1969, S. 14.

kursorischen Lesung, die nicht allenthalben an Wörtern, deren Übersetzung und grammatikalischen und rhetorischen Formen hängenbleibt, an erste Stelle setzt.

Das Hauptargument Gesners aber folgt erst noch: Nur durch kursorische Lektüre nämlich wird der Text als Ganzes in seinem Zusammenhang erfahrbar und damit erst als Medium von Sachwissen und pragmatischen Wissen für den Alltag tauglich. Nur so wird Lektüre zum Mittel der Bildung und nicht mehr nur gelehrte ›Wörterkrämerei‹.[355] Eine Lektüre, die auf zusammenhängende Informationen ausgerichtet ist, darf sich nicht mit Worterklärungen aufhalten, sondern muß den Text ganz durchlaufen. Nur so kann die Kohärenz des Ganzen erfaßt werden. Über die Rezeption von Zusammenhängen die Sachwissen vermitteln, können und sollen die Schüler gebildet werden. Gesner prägt hier zwei für Ästhetik und Pädagogik wirkungsmächtig werdende Vokabeln: »das Ganze« und der »Zusammenhang«.[356] Mit der kursorischen Lesung geraten die metalinguistischen Einheiten von Texten wie Handlung, Gesprächssituationen und Erzählverläufe in den Blick. Und sie erst – so Gesners bedeutsames Argument – geben den Worten im konkreten Kontext eine genaue Bedeutung.[357]

Das Konzept der Bildung, wie es das spätere 18. Jahrhundert entfaltet, meint nicht mehr die Vervollkommnung sprachlicher Fertigkeiten, sondern an diese Stelle rückt die Hypothese des bildungsfähigen Menschen: »Der Bildungsbegriff – und mit ihm unser Topos ›Lesen bildet‹ – macht jetzt seine eigentliche Karriere.«[358] In der Aneignung von Welt hat Bildung für jeden Menschen zwar schon begonnen, doch Perfektibilität bedeutet Bildungsfähig-

---

355 J. M. Gesner: »Praefatio«. In: T. Livii patavini historiarum libri qui supersunt. Ausführlich wird darauf weiter unten eingegangen werden.

356 Während vom ›Hochgeschwindigkeitslesen‹ her ästhetische Rezeption als langsames Lesen, als Verzögerung gesehen werden muß, ist hier umgekehrt darauf zu verweisen, daß Ästhetik auf den erst durch kursorische Lektüre herzustellenden Zusammenhang des Ganzen, der das Kunstwerk ausmacht, *angewiesen* ist.

357 Für den Prozeß der Umstellung des Lesens ist auch die Gattung der Fabel und das »Fabelprinzip« ein entscheidender Faktor. Das kann hier nur angedeutet werden. Seit Luther ist die Fabel als Schullektüre eingeführt und per se als Einheit der Bedeutung zu rezipieren. Das Ganze des moralischen Satzes wird in das Ganze einer Handlung übersetzt. Lessing Abhandlung, »Vom Wesen der Fabel« definiert diese als »Erzehlung einer Handlung«, wobei Handlung als »Folge von Veränderungen« bestimmt wird, die »zusammen ein Ganzes ausmachen. Diese Einheit des Ganzen beruhet auf der Übereinstimmung aller Teile zu einem Endzwecke.« Dies ist der moralische Lehrsatz. Vgl. Lessing: »Vom Wesen der Fabel«. (1759) In: ders.: Sämmtliche Schriften. Hg. v. K. Lachmann, 2. Aufl. Bd. 5. Leipzig 1854, S. 403ff. Hier: S. 406 und S. 413ff. Zu diesem Faktor im 18. Jahrhundert, der die Rezeptionsweise, literarische Texte auf Bedeutung hin zu lesen, anleitet vgl. Christian Bertold: »Fiktion und Vieldeutigkeit Zur Entstehung moderner Kulturtechniken des Lesens im 18. Jahrhundert«. Tübingen 1993, S. 19f. und ausführlich S. 246ff. Vgl. auch Karlheinz Stierle: »Geschichte als Exemplum – Exemplum als Geschichte«. In: Geschichte – Ereignis und Erzählung. (= Poetik und Hermeneutik Bd. 5) München 1973, S. 354ff.

358 Kopp/Wegmann: »Das Lesetempo als Bildungsfaktor?«, S. 47.

keit und -notwendigkeit zugleich. Die Bildung der ›ganzen Person‹ muß durch die pädagogische Erziehungspraxis geleitet werden. In den Worten Wielands:

> Die Natur [...] macht meistens alle weitere Fürsorge für das Gerathen ihrer Werke überflüssig. Aber wiewohl sie selten vergißt, ihr Lieblingswerk mit allen den Fähigkeiten auszurüsten, durch welche ein vollkommener Mensch ausgebildet werden könnte: so ist doch eben diese Ausbildung das, was sie der Kunst überlässt [...].[359]

Gesners Lektürekonzept schafft die Basis für den Topos ›Lesen bildet‹, der jetzt nicht länger mehr ein der sprachlichen Imitatio verpflichtetes Konzept darstellt, sondern unter den Zeichen der Perfektibilität des Menschen zum Kernbestand neuhumanistischer Lebenswege zählt. Dieses Lektürekonzept legt Gesner in seinen Schriften zwischen 1735 und 1760 mehrmals dar. Wie sieht das pädagogische Konzept im einzelnen aus?

Das Übel der Schulen sei vor allem die fehlende Differenzierung der Eignung bzw. des Zieles der Schüler. Schulbildung sei eigentlich nur auf zukünftige Gelehrte ausgerichtet und dabei werde der Unterricht für das »gemeine Leben« versäumt.[360] Gesner schlägt daher eine Differenzierung in Klassen vor, die spezifisch unterscheidet. Erst die 3. Klasse setzt mit der Vorbereitung auf die Universität ein. Funktional differenziert sind die Klassen für 1. Handwerk, Künste, Kaufleute; 2. Soldaten und Hofleute; und 3. für Studenten bzw. zukünftige Gelehrte. Und erst im Unterricht für die 3. Klasse geht es um Lektüre als erweiterten Sprachunterricht:

> Diese Lectionen gehören eigentlich nur vor diejenigen, welche in den zwey vorhergehenden nun 14 biß 16 Jahre alt worden sind [...], die aber, so auf Universitäten gehen [...] bleiben noch 2 Jahre auf dem Gymnasio, und treiben 1) die lateinische Sprache nurmehr biß zur grammaticalischen und rhetorischen Richtigkeit und lesen täglich eine Stunde cursorie die besten Schriftsteller, darunter Cicero und Cäsar die vornehmsten sind. Eine andere Stunde wird auf die eigentliche Erklärung gewendet, und z. E. von Virgils und Horazens Gedichten schöne Stellen und Stücke ausgelesen.[361]

Gesner trennt die ehemals gekoppelten Funktionen auf: Übersicht und Zusammenhang kommen zuerst, in einer anderen Stunde folgt die »eigentliche Erklärung«, die jede Sprachstruktur benennt. Als »Allgemeine Anmerkung[en] über die Lehrart« folgt die Leseanweisung:

---

[359] C. M. Wieland: »Die Geschichte der Abderiten«, I,2. In: C 19, S. 16. Die Dynamik zwischen Naturanlage und Erziehung bzw. Milieu spielt für Wieland, besonders im *Agathon* bekanntlich eine zentrale Rolle.

[360] Gesner: »Kleine deutsche Schriften«, S. 335. Herder wird diese Unterrichtsform Gesners in seiner »Eingabe an den Herzog vom 14.12.1785 betreffend eine Reform des Weimarer Gymnasiums« nachdrücklich empfehlen. Vgl. Herder: »Gutachten über Schulangelegenheiten. Zum Unterricht am Weimarer Gymnasium«. In: Herder's Pädagogische Schriften Hg. v. Keserstein, S. 75ff. Hier: S. 82.

[361] Gesner: »Kleine deutsche Schriften«, S. 361f.

> Bey Lesung der Classicken ist zu merken, daß derselbe nicht mehrere auf einmahl, sondern einen um den anderen tractirt werden, damit die Sachen in ihrem Zusammenhange desto leichter begriffen, und eben auch dadurch die Erkänntnis der Sprache befördert werde.[362]

Auch hier ist eine bedeutsame Umkehrung des traditionellen Unterrichts unscheinbar eingebracht. Gesner hat nicht nur eine bislang außerschulische Lektüreform als ersten vorbildlichen Zugang zum Text angesetzt, die Romanlektüre, sondern er kehrt auch die Begründungslogik um: Erst durch das leichtere Begreifen des Zusammenhangs, der durch die kursorische Lesung produziert wird, kann die »Erkänntnis der Sprache befördert« werden.[363]

Wie ungewöhnlich Gesners Privilegierung des schnellen Lesens ist, vermag ein kurzer Blick auf Johann Martin Chladenius zu zeigen. In seiner »Allgemeine[n] Geschichts-Wissenschaft« kommt er auf das Kriterium der Geschwindigkeit für die Wahrnehmung zu sprechen.[364] Der Kontext ist hier – zwar mit Ausrichtung auf die Aufgabe des Auslegens – ganz allgemein die Wahrnehmung von »Cörpern«, von der her Chladenius seine Konzeption aufbaut.[365] Jede schnellere Betrachtung kritisiert Chladenius als oberflächlich und allenfalls nur für schon bekannte Dinge zulässig: »So erlangen wir keinen deutlichen Begriff.«[366] So richtig die allgemeine Überlegung ist, sie erkennt nicht

---

362 Ebd., S. 365. An dieser Stelle verweist Gesner auf sein grundlegendes Vorwort zu seiner Livius Edition von 1735. Vgl. dazu unten.

363 Gesner plädiert durchgehend für die Ersetzung des Auswendiglernens durch pragmatischen Umgang. Dies gilt vor allem für die Funktion der Grammatik. Erst müsse der »Gebrauch der Sprache« erlernt werden, dann die Regeln. Das Argument ist hier dasselbe wie für Lektüre. Setzt man die Regeln an den Anfang, produziere dies nur ›Ekel‹ bei den Schülern und ihre Motivation, sich zu bilden, endet mit der Schulzeit. Vgl. J. M. Gesner: »Vorrede zu einer lateinischen Grammatik« (1739). In: ders.: Kleine Schriften, S. 256–283. Programmatisch dann: »Ob man aus der Grammatik die lateinische Sprache zu lernen anfangen müsse?« (1751), vgl. ebd., S. 294–351. Diese ›aufgeklärte‹ Pädagogik, die die Lust am Lernen und Lesen mit dem Lehren zugleich produzieren möchte, hat ihre Vorläufer etwa in Comenius. Konkret zur Lektüre vgl. aber John Locke: »Gedanken über Erziehung«. Übersetzt von H. Wohlers. Stuttgart 1970, S. 185–195 (Nr. 147–160). Auch Locke spielt das »Spießruten laufen« der Schule und den resultierenden »nicht zu überwindenden Ekel« gegen Bücher und Wissenschaften aus gegen einen Unterricht, der spielerisch die Fähigkeit, Buchstaben zu erkennen und schließlich lesen zu lernen, empfiehlt. Dazu sollen Kombinations- und (Buchstaben-) Würfelspiele dienen. Vgl. ebd., S. 187ff.

364 Johann Martin Chladenius: »Allgemeine Geschichts-Wissenschaft«. Neudruck der Ausgabe Leipzig 1752. Mit einer Einleitung von Christoph Friedrich und einem Vorwort v. R. Koselleck. Wien, Köln, Graz 1985, vgl. hier II, § 13, S. 35.

365 »Die für die gesamte AG grundlegende Voraussetzung liegt in einer Erkenntniskonzeption, die der Anschauung von Körpern abgewonnen wird.« Chr. Friedrich: »Einleitung«. In: Chladenius: Allgemeine Geschichts-Wissenschaft, S. XXXI. Vgl. dazu II, § 8, S. 32 mit dem Bezug: »ich sehe aufs Buch«.

366 Ebd., II, § 13, S. 35: »Diesen Satz bestätiget die Erfahrung: indem wir bei sehr geschwinder Bewegung unseres Kopfs und mithin der Augen, nicht von den umstehenden Sachen unterscheiden. Doch vertragen sich Sachen, die uns vorher schon längst bekannt sind, eine grössere Geschwindigkeit, als Sachen, die wir zum ersten mahle sehen.« Vgl. dazu ebd., II, § 6, S. 31 mit der Unterscheidung von ›Blick‹

die Funktion einer Ökonomie, die den Überblick mit der genauern Betrachtung zu koppeln weiß und verdeckt im generellen Verdikt die Möglichkeiten, die kursorisches Lesen bietet.

Man könnte in Gesners Anweisung zur schnellen Lektüre eine frühe begründete Anweisungen für das, was Engelsing ›extensive Lektüre‹ nennt, sehen. Doch das hieße das Lektüremodell verkennen. Gesners Konzept ist auf eine methodisch reflektierte Wiederholungslektüre hin angelegt. Das ›extensive‹ Lesen, wie Engelsing es faßt, kommt erst zustande, wenn Texte einer *nur* kursorischen Lektüre unterzogen werden. Für Gesner dagegen ermöglicht erst eine doppelte Lesung mit verschiedenen Tempi eine ›gute‹ Lektüre, indem sie *ausgehend* vom Zusammenhang den Text in seinen relevanten Teilen analysieren kann.[367]

Gesners Lektürekonzept bildet damit die lektüretechnische Anweisung zu dem, was später der »hermeneutische Zirkel« genannt werden wird.[368] Ebenso wie die ›universale‹ Hermeneutik erstreckt sich das Lektürekonzept Gesners potentiell auf alle Texte, nicht nur auf bestimmte Gattungen. Dabei rekurriert er durchaus auf die hermeneutische Tradition. Denn die Leitlinie für sein Lektürekonzept bildet die alte hermeneutische Frage: »Quid auctor sibi voluit«.[369] Dies bildet den *scopus* des Textes, der jedoch nur auf der Basis des Zusammenhangs erfaßt werden kann. Der *scopus* als hermeneutische Zentralkategorie eines »Gesichts der Rede« impliziert schon diesen (organischen) Zusammenhang des Ganzen.[370] Die kursorische Lektüre des Ganzen und ihre verweilende Ausarbeitung des Einzelnen gilt Gesner als Philosophieren »in allen Lectionen«.[371] Der

oder Anblick als »eine sehr kurze Vorstellung« und ›Anschauen‹ als »ein vielfacher und ununterbrochener Anblick.«

367 »Legendi ratio vel stataria / sit, vel cursoria / pro diuersitate librorum, temporum, scopi« J. M. Gesner: »Primae Linae Isagoges in eruditorum universalem nominatem Philologiam, Historiam, et Philosophiam«. Göttingen und Leipzig 1760, S. 9. Gesner gibt hier sein Konzept noch einmal in Regeln knapp wieder. Vgl. S. 9, Nr. 64–66 und S. 146f., Nr. 1139ff.

368 Vgl. dazu weiter unten in diesem Kapitel.

369 Gesner: »Primae Linae Isagoges«, S. 146f., Nr. 1143–1145. Vgl. die Anweisung: »daß bey aller und jeder Gelegenheit die Jugend gewöhnet werde acht zu geben a) Was der Auctor sage, und eigentlich haben wolle? b) wie er es beweise? c) Ob er recht oder unrecht habe?« J. M. Gesner: »Kleine deutsche Schriften«, S. 365f.

370 Der *scopus* gilt nach Melanchton als die hauptsächliche Absicht und der zentrale Gesichtspunkt der Rede. Er wird bei Flacius Illyricus als Zweck des Textes methodisch für die Hermeneutik und »für das Lesen einer jeden Schrift als gültig empfohlen«. So H. G. Gadamer: »Hermeneutik und Rhetorik«, S. 9 und S. 13f. Vgl. Matthias Flacius Illyricus: »Über den Erkenntnisgrund der Hl. Schrift« (1567). Lateinisch-deutsche Parallelausgabe, hg. v. Lutz Geldsetzer. Düsseldorf 1968, § 9: »Wenn du an die Lektüre eines Buches herangehst, so richte es gleich am Anfang, soweit es geschehen kann, ein, daß du zuerst den Gesichtspunkt, den Zweck oder die Absicht dieser ganzen Schrift, was wie das Haupt oder das Gesicht derselben ist, unverwandt und gehörig im Auge behälst.« Vgl. §§ 9–11.

371 So unnötig es sei, sich in der Schule auf »ein weitläufig Systematisch Buch von der so genannten Philosophie einzulassen«, so nötig sei es allerdings »daß in allen Lectionen philosophiert werde«. J. M. Gesner: »Kleine deutsche Schriften«, S. 365f. Zur Ausle-

Zusammenhang des Ganzen avanciert zur Basis und zum Ziel von Lektüre. Von ihr ausgehend, werden die traditionellen Lehrinhalte nachgeordnet.

Gesners Konzept wird während des 18. Jahrhunderts prominent werden. Vor allem Herder propagiert im »Zweiten Kritischen Wäldchen« Gesners Errungenschaft, indem er diese Form des Lesens gegen die Gelehrsamkeit eines Klotz ausspielt. Darauf ist zurückzukommen. Zuvor aber soll das schon angesprochene gelehrte Leseideal einer sorgfältig gleichmäßigen Langsamkeit illustriert werden.

3.4. Der Delphin mit dem Anker oder das gelehrte Lektüreideal der Sorgfalt bei Erasmus

> Lesen ist jedoch keine parasitäre Geste, keine reaktive Ergänzung einer Schrift, die wir mit dem Prestige der Schöpfung und des Vorhergegangenen schmücken. Es ist eine Arbeit [...].[372]

Zunächst scheint wenig mehr als interpretatorischer Wille dafür zu sprechen, in dem von Erasmus behandelten Adagium »Festina lente« eine Lektüreanweisung zu sehen. Erasmus' Darlegungen zum Sprichwort »Mach Hast langsam« oder »Eile mit Weile« scheinen im Kern vor allem eine ethische Aufforderung zu implizieren, nämlich zum rechten Zeitpunkt Entscheidungen zu fällen. Das Adagium mahnt, vorschnelle Handlungen und Entscheidungen zu vermeiden, indem man weder hastig – so die Wortbedeutung von *festinare* – noch aber zögerlich, sondern eben im rechten Augenblick die Entscheidung zu treffen weiß. Diese Forderungen sind vor allem als Rat an die Machthaber gerichtet.[373]

Die exemplarische Stellung des Sprichwortes Nr. 1001 innerhalb des Projektes der »Adagia« als Auftakt des zweiten Tausend sowie die ungewöhnlich ausführliche Behandlung durch Erasmus zeigen jedoch, daß es hier um noch mehr geht, als um eine nur allgemeine Aufforderung an die Machthaber, vernünftige und affektregulierte Entscheidungen zu treffen. Das im dreifachen

---

gung von Schriften qua Wahrheit/Irrtum vgl. vor allem Christian Thomasius: »Ausübung der Vernunftlehre«. Reprint der Ausgabe Halle 1691. Hildesheim 1968, 4. Hauptstück, S. 231.

372 Roland Barthes: »S/Z«. Frankfurt a.M. 1987, S. 15.

373 Erasmus: »Adagia«, II,1,1. In: ders. Ausgewählte Schriften in acht Bänden. Hg. v. W. Welzig. Bd. 7. Übersetzt von Th. Payr. Darmstadt 1972, S. 464–513. Hier: S. 467 und S. 507ff. Zur Interpretation Thomas M. Green: »Erasmus ›Festina lente‹. Vulnerabilities of the Humanist text«. In: J. D. Lyons und S. G. Nichols (Hg.): Mimesis. Hannover, London 1982, S. 132–148. Vgl. auch Gebauer/Wulf: »Mimesis«, S. 130ff.

Sinne »königliche« Sprichwort[374] verdichtet eine in ihm liegende Weisheit,[375] die als Lektüreideal und Imperativ humanistischen Textumgangs gelten kann.

Erasmus verweist in seiner Ausführung zum Sprichwort explizit auf den Bereich der Textbehandlung. Dabei wechselt er von Wort zu Bild, vom Sprichwort zu dessen angeblichem Emblem, das als Symbol vorbildlicher humanistischer Philologie ausgegeben wird. Der bei weitem größte Teil der Darlegung befaßt sich mit den – immer wieder entschuldigten – Exkursen über das Emblem eines um einen Anker gewundenen Delphins. Charakterisiert der Delphin die Schnelligkeit, so gibt seine – freiwillige – Bindung an den Anker die komplexe Kombination gemäßigter Eile. Mit dieser Kontamination zweier Bedeutungsarchive, der Sprichwörter und der Embleme, erreicht Erasmus eine Applikation, die mit der humanistischen Textbehandlung in Edition und Kommentar verflochten ist.

Das Emblem findet sich nämlich nicht nur auf den Münzen des Titus, sondern es ist – seit 1502 – das Druckerzeichen des Aldus Manutius, dessen philologischen Editionen für Erasmus exemplarische Vorbildlichkeit und höchsten Wert besaßen. Zugleich ist es Manutius, der die 2. Auflage der »Adagia«, in die *Festina lente* erst aufgenommen wird, Korrektur liest und herausgibt.[376] So wird das Emblem des Delphins mit dem Anker zum selbstbezüglichen Signet vorbildlicher Textedition, deren Notwendigkeit und Wert Erasmus die Exkurse widmet und die den größten Teil der Auslegung des Adagiums beanspruchen.[377] Manutius trete, so Erasmus, mit dem Emblem das »Erbe« der weisen Regel an. Er verfolge nämlich »mit nie erlahmenden Eifer« den Plan, »die Textgrundlagen [der Menschheit] vollständig, rein und unverfälscht wie-

---

374 Erasmus ebd., S. 466f. und S. 469. Im dreifachen Sinne, weil es in seiner pointierten Kürze *das* Adagium überhaupt ist, weil es ferner keines gibt, das für alle so wichtig ist, daß es »immer und überall vor Augen« sein soll – Erasmus möchte es in alle Säulen meißeln und in goldenen Lettern auf die Portale der Herrscherpaläste graviert sehen. Königlich aber auch, weil es der Wahlspruch des Augustus sowie das Zeichen des Titus auf seinen Münzen war und daher zum Wahlspruch aller Herrschenden werden soll. Vgl. ebd., S. 471ff.

375 Nach Erasmus enthalten Proverbien fast die gesamte Philosophie, indem sie als Teil auf das Ganze verweisen. Das *exemplum* der einzelnen Sentenz öffnet einen »Ozean des Wissens«, wie er selbst vorführt. Insofern haben die Sprichwörter eine »Wissen und Anamnese erschließende Funktion«. Vgl. D. Harth: »Sprachpragmatismus und Philologie bei Erasmus«, S. 107f.

376 Die »Adagiorum collectanea« erscheinen zuerst 1500 in Paris. Sie enthalten ohne Einleitung oder Inhaltsangabe 818 Sprichwörter. Buchgeschichtlich bedeutsam ist, daß sie die kursive Type erneut für gelehrte Werke einführen. 1508 veröffentlicht Erasmus die neue Ausgabe als »Adagia chiliades« bei Aldus Manutius. Die Sprichwörter sind auf 3000 angewachsen. Die neue Ausgabe begleiten zwei alphabetische Register (Titel und Gegenstände) sowie die lange methodische Einleitung über Formen und Vorformen der Sprichwörter (gnomen, sententia, proverbien). Als Adagium 1001 findet sich dort *Festina lente*. Jeweils die ersten der folgenden tausend Adagia haben besondere Bedeutung und werden deutlich ausführlicher behandelt.

377 Erasmus ebd., vgl. S. 475f. Die »kleinen Abschweifungen« S. 485–507!

der zugänglich zu machen.«[378] Schon dieses Bestreben ist, aufgrund des kulturellen Wertes, für Erasmus ›königlich‹, wenn nicht gar göttlich. Eifer aber alleine reicht nicht aus, dies wäre ja gleichsam nur der Anteil des Delphins. Was Manutius Editionen zum Lektürevorbild werden lassen, ist die beharrliche, genaue Sorgfalt der Prüfung, die »Herkulesarbeit« eines mühsamen, langsamen, vergleichenden Lesens der ›verderbten‹ Quellen. Die gelehrte Textkritik und -edition ist dabei wiederum nicht nur einfach Herkulesarbeit, sondern sie ›verlangt‹ zugleich jene Ethik der Entscheidung, an die das Adagium erinnert, einen »man darf wohl sagen, königlichen Sinn«, um »der Welt wiederzuschenken, aufzuspüren, was verschollen, auszugraben, was versteckt war, zu rekonstruieren, was zerstört, zu ergänzen, was fragmentarisch und zu korrigieren, was auf tausenderlei Weise verderbt ist«.[379] Emendation und Konjektur sind philologische Basisarbeiten, die Genauigkeit und Entscheidungen erfordern, aber als Urteil nicht immer vollständig zu begründen sind. Als Gewähr. steht nur die Aufrichtigkeit des Bearbeiters ein, sein Bemühen, die richtige Entscheidung sorgfältig zu treffen.

Diese Abschweifung zur Ethik der Textedition, die mit zwei weiteren fortgesetzt werden wird, gestatte er sich, so Erasmus, »damit die Gelehrten dieses Symbol noch mehr schätzen und lieben« und es sich zum Wahrzeichen für die notwendige akribische Lektüre machen, da sie nun »seinen ehrwürdigen Ursprung kennen, seinen Sinn verstehen«.[380] Die Erinnerung an das Sprichwort sei notwendig, damit die verderbten Quellen »mit gebührender Sorgfalt« publiziert werden.[381] Im Sinne der Sorgfalt kommt die Lektüreforderung überein mit der allgemeinen ethischen Auslegung des Sprichwortes:

> Um noch einmal zusammenzufassen: Wer durch Trägheit Fehler macht oder durch unbeherrschtes Temperament, dem sollte man die Devise des Augustus: Eile mit Weile, und das Signet, das sich einst Titus, jetzt Aldus [Manutius] zu eigen gemacht hat, ins Gedächtnis rufen, damit er stets an Delphin und Anker denkt.[382]

Das Emblem, das Erasmus für das Sprichwort einsetzt, symbolisiert jedoch nicht nur die Hoffnungen und das Ideal humanistischer Lektüre und Edition der Quellen. Erasmus' Behandlung des Adagiums ist selbst programmatisch für den ausgwiesenen Typus der Lektüre im Zeichen der Sorgfalt und Aufmerksamkeit, der Lektüre *cum cura*. Die sorgfältige, langsame Genauigkeit ist der vorbildliche Eifer oder die Hingabe, für die das Wort *studium* jetzt stehen soll. Dazu gehört ebenfalls die Form der Auslegung und Kommentierung, die Erasmus in den »Adagia« einführt und die sich radikal von der mittelalterlicher Proverbiensammlungen unterscheidet.

---

378 Ebd., S. 487.
379 Ebd., S. 489. Zur Klage über die fehlende »Sorgfalt« (cura) vgl. ebd., S. 493.
380 Ebd., S. 489.
381 Vgl. ebd., S. 501, »ut ea iusta cura publicaret«.
382 Ebd., S. 507.

Die »Adagia« sind nicht einfach nur eine Sammlung von Sprichwörtern. Entscheidend ist, daß Erasmus den dort versammelten Texten keine privilegierte Bedeutung zuordnet, sondern statt dessen die größtmögliche Zahl der Referenzen in antiken Texten zitiert. Anstatt *eine* gültige Auslegung zu präsentieren, bieten die »Adagia« eine Zitatensammlung von durchaus verschiedenen Interpretationen der Sprichwörter durch ihre Sammlung aller verfügbaren Quellen.[383]

Das ist eine völlige Abwendung vom mittelalterlichen und scholastischen System der Auslegung. Die Bedeutung des Sprichworts ist nicht zentriert auf einen (höheren) Sinn, sondern liegt *zwischen* den versammelten Zitaten und ihrer Interpretation durch Erasmus. Sprichwort, Zitate und Kommentar bilden eine dreistellige Relation, die dem Leser eine aktive Rolle bei der Sinnfindung offen läßt. Im Gegensatz zur Glosse des Mittelalters und den Interpretationen der Bibelstellen durch die Kirchenväter werden die Texte nicht mehr auf eine Quelle zentriert und ihr Sinn wird nicht mehr auf die Einheit eines spirituellen und allegorischen Sinnes festgelegt. Erasmus versucht vielmehr einen umfassenden Bericht partikulärer und säkularer Bedeutungszuweisungen. Das relativiert die Macht der *auctoritas*, die die Humanisten grundsätzlich verwerfen. Während die allegorische Interpretation der Kirchenväter die Autorität (Gottes Wortes) fundiert und bestätigt, entsakralisiert und profanisiert Erasmus die Zitate und das Absolute des Sinns.[384]

Sprichwort und Kommentar in den »Adagia« haben so eine funktional äquivalente Stellung wie das Emblem zu seiner *Subscriptio*. Das Emblem ist charakterisiert durch Konventionalität und Arbitrarität des Verhältnisses von Idee und Zeichen.[385] Damit setzen Embleme an die Stelle autoritativer Bedeutungsfestlegung die produktive und pragmatische Offenheit der Zeichen, durch die diese zum *exemplum* werden können.

Nur deshalb aber kann Erasmus in seine Interpretation des Adagiums »Festina lente« das Emblem des Delphins mit dem Anker als Sinnbild der Edi-

---

383 Man vergleiche Roland Barthes Konzept vom »pluralen Text« und dessen Kommentierung. Hier wie dort geht es nicht um »die Wahrheit des Textes«, sondern um plurale »Sinneinheiten«, die nicht mit einem »Meta-Sinn« als »Schlußkonstruktion« versehen werden. Ein solches Vorgehen erfordert die Aktivität des Kommentar-Lesers, der diese Anforderung an die Leser des Kommentierten weitergibt. Vgl. Barthes: »S/Z«, S. 16ff. Hier: S. 19. Wie auch immer problematisch solche ›wuchernden‹ Kommentare bzw. Lektüren sind, sie unterstehen weniger der beliebten ›Beliebigkeit‹, die ihnen gerne vorgeworfen wird, als einer strengen Ethik des Lesens – i.S. J. Hillis Miller – als Verantwortung im Verhalten dem Gelesenen oder zu lesenden Text gegenüber. Vgl. zu diesem Konzept der Lektüre als Antwort und Verantwortung J. H. Miller: »The Ethics of Reading«. New York 1987.

384 Dazu vor allem A. Compagnon: »La seconde main«, S. 268ff. Vgl. auch Gebauer/Wulff: »Mimesis«, S. 133f. Zur Differenz zu mittelalterlichen Spruchsammlungen siehe D. Harth: »Sprachpragmatismus und Philologie bei Erasmus«, S. 104ff.

385 Compagnon: »La seconde main«, ebd., Zur Struktur der Embleme vgl. Albrecht Schöne: »Emblemata. Versuch einer Einführung«. In: DVjs 37 (1963), S. 197–219.

tionssorgfalt einfügen. Denn das Emblem selbst steht dieser Interpretation denkbar fern. Es symbolisiert nach den Emblembüchern nicht das Sprichwort »Eile mit Weile«, sondern vielmehr die Hilfsbereitschaft, da der Delphin die Anker der Schiffe festhalte.[386] Aber es existiert eine im genauen Sinn *arbiträre* Verbindung von Adagium und Emblem. Denn Erasmus lernt die Münze des Titus, also die Quelle für das Emblem, erst durch Aldus Manutius kennen, der sie seinerseits von einem »hervorragenden Kenner der antiken Literatur«, nämlich von Pietro Bembo, erhalten hatte, wie Erasmus selbst berichtet.[387] Zu den Verweisungsmöglichkeiten, die Erasmus versammelt, kann so die Interpretation des Emblems als Sinnbild des Adagiums entstehen, das seinerseits für die Tugenden einer aufopferungsvollen Lektüre- und Editionsarbeit einsteht. Mit dieser Arbeit der Lektüre, im Sinne eines Sammelns und Prüfens von Verweisungsmöglichkeiten, weisen die »Adagia« sich selbst als Vorbild des Ethos einer sorgfältigen und produktiven gelehrten Lektüre aus.[388]

Die Erklärungen der »Adagia« verweigern die autoritative Festlegung eines Sinns. Sie verweisen nicht auf Lehrmeinungen oder anerkannte Autoritäten. Kein »hic dixit«. Sie stellen vielmehr ›nur‹ Annäherungen dar, indem sie ein Quantum von Sinnmöglichkeiten präsentieren. Der Sinn ist und bleibt relativ und erfordert gerade deshalb die Aktivität des Lesers. Deshalb kann das Diktum »Festina lente« auch die »Bedeutung eines selbständigen mimetischen Lesens« annehmen.[389] Diese Selbständigkeit der Mimesis ist lektüretechnisch auf das Parameter der Sorgfalt (*cura*) geeicht.

Erasmus Sprichwort wird tatsächlich zur Lektüreanweisung. Im »Libro de ratione studiorum«, einer der lateinischsprachigen Hodegetiken des 17. Jahrhunderts, wiederholt Alexander Fichet den beherrschenden Topos des »nicht vieles, sondern viel lesen«. Viel soll gelesen werden, aber in einer ebenso sorgfältigen Auswahl, wie die »Adagia« sie als Buch bietet und als Anweisung inszeniert. Die Lektüre wird dabei auf das Ideal der gleichmäßig langsamen Lesung konzentriert. Anders gesagt: Die Speise (*cibus*) will sorgfältig gekaut sein:

> Multum legamus, non multa. Festinemus lente: obruitur enim memoria multitudine, festinatione judicium ingeniumque corrumpitur. Convivas imitemur oportet, qui cibus non ingurgitant esse, quos non concoquerent, sed sedata fame & lento dente

---

386 Vgl. »Emblemata. Handbuch zur Sinnbildkunst des 16. und 17. Jahrhunderts«. Hg. v. Albrecht Schöne und Arthur Henkel. Stuttgart 1967, Sp. 713f. In einer anderen Bedeutung steht der Delphin mit dem Anker für die Hilfsbereitschaft des Fürsten. Vgl. ebd., Sp. 683f.

387 Vgl. Erasmus: »Adagia«, ebd., S. 474f.

388 Zum Zusammenhang von Buchdruck, sammelnder Lektüre und Rhetorik Michael Cahn: »Hamster: Wissenschafts- und mediengeschichtliche Grundlagen der sammelnden Lektüre«. In: Paul Goetsch (Hg.) Lesen und Schreiben im 17. und 18. Jahrhundert. Tübingen 1994, S. 63–77.

389 So die Interpretation von Gebauer/Wulff: »Mimesis«, S. 134.

vescuntur, eaque mensura & modo, ut digerere & in succum suum demutare queant dapes illatas.[390]

Erst Gesner wird diese Verpflichtung auf das Langsame der gelehrten Lektüre attackieren und ersetzen.[391] Und unter Berufung auf Gesners Lektürekonzept kann Johann Gottfried Herder das schnelle Lesen als (neuen) Inbegriff einer allein sinn- und effektvollen Lektüre gegen Klotz und die Gelehrtenzunft ausspielen. Es etabliert sich ein neues Ideal des Lesens: Der Zusammenhang des Ganzen.

3.5. Der Zusammenhang des Ganzen: Johann Gottfried Herder zum Wert schnellen Lesens

Mit der »Methode, mit dem Geschmack überhaupt, zu dem seine Schriften führen, Horaz zu lesen, bin ich um so weniger zufrieden«, schreibt Herder in seinem »Zweiten Kritischen Wäldchen« über »einige Klotzische Schriften«.[392] Im Vordergrund der Kritik steht nicht etwa die philologische Genauigkeit, sondern diese selbst wird gerade zum Angriffspunkt. Herder befindet, daß Klotz »wenig zum Behufe des Poetischen Lesens, zum Lesen [von] Horaz in Horaz Sinne beigetragen« habe. Denn so sehr Klotz' Schrift »De felici audacia Horati« »sich mit ihrer schönen Critik selbst vorzeigt«, so sehr ist sie für Herder gerade deswegen »kein Muster des Geschmacks, Horaz zu lesen«.[393]

Entscheidendes Kriterium dieser harschen Beurteilung ist nicht mehr die (wissenschaftliche) Qualität der gelehrten Anmerkungen, sondern vielmehr die

---

390 Alexandro Ficheto: »Libro de ratione studiorum. Arcana studiorum methodo«. Zitiert nach Morhof: »Polyhistor« 1708, I,2, Kapitel 8,21, S. 445.

391 Wie verpflichtend das gelehrte Lektüreideal war läßt sich auch anhand Kaspar Stielers Anweisungen zur Zeitungslektüre ermessen. Bezüglich dieses wichtigen Lesestoffes gilt damals nicht, was heute in Anschlag gebracht wird – schnelles Informationslesen – sondern akribisches Prüfen und Vergleichen der Nachrichten unter Heranziehung verschiedenster weiterer Informationen wie Landkarten, Stammbäume und Reisebeschreibungen etc., um die Informationen der Zeitung zu prüfen. Zeitungen sollen als »Probirstein der Vernunft« nach dem Vorbild hermeneutisch bedeutender Texte, etwa »Keysers Justinanus Novellen in unserm grossen Rechts-Buche«, als prekäres Informationmedium kritisch ganz durchgelesen (!) und geprüft werden. »Es muß ein Zeitungs=leser an allem/was in den Avisen stehet/so lange zweifeln/bis eine Sache dreymal nacheinander von unterschiedlichen Orten bekräftiget werde.« Vgl. Kaspar Stieler: »Zeitungs- Lust und Nutz: oder/so genanten Novellen oder Zeitungen/wirkende Ergetzlichkeit/Anmut/ Notwendigkeit und Frommen/Auch//Was bei deren Lesung zu lernen/zu beobachten und zu bedenken sey? Samt einem Anhang [...] Entworfen von dem Spaten«. Hamburg 1695, vgl. S. 335–351. Hier: S. 344 und S. 350. Zur Verbreitung und Stellung des Lesestoffs Zeitung vgl. Martin Welke: »Gemeinsame Lektüre und frühe Formen von Gruppenbildungen im 17. und 18. Jahrhundert. Zeitungslesen in Deutschland«. In: Otto Dann (Hg.): Lesegesellschaften und bürgerlich Emanzipation: ein europäischer Vergleich. München 1981, S. 29–54.

392 J. G. Herder: »Zweites Kritisches Wäldchen« (1769). In: ders.: Sämtliche Werke. Hg. v. Bernhard Suphan, Bd. 3. Berlin 1878. Hier: S. 342.

393 Ebd.

neue zeitgenössische Zentralkategorie der ebenso neuen Literaturkritik: Der Geschmack. Durch die Ausdifferenzierung von wissenschaftlicher Erkenntnis und Ästhetik (›klare‹ und ›deutliche‹ Vorstellung i. U. zu klaren, aber undeutlichen Vorstellungen) rückt sie ins Zentrum der Beurteilung von Literatur.[394] Schon die Moralischen Wochenschriften verstehen sich – ebenso wie die neuen ›Bibliotheken‹ der »Schönen Wissenschaft« – geradezu als Institutionen zur Ausbildung des guten Geschmacks der Leser und bilden damit einen Gegendiskurs zur gelehrten Behandlung von Schriften.[395]

Diese ›Bildung des Geschmacks‹, begriffen als universelle Ausbildung »eines feinen, richtigen und gelehrten Gefühls alles Schönen«,[396] basiert auf einer lektüretechnische Fundierung, die ebenfalls universalistisch angelegt ist: Die Steigerung der Geschwindigkeit. Zwar wird zwischen Gattungen wie zwischen Gelehrten und anderen Lesern weiterhin unterschieden, doch die Erziehung zum Geschmack betrifft alle Leser, selbst den Gelehrten.

Nur vor dem Hintergrund dieses Diskurses kann Herder dem Gelehrten Klotz vorwerfen, seine Schriften verfehlten ihr Ziel und korrumpierten noch eher die Literatur, als daß sie ihr nützten. Horaz als Autor der sog. »Ars poetica« bietet sich als Streitpunkt geradezu an. Herders Absetzung von der gelehrten Tradition ist deutlich genug, indem sie die neue Propädeutik zur Lektüre von Literatur fordert: »mit dem Geschmack überhaupt, zu dem seine Schriften führen, Horaz zu lesen, bin ich um so weniger zufrieden«. Indem Herder allerdings das ›poetische Lesen‹ zu einem Lesen »in Horaz Sinne« werden läßt, bedient er sich geschickt der Autorität hermeneutischer Tradition, in der das »quid auctor sibi voluit« zum Grundbestand der beurteilenden Maßstäbe zählt.[397] Doch das, was Herder als poetisches Lesen im Sinne Horaz fordert, meint nichts anderes, als die kursorische Lektüre nach dem Konzept J. M. Gesners. Erst ihre lektüretechnische Fundierung ermöglicht die konsequente und scharfe Kritik an Klotz als (Stell-) Vertreter seiner Zunft.

---

[394] Vgl. Armand Nivelle: »Literaturästhetik der europäischen Aufklärung«. Wiesbaden 1977. Basis für die Geschmacksdebatte ist die Leibniz/Wolffsche Philosophie, die von Baumgarten, Meyer und Mendelssohn aufgenommen wird. Ausführlich: Dieter Kimpel: »Christian Wolff und das aufklärerische Programm der literarischen Bildung«. In: Christian Wolff: 1679–1754. Hg. v. W. Schneiders. Hamburg ²1986, S. 203–236.

[395] Vgl. etwa die »Bibliothek der schönen Wissenschaften und freyen Künste«, Bd. 1, 1 (1757), S. 2ff. Zu den Moralischen Wochenschriften Wolfgang Martens: »Die Botschaft der Tugend. Die Aufklärung im Spiegel der deutschen Moralischen Wochenschriften«. Stuttgart 1971. Zur Gegenprobe vgl. Chr. Wolff »Wie man Bücher recht mit Nutzen lesen soll«. In ders.: »Vernünftige Gedanken von den Kräften des menschlichen Verstandes« (Deutsche Logik). In: ders.: Gesammelte Werke. 1. Abt. Deutsche Schriften. Bd. 1, hg. v. Hans Werner Arndt. Hildesheim, New York 1978, Kapitel 10ff.

[396] So Wielands Definition. Vgl. Wieland: »Die Geschichte der Abderiten«, I,2. In: C 19, S. 16.

[397] Hier J. M. Gesner: »Primae Linae Isagoges«, S. 146.

Der universalistische Zugriff auf Texte, der ein und dasselbe Ziel und Lektürekonzept appliziert, ist keineswegs selbstverständlich. Im 17. Jahrhundert sehen die Anweisungen zum Lesen noch ausdrücklich differente und differenzierte Umgangsweisen mit verschiedenen Texten vor. Gerade die Speisemetaphorik für Lektüre steht hier für die Unmöglichkeit eines allgemeinen Geschmacks. So schreibt etwa Robert Burton in seiner »Anatomie der Melancholie« unter Rückgriff auf ein antikes Adagium:

> Unsere Schriften sind wie Speisen, unsere Leser wie Gäste, unsere Bücher wie die Schönheit, was der eine bewundert, weist der andere zurück, und man schätzt und je nach Gusto und Mode. [...] Die Grillen des Lesers bestimmen das Schicksal der Bücher, und was dem einen gefällt, das findet der andere so widerwärtig wie die Sau den Majoran. [...] So viele Menschen, so viele Köpfe, und was dieser verdammt, entflammt jenen.[398]

Auch Francis Bacons Lektüre- oder Studienregeln sehen vor allem die Differenzierung von Lesestoffen vor. Als Ideal wird eine Kunst der Auswahl angesehen, die das ›Gegenmittel‹ zu etwaigen Mängeln im Charakter des Lesers zu finden weiß. Bacon bezieht sich hierbei auf eine antike Fundierung, indem er Lektüre als Nachahmung ansieht, die den Charakter der Leser beeinflussen soll. Erstaunlich ist dabei jedoch die flexible Variation möglicher Lektüreformen:

> Studieren vervollkommnet den Charakter und wird selber durch Erfahrung vervollkommnet [...] Einige Bücher muß man nur kosten, andere verschlingen und einige wenige durchkauen und verdauen; das heißt, einige Bücher muß man nur anlesen, andere wohl durchlesen, aber nur oberflächlich, und ganz wenige gründlich mit Fleiß und Aufmerksamkeit durchstudieren. Einige Bücher kann man auch von andern durchlesen und sich Auszüge daraus anfertigen lassen: dies darf jedoch nur bei weniger wichtigen Abhandlungen und unbedeutenden Werken geschehn, sonst gibt das Destillieren von Büchern faden Geschmack wie das Destillieren von Heilkräutern.[399]

So lassen sich dann Gattungen auf Geistes- und Charaktereigenschaften differenzieren:

> Geschichte macht weise, Poesie geistreich, Mathematik scharfsinnig, Naturwissenschaft gründlich, Sittenlehre ernst, Logik und Rhetorik fähig zu disputieren. Ja, es gibt keine Unvollkommenheit des Geistes, der nicht durch geeignete Studien abgeholfen werden könnte, gleichwie körperliche Schwächen durch angemessene Leibesübungen behoben werden. [...] Ebenso sollte derjenige, der sich nicht sammeln kann, die Mathematik studieren; denn schweift sein Geist bei Beweisführungen auch nur

---

[398] Robert Burton: »Anatomie der Melancholie«. Übersetzt von Ulrich Horstmann nach der 6. verb. Ausg. 1651, München 1991, S. 29. Zum Adagium »Viele Köpfe, viele Sinne« vgl. Erasmus: »Adagia«, ebd., S. 383.

[399] Francis Bacon: »Über das Studium«. In: ders.: Essays. Hg. v. Levin L. Schücking. Vollständige Ausgabe (nach der 3. Aufl. der Essays von 1625). Leipzig 3. Aufl. 1967, S. 209f. Bacon bezieht sich auf die moralische Funktion der Mimesis. Sein Verweis gilt explizit Ovids Diktum »Abeunt studia in mores«. Diese Studienregel lassen sich auf den Humanismus zurückführen. Vgl. etwa J. L. Vives Ausführungen unten, Kapitel III.2.

ein wenig ab, so muß er wieder von vorn anfangen. Ist sein Verstand nicht dazu fähig, scharf zu trennen und zu unterscheiden, so muß er die Scholastiker studieren, denn sie sind die ›cymini sectores‹, Kümmel-, das heißt Haarspalter. Fehlt ihm die Gabe, rasch einen Überblick zu gewinnen und zum Beweise und zur Beleuchtung einer Sache eine andere heranzuziehen, so muß er Rechtsfälle studieren. Auf diese Weise gibt es für jedes geistiges Gebrechen ein Rezept.[400]

Nicht so die Lage Mitte des 18. Jahrhunderts. Als ›Rezept‹ gilt nur noch die Erziehung der Leser zum Geschmack und gerade Literatur übernimmt für dieses Ideal die zentrale Stellung.[401] Diesem Bildungsziel haben sich auch die Gelehrten unterzuordnen. Weil Klotz' Schriften zu Horaz dem älteren Gelehrtenideal wie der Regelpoetik verpflichtet sind, können sie von Herder exemplarisch als inadäquat und pädagogisch schädlich dargestellt werden. Der Kritik sei hier Schritt für Schritt gefolgt.

Zunächst wirft Herder Klotz vor, die Oden des Horaz schlicht nach dem »Fachregister des lieben Batteux« zu analysieren, also nach einer Regelpoetik, die Oden nach formalen Kriterien klassifiziert. Dies sei für »ein Schulthema« wohl angemessen, nicht jedoch als »Fachwerk« oder Topik für den herausragenden Horaz.[402] Er wisse, so Herder sich strategisch absichernd, daß er einer herrschenden ›Mode‹ entgegentrete, doch umso mehr gilt Klotz nur als ein Exempel pars pro toto, verstehen sich Herders Ausführungen als Programmatik für den neuen Umgang mit Literatur.

Der Kern der Kritik an der gelehrten Methode ist, daß durch die klassifikatorische Analyse gemäß der regelpoetischen ›Rubriken‹ die Zusammenhänge innerhalb der Texte auseinandergerissen werden. Diese ›Zerstückelung‹ des Textes wird sinnfällig durch die Notwendigkeit ständigen Hin- und Herblätterns in den gelehrten Verweisungen. Das zerstört nicht nur den Sinn, sondern zugleich auch die Lust zu lesen:

ich kenne keine Manier, in der Horaz mehr zerrissen, und seichter nachgeahmt werden könnte, als diese. Ich habe angefangen, die Stellen Horaz, die hinter jeder Klotzischen

---

400 Bacon ebd., S. 210f. Auch Bacons Anweisungen werden von Morhof weitergegeben. Vgl. D. G. Morhof: »Polyhistor« (1708), I,2, Kapitel 8,20, S. 444. Auf die Sammlung und Verweise zur Lektüre bei Morhof verweist wiederum J. G. Walch: Art. »Bücher«. In: ders.: Philosophisches Lexikon. Leipzig 1726, Sp. 319–322.

401 Entscheidendes Medium für diese Geschmacksbildung durch Dichtung sind, wie gesagt, zunächst die Moralischen Wochenschriften sowie die neuen Literaturzeitungen, die sich in Stil und Form von den gelehrten ›Bibliotheken‹ absetzen. Sie füllen die Lücke, die die traditionelle Gattungseinteilung von historischen, dogmatischen und theologischen Schriften bzw. der Bibel offen läßt. Vgl. Wolfgang Martens: »Die Botschaft der Tugend«, hier bes. zur Form der Gattung S. 22ff., S. 32ff. und S. 74ff. Zu den Lesern der Wochenschriften ebd., S. 141ff. Zur traditionellen Gattungseinteilung dagegen vgl. Christian Wolff: »Vernünftige Gedanken von den Kräften des menschlichen Verstandes«, §§ 10, 11, 12. Wolffs Gattungsdifferenzierung zwischen historischen und dogmatischen Schriften wird etwa von Chladenius in seiner Hermeneutik übernommen.

402 Herder: »Zweites Kritisches Wäldchen«, S. 343.

> Rubrik: abgerissener Anfang, Sprung, Digression, u.s.f. stehen, aufzublättern; ekelhaft aber war mit mein Aufblättern bald, und ich verlohr oft dabei den Sinn meines lieben Horaz.[403]

Der »zweite Abweg«, Horaz zu lesen[404] ist folgerichtig der ständige Verweis auf Parallelstellen. Auch die »Paralellenmacherei« zerstört, »wenn sie Hauptgeschmack wird«, den kontinuierlichen Lesefluß. Sie setzt an die Stelle der Geschlossenheit des Textes den Verweis auf weitere Stellen oder andere Autoren. So wird die ›Schönheit‹, die in der Illusionswirkung auf die Einbildungskraft liegt, nachhaltig zerstört:

> Schade um die Schönheit, die ich erst aus hundert Vergleichungen schön finden soll; [...]. Der Anblick, das innere schnelle Gefühl [!] eines Poetischen Bildes muß das Herz entwenden: wer blos durch Vergleichungen, durch Parallelen Empfindung bekommt, dem schadets nicht, wenn er keine habe.[405]

Die Wirkung des poetischen Textes, auf die es Herder ankommt, wird auf die reibungslose Umsetzung der Worte in ihre Bedeutungen zentriert, auf »das innere schnelle Gefühl eines Poetischen Bildes«. Aufgrund dieser Wirkung für die Einbildungskraft hatte Lessing im »Laokoon« Malerei und Dichtung differenziert und das Poetische der Dichtung implizit auf die ungehemmte kontinuierliche Lektüre der »willkürlichen Zeichen« festgelegt:

> Es ist wahr; da die Zeichen der Rede willkürlich sind, so ist es gar wohl möglich, daß man durch die Teile eines Körpers ebensowohl aufeinanderfolgen lassen kann, als sie in der Natur nebeneinander befindlich sind. Allein dieses ist eine Eigenschaft der Rede und ihrer Zeichen überhaupt, nicht aber insoferne sie der Absicht der Poesie am bequemsten sind.[406]

Genau an diese Stelle muß nun die Illusion durch Beschleunigung der Lektüre treten, durch die allein die Sukzession der Zeichen zur Wirkung auf die Einbildungskraft werden kann. Das Kriterium für die Wirkung der Dichtung ist ein Maß der Geschwindigkeit, bei dem die Signifikanten in ihrer Materialität verschwinden, um die Bilder, die sie bezeichnen, ›lebendig‹ werden zu lassen. Denn der Zweck der Dichtung ist die angenehme Täuschung. Der Dichter wolle, so Lessing, nicht einfach wie der Prosaist »klar und deutlich« sein, sondern:

---

403 Ebd. Auf den folgenden Seiten geht Herder ausführlich auf die verschiedenen Analysemittel der Regelpoetik ein, um sie eine nach der anderen zu verwerfen.

404 Ebd., S. 351.

405 Ebd. Das vertritt Herder auch noch 1803 in: »Briefe über das Lesen des Horaz an einen jungen Freund«, obwohl er hier die Analyse objektiver Stilqualitäten Horaz Oden durchführt. Vgl. Herder: »Adrastea«. 9. Stück. In: ders.: Sämmtliche Werke. Hg. v. B. Suphan, Bd. 24, S. 199–222. Hier: S. 203ff.

406 Gotthold Ephraim Lessing: »Laokoon. Oder über die Grenzen der Malerei und Poesie«. In: ders.: Werke II. Kritische und philosophische Schriften, München 1969, S. 97.

> er will die Ideen, die er in uns erwecket, so lebhaft machen, daß wir in der Geschwindigkeit die wahren sinnlichen Eindrücke ihrer Gegenstände zu empfinden glauben, und in diesem Augenblicke der Täuschung, und der Mittel, die er dazu anwendet, seiner Worte bewußt zu sein aufhören.[407]

Diese angenehme Täuschung kann weder in gelehrten Kommentaren, noch in Anthologien oder Stellenverweisen entstehen. Die Stellen »so hinter einander gestellt, wer mag sie lesen?«[408]

Überhaupt kann die Materialität der Worte nicht mehr das Kriterium für die Lektüre sein, »Buchstaben, Klang, Tonfolge« tragen zur »Wirkung der Dichtung« wenig bei, schreibt Herder in seiner kritischen Erörterung der angeführten Passage Lessings aus dem »Laokoon«. Sondern vielmehr ist ›der Sinn‹ alles, der Sinn, »der durch eine willkürliche Uebereinstimmung in den Worten liegt«. Allein dieser sei »die Seele, die den artikulierten Tönen einwohnet«.[409] Die gelehrten Sach- und Worterklärung dagegen »bring[en] uns aus dem Poetischen Ton des Ganzen.«[410] Herder nennt dies polemisch einen »Gemmengeschmack«, einerseits wegen der Gemmensammlungen (Daktylotheken) als Archiven antiker Kultur, andererseits aber wegen der etymologischen Konnotation, die er in Folge immer wieder anführt: die Steinchen bzw. ›Skrupel‹, die den Lesefluß stolpern lassen.

Entscheidend sind nicht einzelne Worte, sondern das, was Herder als »Localwirkung« bezeichnet, der notwendige Zusammenhang des Kontextes der Worte für ihre Wirkung: »man reiße es [das poetische Bild] aus seinem Orte, aus seiner Verbindung, aus seiner Localwirkung, und es ist ein Schatten.«[411] Weder Bildung noch Geschmack werden so gefördert, sondern die Leser werden von dem, was jetzt als Wert aller Poesie gilt, massiv abgehalten:

> Ich könnte Beispiele geben, wie weit man uns mit solchem Geschmacke wegerläutern, und vom Tone des Poeten fortleiten könne. Man wird nie das Ganze eines Dichters, eines Gedichts recht innig fühlen, recht mit seiner Seele verfolgen, wenn man an Stellen klebt.[412]

Im Unterschied zur »Gemmengelehrsamkeit« soll der Leser »in Horaz Sinne« lesen lernen. Denn der Blick des Dichters, so Herders Vervollständigung des Arguments, richte sich »immer aufs Ganze«, er sehe »mit jedem einzelnen Bilde nur auf die Hauptwirkung seiner Energie«. Die (rhetorische) Wirkungskategorie der *energeia* ist daher nicht auf »spielende Figuren und Puppen«,

---

407 Ebd.

408 Herder: »Zweites Kritisches Wäldchen«, S. 352. Deshalb auch: »Immer ists ein Verderb der Dichtkunst gewesen, aus ihr Anthologien zu sammeln.«

409 Herder: »Erstes Kritisches Wäldchen«. In: ders. Sämmtliche Werke. Hg. v. B. Suphan Bd. 3, S. 136, vgl. S. 134ff.

410 Herder: »Zweites Kritisches Wäldchen«, S. 353.

411 Ebd., S. 352.

412 Ebd.

sprich Worte und rhetorische Figuren gerichtet, sondern auf die Illusion »für die Seele, für die Einbildungskraft, für den Verstand, für die Affekten.«[413]

Die Kategorie der Energie hatte Herder schon im »Ersten Kritischen Wäldchen« gegen Lessing in Anschlag gebracht. Dort unterscheidet Herder Lektüre als »Erklärung« von Lektüre als »Verstehen«. Letztere muß – wie Herder anhand seiner Homer-Lektüre ausführt – vor allem eine »Verwandlung« im Leser bewirken. Der Leser muß Grieche werden, wenn er Homer liest und zwar unabhängig davon, in welcher Sprache er ihn liest. Das Geheimnis liegt in der reibungslosen Übersetzung, der Verwandlung von Worten in Bedeutungen, die wiederum den Leser selbst verwandeln sollen:

> Grieche muß ich überdem schon werden, wenn ich Homer lese, ich lese ihn, wo ich wolle: warum denn nicht in meiner Muttersprache? Insgeheim muß ich ihn doch in dieser schon jetzo lesen: insgeheim übersetzt ihn sich die Seele des Lesers, wo sie kann, selbst wenn sie ihn Griechisch hört: und ich sinnlicher Leser? ich kann mir ohne diese geheime Gedankenübersetzung sogar kein wahrhaftig nutzbares und lebendiges Lesen Homers denken.[414]

Der zentrale Punkt dieser »geheimen Gedankenübersetzung« aber ist auch hier die Geschwindigkeit. Das Maß der Geschwindigkeit unterscheidet nämlich erst den gelehrten »Erklärer« vom »sinnlichen Leser« und dessen »lebendigem Lesen«:

> Nur denn erst lese ich, als hörte ich ihn, wenn ich ihn übersetze: er singet mir Griechisch vor, und eben so schnell, so Harmonisch, so edel suchen ihm meine Deutschen Gedanken nachzufliegen: alsdenn und alsdenn nur vermag ich mir und andern von Homer lebendige bestimmte Rechenschaft zu geben, und ihn mit ganzer Seele zu fühlen. In jedem andern Falle, glaube ich, lieset man ihn als Commentator, als Scholiast, als Schulgelehrter, oder Sprachlehrling, und dies Lesen ist unbestimmt oder todt. Ein anderes ist, sagt Winckelmann, Homer verstehen, ein anderes, sich denselben erklären können; und dies geschieht in meiner Seele nicht anders, als durch eine geheime Uebersetzung, durch eine schnelle Umwandlung in meine Denkart und Sprache.[415]

Erst die »schnelle Umwandlung« gewährleistet Einfühlung und ›lebendiges‹ Hören. Von dieser Ausgangslage her wird die Kritik und Polemik an Klotz

---

413 Ebd., S. 353. Die Kategorie der *energia* ist schon in Aristoteles »Rhetorik« eng mit der Wirkungsabsicht verbunden. *Energeia* ist das, was ›vor Augen stellt‹, was die Kraft der Worte verbürgt und die Darstellung lebhaft macht. Vgl. Aristoteles: »Rhetorik«, 33, 2.2. Dies wird auch von Quintilian aufgenommen. Vgl. »Institutio Oratoria«, VIII,3, S. 88f. *Energeia* ist also ursprünglich kein Begriff der Physik, sondern der Rhetorik, genauer der Sprache in ihrer sozialen Funktion zu wirken. Vgl. Gustav Gerber: »Die Sprache als Kunst«, Bd. II, S. 28 und S. 331.

414 Herder: »Erstes Kritisches Wäldchen«, S. 126. Zum (humanistischen) Thema der Verwandlung bei Herder informativ Klaus Weimar: »Anweisung, sich selbst zu verwandeln. Die Fragen eines Gestorbenen müssen nicht mit ihm gestorben sein: Herder zum 250. Geburtstag«. In: Frankfurter Allgemeine Zeitung, Nr. 197, 25.8.1994, S. 25.

415 Herder: »Erstes Kritisches Wäldchen«, S. 126f.

im »Zweiten Kritischen Wäldchen« vorgenommen. Wenn man erst »lange Klotzische Compilationen durchlaufen« müsse, so sei dieses nur »hinderndes Säumnis! es hält den Dichter auf und zerstückt ihn mit seinen Erläuterungen« – es sei denn, fährt Herder fort – »dieser gewaltige Läufer [= cursor] reißt sich los, und eilt [= cursim] zu seinem Ziele unaufhaltsam« zu.[416]

So bittet Herder besonders für den

> Poetischen Jüngling im ersten feurigen Lesen eines Dichters: daß man ihn doch da nicht mit schönen Münzerläuterungen und Gemmeneinsichten in dem Poetischen Laufe seiner Einbildungskraft störe! daß man ihn doch nicht jeden Augenblick zurück halte, um doch ein Steinchen zu bemerken, und ihn vom süßen fortwallenden Traume seiner Lieblingsidee zu wecken und die unaufhaltsame Ergießung seiner Seele augenblicklich zu verstopfen.[417]

Herder bringt sich hier nicht einfach in eine empfindsame Stimmung oder den Rausch eines (späteren) Stürmer und Drängers. Er hat bei seinen Ausführungen die Anweisungen Gesners als genauen Hintergrund. Die Metaphorik des ›Läufers‹, der ›eilt‹, ist nicht zufällig. Herder übersetzt und zitiert in der Folge die entscheidenden drei Seiten aus Gesners »Praefatio« zu Livius. Er substituiert seine eigenen Worte durch die der anerkannten Autorität Gesners, der als Vorzeige-Philologe nun endgültig die Autorität der Gelehrsamkeit, wie Klotz sie repräsentiert, zerstören soll: »Damit der nicht ein Barbar heißt, der so etwas sagen darf: so rede der Quintilian Deutschlands, der gelehrte Geßner.«[418]

Die Übersetzung beginnt mit Gesners Darstellung eines Verfalls der »aus den Quellen selbst geschöpfte[n] Gelehrsamkeit«, der dazu führt, daß das »Auslegergeschlecht« entstanden sei, »das aller Orten her, aus Gedächtnis und Denkmaalen zusammenschleppte, was nur etwa zur Erläuterung desselben dienen könnte«. Dieser »Gewohnheit folgen oft die Lehrer der Philologie«, indem sie »den größten Apparat von Gelehrsamkeit« zur Erklärung eines Buchs zusammentragen.[419] Zu diesem »Zerbröckeln eines Autors in der Schule« wird nun eine Fabel angeführt, die noch einmal das ›Zerstrückeln‹ der Texte sinnfäl-

---

[416] Vgl. Herder: »Zweites Kritisches Wäldchen«, S. 353. Auch Herder reißt sich los. Er verläßt seine sichere Stellung in Riga und die »Enge« der Bibliotheken und geht auf Abenteuerfahrt. Wie sein »Journal meiner Reise im Jahre 1769« notiert, imaginiert Herder dabei immense Büchermengen, die er *durchläuft* und in permanenten Neukombinationen zu (fiktiven) kulturgeschichtlichen Projekten anordnet. Weit eher als Reisebericht oder autobiographisches Tagebuch ist diese Schrift eine *Bibliotheksphantasie*, die das mathematisch Erhabene des »Ozean[s] der Gelehrsamkeit« buchstäblich bereist und zwar in schneller Fahrt. Zu den Zusammenhängen Nikolaus Wegmann und Matthias Bickenbach: »Herders ›Reisejournal‹. Ein Datenbankreport«. In: DVjs 71 (1997), H. 3, S. 397–420. Zu diesem Text vgl. auch Robert Stockhammer: »Zwischen zwei Bibliotheken: J. G. Herders ›Journal meiner Reise im Jahr 1769‹ als Beitrag zur Diätetik der Lektüre«. In: Literatur für Leser. 13/14, (1990/91), S. 167–184.

[417] Herder: »Zweites Kritisches Wäldchen«, S. 353f.

[418] Ebd., S. 354.

[419] Gesner: »Praefatio« zu Livius in der Übersetzung Herders ebd., S. 354f.

lig brandmarkt. In der Fabel von Absyrthus wird dieser von seiner Schwester so zerstückelt, daß ihn sein eigener Vater nicht wiedererkennen kann. Gesner führt die Applikation der Fabel auf die Praxis der Gelehrten aus, die den Textkörper so zerstückeln, daß ihn nicht einmal der Vater – sprich der Autor – wiedererkennen könnte:

> Ists aber nicht eben so mit der heutigen Erläuterungsmethode der Classischen Schriftsteller? jedes einzelne Wort erklärt, die Perioden aus einander gezogen, [...]. Ists möglich, daß ein Jüngling auch von Seelenkräften, und gutem Gedächtnisse, diese mit Erklärungen überladen und aufgedunsteten Theile, sich so gegenwärtig erhalten, sie so verbinden könne, daß ein Körper, ich will nicht sagen, ein schöner Körper; nein! nur allenfalls ein Körper, daraus werde [...].[420]

Das Wissen des »Jünglings« wird nicht an den Sprachregeln und Wortbedeutungen gemessen, sondern an dem, was heute textimmanente Lektüre genannt wird: er soll nur behalten »was er lese« und nur darüber »Rechenschaft« geben. Erst die kursorische Lektüre zentriert die Aufmerksamkeit des Lesers auf den Text selbst, der so zu einer (vermeintlich organischen) Einheit, zu einem *corpus* wird. Nur in der forteilenden Lesung können die Darstellungen des Textes »gegenwärtig erhalten« und so verbunden werden, daß der Eindruck eines in sich Zusammenstimmenden gewonnen wird.

Gesner zielt dabei keineswegs auf die phantasmagorischen Effekte eines Textes, sondern auf die didaktischen Vorteile, die aus der so gewonnenen Einheit resultieren. Während aus der Wortgelehrsamkeit nur ein »stupor paedagogicus« erwachse, leite die kursorische Lesung die Aufmerksamkeit auf die »Sachen«, was den Lesern pragmatisches Wissen vermitteln soll. Die gelehrt erzogenen Leser dagegen verbrächten zwar ihre Zeit »unter den weisesten Geistern von der Welt«, aber sie können deren Weisheit nicht als Praxis verwerten, da sie »nichts als Worte mitbringen«, statt nach den Vorbildern zu handeln, zu denken und zu schließen.[421] Schließlich kommt Gesner auf den entscheidenden Punkt der Lektüregeschwindigkeit zu sprechen:

> Um so minder kann jemand bei solcher Langsamkeit von der wahren Gestalt und Schönheit eines Buchs einen Eindruck bekommen: denn, je lebhafter, um so verdrüßlicher wirds ihm seyn, sich zu bewegen, und nicht weiter zu kommen [...], insonderheit, da er, der Umschweife wegen, eine Stelle, ein Bild, zwei, drei, viermal hören mußte.[422]

Die ›wahre Gestalt‹ des Werkes kann während einer langsamen Lektüre nicht entstehen. Das allein ist aber für den Lektüreunterricht noch nicht das Kriterium. Gesner hebt als Pädagoge auf die Motivation zum Lesen ab.

> So wie aber bei solcher Zerstückung und Zertheilung der Begriff der Sache verlohren geht: so ermattet, oder erlöschet auch die Lust zu lesen, die sonst vorzüglich dadurch

---

420 Ebd., S. 356.
421 Ebd., S. 356f.
422 Ebd., S. 357.

erhalten und angefeuert wird, daß wir zu Ende eilen, daß wir den ganzen Verlauf zu wissen verlangen.[423]

Das Interesse an dem ›wie es weitergeht‹, wird erst durch die kursorische Lektüre geweckt und allein sie verstärkt es. Dabei liest der Leser nicht mehr Wörter (und gelehrte Anmerkungen über diese), sondern die Signifikate derselben, die Sachen und ihre Bedeutung. Der Effekt ist jene angenehme Täuschung der »willkürlichen Zeichen«, die eine lebendige Gegenwart der Darstellung zur Erscheinung bringt und derart eigenes Handeln in Nachahmung der gelesenen Handlungen anregen kann. Herder über seine solcherart vorgenommene Lektüre:

> So gieng bei dir die Homerische Erzählung nicht in Handlung über? Du sahest sie nicht selbst? du wohntest nicht den Auftritten bei? du warst nicht in Troja? im Griechischen Lager? kanntest die Griechischen Helden nicht blos von Angesichte? sondern von Seele, von Seele? sahest sie sprechen, Affektvoll sprechen, handeln, wüten – das alles sahest du lesend nicht? Nur vom Steine bekamest du Eindruck? O du hättest Homer nicht lesen sollen, bei mir lebte, da ich las –.[424]

Das gilt jetzt als die »Poetische Energie Homers.« Es ist dabei durchaus auch der Effekt, vom Ganzen des Werkes auf den Autor zu schließen. Gesner »höre«, so Herder, »den süßlallenden Autor«. In der Tat schreibt Gesner selbst:

> Auf diese Weise fühlen wir das Nachdrückliche, das Erhabne, das Schöne der alten Dichter doppelt, und ein zartes Gemüth nimmt einen Eindruck an, den es beständig behält, und der sich in den edelsten Wirkungen äußert.[425]

Der Effekt der kursorischen Lektüre ist also eine Verstärkung des Eindrucks durch das Überspringen der Worte. Solche Lektüre bewirkt ›sehen‹, ›fühlen‹, ›hören‹, ganz wie Wieland den Effekt der schnellen Lektüre Don Sylvios charakterisiert: »er las nicht, er sah, er hörte, er fühlte.«[426]

Es ist kein Zufall, wenn Gesner nun gleichsam offenbart, daß dieses Modell der Lektüre eben nicht aus dem Reich gelehrter Reflexion stammt, sondern gerade aus dem Bereich der Romanlektüre. Die üblicherweise vom gelehrten Diskurs diffamierte Gattung taucht hier als Vorbild des Lesens völlig ungescholten auf. Romane nämlich motivieren in ihren curieusen, galanten oder abenteuerlichen Erzählstrukturen zur ›eilenden‹, fortlaufenden Lektüre.[427] Die-

---

423 Ebd.

424 Ebd., S. 359. Zur Homer-Lektüre vgl. »Erstes Kritisches Wäldchen«, S. 126ff. mit eben diesem Effekt, dem Sehen der Situation ebd., S. 132.

425 Ebd., S. 358.

426 Wieland: »Don Slyvio«. E^1, S. 25. Vgl. dazu Kapitel IV. 1 dieser Arbeit.

427 Ein Wissen, das sich als Topos fortsetzt: »Nicht alle Bücher lesen sich auf die gleiche Art. Romane zum Beispiel sind dazu da, verschlungen zu werden. Sie lesen ist eine Wollust der Einverleibung.« Die Muse des Romans sei daher die »Küchenfee«. Vgl. Walter Benjamin: »Romane lesen«. In: ders.: Gesammelte Schriften. Bd. IV,1. Hg. v. Tillman Rexroth (= Werkausgabe Bd. 10). Frankfurt a.M. 1980, S. 436.

sen Effekt will Gesner als Motivation der Bildung für die klassische Lektüre genutzt wissen:

> Schon dieser Reiz [den ganzen Verlauf zu wissen verlangen] macht, daß Leute, die sonst überigens keine Lesesucht haben, einen Telemach, Robinson, Gulliver gleichsam verschlingen, und sie nicht weglegen, ehe sie zu Ende sind; ein Homer, Virgil, Plautus, Terenz, Ovid, Sueton, Curtius hingegen, eben so angenehme Schriftsteller, erregen der Jugend Schauder, weil sie nie ein beträchtliches Stück, gleichsam in einem Othem weglieset, um vom ganzen Körper zu urtheilen, um durch die Erwartung des endlichen Ausfalles angefrischt zu werden.[428]

Dies ist eine frühe Reflexionen darauf, daß Texte nicht Qualität ›an sich‹ besitzen, sondern, daß die Art sie zu lesen entscheidend daran beteiligt ist, wie sie wirken und welchen Wert man ihnen zuweist. Sogar die spätere Reizvokabel der ›Lesesucht‹ kann hier – in Herders Übersetzung – als positive Wirkung genannt werden. Gesner spielt die Differenz der Lektüregewohnheiten in den Gattungen gegeneinander aus, um dem ›Ekel‹ der Jugend vor klassischen Schriften abzuhelfen.

Die pädagogische Übernahme der Lektüregewohnheit bei Romanen für klassische Texte ist erstaunlich, da fiktionale Schriften im gelehrten Diskurs keinen Ort besaßen und Lektüreanweisungen nur für traditionelle Gattungen gegeben werden. Gesner aber möchte gerade das nicht-gelehrte Lesen von Romanen als Vorbild für die Lektüre sehen. Durch die von ihm stark gemachten pädagogischen Argumente, Lust am Lesen und eine Lektüre, die Zusammenhänge erkennen kann und Sachwissen sammelt, verfällt das nur statarische gelehrte Lesen der fundamentalen Kritik. Gesner selbst spricht das Verdikt schon deutlich aus: »Und gewiß durch ein so stätiges, mühsames und ängstliches Lesen wird man kaum die Alten verstehen lernen.«[429] Der gelehrten Methode der Lektüre wird somit der Zugang zur vorbildlichen Antike und alle Erkenntnisfunktion grundsätzlich abgesprochen!

Nicht umsonst steht schon hier dafür die Vokabel des »Verstehens« der »Alten« als Ziel der Lektüre ein. Dafür ist die von Herder angeführte »Localwirkung« das schlagende Argument. Denn nur beim Lesen auf Zusammenhang kann beobachtet werden, daß es nicht darauf ankommt, welche lexikalischen Bedeutungen die Worte haben, sondern darauf, wie sie von ihrem unmittelbaren Kontext determiniert sind. Und erst dieser Kontext macht die »Schönheit« und die Qualität des jeweiligen Autors aus. Mit der kursorischen Lektüre des Ganzen rücken so vor allem größere Texteinheiten wie Erzählstrukturen als Qualitätsmerkmale in den Vordergrund.

> Wenige Worte haben einen so gewissen und bestimmten Sinn, daß sie überall einerlei bedeuten: aus der Nachbarschaft, aus dem Zusammenhange der ganzen Rede, aus der

[428] Gesner nach Herder ebd., S. 357.
[429] Ebd. Im Original, das Herder seiner Übersetzung teilweise beifügt: »ut intelligere discat antiquos libros, qui in *stataria.*«

Reihe der Sachen, bekommen sie ihren Werth; [...] anderswo, im Munde andrer Personen, in andrer Materie bedeuten sie anders. Um dies überall zu verstehen; um es sogleich zu erreichen, nicht, was ein Wort bedeuten könne, sondern was es bedeute, kann nicht anders als durch vielfaches Fortlesen vieler Bücher, geschehen [...].[430]

Eine Differenz von »Kunstbelesenheit« der Gelehrten und Lesen »in Horaz Sinne« trennt jetzt Wissenschaft und Ästhetik: »Kunst gewährt Kunstanblick; der ist mit der successiven Energie des Dichter gar nicht einerlei.« Die »Kraft des Dichters« äußert sich »nur fortgehend«.[431]

Das neue Lektürekonzept erhält vom Diskurs der Ästhetik Rückendeckung. Denn die neue philosophische Disziplin legt ebenfalls dar, daß Schönheit durch wissenschaftliche Analyse schlicht zerstört, weil zerstückelt wird. Auf der Basis der Lehren von Leibniz und Wolff über ›dunkle‹ und ›klare‹ bzw. ›deutliche‹ Vorstellungen des Erkenntnisvermögens[432] hatte Moses Mendelssohn schon in seinem Entwurf zu den »Briefen über die Empfindung« Schönheit als eine Vollkommenheit definiert, die sich uns klar, aber undeutlich vorstelle. Daraus folgt: »Allzusorgfältige Zergliederung der Schönheit stöhret das Vergnügen.«[433] Im Gegensatz zu Sulzer nimmt Mendelssohn die Differenzierung Baumgartens auf und erkennt der Schönheit ihren eigenen autonomen Bereich zu.[434] »Welcher Unterschied zwischen diesen beiden Aussprüchen: dieser Gegenstand ist schön, dieser Gegenstand ist wahr!«[435] Daraus folgt aber, daß die ästhetische Empfindung nur durch eine Kontinuität des Genusses möglich wird:

---

430 Ebd., S. 357f.

431 Ebd., S. 359.

432 Leibniz hatte das Modell der Erkenntnisvermögen als Differenzierung zwischen klaren und distinkten Vorstellungen als wissenschaftlich i.U. zu klaren aber verworrenen Vorstellungen als Grund der Empfindung von Schönheit entworfen. Aber er hatte noch keine Differenz zwischen wissenschaftlicher Vollkommenheit und der Schönheit gezogen. Zum Modell der oberen und unteren Erkenntnisvermögen vgl. Christian Wolff: »Psychologica Empirica«, §§ 31ff., 54, 55; ders.: »Logica«, § 80ff.; ders.: »Vernünftige Gedanken von den Kräften des menschlichen Verstandes«, I, S. 9ff. Zum Kontext der zeitgenössischen Ästhetik vgl. Alexander Altmann: »Moses Mendelssohns Frühschriften zur Metaphysik«. Tübingen 1969, S. 85ff. und S. 94f.

433 Moses Mendelssohn: »Briefe über die Empfindung«. In: ders.: JubA. Bd. 1, S. 45. Vgl. ebd., S. 49: »Der Affect verschwindet; sobald die Begriffe deutlicher werden.« Zum Zusammenhang siehe Altmann: »Moses Mendelssohn«, S. 114.

434 ›Schönheit‹ gilt übereinstimmend nach Baumgarten (»Metaphysica«, § 94 und § 662) als »Vollkommenheit der sinnlichen Erkenntnis«, d.h. einer »Übereinstimmung des Mannigfaltigen auf Eines.« Die Differenzen in den Theorien Meiers, Sulzers und Mendelssohns ergeben sich durch unterschiedliche Vorstellungen, wie sich Empfindungen bilden. Mendelssohn nimmt in seinen »Briefen über die Empfindung« (JubA. Bd. 1, S. 48) die Definition Meiers – die sich allgemein durchsetzt – auf: »Die Schönheit beruhet, nach dem Ausspruche aller Weltweisen in der undeutlichen Vorstellung einer Vollkommenheit.« Vgl. G. F. Meier: »Anfangsgründe aller schönen Wissenschaften«, § 23: »Die Schönheit ist eine Vollkommenheit, sofern sie undeutlich oder sinnlich erkannt wird.«

435 Moses Mendelssohn: »Briefe über die Empfindung«, ebd., S. 49.

> Unsere Glückseeligkeit hangt von dem Genusse ab, und der Genuß von der überraschenden Empfindung, mit der jede Schönheit unsre Sinne dahin reißt. Unglücklich sind diejenigen, welche die Vernunft wider den Anfall einer solchen Überraschung abgehärtet hat. Die Lust verschwindet, wenn wir unsre Empfindung allzusorgfältig aufzuklären versuchen.[436]

Das ›schönste‹ und drastischste Beispiel für die Zerstörung der Schönheit durch genaue Beobachtung liefert Georg Friedrich Meier. Es ist die Betrachtung der Haut der Geliebten durch ein Vergrößerungsglas:

> Die Wangen einer schönen Person, auf welchen die Rosen mit einer jugendlichen Pracht blühen, sind schön, solange man sie mit bloßem Auge betrachtet. Man beschaue sie aber durch ein Vergrößerungsglas. Wo wird die Schönheit geblieben sein? Man wird es kaum glauben, daß eine ekelhafte Fläche, die mit einem groben Gewebe überzogen ist, die voller Berge und Täler ist, deren Schweißlöcher mit Unreinigkeit angefüllt sind und welche über und über mit Haaren bewachsen ist, der Sitz desjenigen Liebreizes sei, der die Herzen verwundet.[437]

Ästhetik wie ›poetisches Lesen‹ ist auf eine Reduktion der Komplexität angewiesen. ›Zergliederung‹ kann aufgrund der die Empfindungen und die Schönheit zerstörenden Wirkung nicht zugelassen werden.

Gleichermaßen wird im literarischen Diskurs der Zeit gefordert, daß der Kunstkritiker die Erziehung des Publikums zum Geschmack nicht nur vermittelt, sondern auch er soll lebhaft schreiben. Der Kunstkritiker muß – so Herder abschließend im »Zweiten Kritischen Wäldchen« – »mit der Sprache, in der der Dichter sprechen wird« schreiben.[438] Die Aufgabe der Kunst- und Literaturkritik ist mithin die Produktion einer analogen Illusionswirkung. Der Lehrer Herder zu seinem eigenen Verfahren Literatur zu lesen und über Literatur zu schreiben:

> unvermerkt suche ich ihm [dem Jüngling] die ganze Situation unterzuschieben, ihm den Pfad von Gedanken und Bildern von weitem zu zeigen, wo wir den Dichter finden werden. Ich fange an, ohne Bemerkungen einzelner Schönheiten [...] ich fliege mit ihm, oder schwimme den Strom seines Gesanges hinunter. Unlieb, wenn mich mein Zuhörer störet, unlieb, wenn sein Auge an Kleinigkeiten hangen bliebe: denn so würde der ganze Zweck des Dichters, die Art von Täuschung gestört, in die mich sein Gesang setzen soll.[439]

---

436 Ebd., S. 46

437 G. F. Meier zitiert nach Altmann: »Moses Mendelssohn«, S. 115. M. E. geht diese Stelle nicht auf die Reflexionen Wolffs über das Vergrößerungsglas zurück (Altmann ebd.), sondern auf eine Passage aus Swifts »Gullivers Reisen«. Bei den Brobdignager »Ehrenjungfern« wird er Zeuge ihrer Intimpflege, da er aufgrund seiner ›Größe‹ nicht als Anwesender gilt: »Ihre Haut sah aus der Nähe grob, uneben und fleckig aus; hier und da traten Male in Erscheinung, so groß wie Teller, aus denen bindfadendicke Haare herauswuchsen. Von den restlichen Körperteilen will ich lieber schweigen.« Jonathan Swift: »Gullivers Reisen«. II,5. München 1976, S. 176.

438 Herder: »Zweites Kritisches Wäldchen«, ebd., S. 360.

439 Ebd.

Und das Resultat ist:

> das Ganze der Ode, Ein Haupteindruck, in wenigen, aber mächtigen Zügen, lebt in meiner Seele: die Situation der Horazischen Ode steht mir vor Augen, und – mein Buch ist zu. Nicht vom Papiere, aus dem tiefen Grunde meiner Seele hole ich diese wenigen, mächtigen Eindrucke hervor [...] dies ist Energie, die mir die Muse successiv bereitet [...].[440]

Kursorisches Lesen ist eine wirkungsmächtige Reduktion von Komplexität mit den Substitutions-Effekten der Illusion. Und dennoch unterscheidet sich Herders Lektüreschilderung von einer einfachen ›extensiven Lektüre‹, dem bloßen Durchlesen. Denn die Schilderung impliziert Gesners Modell einer wiederholten – zuerst kursorischen sowie dann statarischen Lektüre – durchaus, wenn auch die Effekte schnellen Lesens durchweg im Vordergrund stehen. Aber nach dem »mächtigen Eindrucke« der sukzessiven Lektüre folgt das erneute, verweilende Lesen, welches nun seinen Maßstab am Zusammenhang des Ganzen gefunden hat:

> Das Buch wird wieder aufgeschlagen, und nun habe ich kleine Ruheplätze, Ausschweifungen, Umwege aber nicht. Der Lauf des Dichters ist mir Augenmerk, und wenn ich mir sage: hier war der Gesichtspunkt – wie reich, wie prächtig, wie anlokkend![441]

Der Gesichtspunkt oder *scopus* der Lektüre ist die Anlage des Dichters, die als Metonymie seines »moralischen Gefühls« fungiert. Dieses erst kann für das eigene Handeln vorbildlich werden, kann die »ganze Person« bilden.[442]

Das funktioniert als Illusionswirkung um so mehr in einer rein kursorischen Lesung, welche die Wiederholungslektüre vergißt, wie sie Wieland als Ursache der Schwärmerei Don Sylvios ausweisen wird. Die phantasmagorischen Wirkungen der Lektüre, vom empfindsamen Diskurs emphatischer und identifikatorischer Lektüre,[443] bis zu einer Hermeneutik, die nur noch Signifikate der Innerlichkeit, Seelen, Herzen und Gedanken, aber keine Worte mehr liest, gründen *nicht* in der »Metaphysik der stillen Lektüre«, wie Friedrich A. Kittler

---

440 Ebd.

441 Herder ebd. Vgl. dazu Georg Stanitzek: »›O/1‹, ›einmal/zweimal‹ – der Kanon in der Kommunikation«, S. 124f.

442 Noch 1799 schreibt Herder in seinen »Hodegetische Abendvorträge an die Primaner Emil Herder und G. H. Schubert«: »Man lese die alten Autoren und sehe, welche Übermacht ihr moralisches Gefühl ihnen vor den Neuern giebt.« Mitschriften sollen bei Büchern wie beim Unterricht dem ›Selbstdenken‹ folgen, nicht normpoetischen Rastern. Vgl. »J. G. Herders Pädagogische Schriften«. Hg. v. Keserstein, S. 126. Vgl. auch Herders Darlegungen, wozu die Jugend die ›Alten‹ lesen sollten in ders.: »Briefe zu Beförderung der Humanität«. Achte Sammlung (1796), 94. Stück. In: ders.: Sämmtliche Werke, Bd. 18, S. 84ff.

443 Erich Kleinschmidt: »Fiktion und Identifikation. Zur Ästhetik der Leserolle im deutschen Roman zwischen 1750 und 1780«. In: DVjS 53 (1979), S. 49–73.

vermutet,[444] sondern in der Umstellung auf rein kursorisches Lesen. Während jedoch die allgemeine Lesekultur den Übergang von ›intensiver‹ zu ›extensiver‹ Lektüregewohnheit als Gewohnheit der neuen ›bürgerlichen‹ Leser vollzieht,[445] findet die literarische Kommunikation in der nicht-identischen Wiederholung der Lektüre nach dem Modell J. M. Gesners ein Prinzip, Kanon und Kommunikation auch unter den Zeichen von Verzeitlichung zu sichern.[446] Als Unterscheidungs- und Auswahlkriterium zwischen den vielen Büchern, die die jährlichen Messen vorstellen und den wenigen, die zu lesen lohnt, etabliert sich eine paradoxe Lektüre-Regel: »Wenn ein Buch nicht werth ist 2 mal gelesen zu werden, so ists auch nicht werth 1 mal gelesen zu werden.«[447]

3.6. Die notwendige Reduktion der Details und das Ganze der Geschichte (J. J. Winkelmann)

Kursorische Lektüre stiftet nicht nur Zusammenhänge innerhalb eines Textes, sondern auch für die beginnende Geschichtsschreibung wird das Ganze einer Zeit oder Kultur als Wesen derselben zum Zentrum der Darstellung. 1764 legt Johann Joachim Winckelmann mit seiner »Geschichte der Kunst des Altertums« erstmals ein Modell von Kunst- und später Literaturgeschichtsschreibung vor, das nach Art einer Enzyklopädie die Kunst aller Völker des alten Orients und der Antike umfaßt.[448] In seiner Dreiteilung versucht Winkelmann hier einen Zugang zur Darstellung der Leistungen der Griechen als Ganzheit. Herder erkannte, daß dieser Ansatz auch auf die Literatur anzuwenden sei.[449] Das Entscheidende ist auch hier: Winckelmann liest das Ganze der Kultur und nicht mehr die einzelnen gelehrten »Steinchen«.[450] Zwar verwen-

[444] »Nur stille Lektüre macht Innerlichkeit zur Gewohnheit.« Vgl. Friedrich A. Kittler: »Aufschreibesysteme 1800–1900«, S. 73. Zur Kritik modernen hermeneutischen Leseverhaltens vgl. auch ders.: »Ein Höhlengleichnis der Moderne. Lesen unter hochtechnischen Bedingungen«. In: Lesen – Historisch. LiLi 15 (1985), S. 204–220.

[445] So die These nach Rolf Engelsing: »Die Perioden der Lesergeschichte in der Neuzeit.«.

[446] G. Stanitzek: »›O/1‹, ›einmal/zweimal‹«, S. 121ff. Zur Frage der Theoriefähigkeit von Wiederholungslektüre vgl. Thomas M. Leitch: »For (Against) a Theory of Rereading«. In: Modern Fiction Studies 33 (1987), S. 491–508.

[447] Jean Paul (Vorrede zum »Siebenkäs«) zitiert nach Stanitzek: »›O/1‹, ›einmal/zweimal‹«, S. 122.

[448] Manfred Fuhrmann: »Die Geschichte der Literaturgeschichtsschreibung von den Anfängen bis zum 19. Jahrhundert«. In: B. Cerquiglini und H. U. Gumbrecht (Hg.): Der Diskurs der Literatur- und Sprachistorie. Frankfurt a. M. 1983, S. 49–72. Hier: S. 62f.

[449] Herder: »Winckelmann in Absicht der Dichter«. In: ders.: Sämmtliche Werke. Bd. 1, Berlin 1877, S. 293f.

[450] Das ist in den Anweisungen zum Umgang mit der *Historia*, Geschichtslektüre und -schreibung, als Anspruch auch schon im 16. Jahrhundert intendiert, jedoch durch enzyklopädische und topisch organisierte Ordnungsstrukturen, die als *ars* oder *methodus* den Zusammenhang (alternativ zur Heilsgeschichte) universal herstellen sollen. Zur Differenzierung zwischen *lectio historiarum* und *historia legendi* vgl. Helmut Zedel-

det Winckelmann die Terminologie der Lektüre nicht, aber seine Absetzung von der Gelehrsamkeit in Absicht auf seine »Zwecke« ist deutlich.

Winckelmann will »keine bloße Erzählung der Zeitfolge« geben, sondern in den drei Teilen das »Wesen der Kunst« als »Endzweck« in den Mittelpunkt stellen.[451] Dazu befähigt nur der Blick auf die Zusammenhänge zwischen Kunstwerken, deren Stile und Entwicklungen in den verschiedenen Zeiten sowie die »äußeren Umstände«, nicht aber die akribische ›Lektüre‹ einzelner Kunstwerke. Solche gelehrten Untersuchungen verfehlen vielmehr den Anspruch, über die Kunst zu informieren: »Untersuchungen und Kenntnisse der Kunst wird man vergebens suchen in den großen und kostbaren Werken von Beschreibungen alter Statuen«. Deshalb disqualifizieren sich nahezu alle bisherigen gelehrten Schriften zu den antiquarischen Kunstwerken des Altertums:

> In das Wesen und zu dem Inneren der Kunst führt fast kein Skribent, und diejenigen, welche von Altertümern handeln, berühren entweder nur dasjenige, wo Gelehrsamkeit anzubringen war, oder wenn sie von der Kunst reden, geschieht es teils mit allgemeinen Lobsprüchen oder ihr Urteil ist auf fremde oder falsche Gründe gebaut.[452]

Notwendig konzentrieren sich antiquarische Abhandlungen auf »das Besondere in dem Stile der Kunst«. Nur: »Wo aber wird gelehrt, worinnen die Schönheit einer Statue besteht?«[453] Dazu ist allein der Blick auf die Zusammenhänge des Ganzen befähigt, ein »innerer Sinn«, der »fertig« und »schnell« sowie zugleich »zart« und »bildlich« sein soll, wie Winckelmann an anderem Ort über die »Fähigkeit der Empfindung des Schönen« darlegt. Schönheit ist eine Gestaltqualität: »Das wahre Gefühl des Schönen gleichet einem flüßigen Gipse, welcher über den Kopf des Apollo gegossen wird, und denselben in allen Theilen berühret und umgiebt.«[454] Zur Empfindung des Schönen, so Winckelmann in Einklang mit der Ästhetik der Zeit, befähigt deswegen eher der »Umgang« mit Kunstwerken, denn Gelehrsamkeit.[455] Denn:

> Wer hier von Theilen auf das Ganze gehen wollte, würde ein Grammaticalisches Gehirn zeigen, und schwerlich eine Empfindung des Ganzen und eine Entzückung in sich wecken.[456]

---

maier: »Bibliotheca universalis und bibliotheca selecta«, S. 227ff. Zur Vorstellung von Geschichte als Heilsgeschichte in Verbindung mit Lektüre und Memoria siehe Ivan Illich: »Im Weinberg des Textes«.

451 J. J. Winckelmann: »Geschichte der Kunst des Altertums« (1764). Hg. v. W. Senfft. Weimar 1964. Vorrede, S. 7.

452 Ebd., S. 7f.

453 Ebd., S. 8.

454 Winckelmann: »Abhandlung von der Fähigkeit der Empfindung des Schönen in der Kunst und dem Unterricht in derselben«. In: ders.: Kleine Schriften, Vorreden, Entwürfe. Hg. v. W. Rehm. Berlin 1968, S. 211–233. Hier: S. 217.

455 Ebd., S. 215.

456 Ebd., S. 219.

Da das Ganze der Kunst als Leitlinie gilt, können Irrtümer und Fehler im Einzelnen toleriert werden. Zu Kritik und Korrekturen an seinen Darlegungen in der »Kunst des Altertums« kann Winckelmann selbstbewußt stehen. Sich in einzelnen Anmerkungen zu irren, sei keine Schande, »so wie es keine Schande ist, auf der Jagd in einem Walde nicht alles Wild zu fangen, oder Fehl-Schüsse zu thun«.[457] Was zählt, ist das System des Ganzen, bei dem die Mängel im Detail in Kauf genommen werden müssen, »weil ich mich in gelehrte Untersuchungen hätte einlassen müssen, die zu weit von meinem Zwecke abgegangen wären.«[458]

Winckelmanns »Geschichte der Kunst des Altertums« wird das »maßgebliche Beispiel der Epoche« für die Kunst- und Literaturgeschichtsschreibung werden. Gefordert wird nun, daß man alles Einzelne in größere Zusammenhänge rücke.[459] Durch diese Reduktion der Komplexität von Geschichte gelingt es auch, in Texten die Zeichen individueller Autoren und zugleich Epochenmarkierungen zu lesen.

Das kursorische Lesen ist eine Reduktion von Komplexität, die Teile eines (literarischen oder kulturgeschichtlichen) Textes zu einem – vermeintlich organischen – Ganzen werden läßt. Das Einzelne wird zur Metonymie des Ganzen, zum Zeichen, zum Symbol. Es entstehen »Letternauguren«, wie Novalis schreibt, die in ihrer neuen »geistigen Reisekunst« diese Totalisierung der Metonymie operationalisieren. Novalis zeichnet noch einmal die gesamte Bewegung der lektüretechnisch gestützten Umstellung von der »Gemmengelehrsamkeit« zum »Letternphantasmus« nach:

> Begriff von Philosophie – Sinn für das Leben und die Individualitaet einer Buchstabenmasse. Wahrsager aus Chiffern – *Letternaugur.* Ein Ergänzer. Seine Wissensch[aft] entlehnt viel von der *materialen Tropik.* Der Physiker, der Historiker, der Artist, der Kritiker etc. gehören alle in dieselbe Klasse. / Weg v[om] Einzelnen aufs Ganze – vom Schein auf die Warheit et sic porro [und immer fort]. Alles befaßt die Kunst und Wiss[enschaft] von Einem aufs Andere – und so von Einem auf Alles – rhapsodisch oder systematisch zu gelangen – die geistige Reisekunst – die Divinationskunst.[460]

---

[457] Winckelmann: »Vorrede zu den Anmerkungen über die Geschichte der Kunst des Alterthums«. In: ders.: Kleine Schriften, S. 249–263. Hier: S. 249.

[458] Ebd.

[459] Vgl. Fuhrmann: »Die Geschichte der Literaturgeschichtsschreibung«, S. 62ff. zu F. A. Wolff, Herder, Schlegel, Humboldt und A. Boeckh. Zum Erfolg der Methode vgl. auch Manfred Beetz: »›In den Geist der Alten einzudringen‹. Altphilologische Hermeneutik als Erkenntnis- und Bildungsinstrument der Weimarer Klassik«. In: Klassik und Moderne. Hg. v. Karl Richter und Jörg Schönert. Stuttgart 1983, S. 27–55. Zur Lektüre des »Ganzen« als Paradigma vgl. S. 37ff.

[460] Novalis: »Teplitzer Fragmente«, Nr. 334. In: ders.: Werke, Tagebücher und Briefe, Bd. 2, S. 387.

3.7. Gesners Erfolg: Lektürepädagogik und hermeneutischer Zirkel

> Es ist sehr anmaßend: ich bitte mich zweimal zu lesen, im Teil u. im Ganzen.[461]

Gesners Erfolg ist nicht darin zu sehen, daß Herder ihn zum Gewährsmann für ein neues ›poetisches Lesen‹ werden läßt. Vielmehr zählt, daß sein Lektürekonzept – die Kopplung von kursorischer und statarischer Lektüre in einem doppelten Durchgang durch die Texte – gegen Ende des Jahrhunderts für eine kurze Zeit zum Allgemeingut der Lesepädagogik wird, um dann in die Hermeneutik einzugehen. »Die Schönheit des Ganzen öffnet [...] erst den Sinn für die Schönheit des einzelnen«, so faßt J. A. Bergk die Lehre 1799 zusammen.[462] Nur die Beherrschung beider Lesetempi für ein und denselben Text vermeidet beide Gefahren, die Oberflächlichkeit ebenso wie den Zerfall in zusammenhanglose Fragmente. »Erst in der sicheren Vermeidung beider Negativfälle gilt: lesen bildet.«[463]

Gegen Ende des Jahrhunderts kann der Pädagoge Ernst Christian Trapp die terminologische Unterscheidung der Lektüretechniken als Selbstverständlichkeit notieren:

> Man pflegt die Lectionen in cursorische und statarische abzutheilen. Die ersteren dienen zum Einsammeln der Ideen, wovon ich oben geredet habe; ihrer müssen also, bei Anfängern, weit mehr seyn, als die lezteren. Die statarischen verweilen bei der Entwickelung, Erweiterung, Berichtigung einzelner Ideen, und finden also mehr da statt, wo man schon bedacht ist, den gesammelten Vorrath zu ordnen, und aus den Magazinen des Gedächtnisses und der Einbildungskraft Stoff zum Anbau des Verstandes und der Vernunft herzunehmen.[464]

Daß eine solche Aufnahme keineswegs selbstverständlich ist zeigt die Rezeption Gesners bei Johann Georg Sulzer. In seiner Schrift, »Gedanken über die

---

461 Robert Musil: »Zum Nachwort«. In: Der Mann ohne Eigenschaften. Bd. 2. Reinbek 1978, S. 1941.

462 Vgl. J. A. Bergk: »Die Kunst zu lesen«, S. 64. Diese Lektüre motiviert bei Bergk die zeitgenössisch hervortretende und bei ihm grundlegende Unterscheidung zwischen der »bloß leidend[en]« und der geforderten aktiven Lektüre. »Selbstthätigkeit« ist die Forderung, die Bergk als Schüler Kants nicht aufhört zu propagieren. Vgl. auch Bergk: »Die Kunst, zu denken«. Die Notwendigkeit aktiven Lesens betont schon Lichtenberg vgl. aus der Unmenge Lichtenbergs Lektürereflexionen etwa »Sudelbücher«, KA 296: »Man frage sich selbst, ob man sich die kleinsten Sachen erklären kann, dieses ist das einzige Mittel sich ein rechtes System zu formieren, seine Kräfte zu erforschen, und seine Lektüre sich nützlich zu machen.« Vgl. dazu A 36, A 136 und A 140 sowie D 459 und D 506. (Zählung nach W. Promies).

463 Kopp/Wegmann: »Das Lesetempo als Bildungsfaktor?«, S. 54. Zur Aufnahme Gesners Konzept in zeitgenössischen Schriften bis ins 19. Jahrhundert vgl. ebd., S. 52ff.

464 Ernst Chr. Trapp: »Vom Unterricht überhaupt«. In: J. H. Campe (Hg.): Allgemeine Revision des gesammten Schulwesens von einer Gesellschaft praktischer Erzieher. 8. Theil. Wien und Wolfenbüttel 1787, S. 203.

beste Art die claßische [sic] Schriften der Alten mit der Jugend zu lesen«[465] von 1765, nimmt Sulzer zwar Gesners Unterteilung auf, doch nur als letzten Punkt für die »oberen Classen«. Immer wäre es

> sehr nöthig, daß die Jugend auf den Schulen etliche Auctores ganz zu wiederholten mahlen durchlesen könnte; weil der Nuzzen, den man aus den Alten hat, nur alsdenn erst völlig wird, wenn man sie durch öfteres Lesen recht kennen gelernt hat.[466]

Das scheint noch nicht der Fall in der ›normalen‹ Schulbildung um 1765 und die *Gedanken* Sulzers zeigen zugleich weshalb. Anstatt die kursorische Lesung als Zusammenhang stiftende Operation an den Anfang des Unterrichts zu setzen, stellt Sulzer ganz traditionell die gründliche und langsame, ›zerstückelnde‹ Lesung an die erste Stelle.[467] Die Methode folgt der traditionellen Anweisung, Sammlungen von Stellen ›einfacher‹ Autoren zu lesen und diese »Saz für Saz mündlich verteutschen« zu lassen. Die Stellen werden dann vom Lehrer in ihrem »Hauptverstand« erklärt und danach werden alle besonderen Wörter einzeln durchgegangen und wiederum etymologisch und grammatisch erklärt. »Auf diese Weise würde man zwar sehr langsam gehen müssen, oft würden in einer Stunde nur zwey oder drey Säzze erkläret werden; allein dieses schadet nichts.«[468] Die kursorische Lektüre bleibt nachgeordnet, denn das langsame, wiederholende Erklären gilt Sulzer noch immer als Inbegriff des genauen Verstehens. Die Argumente Gesners, die Unterrichtsmethodik umzukehren, sind hier nicht verstanden worden. Nach 1770 aber ändert sich der Schulunterricht nachhaltig.[469]

Die schönste und ausführlichste Darlegung der Aufgaben beider Lektüretechniken findet sich in der ›Hodegetik‹ Johann Gottlieb Fichtes. Sie ist zugleich der Übergang zur Funktionalisierung dieser Lektüretechnik in der allgemeinen Hermeneutik. Fichte weiß, daß rein kursorisches Lesen nicht ausreichen kann. Denn es führt, hier steht die alte Giftmetaphorik Pate, nur zum Rausch. Fichte kritisiert die Gewohnheit der Leser »ohne Anhalt«, im »rastlosen Fluge« in einem durchzulesen:

> Nun ist diese Art des Lesens schon an und für sich selber eine, von allen andern Gemüthsstimmungen, specifisch verschiedene Stimmung, die etwas höchst angenehmes hat, und gar leicht zum unentbehrlichen Bedürfnisse werden kann. So, wie andere narkotische Mittel, versetzt es in den behaglichen Halbzustand zwischen Schlafen und Wachen, und wiegt ein, in süße Selbstvergessenheit, ohne daß man dabei irgend eines

[465] [Johann Georg Sulzer]: »Gedanken über die beste Art die claßische Schriften der Alten mit der Jugend zu lesen«. Berlin 1765.

[466] Ebd., S. 28.

[467] Ebd., S. 23ff.

[468] Ebd., S. 26f.

[469] Vgl. hier nur Heinrich Bosse: »Dichter kann man nicht bilden. Zur Veränderung der Schulrhetorik nach 1770«. In: Jahrbuch für internationale Germanistik 10, 1979, S. 80–125.

Thuns bedürfe. Mir hat es immer geschienen, daß es am meisten Aehnlichkeit mit dem Tabaksrauchen habe, und durch dieses sich am besten erläutern lasse.[470]

In diesen Zustand gerät der »reine Leser«, der alles Gedruckte liest, »lediglich, damit er lese, und lesend lebe«.[471] Diese Leser des dritten »gegenwärtigen Zeitalters«[472] können weder in den Schriften noch im Angebot des Buchmarkts und Rezensentenwesens kritisch selektieren »und so bleibt es gänzlich dem Ohngefähr überlassen, was, und wie viel, bei diesem Durchgange, an ihnen hängen bliebe, wie es auf sie wirke, welche geistige Gestalt es an ihnen gewinne.«[473] Dieser »absoluten Passivität des Hingebens« muß die Aktivität des Lesens entgegengestellt werden. Diese Aktivität besteht in Gesners doppelter Lektüre und gleicht nach Fichte einem »geschickten und wohlberechneten Experimente des Lesers. Dieses Experiment wird also angestellt:«

Hiebei muß man nun nicht also zu Werke gehen, daß man sich dem Autor leidend hingebe, und ihn auf sich einwirken lasse, wie Ohngefähr und gutes Glück es will. [...] Nachdem man vors erste das ganze Buch kursorisch durchgelesen, um nur vorläufig einen ohngefähren Begriff von der Absicht des Autors sich zu verschaffen, suche man den ersten Hauptsatz, Hauptperioden, Hauptparagraph, oder in welcher Form es gefaßt sey, auf. Dieser ist nun nothwendig, auch nach der Absicht des Autors, nur bis auf einen gewissen Grad bestimmt, im übrigen aber unbestimmt; denn wäre er schon durchgängig bestimmt, so wäre mit ihm das Buch zu Ende [...] inwieweit er unbestimmt ist, ist er demalen noch unverständlich.[474]

Der zweite Durchgang von einer »Möglichkeit der Bestimmung« zur nächsten, bildet nun die statarische Lesung anhand der Stellen, die das vorläufige Durchlesen selektiert hat:

Aber wie dies der Autor sich gedacht habe, – gesetzt auch, er sagte es nicht einmal; der Gebrauch den er von seinen stillschweigenden Voraussetzungen macht, wird ihn schon verrathen. Lese ich weiter, bis der Autor weiter bestimmt! – ganz gewiß wird durch diese neue Bestimmung ein Theil der vorigen Unbestimmtheit wegfallen, der klare Punkt sich erweitern, die Sphäre des unverständlichen sich verengen. Mache ich mir dieses dermalige Maaß der Verständlichkeit wiederum recht klar, und präge es mir ein, und lese fort, bis der Autor abermals neu bestimmt! – und nach derselben Regel immerfort, so lange, bis die Sphäre der Unbestimmtheit und Unverständlichkeit ganz verschwunden, und aufgegangen ist, im klaren Lichtpunkte; und ich das ganze Denksystem des Autors, vorwärts und rückwärts, in jeder beliebigen Ordnung [...] selbst erschaffen kann.[475]

Diese ganze »Operation« noch mit der Feder in der Hand durchgeführt, gelangt schließlich zu einem Resultat, welches dann als Diktum Schleiermachers

[470] J. G. Fichte: »Die Grundzüge des gegenwärtigen Zeitalters«. (6. Vorlesung). In: ders.: Gesamtausgabe I, Bd. 8, S. 262f.
[471] Ebd., S. 263.
[472] Zur Charakterisierung vgl. ebd., S. 250.
[473] Ebd., S. 262.
[474] Ebd., S. 264.
[475] Ebd., S. 265.

zum hermeneutischen Credo zählt: »Es ist klar, daß man auf diese Weise [...] den Schriftsteller oft noch weit besser verstehen werde, als er sich selber verstand.«[476]

Fichtes Ausführung bildet den Schnittpunkt zwischen Gesners Lesepädagogik und ihrer Aufnahme als lektüretechnisches Konzept der allgemeinen Hermeneutik. Schleiermacher legt für das vollkommene Verstehen einer Rede fest:

> Auch innerhalb einer einzelnen Schrift kann das Einzelne nur aus dem Ganzen verstanden werden, und es muß deshalb eine kursorische Lesung, um einen Überblick des Ganzen zu erhalten, der genaueren Auslegung vorangehen.[477]

Dies gilt als ein »Zirkel«, denn die »Kenntnis des Einzelnen« kann nur zu einem »vorläufigen Verstehen« ausreichen. Daher gilt als »Allgemeine methodologische Regel«, den Anfang mit der allgemeinen Übersicht zu machen und grammatische wie psychologische Auslegung zu verbinden.[478] Für die Kohärenz aber ist eine doppelte oder ›rückläufige‹ Lektüre notwendig. So entsteht das »vollkommene Verstehen durch die Kohärenz des Einzelnen mit dem Ganzen als «Grundriß»: «Vollkommenes Verstehen gibt es nur durch das Ganze, dieses aber ist vermittelt durch das vollkommene Verständnis des Einzelnen.»[479] Aleida Assmann hat folgerichtig das «rückläufige[s] Lesen von hinten nach vorne» als «eine Grundregel der hermeneutischen Methode» bezeichnet,[480] denn das Verstehen des Einzelnen aus dem Ganzen ist – wie Schleiermacher an anderem Ort schreibt – ohne «jene wiederholte Rückkehr vom Ende wieder zum Anfang» unmöglich.[481]

In der Zeit nach Schleiermacher wird das Lesen in den Hermeneutiken nur noch als Stichwort von der ›Kunst des Lesens‹ auftauchen, aber kaum noch unter Verweis auf nähere Modalitäten der Basistechnologie für die Auslegungskunst ausgeführt werden. Gegen Ende des 18. Jahrhunderts hatte Friedrich Schlegel die gelehrte Zunft der Philologen noch einmal daran erinnert, daß selbst in der auf detailgenaue Analyse angelegten Wissenschaft die kursorische

---

[476] Ebd. Vgl. zu dieser bekannten Forderung: Friedrich Daniel E. Schleiermacher: »Hermeneutik und Kritik« (1838). Hg. v. Manfred Frank. Frankfurt a. M. 1977, S. 94.

[477] Ebd, S. 97 vgl. S. 104. Das Einzelne oder Vereinzelte gilt grundsätzlich, wie bei Fichte, als Unbestimmtes. Vgl. Schleiermacher ebd., S. 101f.

[478] Zu dieser ›Innovation‹ bei August Boeckh vgl. Ingrid Strohschneider-Kohrs: »Textauslegung und hermeneutischer Zirkel. Zur Innovation des Interpretationsbegriffes von August Boeckh«. In: Philologie und Hermeneutik im 19. Jahrhundert. Hg. v. Hellmut Flashar. Göttingen 1979, S. 88–102. Zu August Boeckh siehe auch Nikolaus Wegmann: »Was heißt einen ›klassischen Text‹ lesen?«, S. 371ff.

[479] Schleiermacher: »Vortrag vom Jahre 1832«, ebd., vgl. auch die Zusätze M. Franks, S. 98 und S. 100.

[480] Aleida Assmann: »Die Domestikation des Lesens. Drei historische Beispiele«. In: Lesen – Historisch. LiLi 15, H. 57/58 (1985). Hier: S. 109.

[481] Vgl. Schleiermacher: »Über den Begriff der Hermeneutik mit Bezug auf F. A. Wolfs Andeutungen und Asts Lehrbuch« (1829). In: ders. Hermeneutik und Kritik, hg. v. M. Frank, S. 309–346. Hier: S. 336.

Lektüre nicht vergessen werden darf,[482] aber schon 1805 wird jenes Lesen im Zusammenhang wieder ausgeschlossen.[483]

Während ›die Leser‹ als unspezifische Allgemeinheit ein ›extensives‹, also rein kursorisches (Unterhaltungs-)Lesen praktizieren und die Lesesuchtkritik die vermeintlichen Gefahren und Schäden für Leib und Seele beschwört, konzentriert sich die gelehrte Gemeinschaft wieder auf die sorgfältige statarische Lesung klassischer Texte, die einzig das Genauigkeitsideal der neuen Editionsphilologie zu erfüllen scheint.[484] Das, was Gesners Konzept ausmacht, die *Kopplung* beider Tempi für eine (doppelte) Lektüre, gerät aus dem Blick.

Als Versuch, die Leserschaft seines ersten Romans zu einer nicht nur kursorischen Lektüre anzuhalten, läßt sich Christoph Martin Wielands Roman »Die Abenteuer des Don Sylvio von Rosalva« (1764) interpretieren. Vor dem Hintergrund des Konzeptes Gesners stellt er ein bedeutendes Dokument in der ›inneren‹ Geschichte des Lesens dar, indem er nicht nur eine neue, anspruchsvolle Form der Fiktionalität präsentiert, sondern diese eng mit zeitgenössischen Lektüreeinstellungen verbindet und so den Text selbst als Erziehung zur Kunst des Lesens ausweist. Der Anspruch der »wahrscheinlichen Geschichte« hängt von einer Lektüre ab, die sie nicht einfach als Unterhaltung rezipiert. Damit verändert sich die Rolle des Lesers. Er darf nicht mehr nur passiver Rezipient sein, sondern muß eine aktive Rolle gegenüber der Darstellung des Textes einnehmen. Der Roman hält damit zu einer Reflexion des eigenen Lektüreverhaltens an. Er verweist auf den Umstand, daß das, als was einem Leser ein Text gilt von dessen eigener Aktivität der Lektüre, von der Art zu lesen, abhängig ist. Dieser erzähltechnisch komplexen Inszenierung einer *Lesepoetologie* ist im folgenden ausführlich nachzugehen.

---

482 Friedrich Schlegel: »Zur Philologie II«, Nr. 212: »In der φλ [Philologie] gar nicht cursorisch, und nur emendirend lesen zu wollen, das ist eben so als in der φσ [Philosophie] überall Demonstrationen zu fordern.« Fr. Schlegel: Kritische Ausgabe. Bd. 16,1, S. 80.

483 So J. H. Chr. Barby: »Encyklopädie und Methodologie des humanistischen Studiums oder der Philologie der Griechen und Römer«. Erster Theil. Berlin 1805, S. 296. Vgl. unten Kapitel II.2.

484 Als Ausnahme ist R. H. Hiecke zu nennen. Hiecke appliziert noch 1835 kursorisches und statarisches Lesen als »wirksamste Wechselwirkung« zwischen Teil und Ganzem. »Durchgesetzt hat sich Hieckes anspruchsvolles Konzept nicht.« So Kopp/Wegmann: »Das Lesetempo als Bildungsfaktor?«, S. 56f.

IV. Wielands Lesepoetologie und ihre Kontexte

1. Die Lesepoetologie des »Don Sylvio von Rosalva«

1.1. Die ›Querstellung‹ Wielands zur Epoche als Chance für die ›innere‹ Geschichte des Lesens?

> Ich habe es immer als ein Meisterstück ihrer Kunst angesehen, daß Sie Ihre Leser in alle Irrthümer Ihres Helden mit zu verführen wissen. Man fällt in eine Schlinge, man glaubt sich herausgewickelt zu haben, und schon liegt man wieder in einer neuen. Vielleicht ist diese Methode die einzige durch Erdichtungen, zu bessern; wenn aber die Kette von Ideen und Empfindungen, die auf diese Weise durchlaufen wird, sehr lang ist, wie muß alsdann der Geist beschaffen sein, der darüber nicht in Verwirrung gerathen soll?[1]

Der Figur und dem Motiv des Lesers in fiktionalen Texten gilt, wie dem ›Spiel mit dem Leser‹, nicht nur bei Wieland seit längerem die Aufmerksamkeit der Literaturwissenschaft. Was jedoch den Darlegungen zu fiktiven, fiktionalen und impliziten Lesern, zu Modell-, Archi-, Super- und Ideallesern aus dem Blick gerät, ist die Reflexion auf die Historizität der Lektüre selbst.[2] Doch gerade Wieland ist in diesem Punkt auf eine besondere Weise mit der ›inneren‹ Geschichte des Lesens verbunden. Nirgends zeigt sich dies deutlicher als in der Reflexion auf die Schlüsseltechnologie der zeitgenössischen Kultur, der Literatur und ihrer Lektüre. Wielands Querstellung zu seiner Epoche eröffnet eine Chance für die ›innere‹ Geschichte des Lesens. Aufgrund einer anderen Art von »Litteratürlichkeit«[3] als derjenigen der Weimarer Klassik wurde Wieland ge-

---

[1] Jacobi an Wieland, 30.10.1772. In: Heinrich Jakob Jacobi: »Briefwechsel«. Gesamtausgabe. Stuttgart 1981, Bd. 1, S. 173. Jacobi bezieht sich hier auf den *Agathon* und die allzu verführerische Darstellung des Hippias.

[2] Zu den verschiedenen Modellbildungen von Lesertypen vgl. Wolfgang Iser: »Der Akt des Lesens«, S. 50ff. Einen guten neueren Überblick bietet Jonathan Culler: »Dekonstruktion«, S. 33ff. Bezüglich der Aufnahme in die Wieland-Forschung siehe Daniel W. Wilson: »The Narrative Strategy of Wieland's ›Don Sylvio von Rosalva‹«, S. 12ff. Ein pointierter Überblick mit dem Plädoyer, den fiktionalen Leser als einzigen »Modell-Leser« (Eco) zuzulassen, findet sich bei Robert Stockhammer: »Leseerzählungen«, S. 9ff.

[3] Vgl. Klaus Oettinger: »Phantasie und Erfahrung. Studien zur Erzählpoetik C. M. Wielands«. München 1970, S. 30ff. und S. 132ff.

gen Ende seines Jahrhunderts aus dem Kanon der Literatur eliminiert. Die Art seiner Texte erschien nicht (mehr) zeitgemäß.

Zwar erfreute sich der Weimarer Prinzenerzieher und Herausgeber des »Teutschen Merkur« einer gewissen Prominenz, doch nach 1780 sank sein Stern. Die jüngere Generation übte sich an anderen Textmodellen. Die »Geschichte des Agathon« – gelesen als erster deutscher Bildungsroman und von Lessing als erster deutscher Roman von »klassischem Geschmacke« empfohlen[4] – sichert Wieland eine Stellung in der literaturwissenschaftlichen Kommunikation. Doch trotz des immer wieder betonten Ranges als Vorbereiter der deutschen Klassik bleiben Wielands Werke eher den Spezialisten überlassen. Die großen Theorieerzählungen unserer Tage über Aufschreibesysteme und Diskursformationen kennen ihn deshalb kaum. Oft genug springt der literaturhistorische Überblick von 1730 auf 1790 und vergißt damit eine eigentümliche Phase der Literaturgeschichte – die Zeit um 1765 – als neue Erzählformen des Romans aufkommen und zugleich der Buchmarkt sich institutionalisiert.

Wielands eigene Epocheneinteilung der Literatur, seine Ansicht, er habe mit der »Morgenröthe unsrer Litteratur« begonnen und ende »wie es scheint mit ihrem Untergange«,[5] sorgte 1794 für heftige Empörung, vor allem bei der jungen Generation der Novalis und Schlegels, die sich selbstverständlich ihrerseits als Beginn der deutschen Literatur verstanden. Ihre Attacken bewirkten, daß Wieland für das gesamte 19. Jahrhundert weitgehend in den Hintergrund trat. »Wieland wird nicht mehr gelesen«, konstatiert Walter Benjamin den anhaltenden Mißstand der Rezeption zum »zweihundertsten Jahrestag seiner Geburt«.[6]

Die Querstellung Wielands zur Epoche ist nicht allein mit der Opposition zu zentralen Themen von Sturm und Drang und Klassik erklärt – der Rang Shakespeares, die ›Alten‹ oder die Französische Revolution – sondern vor allem durch die Art seiner textuellen Verfahren, die ›Litteratürlichkeit‹ seiner Texte. Im Gegensatz zu empfindsamen Diskursen und klassischen Texten, die auf einen Effekt der Schrift setzen, die diese zugunsten einer Illusionswirkung verschwinden läßt, weisen Wielands Texte eine ständige Betonung der Textualität von Literatur auf. Wielands »Noten-Prose« (Jean Paul) eignet sich in ihrer

---

[4] G. E. Lessing: »Hamburgische Dramaturgie«, 69. Stück. Zu Blanckenburgs wegweisender Lektüre des *Agathon* als Bildungsroman vgl. Jürgen Jacobs: »Die Theorie und ihr Exempel. Zur Deutung von Wielands ›Agathon‹ in Blanckenburgs ›Versuch über den Roman‹«. In: GRM, N. F. 31 (1981), S. 32–42. Sowie ders.: »Der deutsche Bildungsroman«. München 1989, S. 53–64.

[5] »Vorbericht«. In: C. M. Wielands Sämmtliche Werke. Leipzig 1794–1811. Reprint Hamburg 1984, Bd. 1, S. III. Diese Ausgabe wird im folgenden mit der Sigle ›C‹ bezeichnet. Zu den Siglen der verschiedenen Wieland-Ausgaben vgl. das Literaturverzeichnis.

[6] Walter Benjamin: »Christoph Martin Wieland. Zum zweihundertsten Jahrestag seiner Geburt«. In: ders.: Gesammelte Schriften. Bd. II.1 (= Werkausgabe Bd. 4). Frankfurt a.M. 1980, S. 395.

komplexen immer wieder buchstäblich auf Literatur verweisenden Struktur weder zur empfindsamen Lektüre, noch zur identifikatorischen Lesesucht, noch zu einer hermeneutischen Interpretation, die den Geist des Autors fühlt. Wielands Texte sind – so der Topos – *oberflächlich*, sie zeigen keine (hermeneutische) Tiefe.[7] Es ist kein Zufall, daß Wielands Ausschluß aus dem Kanon durch seine Zeitgenossen explizit auf den Unterschied zwischen homogenem Werk und heterogenem Text abhebt. Die konstitutive Transtextualität – die Verflechtung assimilierter und parodierter Texte – wird ihm Ende des Jahrhunderts schlichtweg als Plagiat angelastet.[8] Erst dieser Vorwurf des Plagiats, nur auf der Basis eines Denkens von Originalautoren gegen Ende des Jahrhunderts möglich geworden,[9] versucht tatsächlich Wieland als Autor hinzurichten oder, wie es bei den Frühromantikern hieß, zu »annihilieren«.

Stand der »unsterbliche Verfasser« des *Agathon*, der *Musarion* und des *Oberon* seit den *Comischen Erzählungen* und dem *Biribinker* im *Don Sylvio*, unter dem Verdacht, allzu erotische Schilderungen zu wagen – was ihm immerhin ein reales Autodafé seiner Texte durch die Mitglieder des Göttinger Hainbundes einbrachte[10] – so steigerte sich die Wieland-Kritik unter den Zeichen der Ästhetik Kants zum Verdikt gegen die Art seiner Dichtung schlechthin.[11] Nicht, daß er verführerische Gemälde biete, sei Wielands Fehler – so schließlich Friedrich Schiller – sondern die Unfähigkeit, ein Genie zu sein. Dieses Urteil gründet auf der negativ bewerteten Konstruktion von Literatur, dem sichtbaren »Plan« der Texte. Das zerstört die angestrebte Illusionswirkung:

> Aber er [Wieland] scheint mir von dem ganz eigenen Unglück verfolgt zu sein, daß dergleichen Schilderungen durch den Plan seiner Dichtungen notwendig gemacht werden. Der kalte Verstand, der den Plan entwarf, forderte sie ihm ab, und sein Gefühl scheint mir so weit entfernt, sie mit Vorliebe zu begünstigen, daß ich – in der Ausführung immer noch den kalten Verstand zu erkennen glaube.[12]

---

7 »Das Werk von Wieland machte offensichtlich so wenig Ansprüche auf Tiefe, daß der Fehlschluß nahelag, auch seine Darstellung könne auf sie verzichten. So ist es schwerlich. Vielmehr ist der geschichtliche Gehalt und Sinn von Wielands Oberflächlichkeit noch heute kaum gesichtet«. Walter Benjamin ebd., S. 395f.

8 In unserem Jahrhundert neigt man dann dazu, die Transtextualität als »spätbarocke l'art pour l'art« epochenspezifisch einzuordnen. Hier Friedrich Sengle: »Christoph Martin Wieland«. Stuttgart 1949, S. 184. Fritz Martini begreift Wielands auf Literatur verweisende Literatur als »die reinste Repräsentation des Stils des deutschen Rokoko im Roman«. F. Martini: »Kommentar«. In: Wieland: Werke 1964, Bd. 1, S. 934. Ebenso Daniel W. Wilson: »The narrative Strategy of Wieland's ›Don Sylvio von Rosalva‹«. Bern 1981, S. 128ff. Demgegenüber sei Transtextualität als spezifisches Textverfahren thematisiert. Dazu ausführlich weiter unten.

9 Zum Prozeß der Herausbildung von Urheberrecht und Autorschaft siehe Heinrich Bosse: »Autorschaft ist Werkherrschaft«. Paderborn u.a. 1981.

10 H.-J. Schrader: »Mit Feuer, Schwert und schlechtem Gewissen. Zum Kreuzzug der Hainbündler gegen Wieland«. In: Euphorion 78 (1984), S. 325–367.

11 Überblick bei Harry Rupel: »Wieland in der Kritik. Die Rezeptionsgeschichte eines klassischen Autors in Deutschland«. Frankfurt a.M. 1980.

12 Friedrich Schiller: »Über naive und sentimentalische Dichtung«. In: ders. Sämtliche Werke. Hg. v. G. Fricke und H. G. Göpfert. Bd. 5. München 1959, S. 744.

Schiller bezweifelt schlichtweg, »ob überhaupt ein Plan poetisch heißen kann«. Mit dieser Kritik leitet sich die letzte und schärfste Phase der zeitgenössischen Wieland-Kritik ein, die als »Stoß in das Zentrum seines Dichtertums«[13] bekannt wurde. Als »böses Princip« in der deutschen Literatur wurden jetzt Voß und Wieland als »die negativen Klassiker«[14] aus den Kanon der Literatur verbannt. Es kommt zur berühmten »Citatio edictalis« im *Athenäum*, die Wieland des Plagiats und damit des literarischen Konkurses bezichtigt:

> Nachdem über die Poesie des Hofrath und *Comes Palatinus Caesareus* Wieland in Weimar, auf Ansuchen der Herren Lucian, Fielding, Sterne, Bayle, Voltaire, Crebillion, Hamilton und vieler anderer Autoren *Concursus Creditorum* eröffnet, auch in der Masse mehreres verdächtige und dem Anschein nach dem Horatius, Ariosto, Cervantes und Shakspeare zustehendes Eigenthum sich vorgefunden; als wird jeder, der ähnliche Ansprüche *titulo legitimo* machen kann, hierdurch vorgeladen, sich binnen Sächsischer Frist zu melden, hernachmals aber zu schweigen.[15]

Unter der Perspektive des originalen Eigentums werden Wielands Texte zu einer ›Konkurs-Masse‹, die alles andere als sein Eigentum darstellt. Wielands oft wiederholte Ansicht, daß »die Bearbeitung des Stoffs die wahre Erfindung« sei, hat keinerlei Geltung mehr.[16]

Der Hinweis auf dieses Rezeptionsschicksal, das bis in die jüngste Zeit Versuche motiviert, Wieland doch noch als Klassiker zu entdecken,[17] gehört zum schon topischen Inventar von Einleitungen zu Arbeiten über Wieland.[18] Aufgegriffen soll hier der Punkt sein, daß gerade Wielands transtextuelles Schreiben Aufschlüsse für eine ›innere‹ Geschichte des Lesens ermöglicht. Unter der Fra-

---

[13] So Friedrich Sengle: »Wieland«, S. 510.

[14] Fr. Schlegel an Caroline 1798. In: »Caroline. Briefe aus der Frühromantik«. Bd. 1, Leipzig 1913, Neudruck 1970, S. 464.

[15] »Athenäum« 1799, S. 340. Zum komplexen Hintergrund von Anerkennung und Ablehnung Wielands durch die Frühromantiker ausführlich Ernst Behler: »Das Wieland-Bild der Brüder Schlegel«. In: Wieland 1983. Hg. v. Hansjörg Schelle, S. 349–392.

[16] Hier nach K. A. Böttiger: »Literarische Zustände und Zeitgenossen«. Hg. v. K. W. Böttiger, Bd. 1, Berlin 1838, S. 255. Vgl. Oettinger: »Phantasie und Erfahrung«, S. 128f. Für weitere Stellen siehe Wilson: »Narrative Strategy«, S. 130f.

[17] Vgl. Herbert Jaumanns brillante Wirkungsgeschichte. H. Jaumann: »Vom ›klassischen Nationalautor‹ zum ›negativen Classiker‹. Wandel literaturgesellschaftlicher Institutionen und Wirkungsgeschichte, am Beispiel Wieland«. In: Klassik und Moderne. Hg. v. K. Richter und J. Schönert. Stuttgart 1983, S. 3–26. Vgl. auch Klaus Manger: »Wielands klassizistische Poetik als Kunst des Mischens«. In: Literarische Klassik. Hg. v. H.-J. Simm. Frankfurt a.M. 1988, S. 327–353. Ders.: »Wielands Poetik«. In: ders.: Klassizismus und Aufklärung. Das Beispiel des späten Wieland. Frankfurt a.M. 1991, S. 83–105.

[18] Vgl. hierzu die »Einleitung« von Walter Erhart: Entzweiung und Selbstaufklärung. Christoph Martin Wielands ›Agathon-Projekt‹. Tübingen 1991. Vgl. ferner das inzwischen erschienene Arbeitsbuch: »Christoph Martin Wieland. Epoche – Werk – Wirkung«. Von Sven-Aage Jorgensen, Herbert Jaumann, John A. McCarthy, Horst Thomé. (= Arbeitsbücher zur Literaturgeschichte. Hg. v. Wilfried Barner und Gunter E. Grimm). München 1994.

gestellung: »Ist Lesen historisch?«, können Wielands Texte als Reflexion auf die Kommunikationsbedingungen des entstehenden Literatursystems des 18. Jahrhunderts gelten. Mehr noch: Seine Reflexionen auf die »Art zu lesen« lassen sich geradezu als eine *Lesepoetologie* verstehen, die es übernimmt, zeitgenössische Leser mit ihrer Lektüre zu konfrontieren und so zu einer Reflexion über ihre Art Romane zu lesen, anzuregen.

1.2. Lesepoetologie

Als Lesepoetologie bezeichne ich ein System von strategischen Verfahren der Leserlenkung auf *allen* Ebenen des Textes. Das ›Spiel mit dem Leser‹ ist nicht auf Erzähler-Leser-Gespräche oder die Figur der lesenden Protagonisten zu begrenzen, sondern diese sind schon Teil einer Erzählform, die dem (empirischen) Leser die Rolle eines Beobachters zuweist, der außerhalb des Textes steht.

Der Begriff einer Poetik hat den Vorteil, ein festumrissenes Inventar von Regeln zu suggerieren, wie sie Poetiken als normative Anweisung zum Schreiben – einstmals – an die Hand geben. Im Fall von Lektüreanweisungen in Romanen liegt der Fall bei weitem komplizierter. Ob Leserlenkungen, die der Autor einsetzt, umgesetzt, ob sie überhaupt wahrgenommen werden, ist und bleibt eine offene Frage, die allenfalls fakultativ zu beantworten ist. Man kann vielmehr umgekehrt nach 1760 von einem Problembewußtsein ausgehen, das sich zusammen mit dem Buchmarkt und seinem allgemeinen und anonymen Publikum zwangsläufig etabliert. An normativen Anweisungen, wie und was man lesen soll, fehlt es keineswegs, ebensowenig wie an Anweisung zur rhetorischen Kalkulation und Erregung der Effekte, aber im Verlaufe des 18. Jahrhunderts wird die Klage darüber, daß die Leser nicht so lesen wie sie sollen, zu einem Topos. Wovon man daher auszugehen hat – und was die Implikation des Begriffs Lesepoetologie modifiziert – ist ein Problembewußtsein über die Ohnmacht normativer Anweisungen zur Lektüre, das angesichts eines heterogenen und anonymen Lesepublikums mit der Entstehung des Buchmarktes entstanden ist.[19] Anders gesagt: Die Ausdifferenzierung der Gesellschaft greift auch hier durch, indem sie die traditionellen Modelle der Wirkung von Literatur gemäß rhetorischer Kalkulationen als zunehmend problematisch erscheinen läßt. Während die Poetik der Mentoren Wielands, Bodmer und Breitinger, noch auf affekt- bzw. wirkungsästhetischen Vorstellungen basiert,[20] schlägt Wieland selbst andere Wege der Leserlenkung ein.

Als Lesepoetologie begreife ich ein systematisches Verfahren der Leserlenkung, das die Leser auf indirektem Wege zu einer Reflexion über (ihre) Lek-

---

[19] Dazu unten, Kapitel IV. 2.

[20] Vgl. Friedrich Schlegel: »Sich ›vom Gemüthe des Lesers Meister‹ machen. Zur Wirkungsästhetik der Poetik Bodmers und Breitingers«. Frankfurt a.M. u.a. 1986.

türe anleitet bzw. anleiten möchte. Entscheidend ist, daß den empirischen Lesern explizit und programmatisch überlassen bleibt, wie sie den Text verarbeiten. Eine solche Einstellung ist neu. Daß es den Lesern überlassen bleiben muß, ob sie Romane nur zum Vergnügen konsumieren oder in ihnen eine anspruchsvolle Form der Literatur sehen, die, wie auch immer, Erkenntnisse vermittelt, markiert eine Zäsur in der ›inneren‹ Geschichte des Lesens. Nichts weniger als die Abhängigkeit der Literatur von der Art der Lektüre wird damit reflektiert.

Das ist vor allem an Wielands erstem Roman, »Die Abenteuer des Don Sylvio von Rosalva« (1764) und seinen späteren Textfassungen (1772, 1794), zu zeigen. Es geht um eine komplexe in der Erzählstruktur verankerte und mit den speziellen Themen des Romans verschränkte Leserlenkung, die dem (zeitgenössischen) Leser ganz verschiedene Lektüreformen, -einstellungen und -praktiken vorführt, aber nicht anbietet, um die Reflexion seines eigenen Leseverhaltens anzuregen. Nicht einzelne Elemente sind herauszulösen und als Leserlenkung zu interpretieren, sondern der Text insgesamt ist als solche zu fassen.

Unter der von Rezeptionsästhetik bzw. reader response criticism verbreiteten Perspektive läßt sich jeder Text als auf die Leser hin kalkulierte Leserlenkung begreifen. Im Fall des *Don Sylvio* ist das Thema des Lesens jedoch bei weitem konkreter als in anderen zeitgenössischen Romanen auf Formen und Einstellungen zur fiktionalen Literatur bezogen. Lesen wird hier nicht als allgemeine Metapher für Bildung oder Verbildung gesetzt, sondern als in sich heterogene und differenzierte Lektüretechnik mit jeweils ganz unterschiedlichen Wirkungen reflektiert. Da Wieland hier zudem das Thema der Schwärmerei als Gefahr der Verwechslung von Einbildung und Realität eng mit dem Thema Lesen koppelt, zeichnet sich dieser Roman auch vor anderen Schriften aus.[21]

Der Roman markiert damit nicht nur eine Zäsur für seine Gattung und ihre Fiktionalität – dem Roman in der Form der »wahrscheinlichen Geschichte« –, sondern er kennzeichnet die Position der Literatur unter Buchmarktbedingungen, die Ausdifferenzierung von Markt, Autor und Leser als autonome Systeme. Die Ausgangslage ist in eine doppelte Forderung fassen: Der (neue) Roman muß seine Leser zu einer adäquaten Lektürehaltung erst anleiten und er muß dies leisten, gerade weil im »Strukturwandel des literarischen Lebens« (Ungern-Sternberg) deutlich wird, daß die Leser eine Freiheit besitzen, die nicht kontrolliert werden kann. Die älteren rhetorisch und wirkungsästhetischen Modelle einer Affektion des Lesers erweisen sich angesichts des allgemeinen Publikums als

---

[21] Im *Agathon* dagegen wird die negativ problematische Schwärmerei zum positiv problematischen Enthusiasmus und damit zur Bildungsgeschichte eines Subjekts, in der Lektüre nicht die Hauptrolle spielt, sondern seine Erfahrung.

nicht mehr adäquat. Der Roman aber, den Wieland 1764 vorlegt, wendet sich an das allgemeine Publikum.[22]

1.3. »Don Sylvio von Rosalva«: Warnungen vor dem »qui pro quo«

> Eine Historie wird deswegen erzehlt oder auch aufgeschrieben, damit sie Lehrer und Zuhörer glauben sollen.[23]

> Solchergestalt schob sich die poetische und bezauberte Welt in seinem Kopf an die Stelle der würklichen, und die Gestirne, die elementarischen Geister, die Zauberer und Feen waren in seinem System eben so gewiß die Beweger der Natur, als es die Schwere, die Anziehungs-Kraft, die Elasticität, das electrische Feuer, und andere natürliche Ursachen in dem System eines heutigen Weltweisen sind.[24]

In Wielands *Don Sylvio von Rosalva* wird das Thema der Lektüre durch den Protagonisten als Leser offensichtlich in den Vordergrund gestellt.[25] Don Sylvio überträgt Elemente aus dem Lesestoff der Feenmärchen in seine Realität und interpretiert diese gemäß des Märcheninventars. So wird eine Figur der Verwechslung, das »qui pro quo«, als ein zentrales Problem von Lektüre und ferner jeder Art von Beobachtung in Szene gesetzt.[26] Wieland fundiert die ebenso fundamentale wie verhängnisvolle Verwechslung auf einer als menschlichen Natur begriffenen Basis einer Psychologie der Einbildungskraft. Die Verwechslung

---

[22] Mit der Gattung Roman geht, was Wieland explizit reflektiert, ein Wandel im Publikumsbezug von statten. Schrieb er zuvor nur für »etliche gute Freunde oder Freundinnen«, so gilt die Prosa des begonnenen *Agathon* dem allgemeinen Publikum. »Agathon ist das erste Buch, das ich für die Welt schreibe«, heißt es am 28.4.1763, einige Monate bevor Wieland die Arbeit am *Agathon* unterbricht, um den *Don Sylvio* zu schreiben. Vgl. WBr 3, S. 162f. Dazu auch Fr. Sengle: »Wieland«, S. 70ff. Wieland betont öfter, daß er früher nur für bestimmte Personen – nicht für das allgemeine Publikum – geschrieben habe. Vgl. etwa WBr 1, S. 387. Im »Allgemeinen Vorbericht« zu seinen »Poetischen Schriften« von 1762 unterscheidet er noch strikt zwischen (literarischen) »Freundeskreis« und dem »großen Haufen«.

[23] J. M. Chladenius: »Einleitung zur richtigen Auslegung vernünftiger Reden und Schriften«. Leipzig 1742. Reprint, Hg. v. Lutz Geldsetzer. Düsseldorf 1969, § 319.

[24] Wieland: »Don Sylvio«, I,3, S. 22. In: Wieland: Werke 1964. 4 Bde. München 1964, Bd. 1. Hg. v. F. Martini und R. Döhl. Diese Ausgabe folgt als einzige der ersten Auflage (E^1), allerdings ohne die Sperrungen zu berücksichtigen. Zitiert wird im folgenden, wenn nicht anders vermerkt, Kapitel und Seitenzahl dieser Ausgabe.

[25] Zur Figur des Don Sylvio i. U. zu anderen Romanfiguren vgl. Friedhelm Marx: »Erlesene Helden. Don Sylvio, Werther, Wilhelm Meister und die Literatur«. Heidelberg 1995, S. 53–110.

[26] In der ersten Auflage des Romans nennt Wieland die rhetorische Figur in einer Kapitelüberschrift: »Don Sylvio wird in die Gärten der Fee Radiante entzückt. Seltsames qui pro quo so daraus entsteht. Unangenehme Folgen desselben.« Vgl. »Don Sylvio«, II,6, S. 74. In den späteren Auflagen (= E^2 1772 und C 1794) wird der Terminus durch den allgemeineren und deutschen der »Verwechslung« ersetzt.

der Ebenen von Text und Wirklichkeit, mit dem Begriff der Schwärmerei gekennzeichnet,[27] fungiert als ein allgemeines Modell, das jedoch in der Lektüre sein pointiertes Beispiel findet. Das Vorbild *Don Quixote* ist hier schnell bei der Hand. Dennoch kann Don Quixote für *Don Sylvio* nicht als vorrangiges Bezugsmodell gelten. Wielands Roman unterscheidet sich, bei aller (wohlkalkulierter) Nähe, in einem grundlegendem Punkt von Cervantes Roman: Er bezieht sich konkret auf eine bestimmte Form der Lektüre als Voraussetzung der Schwärmerei Don Sylvios. Während im *Don Quixote* der Effekt der Lektüre im Rahmen der Melancholietradition auf dem Modell der Säftelehre basiert – dem Leser Quixote trocknet das Hirn aus und daraufhin wird er zum Narren, der die fiktionalen Welten der Ritter in seine Umwelt überträgt[28] –, fundiert Wieland die Wirkung der Feenmärchen konkret in der Lektüretechnik eines rein kursorischen Lesens.

Erst aufgrund des schnellen Durchlesens, das einen konsistenten Zusammenhang schafft, zudem durch die Kürze des Lesestoffes Feenmärchen unterstützt, erscheinen diese Don Sylvio als eine kohärente Welt. Und erst als in sich geschlossene Welt erreichen sie eine Illusionswirkung auf den (natürlich unerfahrenen) jungen Leser, die so stark ist, daß er seine Umwelt nach den Maximen des Feenmärcheninventars deutet. Nur aufgrund dieser Art zu lesen können sie so wirken, daß sie zur ›zweiten Wirklichkeit‹ werden. Die schnelle, kontinuierliche Lektüre »mit fliegenden Blicken« bildet die Voraussetzung für die Illusion, und es macht die Besonderheit dieses Romans für die ›innere‹ Geschichte des Lesens aus, daß Wieland die Form der Lektüre exakt beschreibt und in Relation zu anderen Lektüreformen setzt.[29]

Dem neuen Lesestoff der zufällig in der Bibliothek des Vaters gefundenen Feenmärchen und ihrer Form korrespondiert der Einsatz der neuen Lektüretechnik, die deutlich in ihrer Absetzung zur Lektüreerziehung Don Sylvios dargestellt wird:

---

[27] Zum Thema des Schwärmers in Wielands Biberacher Zeit siehe Alfred Martens: »Untersuchungen über Wielands Don Sylvio«. Halle a. S. 1901. Allgemein: Victor Lange: »Zur Gestalt des Schwärmers im Deutschen Roman des 18. Jahrhunderts«. In: Festschrift für Richard Alewyn, hg. v. B. v. Wiese und H. Singer, Köln 1967, S. 151–164.

[28] Harald Weinrich: »Das Ingenium Don Quijotes«. Münster 1956, S. 17ff. und S. 47–62. Zur Melancholietradition Hans-Jürgen Schings: »Melancholie und Aufklärung. Melancholiker und ihre Kritiker in Erfahrungsseelenkunde und Literatur des 18. Jahrhunderts«. Stuttgart 1977.

[29] Das unterscheidet den »Don Sylvio« von anderen zeitgenössischen Romanen und ihren Helden als Lesern, deren Übernahmen aus fiktionalen Modellen vor allem als Rollenspiel konzipiert ist. Am deutlichsten bei Musäus' »Grandison, der Zweite« (1760–62). Vgl. dazu Edgar Bracht: »Der Leser im Roman des 18. Jahrhunderts«. Hier: S. 93ff. Bracht sieht die Differenz des »Don Sylvio«, allerdings nicht. Zum Motiv vgl. auch Ralph Rainer Wuthenow: »Im Buch die Bücher oder der Held als Leser«.

> Die Kürze dieser Erzählungen [der Feenmärchen] war das erste, wodurch sie ihm gefielen, so sehr war er der dicken Folianten müde, woraus er seiner Tante täglich etliche Stunden lang vorlesen mußte. So bald er aber eine oder zwei davon [der Feenmärchen] durchlesen hatte, war nichts dem Vergnügen zu vergleichen, das er darüber empfand, und der Gierigkeit, womit er alle die übrigen verschlang.[30]

Don Sylvio ›verschlingt‹ die kurzen Erzählungen in stiller, privater Lektüre. Statt eines relativ langsamen Vorlesens, liest er die Feenmärchen still und schnell, mit »fliegenden Blicken«, woraufhin sie ihm als schlüssige Illusion vor Augen stehen:

> Allein, so bald der Tag anbrach, war er schon wieder munter; er nahm sein Heft unter seinem Haupt-Küssen hervor, durchlas mit fliegenden Blicken ein Märchen nach dem andern, und wie er mit der ganzen Sammlung fertig war, fing er wieder von vorn an, ohne es müde zu werden. [...] Die Lebhaftigkeit, womit seine Einbildungskraft sich derselben bemächtigte, war außerordentlich, er las nicht, er sah, er hörte er fühlte.[31]

Daß Wieland seinen Protagonisten als einen Leser zeigt, dessen Lektüreform der zeitgenössischen Rezeption dieser ›Unterhaltungsliteratur‹ entspricht,[32] wirft die Frage nach seiner Lesepoetologie auf. Don Sylvios Verhalten wird als Fehlverhalten der Schwärmerei deutlich gebrandmarkt. Daraus folgt, daß der Roman selbst mitnichten in derselben Weise gelesen werden sollte, wie es für Romane üblich war. (Gesner hatte ja explizit auf diese Lektürepraxis wegen ihrer stärkeren Motivation zurückgegriffen.) Streng genommen gilt Don Sylvios Lektürepraxis hier gar nicht als Lesen, sondern als Verwechslung von Rezeption und Wirkung: »er las nicht, er sah, er hörte, er fühlte.« Aber zu welcher Form der Lektüre leitet der Text an und welcher Art ist die Anleitung?

Der Text stellt mehrere Lektürehaltungen dar, indem *alle* Figuren als Leser bestimmter Literatur charakterisiert sind. Mehr noch: Der Charakter der Figuren und ihre ›Weltsicht‹ bestimmt sich aus ihren Lektürehaltungen und Lesestoffen. Zu diesen Figuren gehört auch schon der im Vorwort auftretende Her-

---

30 »Don Sylvio«, I,4, S. 25. Seine Leseerziehung folgt dem traditionellen Modell des Erwerbs von Latein durch Lektüre Ovids »Metamorphosen« (ebd., I,2, S. 20), sodann der gemeinsamen Lektüre gelehrter Folianten (Historien) mit der Tante als Erzieherin.

31 Ebd. Die Wirkung dieser Lektüre wird durch die Heimlichkeit verstärkt, in der Don Sylvio sie vornehmen muß. Nachdem er »ein starkes Heft von Feen-Märchen« gefunden hat, »zog [er] sich, so geschwind er konnte, in den Garten zurück, um den Wert seines Funds ungestört erkundigen zu können«. Er erkennt sofort, daß es sich hier um verbotenen Lesestoff handelt, »allein der Zwang, den er sich hierüber antun mußte, machte ihm die Feen nur desto lieber«. Ebd., S. 24f.

32 Die Annahme, daß Feenmärchen damals ein eher unbekannter Lesestoff war, ist nicht richtig. Vgl. nur die Sammlung von Friedrich E. Bierling (Hg.): »Das Cabinet der Feen oder Gesammelte Feenmährchen in neun Theilen«. Nürnberg 1761–1765. Zu den Feenmärchen in der Aufklärung vgl. Heinz Hillmann: »Wunderbares in der Dichtung der Aufklärung. Untersuchungen zum französischen und deutschen Feenmärchen«. In: DVjs 43 (1969), S. 76–113. Für Wieland vgl. vor allem J. G. Gruber: »Abhandlung über romantische Poesie, Mährchen und Feenmärchen«. In: Wielands Sämmtliche Werke. Hg. v. J. G. Gruber. Bd. 8., Leipzig 1824, S. 231–272.

ausgeber sowie der Erzähler, der sich als Autor in die Geschichte einschaltet. Entscheidend ist hier, daß keine der Haltungen als vorbildlich für die Lektüre des Romans selbst übernommen werden kann.[33] Auch die entgegengesetzte Lektürehaltung, nämlich Feenmärchen und alle Fiktionen nur als »Spielwerke des Witzes« und reine Unterhaltung gegen Langeweile zu lesen – wie sie der Herausgeber, Don Sylvios Vater sowie der Philosoph Don Gabriel pflegen – wird dem Anspruch des Romans ebensowenig gerecht, wie eine Lektürehaltung, die der Identifikation und dem Glauben an das Dargestellte verfällt. Die angemessene Lektüre des Romans ist vielmehr ein ausgeschlossenes Drittes, das im Text selbst keinen Ort hat, sondern von den Lesern selbst gewählt werden muß. Der Leser erhält damit eine aktive Rolle, indem er den Text als Ganzes beurteilen muß. Er erhält Freiheit und Verantwortung zugleich.

Klar ist, daß der Roman eine Warnung vor dem »qui pro quo«, vor der Verwechslung von Realität und Fiktion darstellt. Was für die Lektüre fiktionaler Werke einfach scheint, wird jedoch kompliziert durch die universale Fundierung dieser Verwechslung. Es geht nicht einfach um die Naivität des Lesers Don Sylvio, der Märchen nicht von der Wirklichkeit unterscheiden kann.

Die Schwärmerei wird im Text zurückgeführt auf die mangelnde Unterscheidung zwischen Lektüre und Wahrnehmung sowie deren Effekten. Das sei ein Mechanismus »der Seele«, deren »blinde Instincte« durch Urteilskraft korrigiert werden müssen. Bezüglich der Textlektüre produziert jedoch erst das schnelle Lesen die Illusion, mit der die Künstlichkeit der Fiktionen als in sich ebenso stimmig wie die empirische Natur wahrgenommen wird. Das Ganze, das diese Lektüreform produziert, ist die Voraussetzung der Schwärmerei:

> Unvermerkt verwebt sich die Einbildung mit dem Gefühl, das Wunderbare mit dem Natürlichen und das Falsche mit dem Wahren. Die Seele, welche nach einem blinden Instincte Schimären ebenso regelmäßig bearbeitet als Wahrheiten, bauet sich nach und nach aus allem diesem ein Ganzes, und gewöhnt sich an, es für wahr zu halten, weil sie Licht und Zusammenhang darin findet.[34]

---

[33] Das arbeitet vor allem Daniel W. Wilsons Monographie zum »Don Sylvio«, heraus. Wilson rekurriert letztlich auf das Modell einer bzw. mehrerer impliziter Leserrollen, indem er eine (fiktive) unkritische und eine (fiktive) kritische Leserrolle im Text eingeschrieben sieht. Diese beiden impliziten Leser beobachten den Erzähler und seinen Anspruch auf die Wahrscheinlichkeit der Geschichte. Beide Positionen kulminieren nach Wilson in einem Idealleser, der zwischen den Positionen zu wechseln vermag und damit dem Rokoko-Prinzip des ›Spiels‹ im Roman gerecht wird. Vgl. Wilson: »The narrative strategy«, S. 91ff.

[34] So die »Psychologischen Betrachtungen« kurz vor der Lektüre der Feenmärchen. Vgl. »Don Sylvio«, I,3, S. 22. Don Sylvio kennt (durch seine Lebensumstände und seine ›Natur‹ motiviert) keinen Unterschied zwischen der Beobachtung und der Imagination von Phänomenen. »Die natürliche Lauterkeit seiner Seele war des Argwohns, ob er etwan betrogen werde, unfähig. Seine Einbildung faßte also die schimärischen Wesen, die ihr die Poeten und Romanen-Dichter vorstellten, eben so auf, wie seine Sinnen die Eindrücke der natürlichen Dinge aufgefasset hatten.« Zu den zeitgenössischen Kriterien des ›Ganzen‹ und des ›Zusammenhangs‹ als Ziel und Mittel der Lektüretheorie vgl. unten Kapitel III.3.

Schwärmerei und Lektüre bilden zwei miteinander gekoppelte allgemeine Phänomene, die es dem Text erlauben, auch auf deren Vorkommen im ›wirklichen Leben‹ zu verweisen und so seine Erzählung als »wahrscheinliche Geschichte« zu legitimieren. Der Roman hat damit einen höheren Anspruch als nur zu unterhalten.

Er leitet vielmehr dazu an, die *Perspektivität jeder Beobachterrolle* zu reflektieren. Bezogen auf Lektüre ist damit die Anforderung verbunden, *Dargestelltes* und *Art der Darstellung* nicht zu verwechseln. Diese »Einübung in das Fiktionalitätsbewußtsein«, die der *Don Sylvio* versucht,[35] beruht auf seiner Anleitung zur Reflexion auf Beobachterabhängigkeit von Wahrnehmung. Indem der Roman die Perspektivität der Personen darstellt, lenkt er die Aufmerksamkeit auf die Art seiner eigenen Darstellung als fiktionale Erzählung.

Formalisiert läßt sich sagen, daß der *Don Sylvio* ein (historisch sehr früher) Text ist, der auf einem dreistelligen Kommunikationsmodell basiert. Vom Leser wird gefordert, zwischen Mitteilung und Information unterscheiden zu können. Die gebrandmarkte Verwechslung oder die Schwärmerei entsteht immer dann, wenn eine Mitteilung als Information geglaubt wird.[36] Die ›Entzauberung‹ Don Sylvios besteht schließlich darin, daß er das Feenmärchen vom Prinzen Biribinker als auf ihn bezogene Mitteilung erkennt und nicht als weitere Information über die Realität der Feen. Dazu muß ihm jedoch erst die Glaubwürdigkeit der Information als einer durch zahlreiche Instanzen vermittelten destruiert werden.

> Ich finde also in der Geschichte des Prinzen Biribinker nichts unmögliches, und (die Glaubwürdigkeit des Geschichtsschreibers voraus gesetzt) sehe ich nicht, warum sie nicht von einem Ende zum andern eben so würklich begegnet sein, und eben so viel Glauben verdienen sollte als irgend eine andere Geschichte. Jetzt haben sie den rechten Punct berührt, sagte Don Gabriel; auf die Glaubwürdigkeit der Zeugen kommt alles an.[37]

Die vorausgesetzte »Glaubwürdigkeit des Geschichtsschreibers« nämlich ist der kritische Punkt. Indem Don Gabriel dem Schwärmer vor Augen führt, daß man eine Geschichte frei erfinden kann und sie doch so erzählen, daß sie

---

[35] So die bündige These von Sven-Åage Jørgensen: »Warum und zu welchem Ende schreibt man eine Vorrede. Randbemerkungen zur Leserlenkung, besonders bei Wieland«. In: Text & Kontext, 4,3 (1976), S. 3–20.

[36] Nach Luhmanns dreistelligen Kommunikationsbegriff, der statt des Sender-Empfänger-Modells, eine Unterscheidung zwischen Mitteilung und Information trifft, hat Kommunikation erst in der mitlaufenden Reflexion statt, daß Information (selektiv) mitgeteilt wird. Erst die Beobachtung sozusagen der Formgebung von Information in der Mitteilung bzw. Darstellung ergibt ›Verstehen‹. Vgl. Niklas Luhmann: »Die Unwahrscheinlichkeit der Kommunikation«. In: ders.: Soziologische Aufklärung. Bd. 3, Opladen 1981, S. 25–34. Sowie ders.: »Soziale Systeme«. Frankfurt a. M. 1984, S. 191ff.

[37] »Don Sylvio«, VI,3, S. 342.

wahrscheinlich wirkt,[38] dekonstruiert er regelrecht die vorausgesetzte Homogenität von Autor, Quellen und Überlieferung:

> Woher können wir wissen, ob ein Autor, der vor drei tausend Jahren gelebt hat, und dessen Geschichte und Character uns gänzlich unbekannt ist, nur im Sinn gehabt habe uns die Wahrheit zu sagen. Und gesetzt, er hatte sie, konnte er nicht leichtgläubig sein? Konnte er nicht aus unlauteren Quellen geschöpft haben? Konnte er nicht durch vorgefaßte Meinungen oder falsche Nachrichten selbst hintergangen worden sein? Oder gesetzt, das alles fände nicht bei ihm statt; kann nicht in einer Zeitfolge von zwei oder drei tausend Jahren seine Geschichte unter den Händen der Abschreiber verändert, verfälscht, und mit unterschobenen Zusätzen vermehrt worden sein?[39]

An die Stelle der Autorität des »glaubwürdigen Geschichtsschreibers Paläphatus« – dem Don Gabriel die Geschichte zugeschrieben hatte[40] – muß die selbständige »Überzeugung der Vernunft« treten. Um so mehr, als daß man den »Wunderdingen, womit die Geschichtsschreiber und die Dichter die Welt angefüllt haben, eine bedingte Möglichkeit einräumen« könnte, so Don Gabriels aufklärerisches Programm, sollen diese solange nur als »bloße Schimären« gelten, »bis zur Überzeugung der Vernunft erwiesen werden kann, daß sie würklich existieren oder existiert haben.«[41]

Die Eröffnung, daß der Gewährsmann des Geschichtsschreibers nur eine Erfindung wie die ganze Geschichte des Biribinker war, verunsichert Don Syl-

---

[38] So absurd das Biribinker-Märchen sich darstellt, ist es genauestens auf Don Sylvios Schwärmerei bezogen, so daß er es als wahrscheinliche Geschichte begreifen muß. Vgl. Don Gabriels Erklärung dazu, daß er die Erzählung so widersinnig wie nur möglich »erdenken« wollte, um zu sehen, wie weit Don Sylvios »Vorurteile für die Feerei gehen könnten«. Zugleich aber weiß er, daß »es mir nicht unmöglich war, etwas so ungereimtes zu ersinnen, das nicht in allen andern Feen-Märchen seines gleichen hätte, und ich hätte voraus sehen können, daß diese Analogie sie verführen würde.« »Don Sylvio«, VI,3, S. 343. Die Biribinker-Erzählung verhält sich insgesamt zum Text als komplexe Umkehrung der Vorzeichen. Während Don Sylvio in der »Realität« die Feenmächte finden will und die »natürlichen Umstände« auf jene zurückzuführen sucht, basieren die Umstände im *Biribinker* auf natürlichen Umständen, sei es daß der Prinz, der mit Honig gefüttert wird, dann folgerichtig »köstliche Sachen« in seine Windeln macht (worauf der Name verweist), sei es daß die Feen sich als Wesen aus Fleisch und Blut mit eindeutigen sexuellen Angeboten ihm anbieten. Vgl. »Don Sylvio«, VI,1, S. 275f. für ersteres, S. 281 für letzteres.

[39] »Don Sylvio«, VI,3, S. 344. Auf diesen ›kritischen‹ Status von Quellen verweist auch schon die Parodie der Biribinker-Erzählung auf den Einleitungssatz der Märchen ›Es war einmal ein König‹. Vgl. ebd., VI,1, S. 270.

[40] »Don Sylvio«, V,14, S. 269.

[41] »Don Sylvio«, VI,3, S. 342f. Das hat den Hintergrund in der Auffassung, daß »die Geschichte mit Fabeln und Unwahrheiten untermischt ist; ein großes Übel, welches dem schwachen Verstand oder dem Bösen willen, oder wenigstens die Eitelkeit der Geschichtsschreiber zu Schulden liegt, und in meinen Augen die wahre Quelle so vieler schädlicher Irrtümer ist«. So Don Gabriel im Anschluß ebd., S. 344. Damit ist die Anforderung des Unterscheidungsvermögens bzw. der eigenständigen Prüfung aufgerufen. Die Klärung der Umstände der behandelten Materie sowie der Autoren und ihrer Werke gehört natürlich zum Grundbestand der Hermeneutik, um »unglaubliche Geschichten« »glaublich« zu machen. Vgl. hier Chladenius: »Einleitung zur richtigen Auslegung«, Kap. 8, §§ 319–326, S. 196–202.

vio, aber überzeugt ihn noch nicht ganz. Erst Don Gabriels Nachweis der Täuschungen in seiner Wahrnehmung bewirkt schließlich, daß er ins Nachdenken versinkt. Durch die fröhliche Gesellschaft auf Lirias kommt es dann dazu, daß er »unvermerkt die Rolle vergaß, die er zu spielen übernommen hatte, und mit dem Prinzen Biribinker und seinen Feen so lustig machte, als ob er nie keine Feen geglaubt, und keinen Sommervogel geliebt hätte.«[42] Die Distanz zur Rolle, die sich im Scherz ausdrückt, stellt jedoch immer noch keine Einsicht dar. Erst nach weiterer Rekapitulation seiner ›Erfahrungen‹ durch die Verunsicherung, daß er den »kleinen Betrug«, den ihm Don Gabriel mit dem Märchen »gespielt hatte«, nicht erkannt hat,[43] gelingt ihm am nächsten Morgen die Einsicht in seine Verwechslung von Kunst und Natur, von Ursache und Wirkung. Don Sylvio erkennt, daß die »nachahmenden Künste ein so angenehmes Ganzes« hervorbringen können, so daß die Phantasie diese mit der Realität gleichsetzt.

> Unser Held, der nicht länger zweifeln konnte, daß alles dieses [das ›romantische Ansehen‹ des Parks in dem er sich befindet], so sehr es einer bezauberten Gegend gleich sahe, ein Werk der Kunst sei, die, von einer dichterischen Imagination geleitet, aus geschickten Verbindungen der verschiedenen Schönheiten der Natur und der nachahmenden Künste ein so angenehmes Ganzes hervor zu bringen gewußt habe; kam bei ersten Eintritt in diesen anmutsvollen Hain auf den Gedanken: daß die Phantasie vielleicht die einzige und wahre Mutter des Wunderbaren sei, welche er bisher, aus Unerfahrenheit, für einen Teil der Natur selbst gehalten hatte.[44]

Das »qui pro quo«, die Verwechslung von Phantasie und Natur, ist als Verwechslung von Ursache und Wirkung erkannt und die ›Entzauberung‹ Don Sylvios gelungen.

Dem Leser aber, dem dies ausführlich dargestellt wird, gilt auf einer anderen Ebene des Textes eine Warnung, diesen seinerseits nicht wiederum mit einer wahren Geschichte zu verwechseln. Wielands Text beschränkt sich nicht auf eine einfache Darstellung der Schwärmerei Don Sylvios und ihrer ›Entzauberung‹ durch Einsicht in den Mechanismus und die Umstände, die solches möglich werden ließen. Sondern zugleich präsentiert sich sein Text als Ganzes ebenfalls als Fiktion – als sinnreich erdachte Geschichte – die selbst wiederum keinerlei direkten Bezug zur Wirklichkeit hat, sondern nur zu anderen Geschichten. Das wird deutlich, wenn Don Eugenio sich als Enkel des »Gilblas von Santillane« zu erkennen gibt. Und er tut dies gerade, um Don Sylvio nachzuweisen, daß sie sich an keinem »zauberischen« Ort befinden, sondern an einem realen, nämlich »in eben diesem Lirias«.[45] Der Ort der Erzählung, den sie als natürlichen Ort ausgibt, ist selbst ein Element aus einem Schelmenroman. Die Lesepoetologie

---

[42] »Don Sylvio«, VI,3, S. 347.
[43] »Don Sylvio«, VII,1, S. 352.
[44] Ebd., S. 353.
[45] »Don Sylvio«, VI,3, S. 346.

im *Don Sylvio* besteht nicht allein in der Darstellung der Schwärmerei und ihrer Aufklärung, sondern in dem Spiel, mit dem sich der Text selbst in seiner Gesamtheit als Objekt der dargestellten Schwärmerei anbietet.

Zugleich aber ermöglicht die Erzählform durch ihre Montage der verschiedenen Perspektiven die Brechungen der geschlossenen Illusion, so daß den Lesern die Reflexion weniger des Phänomens der Phantasie oder Einbildungskraft nahegelegt wird, sondern eine Reflexion ihrer eigenen Erfahrung mit Texten.

Die Wahrscheinlichkeit des Textes basiert auf seinen Zusammenhängen. Diese zu beurteilen bleibt die Aufgabe und Arbeit eines Lesers, der davor gewarnt werden muß, die Wahrscheinlichkeit des Textes mit empirischer Wahrscheinlichkeit zu verwechseln. Insofern kann der *Don Sylvio* als autonome Fiktion gelten und seine Lesepoetologie als eine »Einübung ins Fiktionalitätsbewußtsein«.[46]

Kann man aber davon ausgehen, daß die Leser solches reflektieren, wenn sie den Roman lesen? Oder anders gefragt: Wie sehen die Mittel der Leserlenkung im einzelnen aus? Dabei sind nicht einfach nur einzelne Elemente direkter oder indirekter Bezugnahmen auf den (empirischen und fiktiven) Leser zu isolieren.[47] Vielmehr ist das Zusammenspiel der spezifischen Erzählmittel zu analysieren. Die Lesepoetologie Wielands läßt sich nicht auf einzelne Stilmittel reduzieren, sondern resultiert aus und basiert auf einer komplexen Erzählform, in deren Zentrum der *Erzählebenenwechsel* (Metalepse) steht. Diese Erzählform integriert zugleich Verweise auf andere Literatur. Der *Don Sylvio* ist ein transtextueller Roman, der gezielt mit den Verwendungsmöglichkeiten der Bezugnahme auf andere Texte und Erzählmodelle arbeitet. Schon die erste ›Schwelle‹, die den Leser zum Roman einlädt und ihn doch von ihm trennt – der Titel der ersten Auflage – zeigt eine ausgeklügelte Struktur der Leserlenkung durch transtextuelle Verweise. Schon hier beweist sich die Lesepoetologie.

1.4. Das Gesicht des Werkes

Als zur Ostermesse 1764 bei Bartholomäi in Ulm eine als satirisch angekündigte Schrift erscheint, zeigt deren Titel zwar keinen Autornamen, doch ein

---

[46] Diese Ebenendifferenz, die die Fiktion als autonom zu etablieren sucht, wird deutlich, wenn z. B. Eugenio die Realität seiner Schwester als Sterbliche und eben nicht als Fee, für die sie Don Sylvio hielt, dadurch ›beweist‹, daß er das »Tauf-Register« nachweisen kann. Aber: haben fiktionale Personen ein Taufregister? Der Beweis selbst ist fiktional, d. h. wahr nur auf der Ebene der Fiktion, die ihn setzt. Denn die Schwester ist ja eine Enkelin (der zweiten Frau) des Gil Blas. Vgl. ebd., S. 347.

[47] Verschiedene Mittel der Leserlenkung in diesem Sinne im *Don Sylvio*, *Agathon* sowie den *Abderiten* sind aufgelistet bei Richard Rogan: »The Reader in the novels of C. M. Wieland«. Bern u. a. 1981. Er differenziert zwischen direkter (Erzähler-Leser-Gespräch) und indirekter Leserlenkung (Fußnoten etc.). Zusammengefaßt in ders.: »The Reader in Wieland's ›Die Abenteuer des Don Sylvio von Rosalva‹«. In: German Studies Review 4 (1981), S. 177–193.

erstaunlich ausgeklügeltes Netz von Anspielungen auf literarische Konventionen, Gattungen und Erwartungen. Die ›Titelsprache‹ zielt präzise auf zeitgenössische Einstellungen zu Lektüre und Lektürestoffe. Unter der Hand aber reiht sich die Schrift mit dem Titel einer »Geschichte« in eine neue, anspruchsvolle Form von Romanen ein. Diese versucht sich als »wahrscheinliche Geschichte« von der als Lügen- und Liebesgeschichte diffamierten Form der Gattung ebenso abzugrenzen, wie von den zeitgenössischen ›Tugendromanen‹ Richardsons oder Gellerts.

Der Titel bildet einen Ort, dem neben der Vorrede traditionell als *scopus* oder »Gesicht der Rede«[48] besondere Aufmerksamkeit gilt und dem in Deutschland gerade für Romane die codifizierte Semantik einer ›Titelsprache‹ zukam.[49] Anhand fester Konventionen konnten Leser erkennen, mit welchen Erzählformen sie zu rechnen hatten.[50] Diesen institutionalisierten Ort zur Leserlenkung nutzt Wieland in differenzierter Form. Der Titel der ersten Auflage präsentiert sich folgendermaßen:

Der Sieg der Natur über die
Schwärmerei
oder
DIE ABENTEUER
des
DON SYLVIO VON ROSALVA
Eine Geschichte
worin alles Wunderbare natürlich zugeht
Zwei Theile[51]

---

48 Zum *scopus* als Orientierungskategorie der älteren Hermeneutik vgl. unten Kap. III.3. In dieser Tradition rät Christian Wolff, freilich für »dogmatische Werke«: »Wie man sie erfähret«: »Die Absicht des gantzen Buches wird theils aus dem Titel, theils aus der Vorrede erkandt, darinnen gemeiniglich zu finden, was Anlaß zu schreiben gegeben, was man durch das Schreiben zuerlangen sich vorgesetzet, warum man diese und nicht eine andere Art zu schreiben erwählet.« Chr. Wolff: »Vernünftige Gedanken von den Kräften des menschlichen Verstandes«, Kap. 11, § 3. Zur Funktion solcher außerhalb des Textes situierten, aber orientierenden Elementen (Klappentexte, Vorreden, Titel, Fußnoten, Motti etc.) ausführlich Gérard Genette: »Paratexte«. Frankfurt, New York 1989, S. 9ff., zum Titel vgl. S. 58–103.

49 Der deutsche Buchhandel im frühen 18. Jahrhundert bot Schriften, i. U. etwa zum französischen Handel, meist »in alloris«, d. h. ungebunden und unaufgeschnitten an. Buchhändler und Buchbinder waren noch lange getrennte Institutionen. Zur daraus resultierenden »Titelsprache« vgl. Marianne Spiegel: »Der Roman und sein Publikum im früheren 18. Jahrhundert. 1700–1767«. Bonn 1967. Hier: S. 7ff., insbes. S. 10. Zur Institution der Buchhändler vgl. Paul Raabe: »Der Buchhändler im achtzehnten Jahrhundert in Deutschland«. In: Buch und Buchhandel in Europa im achtzehnten Jahrhundert. Hamburg 1981, S. 271–291.

50 Etwa so: »denn es schwante ihm schon beim Anblick der Titel, daß es sehr angenehme Sachen sein müßten.« So Don Sylvios Reaktion auf den zufälligen Fund des Heftes mit Feenmärchen, bevor er »den Wert seines Funds ungestört erkundigen« kann. »Don Sylvio«, I,4, S. 24.

51 Ich zitiere den vollständigen Titel der ersten Auflage, Ulm 1764. Da der Schriftsatz

Dieses ›Gesicht des Werkes‹ ist publikumswirksam angelegt, gerade wegen seiner Lesbarkeit für ganz verschiedene Klassen von Lesern. Duktus und Vokabular geben Assoziationen sowohl gelehrter als auch unbedarfter Leser Raum. Dem allgemeinen Publikum könnte das Buch zwar zunächst für einen jener anrüchigen, aber verbreiteten schändlichen »Romane« gegolten haben, doch die Untertitel sprechen eine ganz andere Sprache. Nur scheinbar kündigt er einen Abenteuerroman spanischer Prägung an. Wieland läßt schon hier eine spezifische Transtextualität erkennen, die sich innerhalb der Geschichte fortsetzt und keine unwesentliche Rolle für seine Lesepoetologie bildet.[52] Der Titel erfordert eine aufmerksame, doppelte Lektüre. Er zeigt sich bei genauerer Betrachtung als Ankündigung einer neuen Art zu erzählen, die den modernen Roman begründet und bildet insofern in der Tat das ›Gesicht des Werkes‹, den *scopus* des Textes als einer Art Programm.[53]

Was der groß gesetzte Haupttitel zu versprechen scheint, wird in den abgestuften kleiner gesetzten Untertiteln nicht nur präzisiert, sondern konterkariert und zwar auf eine Weise, die der Erwartung der Leser von Abenteuergeschichten zuwiderläuft. Darauf macht auch schon die erste Ankündigung des Romans als »komisch« und »satyrisch« aufmerksam.[54] Auf dieser Ebene spielt der Titel

---

des Titels in der ansonsten hier zitierten Ausgabe nur ungefähr nachvollzogen wurde, habe ich hier bei dieser Simulation auf eine Originalausgabe des Wieland-Archivs, Biberach a.d. Riß, zurückgegriffen. Frau Ottenbacher sei für ihre freundliche Hilfe gedankt.

52 Zu Begriff und Konzept von Transtextualität i. U. zu Intertextualität siehe unten.

53 Nur der Untertitel, »Sieg der Natur über die Schwärmerei« wurde von der Sekundärliteratur als Programm gelesen, dem der Roman mehr oder minder mechanisch folge. Vgl. Wolfgang Jahn: »Zu Wielands Don Sylvio«. In: Wirkendes Wort 18 (1968), S. 320; Jürgen Jacobs: »Der Roman der schönen Gesellschaft. Untersuchungen zu Wielands Erzählkunst«. München, Bern 1969, S. 5f.; Steve Miller: »Die Figur des Erzählers in Wielands Romanen«. Göppingen 1970, S. 126f. Die funktionale Rolle des Titels haben dagegen meist Arbeiten gesehen, die den »Don Sylvio« im Kontext der Romantradition untersuchen. Am deutlichsten bei Jörg Schönert: »Roman und Satire im 18. Jahrhundert. Ein Beitrag zur Poetik«. Stuttgart 1969, S. 132. Schönert spricht von einer doppelten satirischen Richtung (gegen Feenmärchen als Gattung und gegen Schwärmerei) und von der Ankündigung des neuen Literaturverständnisses des »pragmatischen Romans«. So auch Lieselotte Kurth: »Die zweite Wirklichkeit. Studien zum Roman des 18. Jahrhunderts«. Chapel Hill 1969, S. 141. Erst Wilson aber interpretiert den Titel in Bezug auf den Leser: »The titel's ambiguity [...] arouses the reader's curiosity and warns him to be alert. The ambiguity which will be shown in the plot and in reader responses elicited throughout the novel is contained in nuce in this title, which is anything but a mechanical description of an equally mechanical plot, as most critics have assumed.« Daniel W. Wilson: »The narrative Strategy«, S. 20.

54 Der Roman wird im Katalog für die Ostermesse sowie im 13. Stück der »Ulmischen Wöchentlichen Anzeigen« (20. März 1764) angezeigt. Wie es um den deutschsprachigen Roman bestellt war, zeigt, daß er nicht in der VI. Klasse unter »gelehrte Sachen und Verkauf der Bücher« erscheint, sondern, neben Porzellan, einer Immobilie, einem Kelch und Tapeten, in der I. Klasse unter »Sachen, die zu verkaufen sind«. Er wird dort angekündigt als »eine von den komischen und satyrischen Schriften, die unter die Meisterstücke gehören, und aus der Feder eines berühmten Mannes

nicht auf literarische Vorbilder an, sondern auf den Begriff der ›Geschichte‹ als einer ›wahrscheinlichen‹ Art zu erzählen, wie er durch Fieldings »new district« seiner »comic epic in prose« vorgestellt worden ist.[55] Die Geschichte, »worin alles Wunderbare natürlich zugeht« ist damit zugleich programmatische Absage an das Wunderbare in der Prosa und damit Kennern der damaligen Literaturdebatten als Differenz zu den literaturästhetischen Programmen der Schweizer Mentoren, Bodmer und Breitinger lesbar gewesen.[56] Während die Haupttitel also durch Anspielung auf bestimmte Romantypen funktionieren, gelten die Verweise der Untertitel dem zeitgenössischen poetologischen Diskurs.

Der Titel verspricht eine Verschiebung der Erzählform. Das Wunderbare und Abenteuerliche, von dem zu berichten versprochen wird, liegt nicht mehr in den Phänomenen und Begebenheiten selbst, sondern wird durch Erklärung der Umstände ihres Zustandekommens als Zusammenspiel natürlicher Faktoren ausgewiesen. *Don Sylvio* kündigt so schon das poetologische Programm von ›wahrscheinlichen Geschichten‹ an, wie es etwa im zweiten Kapitel des schon begonnenen *Agathon* erklärt wird:

> Wenn es seine Richtigkeit hat, daß alle Dinge in der Welt in der genauesten Beziehung auf einander stehen, so ist nicht minder gewiß, daß diese Verbindung unter einzelnen Dingen oft ganz unmerklich ist; und daher scheint es zu kommen, daß die Geschichte zuweilen viel seltsamere Begebenheiten erzählt, als ein Romanenschreiber, zu dichten wagen dürfte.[57]

Der (neue) Roman legitimiert sich durch ein Erzählverfahren, das Umstände und deren Verbindungen darstellt und so mehr Wunderbares entdeckt, als zu erdichten wäre oder wie Wieland präzise notiert, »zu dichten wagen dürfte«.

---

geflossen sind, der [...] sich nicht nennen will.« Zitiert bei I. Wunderlich: »Wielands Roman ›Die Abenteuer des Don Silvio [sic] von Rosalva‹ und Ulm«. In: Staats-Anzeiger für Württemberg, Beilage 7,1 (1919), S. 154f. Der Roman wird von Wieland am 8.3.1764 (1. Teil) und 12.4. (2. Teil) an Zimmermann gesendet. Die Buchmesse war in diesem Jahr am 22.4. Vgl. Wilson: »The Narrative Strategy«, S. 15.

55 Vgl. Fieldings »Vorwort« zum »Joseph Andrews« (1742). In den theoretischen Expositionen der jeweils ersten Kapitel des »Tom Jones« erhebt Fielding im Einleitungskapitel zum zweiten Buch, »was für eine Art Geschichte dies ist; was sie ist, und was sie nicht ist«, den Anspruch der »Entdecker« dieser Darstellungsform, fortan der Unterscheidung von *romance* und *novel*, zu sein. Hinsichtlich seiner Erzählweise schreibt er: »Für all dies werde ich mich von gar keinem kritischen Gerichtshof zur Verantwortung ziehen lassen, denn, da ich der wahre Entdecker dichterischen Neulands bin, so steht mir das Recht zu, darin nach meinem eigenen Gefallen Gesetze zu erlassen. Und diese Gesetze müssen meine Leser, die ich als meine Untertanen betrachte, anerkennen und befolgen.« Vgl. Henry Fielding: »Die Geschichte des Tom Jones, eines Findlings«. (1749) Hg. v. N. Miller. München 1966, II,1, S. 64. Vgl. auch IX,1, S. 518ff. wo Fielding Kriterien zur Verfassung von ›Geschichten‹ nennt. Freilich begrüßt der Erzähler seine »Untertanen« als Gastwirt, dessen Speisen durchaus zurückgewiesen werden können, vgl. das erste Kapitel des ersten Buches.

56 Oettinger spricht von einer »Kontroverspoetik« Wielands nach dem Bruch mit Bodmer. Oettinger: »Phantasie und Erfahrung«, S. 32ff. und S. 68.

57 »Geschichte des Agathon«. I,2. Unveränderter Nachdruck der Editio princeps (1767). Hg. v. Klaus Schäfer. Berlin 1961, S. 10.

Im *Don Sylvio* ist demnach das Wunderbare vor allem der Effekt, der an Wunder glauben ließ und der mit dem Begriff der ›Schwärmerei‹ denunziert wird.[58] Zweimal wird im Titel die Priorität der Natur, unter dem Namen der »Geschichte«, betont, einer Textgattung, die unter dem Signet der Wahrheit der berichteten Geschehnisse rangierte. Die Abenteuer, die den Lesern versprochen werden, bestehen nicht in wunderbaren Begebenheiten, sondern in der Erzählung der Umstände und Folgen des Glaubens an solche. Mit dieser im Titel angekündigten Verschiebung erhebt der Text den Anspruch einer in sich wahrscheinlichen Geschichte, die sich von dem, was als ›Roman‹ galt, unterscheidet.[59]

Der Titel ist demnach doppelt zu lesen. Zum einen wird eine Geschichte, in der die Natur über Schwärmerei siegt, angekündigt. Dies ist die Geschichte auf der Basis des zeitgenössischen anthropologisch-psychologischen Diskurses über die Natur. Diese Geschichte aber gibt zum anderen vor, selbst natürlich, d.h. gemäß der (psychologischen) Wahrscheinlichkeit zu berichten. Das ist die poetologische Ebene, die der Titel offensiv propagiert.

Damit hat der Autor die Argumente, in der sich schon lange dahinziehenden Debatte über die verderbten Romane, auf seiner Seite. Die Gattung Roman konnte sich nur etablieren, indem sie der Lügenhaftigkeit, deren Vorwurf die Gattung geradezu bestimmte,[60] durch die Behauptung des (lehrhaften) Wertes ihrer Erzählform und deren Wahrhaftigkeit begegnete.[61] Erst unter der Hand kündigt sich die Autonomie der Fiktion als Drittes, nämlich dem Wahrscheinlichen zwischen Wahr und Falsch an.[62]

---

[58] Noch im Winter 1789/90 unterhält Wieland sich mit dem Theologen Eberhard Gottlob Paulus über den »Don Sylvio« und seine Kritik am Wunderglauben, der nach seiner Auffassung vom Übernatürlichen auf natürliche Umstände zurückgeführt werden müsse. Vgl. Thomas C. Starnes: »Wieland. Leben und Werk«. 3 Bde., Sigmaringen 1987. Bd. 2, S. 193.

[59] Zum Kontext vgl. Ernst Weber: »Die poetologische Selbstreflexion im deutschen Roman des 18. Jahrhunderts. Zu Theorie und Praxis von ›Roman‹, ›Historie‹ und pragmatischen Roman«. Stuttgart 1974.

[60] So Hans Blumenberg: »Wirklichkeitsbegriff und Möglichkeit des Romans«. In: Nachahmung und Illusion. (= Poetik und Hermeneutik Bd. 1) München 1964, S. 9–27. Zum Thema der Fiktions- und Romankritik siehe vor allem Gerhard Sauder: »Argumente der Fiktionskritik 1680–1730 und 1960–1970«. In: GRM (N. F.) 26,2 (1976), S. 129–140. Aufschlußreich für die ältere Diskussion Hilkert Weddige: »Die ›Historien vom Amadis auss Franckreich‹«. Wiesbaden 1975. Sowie Walter Ernst Schäfer: »Hinweg nun Amadis und Deinesgleichen Grillen. Die Polemik gegen den Roman im 17. Jahrhundert«. In: GRM, N. F. 15 (1965), S. 366–384.

[61] Für den »Don Sylvio« vgl. etwa I, 12, S. 55. Der Erzähler beteuert: »Dem ungeachtet nötigt uns die Wahrhaftigkeit, deren wir uns im Lauf dieser ganzen Geschichte befleißigen, zu versichern, daß Don Sylvio in seiner ganzen Erzählung nichts gesagt habe, was nicht in gewissen Sinn eben so würklich war, als es die meisten andre Geschichten aus der Geisterwelt sind.« Zur Differenzierung von ›innerer‹ und ›äußerer‹ Wirklichkeit, die hier die Bedingung für die Beteuerung des Erzählers ist, vgl. unten.

[62] Wolfgang Preisendanz: »Die Auseinandersetzung mit dem Nachahmungsprinzip in Deutschland und die besondere Rolle der Romane Wielands (Don Sylvio, Agathon)«.

Der Begriff ›Roman‹ galt nahezu bis zum Ende des 18. Jahrhunderts als Synonym des Wunderbaren, Abenteuerlichen und Unvernünftigen. Insofern hängen die Gattung Roman und das Thema der Schwärmerei implizit zusammen. Sulzer hat die Schlagworte, die Wieland im Titel zusammenbringt, 1777 noch prägnant als Gegensätze klassifiziert: »Das Natürliche ist ohngefähr gerade das Entgegengesetzte des Romanhaften.«[63] Bis zum Ende des Jahrhunderts wird das Stichwort ›Roman‹ in den Wörterbüchern (Adelung, Campe) mit den Kriterien purer Erdichtung als »eine jede wunderbare Geschichte« oder eine »wunderbare oder mit Verwirrungen durchwebte Liebesgeschichte« erklärt.[64] Die zeitgenössische Bewertung des Romans als des Unnatürlichen, Lügenhaften schlechthin muß »als eines der extrem negativen Wertattribute, über das die Kunstrichter des 18. Jahrhunderts verfügen«,[65] gesehen werden. Deshalb kommt ›Roman‹ als Gattungsbezeichnung in den Titeln der Romane des 18. Jahrhunderts so gut wie nicht vor. Die Gattung mußte gegen dieses Urteil Strategien entwickeln und findet sie mit dem Titel der »wahrscheinlichen Geschichte« und ihrem Programm, wie es Wieland vor allem im »Vorbericht« zum *Agathon* ausführt.[66]

Der *Don Sylvio* entfaltet dieses Programm noch nicht explizit. Doch mit der Ankündigung der Entlarvung des Wunderbaren als eines natürlichen Phänomens geht ein Wechsel der Erzählhaltung vonstatten, der dem neuen Anspruch schon gerecht wird. Das Thema der Schwärmerei wird gezielt als poetologische Absetzung eingesetzt.

> Die Schwärmerei des Don Sylvio ist nichts anderes als jener bei ihm zum System gewordenen Wahn in dem für Breitinger das Wunderbare gründen muß, wenn es wahrscheinlich sein soll.[67]

In: Nachahmung und Illusion, S. 72–95. Dieser Prozeß der Entwicklung von Fiktionsbewußtsein geht mit dem Zulassen von Vieldeutigkeiten einher. Ausführlich verfolgt dies Christian Bertold: »Fiktion und Vieldeutigkeit«.

63 J. G. Sulzer: »Allgemeine Theorie der Künste«. Leipzig 1792–1806, Theil 2, S. 542ff. Einen eigenen Artikel zum Roman fügt Sulzer erst in den Nachträgen ein. Zu Sulzer und dem Artikel »Romanhaft« mit seinen Bezügen zu Richardson und Wielands *Agathon* vgl. Klaus R. Scherpe: »Theorie und Kritik der Gattungen in der deutschen Poetik des 18. Jahrhunderts«. Stuttgart 1968, S. 214f.

64 Inhaltlich wurden Romane vor allem als Liebesgeschichten verstanden. Für ausführliche Belege vgl. Georg Jäger: »Roman und Empfindsamkeit. Wortgeschichte und Kritik im 18. und frühen 19. Jahrhundert«. Stuttgart 1969, S. 57ff.

65 Scherpe: »Theorie und Kritik der Gattungen«, S. 103.

66 Wieland: »Vorbericht«. In: ders.: Geschichte des Agathon. Editio princeps, S. 1–5. Vgl. dazu Walter Erhart: »Entzweiung und Selbstaufklärung«, S. 87ff.

67 Preisendanz: »Die Auseinandersetzung mit dem Nachahmungsprinzip«, S. 82. Zur »Abrechnung des gesunden Menschenverstandes mit der eigenmächtig wirkenden Einbildungskraft« vgl. Oettinger: »Phantasie und Erfahrung«, S. 31ff. Mit der Zentralkategorie »literarische Phantasie« hat wiederum Vietta den »Don Sylvio« wörtlich gelesen. Vgl. Silvio Vietta: »Literarische Phantasie: Theorie und Geschichte«. Stuttgart 1986. Hier: S. 165ff.

Die berichteten Abenteuer werden als Beobachtung eines Erzählers aufgezeichnet, nicht als Notat des Faktischen. Die Differenz von Historie und »wahrscheinlicher Geschichte« liegt darin, daß letztere ihre Darstellung als Beobachtung, d.h. als explizit perspektivische Darstellung ausweist. Die Leser können und sollen beobachten, wer beobachtet und dies erzählt.[68] Das bedeutet eine gesteigerte Anforderung an den Leser, zumal die Einbeziehung der Perspektivität des Dargestellten aus den zeitgenössisch vermittelten Lektüregewohnheiten herausfällt.[69]

1.5. Transtextualität

Für den literarisch interessierten Leser konnotiert der Titel des *Don Sylvio* zunächst den Schelmenroman »Gil Blas von Santillane« des Alain René Lesage und ferner den »Don Quixote von La Mancha«. Beides hat seine Berechtigung, da Wieland aus ersterem zahlreiche Personennamen und Orte entnimmt und aus letzteren das Modell der Erzählung selbst zu übernehmen scheint.[70] Aller-

[68] Zum Thema des perspektivischen Erzählens bei Wieland vgl. L. E. Kurth: »Perspectives and Points of View: The Early Works of Wieland and their Background«. Baltimore 1974. Prominent ist Chladenius Theorie der »Sehe-Puncte« geworden. Sie findet sich in allen seinen wichtigen Werken. Vgl. hier nur Chladenius: »Einleitung zur richtigen Auslegung vernünftiger Reden und Schriften«, § 309ff., S. 187, sowie ders.: »Allgemeine Geschichts-Wissenschaft«, II, § 17, S. 37f. zur Herkunft aus der Optik sowie ausführlich ebd., V, S. 91–115. Die Theorie der »Sehe-Puncte« fordert zu einer Reflexion der Beobachtung auf: »Allein bey der Erkentnis der Begebenheiten, und denen daraus flüssenden Erzehlungen, ist es eben so nöthig, auf den Zuschauer und dessen Beschaffenheit achtung zu geben, als auf die Sache selbst. Von beyden hanget die Erkentniß der Begebenheiten, und mithin auch die Wahrheit der Erzehlung selbst ab.« Ebd., V, § 1, S. 92.

[69] Lektüre steht zu dieser Zeit für die Allgemeinheit stark in der Kritik. Lektüre zur Unterhaltung mußte sich den Vorwurf der Zeitverschwendung gefallen lassen. Wenn gelesen wurde, dann, um zu glauben, was geschrieben steht. Das gilt zumindest für die Gattungen anerkannter Lesestoffe, religiöse Schriften, Historie und dogmatische Werke. Vgl. Christian Wolff: »Wie man Bücher mit rechten Nutzen lesen soll«. In: ders.: »Vernünftige Gedanken von den Kräften des menschlichen Verstandes«, Kap. 10ff. Dort heißt es, Kap. 11, § 1: »wir lesen Bücher, damit wir erkennen lernen, was darinnen geschrieben stehet.« Vgl. auch Chladenius: »Einleitung zur richtigen Auslegung vernünftiger Reden und Schriften«, § 319, S. 196: »Eine Historie wird deswegen erzehlt oder auch aufgeschrieben, damit sie Lehrer und Zuhörer glauben sollen.« Zum Lesepublikum der Zeit vgl. immer noch Walter Rumpf: »Das literarische Publikum der sechziger Jahre des 18. Jahrhunderts in Deutschland«. In: Euphorion 28 (1927), S. 540–564. Für eine neuere Untersuchung vgl. John A. McCarthy: »Lektüre und Lesertypologie im 18. Jahrhundert (1730–1770). Ein Beitrag zur Lesergeschichte am Beispiel Wolfenbüttels«. In: IASL 8 (1983), S. 35–82.

[70] Das wurde schnell erkannt und allzuschnell festgeschrieben. »[G]enug, es ist eine Nachahmung des Don Quixots« schreibt Moses Mendelssohn an Thomas Abbt und fragt ihn, ob er diese ›Originalschrift‹ gelesen habe. Brief an Th. Abbt vom 12.2.1765 in Moses Mendelssohn: »Gesammelte Schriften«, Bd. 12,1. Stuttgart 1976, S. 75. Abt hat die Schrift nicht nur gelesen, sondern auch die erste Rezension zum »Don Sylvio« verfasst und darin öffentlich auf den »Don Quixote« als Modell hingewiesen. Vgl. ADB 1,2 (1765), S. 97–107. Jean Paul etwa nimmt dann Wieland die »gänzlich verunglückte« Nachahmung noch 1820 übel. Vgl. Jean Paul: »Vorrede« zu:

dings geht Wielands Roman keineswegs in einer Mischung und Umsetzung bekannter Stoffe auf. Vielmehr setzt Wieland den Verweis auf andere Texte – verschiedenster Art – gezielt ein. Das erlaubt es von Transtextualität zu sprechen. Der Begriff bezeichnet – in Absetzung zur Intertextualität – Verfahren, welche die Funktionsweise von Texten mit ihren multiplen Bezugsmöglichkeiten auf andere Texte als Ganzes beobachten.[71] Da sich Intertextualitätstheorien vornehmlich auf einzelne Elemente aus anderen Texten beziehen, scheint Transtextualität als allgemeiner Terminus zur Bezeichnung der Bezüge zu ganzen Texten, Gattungen und Traditionen sinnvoll.

Daß der *Don Sylvio* auf zahlreiche Texte verweist und sich daraus speist, ist eine bekannte, aber irritierende Tatsache. Irritation verursacht nicht das heute wieder gern angeführte Standardwissen, daß Texte aus Texten gemacht sind, sondern die Vielzahl der Sub- oder Prätexte, die es kaum erlauben, den *Don Sylvio* auf einen einzelnen Bezugstext zu beziehen, um ihn damit zu erklären. Obwohl der Titel die Assoziation zu bekannten Werken anbietet, konnotiert er eher Erzähltraditionen insgesamt als konkrete Texte.[72]

Während in »Araspes und Panthea« (1758) eine Szene aus Xenophons *Cyropädie*, die wiederum in Shaftesburys *Soliloquy* aufgenommen worden war, den Stoff bildete, zeigt der *Don Sylvio* ein Netz weit gestreuter expliziter und impliziter Verweise auf Literatur. Obwohl die Konnotationen und Übernahmen zunehmen – und in späteren Werken Wielands noch mehr zunehmen werden – nutzt Wieland die Möglichkeiten des Verweises auf bekannte oder unbekannte literarische Vorbilder nicht allein dazu, sich die *inventio* zu sparen. Vielmehr

---

»Der Komet«. In: ders.: Werke. Hg. v. N. Miller, Bd. 6, S. 570. Das ›Grundmuster‹ des »Don Quixote« hält auch noch Fritz Martini – im »Nachwort« zur Ausgabe des »Don Sylvio« – für bestimmend. Vgl. Wieland: Werke 1964, Bd. 1, S. 921.

71 So der Ansatz in Genettes großangelegten Versuch, Formen der Transtextualität darzustellen und zu unterscheiden. Transtextualität umfaßt einerseits Gattungen wie Travestie, Parodie, Burleske und Pastiche, steht aber andererseits als »Metagattung« zur Analyse der Bezugnahmen eines Textes auf andere zur Verfügung. Aus ökonomischen Gründen verzichte ich hier auf eine Übernahme Genettes Terminologie. Zu den verschiedenen Arten von Transtextualität i.U. zu Intertextualitätstheorien (Kristeva, Riffaterre) sowie den ernsten, satirischen und spielerischen ›Registern‹ der Transtextualität vgl. Gérard Genette: »Palimpseste«. Frankfurt a.M. 1993 S. 9ff., S. 39ff. und S. 112ff. Eine Intertextualitätsdiskussion kann hier nicht geführt werden. Für eine Anwendung Genettes Modell auf Wieland vgl. Wolfgang Preisendanz: »Die Muse Belesenheit: Transtextualität in Wielands ›Neuen Amadis‹«. In: MLN 99,3 (1984), S. 539–553. Zur Diskussion um die Gattungen vgl. auch Beate Müller: »Komische Intertextualität. Die literarische Parodie«. Trier 1994. Margeret A. Rose: »Parody: ancient, modern and post-modern«. Cambrigde UP 1993.

72 Vgl. »Don Sylvio«, V,1, S. 194, in der »Bücher im Geschmack des Comischen Romans, des Baccalauerus von Salamanca [*Gil Blas*], oder des Findlings [*Tom Jones*], ja wenn es auch im Geschmack des Candid oder des Gargantua und Pantaguel [wären]«, als vorbildliche Textformen – »Bücher, in denen die Wahrheit mit lachen gesagt [wird]« – genannt werden. Deutlich ist hier, daß es Wieland bei den Verweisen nicht (nur) um die konkreten Texte geht, sondern um deren stilistische Form insgesamt, für die sie als hervorragende Beispiele gelten können.

setzt er sie gezielt ein, um in die Nachahmung spezifische Differenzen einzuschreiben, die im Falle von »Araspes und Panthea« die zeitgenössische empfindsame Liebesvorstellung und zugleich Shaftesburys Philosophie der Sympathie problematisieren.[73]

Im *Don Sylvio* werden Schwärmerei und Lektüre als allgemeine Phänomene gekoppelt und exemplarisch thematisiert. Der Allgemeinheit des Phänomens[74] entspricht die Ausdehnung des konnotierten Textuniversums, das nun antike und moderne, gelehrte, lexikalische und fiktionale Texte umfaßt. Damit wird das Feld geöffnet für eine Bezugnahme auch auf reale (historische) Fälle und deren Berichte.[75]

Spätestens wenn Don Sylvios Erziehung geschildert wird, öffnet sich das Verweisungsnetz mehr und mehr. Es bezieht – in den ab der zweiten Auflage zahlreich hinzugefügten Fußnoten größtenteils nachgewiesen – so heterogene Texte ein wie Bayles *Dictionnaire* und das nahezu unbekannte Werk »Le Comte de Gabalis«.[76] Neben den englischen, französischen und spanischen Vorbildern

---

[73] Daß Wieland Shaftesbury nicht nur distanzlos als Vorbild rezipierte hat schon Manfred Dick gezeigt. Vgl. Manfred Dick: »Wandlungen des Menschenbildes beim jungen Wieland. Araspes und Panthea und Shaftesburys Soliloquy«. In: JbdSg 16 (1972), S. 145–175. Zu »Araspes und Panthea« vgl. die brillante Interpretation von Walter Erhart in: »Entzweiung und Selbstaufklärung«, S. 44ff.

[74] Vgl. etwa Wielands Brief an Salomon Gesner, WBr 3, S. 207: »Schwärmerei und Aberglauben erstrecken ihren Einfluß auf alle Zweige des menschlichen Lebens, beide sind dem Menschen natürlich«. Wieland bezieht sich hier auf Shaftesbury. Jahn hat dazu auf eine Stelle aus Shaftesburys »Letter concerning enthusiasm« (1707) hingewiesen, in dem der Fall buchstäblichen Feenglaubens des Bischof von Gloucester berichtet wird. Vgl. W. Jahn: »Zu Wielands ›Don Sylvio‹«, S. 321. Im Text des »Don Sylvio« verweist Wieland summarisch, in einer der wenigen Fußnoten der ersten Auflage, auf das (autoritativ gesetzte) Diktum Lukrez, daß »jederlei Mensch nach Fabeln und Märchen das Ohr hängt«. Vgl. »Don Sylvio«, I,3, S. 22. Auch später wird Wieland in Märchen die Art allgemeiner, elementarer Literatur sehen, der Menschen Glauben schenken, weil sie glauben wollen, daß es solches geben könnte. Vgl. Wieland: »Über den Hang der Menschen an Magie und Geistererscheinungen zu glauben«. In: C 24, S. 71–92.

[75] Wieland verweist darauf, daß Don Sylvio ja in einer Zeit lebe, in der metaphysische Vorstellungen üblich waren. Vgl. »Don Sylvio«, I,4, S. 25f. Ein Verweis auf den Aberglauben der Landleute findet sich ebd., I,3, S. 23. Der Text verweist implizit wie explizit auf reale Schwärmereien, etwa die Visionen der Maria von Agreda ebd., VI,3, S. 346. Zum impliziten Verweis auf das Vorbild der Donna Mencia, die Schwärmerin Bourignon, von der bei Bayle berichtet wird, vgl. unten.

[76] »Sie haben vermutlich die Nachrichten von dem Grafen Gabalis gelesen«, erwidert Don Gabriel auf Don Sylvios Argumentation möglicher Geisterbeschwörung. Vgl. »Don Sylvio«, VI,3, S. 344. In C 12, S. 200 gibt Wieland Seitenangaben einer 1742 erschienen Auflage des kuriosen Geheimwerks an. Aus ihm entnahm er für den »Biribinker« u. a. die Figuren der Salamander und Sylphen, deren Existenz Gabalis ernsthaft propagiert. Mir stand im Wieland-Archiv folgende Ausgabe zur Verfügung: [N. P. H. de Montfaucon de Villard]: »Comte du Gabbalis ou entriens sur les sciences secretes. Renouvellé & augmenté d'une lettre sur ce sujet«. Amsterdam/Den Haag, 1715–1718, vgl. z. B. S. 14, S. 78ff. und S. 97. Auf die Schwärmerei dieser Schrift hat explizit Alexander Pope in seinem Vorwort zum »Raub der Locke« verwiesen und so Wieland möglicherweise den Hinweis auf das seltene Werk gegeben. Allerdings spielen Elementargeister schon immer eine Rolle in dem Bereich, den Wieland

verhilft die konzentrierte Suche auch dazu, zeitgenössische Elemente etwa aus Johann Georg Zimmermanns Standardwerk »Von der Erfahrung in der Arzneykunst«[77] oder aus Georg Friedrich Meiers »Gedanken von Gespenstern« zu entdecken.[78]

Schon die ältere Wieland-Literatur hat den Versuch unternommen, die Subtexte wieder voneinander zu trennen und ihre jeweiligen ›Einflüsse‹ zu klären.[79] Diese Versuche bleiben ungenügend, nicht nur, weil trotz zahlreicher Übernahmen szenischer, situativer, personeller und wörtlicher Art Einflüsse schwer zu werten bleiben, sondern weil der Nachweis intertextueller Bezüge nichts über die Funktion der Elemente und das, was Wielands Text ausmacht, zu sagen hat. Nicht auf den einen oder auf mehrere Subtexte ist zu rekurrieren, sondern die Bezüge müssen insgesamt als transtextuelles Verfahren des Verweisens auf Text- und Sprachtypen begriffen werden, denen im Roman (und in der Realität?) wiederum Lesertypen entsprechen. Anders gesagt: Anstatt den *Don*

hier unter Schwärmerei subsumiert, so bei Paracelsus. Vgl. Robert Blaser (Hg.): »Theophrastus von Hohenheim, genannt Paracelsus. Liber de Nymphis, Sylphis, Pygmaeis et Salamandris et de ceteris spiritibus«. Bern 1960.

77 Vgl. Lothar Müller: »Die kranke Seele und das Licht der Erkenntnis«. Frankfurt a.M. 1987, S. 49. Die Romanfiguren Don Sylvio und Agathon werden durch die Rubriken einer anthropologischen Kategorientafel »gewissermaßen dekliniert«. Die psychologischen Kommentare des Erzählers im »Don Sylvio« folgen in ihren Argumentationsfiguren »bis in die Wortwahl hinein« Zimmermanns Standardwerk. Müller bezieht sich auf Schings Begriff des »anthropologischen Romans«. Vgl. H.-J. Schings: »Der anthropologische Roman«. In: B. Fabian, R. Schmitt-Biggemann, R. Vierhaus (Hg.): Deutschlands kulturelle Erfahrung. München 1980. Hier: S. 256ff.

78 Das Verweisungsnetz läßt sich immer weiter spannen. So entdeckt Erhart Elemente der französischen Moralistik. Vgl. Erhart: »Entzweiung und Selbstaufklärung«, S. 83. Stockhammer interpretiert den Kürbis im Biribinker-Märchen als Verweis auf Descartes. R. Stockhammer: »Leseerzählungen«, S. 102ff. Vgl. »Don Sylvio«, VI,2, S. 313ff. Diese Passage im Bauch des Walfisches stellt ihrerseits, neben der Konnotation zu Jona, ein Versatzstück aus Wielands eigenen, verbranntem Lukian-Roman dar. »Lucian der jüngere ist auf Anrathen einer Bernischen Freundin schon vor vier Jahren verbrannt worden. Der Himmel weiß wo die Atomen davon hingekommen sind.« So Wieland am 12.4.1764 mit der Übersendung des zweiten Teils des »Don Sylvio« an Zimmermann. Vgl. WBr 3, S. 255. Zum Lukian-Roman als politischer Satire in Anlehnung an Lukian mit Swiftschen Stilmitteln vgl. Victor Michel: »C. M. Wieland. La formation et l'èvolution de son esprit«. Paris 1936, S. 188f. Sowie das »Nachwort« von H. Jaumann in seiner hervorragenden Ausgabe Wielands: Der goldne Spiegel und andere politische Dichtungen. München 1979, S. 886f.

79 Vgl. Stefan Tropsch: »Wielands Don Sylvio und Cervantes Don Quijote«. In: Euphorion 1899, S. 33ff. Zum Element der Feenmärchen ausführlich schon K. O. Mayer: »Die Feenmärchen bei Wieland«. In: Vierteljahrsschrift für Literaturgeschichte 5 (1892), S. 374–408 und S. 497–533. A. Martens: »Untersuchungen über Wielands Don Sylvio«, S. 8 stellt heraus, daß der Gil Blas »als Namenslexikon« genutzt wird. Don Eugenio und Felicia werden darüber hinaus von Wieland als Enkel des Gil Blas ausgegeben, der als Muster des komischen Romans im Text explizit angeführt wird. Vgl. »Don Sylvio«, V,1, S. 9. Die Geschichte des Don Sylvio findet zudem an den Orten des »Gil Blas« (Lirias, Xelva, Clatrava) statt. Neben Martens ausführlicher Textanalyse ist noch Franz Riss: »Über den Einfluß der französischen Romane auf C. M. Wielands Don Sylvio von Rosalva«. Wien 1912 zu nennen. Riss behandelt Übernahmen aus Lesage, Cazotte, Sorel und Scarron.

Quixote als literarisches Muster zu verwenden und nachzuschreiben, setzt Wielands Text ein transtextuelles Verweisungssystem in Szene, das auf Don Quixotaden insgesamt als Genre verweist.[80] Nachgeahmt und modellbildend sind nicht einzelne Texte, sondern gemeinsame sprachliche und thematische Elemente derselben, die stilbildend und damit signifikant geworden sind.[81]

Bezüglich des *Oberon* hat Wieland sein transtextuelles Kompositionsverfahren im Vorwort – »An den Leser« – explizit aufgezeigt. Er bezeichnet dort die literarischen Vorbilder der »Romanzen und Ritterbüchern« als »eine Fundgrube von poetischen Stoffe«, die auch nach vielfacher Verwendung etwa durch Ariost und Tasso »noch lange für unerschöpflich angesehen werden« können. Wieland gibt daraufhin seine Quelle an und berichtet, wie der *Oberon* aus »drey Haupthandlungen zusammen gesetzt« sei bzw. wie diese »eingewebt« wurden und daß daraus, bezüglich der Motivation der Personen »eine Art Einheit« entstehe, die seines Erachtens »das Verdienst der Neuheit« beanspruchen kann.[82]

Wielands Texte verknüpfen Erzähltypen und ihre Lektüreeinstellungen, um in der Erzählung die permanente Reflexion des Erzählens zugleich leisten zu können. Dabei stellen, wie Preisendanz dies bezüglich des *Neuen Amadis* betont, schon »Titel, Vorbericht und Anfangsverse den Leser darauf ein, Transtextualität, d.h. die Bezugnahme des Textes auf andere Texte oder die Transparenz anderer Texte im gegebenen Text, wahrzunehmen und thematisch zu machen.«[83]

Doch den Lesern wird keineswegs eine philologische Akribie zugemutet, die jeweilige Übernahmen identifiziert. Die Anspielungen gelten als Verweis pars pro toto auf durchaus diffuse Kenntnisse der jeweiligen Schriften. Im *Neuen Amadis* kommt Wieland in einer Fußnote darauf zu sprechen, daß man als Autor eine gewisse Belesenheit von seinen Lesern erwarten können muß. Die recht bekannt gewordene Forderung Wielands präzisiert sehr genau, was als ›Belesenheit‹ überhaupt erwartet werden darf. Zunächst:

> Ein Dichter ist berechtiget, bey seinen Lesern einige Kenntnis der Mythologie und Geschichte, und einige Belesenheit in Romanen, Schauspielen und andern Werken der Einbildungskraft und des Witzes vorauszusetzen; und es würde daher unnöthig

---

[80] Im »Vorbericht zur ersten Ausgabe« zum »Neuen Amadis« (1771) weist Wieland analog darauf hin, daß er keine weitere Version eines Amadis noch irgend eines anderen Werkes aus der Romanzo-Tradition liefern wolle, sondern daß die Tradition insgesamt den Subtext seiner Dichtung abgebe. Vgl. Wieland: C 4, II,4, S. VIIIf.

[81] Daß Gegenstand der Nachahmung nie ein einzelner Text, sondern die Merkmale einer Gattung sind, arbeitet Genette gut heraus vgl. »Palimpseste«, S. 96–111. Dieser Umstand, daß ein Text nie direkt nachgeahmt werden kann, bedingt auch die Produktivität von Mimesis, die Gebauer/Wulf ihrer Darstellung zugrunde legen.

[82] Wieland: »An den Leser«. In: C 22, S. 5–8.

[83] Wolfgang Preisendanz: »Die Muse Belesenheit«, S. 540.

> seyn, zu allen solchen Nahmen Anmerkungen zu machen, die einem jeden bekannt sind, der nur den kleinsten Grad von Belesenheit hat.[84]

Diese Belesenheit richtet sich jedoch mehr auf eine diffuse Kenntnis einiger Namen oder Begriffe als auf detaillierte Textkenntnis. Wieland zieht als Beispiel die auch im *Don Sylvio* als Exempel der Sprache von Schäferromanen verwendete Figur des Seladon aus der *Ästräa* heran.[85] Dieser nämlich sei

> unstreitig einer von diesen allgemein bekannten Nahmen in der poetischen Welt, man sagt *zärtlich wie Seladon*, wie man zu sagen pflegt, *schön wie Adonis*, oder, tapfer und höflich wie *Don Quichotte*; jedermann versteht, was man damit sagen will, wiewohl in unsern Tagen vielleicht in ganz Europa nicht drey Personen leben, welche sich rühmen können, die *Asträa* des Marquis von *Urfe* gelesen zu haben.[86]

Eine differenzierte Kenntnis kann nicht vorausgesetzt werden und wird es auch nicht. Dennoch erschöpft sich diese Voraussetzung keineswegs nur in einer Nachahmung, aus deren Differenz von Vorbild und aktueller Nachahmung der informierte Leser Vergnügen schöpfen kann.[87] Sondern diese Art der Belesenheit wird im *Don Sylvio* als Einstellung zur Literatur und durch Literatur bestimmte Einstellung reflektiert. In Fall des *Don Sylvio* stellen alle Hauptpersonen spezifische Leser bestimmter Literatur dar, deren Einstellung zur ›Wirklichkeit‹ durch diese Literatur geprägt worden ist.

Dieses Verfahren, »daß die dargestellte Wirklichkeit auf eine schon als Literatur vorliegende Wirklichkeit bezogen ist«,[88] wurde in der Wieland-Forschung durchaus gesehen, doch durch einen starken biographischen Bezug, der etwa Wielands eigene ›Erfahrung‹ als Desillusionierungsprozess seiner ›Schwärmerei‹, als Interpretationsschiene verwendet,[89] wurde diese Form von Textuali-

---

[84] Wieland: »Der neue Amadis«, 1. Gesang, Anm. 6. In: C 4, II,4, S. 19f. vgl. auch S. 22.

[85] »Don Sylvio«, V,14, S. 264.

[86] Wieland: »Der neue Amadis«, 1. Gesang, Anm. 6. In: C 4, II,4, S. 19f.

[87] Dies korreliert nicht zufällig mit dem zeitgenössischen Umbruch im Konzept der Nachahmung. Vgl. Preisendanz: »Die Auseinandersetzung mit dem Nachahmungsprinzip«.

[88] Oettinger: »Phantasie und Erfahrung«. vgl. S. 128ff. Hier: S. 130.

[89] Vgl. dazu Sengle: »Wieland«, S. 166ff. Die persönliche Wandlung (im Zusammenhang mit der Loslösung von Bodmer und der Rezeption Diderots) zeigen zwei Briefe Wielands. Am 2.9.1756 hebt er die Mystik als Weltweisheit über alles, während er im Februar 1758 von der Notwendigkeit spricht, Fanatismus (vom Begriff her eng verbunden mit Schwärmerei) und Mystik auf »andere Quellen« zurückzuführen. Vgl. AB I, S. 215 und AB I, S. 249. Dieses wird von der Forschung als Selbstbeschreibung akzeptiert und als Übergang zur Biberacher Zeit angesehen. Vgl. z.B. Hansjörg Schelle: »Einleitung« In: Christoph Martin Wieland. Hg. v. Hj. Schelle, Darmstadt 1981, S. 13. Vgl. auch: »Christoph Martin Wieland. Nordamerikanische Forschungsbeiträge zur 250. Wiederkehr seines Geburtstages 1983«. Hg. v. Hj. Schelle, Tübingen 1984. Zur Textinterpretation mit Bezug auf diese Wandlung vgl. Oettinger: »Phantasie und Erfahrung«. Auch Erhart stellt Wielands Erfahrung in den Vordergrund seiner Arbeit, allerdings vor dem Hintergrund des sich wandelnden Gesellschaftskonzeptes und dem Bezug der Literatur als »Selbstthematisierung moderner

tät kaum eigens als Ansatz zur Interpretation eingesetzt. Das Verfahren, Texte als transtextuelle Bezugsrahmen zu funktionalisieren, unterscheidet sich in seiner Einbindung des Lesers als komplementärer, aber autonomer Funktion von anderen Formen der Intertextualität. Wieland verwendet Techniken transtextueller Gattungen (wie Pastiche, Persiflage und Travestie) jedoch nicht allein um die Leser seines »Mimotextes« zum vergleichenden Blick anzuregen,[90] sondern die Montage des transtextuellen Geflechts erhält eine entscheidendere Funktionalität, indem die Leser zu einer Reflexion ihres eigenen Verhaltens angeregt werden sollen. Die »Aufspaltung der Leseraktivität« funktioniert nicht einfach über die Darstellung von Lesertypen, sondern über das transtextuelle Verfahren »sich gegenseitig relativierender Sprachstile«.[91] Sprachstile, sei es die Kanzleisprache oder der Salon-Jargon, zwischen denen Wieland sich in Biberach selbst bewegte, sei es zu Sprachtypen gewordene Texte, wie Richardson oder in Frankreich Marivaux, kennzeichnen den Blickwinkel der Personen im *Don Sylvio*.[92]

Diese Art, zugleich Personen zu charakterisieren sowie literarische Stile und Moden zu karikieren, hat als Form der Travestie und des Pastiche ihre Konjunktur zur Zeit des *roman comique* (Sorel, Scarron) gehabt. Wieland hat sie aber auch aus Crébillions *Schaumlöffel* lernen können. Dort redet die »Schnurrbartfee« »Maurivaudage«, so der für Marivauxs Stil in Frankreich eigens erfundene Name.[93] Während Neadarneh darin »herrliche Betrachtungen« sieht, ist Tanzai von dem langatmigen »Geschwafel« angewidert. Er entwirft das Gegenmodell einer Sprache, die sich auf Tatsachen und das Wesentliche zu konzentrieren habe, anstatt im »Kauderwelsch« geistreicher Plauderei eine »Anhäufung von Gedanken« immer wieder anders formuliert ständig zu wiederholen.[94] Während im *Schaumlöffel* das Marivaux-Pastiche isoliert bleibt, verbindet Wieland im *Don Sylvio* alle Figuren mit bestimmten Sprachstilen, deren Ursprung in der Lektüre der jeweiligen Lesestoffe liegt.[95]

Existenz« zu diesem. Vgl. Erhart: »Entzweiung und Selbstaufklärung«, S. 14 und S. 16.

90 So die Interpretation auf der Basis der Nachahmungsvorstellung, wie sie Preisendanz entwickelt hat, durch Oettinger: »Phantasie und Erfahrung«, S. 31. »Der Leser wird zu einem fortwährenden Standpunktwechsel veranlaßt [...] und ist dadurch gezwungen eine ›zweifache Art von Wirklichkeit‹ zu unterscheiden.«

91 Erhart: »Entzweiung und Selbstaufklärung«, S. 69.

92 Vgl. etwa die Nymphe im »Biribinker« zu diesem: »Sie haben wie ich höre, eine hübsche Belesenheit in den Poeten, versetzte die Nymphe; wo nahmen sie doch diese Anspielung? – War nicht einmal eine gewisse Medusa – Sie haben ihren Ovidius gelesen, das ist gewiß, und man muß gestehen, daß sie ihrem Schulmeister Ehre machen.« Vgl. »Don Sylvio«, VI,2, S. 297.

93 Vgl. Genette: »Palimpseste«, S. 118ff.

94 Crèbillion d.J.: »Der Schaumlöffel«. In: ders. Das Gesamtwerk. Bd. II. Frankfurt a. M, Berlin 1968, Kapitel I,25, vgl. S. 98ff.

95 Dazu unten mehr.

Das ›Spiel mit dem Leser‹, das die Wieland-Forschung weitgehend auf explizite Leseranreden und Erzähler-Leser-Gespräche gründete und auf eine ›heitere‹ Komplizenschaft von Autor und Leser zurückgeführt wissen wollte,[96] wurzelt in einer bei weitem grundsätzlicheren Struktur. Der Leser ist kein Komplize des Erzählers, der ›Vertrag‹ zwischen Autor und Leser hat seine Klauseln geändert. Der Leser hat als ausgeschlossener Beobachter eine aktive Rolle zu übernehmen. »Statt sich dem Erzähler-Diskurs anzuvertrauen, soll der Leser selbst Distanz zu dem Erzähl- und Lektürevorgang gewinnen.«[97] Die Leser haben sich nicht zu entscheiden zwischen der einen oder der anderen Person oder Einstellung, sondern ihnen werden Vor- und Nachteile *aller* geschilderten Formen präsentiert.

> Die Komik im Roman und in narrativen Gattungen durchbricht diejenigen Kommunikationssituationen, in denen dem Leser jeweils eine einzige Lektüreform vorgeschrieben wird. So wie die ironische Umkehrung der ›emphatischen Lektüre‹ den kulturellen Code dieses Leseverhaltens bereits voraussetzt, so operiert die literarische Komik Wielands mit den Lektürepraktiken der ›symphatetischen Identifikation‹, die in der ›Redevielfalt‹ des ›comischen Romans‹ durchbrochen wird.[98]

Die rechte Einstellung zu finden, bleibt ihnen selbst überlassen. Aus der transtextuellen Struktur resultiert idealiter ein Lektüreverhalten, das Genette als »lecture relationelle« bezeichnet: eine vergleichende, relativ langsame und aufmerksame Lesehaltung, welche »zwei oder mehrere Texte in bezug aufeinander« zu lesen imstande wäre.[99] Dieses Lektüreideal steht in Konkurrenz zur ›extensiven‹ Romanlektüre, die den Inhalt schnell und linear abliest, ohne einzuhalten.

Das Thema der Lektüre und die Erziehung der Leser ist ein Verfahren der Satiretradition, das Wieland hier übernimmt. Satiren sind auf die Erziehung ihrer Leser geradezu angewiesen.

---

[96] Das ist zum Topos nicht nur in der Wieland-Forschung geworden. Vgl. u.a. Wolfgang Kayser: »Entstehung und Krise des modernen Romans«. Stuttgart 1954, S. 14f. Steve R. Miller: »Die Figur des Erzählers«. Göppigen 1970, S. 89ff; Christiane Seiler: »Die Rolle des Lesers in Wielands Don Sylvio von Rosalva und Agathon«. In: Lessing Yearbook 9 (1977), S. 152–165. H. M. Würzner: »Die Figur des Lesers in Wielands ›Geschichte des Agathon‹«. In: Dichter und Leser. Hg. v. van Ingen u.a. Groningen 1972, S. 151–155; Oettinger: »Phantasie und Erfahrung«, S. 116. J. Jacobs: »Wielands Romane«, S. 27f. Zu einer differenzierteren Betrachtung vgl. Wilson: »The narrative strategy«, S. 95ff.

[97] Erhart: »Entzweiung und Selbstaufklärung«, S. 69. Sehr schön hat dies Daniel W. Wilson für die 1765 erschienenen »Comischen Erzählungen« gezeigt. Wilson: »›Die Fächer vors Gesicht!‹ Leser und Erotik in Wielands ›Comischen Erzählungen‹«. In: Lessing Yearbook 11 (1979), S. 193–220.

[98] Erhart: »Entzweiung und Selbstaufklärung«, S. 69. Gegen Erharts Interpretation des »Don Sylvio« auf der Basis des ›Komischen‹ ist hier einzuwenden, daß sich die »Aufmerksamkeit des Lesers« keineswegs »im Augenblick« der komischen Handlung bzw. des komischen Mißlingens dieser als Distanz einstellt, sondern erst im ›Lesefluß‹ der jeweils praktizierten Lektüre. Komik ist kein Urphänomen, das sich unabhängig von der Lektüreform mitteilt.

[99] Im Original besser: »lire deux ou plusieurs textes *en fonction* l'un de l'autre.« Vgl.

> Die Erziehung zum ›selbsttätigen Lesen‹, zum reflektierenden Nachvollzug der Vorgaben des Erzählers wird im satirischen Roman dadurch unterstützt, daß der Satiriker besonderen Wert legen muß auf die Annahme seiner Position durch den Leser, der zwar in seinen Bewertungen gelenkt wird, aber letztlich doch selbständig erkennen und werten soll.[100]

Schönert hat die Verbindung von Erzähler, Leser und dessen Erziehung durch den satirischen Roman in Deutschland um 1760 präzise beschrieben:

> In der ausgedehnten Analyse der Erzählfiktion im Roman ist für die differenzierte Darstellung eine bewegliche Erzählperspektive wichtig (beispielsweise mit Wechsel von der naiven Rolle zu der des Opfers oder des aktiven Satirikers). Die Ausbildung eines – den Perspektivwechsel mühelos inszenierenden auktorialen Erzählers im letzten Drittel des 18. Jahrhunderts ist deshalb eng mit dem satirischen Roman verknüpft (Wieland, Musäus, Wezel). [...] Daher braucht dieser Erzähler als Partner für sein Wechselspiel einen aufmerksamen und beweglichen Leser. Deshalb kommt der Satire in den sechziger und siebziger Jahren auch die Aufgabe zu, durch Kritik am falschen Leseverhalten die ›richtige‹ Rezeption erzählerischer Fiktionen und das mehrperspektivische Rollenspiel des Erzählers einzuüben. [...] ›Richtiges Lesen‹ war also sowohl Voraussetzung wie Ziel satirischer Darstellung.[101]

Auf die Notwendigkeit, das Lektüreverhalten zu reflektieren, verweist eine weitere »Schwelle«,[102] die Wieland nach dem Titel der ersten Auflage vor den eigentlichen Text schaltet. Es ist der »Nachbericht des Herausgebers, welcher aus Versehen des Abschreibers zu einem Vorberichte gemacht worden«. Dieses Proömium – den Pflichten einer traditionellen Vorrede explizit bewußt – informiert jedoch keineswegs traditionell über den folgenden Text. Den Lesern werden vielmehr drei verschiedene, miteinander konkurrierende Lektüreformen und -haltungen vorgeführt, die den Text sehr unterschiedlich beurteilen.

1.6. Die Berichte des Herausgebers oder wer liest den Text?

Ob man glauben möchte, daß der *Don Sylvio* einen Autor namens Don Ramiro von Z*** habe – das überläßt der Herausgeber als erstes den Lesern.[103] Der traditionelle Bericht über die Herkunft des Manuskriptes und die Umstände seiner Veröffentlichung bildet hier nur ein parodiertes Muster, das kaum eigens

---

Genette, »Palimpseste«, Paris 1982, S. 452 (S. 533 der deutschen Ausgabe). Vgl. dazu auch Preisendanz: »Die Muse Belesenheit«, S. 539f.

[100] Jörg Schönert: »Der satirische Roman von Wieland bis Jean Paul«. In: Handbuch des deutschen Romans. Hg. v. Helmut Koopmann, Düsseldorf 1983, S. 204–225. Hier: S. 209.

[101] Ebd., S. 209f. Zum konkreten Publikumsbezug vgl. S. 218f. Ausführlich Schönert: »Roman und Satire im 18. Jahrhundert. Ein Beitrag zur Poetik«. Stuttgart 1969.

[102] Genette bezeichnet Paratexte als ›Schwellen‹ (Seuils). Vgl. »Paratexte«, S. 9ff.

[103] Zur Vorrede vgl. L. E. Kurth-Voigt: »Perspectives and Points of View«, S. 118ff. und Wilson: »Narrative Strategy«, S. 20ff. und S. 85f.

ausgeführt wird.[104] Der fiktive Herausgeber speist die Leser vielmehr damit ab, daß dieses Manuskript eine eigene Geschichte habe, die er aber aus Zeitgründen nicht berichte.

Der Herausgeber selbst als (erster) Leser des *Don Sylvio* sieht in ihm ein Buch, das vor allem der Belustigung dient. Es macht Lachen und in dieser Wirkung der Lektüre ist die Legitimation gegeben, insofern Lachen auch als Heilmittel oder Therapeutikum gelten kann. Wieland beginnt hier die Gift- und Heilmittelmetaphorik der Lektüre strategisch einzusetzen.

Was der Herausgeber berichtet, ist zunächst die Wirkung des Textes auf ihn und sein Umfeld. Der Text wirkt wie eine Droge. Die Lektüre bewirkt bei ihm nicht nur Vergnügen, sondern ein Gelächter, so daß seine Frau »in voller Bestürzung herbeigelaufen kam«, um zu sehen, ob ihr Mann nicht »närrisch« geworden sei. Statt einer Erklärung setzt der Herausgeber seine Frau der Lektüre des Textes aus. Auch bei dieser unerfahrenen Leserin – die »sich ihre Augen eben nicht mit vielem Lesen verderbt hat« – tut der Text seine Wirkung. Die ungelehrte Frau, die »doch so viel Vernunft [hat], daß sie weiß, wenn man lachen und wenn man weinen muß«, kann nicht anders, als über die vorgelesenen Stellen ebenfalls herzhaft zu lachen. Dieses Lachen ist buchstäblich ansteckend. Nacheinander werden auch der »sauertöpfische« Schreiber, »das Stuben-Mensch«, die Köchin und der Hausknecht von dem »wiehernde Gelächter« angesteckt, um zu einem »Sardonischen Concerte« auszuufern. Diese »Symphonie« steckt schließlich die Leute auf der Straße an. Wenn er, so der Herausgeber, nicht klug genug gewesen wäre die Lesung zu beenden, hätte sich das Gelächter von Gasse zu Gasse in der ganzen Stadt ausgebreitet.[105]

Der geschilderte seuchenartige Effekt des Textes mag als Hinweis auf eine schichtenübergreifende Wirkung von ›guter‹ Literatur wie für die anthropologische Konstante eines ›homo ridens‹ gelten.[106] Der Herausgeber jedenfalls, der sich für diese in Vorworten ungewöhnliche Abschweifung beim »hochan-

---

[104] Als unüberbietbare Parodie der Manuskript-Genealogie eines Textes mit seinen Übersetzungen, Korrekturen und Drucklegungen kann Crébillions Vorwort zum »Schaumlöffel« gelten. Die »japanische Geschichte« – die für den »Biribinker« eines der verwendeten Modelle bildet –, wird als ein chinesisches Buch ausgegeben, das aus dem Altjapanischen stamme, welches eine Übersetzung aus der Sprache der Chechianiter sei. Dieses Buch komme durch einen Holländer an einen deutschen Gelehrten, der es – in drei Bänden – kommentiert und dessen Neffen es wiederum nach seinem Tode an einen Venezianer weitergeben. Dort wird es ins Italienische, dann ins Französische übersetzt. Hinweise, daß die Übersetzer kaum Sprachkenntnisse haben, fehlen nicht. Vgl. Crébillion: »Der Schaumlöffel«, S. 12–16.

[105] »Don Sylvio«, S. 9ff.

[106] Das Lachen gilt dann als subversive, außerdiskursive Macht, jenseits von Vernunft und Dummheit. In Wielands »Geschichte der Abderiten« kann Demokrit sich über die Ignoranz seiner Landsleute in einer Diskussion um die Relativität von Schönheitsidealen schließlich nur durchsetzen, indem er ein Lachen anstimmt, das alle mitreißt. Vgl. Wieland: »Die Geschichte der Abderiten«, I,4 und I,5. In: C 19, S. 59f. Die ›Disputation‹ beginnt ebd., S. 43ff.

sehnlichen Publico« entschuldigt, sieht damit die heilsame, bessernde Wirkung dieser Art von Literatur belegt. Sie soll dazu beitragen, »der Hypochondrie und dem Spleen Einhalt zu tun«. Damit wäre dem Text eine aktuelle gesellschaftliche Funktion verliehen, stellen doch Hypochondrie, Spleen und Galanterie, dem Herausgeber zufolge zeitgenössische Modekrankheiten dar. Damit ist noch nicht das für Satiren und deren Legitimation zum Topos geronnene Argument des »die Wahrheit mit Lachen sagen« angesprochen. Der Verweis des Herausgebers auf die heilsamen Kräfte des Textes gegen Verstockung ist ein nachgeschobenes Argument einer Lektürehaltung, die nur belustigt sein will.[107]

Der »Nachbericht« erschöpft sich nicht darin, diese eine Lektüreeinstellung zu berichten. Sondern sie wird sofort mit einer nicht weniger krassen konterkariert. Der Herausgeber berichtet die Reaktion eines »gewissen Papefiguier«, einem häretischen »bocksbeinige[n] Jansenisten«. Dieser verschrobenen, dienst- und mittellosen Person ist der Text alles andere als ein unschuldiges Vergnügen:

> er hatte kaum eine Viertelstunde darin herum geblättert, so warf er es wieder auf den Tisch, und geriet in einen so heftigen Eifer über ein so gottloses und gefährliches Buch, daß ich Gewalt brauchen mußte um ihn zu verhindern, daß er es nicht auf der Stelle ins Camin warf.[108]

Dem fanatischen Geistlichen, in dem das Phänomen der Schwärmerei als religiöser Kampfbegriff konnotiert wird,[109] sieht dort ernsthafte Gefahr, wo normale Leser »schnakische Einfälle« lesen. Das hat seinen Grund in einer allegori-

---

107 Am Ende des »Nachberichts« weist der Herausgeber darauf hin, daß die Einstellung, das lustige Buch sei eine bevorzugte Medizin gegen »hypochondrische und Milz-Krankheiten« eine Ansicht des Verlegers sei, der das Buch, ohne daß er zu dieser beredet worden wäre, gar nicht hätte drucken lassen. Vgl. »Don Sylvio« ebd., S. 13. Der Text zeigt dann, daß diese Ansicht vom Erzähler selbst stammt. Vgl. ebd., V,1, S. 193. Dazu mehr weiter unten.

108 Ebd., S. 12.

109 Der Begriff des ›Schwärmers‹ ist ursprünglich ein stark polemischer Begriff aus dem Bereich der orthodoxen Theologie. Seit Luthers Wortschöpfung »Schwarmgeist« von 1527 werden alle Abtrünnigen von der reinen Lehre, Apokalyptiker, Mystiker, Wiedertäufer und Pietisten gleichermaßen damit gebrandmarkt. Ketzer war ein naheliegendes Synonym. Vgl. G. Sauder: »Empfindsamkeit«. Bd. I. Stuttgart 1974, S. 137–143. Hier: S. 140: »Die Orthodoxie bediente sich des Wortes, um antiorthodoxen Revisionismus und jede dissentierende Haltung ideologisch und gesellschaftlich zu brandmarken. Auch in England gehört ›enthusiasm‹ im Sinne von ›Schwärmerei‹ zum Vokabular der religiösen Intoleranz bis in das 18. Jahrhundert hinein.« Zuerst wurden die Gefolgsleute Thomas Müntzers, Stübners und Pfeiffers, nach Luthers Neuprägung »Schwarmgeist«, so genannt, die 1552 »in Zwickau Unruhe machten«. Vgl. Zedler: Art. »Schwärmer«. In: ders.: Universallexikon, Bd. 34, Sp. 1796. Im Unterschied zu ›Fanaticis‹, die »bey ihren ungereimten Einbildungen stehen bleiben«, gehen Schwärmer »hingegen noch weiter«, nämlich sie handeln. So ist jeder Schwärmer ein Fanatiker, aber nicht jeder Fanatiker ein Schwärmer. Vgl. Zedler, ebd., Art. »Fanaticis«, Bd. 9, Sp. 212.

schen Lektüregewohnheit, welche den Text gemäß der Bibelauslegung mit geheimen Sinnen ausstattet:

> Er wollte sichs nicht ausreden lassen, daß die Abenteuer des Don Sylvio eine Allegorie oder Parabola sei, wie er es hieß, deren geheimer Sinn und Endzweck auf nichts geringers als auf den Umsturz des Glaubens, des Evangelii des Pater Quesnell und der Wunder des Herrn von Paris abgesehen sei.[110]

Diese den Herausgeber überraschende Lektüre verunsichert ihn »als einen Laien, der seiner eignen Einsicht in dergleichen Dingen nicht trauen darf«, so daß er es für das sicherste hält, einen kompetenten, angesehenen und gelehrten Geistlichen über den Text urteilen zu lassen. Nach der orthodox religiösen Lektüre läßt der »Nachbericht« also das Urteil eines ›aufgeklärten‹ Geistlichen folgen.[111]

Dessen Gutachten wird in indirekter Rede als personaler Bericht in Anführungszeichen gekennzeichnet. Obwohl diese »Art von Lectur«, hier also der Stoff des Textes, für einen Geistlichen »nicht sonderlich anständig« sei, gibt dieser zu, daß der Text gleichwohl zu billigen ist. Denn zum einen habe er als »Absicht« nichts anderes als »seinen Lesern eine Kurzweil zu machen«, was nicht verwerflich sei. Zum anderen könne die satirische Ebene, die er in der Verspottung der »Torheiten der Menschen, ihre[r] Vorurteile und irrige[n] Meinungen, und die Ausschweifungen ihrer Einbildungskraft und ihrer Leidenschaften« sieht, als »so gar nützlich« angesehen werden. Daß dabei die »scherzende Satyre [...] selbst über ernsthaftere Gegenstände ausgedehnt werde«, sei deshalb zu dulden – solange es Anständig bleibe – da »die Wahrheit jedes Licht vertrage könne«. Wenn in Don Sylvio die Schwärmerei, in Pedrillio der Aberglaube »in ein lächerliches Licht« gestellt sind, wäre der Religion damit sogar ein Dienst erwiesen.

Dieser Geistliche, der Satiren erkennen und lesen kann, braucht sie nicht ›gefährlich‹ zu finden. Sein religiöses und philosophisches System kann den Spott zulassen, da »das Lächerliche niemals an der Wahrheit selbst hafte, sondern vielmehr bloß dazu diene, die falschen Zusätze, womit sie in den Köpfen der Menschen vermengt werde, von ihr abzuschneiden«.[112]

---

[110] »Don Sylvio«, S. 12. Pater Quesnell und die Wunder von Paris gehören zu den Glaubensfundamenten des Jansenismus. Daß eine allegorische Lektüre für Satiren unangemessen ist zeigt auch Wielands »Der Schlüssel zur Abderitengeschichte« (1781), in dem er die Ausbreitung dieser Gewohnheit, »daß es außer dem natürlichen Sinn und der Moral [...] noch einen andern geheimen und allegorischen [Sinn]« geben müsse scharf kritisiert. Vgl. C 20, S. 291ff.

[111] Mit einem aufgeklärten Geistlichen führt Wieland (fiktiv) auch die »Unterredungen mit dem Pfarrer von ***« (1775), in denen das Thema die rechte Lektüre ist. Vgl. C 30, S. 428–528. Hier: S. 442ff. Auch die Bibel sei ein Lesestoff, der nicht jedem zugemutet werden dürfe, denn es komme auf die Kompetenz der Lektüre, nicht auf den Lesestoff an.

[112] »Don Sylvio«, S. 13.

Das Urteil von Seiten der Autorität fällt also günstig aus. Mehr noch: Es gibt eine genaue und differenzierte Lektüreanweisung an die Hand. Der Text ist als Satire erkannt und diese auf Personen (Sylvio, Pedrillio) thematisch differenziert worden. Fast könnte der (heutige) Leser darin eine vorbildliche Lektüre sehen. Doch auch sie bildet nur *eine* Lektüreeinstellung, die zu übernehmen dem Leser schließlich überlassen bleibt: »Ich überlasse es nun den Lesern [so der Herausgeber], was sie tun wollen, ob sie dabei lachen, lächeln, sauer sehen, schmälen oder weinen wollen.« Er jedenfalls nimmt aus dem Urteil des Geistlichen für sich selbst das Recht in Anspruch, »wieder unbesorgt und nach Herzens Lust« lachen zu dürfen.

1.7. Vorredenreflexion und ein zweites Proömium

Die traditionelle Stellung einer Vorrede weist dieser die exponierte Stellung zu, über den folgenden Text etwas Bündiges auszusagen, über Gattung, Ziel und Absicht der Schrift. Die Leserschaft soll angesprochen und interessiert werden. Diese Funktion ist für das Proömium oder Exordium in der antiken Rhetorik festgelegt worden. Nach Cicero haben Vorworte die Aufgabe, daß sie den Leser aufmerksam, lerneifrig und wohlgestimmt, also aufnahmebereit machen sollen.[113] Diese Tradition setzt sich über die hermeneutische *scopus*-Funktion bis über das 18. Jahrhundert fort. So schreibt Friedrich Schlegel etwa im Lyceums-Fragment Nr. 8: »Eine gute Vorrede muß zugleich die Wurzel und das Quadrat ihres Buches sein.« Anhand der Vorreden als Ort theoretischer Exposition werden Bücher und Autoren vorab qualifizierbar. Das gilt insbesondere für die neue zeitgenössische Romanform:

> Die Vorredenreflexion hat in den 60er Jahren den Charakter einer Visitenkarte des theoretischen Bewußtseins, mit der der Romanschreiber sich den kunstrichterlichen Autoritäten vorstellte. Mit ihr präsentierte er seinen Romanbegriff, der zugleich das Kriterium war, nach dem er sein Werk beurteilt sehen wollte.[114]

Doch Wielands Vorrede zum *Don Sylvio* kompliziert offensichtlich das Verfahren. Zum einen verweist schon der Titel eines vorangestellten »Nachberichts« auf externe Unfälle, wie sie Schreibern bzw. der Überlieferung seit der humanistischen Kritik gerne vorgeworfen werden. Reflektiert wird damit nicht nur die zeitliche Umkehrung durch die Gepflogenheit, Vorworte erst nach dem Werk zu verfassen, sondern die Anspielung fungiert als Index der Manuskript- und Herausgeberfiktion. Diese arbeitet die über die Genealogie des Textes berichtende Instanz eines fiktiven Herausgebers heraus, der über den ›vorliegen-

---

[113] »[I]n prologo auctor reddit lectores benevolos, attentos, dociles.« Cicero: »De inventione«, I,20. vgl. ebd., I,5–9.

[114] Ernst Weber: »Die poetologische Selbstreflexion im deutschen Roman des 18. Jahrhunderts«, S. 102.

den‹ Text als Objekt berichtet. Mit der Differenz zwischen Autor bzw. Erzähler und Herausgeber ist die Möglichkeit der *Ebenendifferenzierung* gegeben. Der Herausgeber kann über den Autor berichten und kommentierend eingreifen. Dieses Verfahren, das durch die Manuskriptfiktion des *Don Quixote*, der seinerseits auf die Kopistentradition rekurriert, gut eingeführt war, ermöglicht die Selbstreflexion des Erzählten.[115]

Wieland deutet dies jedoch nur an. Sein Vorbericht läßt den Leser mit der Darstellung dreier Lektürepraktiken alleine. Alle drei ordnen dem Buch unterschiedliche Traditionen und Funktionen zu und führen insofern schon vor, daß die Einstellung zur Lektüre bestimmend auf die Einstellung zum Text einwirkt. Doch keine der drei im Vorbericht gekennzeichneten Positionen wäre für den empirischen Leser schlicht zu übernehmen.[116]

Eine Lektürehaltung jedoch scheint privilegiert. Sie wird in dem Gutachten des aufgeklärten Geistlichen als Funktion der Satire angeschnitten, ebenso wie sie der Herausgeber als Position des Verlegers übernimmt. Die Rede ist von »Schriften, in denen die Wahrheit mit lachen gesagt wird« – »ridentes verum dicendo« – Satiren also, die es sich zur Aufgabe machen, den Lesern die eigenen und fremden Torheiten als lächerlich zu schildern und derart aufzuklären. Das ist die Tradition des Narrenromans seit Sebastian Brants *Narrenschiff* und Erasmus *Lob der Torheit*, den die beginnende Literaturkritik der gelehrten und moralischen Wochenschriften im 18. Jahrhundert als Topos zur Verteidigung der Satire übernimmt und propagiert. In diese Tradition stellt der Erzähler selbst sein Buch. Das erste Kapitel des fünften Buches läßt den zweiten Teil des *Don Sylvio* beginnen und hat von daher nochmals die Position einer Vorrede.

Der erste Teil endet mit einer Prügelei, nach der Don Sylvio und Pedrillio »für tot« liegenbleiben. Der zweite Teil beginnt daraufhin mit einer Reflexion der Differenz dieser Szene zu den Feenmärchen, die als »überaus günstiges Vorurteil für die historische Treue und Wahrhaftigkeit des Autors« ausgegeben wird.[117] Der Autor, der laut Kapitelüberschrift »das Vergnügen hat, von sich selbst zu reden« – und d.h. hier nicht über seine Biographie, sondern über seine Meinung zum Text – spricht sich zunächst gegen eine Lektürehaltung aus, wie sie der Herausgeber gezeigt hat. Er habe diese Geschichte nicht »wie junge, leichtsinnige Schwindelköpfe sich einbilden möchten« einfach zur Belustigung geschrieben, sondern um mit dem »Endzweck, das gemeine Beste und

115 »Don Quixote« ist nicht deshalb der Roman eines Lesers, weil Don Quixote der Leser wäre, sondern der Erzähler ist der erste Leser des angeblichen Manuskriptes des Cide Ben Hamengeli. Vgl. dazu Wolfgang Raible: »Vom Autor zum Kopist zum Leser als Autor«. In: Poetica 5 (1972), S. 133–151. Hier: S. 139f. Vgl. auch Harald Weinrich: »Die Leser des Don Quixote«. In: Lesen – Historisch. LiLi 15 (1985), H. 57/58, S. 52–66.

116 Vgl. Wilson: »The narrative strategy«, S. 20ff.

117 »Don Sylvio«, V,1, S. 191.

die Beförderung der Gesundheit unserer geliebten Leser an Leib und Gemüt« zu fördern. Daraufhin kommt er auf »Schriften großer Ärzte und Naturkündiger« zu sprechen, in denen von einem gewissen »Fieber« die Rede ist, daß »durch keine andere Heilmittel sichrer vertrieben werden kann, als durch solche, die das Zwerchfell erschüttern«.[118] Solche ›heilsamen Kräfte‹ lägen auch in der Geschichte des *Don Sylvio* verborgen. Statt jedoch das Thema auszuführen, verspricht der Autor schlicht »ein Verzeichnis verschiedener merkwürdiger Curen«, welche die Ärzte über die Begegnung mit seinem Buch gemacht hätten. Bis dahin aber wünsche er sich den Nutzen solcher Schriften, in denen die Wahrheit mit Lachen gesagt wird, als Akademiepreisfrage angegangen. Denn solche Bücher seien wertvoller als gelehrte und »frostige Declamationen« mit hochtrabenden Titeln.[119] Genannt werden an dieser Stelle, als »Muster« des »comischen Romans«, *Gil Blas*, *Tom Jones*, *Candide* sowie *Gargantua und Pantagruel*. Anstatt also den alten Topos zu begründen, verweist der in den Text eingerückte Autor hier lediglich auf weitere Schriften. Und doch liegt hier ein Unterschied zur älteren Satiretradition.

Der vorgebliche Wert dieser Bücher liegt in ihrer Wirkung als Droge, genauer als ›Remedium‹, als Heilmittel. Der Terminus dient als funktionales Äquivalent zur Veranschaulichung der unbeobachtbaren Wirkung. Denn die Wirkung kommt indirekt zum Tragen. Die traditionelle Strategie der Satire, Besserung durch übertriebene Darstellung des Falschen, wird nun differenziert.[120] Es seien dies »Bücher, die mit desto besserm Erfolg unterrichten und bessern, da sie bloß zu belustigen scheinen«. Sie beschäftigen »müßige Leute« unschädlich, bringen beschäftige Leute auf andere Gedanken und unterhalten den Humor des Volkes und seien daher »tausendmal nützlicher [...] als dieses längst ausgedroschene moralische Stroh, dieser methodische Mischmasch von mißgestalteten und buntscheckigen Ideen«,[121] sprich gelehrte Werke.

Kann man dem Autor glauben? Die hermeneutische Tradition plädiert, auch schon vor der universalen romantischen Hermeneutik, für die Vorangstellung solcher Äußerungen, die als Mitteilungen des Autors selbst gelten. Auch Wieland selbst schließt sich dem Topos zum Wert der Satire an.

---

[118] Ebd., S. 193.

[119] Zu einer analogen Argumentation vgl. auch die Vorrede Wielands zur »Idris und Zenide«. Leipzig 1769, S. 15. »Es giebt Märchen, in denen bey allem Ansehen von Ungereimtheit und Frivolität, ein gut Theil mehr gesunde Vernunft steckt, als in hundert sehr ernsthaften Folianten und Quartbänden, die, mit dem Bildniß ihres Verfassers in einer feyerlichen Perücke geziertet, mit einem eben so feyerlichen Titel, die Erwartung des leichtgläubigen Lesers ganze Alphabete durch betrügen.«

[120] Zu den Argumentationsstrategien der Satire vgl. die Zusammenstellung in »Satiren der Aufklärung«. Stuttgart 1975 sowie das informative Nachwort des Herausgebers Gunter Grimm ebd., S. 325–398.

[121] »Don Sylvio«, V,1, S. 194.

> Schwärmerei und Aberglauben erstrecken ihren Einfluß auf alle Zweige des menschlichen Lebens; beide sind dem Menschen natürlich, [...] beide bringen viel Gutes hervor. [...] Allein mit allem dem ist es doch jederzeit für sehr nöthig und heilsam geachtet worden, mit jener Triebfeder und dieser plumpen vi inertiae der menschlichen Natur sich lustig zu machen. Der Scherz und die Ironie sind nebst dem ordentlichen Gebrauch der fünf Sinnen immer für das Beste Mittel gegen die Ausschweifungen von beiden angesehen worden.[122]

Doch in einem Text wie dem *Don Sylvio* zeigt sich die Position der ›unmaßgeblichen Gedanken‹ des Erzählers, der im Gewand des Autors ›spricht‹, als nur eine weitere der vielen Perspektiven, unter denen der Text Lektüreanweisungen gibt. Es ist darauf hingewiesen worden, daß auch für den *Don Sylvio* das Kriterium des »unglaubwürdigen Erzählers« gilt.[123] Immerhin weist der Herausgeber darauf hin, daß der Verleger zu der Meinung, die der Autor hier vertritt, überredet worden sei. Die Argumentation zur sozialpsychologischen Funktion der ›Bücher, in denen die Wahrheit mit lachen gesagt wird‹, wird mithin als eine Verkaufsstrategie deutlich.

Damit ordnet sich die Perspektive des Autors als eine Lektüreanweisung in die anderen ein. Wenn man den Anspruch, den man dem Programm der ›wahrscheinlichen Geschichten‹ als einer Romanform, die den Wert der Fiktionalität propagiert, ernst nimmt, verweist diese Argumentation zwar auf einen allgemeinen Wert der Satire, kann aber in ihrer nur behaupteten ›gesunden‹ Wirkung über den konkreten Wert des Textes nichts aussagen. So viel ist klar: die Lektürepraxis der Allegorese ist ebenso unzulässig, wie die naive Rezeption, die der Herausgeber für sich in Anspruch nimmt. Die satirische Fiktion darf weder wörtlich noch allegorisch gelesen werden. Beide Lektüreverfahren unter- und überschätzen zugleich den Text. Während für die Gattung der Märchen die Lektürehaltung der reinen Unterhaltung als vorbildlich dargestellt wird – solche Leser sind der Vater Don Sylvios, der die Feenmärchen gesammelt hat, sowie Don Gabriel, der die heilsame Geschichte vom Prinzen Biribinker erfindet – kann diese Einstellung nicht problemlos auf den satirischen Roman *Don Sylvio* angewendet werden. Nicht umsonst schreibt Wieland in seiner ersten Erwähnung zur Abfassung des *Don Sylvio*, daß er »philosophisch genug« wäre und daher »keiner Art von Lesern, den austère ausgenommen« Langeweile machen werde.[124] Der Roman, der für die breite Leserschaft des anonymen Publikums geschrieben ist, vertritt einen ernsthaften Anspruch.

---

[122] Wieland an S. Gesner, WBr 3, S. 207. Wieland bezieht sich auf Shaftesbury. Vgl. dazu Bracht: »Der Leser im Roman des 18. Jahrhunderts«, S. 43f. Schon 1758 hatte Wieland »Don Quixote« als »Specifique« gegen Schwärmerei empfohlen, vgl. WBr 1, S. 390.

[123] Zu dieser Tradition s. Lieselotte E. Kurth: »Unzuverlässige Sprecher und Erzähler in Deutscher Dichtung«. In: Tradition and Transitions. Hg. v. L. E. Kuth u. a. München 1972, S. 105–124.

[124] WBr 3, S. 169. ›Austère‹ = frz. streng, ernst, nüchtern, bezogen auf Religion und Sitten. Wieland spielt damit auf den Bereich theologischer Leser und ihre Roman-

1.8. Lektüren und Leserlenkungen im Korpus des »Don Sylvio«

Die fiktionalen Leser im *Don Sylvio* lassen sich in zwei Kategorien scheiden. Während der Herausgeber, der aufgeklärte Geistliche, der Erzähler, Don Sylvios Vater Don Pedro sowie der Philosoph Don Gabriel in fiktionalen Texten lediglich »Spielwerke des Witzes« sehen, denen kein anderer Wert als Belustigung zur Vertreibung von Langeweile zugesprochen werden kann,[125] lesen Donna Mencia, Don Sylvio, Pedrillio und Donna Felicia ihre verschiedenen Lesestoffe wörtlich als Exempel und Modelle für ihr Handeln.[126]

Während die einen Leser eine Lektüre pflegen, deren Übernahmen aus der Literatur deutlich karikiert werden, verkörpern die anderen Leser eine Haltung, die die Fiktion als ›Spielwerke‹ aus der ›Lebenswelt‹ ausgrenzen. Der Wert von Geschichten und Märchen liegt in ihrer Anregung der Einbildungskraft, der keinerlei weitere Konsequenz folgen soll. Ihre Absicht ist es, zu belustigen. Don Gabriel verteidigt diesen Wert der Fiktion. Die Absicht der Märchen liege allein darin, »die Einbildungskraft zu belustigen, und ich gestehe ihnen, daß ich selbst ein größerer Liebhaber von Märchen als von metaphysischen Systemen bin.«[127] Der zentrale Punkt in Don Gabriels Ausführung ist eine Lesehaltung, die die Geschlossenheit der Fiktion beachtet:

> Aber bei dem allen bleiben Märchen doch immer Märchen, und so viel Vergnügen als uns unter den Händen eines Dichters, der damit umzugehen weiß, die Salamander und Sylphiden, die Feen und Cabbalisten machen können, so bleiben sie nichts desto weniger schimärischen Wesen, für deren Würklichkeit man nicht einen einzigen bessern Grund hat, als ich für einen Biribinker anzuführen im Stande wäre.[128]

Entscheidend für die Lesepoetologie im *Don Sylvio* aber bleibt, daß keine der beiden Lektürehaltungen als positives Modell für reale Leser zu übernehmen ist. So deutlich die Überbewertung und naive Lektüre als Fehlverhalten eines nur das *prodesse* von Literatur betonende Verfahren parodiert wird, so deutlich ist aber auch die Abwertung von fiktionaler Literatur als bloßes *delectare* der Lügenmärchen zur Vertreibung von Langeweile.

Den *Don Sylvio* als Feenmärchen bloß zur Belustigung zu lesen, wäre ein Lektüreverhalten, daß dem (neuen) Anspruch des Romans als ›wahrscheinlicher

kritik an. ›Austèritas‹ ist die Bußübung oder Kasteiung. Wieland schildert hier (5.8.1763), wie das Projekt vom »Amüsement«, das er als Ablenkung von der Arbeit am »Agathon« unternommen hat, zu einem ernsthaften Projekt wird. Schließlich stellt er, dem vertrösteten Verlag gegenüber, dem er das Manuskript zum *Agathon* noch nicht senden kann, den »Don Sylvio« als ebenso gehalt- und wertvoll dar. Vgl. WBr 3, S. 173 (18.8.1763).

125 Zu Don Pedro, dem die Feenmärchen in der Bibliothek zu verdanken sind vgl. »Don Sylvio«, I,4, S. 24. Zu Don Gabriel vgl. ebd., VI,3, S. 343. Zu den beiden Gruppen von Lesern vgl. auch Erhart: »Entzweiung und Selbstaufklärung«, S. 66f.

126 Zu Donna Mencia »Don Sylvio«, I,1, S. 20. Zu Pedrillio I,9, S. 40, S. 42 und III,1, S. 88. Zu Donna Felicia vgl. III,10, S. 135f.

127 »Don Sylvio«, VI,3, S. 343.

128 Ebd., S. 343f.

Geschichte‹ nicht gerecht würde. Wieland betont in seinen Briefen den ernsthaften Anspruchs seines ›Spielwerkes‹:

> Wenn aber die Frage ist, ob vor dem Richtstuhl der Vernunft Don Silvio [sic] von Rosalva eine Composition sey, die eines Lehrers der Tugend unwürdig: So denke ich, vermuthlich aus väterlicher Verblendung für das jüngste Kind meines Witzes, ich sollte meinen Proceß vollkommen gewinnen.[129]

Die therapeutische oder diätetische Funktion satirischer Schriften stellt dabei, wie gezeigt, nur eine nachgeschobene Argumentation dar, die ihrerseits der Illusion eines Topos verfallen ist. Die Frage stellt sich nach einem ausgeschlossenen Dritten, das den Lesern zu finden überlassen bleibt.[130] Anders gefragt: welche Lektüretechnik könnte die beiden vorbildlichen Funktionen erfüllen? Die schnelle, kursorische Lektüre, die Don Sylvio betreibt und die zwar zum Vergnügen führt, ist als zugleich zur Schwärmerei führende disqualifiziert, ebenso wie die selektive, exemplarische Lektüre, die sich ihrerseits aus bestimmten Stellen der Literatur mit Handlungsanweisungen und Vorbildern versorgt.

1.9. Donna Mencia und die Subtexte

Eine besondere Stellung kommt Donna Mencia und ihrer Lektüre zu. Sie stellt genauso eine Schwärmerin dar, wie ihr Zögling. Aus ihrer Lektüre von heroischen Ritterromanen synthetisiert sie eine Erziehung, die Don Sylvio zum Kavalier machen soll. Die höfischen Ideale der Ritterromane dienen als Anweisungen, die literarischen Darstellungen werden zu ›Quellen‹:

> Das schlimmste war, daß sie diese Begriffe [von einem ›vollkommenen Cavalier‹] aus dem Pharamond, der Clelia, dem großen Cyrus und andern Bücher von diese Classe geschöpft hatte, welche nebst den Abenteuern der zwölf Pairs von Frankreich und der Ritter von der runden Tafel den vornehmsten Teil ihrer Bibliothek ausmachten. Ihrer Meinung nach lag in diesen Bücher der ganze Reichtum der erhabensten und nützlichsten Kentnisse verborgen. Sie glaubte also ihren Untergebenen nicht besser anweisen zu können, als wenn sie ihm die Begriffe und den Geschmack beizubringen suchte, so sie selbst aus so lauteren Quellen geschöpft hatte.[131]

---

[129] WBr 3, S. 206. Und weiter: »Man scheint manchmal zu spaßen und zu narrieren, und philosophiert besser als Chrysippus und Kreantor. Ich zweifle sehr daran, ob sie [...] bei einer zwoten Durchlesung sich in der Idee bestärkt finden werden, daß der Autor des Don Sylvio keine bessere Absicht gehabt hat, als dem geneigten Publico [...] einen Spaß zu machen.«

[130] Diese Frage stellt auch Erhart: »Entzweiung und Selbstaufklärung«, S. 67. Aber er sucht ihre Beantwortung nicht durch die Beobachtung der Lektüretechniken, sondern durch einen Rekurs auf Rollentheorie und Theorie des Lachens bzw. der Komik zu lösen. Damit verläßt er die Ebene des Textes. Ob aufgrund Freuds Theorie vom Unbewußten im Lachen Don Sylvios Haltung »demzufolge« einem Nachahmungszwang gehorcht, scheint mir zweifelhaft.

[131] »Don Sylvio«, I,2, S. 20. Heimlich aber liest sie, entgegen ihrer öffentlich vertretenen Sittenlehre der Anti-Grazien, Erotica, die sie unter ihrem »Hauptküssen« im Bett versteckt. Vgl. ebd., II,1, S. 58.

Die exemplarische Lektüre, die sich die verborgenen ›Kentnisse‹ aus der Dichtung heraussucht, benutzt Begriffe und Geschmack der heroisch stilisierten alten Zeit. Zur Schwärmerin wird Donna Mencia aber nicht nur durch ihre inadäquate Lektüre, die Darstellung und Realität verwechselt, sondern ihre Schwärmerei gründet in einer metonymischen Operation, mit der sie ihre eigene Beobachtung als System setzt. Als alte Jungfer wird sie zu einer »Spröden«, die »eine Art von Schwesternschaft« der »Anti-Grazien« gründet. Der entscheidende Satz, der diese Philosophie einführt, zeigt die Vertauschung von innerem Empfinden und äußeren Umständen mit der rhetorischen Figur für die Vertauschung von Ursache und Wirkung, der Metalepse, an:

> Sie legte zum Grund ihrer Sittenlehre, daß die Besitzerin eines angenehmen Gesichts unmöglich tugendhaft sein könne, und nach diesem Grundsatz wurden alle ihre Urteile über die Handlungen und den moralischen Werte einer jeden Person ihres Geschlechts bestimmt.[132]

Denn auch Donna Mencia setzt ihre Einbildungskraft über oder anstelle der Realität: »Sie wurde eine Spröde und nahm sich vor, ihre beleidigten Reizungen an allen Unglückseligen zu rächen, welche sie als Wolken ansah, die den Glanz derselben aufgefangen und unkräftig gemacht hatten.«[133] Donna Mencia sieht sich selbst mithin als Sonne an. Von ihrer subjektiven Perspektive aus werden dann die Phänomene der Wirklichkeit interpretiert. Damit verkehrt sie einen zufälligen äußeren Sachverhalt (das Vorhandensein anderer Frauen) in einen direkten, funktionalen Bezug zu ihrer Person. Aus Kontingenz wird Intention. Wieland zeigt damit, wie Erfahrungen innerhalb eines subjektiven Interpretationssystems Bedeutungen erhalten. Aufgrund ihrer Ansicht erklärt Donna Mencia sich schließlich »öffentlich für eine abgesagte Feindin der Schönheit und Liebe« und entwickelt ihr System der Sittenlehre, wobei sie eine »Art von Schwesternschaft« mit Gleichgesinnten unter dem Namen der »Anti-Grazien« errichtet.[134] Die Verbindung zur Schwärmerei verdeutlicht ein Zusatz, den Wieland in den späteren Auflagen einfügt. Donna Mencia erklärte sich also

> öffentlich für eine abgesagte Feindin der Schönheit und Liebe und warf sich hingegen zur Beschützerin aller dieser ehrwürdigen Vestalen auf, denen die Natur die Gabe der *transistorischen* Keuschheit mitgeteilt hat[135]

Die in der zweiten Auflage hier hinzugefügte Fußnote verweist auf einen Text, dessen anempfohlene Lektüre zweierlei erhellt. Zum einen ein nicht-literari-

---

[132] »Don Sylvio«, I,2, S. 18.
[133] Ebd., I,1, S. 17. Die Metalepse ist darin eine Form der Metonymie. Vgl. unten.
[134] Ebd., S. 18.
[135] »Don Sylvio« E^2, I,1, S. 5f. bzw. C 11, I,1, S. 5. Der Satz wird danach mit der Formulierung aus der ersten Auflage beendet. In E^1, I,1, S. 17 setzt Wieland noch unspezifisch (oder falsch zitiert) statt »transistorisch«, »transcendentale Keuschheit«.

sches Modell für die Figur der Donna Mencia und zum anderen einen impliziten Verweis auf eine andere Art der Lektüre, als die im Text vorgestellten, nämlich die vergleichende, gelehrte Lektürepraxis. Diese wird im Text des *Don Sylvio* nicht behandelt.[136] Als vorbildlich taucht einzig das der hitzigen Phantasie der Schwärmer entgegengesetzte ›kalte‹ und beobachtende Auge des Naturforschers auf.[137] Die Entsprechung zum Lektüreverhalten zu finden, ist Aufgabe der Leser.

Anläßlich dieser wundersamen Gabe der *Natur*, einer »transistorischen« oder mitteilenden Keuschheit, verweist Wieland in einer Fußnote auf Bayles *Dictionnaire*. Die in der Fußnote behandelte »Wundergabe der Keuschheit« ist das erste vorkommende ›Wunderbare‹ des Romans. Liest man den angegebenen Artikel »Bourignon« tatsächlich nach, offenbart sich das, was zunächst nur wie eine zusätzliche, polemische Charakterisierung der Spröden aussah, als implizite Verbindung zum allgemeinen Thema:

> BOURIGNON (Antonetta) ist eine von denen andächtigen Jungfrauen gewesen, welche durch besondere Eingebung geführet zu werden glaubte; und dieserwegen hat man sie für eine Schwärmerin gehalten.[138]

Bayle selbst führt den Begriff der Schwärmerei als einen polemischen Begriff der Kritik am Wunderglauben ein. In der »Anmerkung B«, auf die die Fußnote Wielands besonders hinweist, kommentiert Bayle spöttisch das Wunder der Keuschheit. In den Quellen nämlich sei es nicht beglaubigt, ob Antonetta schön war. Dies aber wäre die Voraussetzung für eine »transistorische Keuschheit«, denn ansonsten »braucht [es] dazu nichts als einen gewissen Grad an Häßlichkeit.«[139] Zwar hatte der Kartäuser Peter Granfeld – den die Fußnote wegen des »sehr nachdrucksvollen Kunstworte[s], die Infrigidation« für diesen Sachverhalt (Gottsched übersetzt mit ›Kaltmachung‹) erwähnt – die Schönheit Antonettas beiläufig erwogen. In den Quellen sei dagegen jedoch belegt, daß die Bourignon »den 12. Jänner 1616 so häßlich geboren, daß man einige Tage in der Familie zu Rathe ging, ob man sie, als eine Mißgeburt, ersticken sollte.«[140] Bourignon wurde nicht erstickt, sondern erfuhr ihr Wunder und gründete, wie Donna Mencia, eine »kleine Gesellschaft auf dem Lande, mit

---

136 Gelehrte Werke verfallen ebenfalls der Kritik am Schwärmertum, insofern sie zum System gewordene Illusionen darstellen. Vgl. »Don Sylvio«, V,1, S. 193f.

137 Etwa »Don Sylvio«, I,12, S. 56f.

138 Bayle: »Wörterbuch«, Übersetzt von Gottsched 1741, Bd. I, S. 662. Im Original, ^{4}1730, Bd. I, S. 664, heißt es: »Bourignon (Antoinette) a été une fille dévotes, qui evoient être conduit par des inspirations particulieres; & voilà pourquoi on l'a traitée de fanatique.« Die Übersetzung ›fanatique‹ zu ›Schwärmerin‹ ist korrekt. Vgl. Zedler: »Universallexikon«, Bd. 34, Sp. 1997. In Kapitel IV,11 bringt eine Fußnote eine ebenfalls aus dem Bayle stammende weitere Anekdote frommer Schwärmerei, nämlich die Eingebung der Maria von Agreda, die das heilige Jerusalem gesehen haben will. Vgl. »Don Sylvio«, C 11, I,12, S. 83f.

139 Bayle: »Wörterbuch«, S. 664.

140 Ebd., S. 662.

einigen anderen Jungfrauen von ihrer Gemütsart.«[141] Indem Wieland die Quelle anführt, fordert er ein Vergleichen und Nachlesen seitens der Leser. Die hinzugefügte Fußnote kann als zusätzliche Aufforderung zum Nachdenken über derartige ›Wunder‹ überhaupt gelesen werden. Die Fußnote erweitert so nicht einfach nur den Textraum – als *Link* in die Archive und Bibliotheken, in denen sich die Quellen pluralisieren und zum sprichwörtlichen Ozean der Gelehrsamkeit werden – sondern versucht den Übergang von passiver zu aktiver Rezeption zu gestalten. Demnach haben die Fußnoten eine performative Funktion in der Lesepoetik.

1.10. Fußnotenpolitik: Die »Noten-Prose« und ihre Funktionen

Die zahlreich hinzugefügten Fußnoten der zweiten Auflage 1772 wie der dritten Auflage 1794 erweitern den transtextuellen Raum, auf den nun explizit verwiesen wird. Es werden literarische Formen erläutert und Parallelen auf vergangene historische Ereignisse wie gegenwärtige Philosophien und Gelehrte gezogen.[142] Zum einen kann dies als Aufforderung der Leser zur Reflexion über das allgemeine, universale Phänomen der Schwärmerei gelten. Darüber hinaus aber können die Querverweise auch als Anstoß zur Reflexion ›wie zu lesen sei‹ gewertet werden. Insgesamt läßt sich zur Funktion des Paratextes der Fußnoten sagen, daß die Selektion und Montage von Materialien damit herausgestellt wird. Das weist wiederum auf die Anforderung einer Lesehaltung hin, welche die Differenz von Mitteilung und Information erkennt.[143]

Die erste Auflage des *Don Sylvio* verließ sich zur Leserlenkung im wesentlichen auf den Inhalt der Darstellung sowie auf die Vorrede, die Kapitelüberschriften und die reflektierende Erzählform. In ihr sind nur drei Fußnoten enthalten.[144] Erst in den wirkungsgeschichtlich wichtigen späteren Auflagen werden zahlreiche Fußnoten hinzugefügt. Das kann als Verstärkung der Leserlenkung gewertet werden bzw. genauer: als Modifikation ihrer Strategie.[145] Komplizierte Leserlenkungen wie die differenzierten Sperrungen von Begriffen

[141] Ebd.

[142] Vgl. z. B. »Don Sylvio«, I,4. In Anmerkung 5 wird die Erzählform der Novelle in ihrer Genealogie von Italien und Spanien über Boccaccio und Cervantes erläutert. Anmerkung 6 gibt eine Liste von ›schwärmerischen‹ Gelehrten seit Raymundus Lullus mit Rückbezügen auf Paracelsus bis Zoroaster. Vgl. »Don Sylvio«, C 11, I,4, S. 18–23 bzw. E^2, I,4, S. 22 und S. 26ff.

[143] Zu dieser Differenz in der Kommunikation vgl. Luhmann: »Soziale Systeme«, S. 212f.

[144] Vgl. »Don Sylvio«, I,4, S. 2; II,3, S. 64 und VI,3, S. 345.

[145] Eine übliche Reaktion war die Abwertung des »Don Sylvio« als frivol und unschicklich. Am 26. 10. 1764 ärgert sich Wieland über eine dementsprechende Anzeige im »Journal Encyclopédique« (Bd. VI,I, S. 137). Vgl. WBr 3, S. 311. Er bittet Zimmermann zu intervenieren, bzw. um eine Gegendarstellung. Vgl. Starnes, der den Artikel der »Encyclopédique« zitiert, Bd. I, 271. Differenzierter und positiver rezensierte Thomas Abbt den »Don Sylvio« in: ADB I,2 (1765), S. 97–107.

und Namen der ersten Auflage werden vereinheitlicht. Das satirische Vorwort wird durch ein anderes ersetzt.[146] Auch der Titel zeigt die Vereinfachung der Leserlenkung. 1772 kann Wieland – inzwischen als Autor hinlänglich bekannt – die differenzierte barocke Form des Titels zum einfachen »Die Abenteuer des Don Sylvio von Rosalva« reduzieren.

Doch die Transtextualität des Textes wird von Wieland in den Fußnoten, die den Lesefluß jetzt nahezu auf jeder Seite unterbrechen, programmatisch zur Schau gestellt. Die Quellenangaben in den Fußnoten verweisen den Leser explizit auf andere Darstellungen und Meinungen. Was in der ersten Auflage nur implizit mitschwang – also auf die Kenntnisse jeweiliger Leser angewiesen war – wird in der zweiten und dritten Auflage ausführlichst angesprochen und vorgeführt. Wieland benutzt diese – ähnlich wie Bayle in seinem *Dictionnaire* – durchaus dazu, ganze Exkurse einzufügen und eigene Geschichten zu erzählen. Dabei ergeben sich weitere Möglichkeiten der Brechung und Ironisierungen durch die ›gelehrten‹ Anmerkungen.

Während die Fußnoten ab der zweiten Auflage auch die Quellen der Feenmärchen und deren Inhalte ausführlich angeben und den Bereich der Schwärmerei als Phänomen explizit nahezu über das gesamte Gebiet gelehrter, schöner und geheimer Wissenschaften ausdehnen, lassen sich die lektürelenkenden Funktionen schon anhand der drei Fußnoten der ersten Auflage beschreiben.

Die Fußnoten persiflieren ihre (traditionelle) Funktion der Gelehrsamkeit in der Weise, wie die ›gelehrten Anmerkungen‹ eines *poeta doctus et philologus* im »Prolog« zum ersten Teil des *Don Quixote* verspottet werden. Der Autor des *Don Quixote* wird von einem Freund hinsichtlich der schwierigen und aufwendigen Praxis gelehrter Anmerkungen beruhigt:

> In Ansehung der Bücher und Autoren, die Ihr auf dem Rande zitieren wollt und aus denen Ihr Sentenzen und Phrasen nehmen dürftet, welche in Eurer Geschichte vorkommen, so ist nichts weiter nötig, als daß Euch gerade recht einige Sentenzen oder lateinische Brocken kommen, die Ihr auswendig wißt oder die Euch wenigstens nicht viel Mühe machen, sie aufzusuchen, wie zu Beispiel [...][147]

»– – – ut omne Humanum genus est avidum nimis auricularum. Lucret.« Diese erste Fußnote im *Don Sylvio* von 1764 zitiert Lukrez als Beleg dafür, daß das Wunderbare und Übernatürliche als etwas Angenehmes ersehnt und daher allzu leicht geglaubt wird.[148] Obwohl Wieland in eigener Sache spricht (das

---

[146] Ein Vergleich der Originalausgaben ergibt, daß in E^1 Sperrungen, Fett- und Großdruck vorhanden sind und zwar bei signifikanten Begriffen wie bei den Namen, während E^2 gar keine und C nur noch Sperrungen verwendet. Wieland konkretisiert dabei die Anspielungen, so steht etwa statt »der Baccalaureus von Salamanca« später »Gil Blas«.

[147] Cervantes: »Don Quixote«, Bd. I, »Prolog«, S. 10f. Zu Tradition, Funktion und Spiel mit Fußnoten im 18. Jahrhundert ausführlich Walter Rehm: »Jean Pauls vergnügtes Notenleben oder Notenmacher und Notenleser«. In: JbdSg 3 (1959), S. 244–337.

[148] »Don Sylvio«, I,4, S. 22.

natürliche Bedürfnis der Menschen zum Aberglauben), ironisiert er die Art und Weise, diese mit einer Autorität zu belegen. Die Ironie ergibt sich aus der Willkürlichkeit der Anmerkung. Die Funktion von ›gelehrten Anmerkungen‹ hat sich verändert. Unter den Bedingungen einer potentiellen Zugänglichkeit von Informationen auf dem Buchmarkt wird der Verweis auf die Autorität zur Beliebigkeit. Umgekehrt kann sie nicht mehr die Authentizität der Aussage rechtfertigen. Die Funktion der Persiflage liegt dann darin, darauf aufmerksam zu machen.

Nicht die gelehrte Anmerkung oder die zitierte Autorität soll den Leser überzeugen, nicht einmal von dem, was wahr sei. Die Forderung und Anforderung an den Leser selbst zu denken und sich eine eigene Meinung zu bilden, wird bei Wieland durch Verhinderung möglicher Identifikationen wie die Diskreditierung vorgeprägter Perspektiven inszeniert.[149]

Die zweite Fußnote der ersten Auflage bezieht sich auf eine Beschreibung, die als Exempel für das transtextuelle Spiel mit dem Leser und die neue Rolle des Lesers als Beobachter gelten kann. Don Sylvio soll heiraten. Ihm wird von seiner Tante eine junge Dame vorgesetzt, die er zuerst »für eine angekleidete Meerkatze« halten will.[150] Es folgt ein Durchgang durch den klassischen Topos der Frauenbeschreibung mit umgekehrten Vorzeichen. Donna Mergelina ist quadratisch und unförmig, in jeder Hinsicht unmenschlich häßlich. Wieland geht schließlich dazu über, Donna Mergelina das idealisierende Beschreibungsinventar antiker Vorbilder entgegenzusetzen, wobei stilistisch eine Sprachvermischung von hohem und niederen Stil vonstatten geht, wie es im »komischen Roman« (etwa bei Scarron und bei Fielding) gerne geschieht.

> Was die Farben betrifft, welche die Natur [!] gebraucht hatte, ein solches Meisterstück auszumahlen, so waren sie allerdings so wunderbar [!] gemischt, daß sie einem Vandyck zu schaffen gegeben hätten. Sie hatte weder blonde Haare wie *Ceres*, noch braun wie *Venus*, noch goldfarben wie die Schöne mit den goldenen Haaren, die ihrigen waren feuerfarbig, und dabei von Natur so gradlinig und kurz, daß sie die Kunst und Geduld einer Cypassis zu schanden gemacht hätten. Ihre Augen waren hellgrau, Stirne und Wangen olivenfarbig[151]

Die Fußnote der ersten Auflage fügt zur Erwähnung der Cypassis hinzu: »*Pomendis in mille modis perfecta capillis, Comere sed solas digna, Cypassi, deas*. Ovid.« Das ist für die Schilderung disfunktional, denn es bezieht sich keineswegs auf

---

[149] Das von Kant später zum Emblem der Aufklärung verwandte »sapere aude!« ist nicht umsonst ein Diktum Horaz'. (*Briefe* 1,2, 40) Zu Horaz im 18. Jahrhundert, dessen Werke nach Fuhrmann »geduldige, zu ständigem Umgang bereite Einzelleser« verlangten, dessen Texte aber wie sonst nur die Bibel präsent waren, sowie Wielands Identifikation mit ihm vgl. M. Fuhrmann (Hg.): »Nachwort«. In: Übersetzungen aus dem Horaz I. In: Wieland. Werke in zwölf Bänden. Frankfurt a.M. 1986, S. 1070ff. Das Zitat hier S. 1068.

[150] Vgl. »Don Sylvio«, II,2, S. 62.

[151] Ebd., S. 63f.

die Erläuterung der antiken Schönheitsvorbilder. In der zweiten Auflage wird dem (allerdings überforderten) Leser dann erklärt, daß Cypassis der »Nahme eines Kammermädchens der Geliebten des Ovidius« sei, welche das Frisieren so meisterlich beherrschte, daß sie »reitzend genug war, ihn ihrer Gebieterin zuweilen ungetreu zu machen«.[152] Die zitierte Sentenz ist das Lob Ovids dieser Frau. Die Karikatur der Donna Mergelina in dem Kapitel, das demgemäß explizit als »Ein Gemählde in Callots Manier«[153] überschrieben ist, zeigt aber noch mehr.

Die Beschreibungen der Natur und der Menschen im *Don Sylvio* sind generell stark stilisiert. Sie folgen keinem Anspruch einer wie auch immer naturalistischen Darstellung. Ein durchgängiges Stilmittel ist eben jenes, das die Kritik am Roman anprangerte, die Hyperbole, die Übertreibung ›realistischer‹ Maßstäbe.[154] Das tut dem Anspruch des ›Geschichtsschreibers‹ keinen Abbruch. Die Wahrscheinlichkeit der Fiktion wird ja nach ihrem Wirkungsgefüge beurteilt. In der zweiten Auflage deckt eine weitere Fußnote auf, daß die Karikatur der Mergelina die erweiterte Beschreibung eines fiktiven Vorbildes aus einem Märchen der Mme d'Aulnoy ist.[155] Die Beschreibung also, die mittels der Differenz zur klassisch-antiken Stilisierung von Frauen die ›wunderbare‹ Mischung der Natur für die Einbildungskraft des Lesers in Szene setzt, ist ihrerseits die Verfremdung eines literarischen Vorbildes. Wieland kontaminiert hier zwei Arten literarischer Stile (Epos und Märchen), wobei ihm der eine nicht privilegierter ist als der andere. Die Mischung zeigt die verschiedenen Perspektiven und Kontexte der Beschreibungsmodalitäten wie Textsorten auf.

Transtextualität zeigt sich als differentielles Spiel der Variation von Zitat und Verfremdung, bzw. als Anforderung eines Nachvollzugs und Vergleichs der *Differenz* von Vorbild und Nachahmung. Das Bemerken der Differenz einer-

---

[152] »Don Sylvio« E^2, II,2, S. 126 bzw. C 11, II,2, S. 101f. Die Anspielungen auf griechische Schönheitsideale – vor allem die großen Augen Junos, die als ›ochsenaugig‹ wörtlich genommen auf Mergelina appliziert werden, werden in den späteren Ausgaben mit nahezu einer Begriffsgeschichte »des Beyworts *hirschaugig*« und dem damit verbundenen antiken Schönheitsideal erläutert. Vgl. E^2, II,2, S. 122ff. bzw. C 11, II,2, S. 99ff.

[153] In den späteren Auflagen benennt Wieland den Titel in »Ein Gemählde in Ostadischen Geschmack« um. Ein Gemälde in ostadischen Geschmack nennt Wieland in einer Anmerkung seiner zur Zeit des »Don Sylvio« verfaßten Shakespeare-Übersetzung auch eine Passage des »Johannisnachtstraums«.

[154] Das hat Alfred Martens für alle Bereiche (»Die menschliche Gestalt«, Darstellung der Männer, der Frauen, der Kleidung, der Innenräume, der Außenräume, des Inventars etc.) komparatistisch zusammengestellt. Die Beschreibung der Mergelina gilt ihm aber dennoch als bösartiger Höhepunkt. Frauen sonst sind typenhaft-generell ›schön‹. Vgl. Martens: »Untersuchungen über Wielands Don Sylvio«, S. 21–60, zur Verwendung von Hyperbolen vgl. S. 34ff. und als Stilmittel eigens behandelt S. 114ff.

[155] »Don Sylvio« E^2, II,2, S. 143. Vgl. dazu Wilson: »Narrative strategy«, S. 36. Das hatte Mayer: »Die Feenmärchen bei Wieland«, S. 395 schon gesehen, was bei Martens: »Untersuchungen über Wielands Don Sylvio«, nicht berücksichtigt wird.

seits des klassischen Frauenbeschreibungstopos und seiner Umsetzung *und* andererseits der Differenz der Mergelina zur Migonnet der Mme d'Aulnoy als ›Vorbild‹, ist Voraussetzung für das ›ästhetische Vergnügen‹ des Lesers. Gefordert ist die Fähigkeit einer »lecture relationelle«, welche diese Textstelle des *Don Sylvio* in Relation zu den beiden Subtexten erkennt.

Die dritte Fußnote der ersten Auflage bezieht sich ebenfalls auf etwas Grundsätzliches: nämlich die Glaubwürdigkeit der Geschichte. Das wird angemerkt anläßlich eines Anachronismus im Text, der auf seine »historische Treue« verweise. Das ist in sich schon ironisch und wird entsprechend verschärft, da die abschließende Beurteilung der historischen Treue wiederum programmatisch »den Critics« überlassen wird.[156]

Die Funktion der Fußnoten liegt nicht einfach darin, daß sie zusätzliche Informationen geben, seien diese ernst oder satirisch. Grundsätzlich wird durch sie die Perspektive auf die Erzählung des Texts geändert. Fußnoten wechseln die Ebene der Darstellung. Sie verstärken damit die Kommentarfunktion des Erzählers, indem sie einen Ebenenwechsel in der Darstellung exponieren. Dieser *Ebenenwechsel*, der von dieser selbstreflexiven Art zu erzählen intensiv genutzt wird, bildet das Zentrum der Lesepoetologie in Wielands Roman. Der Ebenenwechsel in der Kommunikation ist ein Mittel rhetorischer Performanz. Es geht nicht nur darum, dem Textraum explodieren zu lassen, um die Inter- oder Transtextualität des Textes herauszustellen. Vielmehr inszeniert die Fußnotenpolitik Wielands eine »Stimmvielfalt« (i.S. Bachtins Romanpoetik), die als Einübung in seine Lesepoetologie gelesen werden kann.

1.11. Beobachtung der Beobachter: Zur Erzählform und ihrer Leserlenkung

Der Text des *Don Sylvio* öffnet und verschiebt den Romandiskurs auf ein Fiktionalitätsbewußtsein hin, dem es möglich werden soll, die ›Natur‹ von Fiktionen als sprachlicher Darstellung zu begreifen, deren Wahrscheinlichkeit dem Leser zu beurteilen bleibt. Das funktioniert erst durch die Multiplikation der Erzähl- oder Beobachterebenen.

Zu den wirkungsvollsten Mittel der Leselenkung muß daher die *Erzählform* selbst gezählt werden. Die Struktur des Textes insgesamt basiert auf einem Erzählmodell des Erzählebenenwechsels. Der *Don Sylvio* gibt keine Zentralperspektive vor, sondern besteht aus zahlreichen alternierenden Darstellungen. Das beginnt mit dem ›vorangestellten Nachwort‹ und setzt sich im Text dadurch fort, daß die Umstände, durch die Don Sylvio zum Schwärmer wird, dargestellt werden. Erzählt wird so eine Außenperspektive, etwas, das Don Sylvio selbst nicht sehen kann, sozusagen sein blinder Fleck. Begleitend konterkarieren die Wahrnehmung Pedrillos sowie die Perspektiven der anderen Figuren als Leser

---

[156] Vgl. »Don Sylvio«, VI,3, S. 345.

anderer Lesestoffe Don Sylvios Beobachtungssystem. Der Text stellt vor allem immer wieder die Differenzen der Wahrnehmung in Rechnung. Dazu gehören auch die Kommentare des Erzählers, die keineswegs eine autonome Metaebene darstellen, sondern ebenfalls nur eine Lektüreeinstellung zum Text. Der Erzähler propagiert vor allem den neuen Wert fiktionaler Literatur, indem er beständig auf die ›Wahrhaftigkeit‹ seiner »Geschichte« verweist. Genau dies aber bleibt dem kritischen Leser zu überprüfen.

Zu dem Tableau der verschiedenen Textebenen gehört auch die Strukturierung des Textes als Ganzes. Er ist nicht nur in Vorrede und Textteil, Kapitelüberschriften und Fußnoten eingeteilt, sondern grundsätzlich, wie schon der Titel erwähnt, in »Zwei Theile«. Der Unterschied vom ersten zum zweiten Teil sieht zunächst nicht bedeutsam aus, doch in der Erzählweise unterscheiden sie sich wesentlich. Dazu gehört, daß in den zweiten Teil zwei Binnenerzählungen eingefügt sind, die zueinander in Opposition stehen.

Der erste Teil des *Don Sylvio* erzählt eher kontinuierlich die Abenteuer der beiden Protagonisten. Hier sind vor allem auch die Feenmärchenelemente angesiedelt. Im zweiten Teil dagegen werden viele Gespräche geführt, die Gesellschaft befindet sich zu Lirias und erzählt lange Geschichten.[157] Die beiden langen Binnenerzählungen der *Hyacinthe* (V,11–14) und vom *Prinzen Biribinker* (VI,1 und VI,2)[158] konterkarieren jede auf ihre Weise den Text, einmal als Pastiche auf Richardsons *Pamela* und den Tugendroman, sowie als Parodie auf Feenmärchen und die Geschichte Don Sylvios selbst.[159]

Wieland setzt im *Don Sylvio* die durch Cervantes, Crébillion, Fielding und Sterne vorgeführten Erzählmittel ein, von der Herausgeber- und Manuskriptfiktion über parodierende Kapitelüberschriften bis hin zum Gespräch mit den (fiktiven) Lesern. Mit diesen Erzählmitteln ermöglicht sich die ständige Selbst-

---

[157] Die Diskrepanz der beiden Teile ist in der Rezeption auch als Bruch interpretiert und kritisiert worden. Vgl. dazu ausführlicher Wilson: »The Narrative Strategy«, S. 47ff.

[158] Zur Funktion der Hyacinthe-Episode vgl. Guy Stern: »Saint or Hypocrite? A Study of Wieland's ›Jacinte Episode‹«. In: GR 29 (1954), S. 96–101. Vgl. auch Schönert: »Roman und Satire«, S. 132f. und Wilson: »The Narrative Strategy«, S. 52ff. Die genauen Spiegelungen und Brechungen, die im »Biribinker« zum Abenteuer Don Sylvios und zur Literatur vorliegen, können hier nicht ausführlich behandelt werden. Vgl. dazu Kurth: »Die zweite Wirklichkeit«, S. 157ff.; Jahn: »Zu Wielands Don Sylvio«, S. 313ff. sowie Wilson: »The Narrative Strategy«, S. 55–66.

[159] Das Pastiche charakterisiert Genette als stilistische Nachahmung, während die Parodie eher inhaltliche Elemente als Materialien ihres Bezuges zum konnotierten Text verwendet. Vgl. Genette: »Palimpseste«, S. 108f. Der Bezug zur Romantradition und der Affront gegen den ›Idealroman‹ in der Hyacinthe-Episode wird deutlich, wenn der fiktive Erzähler am Ende der drei Bücher währenden Geschichte unumwunden zugibt, daß sie fürchterlich langweilig sei. Die in der Tat lange Episode kürzt Wieland in der zweiten und dritten Auflage. Er folgt dabei der Kritik der Rezensionen, die ihm die Langeweile bestätigten. Endlich einmal eine gelungene Leserlenkung.

reflexion des Erzählens, was für die Leser bedeutet, daß sie miteinander konkurrierende Erzählebenen in den Blick nehmen können.

Ein gutes Beispiel für die Leserlenkung durch Ebenenwechsel sind die *Kapitelüberschriften*. Sie antizipieren den jeweils folgenden Inhalt, jedoch eben nicht in Hinsicht auf Abbildung desselben in einer prägnanten Formel, sondern gleichsam als Kontrapunkte.[160] Dabei wird die Erzähltechnik ebenso konnotiert, wie die diversen Erzählebenen wiedergegeben werden. Beispiele sind beliebig herauszugreifen.[161] Die zentralen Begriffe des Titels und des poetologischen Diskurses werden hier ebenfalls wiederholt.[162]

Die Leserlenkung besteht hier zunächst in der Funktion des Anreizens der Neugierde, die die Überschriften durch Leerstellen, die sie lassen, wecken können.[163] Eine subtilere Art der Leserlenkung aber (die dann vielleicht schon nicht mehr wahrgenommen wird), ist die Heraushebung der Fiktionalität des Erzählten in den Überschriften. Die Existenz von Feen wird in den Überschriften als Tatsache dargestellt.[164] Erst dadurch erweisen die Kapitelüberschriften sich als eine eigene, zu unterscheidende Ebene des Buches. Die Feenwelt wird in den Überschriften damit als Tatsache der Fiktion des Buches aufgegriffen. Aber auch auf dieser Ebene wird andererseits auf die Differenz von innerer und äußerer Wirklichkeit hingewiesen.[165] Der Nachvollzug dieser Ebenendifferenz, die durch das erzähltechnische Mittel des Erzählebenenwechsels inszeniert wird, erfordert vom Leser große Aufmerksamkeit.

---

[160] Kontrapunkt, wörtlich Note gegen Note (punctum contra punctum), bezeichnet in der Musik die Gegenstimme zu einer Melodie, die insgesamt ein festes Regelwerk als ›strenger‹ (Pierluigi) oder ›harmonischer‹ Kontrapunkt (Bach) bildet. Fußnoten und Kapitelüberschriften als Textformen, die nicht Kommentar sind, könnten so bezeichnet werden.

[161] Z. B.: »Abenteuer mit dem Laubfrosch. Warum Don Sylvio nicht gemerkt, daß der Frosch keine Fee war?« (I,6) Oder: »Reflexionen des Autors und des Don Sylvio« (I,8) oder »Unmaßgebliche Gedanken des Autors« (I,12).

[162] »Abenteuer«: Vgl. I,6; I,9; III,1; III,2; III,7; III,9; IV,8. »Wunderbar«: I,7; »Geschichte«: III, 5; V,11–14; VII,1–3 und VII,4. Oft fällt auch »Gespräch«, »Dialog« oder »Unterredung« sowie »Exempel«, »seltsame Thorheit«, »Verwechslung«.

[163] Z. B.: »Was die Einbildung nicht tut!« (III,4); »Unverhoffte Zusammenkunft« (V,6). Ein ganz besondere Leerstelle bildet Kapitel II,1. Es hat keine Überschrift außer der auch den anderen Kapitel zukommenden Zählung. Daß es einfach ›Erstes Capitel‹ heißt, wurde von den Herausgebern nicht akzeptiert. Stillschweigend korrigieren Martini/Döhl in der hier zitierten Ausgabe die Leerstelle durch eine Simulation: »Ein Exempel, daß Sprödigkeit den Zorn der Venus reizt«, während Göschen in C weniger geschickt »Aufschlüsse über die Reisen der Donna Mencia nach der Stadt« einsetzt.

[164] Z. B.: I,10: »Worin Feen, Salamander, Princessinnen und grüne Zwerge auftreten«, vgl. I,4; II,6. Die Existenz von Feen setzt mitunter aber auch der Text, vgl. etwa I,4, S. 24 wo das ›Schicksal‹ Don Sylvios, die Feenmärchen im Bücherregal seines Vaters zu finden, als Werk der »Fee, die sich in das Schicksal des jungen Sylvio mischte« ausgegeben wird. Nicht aber ohne dies sogleich wieder offen zu lassen, ob es »nun von ungefähr oder durch den geheimen Antrieb der besagten Fee« geschehen ist.

[165] »Wer die Dame gewesen, welche Pedrillio für eine Fee angesehn« (III,10) und »Erscheinung der Fee« (V,5) womit jetzt Donna Felicia gemeint ist.

Mit dem Stilmittel des Erzählebenenwechsels wird die Illusion einer objektiven, in sich geschlossenen Darstellung verhindert und den Lesern Identifikation und Empathie mit einer bestimmten Perspektive erschwert. Damit unterscheidet sich der *Don Sylvio* von den Textmodellen sowohl der älteren Romantypen wie auch der späteren, nach Goethes *Werther* sich etablierenden Romanen, die ihre Intertextualität zugunsten der operativen Geschlossenheit der Illusion verdecken.[166] Diesen gilt als Lektüreideal eine Alphabetisierung, die, wie Lessing als Illusionswirkung für Dichtung forderte, das Geschriebene bruchlos in die Illusion überleitet. Das, was im *Don Sylvio* eindeutig als falsche Lektürehaltung gekennzeichnet ist, wird im Diskurs der Literatur um 1800 zum Ziel der Lektürepraxis: »Wenn man recht ließt, so entfaltet sich in unserm Innern eine wirckliche, sichtbare Welt nach den Worten.« Das ist die Formel von Novalis zu Ziel und Zweck der Dichtung um 1800.[167] Wielands »Noten-Prose« (Jean Paul) stellt sich dazu quer. Sie verfolgt geradezu das umgekehrte Ziel, nämlich eine Exklusion des Lesers als autonomer Instanz, der die erzähltechnisch montierten Ebenen der perspektivischen Erzählung beobachtet.[168]

Der Leser bleibt Beobachter eines Beobachters namens auktorialer Erzähler, der letztlich sein eigenes Lesen ist.[169] Der Leser steht außerhalb der Erzählung

---

166 Zum Verfahren im *Werther* vgl. Heinz Schlaffer: »Die Verachtung der Bücher und die Verehrung des Buchs«. In: Der Autor, der nicht schreibt. Frankfurt a. M. 1989, S. 18–27. Zur Forderung, bruchlos zu erzählen, durch die die Stilmittel des Erzählebenenwechsel als unnatürlich und obsolet empfunden wurden, vgl. H. G. Winter: »Probleme des Dialogs und Dialogromans in der deutschen Literatur des 18. Jahrhunderts«. In: Wirkendes Wort 20 (1970), S. 33–51. Zum Ideal der Vergegenwärtigung vgl. auch Wilhelm Voßkamp: »Dialogische Vergegenwärtigung beim Schreiben und Lesen. Zur Poetik des Briefromans im 18. Jahrhundert«. In: DVjs 45 (1971), S. 80–116.

167 Novalis: »Schriften«, Bd. III, S. 377. Friedrich Kittler hat dies als Ziel der Autoren des Diskurses um 1800 herausgestellt. Vgl. Fr. A. Kittler: »Über romantische Datenverarbeitung«. In: Zur Aktualität der Frühromantik. Hg. v. E. Behler und J. Hörisch. Paderborn 1987, S. 127–140. Hier: S. 138f.

168 Das ›Spätwerk‹ Wielands, seit dem »Peregrinus Proteus«, verzichtet allerdings auf eine im Text topographisch angelegte Ebenendifferenzierung. Die Perspektivität wird in die jetzt als bruchlose Dialoge vorgeführten Gespräche der Personen hineinverlegt. Während der »Peregrinus« noch Vorreden schaltet und insofern dem auktorialen Erzähler noch einen Ort gibt, verzichtet der »Aristipp« darauf ganz. Ob damit ein Wandel der Erzählhaltung oder eine Radikalisierung vorliegt, ist schwer zu entscheiden. Vgl. dazu Jan Dirk Müller: »Wielands späte Romane«. München 1971. Hier: S. 22–31 und S. 43f. Die Pläne zum »Aristipp« von 1774 zeigen, daß dieser Roman nicht als Briefroman geplant war. Aber in dieser Form gilt er als Wielands vornehmlicher »Beitrag zur Klassik.« Vgl. Friedrich Beißner in seinem »Nachwort« in Wieland: Ausgewählte Werke, Bd. 1, München 1964, S. 924.

169 Für diesen überraschenden Schluß, »der Erzähler *ist* das Lesen«, vgl. Klaus Weimars Revision der Erzähltheorien. Klaus Weimar: »Wo und was ist der Erzähler?« In: MLN 109 (1994), S. 495–506. Hier: S. 504f. Das ist vorweggenommen bei Roland Barthes: »*Wie von Schrecken gerührt*: wer spricht hier? [...] weder Sarrasine noch der Erzähler, es ist der Leser [...]. Vernommen wird hier also die *verlagerte* Stimme, die der Leser durch Vollmacht dem Diskurs leiht [...]. Daran läßt sich erkennen, daß das Schreiben nicht die Kommunikation einer *message* ist, die vom Autor ihren Aus-

und wird aufgefordert, sie als eigenständiger Beobachter zu beurteilen: »Ich muß es dem guten Willen der Leser überlassen, ob sie glauben wollen oder nicht«.[170] Die Lektürehaltungen von Empathie, Identifikation und Gläubigkeit werden unterlaufen.[171] Der Erzählebenenwechsel bietet eine Perspektivität an, in der es gleichsam nur noch gewaltsam möglich ist, eine der angebotenen Perspektiven zu privilegieren. Zugleich ist damit die Gefahr fälschlicher Bezugnahme bezeichnet und motiviert.

Im Unterschied zu früheren Romanformen berichtet der Erzähler des *Don Sylvio* nicht nur was ihm widerfährt, sondern er erzählt die Umstände, durch die ihm etwas widerfährt und wie die Figur daraufhin reagiert. Das Programm der ›wahrscheinlichen Geschichte‹ ist die Darstellung von Umständen, die nicht auf eine, sondern auf viele miteinander verbundene Ursachen zurückgeführt werden. Denn die Umstände bestimmen, als was etwas gesehen wird. Diese beobachterabhängige Erkenntnisform propagiert Wieland auch in den *Abderiten* :

> O du kurzsinniges, ewigkindisches Menschengeschlecht! Möchte doch des ESELS SCHATTEN so glücklich sein bewürken zu können, was weder Plato noch Eurippides, weder Theologische noch Kosmologische Gründe, weder Swifts Lilliput noch Voltairens Mikromegas – noch eine Erfahrung von mehr als fünftausend Jahren bewürken konnten; möcht er so glücklich sein, dich endlich einmal zu überführen: daß nichts groß und nichts klein ist – oder vielmehr: daß es nur auf die Umstände ankömmt, damit eine sehr große Sache Nichts, und eine armselige Kleinigkeit Alles sei.[172]

Der Leser kann so etwas sehen, was sich der Wahrnehmung der geschilderten Figur entzieht. Diese Dopplung der Perspektive des Beobachtens dürfte ein entscheidendes Kriterium zur Bestimmung der Modernität der Romanform sein.[173] Sie ermöglicht die Selbstreflexivität des Erzählens, aber auch eine

---

gang nähme und zum Leser ginge; sie ist eigentümlich eben gerade die Stimme des Lesens: im Text spricht allein der Leser.« Roland Barthes: »S/Z«. Frankfurt a.M. 1987, S. 152.

170 Vgl. oben. Hier: »Don Sylvio«, S. 9 und nochmals S. 13. Vgl. auch den »Vorbericht zum Agathon«, der die gleiche Figur einsetzt. Sie zieht sich weiter durch den »Don Sylvio« wie durch das Werk. Vgl. etwa »Geschichte der Abderiten«. In: C 20, IV,4, S. 20.

171 Zum Typus dieser Lektüreformen vgl. Erich Kleinschmidt: »Fiktion und Identifikation. Zur Ästhetik der Leserolle im deutschen Roman zwischen 1750 und 1780«. In: DVjS 53 (1979), S. 49–73. Sowie Anselm Haverkamp: »Illusion und Empathie. Die Struktur der ›teilnehmende Lektüre‹ in den ›Leiden Werthers‹«. In: E. Lämmert (Hg.): Erzählforschung. Stuttgart 1982, S. 243–268.

172 Aus den »Varianten zur Geschichte der Abderiten«. In: Wieland: Werke 1964, Bd. 2, S. 754.

173 Wolfgang Kayser hat bekanntlich im »Don Sylvio« den ersten modernen Roman gesehen, der »plötzlich« und »unvermittelt da« war, weil er mit einem auktorialen Erzähler arbeite. Vgl. Kayser: »Entstehung und Krise des modernen Romans«. Stuttgart [3]1955, S. 13ff. Das allerdings war kein zureichender Grund. Vgl. Lieselotte E. Kurth: »W. E. N. – Der Teutsche Don Quichotte, oder die Begebenheiten des Marggraf von Bellamonte«. In: JbdSg 9 (1965), S. 106–130. Die Diskussion um einen

grundsätzliche veränderte Position des Lesers, als Beobachter mehrerer Ebenen oder Perspektiven der Darstellung:

> Die Möglichkeit, zu beobachten, was andere nicht (und zwar: konstitutiv nicht) beobachten können, ist als ein uneheliches Kind von Wissenschaft und Literatur auf die Welt gekommen, nämlich mit dem Roman des 18. Jahrhunderts. Sie ist also dem Buchdruck zu verdanken. Der Leser gewinnt Einblicke in die Motivstruktur der Helden, die diesen selbst verschlossen sind. [...] Der Autor wählt Inszenierungen [...] von denen er voraussetzt, daß der Leser deren Irrealität durchschaut. Das, was als gemeinsame Welt vorausgesetzt bleibt, muß erraten werden, entzieht sich der direkten (Ablehnung ermöglichenden, ja provozierenden) Kommunikation.[174]

Nicht zufällig gründet Wieland das Phänomen der Schwärmerei wie auch dessen Gegenmittel in der Praxis der *Beobachtung*. Wirklichkeit wie Natur sind doppelt codiert. Wieland ist noch weit davon entfernt, die Bezugsebenen konstruktivistisch zu begreifen, aber er verweist auf die Notwendigkeit, sich des Anteils der Beobachterrolle bewußt zu bleiben. Ob die Beobachtung der Natur Schwärmerei oder Vernunft produziert, ist abhängig von der Art der Beobachtung oder Lektüre. Die zentrale Stelle lautet:

> Die Natur selbst, deren anhaltende Beobachtung das sicherste Mittel gegen die Ausschweifungen der Schwärmerei ist, scheint auf der anderen Seite durch die unmittelbaren Eindrücke, so ihr majestätisches Schauspiel auf unsere Seele macht, die erste Quelle derselben zu sein.[175]

Die Natur, auf deren ›wirkliche Wirklichkeit‹ der Naturbegriff des 18. Jahrhunderts als Bezugsebene jenseits der Fiktion rekurrieren kann, besteht ebenfalls nur im Modus einer Darstellung oder Beobachtung, die ihrerseits beobachtet werden muß. In der Berufung auf Natürlichkeit kulminieren Schwärmerei und poetologischer Diskurs. Denn was der Wahrnehmung Don Sylvios aufgrund seiner Erziehung als natürlich erscheint, wird dem Leser als schwärmerisches Produkt vieler natürlicher Umstände vorgeführt. Die Natur hat, wie eine der theoretischen Passagen des *Don Sylvio* feststellt, ebenfalls ein doppeltes Register, nämlich eine »zweifache Wirklichkeit«, eine innere (psychologische) und eine äußere (empirisch-naturwissenschaftliche). So einfach die beiden Ebenen nominell zu unterscheiden sind, so schwer sind sie auseinanderzuhalten. Denn was als Natur gilt, ist Produkt einer Beobachtung und ihrer Voraussetzungen.

Anfang des modernen Romans muß hier nicht geführt werden. Zu erinnern bleibt aber an das Argument Preisendanz', der die Modernität Wielands darin sieht, daß die »Erzählweise das Erzählte dergestalt zum ununterbrochen Reflektierten macht.« Preisendanz: »Die Auseinandersetzung mit dem Nachahmungsprinzip«, S. 93.

174 So Niklas Luhmann: »Die Wissenschaft der Gesellschaft«. Frankfurt a.M. 1990, S. 90f. Für ein deutliches Exempel vgl. Wielands »Bonifaz Schleichers Jugendgeschichte oder kann man ein Heuchler seyn, ohne es selbst zu wissen?« (1776). In: C 15, S. 117–166. Diese Geschichte basiert auf der Figur, daß Bonifaz nicht sehen kann, daß die ihm anerzogenen Verhaltensweise für die Allgemeinheit Heuchelei bedeutet.

175 »Don Sylvio«, I,3, S. 22.

Diese wiederum werden in der ›wahrscheinlichen Geschichte‹ berichtet, die darum, weil sie ihre Wahrscheinlichkeit behauptet, jedoch nicht einfach geglaubt werden könnte. Vielmehr geht die »Einübung in das Fiktionalitätsbewußtsein« damit einher, daß auch die Ebene der Darstellung als perspektivisches und transtextuelles Gewebe gelesen werden muß. Das »scheinbare Paradoxum« zweier Wirklichkeiten ist nur zu begreifen, wenn man den Übergang von objektiver zu subjektiver Wirklichkeit in Augenschein nimmt, nämlich »daß es eine zweifache Art von Würklichkeit gibt«:

> So wie es nämlich allen Egoisten zu trotz, Dinge gibt, die würklich außer uns sind, so gibt es andre, die bloß in unserm Gehirn existieren. Die erstern sind, wenn wir gleich nicht wissen, daß sie sind; die andren sind nur, in so fern wir uns einbilden, daß sie seien. Sie sind für sich selbst nichts, aber sie machen auf denjenigen, der sie für würklich hält, die nämliche Würkung, als ob sie etwas wären.[176]

Damit ist das Paradoxon jedoch nicht einfach aufgelöst, sondern es bleibt vielmehr virulent, insofern hinzugefügt wird, daß diese doppelte Wirklichkeit eben »nicht allemal so leicht zu unterscheiden ist, als manche Leute denken.«[177]

In gewisser Weise sind Natur, Wirklichkeit und deren Wahrnehmung selbst fiktionale Modi. Selbstverständlich ist Wieland kein Poststrukturalist. Aber dieser Schluß legitimiert sich nicht nur durch die angeführten Stellen von der »zweifachen Würklichkeit«. Sondern vor allem dadurch, daß als zentrale, virulente Kategorie von Lektüre, Beobachtung und Schwärmerei die Figur der Vertauschung, das »qui pro quo«, eingesetzt wird. Wie Don Sylvio die Feenmärchen aufgrund seiner Lektüre auf die Wirklichkeit außer ihm überträgt, so gründet jede Schwärmerei darin, daß sie einen »Fetisch« an die Stelle des Geflechts vieler ›natürlicher‹ Ursachen setzt und die Wirkungen dieser Ursachen als Zeichen nach der inneren Vorstellung beurteilt.[178] Besteht darin eine Art Fiktionalität in der Wirklichkeit, als alltäglicher Trugschluß, so besteht die Fiktionalität des Textes darin, eine Vielzahl von Perspektiven als Sprach- und Erzählebenen so zu verweben, daß die Zurechnungen und Unterscheidungen in der Lektüre problematisch werden. Urteil und Unterscheidung werden explizit immer wieder dem Leser überlassen. Auch die »Unmaßgeblichen Gedanken des Autors«, aus dem die oben zitierten Passagen stammen, beenden ihre Aufklärung über das natürliche psychologische Zustandekommen von Illusionen, indem sie es offen lassen, wem der Leser folgen will:

> Dieses ist wenigstens nach unserer Meinung die wahrscheinlichste Erklärung, die man von dergleichen Visionen geben kann; Allein wir sind weit entfernt sie jemanden aufdringen zu wollen. [...] Wir können also unsere Erklärung für mehr nicht geben

---

176 Ebd.
177 Ebd.
178 Leonhard Meister: »Auszüge aus einer Vorlesung über die Schwärmerey«. In: Teutscher Merkur 1775, 4. Stück, S. 134–151. Sowie vor allem die »Zusätze« Wielands ebd., S. 151–155.

> als für eine bloße Vermutung, und wenn die Liebhaber des Wunderbaren geneigt sein sollten, hierüber dem Don Sylvio selbst zu glauben [...]; so haben wir nichts das geringste dagegen einzuwenden.[179]

Don Sylvios Geschichte als »Einübung in das Fiktionalitätsbewußtsein« forciert die Notwendigkeit der Prüfung des eigenen Lektüreverhaltens diesem Text gegenüber, gerade weil er sich in seiner Wahrscheinlichkeit nur auf Fiktionalität stützt. Die Unterscheidung bleibt eine fortwährende Aufgabe mit der ständigen Gefahr der Vertauschung von »Würklichkeit« und »Würkung«.

Damit öffnet sich das Feld für eine *Lesepoetologie*, deren Problemstellung darin besteht, daß die behauptete Wahrscheinlichkeit erst vom Leser her Bestand haben kann. Er muß die Differenz von Erzählung und Erzählweise, die Art der berichteten Beobachtungen, unterscheiden. Denn letztlich stellt sich der *Don Sylvio* ebenfalls als ein Feenmärchen dar, dessen Text aus transtextuellen Bezügen fiktionaler Welten gewebt ist. Die Erzählstruktur ist wie im Märchen funktional, nicht realistisch.[180] Dem Leser wird eine aktive Rolle außerhalb des Textes zugewiesen. Die (hier noch wenigen) Anreden an den Leser oder die Leserin können nicht verdecken, daß sie kein Bestandteil der Fiktion sind, sondern ausgeschlossene Dritte. Damit werden sie (möglicherweise) zu einer Reflexion ihrer eigenen Lektüre angeregt.

Die Figur der Metalepse organisiert den Text. Die Metalepse nämlich bezeichnet zugleich die beschriebene Figur des »qui pro quo« als die Verwechslung, welche die Schwärmerei ausmacht, sowie den Erzählebenenwechsel. Dieser vielleicht zufällige, jedenfalls aber günstige Umstand erfordert es, die rhetorische Trope, in ihrer Funktion für den Text wie für seine Lektüre, näher zu betrachten.

1.12. Die Figur der Metalepse als Mittel der Leserlenkung

Als rhetorische Figur der Metonymie bezeichnet Metalepse die Verwechslung eines einzelnen, zufälligen Merkmals mit dem Ganzen. Eine Metalepse ist zunächst eine sogenannte »ästhetische rhetorische« Figur (i.U. zu grammatisch-syntaktischen oder phonetischen Figuren), die auf semantischer Ebene die Ver-

---

[179] »Don Sylvio«, I,12, S. 57.

[180] Das Urteil, die Feenmärchenwelt sei die subjektive Welt Don Sylvios, hat sich in der Sekundärliteratur trotz gegenteiliger Beobachtungen lange gehalten. Vgl. etwa E. Frenzel: »Mißverstandene Lektüre. Musäus ›Grandison der Zweite‹ und Wielands ›Die Abenteuer Don Sylvios von Rosalva‹«. In: Gelebte Literatur in der Literatur. Göttingen 1986, S. 126f. Die Selbstbeschreibung als ›wahre Geschichte‹ wird dann unhinterfragt übernommen. Details, wie der (zauberische) Degen Don Sylvios, der gemäß der Märchenstruktur nach seinem Einsatz im Abenteuer der Verteidigung Don Eugenios seine Schuldigkeit getan hat und verschwindet (wie auch der Hund Tintin), werden außer Acht gelassen. Vgl. dagegen schon K.-O. Mayer: »Die Feenmärchen bei Wieland«, S. 393. Mit Bezügen zur Sekundärliteratur vgl. Wilson: »The narrative Strategy«, S. 34ff.

tauschung (willkürlich) oder Verwechslung (unwillkürlich) von Homonymien bezeichnet. Der Gleichklang oder die Ähnlichkeit eines Namens oder einer Bezeichnung wird dabei für zwei verschiedene Dinge benutzt.[181]

Darüber hinaus bezeichnet der Terminus ebenfalls die Verdrehung von Zusammenhängen (Ursache/Wirkung, zeitliche Folge). Die Metalepse vertauscht die Reihenfolge bzw. die Trope weist auf die Möglichkeit der Vertauschung hin.[182] Sie kann daher nicht nur für eine Möglichkeit des Sprechens, einem Spiel mit der Sprache und ihren Gleichklängen gelten, sondern vielmehr als ›ideologiekritische‹ Trope, da sie auf die Funktion von Wertungen und deren Voraussetzungen hinweist und deren Austauschbarkeit propagiert.

Die Metalepse ist per se anti-metaphysisch.[183] Sie weist auf die grundsätzliche Möglichkeit (und gleichzeitig die Notwendigkeit) von Setzungen, auf denen Konstruktionen, Weltbilder, Überzeugungen basieren. In diesem Sinne verwendet sie Wieland im *Don Sylvio*, wenn er z. B. das Zustandekommen der Philosophie Donna Mencias erzählt. Auch Don Sylvios Schwärmerei ist in diesem Sinne eine Substitution kontingenter Elemente innerer und äußerer Wirklichkeit. In dieser Funktion ist die Metalepse eine Form der Metonymie: »Der Zusammenhang zwischen dem Vorhergehenden und Nachfolgenden wird oft als eigne Trope aufgestellt und alsdann die Metalepse genannt, ist aber im Grunde eine Art der Metonymie.«[184] Die Metonymie faßt Formen der Substitution und der Verwechslung zusammen. Gerber in seiner fulminanten Rhetorik unterscheidet summarisch drei Arten.

> Was nun die Arten der Metonymie betrifft, so werden sie von den Alten im wesentlichen übereinstimmend aufgezählt. Wir unterscheiden eine Metonymie, welche entsteht und verstanden wird 1. auf Grund *räumlicher* Koexistenz des durch den Tropus gesetzten Begriffs mit dem des eigentlichen Wortes, 2. auf Grund einer in der Succession *der Zeit* hervortretenden Zusammengehörigkeit, 3. auf Grund einer *begrifflichen* Verknüpfung einer Kausalität.[185]

Metonymie und Metalepse können daher einerseits als Stilmittel eingesetzt werden, andererseits aber – wie auch andere Tropen – auf die Funktionsweise von Sprache und das Zustandekommen von Bedeutungen aufmerksam machen. Die Dekonstruktion von Bedeutung ist jedoch immer schon abgelehnt worden. Auf den notwendigen Setzungsakt angeblich metaphysischer oder auch logi-

---

[181] Vgl. dazu Gustav Gerber: »Die Sprache als Kunst«. Berlin ^{2}1885, Repr. Hildesheim 1961, Bd. II, S. 54ff. Vgl. auch H. Lausberg: »Elemente der literarischen Rhetorik«. München 1963, §§ 173 und 175.

[182] Lausberg: »Elemente der literarischen Rhetorik«, § 218, 2b.

[183] »Die metaphysische Illusion bestünde darin, eine Darstellung zu behandeln, als sei sie eine Situation.« So Jean-Francois Lyotard in seiner Thematisierung der Figur. J.-F. Lyotard: »Der Widerstreit«. München 1987, S. 111.

[184] So Adelung: »Deutscher Styl«, Bd. II, S. 386. Zitiert nach Gerber: »Die Sprache als Kunst«, Bd. II, S. 54.

[185] Gerber: »Die Sprache als Kunst«, Bd. II, S. 55. Für Beispiele der verschiedenen Arten von Vertauschungen ebd., S. 55–66.

scher Wahrheiten hinzuweisen, nimmt der Philosophie ihre Würde. Die Setzung (thesis) war das Stilmittel der Sophisten, die in der antiken Philosophie von derselben ausgegrenzt wurden. Aristoteles wirft Protagoras und Korax die Metalepse als eine Verkehrung der Art zu reden vor, als die Kunst, aus dem schwächsten Argument das stärkste zu machen.[186] Die »Anklage auf einen logischen Umsturz« durch diese rhetorische Figur ereilt auch Sokrates.[187] Der Vorwurf des ›logischen Umsturzes‹ ist eng mit dem Vorwurf der Gottlosigkeit verbunden. Lyotard erklärt dies aus sprachanalytischer Perspektive so:

> Darum wird der neue Diskurs für gottlos erklärt; er beruft sich nicht auf die Offenbarung, sondern verlangt die Widerlegung (›Falsifikation‹) hinsichtlich der Ermittlung der Wirklichkeit des Referenten. [i.e. was bezeichnet wird im Sprachgebrauch des Pragmatismus] Die Gottlosigkeit liegt darin, daß die Instanzen von Sender und Empfänger die Beweislast tragen. Das Wort *logos* verändert seinen Sinn. Er ist nicht mehr sagen-empfangen, sondern sagen-argumentieren.[188]

Indem Wieland den Erzählvorgang erzählt, stellt er den Akt der Aussage ebenso dar wie die Art der Bezugnahme.[189] Daher läßt sich das Phänomen der Schwärmerei, wie es im *Don Sylvio* behandelt wird, auf die Figur der Metalepse zurückführen. Der Schwärmer setzt i.U. zum Enthusiasten zufällige Merkmale als absolut und bezieht diese auf sein System der Interpretation.[190] Die Verwechslung resultiert aus der mangelnden Unterscheidungsfähigkeit von Information und Mitteilung. Eine Lektüre, die nicht reflektiert, daß die schriftlichen Darstellungen Mitteilungen sind, sondern sie für bare Information und Handlungsanweisung hält, verwechselt die Ebenen der Referenz.

Die Metalepse privilegiert sich als das zentrale Stilmittel des *Don Sylvio*, weil der Begriff zugleich im poetologischen Sprachgebrauch den *Erzählebenenwechsel* bezeichnet.[191] Ein solcher liegt schon vor, wenn zu einem geschriebenen Dialog ein ›sagte er‹, ›erzählte er‹ hinzugefügt wird. Von Lyotard wird der Erzählebe-

---

186 Vgl. Aristoteles: »Rhetorik«, II,2–4, 1402a 23. Zum Kontext vgl. Lothar Bornscheuer: »Verbesserung des Argumentierens durch historische und systematische Analysen?«

187 Zum folgenden vgl. Lyotards Exkurs zu Platon. Lyotard: »Der Widerstreit«, S. 44–54.

188 Ebd., S. 45.

189 Vgl. auch Preisendanz, »Nachahmungsprinzip«, S. 25.

190 Dies bleibt das einzige Unterscheidungskriterium zwischen Enthusiasmus und Schwärmerei, die nach Wieland nicht verwechselt werden dürfen, gleichwohl sie einander sehr ähnlich sind. Die Notwendigkeit der Unterscheidung resultiert aus der Setzung, daß aus Enthusiasmus etwas Positives hervorgehe, während Schwärmerei als negativ gewertet wird. Vgl. Wieland zu Leonhard Meister im »Teutschen Merkur«, 1775, 4. Stück, S. 152ff. Diese Differenz kommt auch im Verhältnis zwischen Don Sylvio und Agathon zum Tragen. Während Don Sylvio als »Schwärmer« oder »ehrlichen Phantasten« charakterisiert ist, stellt Agathon den »guten Enthusiasten« dar. Vgl. WBr 3, S. 266 und WBr 3, S. 140.

191 Das ist von Genette eingeführt worden, vgl. Genette: »Figures III«. Paris 1972, S. 238ff. Ders.: »Palimpseste«, S. 505. Das ermöglicht die Grundlegung durch Aristoteles: »Topik«, II,111b 31. Vgl. dazu auch Lyotard: »Der Widerstreit«, S. 52.

nenwechsel in den platonischen Dialogen als Mittel der Leserlenkung ausgewiesen, welches das Problem des in Frage gestellten unmittelbaren Bezuges einer (philosophischen) Aussage zur Wahrheit behandelt.[192]

Der Effekt der Metalepse ist der Ausschluß des Lesers, d.h. die Verhinderung einer Identifikation. »Die Vervielfältigung der Ebenen vergrößert die Distanz vom Empfänger (vom Leser) zum Referenten.«[193] Das Bezeichnete wird als etwas in Frage stehendes zu Bezeichnendes aufgezeigt, nicht als eine feststehende Tatsache. Bei Platon geschieht dies durch die Vorschaltung von Rahmenhandlungen, etwa im *Symposion*, in denen erzählt wird, wer sich trifft und erzählt. Durch die Ebenenverschiebung wird dem Leser gleichsam eine Außenperspektive zugewiesen, die ihn damit aber zu einem das Ganze überschauenden Kritiker befähigt.[194]

> Auf diese Weise durch den Autor immer wieder gezwungen, sich mit eigenen Gedanken einzuschalten, wird der Leser zwar sicher nicht zum Partner in einem Gespräch mit dem Autor, wohl aber zum Kritiker des schriftlichen Dialogs und insofern zum Partner in einem Gespräch mit dem Text.[195]

Durch die Einbeziehung des fiktiven Lesers in den Text wird dem empirischen Leser die eigene – konstitutive – Rolle an der Literatur vorgeführt, er beobachtet sich gleichsam selbst. Der Leser, so läßt sich nun sagen, wird in die Fiktion als Ausgeschlossener einbezogen, damit er sich selbst beobachten und als einen konstitutiven Anteil der Literatur reflektieren kann. Zumindest wird ihm dazu die Möglichkeit gegeben.

1.13. Das implizite Lektüremodell: Anhaltende Beobachtung

Aus den analysierten Elementen der Leserlenkung läßt sich ein – im Text selbst nicht repräsentiertes – Lektüremodell folgern. Es bezieht sich auf die basale Ebene der Lektüretechniken, die in der ›inneren‹ Geschichte des Lesens zentral ist.

Herausgestellt wurde, daß Don Sylvio selbst die Feenmärchen in einer Art liest, wie sie für Romane als üblich angenommen wird, auf kursorische, schnelle

---

192 Lyotard, ebd., S. 48.

193 Ebd., S. 53.

194 Lyotards Interpretation wird auch von der Platon-Forschung bestätigt. Vgl. Ernst Heitsch: »Platons Dialoge und Platons Leser«. In: Rheinisches Museum für Philologie 131 (1988), S. 216–238. In der literarischen Form des Prosadialogs habe Platon eine Form gefunden, in der »weder der Autor die angestammte Rolle des Informanten noch der Leser die des Rezipienten zu übernehmen« hatte. »An die Stelle der direkten trat die indirekte Vermittlung durch einen Text, der nur zu denen zu reden weiß, die kritisch auf ihn reagieren. Voraussetzung dafür war, daß es dem Autor gelang, den Dialog als schriftliches Kunstwerk so zu gestalten, daß der mitdenkende Leser veranlaßt wird, sich von der Suggestion, die der platonische Sokrates zu erzeugen versteht, [...] nicht beirren zu lassen«. Ebd., S. 238.

195 Ebd.

Art. Romane sind in einem durchzulesen. Im Zusammenhang mit dieser Form des Lesens kann die fiktionale Literatur ihren Wert als zusammenhängendes Ganzes mit einer Illusionswirkung etablieren.[196] Genau diese Illusionswirkung wird aber im *Don Sylvio* als Gefahr der Schwärmerei thematisiert. Wenn die Illusion so stark wirkt bzw. der Leser ihr verfällt, so daß er glaubt, das Gelesene entspreche der Realität, hat er nicht nur diese, sondern auch den Text verkannt. Doch der Philosoph Don Gabriel verweist auf eine alternative Folgerung:

> Man kann ein Feen-Märchen nur nach andern Feen-Märchen beurteilen, und in diesem Gesichtspunct finde ich den Biribinker nicht nur so wahrscheinlich und lehrreich, sondern in allen Betrachtungen weit interessanter (die vier Facardins vielleicht ausgenommen) als irgend ein anders Märchen in der Welt.[197]

Damit ist ausgesprochen, daß eine Beurteilung fiktionaler Literatur nur aufgrund des Vergleichs mit gleichen und anderen Erzählungen statthaft ist. Die Lesehaltung, die gefordert wird, ist gleichsam ein ›close reading‹. Die Beurteilung des Romans muß mithin einerseits implizit, gemäß seiner Darstellung im Text, und andererseits in Bezug auf andere, ähnliche Texte geschehen.

Genau dazu leitet die Exklusion des Lesers an. Indem dieser als Beobachter des Ganzen außerhalb der Fiktion steht, kann er diese als Ganzes beurteilen, muß aber im Einzelnen auf der Ebene der Fiktionalität bleiben.[198] Die Beobachtung der Zusammenhänge im Text und zu anderen Texten erfordern Zeit, Reflexionszeit, die eine kursorische Lektüre nicht gewähren kann. Zu dieser muß ein Innenhalten im Lesefluß treten, das sich die Zeit nimmt, die Darstellung zu beurteilen.

Die verschiedenen Brechungen der Darstellung, die Perspektivenvielfalt in der Erzählung sowie ihre topographische Anreicherung durch ironische Kapitelüberschriften und Fußnoten läßt sich in dieser Hinsicht als Leserlenkung zum *Anhalten* im Lesefluß interpretieren. Gerade die Fußnoten verlangsamen den Lesefluß. Damit wäre ein Lektüremodell gefunden, daß, genau wie J. M. Gesners Konzept des Lesens, die schnelle, kursorische Lesung mit einer statarischen zu verbinden sucht. Ob Wieland Gesners Konzept bekannt war, läßt sich nicht ermitteln. Es wird zumindest nirgends erwähnt. Aber die Prominenz

---

[196] Vgl. unten Kap. III.3. Dem Paradigma des Lesetempos scheint auch heute hohen Wert zugesprochen zu werden. Vgl. z.B. Engelsing: »Die Perioden der Lesergeschichte in der Neuzeit«, S. 114: »Beschleunigung der Lektüre und Steigerung der Leseintensität pflegen eng miteinander verbunden zu sein.« Engelsing spricht von einer »Koinzidenz von qualitativer und quantitativer Leseintensität«, ohne die »umfassende Leistungen in Dichtung und Wissenschaft« »schwerlich hätten gelingen können«, beschränkt sich dann allerdings darauf, Beispiele zur Steigerungsfähigkeit der Lesegeschwindigkeit anzuführen. Er übernimmt dabei die Kategorien statarisch/cursorisch ohne Hinweise auf deren Herkunft.

[197] »Don Sylvio«, VI,3, S. 338.

[198] Zu der Konsequenz aus der Erzählform, daß Urteile über Personen und Umstände »nur auf der Ebene der Fiktionalität« zu treffen sind siehe Jan-Dirk Müller: »Wielands späte Romane«, S. 32

Gesners als hervorragender Philologe sowie die einsetzende Kritik an der zu schnellen Lektüre von Romanen[199] lassen es als wahrscheinlich annehmen, daß der *Don Sylvio* exemplarisch die Notwendigkeit der Kopplung von schneller und langsamer Lektüre als implizite Anweisung darstellt.

Diese Annahme stützt der Umstand, daß Wieland, wie schon zitiert, als Heilmittel von der Schwärmerei eine Form der Beobachtung empfiehlt, die anhält. Gerade weil die Natur einen unmittelbaren Eindruck »auf unsere Seele macht«, muß dieser durch eine Beobachtungsform korrigiert werden, die sich die Zeit zur Reflexion nimmt. Der Satz: »Die Natur selbst, deren *anhaltende* Beobachtung das sicherste Mittel gegen die Ausschweifungen der Schwärmerei ist« [Herv. MB],[200] kann wörtlich auch als Anweisung zur Lektüre gelesen werden. Das Anhalten im Lesen, das der kursorischen Lektüre folgt, kann als das sicherste Mittel gegen die Schwärmerei in der Lektüre angesehen werden.

Damit sichert sich der *Don Sylvio* einen anspruchsvolleren Status, als es Romanen bislang zukam, insofern er *wiederholt* gelesen werden muß, um die Komplexität seiner Darstellung zu erfassen. Ausdrücklich hatte Wieland die Wiederholungslektüre seinem Freund Salomon Gesner gegen dessen Vorurteil, der Text sei nur eine frivole und lustige Geschichte zum Zeitvertreib, anempfohlen:

> Ich zweifle sehr daran, ob sie [...] bei einer zwoten Durchlesung sich in der Idee bestärkt finden werden, daß der Autor des Don Sylvio keine bessere Absicht gehabt hat, als dem geneigten Publico [...] einen Spaß zu machen.[201]

Eine solche Leserlenkung fordert in ihrer Komplexität viel vom Leser. Man kann kaum davon ausgehen, daß sie gelingt. In der Tat vermehren sich – nicht nur bei Wieland – in den folgenden Jahren die Klagen der Autoren über die inadäquate Rezeption ihrer Schriften. Beides, die Klage wie die komplexe Leserlenkung, hat ihren Kontext in den neuen Buchmarktbedingungen mit seinem anonymen Publikum.

---

199 Für eine Kritik am zu schnellen Lesen in einer Moralische Wochenschrift siehe etwa Anonym: »Von Lesen und Lesern«. In: Der Mensch. 64. Stück, 2. Teil (1751), S. 201–208. Zitiert bei McCarthy: »Lektüre und Lesetypologie im 18. Jahrhundert«, S. 50.

200 »Don Sylvio«, I,3, S. 22.

201 WBr 3, S. 206.

2. »... denn die Anonymität ist die größte Göttin des Marktes.« Der Kontext Buchmarkt und das Problem des Publikums

> Mancher redet so vom Publikum, als ob es jemand wäre, mit dem er auf der Leipziger Messe im Hotel de Saxe zu Mittage gespeist hätte. Wer ist dieser Publikum? – Publikum ist gar keine Sache, sondern ein Gedanke, ein Postulat, wie Kirche.[202]

Mit dem ›Strukturwandel des literarischen Lebens‹ verändern sich die Kommunikationsbedingungen für Literatur in der zweiten Hälfte des 18. Jahrhunderts nachhaltig.[203] Nicht nur die Bereiche von Produktion und Distribution sind dabei angesprochen, sondern auch der Begriff von Literatur selbst, ebenso wie die Rezeption, das Lesen, die Leser und ihr Kollektivsingular, das Publikum.[204]

Nach dem Hubertusburger Frieden (1763) erreichte die Zahl der publizierten Bücher erstmals wieder den Stand von vor dem dreißigjährigen Krieg. Aber die Anteile innerhalb der publizierten Schriften verschieben sich, vor allem deutschsprachige Literatur wird verstärkt angeboten.[205] Es etabliert sich ein

[202] Friedrich Schlegel: »Lyceum-Fragment«, Nr. 35. In: ders.: Studienausgabe [KSA], Bd. 1, S. 241.

[203] »Strukturwandel« aller Bereiche des »literarischen Lebens« ist die bündige Formel der informativen Studie Ungern-Sternbergs in Anschluß an Habermas. Vgl. Wolfgang von Ungern-Sternberg: »Chr. M. Wieland und das Verlagswesen seiner Zeit. Studien zur Entstehung des freien Schriftstellertums in Deutschland«. In: AGB 14 (1974), Sp. 1211–1534. Der Transformationsprozess ist mehrfach aus verschiedenen (methodischen) Perspektiven beschreiben worden. Vgl. hier nur E. Schön: »Verlust der Sinnlichkeit«, S. 23ff. und S. 38ff. Ausführlich und mit weiteren Literaturangaben siehe R. Wittmann: »Geschichte des deutschen Buchhandels«, S. 111–200. Vgl. auch Siegfried J. Schmidt: »Die Selbstorganisation des Sozialsystems Literatur im 18. Jahrhundert«. Frankfurt a.M. 1989. Hier: S. 280ff.

[204] Die Entstehung eines »erstmals mit dem heutigen vergleichbaren Lesepublikums« ist der »damit sachlich zusammenfallenden Entstehung des heutigen Literaturbegriffes« kongruent. E. Schön: »Verlust der Sinnlichkeit«, S. 41, vgl. S. 49f.

[205] Am auffälligsten ist die Zunahme deutschsprachiger Literatur, was als wirksamster Faktor für die Ausbreitung des Lesens gelten kann. Innerhalb dieser kommt den ›schönen Wissenschaften‹ eine wichtige Stellung zu. Obwohl diese bis zum Ende des 18. Jahrhunderts prozentual nur einen geringen Anteil der Gesamtproduktion ausmachen, zeigt sich innerhalb ihres Bereiches der größte Zuwachs. Er nimmt in der Gesamtproduktion der zu Ostermessen erscheinenden Literatur von 5,8 % (1740) auf 16,4 % (1770) zu (die religiöse Literatur geht von 38,5 % auf 24,5 % zurück). Betrachtet man die Romanproduktion nach Anzahl der Neuerscheinungen, steigt sie von 73 im Jahrzehnt von 1750–1760 auf 189 zwischen 1761 und 1770, dann auf 413 Neuerscheinungen im nächsten Jahrzehnt und auf 907 in den 80er Jahren, schließlich noch einmal sprunghaft zwischen 1791 und 1800 auf 1623 neue Titel. Als potentielle Leser kommen in Mitteldeutschland nach Schenda um 1770 allerdings nur etwa 15 % der Gesamtbevölkerung in Frage. E. Schön drückt die Steigerungsrate in absoluten Zahlen aus. Der Anstieg des Anteils der »Dichtung« allgemein zwischen 1740 und 1800 steht im Verhältnis 1:13, bezogen nur auf Romane (zwischen 1750 und 1805) sogar von 1:32. Vgl. Schön: »Verlust der Sinnlichkeit«, S. 44. Natürlich verändern sich die konkreten Zahlen, je nach Wahl der Quellen und Aufteilung der Bereiche. Das ändert jedoch nichts am grundsätzlichen Befund. Vgl. Marion Beaujean: »Der Trivialroman im ausgehenden 18. Jahrhundert«. Köln 1963, S. 178f. Vgl.

Buchmarkt, der in ausdifferenzierten Systemen besteht: Buchhändler und Verleger, »freie Schriftsteller«[206] und Publikum sind voneinander wechselseitig getrennt und richten sich nach ihren Maßstäben, nicht aber nach denen des jeweils anderen Systems. Indem der Markt seine eigenen Selektions- und Prämierungsmechanismen entwickelt (Absatz, Messeneuheiten), wird den Schriftstellern deutlich, daß Kriterien der Kunst weder für Erfolg noch für Dauer eine Garantie sein können. Literarische Qualität ist ein Kriterium des Systems Kunst bzw. Literatur, das sich allmählich als Ästhetik formiert, nicht aber eines des Marktes. Während das Publikum für den Markt ein entscheidender Faktor wird, stellt es in seiner unkalkulierbaren Heterogenität für die Autoren eine anonyme und problematische Größe dar.

Die These von der Ausdifferenzierung in Buchhandel, Autoren und Leser eingehend zu belegen, soll hier nicht unterfangen werden.[207] Entscheidend ist hier, daß sie den Blick schärft für Schwierigkeiten und Strategien in der Kommunikation zwischen Schriftstellern und dem Publikum. Der Umstand eines allgemeinen Lesepublikums, das sich der rhetorischen Kalkulation des *aptums* entzieht, kann als Motivation einer im Text selbst angelegten komplexen Leserlenkung begriffen werden, wie sie anhand des *Don Sylvio* aufgezeigt wurde. Das setzt jedoch ein Problembewußtsein voraus, das die Ausdifferenzierung der Rollen und Systeme zu Kenntnis nimmt. Wie verstanden Autoren das Publikum, bemerkten sie einen Wandel und wenn, wie sahen mögliche Strategien in der Anonymität des Buchmarktes aus?

2.1. Die ›eigentliche Leseepoche‹ in Deutschland

Zunächst ist die Verbreitung von Literatur ein Erfolg. Der Beginn der »eigentliche[n] Lese-Epoche in Deutschland«[208] ist eine zeitgenössische Diagnose und

---

Paul Kiesel und Helmut Münch: »Gesellschaft und Literatur im 18. Jahrhundert. Voraussetzungen und Entstehung des literarischen Marktes in Deutschland«. München 1977. Ferner: W. Rumpf: »Das literarische Publikum der sechziger Jahre des 18. Jahrhunderts«. Hier: S. 562; M. Spiegel: »Das literarische Publikum«, S. 8 und S. 24ff. sowie Albert Ward: »Book Production Fiction an the German Reading Public. 1740–1800«. Oxford 1974, S. 32f.

206 Siehe Hans Jürgen Haferkorn: »Der freie Schriftsteller. Eine literatursoziologische Studie über seine Entstehung und Lage in Deutschland zwischen 1750 und 1800«. In: AGB 5 (1963), Sp. 523–712. Vgl. auch die Beiträge in Gunter E. Grimm (Hg.): »Metamorphosen des Dichters. Das Rollenverständnis deutscher Schriftsteller vom Barock bis zur Gegenwart«. Frankfurt a. M. 1992.

207 Vgl. die konzise Darstellung von Kerstin Stüssel: »Poetische Ausbildung und dichterisches Handeln«. Tübingen 1993. Hier: S. 9–29. Für einen Versuch den Wandel in handlungs- und systemtheoretischen Begrifflichkeiten darzustellen vgl. Reinhold Viehoff: »Sozialisation durch Lesen. Zur Funktion der Lektüre im Roman seit dem 18. Jahrhundert«. In: Zs. für Germanistik. N. F. 3 (1993), S. 254–276.

208 So Daniel Jenisch: »Geist und Charackter des 18. Jahrhunderts, moralisch, ästhetisch und wissenschaftlich betrachtet«. 3 Bde. Berlin 1800/1801. Bd. 3, S. 346.

sie bezieht sich vor allem auf neue Lesestoffe. Man setzt die Zäsur einmütig in den 40er Jahren des Jahrhunderts mit dem Erfolg der Schriften Gellerts an. Gellert selbst hat die Anerkennung des (Tugend-) Romans als Lesestoff nachhaltig propagiert. Er zählt zur »Classe der moralischen Gedichte« auch die

> guten prosaischen Gedichte, besonders die Clarissa und den Grandison. Aber wie? Romane, von dem philosophischen Katheder anzupreisen? Ja, wenn es Werke eines Richardson sind, so halte ich ihre Empfehlung für Pflicht [...] .[209]

Für Gellerts Einfluß ist seine anerkannte moralische Unanfechtbarkeit als Person, sowie der enorme Erfolg seiner Fabeln als ›Katalysator‹ der Verbreitung (didaktischer) weltlicher Literatur ausschlaggebend.[210] Schon 1765 hebt Thomas Abbt die Rolle Gellerts bei der allgemeinen Verbreitung von Literatur hervor:

> Für ganz Deutschland ist es ohne Widerrede Gellert, dessen Fabeln dem Geschmack der ganzen Nation eine neue Richtung gegeben haben. Sie haben sich nach und nach in Häuser, wo sonst nie gelesen wird, eingeschlichen. Frag die erste beste Landpredigerstochter nach Gellerts Fabeln? Die kennt sie! nach den Werken anderer Dichter? kein Wort! – Dadurch ist das Gute in Exempeln und nicht in Regeln, bekannt, und das Schlechte verächtlich gemacht worden.[211]

Schließlich gilt dem Kommentator des Jahrhunderts, Daniel Jenisch, der »Beginn« des Lesepublikums mit oder durch Gellert als sicher:

> In unserm Teutschland begann die eigentliche Lese-Epoche mit den Gellertschen Schriften, welche durch eine, unsern Schriftstellern bis dahin ganz ungewöhnliche Popularität [...] die Aufmerksamkeit der Nazion hefteten. Mit Gellerten begann zugleich die bessere Periode teutscher Litteratur und intellectueller Bildung; und seit dieser Zeit möchte man sagen, daß die teutsche Nazion, so wie einer der schreib- also auch eine der leselustigsten in ganz Europa geworden.[212]

Mit dem allgemeinen Lesepublikum verändern sich jedoch grundsätzlich die Kommunikationsbedingungen für Literatur. Die Symmetrie zwischen Produ-

---

209 Vgl. Chr. F. Gellert: »Moralische Vorlesungen«, 10. Lektion. Hier zitiert nach Ward: »Book Production«, S. 66. Zur ähnlichen Rolle von Hermes und Klopstock vgl. ebd., S. 71. Die Gewinnung des Lesepublikums bei und durch Gellert hat Wolfgang Martens sehr schön dargestellt. Vgl. W. Martens: »Lektüre bei Gellert«. In: Festschrift für R. Alewyn, hg. v. H. Singer und B. v. Wiese, Köln und Graz 1967, S. 123–150.

210 In einem Brief an Sophie La Roche schreibt Wieland: »Ja selbst das schädliche Lesen der Franzosen und Engländer (der Romanen nämlich und andrer dergleichen Schriften) hat Gellert zuerst in Deutschland aufgebracht.« in: »C.M Wielands Briefe an Sophie La Roche«. Hg. v. Fr. Horn, Berlin 1820, S. 361f. Wohlgemerkt »schädliches Lesen« der Romane, *nicht* Lesen der schädlichen Romane.

211 Thomas Abbt: »Vom Verdienst« (1765). Zitiert nach Ward: »Book Production«, S. 67. Ward setzt den Punkt, an dem man von einem größerem Lesepublikum sprechen kann, daher ebenfalls mit dem Jahr 1740 an. Vgl. ebd., S. 16.

212 Daniel Jenisch: »Geist und Charackter des 18. Jahrhunderts«, ebd., S. 346. Vgl. auch Georg Jäger: »Roman und Empfindsamkeit«, S. 84.

zent und Rezipient, die in der gelehrten Gemeinschaft bestand,[213] wird im 18. Jahrhundert nachhaltig aufgebrochen:

> Was bis zur Mitte des 18. Jahrhunderts über einzelne Text zu sagen war, hat nie ihren Produktionszusammenhang verlassen. Gelehrte Dichter des 17. Jahrhunderts, Opitz, Lohenstein und Gryphius etwa, haben es selbst übernommen, in Anmerkungen einen Kommentar zu ihren Werken zu liefern. [...] Lob und Tadel der Dichter schließlich äußerten sich ihrerseits in Gedichten oder wiederum in der Poetik. Was angesichts lateinischer Texte seit langem Aufgabe der Philologie war (Kommentar, Lesartensammlung, Analyse, Interpretation, Kritik), mußten für deutsche Texte die Poeten selbst und ihre Lehrer, die Poetiker, übernehmen. Das Schreiben *über* poetische Texte, heißt das, stand alleweil noch in festem Zusammenhang mit dem Schreiben *von* poetischen Texten, und im Kontinuum beider war kein Platz vorgesehen für Außenstehende.[214]

Doch das ändert sich grundlegend schon vor der Mitte des 18. Jahrhunderts:

> Im vierten Jahrzehnt des 18. Jahrhunderts haben sich Lesen und Schreiben poetischer Texte voneinander dissoziiert. In der Lücke zwischen beiden nistete sich eine Literaturkritik ein, die alles besser machen konnte, ohne es darum besser machen zu können oder auch nur zu wollen.[215]

Hinsichtlich der Kalkulation von Erwartung und Interesse der Leser bedeutet diese Dissoziierung, daß der Bezug zum Rezipienten abstrakt wird. War zuvor ein Bezug des (Hof-) Dichters zu seinem Ernährer als Mäzen gegeben, der damit gleichzeitig als Modell des Lesers dienen konnte, differenziert sich der Text-Leser-Bezug unter neuzeitlichen Bedingungen zu einem Dreiermodell von Autor-Verleger-Leser aus.[216] Hatte die Rhetorik über ihre lange Tradition immer gelehrt, gemäß des *aptums* die Voraussetzungen und Erwartungen der je spezifischen Leser- oder Hörerschaft zu kalkulieren, so ist dies angesichts einer allgemeinen Leserschaft unmöglich geworden. Herder zieht die Konsequenz aus dieser Lage mit aller Schärfe: »In Büchern spricht Alles zu Allem; niemand weiß zu wem? Oft wissen wir auch nicht, Wer spreche? denn die Anonymität ist die größte Göttin des Marktes.«[217]

---

213 »Der Gelehrte produciert und der Gelehrte konsumiert des Buchhändlers Waren.« J. Goldfriedrich: »Geschichte des Deutschen Buchhandels [...]« (1648–1740). Reprint der Ausg. Leipzig 1908, Aalen 1970, S. 14. Zitiert nach Alberto Martino: »Barockpoesie, Publikum und Verbürgerlichung der literarische Intelligenz«. In: IASL 1 (1976), S. 107–145.

214 Klaus Weimar: »Interpretationsweisen bis 1850«. In: Von der gelehrten zur disziplinären Gemeinschaft. DVjs Sonderheft 1987, hg. v. Wilhelm Voßkamp, S. 152–173. Hier: S. 152.

215 Ebd.

216 »Es bestand eine direkte Beziehung zwischen Autor und Publikum insofern, als der Repräsentant der potentiellen Leserschicht dem Dichter seine ökonomische Sicherheit ohne Vermittlung einer selbstverdienenden Zwischeninstanz garantierte.« Erwin Wolff: »Der intendierte Leser«. In: Poetica, H. 4,2 (1971) S. 141–166. Hier: S. 147. Wolff hat dies anhand der Literatur in England von Pope bis Fielding untersucht.

217 J. G. Herder: »Briefe zur Beförderung der Humanität«. In: ders: Sämmtliche Werke, Bd. 18, S. 305.

Der Markt ist Anonymität. Das Publikum ist in der Marktstruktur des Buchhandels eine numerische Größe, die als Marktfaktor entscheidend wird. Für Autoren wird die adäquate Rezeption ihrer Werke zu einem Problem. Gesichert ist nur noch, daß ihre Texte verbreitet werden, nicht aber, ob und wie sie gelesen werden. Dem Erfolg, begriffen als die Ausbreitung von Literatur, korrespondiert folgerichtig schon in der Wahrnehmung der Zeitgenossen der Wirkungsverlust von Literatur. Schon 1778 resümiert Herder: »Die Buchdrukkerei hat viel Gutes gestiftet; der Dichtkunst hat sie viel von ihrer lebendigen Würkung geraubet.«[218] Die Ausführung dieses medienkritischen Ansatzes führt zu einem – immer wieder kopierten – Muster der Kulturkritik:

> Einst tönten die Gedichte im lebendigen Kreise, zur Harfe, von Stimme [...]; jetzt standen sie da, schwarz auf weiß, schön gedruckt auf Blätter von Lumpen. Gleichviel zu welcher Zeit einem lieben geneigten Leser nun der Wisch kam; er ward gelesen, sacht und selig überflogen, überwischt, überträumelt. Ists wahr, daß lebendige Gegenwart, [...] so ungemein viel zum Empfange der Dichtkunst am meisten thut; ists ein großer Unterschied etwas zu hören und zu lesen, vom Dichter oder seinem Ausleger, dem göttlichen Rhapsoden es selbst zu hören, oder es sich matt zu denken und vorzusyllabieren [...].[219]

Die ›Einsamkeit des Lesers‹, die nun vermehrt beschworen wird, ist das Stichwort der Situation. Und der ›einsame Leser‹ bedarf jetzt der hilfreichen Maßstäbe: die literarische Kritik. »Sie hat die Kriterien der Deutung und Wertung eines Textes dem Publikum nahezubringen.«[220]

Schon Bodmer fordert »geschickte Kunstrichter«, die für die literarästhetische Bildung der allgemeinen Leserschaft die nötigen Kriterien liefern soll.[221] Zwischen den Texten und dem allgemeinen Publikum etablieren sich neue Vermittlungsebenen, die Normen und Kriterien der Literatur diskutieren und diese als Geschmacksbildungsunterricht den Lesern mitteilen. In diesen neuen Literaturorganen institutionalisieren sich Substitute für die fehlende Kommunikation mit dem anonymen Publikum.

---

218 Herder: »Ueber die Würkung der Dichtkunst auf die Sitten der Völker in alten und neuen Zeiten«. In: ders.: Sämmtliche Werke, Bd. 8, S. 334–437. Hier: S. 411f.

219 Ebd.

220 Friedrich Schlegel: »Sich ›vom Gemüthe des Lesers Meister‹ machen. Zur Wirkungsästhetik der Poetik Bodmers und Breitingers«. Frankfurt a.M. u.a. 1986, S. 17.

221 Ebd. Zur wichtigen Rolle der Wochenschriften bei der Verbreitung von Roman und Etablierung der literarischen Kritik, vgl. M. Spiegel: »Der Roman und sein Publikum«, S. 59–80. Literarische Kritiken sind seit etwa 1736 in Wochenschriften zu finden. Eine differenziertere Kritik nach ästhetischen Kategorien – nicht mehr nach den Legitimierungstopoi des moralischen Nutzen – entsteht erst im Zusammenhang mit der durch die ansteigende Produktion nötig werdenden Selektion ›guter Romane‹ etwa ab 1753. Zur Charakterisierung der Wochenschriften ausführlich W. Martens: »Die Botschaft der Tugend«.

2.2. ›Selbstorganisation‹ der Autoren?

Daß die Ausdifferenzierung der Systeme bemerkt wird, deutet schon die Opposition vieler Autoren zum Buchhandel an, dem sie kurzlebige, aber wichtige selbstorganisierte Projekte – vom Selbstverlag über Akademiepläne bis hin zur »Buchhandlung der Gelehrten« – entgegenstellen.[222] Unterhalb der Ebene des Buchhandels pflegen diese in verschiedenen ›Freundeskreisen‹ locker organisierten Autoren – größtenteils selbst an den neuen Kritikorganen beteiligt – eine enge Kommunikation. Man tauscht Manuskripte und Beurteilungen aus, reicht diese an einflußreiche Männer weiter, die die Publikation unterstützen können, informiert sich über Neuerscheinungen, spekuliert über deren (meist ja noch anonym publizierenden) Verfasser und verfolgt gemeinsame Projekte. Hier finden junge Autoren Aufmerksamkeit, Korrektur, Kritik und Lob – bis hin zur konkreten Förderungen, etwa der Aufnahme in Haus und Bekanntenkreis (wie Wieland bei Bodmer in Zürich) oder konkreter Berufsvermittlung.

Anhand der frühen Briefe Wielands läßt sich diese Kommunikation herausarbeiten. Das Kommunikationsmedium ist zunächst der private Brief.[223] Bevor Werke ›veröffentlicht‹ werden, senden junge Autoren ihre Texte an schon bekannte Autoren. Und über sie laufen die ersten Kontakte zur ›literarischen Szene‹.

Nachdem Wieland zunächst Kontakte zu Größen wie Gottsched und G. F. Meier suchte, eher ohne Resonanz, gelingt es ihm zu Bodmer eine enge Beziehung zu etablieren. Geradezu gezielt setzt Wieland in den frühen Briefen an Bodmer solche Vokabeln, Argumente und Positionen ein, die dem Literaturkritiker signalisieren, daß hier ein junger Autor im Streit mit Gottsched auf der Schweizer Seite steht.[224] Zugleich wird für diese Loyalität, die sich mit einer Mischung zwischen Selbstbewußtsein des jungen Poeten und der nötigen Bescheidenheit desselben präsentiert, von seiten Wielands immer wieder die Preis-

---

[222] Der Buchhändler wird oft als rein profitorientiert dargestellt. Ungern-Sternberg systematisiert die verbreitete Kritik am Buchhandel auf fünf Punkte: Geiz bei Honorarfragen, schlechte Ausstattung der Ausgaben, fehlerhafter Druck, kein Urheberrecht (»ewiges Verlagsrecht«) sowie mangelnder Sinn der Buchhändler für ›Nationalliteratur‹ oder Literatur im emphatischen Sinn. Die selbstorganisierten Projekte (von Klopstock, Bodmer, Gleim, Lessing, Bode etc.) sehen denn auch alle – in offensiver Abgrenzung vom Buchhandel – editorische Sorgfalt, Mitspracherecht sowie Gewinnbeteiligung der Autoren vor. Zu den Projekten der »Emanzipationsbewegung« vgl. Ungern-Sternberg: »Wieland und das Verlagswesen seiner Zeit«, Sp. 1251ff. Vgl. auch Evi Rietzschel (Hg.): »Gelehrsamkeit ein Handwerk? Bücherschreiben ein Gewerbe? Dokumentation zum Verhältnis von Schriftsteller und Verleger im 18. Jahrhundert«. Leipzig 1982.

[223] Zur Genese des Privatbriefes, ebenfalls durch Gellert vgl. Bernhard Siegert: »Relais. Geschicke der Literatur als Epoche der Post. 1751–1913«. Berlin 1993, S. 35ff.

[224] Das Lieblingswort zu Gottscheds Urteilen ist »rasend«. Vgl. hier WBr. 1, S. 28. Am 20.12.1751 meldet Wieland Bodmer das Erscheinen der 4. Auflage Gottscheds »Critischer Dichtkunst« und signalisiert entschiedene Ablehnung.

gabe von sozusagen internen Informationen des Literatursystems gefordert bzw. erbeten.

Der erste noch anonyme Brief kündigt Bodmer vorerst nur untertänigst Wielands »Hermann« an, den er ihm übersenden möchte, um seine Einschätzung zu erfahren.[225] In den folgenden Briefen, deren Themen um die Wertschätzung Homers, Vergils, Klopstocks und Bodmers selbst kreisen, erbittet Wieland immer wieder, Kontakte, Namen und Adressen von Rezensenten und Autoren, Nachrichten von Klopstock und die Übersendung Bodmers Werke.[226] Das liest sich so:

> Ich möchte gerne Nachricht von den Verfassern der ›bremischen Beyträge und vermischten Schriften‹ haben. Ich möchte wissen, wer die schönsten Stüke macht, ob auch Schweizer Theil daran haben, ob Herr Gellert auch daran arbeitet usw. Ich bin sehr begierig, viele besondere Umstände von meinen Lieblingen zu wissen.[227]

Da es Bodmer aber Mühe machen könnte, auf die vielen Fragen zu antworten, so wäre es Wieland auch »ungemein angenehm«,

> wenn einer von den Verfassern des Crito [einer Wochenschrift] an mich schreiben wollte. Briefwechsel mit so edlen und seltnen Geistern sind mir die angenehmste und erbaulichste Ergözung. Darf ich Sie wohl bitten, der Unterhändler zu seyn, und einen von diesen Herrn zu bewegen, mir zu schreiben. [...] Ich habe einige Fähigkeit, ein Freund eines Freundes des Herrn Klopstock zu seyn.[228]

Es folgen weitere Fragen nach Verfassern, zu Kleist und Gleim, zu Gellert, Hagedorn und immer wieder zu Klopstock. Die Vermittlung führt dann zu weiteren Briefwechseln.[229] Der junge Autor etablierte sich erfolgreich in das Kommunikationsnetz der Literatur, was nicht zuletzt die ausführlichen und aufmerksamen Kritiken Lessings zeigen. Auf die Funktion der Briefwechsel als kommunikative Instanz im Kontext des anonymen Marktes kommt Wieland in wünschenswerter Deutlichkeit zu sprechen:

> Haben sie alsdenn das Schicksal des Beyfalls der Kenner zu entbehren, so loben sie sich selber, wie Hagedorn sagt. Wir selber müssen uns loben, es lobt uns ja sonst keiner als wir.[230]

---

225 Vgl. Wieland an Bodmer, 4.8.1751. WBr. 1, S. 22. Ende des Jahres ist dann die Drucklegung im Gespräch, vgl. den Brief an Bodmer vom 19.1.1752.

226 Vgl. an Bodmer 20.12.1751. WBr. 1, S. 25ff. Sowie den Folgebrief ebd., S. 29ff. So erbittet Wieland z.B. »Nachricht von dem Hr. von Bar«, »Ich schätze diese Briefe ungemein hoch.« WBr. 1, S. 30. Bars Briefwerk wird dann in der Vorrede zu Wielands »Moralischen Briefen« explizit als Vorbild genannt und empfohlen.

227 An Bodmer 19.1.1752. WBr. 1, S. 35.

228 Ebd. Die moralische Wochenschrift, die Wieland noch nicht kannte, hatte Bodmer ihm gerade erst zugeschickt.

229 So etwa mit Schinz. Dieser Briefwechsel wird wiederum mit einer Rezension über Youngs »Nachtgedanken« eingeleitet. Vgl. WBr. 1, S. 42ff. Schinz vermittelt Wieland dann wiederum an G. F. Meier, der schließlich das Vorwort zur »Natur der Dinge« verfassen wird.

230 WBr. 1, S. 29.

Die Beobachtung der Kommunikation der zeitgenössischen Autoren untereinander kann hier nicht ausführlich verfolgt werden. Anzunehmen ist, daß die persönlichen und brieflichen Kontakte das beginnende System Literatur stabilisieren, indem die Kommunikation, die der Buchmarkt als eigenes System nicht mehr leistet, auf dieser Ebene stattfindet. In diesem Sinne schreibt Friedrich Schlegel polemisch resümierend gegen Ende des Jahrhunderts:

> Sie jammern immer, die deutschen Autoren schreiben nur für einen so kleinen Kreis, ja oft nur für sich selbst untereinander. Das ist recht gut. Dadurch wird die deutsche Literatur immer mehr Geist und Charakter bekommen. Und unterdessen kann vielleicht ein Publikum entstehen.[231]

2.3. Das Eigenrecht der Schrift und die »Idee des Lesers als Muse« des Autors

Für Autoren bedeuten Buchmarktbedingungen die Unwahrscheinlichkeit der Kommunikation. Was seit der Erfindung der Schrift virulent war, kommt jetzt mit neuer Macht zum Vorschein: Die Eigengesetzlichkeit des *Mediums* Schrift.[232] Die Möglichkeiten der Wirkung von Literatur waren daher für die damaligen Autoren neu zu überdenken.

In einer Arbeit zur Wirkungsästhetik Bodmers und Breitingers hat Schlegel das Ideal der »Gemüthsbemeisterung« beschrieben, das die Schweizer entwikkelten, gerade weil ihnen bewußt geworden war, daß die Rezeption von Schriften einer grundlegenden Veränderung unterworfen war.[233] Die unter den Bedingungen des Buchmarktes sich ausweitende »materielle Verselbständigung des Mediums ›Sprache‹ zum Medium ›Text‹« – so Schlegel – reduziert die literarische Kommunikation auf ein unkontrollierbares »einsames psychisches Geschehen« zweier sich lediglich »abstrakt-medial« begegnender Partner.[234] Bodmer charakterisiert diese neue Rezeptionslage als »Einsamkeit des Lesers im

---

[231] Fr. Schlegel: »Athenäums-Fragment«, Nr. 275. In: ders.: KSA, Bd. 2, S. 131.

[232] Heinrich Bosse hat gezeigt, daß bis zum Ende des 18. Jahrhunderts die philosophische Reflexion Schriften als Reden wertet. Erst Schiller und Fichte konstatieren dann die Medialität von Schrift als konstitutive Abwesenheit des Autors i. U. zu Reden. Vgl. H. Bosse: »Sprechen und Schreiben«. In: ders.: Autorschaft ist Werkherrschaft. Paderborn 1981, S. 17ff. Dies bezieht sich jedoch auf die philosophische Reflexion. Für Literatur muß man annehmen, daß sie aufgrund der Konfrontation mit dem Problem anonymer Leser sehr viel früher pragmatisch darauf reagiert.

[233] Vgl. Schlegel: »Sich ›vom Gemüthe des Lesers Meister‹ machen«, S. 16. Schlegel untersucht die Ausgangssituation, die durch die Kenntnisnahme der später »Gemüthsfreiheit« (Schiller) des Lesers benannten Umstandes und der Vorstellung, sich vom ›Gemüth des Lesers‹ gleichwohl zum Meister machen zu können, als Spannungspol entsteht. Dabei arbeitet er das Wirkungsmodell der Schweizer und seine Voraussetzungen heraus (Einbildungskraft und Verstand als untere und obere Vermögen, die durch rhetorische Mittel angesprochen werden können). Obwohl Bodmer den Wirkungsverlust registriert, insistiert er auf der Möglichkeit einer vollständigen »Gemüthsbemeisterung«.

[234] Ebd. Schlegel bezieht sich hier auf Rolf Grimminger: »Abriß einer Theorie der literarischen Kommunikation«. In: Linguistik und Didaktik 1 (1973), S. 1–15.

Cabinet«.[235] Das Ideal der Rezeptionssituation ist ihm dagegen die mündliche Kommunikation, der Vortrag des Dichters in einem Kreis von Zuhörern. Hier sollen die abstrakten Zeichen als deutliche wirken:

> Der vornehmste Vortheil von einer solchen Societät würde seyn, daß die Eindrüke und Empfindungen die ein Gedicht verursachete, sich an dem zahlreichen Haufen der Zuhörer von so verschiedener Art in deutlichen Zeichen offenbarten, welche dem Poeten Gelegenheit zu Anmerkungen gäbe, deren er beraubet ist, wenn sein Werk in der Einsamkeit des Cabinets ohne Zeigen gelesen wird; wo es überdies den Nachtheil hat, daß ihm da durch das leise Lesen die Anmuth und der Nachdruck geschwächt werden.[236]

Getragen von der Macht der Rhetorik gesprochener Worte teilt sich die Wirkung der Literatur allen Zuhörern gleichermaßen mit. Das stille Lesen wird als Wirkungsverlust beschrieben. Bodmer entwickelt sein Ideal anhand vergangener Kaiserhöfe, an denen die ›Barden‹ ihre Dichtungen vortragen, die auf den mündlichen Vortrag hin konzipiert waren.[237] Der mündliche Vortrag vor allen Anwesenden zeichnet sich als ideal durch eine direkte Bezugnahme von Autor und Zuhörer aus, wodurch die ›Gemüthsbemeisterung‹, aufgrund der menschlichen Psyche (und der rhetorischen Überzeugung) als im höchsten Maße wahrscheinlich angesehen wird.[238]

Wieland setzt jedoch nicht mehr auf ein rhetorisch-affektives Wirkungsmodell, um den Bezug zum Leser zu sichern. Seine Strategie geht einen anderen Weg als den der Schweizer.[239] Sie setzt auf die Reflexion der Bedingungen von schriftlicher Kommunikation durch die im Text angelegte Lesepoetologie. Es ist der Roman selbst, der zur Erziehung der Leser beizutragen versucht.[240] Der

---

235 ›Einsam‹ bedeutet dabei, wie Erich Schön herausgestellt hat, nur die Tatsache individueller Lektüre ›für sich‹, nicht Einsamkeit als solche. Vgl. Schön: »Verlust der Sinnlichkeit«, S. 223–232. Hier: S. 225.

236 Bodmer: »Neue Critische Briefe über gantz verschiedene Sachen, von Verschiedenen Verfassern«. Zürich 1749, 18. Brief, S. 154. Hier zitiert nach Schlegel: »Sich ›vom Gemüthe des Lesers Meister‹ machen«, S. 21.

237 »Ihre Gedichten waren gemachet, daß sie erzehlt oder vor einer Gesellschaft gesungen, nicht daß sie im Cabinet durchgangen, oder in einem Buch gelesen wurden.« Vgl. Bodmer: »Von den vortrefflichen Umständen für die Poesie unter den Kaisern aus dem schwäbischen Hause«. In: Sammlung Critischer, Poetischer und andrer geistvoller Schriften, Zürich 1743, 10. Stck., S. 31. Zitiert nach Schlegel: »Sich ›vom Gemüthe des Lesers Meister‹ machen«, S. 19.

238 »Literarisches Verstehen und Urteilen stellt sich für Bodmer auf der Basis einer mündlichen Kommunikation als unproblematisch dar, da das Publikum durch den Autor selbst beraten ist. Die Kriterien einer Wertung sind darüber hinaus evident, unmittelbar präsent, nämlich in den Reaktionen aller Zuhörer.« Ebd., S. 21.

239 Das mag auch an der Abkehr Wielands von Bodmer liegen. Die Voraussetzungen der deutschen Schulphilosophie (Leibniz, Wolff), auf denen Bodmer und Breitingers Ästhetik fußt, werden von Wieland (im Zusammenhang der Kategorie des Wunderbaren) nicht mehr anerkannt. Vgl. Oettinger: »Phantasie und Erfahrung«, S. 45ff. Scharfsichtig auch Sengle: »Wieland«, S. 63.

240 Zu dieser Rolle der Romane Ward: »Book Production«, S. 61: »Clearly the most important factor helping in the growth of the novel-reading habit is to be sought

Text schafft einen fiktiven Gesprächspartner in der Figur des fiktiven Lesers. Diese literarische Figur zeigt beide theoretischen Aspekte des Bezugs von Text und Leser auf. Einerseits ist ein Text immer potentiell auf den Leser hin gerichtet,[241] andererseits ist der Gesprächspartner und Rezipient immer fiktiv.[242]

Daß eine adäquate Rezeption von Texten nicht zu garantieren ist, stellt ein immanentes Problem des Mediums Schrift dar, das in der Schriftkritik des Abendlandes immer schon beredten Ausdruck fand. Als Problem jeder Lektüre thematisiert findet es sich bei Johann Martin Chladenius. Seine Hermeneutik listet die Verirrungsmöglichkeiten des Lesers auf: Sie können die »Absicht des Verfassers« – welches die hermeneutische Richtlinie bildet – entweder »überschreiten«, sie können sie »übersehen« oder auch einfach »nicht erreichen«.[243]

Chladenius legt die Übereinkunft von Autor und Leser, in dem Lektüre als gelungen gelten kann, auf den »unmittelbaren Verstand« der Wörter fest.[244] Genau hier aber manifestiert sich das Problem. Denn die Übereinkunft mit der »Absicht des Verfassers« muß in der *Einschränkung* der Analogien assoziierbarer Begriffe bestehen, welche die Wörter (gleichsam selbsttätig) im Leser hervorrufen.[245] Lesen, was der Autor wollte, ist der Ausschluß aller anderen Sinn-Möglichkeiten, die das Vokabular nahelegen kann. Das gelingt ohne weiteres kaum – nicht umsonst muß J. M. Gesners Lektürekonzept erst dem hermeneutischen Zirkel zugrunde gelegt werden – es ist vielmehr, wie Chladenius weiß, eine nur graduelle Annäherung und die ›Erfahrung‹ zeige an, daß sie eher selten vorkommt:

> Wir führen diese Sätze deswegen an, damit klar und deutlich werde, wie weit der Verfasser einer Stelle und folglich auch eines ganzen Buches, mit seinen Leser einerley gedencke, oder nicht [...]. Denn es ist aus der Erfahrung klar, daß die Leser, wenn sie auch dem Verfasser Unrecht und Gewalt anzuthun nicht Willens sind, dennoch mehr oder weniger bey einer Stelle gedenken, als der Verfasser.[246]

---

in the novel itself, in the type of fiction produced by writers from mid century onwards.«

241 So auch Wieland: »Witzling und Kennerling, Dichterling und Leserling, sind von jeher Correlata gewesen, deren eines sich in dem andern spiegelt, und eines des andern werth ist«. Wieland: »Verschiedenes über die Leser«. In: ders.: Werke Göschen, Bd. 36, S. 336.

242 Walter J. Ong: »The writers audience is always a fiction«. In: PMLA 90 (1975), S. 9–21.

243 Johann Martin Chladenius: »Einleitung zur richtigen Auslegung vernünftiger Reden«, § 696, S. 541.

244 Ebd., § 681.

245 Ebd., §§ 674 und 677. Vgl. auch § 682, S. 527: »Der unmittelbare Verstand einer Stelle ist eine Vorstellung und Erkäntniß der Sache, die in der Stelle abgehandelt wird.« Der Leser muß vor allem nach dem unmittelbaren Verstand suchen (§ 689), denn der mittelbare Verstand verläßt die Ebene der Worte (§ 688).

246 Ebd., § 682, S. 527. Die »Absicht eines Verfasser« ist definiert als »die Einschränkkung der Vorstellung, die er von der Sache, oder bey der Stelle gehabt hat.« Ebd., § 695, S. 540.

Daraus folgen zwei Nichtübereinstimmungen zwischen Autor und Leser. Zunächst: »Der Verfasser eines Buchs, und einer Stelle, kan eine nothwendige Anwendung sehen, die doch von diesem oder ienen Leser nicht gemacht wird.«[247] Aber auch der umgekehrte Fall kann eintreten:

> Wiederum kan der Leser eine nothwendige Anwendung machen, die der Verfasser nicht voraus gesehen hat. Die Ursache ist, wie im vorigen Fall (§ 692) beschaffen. Wie nemlich der Leser nicht alles wircklich siehet und thut, was er sehen und thun könte; so kan auch dem Verfasser etwas verborgen seyn, was gewisse Leser doch dabey gedencken müssen: wie solches auch die Erfahrung mehr als zu sehr bestätiget, daß Bücher bald eine schädlichere, bald eine bessere Würckung bey dem Leser, als der Verfasser sich selbst davon versprochen, oder davon befürchtet hat, nach sich ziehen.[248]

Chladenius sieht die Aufgabe der Auslegung darin, dies zu kontrollieren bzw. kontrollierbar durch Auslegungskunst zu machen. Seine Lösung wirkt allerdings ein wenig hilflos, denn sie besteht in nichts anderem, als in der Wiederholung der hermeneutischen Forderung, eben die Absicht des Verfassers zu beachten:

> Dieses zu erhalten [die Übereinstimmung], hat man noch keine andere Regeln und Mitteln angeben könen, darnach sich sowol alle Leser, wenn sie ohne Ausleger sich an ein Buch machen, als der Ausleger selbst zu richten haben, als diese: daß man auf die Absicht des Verfassers sehen und dieselbe nicht überschreiten solle.[249]

Chladenius Bezugnahme auf das Problem zeigt die Notwendigkeit einer Leserlenkung im Text an. Das Publikum ist der fiktiv anwesende einzelne Leser, der im *Don Sylvio* und in anderen Werken dieser Zeit im Text erscheint, um den Kontakt zu der anonymen Größe zu sichern. Johann Georg Hamann hat dafür 1762 die Worte von der »Idee des Lesers als Muse und Gehülfin des Autors« gefunden:

> Die *Idee des Lesers* ist die Muse und Gehülfin des Autors; die Ausdehnung seiner Begriffe und Empfindungen der Himmel, in den der Autor die Idee seines Lesers versetzt [...] – in solcher unermäßlichen Ferne, daß von der Idee des Lesers nichts als ein Zeichen in Wolken übrig bleibt, das niemand kennt, als der Leser, der es macht, und der Autor der es weiß.[250]

Die Vorstellung vom Leser steuert wesentlich die Struktur der Texte, ihre Leserlenkung, d.h. die Strategie ihrer Kommunikation.[251] Hamanns Überlegung

---

[247] Ebd., § 692.
[248] Ebd., § 693, S. 539.
[249] Ebd., § 694, S. 540.
[250] J. G. Hamann: »Leser und Kunstrichter nach perspectivischem Unebenmaaße«. (1762) In: Hamann's Schriften. Hg. v. Friedrich Roth. Berlin 1821, Zweyter Theil, S. 395–412. Hier: S. 411.
[251] »Nicht der Geschmack des Lesers bedingt in der Regel Form und Thematik des literarischen Werks, sondern die Leseridee, die sich im Geiste des Autors bildet.« E. Wolff: »Der intendierte Leser«, S. 166. Sein Artikel ist dem Nachweis dieser These gewidmet.

zur Instanz eines impliziten Lesers signalisiert nicht nur die Notwendigkeit, Texte unter Buchmarktbedingungen (erst recht) auf ein fiktionales Korrelat hin zu konzipieren, sondern auch, daß die »unermäßliche[n] Ferne« zwischen Autorintention und Rezeption konstitutiv bleibt. Die Schrift schiebt sich zwischen die auf Präsenz basierenden Kommunikationskonzepte der Zeit. Der problematische Bezug zum Leser entspricht vielmehr einer paradoxalen Kommunikation, wie sie die Beliebtheit von Logaus Sinnspruch demonstriert, den Lessing wieder publiziert und Herder als Motto seines »Ersten Kritischen Wäldchens« setzt:

> An den Leser.
> Leser, wie gefall' ich dir?
> Leser, wie gefällst Du mir?[252]

Die Ära des Topos vom ›geneigten Leser‹ geht zu Ende. Gerade die Romane, die an den ›großen Haufen‹ oder an ›die Meisten‹ gerichtet sind, sprechen zu einem nicht mehr einheitlich identifizierbaren Kollektivsingular. Bodmer gilt das Publikum noch als fiktive Person, als eine »moralische Person, an welche die Scribenten insgemein ihre Vorreden richten, damit sie sich die Gunst und den Beyfall derselben, als ihres Richters erwerben«.[253] Genau diese Rolle als moralisch verantwortliche Person, als Richter, aber wird angesichts der Heterogenität zum Problem.

Der Rollenwechsel des Publikums wird in der Metaphorik seiner Beschreibung greifbar. Wurden mit den Fürstendedikationen noch ›vorgestellte‹, d.h. reale Leser angesprochen,[254] so wurde das Publikum bald mittels Theatermetaphorik als Auditorium beschrieben. Diesem Auditorium wird – um in der Metaphorik zu bleiben – Bühne und Handlung präsentiert, ihm fällt die Rolle zu, zu applaudieren oder zu pfeifen.[255] Die Anteilnahme des Publikums am Text ist dabei eine passive, es wird beeindruckt, ganz nach der Vorstellung des

---

[252] Die Paradoxie, die in dieser Kommunikation liegt, hat Robert Stockhammer als »Aporien der Apostrophe« ausführlich dargestellt. Vgl. Stockhammer: »Leseerzählungen«, S. 24ff.

[253] Bodmer definiert das »so genannte[n] Publici« in seiner Vorrede an die deutsche Welt zur »Critischen Abhandlung von dem Wunderbaren«.

[254] In Popes »An Essay on Man« (1732–1734) etwa wird der angesprochene reale Leser (Henry St. John, Viscount Bolingbroke) als ›Genius‹ des Dichters idealisiert. Damit deutet sich die Verschiebung von vorgestellten zu fiktiven Leser an. Vgl. Wolff: »Der intendierte Leser«, S. 144ff. Wolff stellt heraus, daß Pope sich damit einen ›idealen‹ Leser schafft und bewußt vom realen Lesepublikum abwendet.

[255] »The public is seen as a theatre audience who show either pleasure or displeasure to form an opinion.« Ward: »Book Production«, S. 82, mit Bezug auf Zieglers »Asiatische Banise«. Diese Metaphorik herrscht bis etwa 1730 vor. In den 40er Jahren wandelt sich das Bild unter dem Einfluß der aufkommenden Literaturkritik. Der Wandel läßt sich an der Veränderung der Haltung der Autoren in der Vorrede ablesen. Sie wandelt sich von devoter Unterwürfigkeit über den Appell an das geneigte Publikum zu einer selbstbewußten Darstellung der eigenen Dichtungsmaximen. Vgl. dazu Ernst Weber: »Die poetologische Selbstreflexion«, S. 81ff.

movere persuasiver Rhetorik. Der ›Geschmack‹ des Publikums wird jedoch mit der allgemeinen Verbreitung von Schriften mehr und mehr zum entscheidenden Faktor der Beurteilung eines Werkes. Dem Publikum fällt damit die Rolle eines Richters zu und es wird dann auch als Gerichtshof beschrieben.[256] Dieser herrschende Geschmack wird jedoch angesichts nur halb gebildeter und auf Konsum gerichteter anonymer Leserschaft (so jedenfalls oft genug die Meinung der Autoren) zum Problem für die Bewertung der Qualität von Literatur. Das Bild des Publikums verwandelt sich in eine »Tyrannis lectoris«.[257]

2.4. Kunst, nicht Erfolg: Wielands Konsequenzen

Erfolgs- und Qualitätskriterium, Buchmarkt- und Literaturerfolg fallen aller Unwahrscheinlichkeit dennoch leicht in eins, so daß die ›gute‹ Literatur sich vom Kriterium der Verbreitung als einem Qualitätskriterium zu distanzieren genötigt sieht. Wieland verteilt daher in der Vorrede zur ersten Ausgabe des »Teutschen Merkur« die Rollen noch einmal neu: »[D]ie Kunstrichter sind nur Sachverwalter; das Publicum allein ist Richter; aber die Zeit spricht das Urtheil aus.«[258]

Wieland beschwert sich – angesichts dessen, daß man eine »aufgeklärte Nation« sein wolle – über den Mangel der Bildung des Publikums. Der Vorwurf ist auch hier wieder der einer mangelnden Lektürefähigkeit. Die Beurteilung eines Werkes setzt die Fähigkeit voraus, seine Teile auf das Ganze der Darstellung zu beziehen und unter Berücksichtigung der *immanenten* Kriterien zu beurteilen. Die heute hermeneutisch genannte Maxime war 1773 noch keine Selbstverständlichkeit:

> Der Beyfall, der von dem größten Theile des lesenden Publici noch izt so vielen mittelmäßigen Werken zugejauchzt wird; die noch immer herrschende Nachsicht gegen wesentliche Mängel; die Gewohnheit, bey vortrefflichen Werken um weniger kleiner, vielleicht eingebildeter Flecken willens kaltsinnig zu bleiben; die überhand nehmende Gleichgültigkeit gegen das wahre Einfache, und Große; und um alles in Ein Wort zusammen zu fassen, die beinahe *Willkürlichkeit* des Geschmacks, sind sichre

[256] Das verändert auch die Rolle der ›Kunstrichter‹. Waren sie zuvor Vermittler zum Publikum und oft gegen die Autoren, (so stellen diese es jedenfalls dar) so stehen sie nun mit den Autoren gegen das Publikum, das die Werke be- oder verurteilt. Vgl. Ward: »Book Production«, S. 83ff.

[257] Vgl. Edgar Bracht: »Der Leser im Roman«, S. 70–89. Bracht bezieht sich vor allem auf Diderots Art. »Lecteur« in der »Encyklopédie«.

[258] Wieland: »Vorrede«. In: Teutscher Merkur, I,1 (1773), S. XV. Das Werk eines Genies könne durchaus ein halbes Jahrhundert zu früh kommen und so »geschieht es auch oft, daß ein Werk vom Publikum für gut angenommen wird, nicht weil es gut ist, sondern weil das Publicum noch nicht weiß, was gut ist.« Zur Publikumsvorstellung Wielands für den »Teutschen Merkur« Hans-Georg Werner: »Literatur für die «policierte» Gesellschaft. Über Wielands Konzept bei der Herausgabe der ersten Jahrgänge des ›Teutschen Merkur‹«. In: Wieland-Kolloquium Halberstadt 1983, Halle 1985, S. 61–84.

> Merkzeichen, daß gesunder Verstand und unverdorbene Empfindung in Sachen der Litteratur noch nicht so gemein unter uns sind, als sie es bey einer aufgeklärten Nation seyn sollten.[259]

Wie die Lektürefähigkeit des deutschen Publikums – hier eher vorsichtig kritisiert – tatsächlich eingeschätzt wird, zeigt eine relative versteckte Anmerkung. Anläßlich des Ausdrucks »die immer ecklern Leser« in einem Artikel namens »Über den gegenwärtigen Zustand des deutschen Parnaßes« merkt Wieland an: »Dies ist wohl nur ein Compliment.« Denn wie könne man dies vom »größten Theil unserer heutigen Leser sagen?« Diese seien gerade nicht »ekkel«, also wählerisch, was einen guten Geschmack bewiese, sondern: »In der That kan man sich gegen alles *Mittelmäßige* kein gefälligeres Publicum denken als das unsrige.« Sie seien mithin »günstige Leser« und daher ist das Wort »eckle Leser« ein Kompliment.[260]

Daß der Markt seine eigenen Gesetze hat, die denen der Literatur nicht entsprechen, macht Wieland auch zu einem zentralen Punkt der heilsamen Abschreckung in einer eigenen ›Ars Poetica‹.[261] Er weist im ersten seiner »Briefe an einen jungen Dichter« den fiktiven Jüngling darauf hin, daß er bezüglich Ruhm und Anerkennung wenig vom Buchmarkt zu erwarten habe:

> Die lesende Welt will auf allerlei Art ergötzt und unterhalten sein; und sie liebt die Manchfaltigkeit [sic] so sehr, daß ein Autor ganz und gar ungenießbar sein müßte, dem es nicht glücken sollte, bemerkt und wenigsten eine Zeitlang, aus dem Gedränge der täglich zunehmenden Mitwerber hervorgezogen zu werden.[262]

Der Reiz des Neuen reicht als Kriterium eines kurzen Erfolgs aus. Das liegt nach Wieland vor allem daran, daß für Dichtung die Kriterien der Qualität diffus sind. Für Musik oder Malerei, so Wieland, habe jedermann »ungefähr

---

259 Ebd., S. XVf.

260 Wieland: »Zusätze des Herausgebers zu dem vorstehendem Artikel«. In: Teutscher Merkur, II,2, S. 168–186. Hier: S. 171.

261 Die Analogie zwischen Horaz' »Dritten Brief an L. C. Piso und seine Söhne« und Wielands »Briefen an einen jungen Dichter« ist darin zu sehen, daß Wieland seine Ratschläge als heilsame Desillusionierung konzipiert. Der junge Dichter soll zwar zur Dichtkunst angeregt werden, doch nur, wenn er sich der Probleme, die ihm entgegenstehen, bewußt ist. Genau dieses aber ist Wielands außergewöhnliche Interpretation der sog. ›Ars Poetica‹ des Horaz. In der Einleitung zur Übersetzung dieses Briefes legt Wieland dar, daß er nicht die Funktion einer Poetik haben könne, da er ein Privatbrief sei. Vielmehr sei dessen Aufgabe den Sohn des Pisaners durch die übertrieben hohen Anforderungen von seinem Glauben, er sei zum Dichter berufen, abzuschrecken. So wenig sich diese Lesart hat durchsetzen können, so stichhaltig ist die Lektüre. Vgl.: »Wielands Horaz«. Bd. II. Horazens Briefe. Reprint hg. v. Hans Radspieler. Nördlingen 1986. Hier: S. 579ff. Zur Gattung der »epistularen Poetik« und der Stellung Horaz' siehe die instruktive Arbeit von Thomas Nolden: »›An einen jungen Dichter‹. Studien zur epistularen Poetik«. Würzburg 1995.

262 Wieland: »Briefe an einen jungen Dichter«. [1] Zuerst in: Teutscher Merkur. August 1782, S. 129–157. Auch in Wieland: C 24, S. 3ff., dort als »Sendschreiben an einen jungen Dichter«. Hier zitiert nach Wieland:» Aufsätze zu Literatur und Politik«. Hg. v. Dieter Lohmeier. Reinbek 1970. Hier: S. 88.

einen Maßstab«, nach dem er »mehr oder weniger, ziemlich richtig beurteilen« kann, aber für Dichtung fehle dem Publikum gerade dieser.

> Unter tausend Lesern hat kaum Einer einen deutlichen und bestimmten Begriff von den Schwierigkeiten und von dem Höchsten der Kunst. Die Leser oder Zuhörer fühlen sich wohl, ob man sie interessiert oder gähnen macht: aber das ist auch alles: und da ein sehr mittelmäßiges oder höchst nachlässig gearbeitetes Werk, ebenso als ein Meisterstück, etwas Interessantes haben kann: so können Sie sich darauf gefasst machen, daß, sobald Ihr Werk aufgehört hat eine Meßneuigkeit zu sein, der erste beste Roman, der etwas Neues ist [...], sich der Aufmerksamkeit der lesenden Welt bemächtigen, und Ihre Arbeit, hätten Ihnen auch alle neun Musen daran geholfen, auf die Seiten drängen wird.[263]

Der werdende Schriftsteller kann demnach nicht erwarten, nach seinen eigenen Maßstäben resp. nach denen der Kunst beurteilt zu werden. Einen Ausweg sieht Wieland einzig darin, sich allein auf die Kriterien der Kunst zu konzentrieren, d.h. die Kunst lieben, ohne etwas vom Markt oder vom Publikum zu erwarten.[264]

2.5. Betrachtungen über das Publikum: Wo es nicht ist und wo es ist (Friedrich Just Riedel)

> Wir haben also nicht Ein Publicum; sondern (darf ich so reden?) so viele Publica, als es Urtheile mehrer Areopagiten giebt, die einander widersprechen.[265]

Woraus besteht ein Publikum? Wie setzt es sich zusammen? Der Kollektivsingular – zunächst als Einheit einer moralischen Person begriffen – wird unter Buchmarktbedingungen als heterogene Masse verschiedener Interessen an der Literatur erkannt. Jean Paul differenziert das Publikum folgerichtig in drei Teile:

> Ich untersuchte nämlich am Ofen das Publikum und befand, daß ich solches wie den Menschen in drei Teile zerlegen konnte – ins Kauf-, ins Lese- und ins Kunst-Publikum, wie mehrere Schwärmer den Menschen in Leib, Seele und Geist.[266]

Die Basis der Literatur, ihr Leib, ist demnach das Kaufpublikum.[267] Jean Paul führt die Differenzierung im folgenden anhand der gesetzten Metaphorik aus. Die Seele des Buchmarktes besteht dann aus »Mädchen, Jünglingen und Müßigen« als »Lese-Publikum«, dem er nicht gerade Kompetenz im Umgang mit

---

263 Ebd., S. 83.
264 Vgl. ebd., S. 88f.
265 Friedrich Just Riedel: »Ueber das Publikum. Briefe an einige Glieder desselben. Von Friedrich Just Riedel«. Jena 1768. Hg. v. Eckart Feldmeier. Wien 1973, S. 112.
266 Jean Paul: »Vorrede« zum »Siebenkäs«. In: ders.: Werke. Bd. 2, S. 16.
267 Da es »eigentlich den Buchhandel erhält« vgl. ebd., S. 17

Literatur zugesteht. Denn »es lieset uns alle doch und überschlägt gern dunkle Blätter, worin bloß räsoniert und geschwatzt wird, und hält sich wie ein ehrlicher Richter und Geschichtforscher an Fakta.«[268] Das »Kunst-Publikum« schließlich, als »Geist« und Ideal der Rezeption, aber hilft nun keineswegs. Es sind schlicht zu wenige, um ins Gewicht zu fallen:

> Das Kunst-Publikum, den Geist, könnt' ich wohl weglassen; die wenigen, die nicht nur für alle Nationen und alle Arten des Geschmacks Geschmack haben [...], kommen mit ihren Stimmen bei einem Autor auch außer der Minderzahl derselben schon darum, weil sie ihn nicht lesen, wenig in Betracht.[269]

Jean Pauls Analyse steht nicht allein. Schon 1768 unternimmt der einstige Schüler Klotz' und spätere Professorenkollege Wielands in Erfurt, Friedrich Just Riedel, eine bemerkenswerte Suche nach dem rechten Publikum.

Riedel fragt im zehnten seiner (wohlgemerkt fiktiven) »Briefe ueber das Publikum«: »Ist es? und Wo?«[270] Aufgrund der Streitereien über die Frage, wer das (wahre) Publikum sei, bezeichnet er es als »monstrum horrendum«.[271] Dennoch macht es sich zum Ziel, »die zerstreuten Glieder des Publicums aus allen Landen zusammenzusuchen.«[272]

Um seine Aufgabe zu erfüllen, grenzt Riedel diejenigen aus, die nicht das Publikum bilden. Weder Kunstrichter, noch Autoren können die ›Stimme‹ des Publikums darstellen, erstere seien ja von ihrem »Forum« (also ihrem Publikum) abhängig, letztere seien zumeist voreingenommen: »Noch bleiben die Leser uebrig, und diese mueßen das Publicum vorstellen, dafern wir eines haben

[268] Ebd.

[269] Ebd.

[270] Riedel: »Ueber das Publikum«, S. 112. Die »Briefe« erlebten nur eine eigenständige Auflage 1768. 1774 wurde der Rest der Auflage ohne Titelblatt, Widmung und Vorrede einer Neuauflage Riedels »Theorie der schönen Künste und Wissenschaften« (zuerst 1767) als Anhang beigegeben. Damit verwischt sich der fiktive Charakter der Briefe, ebenso wie durch die Aufnahme in den »Sämtlichen Schriften« Riedels, in der noch das Inhaltsverzeichnis (es besteht aus ähnlichen Titeln wie in Wielands »Don Sylvio«) wegfiel, und andere fiktive und reale Briefe zugegeben wurden. Gelegentlich wurde dies in der Sekundärliteratur übersehen. Vgl. Feldmeier, ebd., »Zum Text der Ausgabe«, S. 119. Feldmeier folgt der ersten Version von 1768. Riedel gehört zu den ersten Lesern des »Don Sylvio«, nachdem sich zwischen ihm und Wieland eine Freundschaft, zunächst brieflich, gebildet hatte. Später treffen sie sich als Professorenkollegen in Erfurt. Vgl. Feldmeiers »Nachwort«, ebd., S. 146–149.

[271] Riedel: »Ueber das Publikum«, S. 112.

[272] Ebd., S. 113. Die Uneinheitlichkeit des Publikums rührt nach Riedel aus der Uneinigkeit des deutschen Reiches her. Denn es gibt keine Hauptstadt, die den Mittelpunkt für eine gemeinsame und allgemeine Geschmacksbildung gewährleisten könnte. »Deutschland ist ein weites in mehrer Provinzen zertheiltes Reich, die für sich bestehen, ihr eigenes Interesse haben, welches oft dem Interesse des Ganzen zuwider ist: da ist kein Residenz Ort für die Gesetzgeber des Geschmacks; kein Reichstag aus Deputirten aller Landstände zusammengesetzt: sondern überall Anarchie.« Vgl. Wielands identische Klage im Vorwort zum »Teutschen Merkur«, I,1 1773 »Wir haben keine Hauptstadt, welche die allgemeine Akademie der Virtuosen der Nation und gleichsam die Gesetzgeberin des Geschmacks wäre.«

sollen. Aber ums Himmels willen nicht alle!«[273] Vom Publikum ausgegrenzt werden diejenigen Leser, die auf eine bestimmte, dem Text äußerliche Funktion hin lesen. Das Publikum ist folglich nicht:

> der Gelehrte von Profession, der wegen *eines gelehrten Endzwecks* liest, und ein Buch durchgehet, um *Ein Wort* zu finden [...]. Nicht der Jüngling, der zum Lesen geht, wie zum Balle, um sich zu zerstreuen und die lange Weile fortzuschaffen, [...] nicht die Dame am Nachttisch mit ihren Vapeurs, die sie in Ermangelung eines Cicibeo durch Gleimen will verjagen lassen! Nicht der süße Herr, der aus sechs Buechern sechs Brocken sammelt, die er in allen Gesellschaften hinwirft, um gelehrt zu scheinen [...].[274]

Das Publikum nun bestehe also allein »aus den harmonischen Stimmen geschmackvoller Leser«.[275] Von solchen »geschmackvollen Männern und Männinnen« soll es in Deutschland noch einige geben. Sie »urtheilen ohne urtheilen zu wollen«, denn sie haben »Sentiment«.[276] Nicht mehr Gelehrsamkeit und Kritik, sondern das Vermögen des ›Sentiments‹ oder Geschmacks bilden die Urteilskraft – die (per definitionem) keine festen Kriterien mehr kennt. Die Urteilskraft oder der Geschmack, den der Leser selbst haben muß, läßt sich allerdings nicht mehr hochrechnen. Riedels Untersuchung endet resignierend:

> Dies weiß ich nun, daß aus den harmonischen Stimmen geschmackvoller Leser die Stimme des Publicums zusammentoenet. Aber wer berechnet mir die Mehrheit der Stimmen? Kann ich mich auf dies verlaßen? Und wie soll ich daraus die gute oder schlechte Beschaffenheit eines Buchs erkennen?[277]

Er differenziert im folgenden zwar noch einmal zwischen »allgemeinen Schriftstellern, die für die ganze Nation schrieben« (sein Beispiel sind Gellerts Fabeln) und solchen, deren Schriften »nur für einige Leser« gemacht sind. Dabei bezieht er sich hauptsächlich auf die frühen Schriften Wielands und folgert:

---

273 Ebd., S. 114.

274 Ebd. Die Differenz zwischen einer Lektüre, die Texte auf ›äußere‹ Funktionen hin liest versus einer, die sie mittels ihrer immanenten semantischen Setzungen konstituiert ist eine gängige Unterscheidung, die mit der allgemeinen Hermeneutik ins Licht tritt. Schon Wieland fordert dies für seine Werke. Literarische Texte sollen allein nach ihrem in ihnen aufgebauten Zusammenhängen bewertet werden. Die Differenz kann dann immer wieder zur Unterscheidung von ›guten‹ versus ›schlechten‹ Lesern appliziert werden. So etwa C. S. Lewis: »Über das Lesen von Büchern«. Freiburg i. Br. 1966, vgl. S. 25ff. mit der Unterscheidung von ›Gebrauchen‹ und ›Aufnehmen‹: »Der Unterschied kann kaum besser ausgedrückt werden als so: die vielen *gebrauchen* die Kunst und die wenigen *nehmen sie auf.*« Auch Umberto Eco zieht die »Grenzen der Interpretation« entlang dieser Unterscheidung – die allerdings eine starke Vorannahme von dem, was zum Text selbst gehöre voraussetzt – mit der Differenz von ›Interpretieren‹ und ›Benutzen‹. Vgl. Eco: »Die Grenzen der Interpretation«. München, Wien 1992, vgl. S. 51ff. Hier: S. 54.

275 Riedel: »Ueber das Publikum«, S. 115.

276 Ebd., S. 114.

277 Ebd., S. 115.

Ein solcher Autor, der nicht fuer alle schreibt, hat also sein eigen Publicum für sich, zusammen gesetzt aus unparteyischen Richtern, die ihn vernünftig beurtheilen können und wollen.[278]

Damit gelangt Riedel jedoch wieder zum einzelnen ›einsamen‹ Leser, der für sich selbst entscheiden muß, was ihm als gute Literatur gilt. Dessen Urteil aber ist nur subjektiv und sein Geschmack ist für andere Leser wie für Autoren schlechthin nicht zu kalkulieren. Riedels Untersuchung endet mit einer Bankrotterklärung der Publikums-Analyse:

Ich weiß es, daß Leßing, Klopstok, Gleim, Rabener gute Scribenten sind; aber wie soll ich es einem andern beweisen, der nicht in meine Brust schauen und in der seinigen nicht fuehlen kan? Hier verlaeßt mich meine Logik und Aesthetik: gehe hin, sage ich, und koste und wenn du nichts schmeckest, was kan ich dafuer! Nicht die Menge der Auflagen und der Kaeufer, nicht das Lob der Journale, nicht die Groeße des Soldes, welchen der Autor empfängt, nicht die Anzahl der Zuhoehrer, die seiner Schrift verlangt haben, nicht sein Titel, selbst nicht sein Ruhm können den Werth seiner Schrift bestimmen. [...] Wer also nicht selbst empfinden kan, dem soll man es auch nicht beweisen, daß ein Autor gut, oder elend ist; man kan es nicht.[279]

Wenn die Qualitäten der Texte die Leser nicht von sich aus zu überzeugen vermögen und wenn äußere Erfolge – wie sie Riedel aufzählt – nicht als Maßstab für Qualität gelten können, dann ergibt sich die Notwendigkeit, die Leser mit allen Möglichkeiten zur Reflexion ihres eigenen Leseverhaltens anzuregen. Und doch: Hinsichtlich des Lesens bleibt ein Wunsch unverändert bestehen:

Mit den Autoren ist kein Mitleid zu haben – und den Lesern ist nicht zu helfen. Aber gleichwohl wäre zu wünschen, daß die Leute besser lesen lernten.[280]

---

278 Ebd., S. 116. Er nennt Wielands frühe Werke, die »Sympathien«, »Die Natur der Dinge«, und den »Cidli«. Darüber hinaus »Meßiaden«, »allegorische Oden«, »theoretische Schriften und Rhapsodien über die Empfindung«, worunter die seine fällt.

279 Ebd., S. 117. Auch Hamann notiert unter dem Stichwort ›Publikum‹: »– daß aus einem einzigen Leser besteht, wie dieses Register aus einem einzigen Buchstaben.« J. G. Hamann: »Kleiner Versuch eines Registers über den einzigen Buchstaben P«. In: ders.: Schriften. Hg. v. Friedrich Roth. Berlin 1821, Zweyter Theil, S. 342.

280 Wieland: Wie man liest. »Eine Anekdote«. In: Teutscher Merkur. I,1 (1781), S. 74.

V. Nachwort: Lesen als Form der Beobachtung

Die vorliegende Arbeit soll nicht weiter ausgedehnt werden. Kann es ein Ergebnis, eine Synthese geben? Ja und nein. Zunächst ist zu begründen, warum die Zeit seit dem Ende des 18. Jahrhunderts hier nicht weiter berücksichtigt wird.

Mit dem ›Strukturwandel des literarischen Lebens‹ setzt sich in der zweiten Hälfte des 18. Jahrhunderts ein Dispositiv durch, das den Diskurs der Literatur institutionalisiert und verbreitet. Seitdem sind Literatur und Bildung eng miteinander verkoppelt, und erst im 20. Jahrhundert wird diese Koalition wieder brüchig.[1] Doch in den Institutionalisierungen von Literaturbetrieb und Geisteswissenschaften werden keine grundsätzlich neuen Konzepte der Kunst des Lesens entwickelt. Die ›innere‹ Geschichte des Lesen darf insofern, mit dem hier beschriebenen Inventar an Lektüretechniken, als komplett gelten. Welche Formen der Lektüre auch immer gelehrt, verbreitet und gepflegt, welche alternativen Formen ›brutaler Lektüre‹ die vorherrschenden ›normalen‹ und ›akademischen‹ Lektüren ergänzen,[2] sie alle sind in den Termini der hier behandelten Lektüretechniken zu beschreiben.

Erst nachdem die universale Hermeneutik nicht mehr selbstverständlich das Lesen ausschließlich regiert – wiewohl hermeneutische Operationen keineswegs verabschiedet werden können – öffnet sich der Blick für abweichende, nicht-hermeneutische Lektüren, wie sie Strukturalismus und Poststrukturalismus berühmt gemacht haben. Was neu hinzukommt, ist eine offensive Rolle des Lesens selbst, die Transformation von der Aktivität des Lesers, die das späte 18. Jahrhundert entdeckte und propagierte, zur (Eigen-) Aktivität des Lesens, die in den letzten zwei, drei Jahrzehnten als Gegenbegriff zum hermeneutischen Verfahren gesetzt wurde.[3] »Lesen ist zu einer reflexiven Tätigkeit geworden [...] zum Grundbegriff der Literaturwissenschaft«.[4]

---

[1] Symptomatisch daher die Frage: ›Warum (noch) lesen?‹ Noch auffordernd Christiaan L. Hart-Nibbrig: »Warum Lesen? Ein Spielzeug zum Lesen«. Frankfurt a.M. 1983. Eher defensiv und klagend dagegen jetzt die Generalisierung von Gehrhard Kaiser: »Wozu noch Literatur? Über Dichtung und Leben«. München 1996.

[2] Zur ›brutalen Lektüre‹ siehe Georg Stanitzek: »Brutale Lektüre, ›um 1800‹ (heute)«. Vortrags-MS. Köln, März 1995.

[3] »In diesen Thesen wird gefordert« – so Derrida zur Priorität der Lektüre in der *Grammatologie* – »daß die Lektüre, zumindest axial, den klassischen Kategorien der Geschichte, der Ideengeschichte wie der Literaturgeschichte, aber vielleicht in erster

Doch die ›innere‹ Geschichte des Lesens – begriffen als Reflexion ihrer basalen Techniken – kann nicht nur als historisches Wissen über den Umgang mit alphabetischer Information gelten. Mit den behandelten Lektüretechniken, vor allem den Lesetempi, der Variation und Ökonomie doppelter Lektüre, sind Paradigmen gefunden, die auch in der modernen technisierten Gesellschaft mit ihren Medienstrukturen zentral bleiben. Das liegt nicht einfach nur an der – trotz allem immer noch – beherrschenden Stellung von Schrift als (legitimiertem und autorisiertem) Informations- und Kommunikationsmedium.[5] Vielmehr zeigt die ›innere‹ Geschichte des Lesens, daß Lektüre in seinen verschiedenen Formen nicht nur extrem variabel und funktional differenzierbar ist, sondern mit dem Parameter der Geschwindigkeit und dem Paradigma der Selektion eine allgemeine *Kunst des Lesens* anbietet: Lektüretempo variabel gestalten zu können bedeutet eine perfektionierte *Ökonomie* der Informationsverarbeitung: Der schnelle (Über-) Blick ermöglicht die gezielte Selektion von Stellen, die genau betrachtet werden.[6]

Gerade in der (Welt-) Gesellschaft, in der elektronische Kommunikationsmedien den Zugriff auf mehr Information zunehmend schneller gewährleisten, ist diese Kunst des Lesens unabdingbar. Mit den Archiven – elektronisch oder buchgestützt: Internet oder Bibliothek – wird nutzbringend nur umgehen können, wer diese Ökonomie des Lesens beherrscht, d. h. wer das, was die Kunst des Lesens – noch vor ihren Ergebnissen – ausmacht: Die doppelte Fähigkeit, einerseits auszuwählen zu wissen, und andererseits das Ausgewählte zu sinnvollen Synthesen zu bringen.[7]

Lektüre qualifiziert sich damit – jenseits der metaphorischen Rede einer Lesbarkeit der Welt – als eine Form der Beobachtung *jeder* Form von Information, die der Rede vom Verschwinden des Buches weder Glauben noch Beach-

---

Linie der Geschichte der Philosophie, sich zu entziehen habe.« Derrida: »Grammatologie«, S. 8. Aleida Assmann spricht jetzt von einer »Tendenzwende«, die der neue »Schlüsselbegriff der Literaturwissenschaft« eingeleitet habe. Vgl. Assmann: »Einleitung: Metamorphosen der Hermeneutik«. In: Dies. (Hg.): Texte und Lektüren. Perspektiven in der Literaturwissenschaft. Frankfurt a. M. 1996, S. 7–26, vgl. S. 9 und S. 14ff.

4 A. Assmann ebd., S. 18.

5 Zur Stellung des Lesens heute informieren die Studien der Bertelsmann Stiftung. Hier Angela Fritz und Alexandra Suess: »Lesen. Die Bedeutung der Kulturtechnik Lesen für den gesellschaftlichen Kommunikationsprozeß«. Konstanz 1986. Als Überblick: Angela Fritz: »Leseforschung in einer Mediengesellschaft«. In: IASL 15,2 (1990), S. 202–216. Umfassend: »Lesesozialisation«. 2 Bde. Studien der Bertelsmann Stiftung. Heinz Bonfadelli, Angela Fritz, Renate Köcher, Ulrich Saxer. Gütersloh 1993.

6 Harald Weinrich: »Lesen – schneller lesen – langsamer lesen«. In: Neue Rundschau 95,3 (1984), S. 80–99. Vgl. unten Kapitel III.3.

7 ›Sinn‹ wohlverstanden nicht als in sich zentrierte Bedeutung, sondern als Verweisung auf anderes, das dann in der Kommunikation wiederum aufgenommen oder abgelehnt werden kann. Vgl. zu dieser Umstellung Niklas Luhmann: »Soziale Systeme«, S. 93f.

tung zu schenken braucht. Des Lesens ist kein Ende, so möchte man Salomos Spruch modifizieren, denn das ›Ende der Gutenberg-Galaxis‹, das Marshall McLuhan prophezeit hat, ist mitnichten gleichbedeutend mit dem Ende der Lektüre. Unbestreitbar sind die vielfältigen und tiefgreifenden Veränderungen in den Kommunikationsbedingungen der »Turing-Galaxis«.[8] Doch die Kunst des Lesens als Technik Information anzueignen, indem sinnvolle Verknüpfungen – nicht nur dessen, was in der Hermeneutik als Parallelstelle gilt – geleistet werden, ist weder durch Massenmarkt und Massenmedien noch durch das, was als Internet und Hypertext Karriere macht, zu erledigen. ›Die Medien‹ werden – unter anderem, freilich – die Kunst des Lesens erfordern. Verhandelt wird diese heute unter dem Stichwort ›Wissensmanagement‹. Insofern kann weder die ›innere‹ Geschichte des Lesens, noch die Erörterung ihrer Möglichkeiten beendet werden.

Auf einen lektüretechnischen Aspekt möchte ich hier noch eingehen, der eine Reaktion auf allgemeine zeitgenössische Bedingungen der Lektüre darstellt, bevor abschließend ausgeführt wird, warum es die Geschichte des Lesens nicht geben kann.

1. Noch einmal: Anhalten können

Für den didaktischen wie für den literaturtheoretischen Bereich ist darauf hinzuweisen, daß der Wert des langsamen Lesens heute erneut zur Geltung kommt. Im Unterschied aber zum gelehrten philologischen Konzept der akribisch langsamen Lektüre, deren Wert und Ziel die Genauigkeit der Identifikation von Wort- und Sachbedeutungen war und ist, sind die Voraussetzungen hier anders. Es geht nicht um den Wert der Genauigkeit im Lesen selbst, sondern um eine ›Entautomatisierung‹ selbstverständlich eintrainierter Lesegewohnheiten, die beiden Zielgruppen – Schülern wie Akademikern – vermittelt werden sollen, damit Literatur als Literatur erfahren wird. Die Aufgabe der Entautomatisierung von Lesegewohnheiten bezieht sich auf die allgemeine Verbreitung des schnellen, auf Inhalte zentrierten Informationslesens, das sich in der modernen alphabetisierten Gesellschaft mit ihrer Vielzahl an schriftlichen Informationen etabliert hat. Hierbei spielt nicht nur die Verbreitung von Schrift im Alltag – ein jahrhundertelanger Vorgang – eine Rolle, sondern auch die Form der Schrifttype.

Seit den Möglichkeiten der Messung von Augenreaktionen, Ende des 19. Jahrhunderts, sind in allen Bereichen der Gesellschaft – von Geschäfts-

[8] Für eine hervorragende Darlegung – anstelle vieler anderer zeitgenössischen Schriften, die das Thema umkreisen – siehe Volker R. Grassmuck: »Die Turing-Galaxis. Das Universal-Medium auf dem Weg zur Weltsimulation«. In: Lettre International. 28 (1/1995), S. 48–55.

und Straßenschildern bis hin zu Klassikerausgaben – schneller rezipierbare Schrifttypen entstanden. Das läßt Literatur nicht unberührt. Schon Stefan George entwickelte eigens eine serifenlose Schrifttype, die schon von ihrer Materialität her zu einer langsameren Lektüre seiner Gedichte zwingt.[9] In der Lesedidaktik wird heute in »organisierten Rezeptionssituationen« auf Mittel (u. a. Lückentext) der angeleiteten Verzögerung des erlernten ›flüssigen‹ Lesens gesetzt. Ziel ist es, die Schüler zu einer Lektüre anzuhalten, in deren selbstverständlicher Geschwindigkeit der Wert von Literatur nicht einfach ›überlesen‹[10] wird:

> Als ›Situierung des Lesers zum Text‹ ist die organisierte Rezeptionssituation bereits Bestandteil des Lesevorganges. Sie hat im weitesten Sinne den Charakter einer ›Leseverzögerung‹, d. h. der Leser wird in ein offenes und, da er den Text nicht oder noch nicht als Ganzes kennt, für ihn vorläufig nicht abschließbares Verhältnis zum Text gesetzt. Ein ›automatisch‹ fortschreitender Ablauf der Erstrezeption wird dadurch unmöglich. Die Unterbrechung des Rezeptionsvorganges ist ein Mittel, den Automatismus der Texterfassung aufzubrechen.[11]

Erst die Verzögerung lenkt die Aufmerksamkeit vom Inhalt auf die Sprachformen, deren Zusammenspiel als kunstvoll anerkannt wird. Literarische Texte haben eine Lektüre zu motivieren, die sich nicht nur dem Inhalt, dem Dargestellten widmet, sondern *zugleich* die Art der Darstellung mitliest, um die Besonderheit des jeweiligen Textes (an)erkennen zu können.[12]

Was in der Lesedidaktik als Mittel eingesetzt wird, kommt auch in der Literaturtheorie zum Zuge. Die Dekonstruktion hat eine Literaturtheorie entwickelt, in der der Aktivität des Lesens die entscheidende Rolle zugewiesen wird. Auf die komplexe Theoriebildung der Dekonstruktion kann hier nicht

---

[9] Zum Prozess, der seine Vorläufer in der Verbreitung der kursiven Type im Humanismus und im Neuhumanismus kennt, siehe Friedrich A. Kittler: »Aufschreibesysteme 1800 1900«, S. 211ff. Zu George ebd., S. 265ff.

[10] Der Wandel des Terminus ›überlesen‹ vom wertfreien Begriff ›durchlesen‹ zum pejorativen – oberflächlich, flüchtig lesen – zeigt noch einmal, daß das Lesetempo ein entscheidender Parameter ist. Vgl. hier nur den Art. »überlesen«. In: Deutsches Wörterbuch von Jacob und Wilhelm Grimm. Bd. 23 (= 11,2). Reprint München 1984, Sp. 393ff.

[11] Harald Frommer: »Statt einer Einführung: 10 Thesen zum Literaturunterricht«. In: Der Deutschunterricht 2 (1981), vgl. S. 9ff. Vgl. ders.: »Verzögertes Lesen. Über Möglichkeiten, in die Erstrezeption von Schullektüren einzugreifen«. Ebd., S. 21ff. Für ein umfassendes Programm entautomatisierter Lektüren – auch für wissenschaftliche Texte – siehe die »neun Techniken« bei Lutz v. Werder: »Wissenschaftliche Texte kreativ Lesen«. Berlin, Milow 1994.

[12] Das ist – seit der Erkenntnis des Russischen Formalismus, der die Rolle der Verlangsamung für die Wahrnehmung von Literarizität propagierte – Konsens heutiger Kunsttheorie. Z. B. jetzt Niklas Luhmann: »Die Kunst der Gesellschaft«. Frankfurt a. M. 1995, S. 27 zur »Verzögerung des Lesens«: »Jedenfalls wird das abgeschliffene, rasche, sorglose Lesen blockiert; oder andernfalls liest man den Text nicht als Kunstwerk.« Vgl. auch Christoph Menke: »Die Souveränität der Kunst. Ästhetische Erfahrung nach Adorno und Derrida«. Frankfurt a. M. 1991, S. 47ff. zur »ästhetischen Verzögerung«.

eigens eingegangen werden.[13] Während die Einlassungen zur Lektüre in der philosophischen Dekonstruktion Derridas eher nebulös bleiben,[14] rekurriert die philologische Variante Paul de Mans entschieden auf den Effekt, den eine spezifische Lektüre hervorbringt, die zunächst nur den Text selbst beobachtet.[15] Dieses aus dem New Criticism übernommene Konzept des ›close reading‹ unterscheidet sich allerdings von der werkimmanenten Interpretation wie vom Verfahren des New Criticism, indem es zu einer Beobachtung der Funktionsweise von Texten anleiten möchte, die weitreichende Konsequenzen hat.[16]

Paul de Man hat die Umstellung auf dieses verlangsamende Lektürekonzept und dessen überraschenden Effekt genau beschrieben. Er berichtet seine eigene Erfahrung im Unterricht bei Reuben Brower, der sich auf den ›practical criticism‹ I. A. Richards stützt. Das ›close reading‹ wird dabei zunächst als striktes Verbot, außertextuelle Begriffe zu verwenden, inszeniert:

> Students, as they began to write on the writings of others, were not to say anything that was not derrived from the text they were considering. They were not to take any statement that they could not support by a specific use of language that actually ocurred in the text. They were asked, in other words, to begin by reading texts closely as texts and not to move at once into the general context of human experience or history. Much more humbly or modestly, they were to start out from the bafflement that such singular turns of tone, phrase, and figure were bound to produce in readers attentive enough to notice them and honest enough not to hide their not-understandig behind the screen of received ideas that often passes, in literary instruction, for humanistic knowlegde.[17]

Diese Arbeitsanweisung führt nicht nur zu einer größeren Genauigkeit einzelnen Worten und Strukturen des Textes gegenüber, sondern, so de Man, zu einem Effekt, der das Lesen selbst als *Eigenwert*, als eigenmächtige und subversive Größe der Philologie inauguriert:

---

[13] Für einen Überblick siehe Jonathan Culler: »Dekonstruktion«. Zur Rolle der Lektüre speziell David Martyn: »Die Autorität des Unlesbaren. Zum Stellenwert des Kanons in der Philologie Paul de Mans«. In: Ästhetik und Rhetorik. Lektüren zu Paul de Man. Hg. v. K. H. Bohrer. Frankfurt a. M. 1993, S. 13–33.

[14] So heißt es: »Die Lektüre hingegen muß ein bestimmtes, vom Schriftsteller selbst unbemerktes Verhältnis zwischen dem, was er an verwendeten Sprachschemata beherrscht, und dem, was er nicht beherrscht, im Auge behalten.« Derrida: »Grammatologie«, S. 273. Wenig erhellend: Michel Lisse: »Zu lesen geben«. In: Ethik der Gabe: Denken nach Jacques Derrida. Hg. v. Michael Wetzel und Jean-Michel Rabaté. Berlin 1993, S. 19–37.

[15] Zur Konzeption der Dekonstruktion als Philologie und den Unterschieden zu Derrida siehe Lutz Ellrich und Nikolaus Wegmann: »Theorie als Verteidigung der Literatur? Eine Fallgeschichte: Paul de Man«. In: DVjS 64 (1990), S. 467–513.

[16] Zur Differenzierung der Methoden, bei gleicher Verwendung des Lektürekonzepts ›close reading‹, siehe Michael Weitz: »Zur Karriere des Close Reading: New Criticism, Werkästhetik und Dekonstruktion«. In: Einführung in die Literaturwissenschaft. Hg. v. Miltos Pechlivanos, Stefan Rieger, Wolfgang Struck und Michael Weitz. Stuttgart, Weimar 1995, S. 354–365.

[17] Paul de Man: »The Return to philology«. In: ders.: The Resistance to Theory. Hg. v. Wlad Godzich. University of Minnesota, Minneapolis 1986, S. 21–26. Hier: S. 23.

> Mere reading, it turns out, prior to any theory, is able to transform critical discourse in a manner that would appear deeply subversive to those who think of the teaching of literature as a subsitute for the teaching of theology, ethics, psychology, or intellectual history. Close reading accomplishes this often in spite of itself because it cannot fail to respond to structures of language which it is the more or less secret aim of literary teaching to keep hidden.[18]

Indem das ›close reading‹ den Wirkungsstrukturen des Textes nachgeht, muß es notwendig ein langsameres Tempo anschlagen.[19] Von de Man wird Lektüre hier als eine Größe empfohlen, die als *Widerstand* gegen eine allzuschnelle Applikation von Metaphern und Begriffen auf geistesgeschichtliche Diskurse einzusetzen ist.[20] In dieser Berufung auf den Wert des langsameren Lesens als Vorsicht in der Interpretation stimmt de Man mit Nietzsche überein.[21] Die Form der Lektüre ist selbst der »return to philology«, den Paul de Man programmatisch einfordert.

Es bleibt jedoch daran zu erinnern, daß die Privilegierung einer Lektüretechnik ihren Widerpart nicht einfach spurlos ersetzen kann. Eine einfache Umkehrung oder Vertauschung von Kategorien ist auch per definitionem nicht das Anliegen von Dekonstruktion. Vielmehr erinnert de Mans Lektüreanweisung daran, daß *innerhalb* des Lesens die Tempi schnell und langsam nicht nur schon statthaben, sondern ihre Voraussetzung jeweils in ihrem Gegenüber haben. Denn genau das wird mit dem ›close reading‹ beobachtbar: Die Übersetzung von Signifikanten in Signifikate, von Metaphern in Begriffe, kurz von figuraler Bedeutung in wörtliche Bedeutung und vice versa, die ansonsten unwillkürlich und unreflektiert im Lesen immer schon vor sich geht. Während ›Lesen‹ gemeinhin eine ›flüssige‹ Übersetzung von Zeichen in wörtliche oder figurale Bedeutung in Richtung des Verstehens ihrer Bedeutung und ihres Zusammenhangs meint, forciert de Mans ›close reading‹ genau diese Stelle: Die Entscheidung, die der Leser immer schon treffen muß – schon getroffen haben wird – zwischen figuraler oder wörtlicher Bedeutung der Zeichen. Erst die Verlangsamung ›zeigt‹ die Schnelligkeit, mit der diese zentrale und problematische (Vor-)Entscheidung als Übersetzung geleistet, aber als zentrale und problematische Setzung überlesen wird.

Es kommt auch hier auf die dynamische Spannung *beider* Seiten der Lektüretechniken schnell und langsam an.[22] Während das langsame Lesen die Struktu-

---

[18] Ebd., S. 24.

[19] »*Close reading* heißt hier also, die Aufmerksamkeit dem rhetorischen Modus oder Status wichtiger Details zuzuwenden.« Culler: »Dekonstruktion«, S. 277.

[20] Zum Konzept ›Widerstand‹ (resistance) vgl. ausführlich Paul de Man: »The resistance to theory«. In ders.: The Resistance to Theory, S. 3–21.

[21] »Ephexis« in der Interpretation war das Stichwort Friedrich Nietzsches. Vgl. unten Kapitel II.2.

[22] Nicht umsonst steht Pascals Diktum, »Quand on lit trop vite ou trop doucement on n'entend rien« (»Penseés«, II, 69) als Motto Paul de Mans »Allegories of Reading«. New Haven, London 1979.

ren von Texten in den Begriffen von Grammatik und Rhetorik identifiziert, ist diese Arbeit schon auf die Voraussetzung des Zusammenhangs von Figur und Bedeutung angewiesen. Umgekehrt lassen sich Bedeutungen eines Textes nicht lesen, wenn sie kein – wie auch immer diffuses – Vorwissen über die figuralen Signifikationsformen von Sprache begleitet. Lesen *bewegt sich* zwischen den Spannungspolen von Poetik und Hermeneutik, zwischen einem langsamen Lesen, das in akribischer Manier Sprachstrukturen identifiziert und einem ›flüssigen‹ Lesen, das den Wörtern mehr oder minder automatisch Bedeutungen zuordnet. Entscheidend ist die Form der Bewegung zwischen diesen methodischen Polen, die keine Passage oder einen Transport von hin und her darstellt, sondern eher ein Oszillieren, das die Rückkopplung des einen mit dem anderen wechselseitig bedingt. Beide Formen der Beobachtung von Texten zeitigen zwar ihre eigenen in sich schlüssigen Ergebnisse, doch letztlich sind sie, so de Man, voneinander abhängig und aufeinander verwiesen. In einer längeren Passage zum Titel der Konstanzer Forschungsgruppe »Poetik und Hermeneutik« wird die Korrelation ausgeführt:[23]

> Hermeneutics is, by definition, a process directed toward the determination of meaning; it postulates a transcendental function of understandig, no matter how complex, deferred, or tenuous it might be, and will, in however mediated a way, have to raise questions about the extralinguistic truth value of literary texts. Poetics, on the other hand, is a metalinguistic, descripitv or prescriptive discipline that lays claim to scientific consistency. It pertains to the formal analysis of linguistic entities as such, independently of signification; as a branch of linguistics, it deals with theoretical models prior to their historical realization. [...] If – to abuse once more one of the most outworn examples in literature – on noting that Homer refers to Achilles as a lion, I conclude that Achilles is courageous, this is a hermeneutic decision; if, on the other hand, I examine, with Aristotle, wether Homer is using a simile or Metaphor, this is a consideration in the sphere of poetics. The two procedures have very little in common. It is clear, [...] that one has to have ›read‹ the text in terms of poetics to arrive at a hermeneutic conclusion. One has to have become aware that this is a figure, otherwise one would simply take it to mean that Achilles has changed the species or that Homer has taken leave of his senses. But one also has to read it hermenetically to ›understand‹ it as poetics: one has to acknowlegde Achilles' courage as well as his humanity to notice that something occurs in the language that does not normally occur in the natural or social world, that a lion can be substituted for a man. All that this hasty piece of improvised poetics is meant to suggest is that hermeneutics and poetics, different and distinct as they are, have a way of becoming entangled, as indeed they have since Aristotle and before. One can look upon the history of literary

[23] Hans Robert Jauss antwortete – verblüfft? –: »I feel understood by you in my intentions and limits, in some positions even ›better that I understood myself.‹ This is also true for my research group, whose name ›Poetik und Hermeneutik‹ has never been more accurately commented on than by you.« H. R. Jauss: »Response to Paul de Man«. Translated by Andreas Michel. In: Reading de Man Reading. Hg. v. Lindsay Waters and Wlad Godzich. Minneapolis 1989, S. 202–208. Hier: S. 203.

> theory as the continued attempt to disentangle this knot and to record the readons for failing to do so.[24]

Indem die Dekonstruktion de Mans beide Lektürekonzepte zueinander in Beziehung setzt und ineinander begründet, gelangt er zu (s)einem Textmodell einer grundsätzlich aporetischen Spannung, die sich unaufhebbar zwischen Dargestelltem und Art der Darstellung immer schon eingeschrieben hat und die den Text und seine Lektüren hervorbringt und bestimmt. Insofern hat Dekonstruktion ihre Voraussetzungen in der metonymischen Privilegierung einer einzelnen Lektüretechnik – sei es Entzifferung von Strukturen unter Vernachlässigung der spezifischen Bedeutung in ihren Kontexten, sei es ›Verstehen‹ von Texten ohne Reflexion der bedeutungsgenerierenden figuralen Dimension von Sprache.[25] Das erlaubt ihr – trotz aller Kritik – eine zeitgemäße Theoriebautechnik anzubieten, indem sie als eine Beobachtung zweiter Ordnung immer schon *beide* Seiten einer Unterscheidung beobachtet.[26] Historisch sind diese Voraussetzungen insofern die vereinseitigenden Effekte lektüretechnisch vor allem im rein kursorischen oder ›extensiven‹ Lesen zum Tragen kommen, das sich seit dem 18. Jahrhundert allgemein etabliert hat. Das erklärt auch den Lektürekanon der Dekonstruktion, der selten hinter Rousseau zurückgreift. Obwohl sich die Struktur des Zeichens als a-historische Matrix ausweist, an der Dekonstruktion ansetzt, kennt deren Organisation in der Lektüre – durch Lektüretechniken – historische Formen.[27]

[24] Paul de Man: »Reading and History«. In: ders.: The Resistance to Theory, S. 54–72. Hier: S. 55f.

[25] Bei dieser groben Umschreibung muß es hier bleiben. Die Kritik an binären Oppositionen kann als allgemeine Matrix der Dekonstruktion angesehen werden. Sie erlaubt ihr auch jene provozierenden Verallgemeinerungen, sei es die ›Einebnung‹ von Philosophie und Literatur in der Kategorie Text, sei es die Thematisierung nicht nur der Unentscheidbarkeit von figuraler und wörtlicher Bedeutung, konstativer und performativer Sprechakte von Texten, sondern auch der Kategorien von Geschichte, Geschlecht, Gerechtigkeit und Ethik usf.

[26] Vgl. Niklas Luhmanns Vereinnahmung der Dekonstruktion. Luhmann: »Deconstruction as Second Order Observing«. In: New Literary History 24 (1993), S. 763–782. Vgl. ders: »Die Wissenschaft der Gesellschaft«, S. 92ff., S. 111ff. Jetzt auch ders.: »Die Kunst der Gesellschaft«, S. 159ff.

[27] »[N]ichtsdestoweniger glauben wir, daß diese Unmöglichkeit [das Signifikat vom Signifikanten zu trennen, um den einen Sinn festzustellen] sich historisch artikuliert. Nicht immer begrenzt sie [die Lektüre] in derselben Weise, in demselben Maße und nach denselben Regeln die Entzifferungsversuche.« Derrida: »Grammatologie«, S. 276.

2. Das Innere der Geschichte des Lesens oder warum es die Geschichte des Lesens nicht geben kann

Das hier vorgestellte Modell für eine ›innere‹ Geschichte des Lesens – Lektüretechniken als formale Parameter, dem Medium des phonetischen Alphabets Form zu geben, von Lektürepraktiken und -konzepten und ihren kulturellen Konfigurationen zu unterscheiden – gelangt zu dem Ergebnis, daß sich zwar die Lektüretechniken wiederholen lassen, jedoch nicht die Lektürepraktiken und -konzepte, die sich aus der Verbindung der Privilegierung einer Lektüretechnik (bzw. ihrer Kopplung) mit kulturellen Werten ergeben, also aus einer Übertragung von Lektüre auf geforderte Werte und Funktionen.

Das ergibt das ›doppelte Register‹ der ›inneren‹ Geschichte des Lesens (vgl. Kapitel I), deren Möglichkeiten darin bestehen, unter Zugrundelegung dieser Unterscheidung *im* Lesen, jeweilige historische Thematisierungen von Lektüre selbst genauer zu beobachten und so zu einem höheren Grad an Differenzierung bezüglich der Unterschiede von Lektüreformen beizutragen. Weitere Studien sind hier sicherlich anzuschließen.

Doch das bedeutet nichts weniger als daß sich auch die ›innere‹ Geschichte des Lesens aus nichts anderem konstituiert, als aus ihren eigenen Operationen: Erst Lektüren produzieren die Geschichte des Lesens. Das gilt nicht nur für die ›innere‹ Geschichte des Lesens. Nur durch Lektüre werden historische Zeugnisse erinnert und wiederverwendbar. Dabei werden sie zwangsläufig modifiziert und nicht selten uminterpretiert. Die ›innere‹ Geschichte des Lesens weist darauf hin, daß solche Uminterpretationen als Möglichkeit von Aneignungen der Tradition nicht nur innerhalb allgemeiner Kategorien von Historizität und Vorurteil statt hat (wie in den Modellen der universalen Hermeneutik und ihrer »Horizontverschmelzung«), also im Wandel des Geschichtsprozesses, sondern schon auf der gleichsam mikrologischen Ebene des Lesens selbst. Geschichten, die diesen zentralen Anteil der Lektüre an ihrer Konstitution ausblenden, schreiben sich freilich leichter.

Denn für die Thematisierung und Konstitution einer inneren – wie jeder anderen – Geschichte des Lesens bedeutet dies nichts anderes, als daß die Beobachtung und Konstitution der Geschichte des Lesens die Struktur einer *Wiederholungslektüre* hat. Diese Wiederholungslektüre hat nicht die Form der ›intensiven Lektüre‹, die Rolf Engelsing beschrieben hat. Es geht nicht um die rituelle Lektürepraxis, sich in nochmaliger Lektüre eines schon vorausgesetzten Sinnes (bzw. Glaubenswahrheiten jeder Art) zu vergewissern, ihn zu bestätigen und diesen zu memorieren.[28] Vielmehr ist hier die spezifisch *literarische* Form

[28] »Solches Lesen ist Teil einer Mentalität, die auf dem Andauern des Bestehenden gründet; Veränderung, Wandel gehört weder zur Erfahrung noch zur Lebensperspektive des einzelnen: Die Texte, die schon für die Eltern Autorität waren, verlieren ihren Wert nicht, weil sie keine Aktualität zu verlieren haben, ihre Aussagen zeitlos

von Wiederholungslektüre angesprochen. Diese liest nicht Identisches neu, sondern vielmehr die Differenzen innerhalb der (gewünschten) Identität von Text und Bedeutung, sei es in der von J. M. Gesner vorgeschlagenen Weise einer gekoppelten doppelten Lektüre mit verschiedenen Lesetempi, sei es in einer wiederholten Lektüre über einen längeren (persönlichen oder kollektiven) Zeitraum hinweg, der zu Kanonisierungsformen innerhalb der kulturellen Kommunikation führt. Die implizite Voraussetzung dieser Art von Wiederholungslektüre liegt in der – schon vorausgesetzten – Annahme einer (literarischen) Qualität des Textes, die – paradoxerweise – erst in den voneinander differierenden Lektüreerfahrungen generiert wird.[29]

Die Wiederholungslektüre restauriert nicht das schon Bekannte, sondern generiert das vom Bekannten Differente, indem sie im Bekannten Neues entdeckt. »Ein jedes Lesen muß doch, wenn es denn wirklich ein Lesen sein soll, anders als ein anderes Lesen verlaufen, sonst könnte es gleich unterbleiben.«[30] Dieses »andere Lesen« resultiert zunächst aus einer Verschiebung der Gewichtungen beim Lesen unter Beteiligung des Gedächtnisses:

> Die Wiederholung ist ein Genuß anderer Art, außer, wenn man vergessen hat. Aber, gutes Gedächtniß vorausgesetzt, tritt bei der zweiten Lectüre das stoffliche Interesse zurück gegenüber dem formalen: also nicht vorübereilende Spannung, sondern verwirklichter Genuß. Man will im Einzelnen sehen, wie es der Autor gemacht hat. Jedenfalls ist die Absicht, schon Bekanntes noch genauer, noch im Einzelnen, also überhaupt wieder zu genießen.[31]

In der literarischen Kommunikation konnte diese Textqualität – wiederholt etwas anderes zu ›sagen‹ als Wert ›guter‹ – verabsolutiert ›klassischer‹ – Werke mit ihrer vermeintlich überhistorischen ›Sagkraft‹ werden.[32] Der kulturelle Prozess kollektiver Wiederholungslektüre stellt damit einzelne Texte auf Dauer (in der kulturellen Erinnerung) und kanonisiert sie, indem die Erfahrung der Wiederholungslektüre, – daß auch das schon Gelesene erneut überraschen

---

gültig sind.« So Erich Schöns historische Präzisierung dieser Lektürepraxis, vgl. E. Schön: »Verlust der Sinnlichkeit«, S. 40.

[29] So das – schon zitierte – Paradoxon Jean Pauls: »Wenn ein Buch nicht werth ist 2 mal gelesen zu werden, so ists auch nicht werth 1 mal gelesen zu werden.« Jean Paul: Vorrede zum »Siebenkäs«, zitiert nach Georg Stanitzek: »›O/1‹, ›einmal/zweimal‹«, S. 122 (vgl. unten Kapitel III.3).

[30] So Erhard Kästner: »Planvolles Lesen«. In: Das kleine Buch der 100 Bücher. Hg. v. Dieter Lattmann. München 1966, S. 4. Daraus folgt: »Am Maße des Wiederlesens ermißt sich der Typus des Lesers.« Kästner teilt in »Novitätenleser« und »Wiederleser« ein. Das ist gängig: »Erstens liest die Mehrheit nie etwas zweimal.« C. S. Lewis: »Über das Lesen von Büchern«. Freiburg i. Br. 1966, S. 10

[31] Wilhelm Scherer: »Poetik«. Mit einer Einleitung und Materialien zur Rezeptionsanalyse hg. v. Günter Reiss. Tübingen 1977.

[32] Lyrik ist – so etwa die klassische Auffassung formuliert von Ezra Pound – »news that stays news«. Vgl. Ezra Pound: »ABC of Reading«. Norfolk, Conneticut. o. J. (1934), S. 29.

kann – als Qualität anerkannt wird.[33] Diese Qualität wird gemeinhin in kulturelle Formeln gefaßt, gegen die sich wiederum erneute Re-Lektüren richten können, wenn nicht müssen.[34]

Doch damit nicht genug. Denn die Wiederholungslektüre gewinnt nicht einfach nur einen neuen »Sehe-Punct« (Chladenius), einen Perspektivwechsel, der schlicht andere Aspekte und Kontexte der Texte kumulativ zu einer Summe rundet. Mit der hermeneutischen These von der Unausdeutbarkeit von Texten war zwar ein Modell gefunden, das immer wieder neue Lesarten zuläßt – kanalisiert durch die problematische Instanz eines ›Autorwillens‹ – ohne auf die Erschöpfung des Sinns zu stoßen. Doch diese Unausdeutbarkeit ist selbst abhängig von dem Modus der Wiederholungslektüre, der hier in Frage steht. Dieser Modus ist vor allem die Erfahrung der Differenz. Der Text ist nicht der Text, für den er gehalten wurde, er differiert von sich selbst.

Die Erfahrung der Wiederholungslektüre addiert nicht neue Leseerfahrungen zu den alten der ersten Lektüre – indem andere Gesichtspunkte und Kontexte neue Signifikate der Deutung abgeben – sondern rekapituliert und verschiebt die erste Lektüre, verunsichert sie, stellt sie in Frage. Roland Barthes hat dies in ein weiteres Paradoxon der Wiederholungslektüre gefaßt: »Eine wiederholte Lektüre [...] allein bewahrt den Text vor Wiederholung (wer es versäumt wiederholt zu lesen, ergibt sich dem Zwang, überall die gleiche Geschichte zu lesen)«.[35]

Während die kulturellen Gepflogenheiten den Lektürekonsums (›durchlesen‹) nur den inhaltlichen Sinn, die Moral der Geschichte, wiederholen möchte, weist Barthes' Spiel mit der Homonymie (Wiederholung ist nicht Wiederholung) auf eine Texterfahrung der Differenz: »Sie liegt in der Art und Weise, in der er [der Text] von sich selbst abweicht, von sich selbst differiert. Und diese Differenz wird nur in einem Akt des Wiederlesens wahrgenommen.«[36]

---

[33] In dieser Form – ein wenig pathetisch – auch Jacques Derrida in seiner »Einleitung« zur Sammlung seiner Arbeiten zum Werk Maurice Blanchots: »Und tatsächlich hatte ich während dieser Jahre geglaubt, die fiktionalen Werke Blanchots wiederzulesen. In Wahrheit entdeckte ich sie.« Derrida: »Gestade«. Hg. v. Peter Engelmann. Wien 1994, S. 12.

[34] Ausführlich siehe David Martyn: »Die Autorität des Unlesbaren. Zum Stellenwert des Kanons in der Philologie Paul de Mans«.

[35] Roland Barthes: »S/Z«. 2. Aufl. Frankfurt a.M. 1994, S. 20 (orig. Paris 1970).

[36] So Barbara Johnson in ihrer Analyse der »kritischen Differenz«, die sie als Instrument ihrer dekonstruktiven Lektürearbeit übernimmt. »Eine dekonstruktive Lektüre ist eine Lektüre, die die jeweilige Besonderheit der kritischen Differenz eines Textes zu sich selbst analysiert.« Barbara Johnson: »The Text in the Plural. Critical Difference in BartheS/BalZac«. In: dies.: The Critical Difference. Essays in the Contemporary Rhetoric of Reading. Baltimore 1980, S. 3–12. Hier zitiert nach der deutschen Übersetzung jetzt in: A. Assmann (Hg.): Texte und Lektüren, S. 142–155. Hier: S. 143 und S. 145. Auch Niklas Luhmann betont die Differenz in der Wiederholung, gerade auch bezüglich Kunstwerken: »Und nicht zuletzt darin liegt ein Qualitätstest der Kunstwerke: daß man sie im Bewußtsein ihrer ›Einmaligkeit‹ immer wieder anders wahrnehmen kann.« Vgl. Luhmann: »Die Kunst der Gesellschaft«, S. 69.

Das ist genau das, was in der zirkulären Struktur des hermeneutischen Zirkels ausgeschlossen bleibt, weil dort ein Zusammenhang des – a priori sinnhaft vorausgesetzten – ›Ganzen‹ als Zusammenspiel der Teile angenommen wird, der sich – wie auch immer aufgehoben in unendlicher Aproximation – rundet. Hier führt Wiederholungslektüre nur zur korrigierenden Präzisierung eines Sinnes, dessen man habhaft werden möchte. Doch »es ist nicht gesagt, daß derselbe Text uns ein zweites Mal gefallen wird.«[37] Texte sind – weder als literarische, noch als kulturelle Kategorie – keine einfachen bedeutungstragenden Einheiten. Text heißt Gewebe. Anders gesagt: Wiederholungslektüre differenziert auch die Vorstellung von der Einheit der Kategorie zum »pluralen Text«[38]

Genau deshalb kann es keine Geschichte des Lesens geben. Denn diese Geschichte resultiert wesentlich aus Lektüren, deren Operationen und Ergebnisse zeigen, daß eine kritische Differenz als Struktur der Geschichte des Lesens erkannt werden muß, die nicht allein in der Differenz *zwischen* Lektüretechniken (und ihren -praktiken und -konzepten mit ihren kulturellen Konfigurationen) liegt, sondern vielmehr *in der Differenz des als Identität vorausgesetzten Lesens zu sich selbst.* Laut lesen ist nicht nur different zu stiller Lektüre, sondern ebenso zum gleichnamigen laut Lesen. Die Wiederholungslektüre ent-deckt – will man sagen: dekonstruiert? – daß Lesen keine Identität mit sich selbst kennt, sondern in sich von sich selbst differiert. In diesem genauen Sinn ist ›Lesen unlesbar‹, wie das Verdikt Paul de Mans mit seinem Übergang von der Unausdeutbarkeit zur Undeutbarkeit lautet. Lesen ist unlesbar, weil es – indem es gelesen werden muß – entdeckt, daß die notwendigen Differenzierungen zu weiteren notwendigen Differenzierungen der Differenzen führt, die sich nicht wieder auf eine (ursprüngliche) Einheit zurückführen lassen.[39]

---

37 Roland Barthes: »Die Lust am Text«. Frankfurt a.M. 1974, S. 78. Oder anders gewendet: »Der Text Menards und der Text Cervantes' sind Wort für Wort identisch; doch ist der zweite nahezu unerschöpflich reicher.« J. L. Borges: »Pierre Menard, Autor des Quijote«. In: ders.: Sämtliche Erzählungen. München 1970, S. 168.

38 Vgl. Barthes: »S/Z«, S. 12ff. Es ist nicht so, daß Barthes keine anderen Funktionen von Wiederholungslektüre kennt. Vgl. ders.: »Die Lust am Text«, S. 62ff., wo er die »Wiederkäumaschine« identischer Wiederholung als »Stereotypie« ideologischer Funktionen herausstellt und von Wiederholung als Exzeß – »bis zum Exzeß wiederholen, das heißt, sich verlieren« – absetzt.

39 Barbara Johnson formuliert folgendermaßen: »Die Lektüre verfährt hier durch die Identifizierung und Enthüllung von Differenzen mittels anderer Differenzen, die nicht völlig identifiziert und enthüllt werden können. Den Ausgangspunkt bildet oft eine binäre Differenz, die sich im folgenden als Illusion erweist, die von viel schwieriger festzustellenden Differenzen erzeugt wird. Es zeigt, sich, daß Differenzen *zwischen* Entitäten (Prosa und Poesie, Mann und Frau, Literatur und Theorie, Schuld und Unschuld) auf der Verdrängung von Differenzen *innerhalb* der Entitäten beruhen, darauf also, wie eine Entität von sich selbst differiert. Die Weise aber, wie ein Text derart von sich selbst differiert ist niemals einfach; sie hat eine gewisse rigorose kontradiktorische Logik, deren Wirkungen bis zu einem bestimmten Grade gelesen werden können.« B. Johnson: »The Critical Difference«, S. Xf., hier zitiert nach der Übersetzung in Culler: »Dekonstruktion«, S. 273.

Die Geschichte des Lesens ist weder lesbar noch schreibbar, nicht weil sie noch offen ist oder empirisch nicht genügend Informationen gesammelt und verknüpft werden könnten, sondern weil sie in ihrer Konstitution notwendig die Differenz ihres Gegenstandes mitkonstituieren muß. Das bedeutet nicht, das Projekt aufzugeben. Es bedeutet vielmehr weiter und erneut zu lesen: »cyklisch« lesen (Fr. Schlegel). Darin liegen die *Möglichkeiten* der inneren Geschichte des Lesens.

VI. Literaturverzeichnis

Quellen und Darstellungen

Abbt, Thomas: Rez. ›Don Sylvio‹. In: ADB 1,2 (1765), S. 97–107.

Adam, Konrad: Poetische und kritische Wälder (= Euphorion Beihefte). Heidelberg 1989.

Adam, Wolfgang: Privatbibliotheken im 17. und 18. Jahrhundert. Forschungsbericht 1975–1988. In: IASL 5 (1990), S. 123–173.

Affholderbach, Gunter und Klaudia Strohmann: Von Dichtersesseln, Eselsohren, Schusterjungen und Leseratten. Ein lesenswertes Lesebuch. Mit Illustrationen von Michael Krupp. Siegen 1985.

Alewyn, Richard: Klopstocks Leser. In: Festschrift für Rainer Gruenter. Hg. v. Bernhard Fabian. Heidelberg 1978, S. 100–121.

Alsted, Johann Heinrich: Encyclopaedia septem tomae distinctae. Herborn 1630.

Altmann, Alexander: Moses Mendelssohns Frühschriften zur Metaphysik. Tübingen 1969.

Anderegg, Johannes: Fiktion und Kommunikation. Ein Beitrag zur Theorie der Prosa. 2. Aufl. mit einem Nachwort. Göttingen 1977.

Anderson, John R.: Kognitive Psychologie. Eine Einführung. Heidelberg 2. Auflage 1989.

Anonym: Lesen und Leser. In: Der Mensch. Eine moralische Wochenschrift. 12 Teile. Halle 1751–1756, 2. Teil, 64. Stck. (1751), S. 201–208.

Anonym: Rezension J. C. Stockhausens: Kritischer Entwurf einer auserlesenen Bibliothek. In: Bibliothek der schönen Wissenschaften und freyen Künste. Bd. 4, 1. Stück. 2. Auflage Berlin 1758, S. 456ff.

Aristoteles: Politik. Hg. v. F. F. Schwarz. Stuttgart 1989.

– Rhetorik. Übersetzt von Franz G. Sieveke. München 1980.

– Topik. Übersetzt von E. Rolfes. 3. Auflage Hamburg 1992.

Art. Auctoritas. [L. Calboli Montefusco/S. Z./Gregor Kalivoda] In: Historisches Wörterbuch der Rhetorik. Hg. v. Gert Ueding. Bd. 1, A-Bib. Redaktion Gregor Kalivoda, Franz-Hubert Robling. Tübingen 1992, Sp. 1177–1188.

Art. Biene, Bienenzucht. In: Der kleine Pauly. Lexikon der Antike in fünf Bänden. Hg. v. Konrat Ziegler und Walter Sontheimer. Bd. 1 Aachen-Dichalkon. München 1975, Sp. 898–900.

Art. Commentarii. In: Paulys Real-Encyclopädie der classischen Altertumswissenschaften, Bd. 7,1, Sp. 726ff.

Assmann, Aleida: Die Legitimität der Fiktion. Ein Beitrag zur Geschichte der literarischen Kommunikation. München 1980.

– Die Domestikation des Lesens. Drei historische Beispiele. In: Lesen – Historisch. LiLi 15, H. 57/58 (1985), S. 95–110.

– Die Sprache der Dinge. Der lange Blick und die wilde Semiose. In: Materialität der Kommunikation. Hg. v. H. U. Gumbrecht und K. L. Pfeiffer. Frankfurt a. M. 1988, S. 237–251.

– und Dietrich Harth (Hg.): Mnemosyne. Formen und Funktionen der kulturellen Erinnerung. Frankfurt a.M. 1991.
– und Jan Assmann, Christian Hardmeier (Hg.): Schrift und Gedächtnis (= Archäologie der literarischen Kommunikation I). München 1983.
– und Jan Assman (Hg.): Kanon und Zensur (= Archäologie der literarischen Kommunikation II). München 1987.
Assunto, Rosario: Die Theorie des Schönen im Mittelalter. Köln 1982.
Augustinus, Aurelius: Bekenntnisse. Zweisprachige Ausgabe. Aus dem Lateinischen von Joseph Bernhart. Frankfurt a.M. 1987.
Aust, Hugo: Lesen. Überlegungen zum sprachlichen Verstehen. Tübingen 1983.
– Rezension zu LiLi »Lesen – Historisch«. In: Wirkendes Wort 37 (1987), S. 77–80.
Bacon, Francis: Essays. Hg. v. Levin L. Schücking. Vollständige Ausgabe. Aus dem Englischen von Elisabeth Schücking. 3. Auflage Leipzig 1967.
Balogh, Josef: »Voces Paginorum«, Beiträge zur Geschichte des lauten Lesens und Schreibens. In: Philologus LXXXII (N. F. XXXV) (1926), S. 84–109 und S. 202–240.
Barber, Giles und Fabian, Bernhard (Hg.): Buch und Buchhandel in Europa im 18. Jahrhundert. Hamburg 1981.
Barby, J. H. Chr: Encyklopädie und Methodologie des humanistischen Studiums oder der Philologie der Griechen und Römer. Erster Theil, Berlin 1805.
Barthel, Marga: Das Gespräch bei Wieland. Untersuchungen über Wesen und Form seiner Dichtung. Frankfurt a.M. 1939. Reprint Hildesheim 1973.
Barthes, Roland: Die alte Rhetorik. In: ders.: Das semiologische Abenteuer. Frankfurt a.M. 1988, S. 15–101.
– S/Z. Frankfurt a.M. 1987.
– Die Lust am Text. Frankfurt a.M. 1973.
Bartholini, Thomae: De libris legendis dissertationes, [...] & de vana librorum pompa. Francoforti 1711 (= 2. Ausg. von: ders.: De libris legendis dissertationes VII. cum mantissa poetica editae à Th. Bartholino filio. In: ders.: Dissertationes, orationes et carmina. Hafniae [Kopenhagen] 1676).
Bäuml, Franz: Varieties and Consequences of Medieval Literacy and Illiteracy. In: Speculum 55 (1980), S. 237–256.
Bayle, Pierre: Dictionnaire historique et critique. 4 Bde. 4. Auflage Amsterdam 1730. Deutsche Übersetzung: Peter Baylens Historisches und Critisches Wörterbuch nach der neuesten Auflage von 1740 ins Deutsche übersetzt; auch mit einer Vorrede und verschiedenen Anmerkungen sonderlich bey anstößigen Stellen versehen von Johann Christoph Gottscheden. Leipzig 1741–1744.
Beaujean, Marion: Der Trivialroman im ausgehenden 18. Jahrhundert (= Abhandlungen zur Kunst-, Musik- und Literaturwissenschaften Bd. 22). Köln 1963.
Becker, Eva: Der deutsche Roman um 1780. Stuttgart 1969.
Beetz, Manfred: »In den Geist der Alten einzudringen«. Altphilologische Hermeneutik als Erkenntnis- und Bildungsinstrument der Weimarer Klassik. In: Klassik und Moderne. Die Weimarer Klassik als historisches Ereignis und Herausforderung im kulturgeschichtlichen Prozeß. Walter Müller-Seidel zum 65. Geburtstag. Hg. v. Karl Richter und Jörg Schönert. Stuttgart 1983, S. 27–55.
Behler, Ernst: Das Wieland-Bild der Brüder Schlegel. In: Wieland 1983. Hg. v. Hansjörg Schelle, S. 349–392.
Benjamin, Walter: Gesammelte Schriften (= Werkausgabe). Unter Mitwirkung von Theodor W. Adorno und Gershom Scholem. Hg. v. Rolf Tiedemann und Hermann Schweppenhäuser. Frankfurt a.M. 1980.
Benoit, Paul: Die Theologie im dreizehnten Jahrhundert. In: Elemente einer Geschichte der Wissenschaften. Hg. v. Michel Serres. Frankfurt a.M. 1994, S. 315–350.

Berger, Tjard W.: Don Quixote in Deutschland und seine Einfluß auf den deutschen Roman (1613–1800). Heidelberg 1908.
Bergk, Johann Adam: Die Kunst Bücher zu lesen. Jena 1799.
– Die Kunst zu denken. Ein Seitenstück zur Kunst, Bücher zu lesen. Unveränderter Nachdruck der Ausgabe Leipzig 1802. München 1973.
Berthold, Christian: Fiktion und Vieldeutigkeit. Zur Entstehung moderner Kulturtechniken des Lesens im 18. Jahrhundert. Tübingen 1993.
Beseke, Johann Melchior Gottlieb: Ueber Lektüre und Selbststudium. In: Deutsches Museum, 1. Bd. Leipzig 1786, S. 360–365.
Bickenbach, Matthias: Release it! Geschicke der Literatur in der ›Kittler-Schule‹. In: Hagen 1. Köln 1995, S. 16–20.
– und Michael Stolzke: Das Gedächtnis. Eine Mediengeschichte. (Ms.).
– und Nikolaus Wegmann: siehe unter Wegmann.
Bierling, Friedrich E. (Hg.): Das Cabinet der Feen oder Gesammelte Feenmährchen in neun Theilen. Nürnberg 1761–1765.
Birt, Theodor: Das antike Buchwesen in seinem Verhältnis zur Litteratur. Berlin 1882.
– Die Buchrolle in der Kunst. Archäologisch-Antiquarische Untersuchungen zum antiken Buchwesen. Leipzig 1907.
– Kritik und Hermeneutik. In: Handbuch der klassischen Altertumswissenschaft, Bd. 1, 3. München 1913.
Blanckenburg, Friedrich von: Versuch über den Roman. (1774). Reprint hg. v. Eberhard Lämmert. Stuttgart 1965.
Blumenberg, Hans: »Nachahmung der Natur«. Zur Vorgeschichte des schöpferischen Menschen. In: Studium Generale, Jg. 10 (1957), S. 266–283.
– Wirklichkeitsbegriff und Möglichkeit des Romans. In: Nachahmung und Illusion (= Poetik und Hermeneutik I). Hg. v. H. R. Jauß, München 1964, S. 9–29.
– Schiffbruch mit Zuschauer. Frankfurt a. M. 1979.
– Die Lesbarkeit der Welt. Frankfurt a. M. 1986.
Bodmer, Johann J.: Von dem Charakter des Don Quixote. In: ders.: Critische Betrachtungen über die Poetischen Gemählde der Dichter. Zürich 1741. Reprint Frankfurt a. M. 1971.
– Critische Abhandlung von dem Wunderbaren in der Poesie und dessen Verbindung mit dem Wahrscheinlichen. Zürich 1740. Reprint Hg. v. H. Bender. Stuttgart 1966.
Bolz, Norbert: Der Geist und die Buchstaben – Friedrich Schlegels hermeneutischen Postulate. In: Ulrich Nassen (Hg.): Texthermeneutik – Aktualität, Geschichte, Kritik. Paderborn u. a. 1979, S. 79–112
Bordieu, Pierre und Chartier, Roger: La lecture: une pratique culturelle. In: Pratiques de la lecture. Hg. v. R. Chartier. Marseille 1985, S. 271–239.
Bordieu, Pierre: Lektüre, Leser, Gebildete, Literatur. In: ders.: Rede und Antwort. Frankfurt a. M. 1992, S. 119–131.
Borges, J. L.: Vom Bücherkult. In: ders.: Inquisitionen. Frankfurt a. M. 1992, S. 122–127.
– Pierre Menard, Autor des Quijote. In: ders.: Sämtliche Erzählungen. München 1970, S. 161–170.
– und Oswaldo Ferrari: Lesen ist denken mit fremden Gehirn. Gespräche über Bücher & Borges. Zürich 1990.
Bornscheuer, Lothar: Zur Ursprungsgeschichte des europäischen Argumentierens im historischen Kontext von Mythos (Tragödie), Rhetorik und Philosophie. In: Poetica 22 (1990), S. 217–241.
Bosse, Heinrich: Theorie und Praxis bei Jean Paul. Bonn 1970.
– Autorschaft ist Werkherrschaft. Paderborn u. a. 1981.

– Dichter kann man nicht bilden. Zur Veränderung der Schulrhetorik nach 1770. In: Jahrbuch für internationale Germanistik 10, (1979), S. 80–125.
Böttiger, Karl August: Ueber Misbrauch der deutschen Lektüre auf Schulen und einigen Mitteln dagegen. Leipzig 1787.
– Literarische Zustände und Zeitgenossen. In Schilderungen aus Karl Aug. Böttiger's handschriftlichen Nachlasse. Hg. v. K. W. Böttiger, Bd. 1. Berlin 1838.
Bracht, Edgar: Der Leser im Roman des 18. Jahrhunderts. Frankfurt a. M. 1987.
Brant, Sebastian: Von unnützen Büchern. In: ders.: Das Narrenschiff. Übertragen v. H. A. Junghans. Durchgesehen und mit Anmerkungen sowie einem Nachwort neu hg. v. Hans-Joachim Mähl. Stuttgart 1964, S. 12–14.
Brogsitter, Karl Otto: Das hohe Geistergespräch. Studien zur Geschichte der humanistischen Vorstellungen von einer zeitlosen Gemeinschaft der großen Geister. Bonn 1958.
Buch und Buchhandel in Europa im achtzehnten Jahrhundert. Fünftes Wolfenbütteler Symposion 1977. Hg. v. Gilles Barber und Bernhard Fabian (= Wolfenbütteler Schriften zur Geschichte des Buchwesens Bd. 4). Hamburg 1981.
Buck, August (Hg.): Erasmus und Europa. Wiesbaden 1988.
– (Hg.): Juan Luis Vives (= Wolfenbütteler Abhandlungen zur Renaissanceforschung 3). Wolfenbüttel 1981.
Burton, Robert: Anatomie der Melancholie. Übersetzt von Ulrich Horstmann nach der 6. verb. Ausg. 1651. München 1991.
Cabinet des Fées ou Collection Choisie des Comtes des Fées. Et autres contes Merveilleux. Genf 1786.
Cahn, Michael: Das Schwanken zwischen Abfall und Wert. Zur kulturellen Hermeneutik des Sammelns. In: Merkur 36 (1991), S. 674–690.
– Hamster: Wissenschafts- und mediengeschichtliche Grundlagen der sammelnden Lektüre In: Lesen und Schreiben im 17. und 18. Jahrhundert. Hg. v. Paul Goetsch. Tübingen 1994. S. 63–77.
Cave, T.: The mimesis of reading in the Renaissance. In: J. D. Lyons, G. Nichols (Hg.): Mimesis. From mirror to method, Augustine to Descartes. Hannover, London 1982, S. 149–165.
Celsus, Aulus Cornelius: Über die Arzneiwissenschaft in acht Büchern. Übersetzt und erklärt von Eduard Scheller. 2. Auflage. Nach der Textausgabe von Daremberg neu durchgesehen von Walter Friesboes. Braunschweig 1906.
Certeau, Michel de: La lecture absolue (Théorie et pratique des mystiques chrétiens: XVI–XVIIe siècles). In: Problèmes actuels de la lecture. Unter der Leitung von L. Dällenbach und J. Ricardou. Centre culturel de Cerisy-la Salle, Paris 1982, S. 65–80.
– Kunst des Handels. Berlin 1988.
Cervantes Saavedra, Miguel de: Der sinnreiche Junker Don Quijote von der Mancha. Vollständige Ausgabe in der Übertragung von Ludwig Braunfels. München 1956.
Chantraine, P.: Les verbes grecs signifiant ›lire‹. In: Mélanges Grégoire II, Brüssel 1950, S. 115–126.
Charles, Michel: Rhetorique de la lecture. Paris 1991.
Chartier, Roger: Ist eine Geschichte des Lesens möglich? Vom Buch zum Lesen: einige Hypothesen. In: Lesen – Historisch. LiLi 15 (1985), H. 57/58, S. 250–273.
– Lectures et lecteurs dans la France d'Ancien Régime. Paris 1987.
– Les usages de l'imprimé (XVe-XIXe siécle). Paris 1987.
– Introduction. In: Cultural History. Beween Practices and Representations. Cambridge 1988, S. 1–16.
– Lesewelten. Buch und Lektüre in der frühen Neuzeit. Frankfurt a. M. u. a. 1990.
– Die Praktiken des Schreibens. In: Geschichte des privaten Lebens. Hg. v. Philippe Ariès und Georges Duby, Bd. 3. Frankfurt a. M. 1991, S. 115–166.

– L'Ordre des Livres. Lecteurs, Auteurs, Bibliothéques en Europes entre XIVe et XVIIIe siècle. Aix en Provence 1992.
– Die unvollendete Vergangenheit. Geschichte und die Macht der Weltauslegung. Frankfurt a. M. 1992.
– (Hg.): Pratiques de la lecture. Marseille 1985.
– et al. (Hg.): Histoire de l'Edition Française. Bd. 1: Le livre conquérant. Du Moyen Age au milieu du XVIIe siècle. Paris 1982.
Chladenius, Johann Martin: Allgemeine Geschichts-Wissenschaft. Neudruck der Ausgabe Leipzig 1752. Mit einer Einleitung von Christoph Friedrich und einem Vorwort von R. Koselleck. Wien, Köln, Graz 1985.
– Einleitung zur richtigen Auslegung vernünftiger Reden und Schriften. Hg. mit einer Einleitung von Lutz Geldsetzer (= Instrumenta Philosophica, Series Hermeneutica V). Leipzig 1742, Reprint Düsseldorf 1969.
Cicero, Marcus Tullius: De oratore. Über den Redner. Lateinisch/deutsch. Übersetzt und hg. v. Harald Merklin. Stuttgart 1976.
– Orator. Lateinisch und deutsch. Hg. v. B. Kytzler. Zürich, München 1988.
Compagnon, Antoine: La seconde de main, où le travail de la citation. Paris 1979.
Comte du Gabbalis ou entriens sur les sciences secretes. Renouvellé & augmenté d'une lettre sur ce sujet. [N. P. H. de Montfaucon de Villard]. Amsterdam, Den Haag 1715–1718.
Crawford. Claudia: The Beginnings of Nietzsche's Theory of Language (= Monographien und Texte zur Nietzsche Forschung Bd. 19). Berlin, New York 1988.
Crébillon der jüngere: Das Gesamtwerk in acht Bänden. Hg. v. Erich Loos. Nach der Londoner Gesamtausgabe aus dem Jahre 1777 und nach Handschriften zum Teil erstmals gedruckt. Berlin 1968.
Culler, Jonathan: Dekonstruktion. Reinbek 1988.
Curschmann, Michael: Das Abenteuer des Erzählens. Über den Erzähler in Wolframs ›Parzival‹. In: DVjs 45 (1971), S. 627–667.
– Hören – Lesen – Sehen. Buch und Schriftlichkeit im Selbstverständnis des volkssprachlichen literarischen Deutschlands um 1200. In: Beiträge zur Geschichte der deutschen Sprache und Literatur 106 (1984), S. 218–257.
Curtius, Ernst Robert: Schrift- und Buchmetaphorik in der Weltliteratur. In: DVjs 20 (1942), S. 359–411.
Dann, Otto: Lesegesellschaften und bürgerlichen Emanzipation. Ein europäischer Vergleich. München 1981.
Darnton, Robert: First Steps toward a History of Reading. In: Australian Journal of French Studies, Bd. XXIII, Nr. 1 (1986), S. 5–30.
– Literaten im Untergrund. München 1985.
– Reading, Writing and Publishing in Eigtheenth-Century France. A Case Study in the Sociology of Literature. In: Daedalus. Winter 1971, S. 214–156.
– What is the History of Books? In: Daedalus. Summer 1982, S. 65–83.
Delhaye, Paul: Moralphilosophischer Unterricht im 12. Jahrhundert. In: Ritterliches Tugendsystem. Hg. v. Günter Eifler. Darmstadt 1970, S. 301–340.
Derrida, Jacques: Die Schrift und die Differenz. Frankfurt a. M. 1972.
– Die Stimme und das Phänomen. Frankfurt a. M. 1979.
– Dissemination. Translated with an Introduction and Additional Notes by Barbara Johnson. University of Chicago Press, Chicago 1981.
– Grammatologie. Frankfurt a. M. 1983.
– Sporen. Die Stile Nietzsches. In: Werner Hamacher (Hg.): Nietzsche aus Frankreich. Frankfurt a. M., Berlin 1986, S. 129–168.
– Gestade. Hg. v. Peter Engelmann. Wien 1994.

Dick, Manfred: Wandlungen des Menschenbildes beim jungen Wieland. Araspes und Panthea und Shaftesburys Soliloquy. In: JbdSG 16 (1972), S. 145–175.

Dittrich, Wolfgang und Bernhard Zeller et. al. (Hg.): Die Erforschung der Buch- und Bibliotheksgeschichte in Deutschland. Festschrift für Paul Raabe. Wiesbaden 1987.

Duchrow, Ulrich: Sprachverständnis und biblisches Hören bei Augustin. Tübingen 1965.

Eco, Umberto: Nachschrift zum ›Namen der Rose‹. München 1984.

– Kunst und Schönheit im Mittelalter. München, Wien 1991.

– Die Grenzen der Interpretation. München 1992.

Ellrich, Lutz und Wegmann, Nikolaus: Theorie als Verteidigung der Literatur? Eine Fallgeschichte: Paul de Man. In: DVjs 64 (1990), S. 467–513.

Emblemata: Handbuch zur Sinnbildkunst des 16. und 17. Jahrhunderts. Hg. v. Albrecht Schöne und Arthur Henkel. Stuttgart 1967.

Engelsing, Rolf: Analphabetentum und Lektüre. Stuttgart 1973.

– Die Perioden der Lesergeschichte in der Neuzeit. In: ders.: Zur Sozialgeschichte deutscher Mittel- und Unterschichten. Göttingen 1973, S. 112–154.

– Der Bürger als Leser. Lesergeschichte in Deutschland 1500–1800. Stuttgart 1974.

– Arbeit, Zeit und Werk im literarischen Beruf (= Der literarische Arbeiter Bd. 1). Göttingen 1976.

Erasmus von Rotterdam: Adagia Chiliades (Adagia selecta). In: ders.: Ausgewählte Schriften in 8 Bde. Lateinisch und Deutsch. Hg. v. Werner Welzig, Bd. 7, übersetzt, eingeleitet und mit Anmerkungen versehen von Theresia Payr. Darmstadt 1972.

– Fürstenerziehung. Institutio Principiis Christiani. Die Erziehung des christlichen Fürsten. Hg. und übersetzt von Anton J. Gail. Deutsch und Latein. Paderborn 1968.

– Ratio. Theologische Methodenlehre. In: ders.: Ausgewählte Schriften in 8 Bde. Lateinisch und Deutsch. Hg. v. Werner Welzig, Bd. 3, übersetzt, eingeleitet und mit Anmerkungen versehen von Gerhard B. Winkler. Darmstadt 1967.

Erhart, Walter: Entzweiung und Selbstaufklärung. Christoph Martin Wielands ›Agathon-Projekt‹. Tübingen 1991.

Erning, Wolfgang: Das Lesen und die Lesewut. Beiträge zu Fragen der Lesergeschichte; dargestellt am Beispiel der schwäbischen Provinz. Bad Heilbrunn 1974.

Erste Lese-Erlebnisse. Hg. v. Siegfried Unseld. Frankfurt a.M. 1975.

Escarpit, Roger: Das Buch und der Leser. Entwurf einer Literatursoziologie. Köln, Opladen 1961.

Febvre, Lucien und Henri Martin: L'Apparition du livre. Paris 1958.

Fechner, Heinrich: ABC-Bücher des 15., 16. und 17. Jahrhunderts. Berlin 1906.

– Die Methoden des ersten Leseunterrichts. Eine quellenmäßige Darstellung ihrer Entwicklung. 2. völlig umgearbeitete und stark vermehrte Ausgabe der Schrift ›Der erste Leseunterricht‹. Berlin 1882.

– Vier seltene Schriften des 16. Jahrhunderts. Berlin 1882.

Fichte, Johann Gottlieb: Gesamtausgabe der Bayerischen Akademie der Wissenschaften. Hg. v. Reinhard Lauth, Abt. 1: Werke, Bd. 8, Werke 1801–1806, Stuttgart-Bad Canstatt 1991.

Fielding, Henry: Die Geschichte des Tom Jones, eines Findlings. Hg. v. Norbert Miller. München 1966.

Flacius Illyricus, Matthias: De Ratione Cognoscendi sacras litteras. Über den Erkenntnisgrund der Heiligen Schrift. Lateinisch-deutsche Parallelausgabe. Übersetzt, eingeleitet und mit Anmerkungen versehen von Lutz Geldsetzer (= Instrumenta Philosophica. Series Hermeneutica III). Düsseldorf 1968.

Flasch, Kurt: Augustin. Einführung in sein Denken. 2. erweiterte Auflage Stuttgart 1994.

Fontius, Martin: Post und Brief. In: Materialität der Kommunikation. Hg. v. Hans Ulrich Gumbrecht und Karl Ludwig Pfeiffer. Frankfurt a.M. 1988, S. 267–279.
Foucault, Michel: Die Ordnung der Dinge. Frankfurt a.M. 1971.
– Schriften zur Literatur. München 1974.
Frenzel, Elisabeth: Mißverstandene Lektüre. Musäus ›Grandison der Zweite‹ und Wielands ›Die Abenteuer des Don Sylvio von Rosalva‹. Zwei Donquichottaden des 18. Jahrhunderts. In: Gelebte Literatur in der Literatur. Studien zu Erscheinungsform und Geschichte eines literarischen Motivs. Berichte über Kolloquien der Kommission für literaturwissenschaftliche Motiv- und Themenforschung 1983–1985, hg. v. Th. Wolpers (= Abhandlungen der Akademie der Wissenschaften in Göttingen. Phil. Hist. Klasse 3te Folge, Nr. 152). Göttingen 1986, S. 110–133.
Freyer, Hieronymus: Hieronimi Freyers Paed. Reg. Insp. Teutsches Programma vom Romanenlesen: wodurch zugleich vornehme Gönner und Freunde Christlicher Schulen das öffentliche Examen des Paedagogii Regii zu Glaucha vor Halle den 30 und 31sten Martii dieses 1730sten Jahres [...] eingeladen werden. Glaucha vor Halle 1730.
Fried, Johannes: Schulen und Studium im sozialen Wandel des hohen und späten Mittelalters. Sigmaringen 1986.
Friedrich, Hugo: Montaigne. 2. Aufl. Bern, München 1967.
Fritz, Angela: Leseforschung in einer Mediengesellschaft. In: IASL 15,2 (1990), S. 202–216.
– und Suess, Alexandra: Lesen. Die Bedeutung der Kulturtechnik Lesen für den gesellschaftlichen Kommunikationsprozeß. Konstanz 1986.
Frommer, Harald: Verzögertes Lesen. Über Möglichkeiten, in die Erstrezeption von Schullektüren einzugreifen. In: Der Deutschunterricht 2 (= Leseprozesse im Unterricht). (1981), S. 21–32.
Früh, Werner: Lesen, Verstehen, Urteilen. Untersuchungen über den Zusammenhang von Textgestaltung und Textwirkung. München 1980.
Fuhrmann, Manfred: Die Geschichte der Literaturgeschichtsschreibung von den Anfängen bis zum 19. Jahrhundert. In: B. Cerquiglini und H. U. Gumbrecht (Hg.): Der Diskurs der Literatur- und Sprachistorie. Frankfurt a.M. 1983, S. 49–72.
– Die antike Rhetorik. München, Zürich 1984.
– Kommentar. In: Wieland, Werke 1986, Bd. 9 (= Horaz Übersetzungen I). Hg. v. Manfred Fuhrmann, S. 1079ff.
Funck, Johann Nicolaus: De lectione auctorum classicorum. Harburg 1730, 3. Aufl. 1763.
Gadamer, Hans Georg: Wahrheit und Methode. Grundzüge einer philosophischen Hermeneutik. 5. Auflage Tübingen 1986.
– Hermeneutik und Rhetorik. Göttingen 1976.
– Wer bin ich und wer bis Du. Frankfurt a.M. 1973.
– und Boehm, Gottfried (Hg.): Seminar: Philosophische Hermeneutik. Frankfurt a.M. 1976.
Garin, Edgar: Geschichte und Dokumente der abendländischen Pädagogik. 2 Bde. Reinbek 1964/1966.
Gauger, Hans-Martin: Die sechs Kulturen in der Geschichte des Lesens In: Lesen und Schreiben im 17. und 18. Jahrhundert. Hg. v. Paul Goetsch. Tübingen 1994, S. 27–47.
– Nietzsches Auffassung vom Stil. In: Stil. Hg. v. Hans Ulrich Gumbrecht und Karl Ludwig Pfeiffer. Unter Mitarbeit von Armin Biermann. Frankfurt a.M. 1986, S. 200–214.
– Nietzsches Stil am Beispiel von »Ecce homo«. In: Grundfragen der Nietzsche-Forschung. Nietzsche-Studien 13 (1984), S. 332–355.

Gaycken, Hans-Jürgen: Christoph Martin Wieland. Kritik seiner Werke in Aufklärung, Romantik, Moderne (= Europäische Hochschulschriften Reihe 1, Bd. 558). Bern, Frankfurt a. M. 1982.

Gebauer, Gunther und Wulf, Christoph: Mimesis. Reinbek 1992.

Geier, Manfred und Medicus, Thomas: »Neue Ohren für neue Musik«. Gedanken zur Musikalität der philosophischen Aphorismen und Gedichte Friedrich Nietzsches. In: Das Subjekt des Diskurses. Hg. v. M. Geier und H. Woetzel (= Das Argument: Argument-Sonderband; AS 98). Berlin 1983, S. 133–145.

Gellius, Aulus: The Attic Nights of Aulus Gellius. Lat. and engl. Translated by J. C. Rolfe in three Volumes. Loeb Classical Library, London, Cambridge Mass. 1927, revised reprint 1970.

Genette, Gérard: Palimpseste. Die Literatur auf zweiter Stufe. Frankfurt a. M. 1993.

– Paratexte. Das Buch vom Beiwerk des Buches. Frankfurt a. M., New York 1989.

– Figures III. Paris 1972.

Gerber, Gustav: Die Sprache als Kunst. 2 Bde. 2. Auflage Berlin 1885. Reprint Hildesheim 1961.

Gesner, Johann Matthias: T. Livii patavini historiarum libri qui supersunt. Ex editione et cum notis Ioannis Clerici. Lipsiae 1735.

– Kleine deutsche Schriften. Göttingen und Leipzig 1756.

– Primae Linae Isagoges in eruditorum universalem nominatem Philologiam, Historiam et Philosophiam [...]. Göttingen, Leipzig 1760.

Ghazarian, H.: Quantitative elektrooculographische Untersuchungen der Augenbewegung beim Lesen verschieden schwieriger Texte. Berlin 1980.

Gibson, Eleanor J. und Levin, Harry: Die Psychologie des Lesens. Frankfurt a. M. 1989. (Zuerst als The Psychology of Reading. Cambridge 1975).

Giesecke, Michael: Als die alten Medien neu waren. Medienrevolutionen in der Geschichte. In: Rüdiger Weingarten (Hg.): Information ohne Kommunikation? Die Loslösung der Sprache vom Sprecher. Frankfurt a. M. 1990, S. 75–98.

– Der Buchdruck in der frühen Neuzeit. Eine historische Fallstudie über die Durchsetzung neuer Informations- und Kommunikationstechnologien. Frankfurt a. M. 1991.

Glauche, Günter: Schullektüre im Mittelalter. Entstehung und Wandlungen des Lektürekanons bis 1200 nach den Quellen dargestellt (= Münchener Beiträge zur Mediävistik und Renaissance-Forschung Bd. 5). München 1970.

Goebelbecker, L. F.: Entwicklungsgeschichte des ersten Leseunterrichts von 1477–1932 in quellenmäßiger Darstellung und theoretischer Beleuchtung. Kempten, Leipzig 1933.

Goetsch, Paul: Lesefiguren in der Erzählkunst. In: GRM 33 (1983), S. 199–215.

– Der Übergang von Mündlichkeit zu Schriftlichkeit. In. Symbolische Formen – Medien – Identität. Hg. v. Wolfgang Raible. Tübingen 1991, S. 113–130.

– (Hg.): Lesen und Schreiben im 17. und 18. Jahrhundert. Studien zu ihrer Bewertung in Deutschland, England, Frankreich (= ScriptOralia 65. Hg. v. Paul Goetsch, Wolfgang Raible, Helmut Rix und Hans-Robert Roemer). Tübingen 1994.

– Einleitung: Zur Bewertung von Lesen und Schreiben im 18. Jahrhundert In: Lesen und Schreiben im 17. und 18. Jahrhundert. Hg. v. Paul Goetsch. Tübingen 1994, S. 1–23.

Göpfert, Herbert G.: Vom Autor zum Leser. Beiträge zur Geschichte des Buchwesens. München 1970.

Göttert, Karl-Heinz: Kommunikationsideale. Untersuchungen zur europäischen Konversationstheorie. München 1988.

– Einführung in die Rhetorik. Grundbegriffe – Geschichte – Rezeption. München 1991.

Graevenitz, Gerhart von: Das Ich am Rande. Zur Topik der Selbstdarstellung bei Dürer, Montaigne und Goethe (= Konstanzer Universitätsreden 172). Konstanz 1989.
Green, Thomas M.: Erasmus ›Festina lente‹. Vulnerabilities of the Humanist text. In: J. D. Lyons und S. G. Nichols (Hg.): Mimesis. Hannover, London 1982, S. 132–148.
Grimm, Gunter: Literatur und Leser. Stuttgart 1975.
Grimm, Gunter E.: Literatur und Gelehrtentum in Deutschland. Tübingen 1983.
– (Hg.): Satiren der Aufklärung. Stuttgart 1975.
– (Hg.): Metamorphosen des Dichters. Das Rollenverständnis deutscher Schriftsteller vom Barock bis zur Gegenwart. Frankfurt a. M. 1992.
Grimm, Jacob und Wilhelm: Deutsches Wörterbuch von Jacob und Wilhelm Grimm. Leipzig 1854–1984. 33 Bde. Reprint München 1984.
Grimminger, Rolf: Abriß einer Theorie der literarischen Kommunikation. In: Linguistik und Didaktik 1 (1973), S. 1–15.
– Aufklärung, Absolutismus und bürgerliche Individuen. Über den notwendigen Zusammenhang von Literatur, Gesellschaft und Staat in der Geschichte des 18. Jahrhunderts. In: Hanser Sozialgeschichte der Literatur. Bd. 3., hg. v. Rolf Grimminger. München, Wien 1980, S. 15–99.
Groeben, Norbert et al. (Hg.): Lesepsychologie: Lesemotivation – Lektürewirkung. Münster 1988.
Gross, Sabine: Lese-Zeichen. Kognition, Medium und Materialität im Leseprozeß. Darmstadt 1994.
Großklaus, Götz: Das technische Bild der Wirklichkeit. Von der Nachahmung (Mimesis) zur Erzeugung (Simulation). In: Fridericana. Karlsruhe 1991, S. 39–57.
– Medien-Zeit. Medien-Raum. Zum Wandel der raumzeitlichen Wahrnehmung in der Moderne. Frankfurt a. M. 1995.
Gruber, J. G.: Abhandlung über romantische Poesie, Mährchen und Feenmärchen. In: C. M. Wielands Sämmtlichen Werke, Bd. 8, Leipzig 1824, S. 231–272.
– C. M. Wielands Leben. Neu bearbeitet von J. G. Gruber. Leipzig 1827. Reprint: Hamburg 1984.
Grüsser, Otto-Joachim: Zeit und Gehirn. Zeitliche Aspekte der Signalverarbeitung in den Sinnesorganen und im Zentralnervensystem. In: Die Zeit. Dauer und Augenblick. Hg. v. Heinz Gumin und Heinrich Meier. München 1992, S. 79–132.
– und N. Galley: Augenbewegungen und Lesen. In: Lesen und Leben. Hg. v. H. G. Göpfert u. a. Frankfurt a. M. 1975, S. 65–75.
– Neurobiologie und Kulturgeschichte des Lesens und Schreibens. In: Auf den Schultern von Gutenberg: medienökologische Perspektiven der Fernsehgesellschaft. Hg. v. Bodo Franzmann. Berlin, München 1995, S. 5–33.
Gumbrecht, Hans Ulrich: Konsequenzen der Rezeptionsästhetik oder Literaturwissenschaft. In: Poetica 7 (1975), S. 388–413.
– et. al.: Sozialgeschichte der Aufklärung. 2 Bde. München 1983.
– Beginn von ›Literatur‹. Abschied vom Körper? In: Der Ursprung von Literatur. Medien, Rollen und Kommunikationssituationen zwischen 1450 und 1650. Hg. v. G. Smolka-Koerde, Peter M. Spangenberg und D. Tillmann-Bartylla. Paderborn 1988, S. 15–50.
– und Pfeiffer, Karl Ludwig (Hg.): Schrift. München 1993.
Haase, Friedrich: Art. Philologie. In: Ersch/Gruber (Hg.): Allgemeine Enzyklopädie der Wissenschaften und Künste. Leipzig 1818–1889, Nachdruck Graz 1969ff., 23. Theil. Leipzig 1843, S. 374–422.
Habermas, Jürgen: Strukturwandel der Öffentlichkeit. Untersuchung zu einer Kategorie der bürgerlichen Gesellschaft. 17. Auflage Darmstadt 1987.

Haferkorn, Hans Jürgen: Der freie Schriftsteller. Eine literatursoziologische Studie über seine Entstehung und Lage in Deutschland zwischen 1750 und 1800. In: AGB 5 (1963), Sp. 523–712.

Hajdu, Helga: Lesen und Schreiben im Spätmittelalter. Pécs (Fünfkirchen) 1931.

Hamann, Johann Georg: Vom Magus im Norden und der Verwegenheit des Geistes. Ein Hamann-Brevier. Hg. v. Stefan Majetschak. München 1988.

– Hamann's Schriften. 8 Bde. Hg. v. Friedrich Roth. Berlin 1821.

Harth, Dietrich: Romane und ihre Leser. In: GRM 20 (1970), S. 159–179.

– Sprachpragmatismus und Philologie bei Erasmus von Rotterdam. München 1970.

– Einleitung. Gedächtnisbilder und Erinnerungsspuren. In: Die Erfindung des Gedächtnisses. Texte, zusammengestellt und eingeleitet von Dietrich Harth. Frankfurt a.M. 1991.

Hart-Nibbrig, Christiaan L.: Warum Lesen? Ein Spielzeug zum Lesen. Frankfurt a.M. 1983.

Haverkamp, Anselm: Illusion und Empathie. Die Struktur der ›teilnehmenden Lektüre‹ in den ›Leiden Werthers‹. In: Eberhart Lämmert (Hg.): Erzählforschung. Stuttgart 1982, S. 243–268.

Heidegger, Gotthard: Mythoscopia romantica oder Discours Von den so benannten Romans. Zürich 1698. Reprint: Hg. v. W. E. Schäfer (= Ars Poetica, Texte Bd. 3). Bad Homburg, Berlin, Zürich 1969.

Heitmann, Klaus: Das Verhältnis von Dichtung und Geschichtsschreibung in älterer Theorie. In: Archiv für Kulturgeschichte 52 (1970), S. 244–279.

Heitsch, Ernst: Platons Dialoge und Platons Leser. In: Rheinisches Museum für Philologie 131 (1988), S. 216–238.

Hendrickson, G. L.: Ancient Reading. In: Classical Journal 25 (1929), S. 182–196.

Herder, Johann Gottfried: Sämtliche Werke. Hg. v. Bernhard Suphan. Reprint: Hildesheim 1967.

– Werke. Bd. 1. Hg. v. Wolfgang Pross. München 1984.

– J. G. Herder's Pädagogische Schriften und Äußerungen. Hg. v. Horst Keserstein (= Bibliothek pädagogischer Klassiker. Hg. v. Friedrich Mann). Langensalza 1902.

Hillmann, Heinz: Wunderbares in der Dichtung der Aufklärung. Untersuchungen zum französischen und deutschen Feenmärchen. In: DVjs 43 (1969), S. 76–113.

Hirsch, Rudolf: Printing, Selling and Reading 1450–1550. Wiesbaden 1974.

Höhle, Thomas (Hg.): Wieland-Kolloquium Halberstadt 1983. Halle (Saale) 1985.

Holbach, Paul Thiry de: System der Natur. Frankfurt a.M. 1978.

Horaz: Horazens Briefe aus dem Lateinischen übersetzt und mit historischen Einleitungen und anderen nöthigen Erläuterungen versehen von C. M. Wieland (= Wielands Horaz II). Hg. v. Hans Radspieler. Nördlingen 1986.

Horstmann, Ulrich: Das Untier. Konturen einer Philosophie der Menschenflucht. Frankfurt a.M. 1983.

– Parakritik und Dekonstruktion. Eine Einführung in den amerikanischen Poststrukturalismus. Würzburg 1983.

House, Mary A. und Richard H.: La naisance des index. In: Histoire de l'Edition Française Bd. 1. Paris 1983, S. 77–85.

Hytier, Jean: Lecteur de Montaigne. In: Réminiscence et recontres valéryennes. French Studies XXXIV (1980), S. 179–181.

Ickelsamer, Valentin: Die rechte weis aufs kürtzist lesen zu lernen / Ain Teütsche Grammatica. Hg. v. Karl Pohl. Neudruck. Stuttgart 1971.

Illich, Ivan: Im Weinberg des Textes. Als das Schriftbild der Moderne entstand. Ein Kommentar zu Hugos »Didascalion«. Frankfurt a.M. 1991.

Iser, Wolfgang: Der Akt des Lesens. Theorie ästhetischer Wirkung. München 1976.

Jacobi, Heinrich Jacob: Briefwechsel. Gesamtausgabe. Hg. v. M. Brüggen und S. Sudhof, 3 Bde. Stuttgart 1981–1987.
Jacobs, Jürgen: Der deutsche Bildungsroman. München 1989.
– Der Roman der schönen Gesellschaft. Untersuchungen zu Wielands Erzählkunst. München, Bern 1969.
– Die Theorie und ihr Exempel. Zur Deutung von Wielands »Agathon« in Blanckenburgs »Versuch über den Roman«. In: GRM (N. F.) 31 (1981), S. 32–42.
Jäger, Georg: Roman und Empfindsamkeit. Wortgeschichte und Kritik im 18. und frühen 19. Jahrhundert. Stuttgart 1969.
– Humanismus und Realismus. Schulorganisation und Sprachunterricht 1770–1840. In: IASL 1 (1976), S. 146–159.
– Schule und literarische Kultur. Sozialgeschichte des deutschen Unterrichts an höheren Schulen von der Spätaufklärung bis zum Vormärz. Bd. 1. Stuttgart, 1981.
– Historische Lese(r)forschung. In: Die Erforschung der Buch- und Bibliotheksgeschichte in Deutschland. Hg. v. W. Dittrich u. a. Wiesbaden 1987, S. 485–507.
– Art. Leser, Lesen. In: Walter Killy (Hg.): Literatur Lexikon. Bd. 14. Hg. v. V. Meid. Gütersloh, München 1993, S. 5–12.
– Die theoretische Grundlegung in Gieseckes ›Der Buchdruck in der frühen Neuzeit‹. Kritische Überlegungen zum Verhältnis von Systemtheorie, Medientheorie und Technologie. In: IASL 18, H.1 (1993), S. 179–196.
Jahn, Wolfgang: Zu Wielands »Don Sylvio«. In: Christoph Martin Wieland. Hg. v. Hj. Schelle. Darmstadt 1981, S. 307–321. (Zuerst in: Wirkendes Wort 18 (1968), S. 320–328).
Janz, Curt Paul: Friedrich Nietzsches akademische Lehrtätigkeit in Basel 1869–1879. In: Nietzsche-Studien 3 (1974), S. 192–203.
Japp, Uwe: Das Buch im Buche. Eine Figur des literarischen Hermetismus. In: Neue Rundschau, H. 4 (1975), S. 651–670.
– Hermeneutik. In: Literaturwissenschaft. Grundkurs 2. Hg. v. Helmut Brackert und Jörn Stückrath. Reinbek 1981, S. 451–463.
Jaumann, Herbert: Vom ›klassischen Nationalautor‹ zum ›negativen Classiker‹. Wandel literaturgesellschaftlicher Institutionen und Wirkungsgeschichte, am Beispiel Wieland. In: Klassik und Moderne. Die Weimarer Klassik als historisches Ereignis und Herausforderung im kulturgeschichtlichen Prozeß. Walter Müller-Seidel zum 65. Geburtstag. Hg. v. Karl Richter und Jörg Schönert. Stuttgart 1983, S. 3–26.
– Emanzipation als Positionsverlust. Ein sozialgeschichtlicher Versuch über die Situation des Autors im 18. Jahrhundert. In: LiLi 11 (1981), H. 46, S. 64–72.
Jauß, Hans Robert: Literaturgeschichte als Provokation der Literaturwissenschaft. In: Rezeptionsästhetik. Hg. v. Rainer Warning. 2. Auflage Paderborn u. a. 1979, S. 126–162.
– Der Leser als Instanz einer neuen Geschichte der Literatur. In: Poetica 7 (1975), S. 325–344.
– Ästhetische Erfahrung und literarische Hermeneutik. 2. Auflage Frankfurt 1984.
Jean Paul: Werke in 6 Bänden. Hg. v. Norbert Miller. München 1960–1963.
Jenisch, Daniel: Geist und Charackter des 18. Jahrhunderts, moralisch, ästhetisch und wissenschaftlich betrachtet. 3 Bde. 1800/1801.
Johnson, Barbara: The Critical Difference. Essays in the Contemporary Rhetoric of Reading. Baltimore, The John Hopkins UP 1980.
Jørgensen, Sven-Åage: Kommentar zu Wielands frühen Romanen. (Manuskript) Erscheint in: Wieland Werke 1986: Bd. 5 (Don Sylvio, Der Goldene Spiegel, Diogenes von Sinope).
– Warum und zu welchem Ende schreibt man eine Vorrede. Randbemerkungen zur Leserlenkung, besonders bei Wieland. In: Text & Kontext, 4,3 (1976), S. 3–20.

Kästner, Erhart: Planvolles Lesen. In: Das kleine Buch der 100 Bücher. Kritische Stimmen zu neuen Büchern. Hg. v. Dieter Lattmann. 14. Jahrgang 1966/67 (= »Die Bücher der Neunzehn«). München 1966, S. 3–6.
Kayser, Wolfgang: Entstehung und Krise des modernen Romans. Stuttgart 1954.
– Das Groteske: Seine Gestaltung in Malerei und Dichtung. 2. Aufl. Oldenburg 1961.
Kenyon, Frederic: Books and Readers in ancient Greece and Rome. 2. Auflage Oxford 1951.
Kiesel, Helmut und Münch, Paul: Gesellschaft und Literatur im 18. Jahrhundert. Voraussetzungen und Entstehung des literarischen Marktes in Deutschland. München 1977.
Killy, Walter: Über das Lesen In: ders.: Schreibweisen – Leseweisen. München 1982, S. 10–21.
Kimpel, Dieter: Christian Wolff und das aufklärerische Programm der literarischen Bildung. In: Christian Wolff: 1679–1754. Hg. v. W. Schneiders. 2. Auflage Hamburg 1986, S. 203–236.
Kittler, Friedrich A.: Aufschreibesysteme 1800/1900. 2. Auflage Freiburg 1987.
– Ein Höhlengleichnis der Moderne. Lesen unter hochtechnischen Bedingungen. In: Lesen – Historisch. LiLi 15 (1985), S. 204–220.
– Geschichte der Kommunikationsmedien. In: Raum und Verfahren. Hg. v. J. Huber und A. Müller. Frankfurt a. M. 1993, S. 169–188.
– Grammophon Film Typewriter. Berlin 1987.
– Über romantische Datenverarbeitung. In: Zur Aktualität der Frühromantik. Hg. v. E. Behler und J. Hörisch. Paderborn 1987, S. 127–140.
– Vergessen. In: Texthermeneutik: Aktualität, Geschichte, Kritik. Hg. v. U. Nassen. Paderborn u. a. 1979, S. 195–221.
Kleberg, Tönnes: Buchhandel und Verlagswesen in der Antike. Darmstadt 1967.
Klein, Wolfgang (Hg.): Textverständlichkeit – Textverstehen. LiLi 14 (1984), H. 55.
Kleinschmidt, Erich: Fiktion und Identifikation. Zur Ästhetik der Leserolle im deutschen Roman zwischen 1750 und 1780. In: DVjs , 53 (1979), S. 49–73.
Kliemann, H.: Stundenbuch für Letternfreunde. Dortmund 1984.
Klopstock, Friedrich Gottlieb: Epigramme. In: ders.: Werke und Briefe. Hist. Krit. Ausgabe. Abt. Werke, Bd. 2, Berlin, New York 1982.
– Klopstocks Oden und Elegien. Darmstadt 1771. Faksimile hg. v. J. U. Fechner. Stuttgart 1974.
Klotz, Volker: Christoph Martin Wieland. In: ders.: Das europäische Kunstmärchen. 25 Kapitel seiner Geschichte von der Renaissance bis zur Moderne. Stuttgart 1985, S. 94–106.
Knobloch, Clemens: Zum Status und zur Geschichte des Textbegriffs. Eine Skizze. In: Philologische Grundbegriffe. LiLi 20, H. 77 (1990). Hg. v. Helmut Kreuzer, S. 66–87.
Knox, Bernhard N. W.: Silent Reading in Antiquity. In: Greek, Roman and Byzantine Studies 9 (1968), S. 421–435.
König, René: Geschichte und Sozialstruktur. Überlegungen bei Gelegenheit der Schriften Rolf Engelsings zur Lesergeschichte. In: IASL 2 (1977), S. 134–143.
Kohut, Karl: Literaturtheorie und Literaturkritik bei Juan Luis Vives. In: A. Buck (Hg.): Juan Luis Vives. Hamburg 1981, S. 35–47.
Kopp, Detlev: (Deutsche) Philologie und Erziehungssystem. In: Wissenschaftsgeschichte der Germanistik im 19. Jahrhundert. Hg. v. Jürgen Fohrmann und Wilhelm Voßkamp. Stuttgart 1994, S. 669–741.
– und Nikolaus Wegmann: Die deutsche Philologie, die Schule und die Klassische Philologie. Zur Karriere einer Wissenschaft um 1800. In: Von der gelehrten zur disziplinären Gemeinschaft. Hg. v. Wilhelm Voßkamp. DVjs Sonderheft 1987.
– und Nikolaus Wegmann: Das Lesetempo als Bildungsfaktor? Ein Kapitel aus der Geschichte des Topos »Lesen bildet«. In: Der Deutschunterricht IV (1988), S. 45–58.

– und Nikolaus Wegmann: ›Wenige wissen noch, wie Leser lieset.‹ Anmerkungen zum Thema: Lesen und Geschwindigkeit. In: Germanistik und Deutschunterricht im Zeitalter der Technologie. Bd. 1 (1988), S. 92–104.

Koschorke, Albrecht: Alphabetisation und Empfindsamkeit. In: Der ganze Mensch. Anthropologie und Literatur im 18. Jahrhundert. DFG-Symposion 1992. Hg. v. Hans-Jürgen Schings. Stuttgart, Weimar 1994, S. 605–628.

Koselleck, Reinhart: Historia Magistra Vitae. Über die Auflösung des Topos im Horizont neuzeitlich bewegter Geschichte. In: Natur und Geschichte, Festschrift für K. Löwith. Hg. v. Manfred Riedel und Hermann Braun. Stuttgart 1967, S. 196–219.

– Richtlinien für das Lexikon politisch-sozialer Begriffe der Neuzeit. In: Archiv für Begriffsgeschichte 11 (1967), S. 81–99.

– (Hg.): Historische Semantik und Begriffsgeschichte. Stuttgart 1978.

– Vergangene Zukunft. Zur Semantik geschichtlicher Zeiten. Frankfurt a. M. 1979.

Krauss, Werner: Die Kritik des Siglos de oro am Ritter- und Schäferroman. In: ders.: Gesammelte Aufsätze zur Literatur- und Sprachwissenschaft. Frankfurt a. M. 1949, S. 152–177.

– Zur französischen Romantheorie des 18. Jahrhunderts. In: Nachahmung und Illusion (= Poetik und Hermeneutik 1). München 1964, S. 60–71.

Kreutzer, Helmut: Gefährliche Lesesucht? Bemerkungen zu politische Lektürekritik im ausgehenden 18. Jahrhundert. In: Lesen und Leser im 18. Jahrhundert, Colloquium Wuppertal 1977, S. 62–75.

Krünitz, D. Johann Georg: Ökonomisch = technologische Encyclopaedie oder allgemeines System der Staats-Stadt-Haus und Landwirtschaft wie auch der Erdenbeschreibung, Kunst- und Naturgeschichte in alphabetischer Ordnung. Berlin 1773ff.

Kurrelmeier, William: Gil Blas and Don Sylvio. In: MLN 34 (1919), S. 78–81.

– The sources of Wieland's Don Sylvio. In: MP 16 (1919), S. 141–157.

Kurth, Lieselotte E.: Die zweite Wirklichkeit. Studien zum Roman des 18. Jahrhunderts. Chapel Hill 1969.

– Perspectives und Points of View: The Early Works of Wieland and their Background. Baltimore 1974.

– Unzuverlässige Sprecher und Erzähler in Deutscher Dichtung. In: Tradition and Transitions. To Honour Harold Jantz. Hg.v. L. E. Kurth u. a. München 1972, S. 105–124.

– W. E. N. – Der teutsche Don Quischotte, oder die Begebenheiten des Marggraf von Bellamonte. Ein Beitrag zur Geschichte des deutschen Romans im 18. Jahrhundert. In: JbdSG 9 (1965), S. 106–130.

Lachmann, Renate: Ebenen des Intertextualitätsbegriffs. In: Das Gespräch (= Poetik und Hermeneutik Bd. 12), S. 133–138.

Lämmert, Eberhard: Geschichten von der Geschichte. Geschichtsschreibung und Geschichtsdarstellung im Roman. In: Poetica 4 (1985), S. 228–254.

– (Hg.): Nachwort. In: Blanckenburg, Friedrich von: Versuch über den Roman. Hg. v. E. Lämmert. Stuttgart 1965.

Landow, George P.: Hypertext. The Convergence of Contemporary Critical Theory and Technology. John Hopkins UP, Baltimore und London 1993.

Lange, Friedrich Albert: Geschichte des Materialismus. Reprint, 2 Bde. Frankfurt a. M. 1974.

Lange, Victor: Zur Gestalt des Schwärmers im Deutschen Roman des 18. Jahrhunderts. In: Festschrift für Richard Alewyn. Hg. v. Benno von Wiese und Herbert Singer. Köln 1967, S. 151–164.

– Das Interesse am Leser. In: Historizität in Sprach- und Literaturwissenschaft (= Stuttgarter Germanistentag 1972). München 1974, S. 31–46.

Lassen, Ingvar und Skinhoi, David H.: Hirnfunktion und Hirndurchblutung. In: Spektrum der Wissenschaft. Gehirn und Nervensystem. Heidelberg 1988, S. 140–143.
Lausberg, Heinrich: Handbuch der literarischen Rhetorik. Eine Grundlegung der Literaturwissenschaft. München 1960.
– Elemente der literarischen Rhetorik. München 1963.
Leclerq, Jean: The Love of Learning and the Desire for God. New York 1982.
– Wissenschaft und Gottverlangen. Zur Mönchstheologie des Mittelalters. Düsseldorf 1963.
Lefèvre, Eckard (Hg.): Strukturen den Mündlichkeit in der römischen Literatur. Tübingen 1990.
Leitch, Thomas M.: For (Against) a Theory of Rereading. In: Modern Fiction Studies 33 (1987), S. 491–508.
Lesage, Alain René: Gil Blas von Santillane. Vollständige Ausgabe. 2 Bde. (= Sammlung Diederich Bd. 263/264). Leipzig o. J.
LeseGlück. Eine Anthologie über den Himmel auf Erden. Hg. v. Doris Maurer. Essen 1996.
Lesen – Historisch: LiLi 15 (= Zeitschrift für Literaturwissenschaft und Linguistik). Hg. v. B. Schlieben-Lange. H. 57/58, 1985.
LESEN. Ein Handbuch. Hg. v. Alfred Clemens Baumgärtner unter Mitarbeit v. A. Beinlich, M. Dahrendorf, Kl. Doderer, W. R. Langenbucher u.a. Hamburg 1973.
Leser und Lesen im 18. Jahrhundert. Colloquium der Arbeitsstelle 18. Jahrhundert Gesamthochschule Wuppertal. Heidelberg 1977.
Lessing, Gotthold Ephraim: Laokoon. Oder über die Grenzen der Malerei und Poesie. In: ders.: Werke II. Kritische und philosophische Schriften. München 1969.
– Sämmtliche Schriften. [12 Bde] 2. Auflage. Hg. v. Karl Lachmann. Auf's Neue durchgesehen und vermehrt von Wendelin von Mahlzahn, Leipzig 1853–1857.
Lewandowski, Theodor: Überlegungen zur Theorie und Praxis des Lesens. In: Wirkendes Wort 30 (1980), S. 54–65.
Lewis, C. S.: Über das Lesen von Büchern. Freiburg, Basel, Wien 1966.
Lichtenberg, Georg Christoph, Schriften und Briefe. Hg. v. Wolfgang Promies. Bd. 1 Sudelbücher. Bd. 2 Sudelbücher, Materialhefte, Tagebücher. München 3. revidierte Aufl. 1991.
Lisse, Michel: »Zu lesen geben«. In: Ethik der Gabe: Denken nach Jacques Derrida. Hg. v. Michael Wetzel und Jean-Michel Rabaté. Berlin 1993, S. 19–37.
Locke, John: Gedanken über Erziehung. Übersetzt von H. Wohlers. Stuttgart 1970.
Lubac, Henri de: Exégèse médiéval. 4 Bde. Lyon 1959–1964.
Luhmann, Niklas: Einführende Bemerkungen zu einer Theorie symbolisch generalisierter Kommunikationsmedien. In: ders.: Soziologische Aufklärung Bd. 2. Opladen 1975, S. 170–192.
– Die Unwahrscheinlichkeit der Kommunikation. In: ders.: Soziologische Aufklärung Bd. 3. Opladen 1981, S. 25–34.
– Soziale Systeme. Frankfurt a.M. 1984.
– Das Medium der Kunst. In: DELFIN 4, H. 1 (1986), S. 6–15.
– Die Wissenschaft der Gesellschaft. Frankfurt a.M. 1990.
– Zeichen als Form. In: Dirk Baecker (Hg.): Probleme der Form. Frankfurt a.M. 1993, S. 73–86.
– Deconstruction as Second Order Observing. In: New Literary History 24 (1993), S. 763–782.
– Die Kunst der Gesellschaft. Frankfurt a.M. 1995.
Lukian von Samosata: Der ungebildete Büchernarr. In: ders.: Sämmtliche Werke. Mit Anmerkungen nach der Übersetzung von C. M. Wieland bearbeitet und ergänzt von Dr. Hanns Floerke, Bd. 5. München und Leipzig 1911.

Lyotard, Jean-Francois: Der Widerstreit. München 1987.
Man, Paul de: Allegories of Reading. Figural Language in Rousseau, Nietzsche, Rilke and Proust. Yale University Press. New Haven, London 1979.
– The Resistance to Theory (= Theory and History of Literature, Vol. 33). University of Minnesota Press, Minneapolis 1986.
– Critical Writings 1953–1978. Hg. v. Lindsay Waters (= Theory and History of Literature, Vol. 66). University of Minnesota Press, Minneapolis 1989.
Manger, Klaus: Kommentar. In: Wielands Werke in zwölf Bänden, Bd. 3. Hg. v. K. Manger. Frankfurt a.M. 1986.
– Wieland, der klassische Nationalautor. In: Gunter E. Grimm (Hg.): Metamorphosen des Dichters. Frankfurt a.M. 1992, S. 67–83.
– Wielands klassizistische Poetik als Kunst des Mischens. In: Literarische Klassik. Hg. v. H.-J. Simm. Frankfurt a.M. 1988, S. 327–353.
– Wielands Poetik. In: ders.: Klassizismus und Aufklärung. Das Beispiel des späten Wieland. Frankfurt a.M. 1991, S. 83–105.
Manguel, Alberto: Eine Geschichte des Lesens. Berlin 1998.
Marrou, Henri Irénée: Saint Augustin et la fin de la culture antique. Paris 1938.
– Geschichte der Erziehung im klassischen Altertum. München 1977.
Martens, Alfred: Untersuchungen über Wielands Don Sylvio. Mit Berücksichtigung der übrigen Dichtungen der Biberacher Zeit. Halle an der Saale 1901.
Martens, Wolfgang: Formen bürgerlichen Lesens im Spiegel der deutschen Moralischen Wochenschriften. In: Lesegesellschaften und bürgerlichen Emanzipation. Hg. v. Otto Dann. München 1981, S. 55–70.
– Lektüre bei Gellert. In: Festschrift für R. Alewyn. Hg. v. Herbert Singer und Benno v. Wiese. Köln und Graz 1967, S. 123–150.
– Die Botschaft der Tugend. Die Aufklärung im Spiegel der deutschen Moralischen Wochenschriften. Stuttgart 1968.
Martin, Henri: Pour une histoire de la lecture. In: Revue Francaise d'Histoire du Livre 16 (1977), S. 583–609.
– Histoire et pouvoirs de l'ecrit. In Zusammenarbeit mit Bruno Delmas. Paris 1988.
Martino, Alberto: Barockpoesie, Publikum und Verbürgerlichung der literarischen Intelligenz. In: IASL 1 (1976), S. 107–145.
– Die deutsche Leihbibliothek. Geschichte einer literarischen Institution (1756–1914). Wiesbaden 1984.
Martyn, David: Die Autorität des Unlesbaren. Zum Stellenwert des Kanons in der Philologie Paul de Mans. In: Ästhetik und Rhetorik. Lektüre zu Paul de Man. Hg. v. K. H. Bohrer. Frankfurt a.M. 1993, S. 13–33.
Marx, Friedhelm: Erlesene Helden. Don Sylvio, Werther, Wilhelm Meister und die Literatur. Heidelberg 1995.
Maurer, Karl: Formen des Lesens. In: Poetica 9 (1977), S. 472–498.
Mayer, Karl Otto: Die Feenmärchen bei Wieland. In: Vierteljahrschrift für vergleichende Literatur-Geschichte 5 (1892), S. 374–408 und S. 497–533.
McCarthy, John A.: Lektüre und Lesertypologie im 18. Jahrhundert (1730–1770). Ein Beitrag zur Lesergeschichte am Beispiel Wolfenbüttels. In: IASL 8 (1983), S. 35–82.
– The Art of Reading and the Goals of the German Enlightment. In: Lessing Yearbook XVI (1984), S. 79–94.
McKenzie, D. F.: Typographie an Meaning: the case of William Congreve. In: Buch und Buchhandel in Europa im achtzehnten Jahrhundert. Hg. v. Giles Barber und Bernhard Fabian. Hamburg 1981, S. 81–126.
– Bibliography and the sociology of texts. The Panizzi Lectures 1985. London 1986.
McKinley, M. B.: Words in an corner. Studies in Montaigne's Latin quotations. Lexington 1981.

McLaughin, G. H.: Reading at ›impossible‹ speeds In: Journal of Reading 12 (1969), S. 449–510.

Meier, Georg Friedrich: Versuch einer allgemeinen Auslegekunst. Halle 1757. Neudruck, m. e. Einleitung von Lutz Geldsetzer (= Instrumenta Philosophica. Series Hermeneutica I). Düsseldorf 1965.

Meister Leonhard: Auszüge aus einer Vorlesung über die Schwärmerey. In: Teutscher Merkur, 4. Stück, 1775, S. 134–151.

Menke, Christoph: Die Souveränität der Kunst. Ästhetische Erfahrung nach Adorno und Derrida. Frankfurt a. M. 1991.

Metsches, Michael: Zitat und Zitierkunst in Montaignes »Essais«. Genf, Paris 1966.

Michel, Victor: C. M. Wieland. La Formation et l'évolution de son esprit jusqu'en 1772. Paris 1938.

Michelmann, Rotraut und Walter Uwe: Effizient lesen. Wiesbaden 1995.

Michelsen, Peter: Laurence Sterne und der deutsche Roman des achtzehnten Jahrhunderts (= Palaestra Bd. 232). Göttingen 1962.

Miller, J. Hillis: The Ethics of Reading. Kant, de Man, Eliot, Trollope, James and Benjamin (= The Wellek Library Lectures at the University of California, Irvine). New York 1987.

Miller, Steve: Die Figur des Erzählers in Wielands Romanen (= Göppinger Arbeiten zur Germanistik Nr. 19). Göppingen 1970.

Montaigne, Michel de: Essais. Ins Deutsche übersetzt von J. D. Tietz. Nach der Ausgabe von P. Coste (Leipzig 1753/54). Reprint Zürich 1992.

Moos, Peter von: Geschichte als Topik. Das rhetorische Exemplum von der Antike zur Neuzeit und die historiae im ›Polycratus‹ Johanns von Salisbury. Hildesheim, Zürich, New York 1988.

Morgenstern, K. S.: Plan im Lesen. Rede bey Bekanntmachung der Preisaufgaben für die Studierenden der kaiserlichen Universität zu Dorpat, gehalten am 12.12.1805. In: ders.: Johann Müller oder Plan im Lesen. o. O., o. J. (1808), S. 59–90.

Morhof, Daniel Georg: Danielis Georgi Morhofi Polyhistor in tres tomos, Literarum [...] Philosophicum et Practicum [...] Opus Posthumum [...] illustratum a Johanne Möllero. Accedunt Indices necessarii. Lubecae 1708 [zuerst 1688].

Moritz, Karl Philipp: Die Signatur des Schönen. Inwiefern Kunstwerke beschrieben werden können? In: ders.: Werke. Hg. v. Horst Günther. Bd. 2. Frankfurt a. M. 1981, S. 579–588.

Müller, Adam: Zwölf Reden an die deutsche Nation. Neuausgabe München 1920.

Müller, Beate: Komische Intertextualität. Die literarische Parodie (= Horizonte. Studien zu Texten und Ideen der europäischen Moderne. Bd. 16. Hg. v. Gerd Stratmann). Trier 1994.

Müller, Jan Dirk: Wielands späte Romane. Untersuchung zur Erzählweise und zur erzählten Wirklichkeit. München 1971.

– Überlegungen zu Michael Giesecke: »Der Buchdruck in der frühen Neuzeit«. In: IASL 18, H. 1 (1993), S. 168–178.

Müller, Johannes: Quellenschriften und Geschichte des deutschsprachigen Unterrichts bis zur Mitte des 16. Jahrhunderts. Gotha 1882. Nachdruck hg. v. M. Rössing-Hager. Darmstadt 1969.

Müller, Lothar: Die kranke Seele und das Licht der Erkenntnis. Karl Philipp Moritz' Anton Reiser. Frankfurt a. M. 1987.

Naumann, Manfred: Autor – Adressat – Leser. In: Weimarer Beiträge 17 (1971), H. 11, S. 163–169.

– et al. (Hg.): Gesellschaft – Literatur – Lesen. Berlin, Weimar 1973.

Nelson, W.: From ›Listen, Lordings‹ to ›Dear Reader‹. In: University of Toronto Quarterly 46 (Winter 1976/77), S. 110–124.

Nemetz, A.: Literalness and the sensus litteralis. In: Speculum 1 (1959), S. 76ff.

Neugebauer, Wilhelm Ehrenfried: W. E. N. Der teutsche Don Quischotte oder der Margraf von Bellamonte. (1753) Reprint hg. v. E. Weber (= Deutsche Neudrucke. Reihe 18. Jahrhundert). Stuttgart 1971.

Neumann, Gerhard: Ideenparadiese. Untersuchungen zur Aphoristik von Lichtenberg, Novalis, Friedrich Schlegel und Goethe. München 1976.

Nies, Fritz: Der Leser der Romantik. Ein ikonographischer Streifzug. In: Romantik. Aufbruch zur Moderne. Hg. v. Karl Maurer und Wolfgang Wehle. München 1991, S. 511–526.

– Bahn und Bett und Blütenduft: eine Reise durch die Welt der Leserbilder. Darmstadt 1991.

Nietzsche, Friedrich: Werke in drei Bänden. Hg. v. Karl Schlechta. München 1965ff.

– Briefwechsel. Kritische Gesamtausgabe. [KGB]. Hg. v. Giorgio Colli und Mazzino Montinari. Berlin 1975ff.

– Gesammelte Werke (= Musarionausgabe). Bd. 5. München 1922.

– Kritische Studienausgabe. Hg. v. Giorgio Colli und Mazzino Montinari. [KSA]. München 1967ff.

Nivelle, Armand: Literaturästhetik der europäischen Aufklärung. Wiesbaden 1977.

Nolden, Thomas: ›An einen jungen Dichter‹. Studien zur epistularen Poetik. (= Epistemata. Würzburger wissenschaftliche Schriften. Bd. 143). Würzburg 1995.

Novalis: Schriften. 4 Bde. Hg. v. Paul Kluckhohn und Richard Samuel. Stuttgart, Berlin, Köln, Mainz 1960–1975.

– Werke, Tagebücher und Briefe Friedrich von Hardenbergs. 3 Bde. Hg. v. H.-J. Mähl und Richard Samuel. München 1978–1987.

Ohly, Friedrich: Typologie als Denkform der Geschichtsbetrachtung. In: Typologie. Hg. v. Volker Bohn. Frankfurt a. M. 1988, S. 22–63.

– Vom geistigen Sinn des Wortes im Mittelalter. In: ders.: Schriften zur mittelalterlichen Bedeutungsforschung. Darmstadt 1977, S. 1–31.

– Wirkungen von Dichtung. In: DVjs 67 (1993), S. 17–76.

Ong, Walter J.: The writers audience is always a fiction. In: PMLA 90 (1975), S. 9–21.

Ophir, Adi: A Place of Knowlegde Re-Created: The library of Michel de Montaigne. In: Science in Context 4,1 (1991), S. 163–189.

Opitz, Martin: Buch von der deutschen Poeterey. Abdruck der ersten Ausgabe (1624). 7. erläuterte Auflage (= Neudrucke deutscher Literaturwerke des XVI. und XVII. Jahrhunderts Nr. 1). Halle an der Saale 1962.

O'Regan, Kevin: Moment to Moment Control of Eye Saccades as a Function of Textual Parameters in Reading. In: Processing Visible Language 1 (1979), S. 49–60.

Oettinger, Klaus: Phantasie und Erfahrung. Studien zur Erzählpoetik C. M. Wielands. München 1970.

Pabst, Walter: »Victimes du livres«. Versuch über eine literarische Konstante. In: Filologià y Didactica Hispania. Hamburg 1975, S. 497–525.

Palmer, Nigel F: Kapitel und Buch. Zu den Gliederungsprinzipien mittelalterlicher Bücher. In. Frühmittelalterliche Studien 23. Hg. v. H. Keller und J. Wollasch. Berlin, New York 1989, S. 43–88.

Parkes, Malcolm Beckwith: Scribes, scripts and readers. Studies in the communication, presentation and dissemination of medieval texts. London 1991.

– The Influence of the Concepts of Ordinatio and Compilatio on the Development of the Book. In: Medieval Learning and Literature. Hg. v. J. J. G. Alexander und M. T. Gibson. Oxford 1976, S. 115–141.

– Pause and Effekt. An Introduction to the History of Punctuation in the West. Berkeley, Los Angeles 1993

Paulsen, Friedrich: Geschichte des gelehrten Unterrichts auf den deutschen Schulen und Universitäten vom Ausgang des Mittelalters bis auf die Gegenwart. 2 Bde. 3. erw. Auflage hg. v. R. Lehmann. Berlin 1919/1921.

Pènisson, Pierre: Die Palingenesie der Schriften: die Gestalt des Herderschen Werks. In: Herder: Werke. Bd. 1, hg. v. W. Pross. München, Wien 1984, S. 864–924.

Perpile, L.: Paper and ink! The structure of unpredictability. In: O un Amy! Essays in Montaigne in honor of Donald M. Frame. Hg. R. C. la Charité. Lexington 1977.

Petrarca, Francesco: Francisci Petrarchae [...] Trostbücher von Rath/That und Arzney in Glück und Unglück/Nemlich wie sich ein verständiger Mensch halten soll/In seiner Wolfahrt nicht uberheben/Deßgleichen in Unglück/Widerwertigkeit/Angst und Noth zutrösten wissen. Allen ehrlichlebenden Regiments Personen/Haußvättern/und jedermenniglichen/weß Standts sie seyn mögen/zu Nutz und Trost auß dem Lateinischen [...]. Gedruckt zu Franckfurt a. M. 1604.

Platon: Sämtliche Dialoge. Übersetzt und hg. v. Otto Appelt, 7 Bde. Leipzig 1922ff. Reprint Hamburg 1988.

Plinius, Caecilius Secundus: Pliny Letters and Panegyricus in two volumes. Latin and english translated by Betty Radice. The Loeb Classical Library. Havard University Press. London, Cambrigde Mass. 1964.

Plutarch: »De Audiendis Poetis«. Introduction – Translation – Commentary. Leo Johannes Rudolf Heirman. Gravenhage o. J. [Diss. Leiden 1972].

Pound, Ezra: ABC of Reading. Norfolk, Conneticut o. J. (1934).

Preisendanz, Wolfgang: Die Auseinandersetzung mit dem Nachahmungsprinzip in Deutschland und die besondere Rolle der Romane Wielands (Don Sylvio, Agathon). In: Nachahmung und Illusion (= Poetik und Hermeneutik 1). Hg. v. H. R. Jauß. München 1964, S. 72–95.

– Wieland und die deutsche Verserzählung des 18. Jahrhunderts. In: GRM (N. F.) 12,1 (1962), S. 17–31.

– Die Muse Belesenheit: Transtextualität in Wielands ›Neuem Amadis‹. In: MLN 99,3 (1984), S. 539–553.

Quain, A.: The Medieval Accessus ad Auctores. In: Traditio 3 (1945), S. 215–264.

Quintilian, M. F.: Institutio oratoria X. Übersetzt von Franz Loretto. Stuttgart 1974.

– M. Fabii Quintiliani Institutionis oratoriae liber I. Hg. v. F. H. Colson. Cambridge 1924.

– Über Pädagogik und Rhetorik. Eine Auswahl aus der ›Institutio oratoria‹. Übertragen, eingeleitet und erläutert von Marion Giebel. München 1974.

– M. Fabii Quintilian institutionis oratoriae libri XII. Lateinisch und deutsch. 2 Bde. Hg. und übersetzt von Helmut Rahn. Darmstadt 1972/1975.

Raabe, Mechthild: Leser und Lektüre des 18. Jahrhunderts. 4 Bde. München 1989.

Raabe, Paul: Bücherlust und Lesefreuden in höfischer Welt und bürgerlichem Leben: Leser und Lektüre in Wolfenbüttel im 18. und 19. Jahrhundert. In: Buch und Leser. Hg. v. H. G. Göpfert. Hamburg 1977, S. 11–47.

– Buchproduktion und Lesepublikum in Deutschland 1770–1780. In: Philobiblion 21 (1977), S. 2–16.

– Der Buchhändler im achtzehnten Jahrhundert in Deutschland. In: Buch und Buchhandel in Europa im achtzehnten Jahrhundert (= 5. Wolfenbütteler Symposion 1977). Hamburg 1981, S. 271–291.

Rahner, Karl: Le début d'une doctrine des cinq sens spirituels, chez Origène. In: Revue d'ascetique et de mystique 13 (1932), S. 113–145.

– La doctrine des sens spirituels au moyen age, en particulier chez Saint Bonaventure. In: Revue d'ascetique et de mystique 13 (1932), S. 263–299.

Raible, Wolfgang: Vom Autor als Kopist zum Leser als Autor. In: Poetica 5 (1972), S. 133–151.

– Die Semiotik der Textgestalt. Erscheinungsformen und Folgen eines kulturellen Evolutionsprozesses. Heidelberg 1991.

Raven, James: Modes of Reading and Writing in the Eighteenth-Century Private Library. In: Lesen und Schreiben im 17. und 18. Jahrhundert. Hg. v. Paul Goetsch. Tübingen 1994, S. 48–60.

Rehm, Walter: Jean Pauls vergnügtes Notenleben oder Notenmacher und Notenleser. In: JbdSG 3 (1959), S. 244–337.

Ricklefs, Ulfert: Art. Lesen/Leser In: ders. (Hg.): Das Fischer Lexikon. Literatur. Bd. 2. Frankfurt a.M. 1996, S. 961–1005.

Riedel, Friedrich Just: Ueber das Publikum. Briefe an einige Glieder desselben. Von Friedrich Just Riedel. Jena 1768. Reprint hg. v. Eckart Feldmeier. Wien 1973.

Rietzschel, Evie (Hg.): Gelehrsamkeit ein Handwerk? Bücherschreiben ein Gewerbe? Dokumentation zum Verhältnis von Schriftsteller und Verleger im 18. Jahrhundert. Leipzig 1982.

Riss, Franz: Über den Einfluß der französischen Romane auf C. M. Wielands Don Sylvio von Rosalva. Wien 1912.

Rogan, Richard: The Readers in the novels of C. M. Wieland (= Europäische Hochschulschriften, Reihe I, Bd. 433). Bern, Las Vegas, Frankfurt a.M. 1981.

– The Reader in Wieland's ›Die Abenteuer des Don Sylvio von Rosalva‹. In: German Studies Review 4 (1981), S. 177–193.

Roloff, Volker: Der Begriff der Lektüre in kommunikationstheoretischer und literaturwissenschaftlicher Sicht. Überlegungen zu aktuellen Problemen der Leserforschung. In: Romanistisches Jahrbuch 29 (1978), S. 33–57.

Rommel, Bettina: Psychophysiologie der Buchstaben. In: Materialität der Kommunikation. Hg. v. H. U. Gumbrecht und K. L. Pfeiffer Frankfurt a.M. 1988, S. 310–325.

Rose, Margeret A.: Parody: ancient, modern and post-modern (= Literature, culture, theory. Vol. 5). Cambridge University Press 1993.

Rüdiger, Horst: Die Wiederentdeckung der antiken Literatur im Zeitalter der Renaissance. In: Geschichte der Textüberlieferung der antiken und mittelalterlichen Literatur. Bd. 1. Von H. Hunger, O. Stegmüller, H. Erbse, M. Imhof, K. Büchner, H.-G. Beck und H. Rüdiger. Zürich 1961, S. 511–580.

Ruegg, Walter: Die kulturelle Funktion des Buches. (Forschungsstelle für Buchwissenschaft an der Universitätsbibliothek Bonn. Kl. Schriften 2). Bonn 1965.

Rumpf, Walter: Das literarische Publikum der sechziger Jahre des 18. Jahrhunderts in Deutschland, In: Euphorion 28 (1927), S. 540–564.

Rupel, Harry: Wieland in der Kritik. Die Rezeptionsgeschichte eines klassischen Autors in Deutschland. Frankfurt a.M. 1980.

Sacchini, Franceso: Über die Lektüre, ihren Nutzen und die Vortheile sie gehörig anzuwenden. Nach dem Lateinischen des P Sachini [sic] teutsch bearbeitet und mit einem Anhange begleitet von Herrmann Walchner. Karlsruhe 1832.

Saenger, Paul: Books of Hours and the Reading Habits of Later Middle Ages. In: Scrittura è Civilità 9 (1985), S. 239–269.

– Manières de lire médièvales. In: Histoire d'Edition Française. Bd. 1. Paris 1983, S. 131–141.

– Silent Reading: Its Impact on Late Medieval Script and Society. In: Viator. Medieval and Rennaissance Studies 13 (1982), S. 367–414.

Salaquarda, Jörg: Nietzsche und Lange. In: Nietzsche-Studien 7 (1978), S. 236–259.

Sanders, H. A.: The beginnings of the modern book. The codex of the classical era. In: Michigann Alumnus. Quarterly review. 44, Nr. 15 (1938), S. 95–111.

Sandkühler, Bruno: Die frühen Dantekommentare und ihr Verhältnis zur mittelalterlichen Kommentartradition. München 1967.

Sandys, J. E.: A History of Classical Scholarship. Cambridge 1906.

Sauder, Gerhard: Argumente der Fiktionskritik 1680–1730 und 1960–1970. In: GRM (N. F.) 26,2 (1976), S. 129–140.

– Empfindsamkeit Bd. I. Voraussetzungen und Elemente. Stuttgart 1974.

– Forschungsbericht »Lesesoziologie«. In: IASL 4 (1979), S. 197–241.

– Gefahren empfindsamer Vollkommenheit für Leserinnen und die Furcht vor Romanen in einer Damenbibliothek. In: Leser und Lesen im 18. Jahrhundert (Colloquium der Arbeitsstelle 18. Jahrhundert Gesamthochschule Wuppertal). Heidelberg 1977, S. 83–91.

Saxer, Ulrich: Lesen als Problemlösung. Sieben Thesen. In: Auf den Schultern von Gutenberg: medienökologische Perspektiven der Fernsehgesellschaft. Hg. v. Bodo Franzmann. Berlin, München 1995, S. 264–268.

Scarron, Paul: Die Komödianten. Ein komischer Roman. Übersetzt von Helga Coenen, mit einem Nachwort von Henning Krauss. Stuttgart 1983.

Schäfer, Gerhard: ›Wohlklingende Schrift‹ und ›rührende‹ Bilder. Soziologische Studien zur Ästhetik Gottscheds und der Schweiz. Frankfurt a. M., Bern, New York 1987.

Schäfer, Walter Ernst: Hinweg nun Amadis und Deinesgleichen Grillen. Die Polemik gegen den Roman im 17. Jahrhundert. In: GRM (N. F.) 15 (1965), S. 366–384.

Scheidler: Art. Hodegetik. In: Ersch/Gruber (Hg.): Allgemeine Enzyklopädie der Wissenschaften und Künste. Leipzig 1818–1889. Nachdruck Graz 1969ff., 2. Section, S. 204f.

Schelle, Hansjörg: Wielands Briefwechsel mit Christian Friedrich von Blanckenburg und zwei Briefe Wielands an Göschen. In: Lessing Yearbook 17 (1985), S. 177–208.

– (Hg.): Christoph Martin Wieland (= Wieland 1981). Darmstadt 1981.

– (Hg.): Christoph Martin Wieland. Nordamerikanische Forschungsbeiträge zur 250. Wiederkehr seines Geburtstages 1983 (= Wieland 1983). Tübingen 1984.

Schenda, Rudolf: Volk ohne Buch. Studien zur Sozialgeschichte der populären Lesestoffe 1770–1910 (= Studien zur Philosophie und Literatur des 19. Jahrhunderts Bd. 5. Forschungsunternehmen der Fritz Thyssen Stiftung). Frankfurt a. M. 1970.

Scherer, Wilhelm: Poetik. Mit einer Einleitung und Materialien zur Rezeptionsanalyse, hg. v. Günter Reiss (= Deutsche Texte. Hg. v. Gotthart Wunberg). Tübingen 1977.

Scherpe, Klaus R.: Theorie und Kritik der Gattungen in der deutschen Poetik des 18. Jahrhunderts. Stuttgart 1968.

Schikorsky, Isa: Gelehrsamkeit und Geselligkeit. Abt Johann Friedrich Wilhelm Jerusalem (1709–1789) in seiner Zeit. Hg. v. K. E. Pollmann. Braunschweig 1989.

Schiller, Friedrich: Über naive und sentimentalische Dichtung. In: ders. Sämtliche Werke. Hg. v. G. Fricke und H. G. Göpfert, Bd. 5. München 1959, S. 694–780.

Schings, Hans-Jürgen: Melancholie und Aufklärung. Melancholiker und ihre Kritiker in Erfahrungsseelenkunde und Literatur des 18. Jahrhunderts. Stuttgart 1977.

– Der anthropologische Roman. Seine Entstehung und Krise im Zeitalter der Spätaufklärung. In: B. Fabian, R. Schmitt-Biggemann, R. Vierhaus (Hg.): Deutschlands kulturelle Erfahrung: die Neubestimmung des Menschen. München 1980 (= Schriften zum 18. Jahrhundert Bd. 2/3), S. 256–278.

Schlaffer, Heinz: Die Verachtung der Bücher und die Verehrung des Buchs. In: Der Autor, der nicht schreibt. Frankfurt a. M. 1989, S. 18–27.

– Einleitung. In: Goody, Watt, Gough: Entstehung und Folgen der Schriftkultur. Frankfurt a. M. 1986, S. 7–23.

– Poesie und Wissen. Frankfurt a. M. 1990.

Schlegel, Friedrich: Kritische Ausgabe. [KA] Hg. v. Ernst Behler e.a. Bd. 16,1. Hg. v. Hans Eichner. Paderborn 1981.

– Studienausgabe. [KSA] Hg. v. Ernst Behler und Hans Eichner. Paderborn 1988.

Schlegel, Friedrich: Sich »vom Gemüthe des Lesers Meister« machen. Zur Wirkungsästhetik der Poetik Bodmers und Breitingers. Frankfurt a. M. u. a. 1986.

Schleiermacher, Friedrich Daniel E.: Hermeneutik und Kritik. Hg. v. Manfred Frank. Frankfurt a. M. 1977.

Schlieben-Lange, Brigitte: Einleitung. In: Lesen – Historisch. LiLi 15, H. 57/58, 1985, S. 7–14.

– Traditionen des Sprechens. Elemente einer pragmatischen Sprachgeschichtsschreibung. Stuttgart 1983.

Schmidt, Siegfried J.: Die Selbstorganisation des Sozialsystems Literatur im 18. Jahrhundert. Frankfurt a. M. 1989.

Schmitz-Emans, Monika: Entzifferung, Buchstabieren und Konjektur. Aspekte und Funktionen des Weltschriftgleichnisses bei Lichtenberg. In: Lichtenberg Jahrbuch 1991, S. 29–58.

Schnapp, Jeffrey T.: Lesestunden. Augustinus, Proba und das christliche Détournement der Antike. In: Schrift. Hg. v. H. U. Gumbrecht und K. L. Pfeiffer. München 1993, S. 35–53.

Scholz, Manfred Günter: Hören und Lesen. Studien zur primären Rezeption im 12. und 13. Jahrhundert. Wiesbaden 1980.

Schön, Erich: Der Verlust der Sinnlichkeit oder die Verwandlungen des Lesers. Mentalitätswandel um 1800 (= Sprache und Geschichte Bd. 12). Stuttgart 1987.

Schöne, Albrecht: Emblemata. Versuch einer Einführung. In: DVjs 37 (1963), S. 197–219.

Schönert, Jörg: Roman und Satire im 18. Jahrhundert. Ein Beitrag zur Poetik. Stuttgart 1969.

– Der satirische Roman von Wieland bis Jean Paul. In: Handbuch des deutschen Romans. Hg. v. Helmut Koopmann. Düsseldorf 1983, S. 204–225.

Schopenhauer, Arthur: Parerga und Parlipomena. In: ders.: Werke in fünf Bänden. Nach den Ausgaben letzter Hand. Bd. 5. Zürich 1987.

Schrader, Hans-Jürgen: Mit Feuer, Schwert und schlechtem Gewissen. Zum Kreuzzug der Hainbündler gegen Wieland. In: Euphorion 78 (1984), S. 325–367.

Schrader, Monika: Literaturproduktion und Büchermarkt des radikalen Pietismus (= Palaestra 283). Göttingen 1989.

Schwering, Julius: Don Quijote und der Kampf gegen den Roman in Deutschland. In: Euphorion 29 (1928), S. 497–503.

Sebastian, Thomas: Technology Romanticized: Friedrich Kittlers ›Discourse Networks 1800/1900‹. In: MLN 105 (1990), S. 583–595.

Segebrecht, Wulf: Was sollen Germanisten lesen? Ein Vorschlag. Berlin 1994.

Seidel, Wilhelm: Rhythmus. Eine Begriffsbestimmung. Darmstadt 1976.

Seiler, Christiane: Die Rolle des Lesers in Wielands »Don Sylvio von Rosalva« und »Agathon«. In: Lessing Yearbook 9 (1977), S. 152–165.

Seneca, Lucius Annaeus: Ad Lucilium. Epistulae Morales I–LXIX. An Lucilius. Briefe über die Ethik 1–69. Übersetzung, Einleitung und Anmerkungen von Manfred Rosenbach. In: ders. Philosophische Schriften. Lateinisch und Deutsch. 3. Bd. Lat. Text von F. Préchac. Hg. v. M. Rosenbach. Darmstadt 1974.

– Ad Lucilium. Epistulae Morales LXX–CXXIV, [CXXV]. An Lucilius. Briefe über die Ethik 70–124 [125]. In: ders. Philosophische Schriften. 4. Band. Darmstadt 1984.

Sengle, Friedrich: Christoph Martin Wieland. Stuttgart 1949.

Siegert, Bernhard: Relais. Geschicke der Literatur als Epoche der Post. 1751–1913. Berlin 1993.

Sladeczek, K. H.: Art. Billigkeit In: Historisches Wörterbuch der Philosophie. Hg. v. J. Ritter, Bd. I. Basel 1971, Sp. 939–943.

Sonderegger, Stefan: Nietzsche und die Sprache. Eine sprachwissenschaftliche Skizze. In: Nietzsche Studien 2 (1973), S. 1–30.

Spiegel, Marianne: Der Roman und sein Publikum im früheren 18. Jahrhundert. 1700–1767. Bonn 1967.

Stackelberg, Jürgen von: Das Bienengleichnis. In: Romanische Forschungen 68 (1956), S. 271–293.

Stanitzek, Georg: Der Klassiker als Abenteuerroman. Gelehrte Diskussion um langsames und schnelles Lesen. In: Frankfurter Allgemeine Zeitung, Nr. 107 (10.5.1989), Seite 3 N.

– »0/1«, »einmal/zweimal« – der Kanon in der Kommunikation. In: Technikpathologien. Hg. v. Bernhard J. Dotzler. München 1992, S. 111–134.

– Brutale Lektüre, »um 1800« (heute). (Ms.).

Starnes, Thomas C.: Wieland. Leben und Werk. 3 Bde. Sigmaringen 1987.

Starobinski, Jean: Montaigne. Denken und Existenz. Frankfurt a. M. 1989.

Stieler, Kaspar: Zeitungs- Lust und Nutz: oder/so genannten Novellen oder Zeitungen/ wirkende Ergetzlichkeit/Anmut/Notwendigkeit und Frommen/Auch//Was bei deren Lesung zu lernen/zu beobachten und zu bedenken sey? Samt einem Anhang [...] Entworfen von dem Spaten. Hamburg 1695. Reprint = Kaspar Stieler: Zeitungs Lust und Nutz. Vollständiger Neudruck der Originalausgabe von 1695. Hg. v. Gert Hagelweide. Bremen 1969.

Stierle, Karlheinz: Geschichte als Exemplum – Exemplum als Geschichte. In: Geschichte – Ereignis und Erzählung (= Poetik und Hermeneutik Bd. 5). München 1973, S. 347–376.

Stockhammer, Robert: Leseerzählungen. Alternativen zum hermeneutischen Verfahren. Stuttgart 1991.

– Zwischen zwei Bibliotheken: J. G. Herders Journal meiner Reise im Jahr 1769 als Beitrag zur Diätetik der Lektüre. In: Literatur für Leser. 13/14, (1990/91), S. 167–184.

Stonum, G. L.: Cybernetic Explanation as a Theory of Reading. In: NLH 20,2 (1989), S. 397–410.

Strohschneider-Kohrs, Ingrid: Textauslegung und hermeneutischer Zirkel. Zur Innovation des Interpretationsbegriffes von August Boeckh. In: Philologie und Hermeneutik im 19. Jahrhundert. Hg. v. Hellmut Flashar. Göttingen 1979, S. 88–102.

Stüssel, Kerstin: Poetische Ausbildung und dichterisches Handeln: Poetik und autobiographisches Schreiben im 18. und beginnenden 19. Jahrhundert (= Communicatio Bd. 6). Tübingen 1993.

Sulzer, Johann Georg: Gedanken über die beste Art die claßischen Schriften der Alten mit der Jugend zu lesen. Berlin 1765.

– Allgemeine Theorie der Schönen Künste. 12. Bde. Leipzig 1792–1806.

Svenbro, Jesper: Phrasiklea. Anthropologie de la lecture en Grèce ancienne. Paris 1988.

– The ›Interior‹ Voice: On the Invention of Silent Reading. In: Nothing to do with Dionysos? Athenian Drama in Its Social Context. Hg. v. J. J. Winkler und F. I. Zetilin. Princeton UP, New Jersey 1990, S. 366–384.

Swift, Jonathan: Gullivers Reisen. München 1976.

– Satiren. Mit einem Essay von Martin Walser. Frankfurt a. M. 1965.

Tarot, Rolf: Christoph Martin Wieland: Geschichte des Prinzen Biribinker. In: Kunstmärchen. Erzählmöglichkeiten von Wieland bis Döblin. Hg. v. Rolf Tarot unter Mitarbeit von Gabriela Scherer (= Narratio. Arbeiten zur Geschichte und Theorie der Erzählkunst. Hg. v. Rolf Tarot, Bd. 7). Bern, Berlin, Frankfurt a. M. u. a. 1993, S. 37–64.

Thiessen, Sigrun: Charles Sorel. Rekonstruktion einer antiklassizistischen Literaturtheorie und Studien zum ›Anti-Roman‹. München 1977.

Thomasius, Christian: Ausübung der Vernunftlehre. Reprint der Ausgabe Halle 1691, mit einem Vorwort v. W. Schneiders. Hildesheim 1968.

Todorov, Tzetvan: Die Lektüre als Rekonstruktion des Textes In: Erzählforschung 2. Theorien, Modelle und Methoden der Narrativik. Hg. v. Wolfgang Haubrichs (= LiLi Beiheft 6). Göttingen 1978, S. 228–239.

Tompkins, Jane P. (Hg.): Reader-Response Criticism. From Formalism to Post-Structuralism. Hg. v. Jane P. Tompkins. Baltimore, London 1980.

– An Introduction to Reader-Response Criticism. In: Reader-Response Criticism. Hg. v. J. P. Tompkins. Baltimore, London 1980, S. IX–XVII.

– The Reader in History: The Changing Shape of Literary Response. In: Reader-Response Criticism. Hg. v. J. P. Tompkins. Baltimore, London 1980, S. 201–232.

Trabant, Jürgen: Vom Ohr zur Stimme. Bemerkung zum Phonozentrismus zwischen 1770 und 1830. In: Materialität der Kommunikation. Hg. v. H. U. Gumbrecht und K. L. Pfeiffer. Frankfurt a.M. 1988, S. 63–79.

Trapp, Ernst Christian: Vom Unterricht überhaupt. Zweck und Gegenstände desselben für verschiedene Stände. Ob und wie fern man ihn zu erleichtern und angenehm zu machen dürfe? Allgemeine Methoden und Grundsätze von Trapp. In: Campe, J. H. (Hg.): Allgemeine Revision des gesammten Schulwesens von einer Gesellschaft praktischer Erzieher. Achter Theil. Wien und Wolfenbüttel 1787.

Tropsch, Stefan: Lucian in Wielands ›Geschichte des Prinzen Biribinker‹. In: Zs f. vergl. Literatur-Geschichte N. F. 12 (1898), S. 454–456.

– Wielands Don Sylvio und Cervantes' Don Quixote. In: Euphorion, Erg. Heft 4 (1899), S. 32–61.

Ueding, Gerd und Steinbrink, Bernd: Grundriß der Rhetorik. Geschichte – Technik – Methode. 2. neubearb. Auflage Stuttgart 1986.

Ungeheuer, Gerold: Nietzsche über Sprache und Sprechen, über Wahrheit und Traum. In: Nietzsche Studien 12 (1983), S. 134–213.

Ungern-Sternberg, Wolfgang von: Chr. M. Wieland und das Verlagswesen seiner Zeit. Studien zur Entstehung des freien Schriftstellertums in Deutschland. In: AGB 14 (1974), Sp. 1211–1534.

Veit, Walter: Auctoritas – Autorität in der Literatur. In: Dichtung, Sprache, Gesellschaft. Akten des IV. Internationalen Germanisten-Kongresses 1970 in Princeton. Hg. v. Victor Lange und Hans-Gert Roloff (= Beihefte zum Jahrbuch. für Internationale Germanistik 1). 1971, S. 99–106.

Vezin, Jean: La fabrication du manuscrit. In: Histoire du l'Edition Française. Bd. 1 Hg. v. J. H. Martin und R. Chartier. Paris 1983, S. 25–47.

Viehoff, Reinhold: Sozialisation durch Lesen. Zur Funktion der Lektüre im Roman seit dem 18. Jahrhundert. In: Zs. f. Germanistik. N. F. 3 (1993), S. 254–276.

Viering, Jürgen: Schwärmerische Erwartung bei Wieland, im trivialen Geheimroman und bei Jean Paul (= Literatur und Leben, N. R. Bd. 18). Köln, Wien 1976.

Vietta, Silvio: Literarische Phantasie: Theorie und Geschichte. Stuttgart 1986.

Vives, Johannes Ludwig, Über den wissenschaftlichen Unterricht oder Über die Bildung des Christen (= De Disciplinis). In: ders.: Ausgewählte pädagogische Schriften. Übersetzt von Rudolf Heine. Leipzig 1881.

Vogt-Spira, Gregor: Vox und Litera. Der Buchstabe zwischen Mündlichkeit und Schriftlichkeit in der grammatischen Tradition. In: Poetica 23 (1992), S. 295–327.

Vorbaum R. (Hg.): Die evangelischen Schulordnungen des sechzehnten Jahrhunderts. Gütersloh 1861.

Voßkamp, Wilhelm: Dialogische Vergegenwärtigung beim Schreiben und Lesen. Zur Poetik des Briefromans im 18. Jahrhundert. In: DVjs 45 (1971), S. 80–116.

– Romantheorie in Deutschland. Von Martin Opitz bis Friedrich von Blanckenburg. Stuttgart 1973.

– Theorie und Praxis der literarischen Fiktion in J. G. Schnabels Roman ›Die Insel Felsenburg‹. In: GRM (N. F.) 18 (1968), S. 136–152.

Walch, Johann Georg: Philosophisches Lexikon. Leipzig 1726.

Ward, Albert: Book Production, Fiction and the German Reading Public. 1740–1800. Oxford 1974.

Warning, Rainer (Hg.): Rezeptionsästhetik. 2. Auflage München 1979.

Weber, Ernst: Die poetologische Selbstreflexion im deutschen Roman des 18. Jahrhunderts. Zu Theorie und Praxis von ›Roman‹, ›Historie‹ und pragmatischen Roman. Stuttgart 1974.

Weddige, Hilkert: Die ›Historien vom Amadis auss Franckreich‹. Dokumentarische Grundlegung zur Entstehung und Rezeption. Wiesbaden 1975.

Wegmann, Nikolaus: Was heißt einen ›klassischen Text‹ lesen? Philologische Selbstreflexion zwischen Wissenschaft und Bildung. In: Wissenschaftsgeschichte der Germanistik im 19. Jahrhundert. Hg. v. Jürgen Fohrmann und Wilhelm Voßkamp. Stuttgart 1994, S. 334–444.

– Vor der Literatur. Über LITERATUR, Entscheidungen und starke Lektüren. In: Jürgen Fohrmann und Harro Müller (Hg.): Literaturwissenschaft. München u.a. 1995, S. 77–102.

– und Bickenbach, Matthias: Herders ›Reisejournal‹. Ein Datenbankreport. In DVjs 71 (1997), H. 3, S. 397–420.

– und Kopp, Detlev: s. unter Kopp.

Weimar, Klaus: Interpretationsweisen bis 1850. In: Von der gelehrten zur disziplinären Gemeinschaft. Hg. v. Wilhelm Voßkamp. DVjs Sonderheft 1987, S. 152–172.

– Wo und was ist der Erzähler? In: MLN 109 (1994), S. 495–506.

– Enzyklopädie der Literaturwissenschaft. 2. Auflage, Tübingen und Basel 1993.

– Anweisung, sich selbst zu verwandeln. Die Fragen eines Gestorbenen müssen nicht mit ihm gestorben sein: Herder zum 250. Geburtstag. In: Frankfurter Allgemeine Zeitung, Nr. 197 (25.8.1994), S. 25.

Weinrich, Harald: Das Ingenium Don Quijotes. Münster 1956.

– Typen der Gedächtnismetaphorik. In: Archiv für Begriffsgeschichte (1964), S. 23–26.

– Für eine Literaturgeschichte des Lesers. In: Merkur 21 (1967), S. 1026–1038.

– Literatur für Leser. Stuttgart 1971.

– Lesen – schneller lesen – langsamer lesen. In: Neue Rundschau 95, Bd. 3 (1984), S. 80–99.

– Die Leser des Don Quijote. In: Lesen – Historisch. LiLi 15 (1985), H. 57/58, S. 52–66.

Weissberg, Liliane: Literatur als Repräsentationsform. Zur Lektüre von Lektüre. In: Danneberg, Lutz, Vollhardt, Friedrich (Hg.): Vom Umgang mit Literatur und Literaturgeschichte. Stuttgart 1992, S. 293–313.

Weitz, Michael: Zur Karriere des Close Reading: New Criticism, Werkästhetik und Dekonstruktion. In: Einführung in die Literaturwissenschaft. Hg. v. Miltos Pechlivanos, Stefan Rieger, Wolfgang Struck und Michael Weitz. Stuttgart, Weimar 1995, S. 354–365.

Welke, Martin: Gemeinsame Lektüre und frühe Formen von Gruppenbildungen im 17. und 18. Jahrhundert. Zeitungslesen in Deutschland. In: Otto Dann (Hg.): Lesegesellschaften und bürgerlich Emanzipation: ein europäischer Vergleich. München 1981, S. 29–54.

Werder, Lutz von: Wissenschaftliche Texte kreativ lesen. Kreative Methoden für das Lernen an Hochschulen und Universitäten. Berlin, Milow 1994.

Werner, H. G.: Literatur für die »policierte« Gesellschaft. Über Wielands Konzept bei der Herausgabe der ersten Jahrgänge des »Teutschen Merkur«. In: Wieland-Kolloquium Halberstadt 1983. Hg. v. Thomas Höhle, Halle 1985, S. 61–84.

Wetzel, Michael: Die Enden des Buches oder die Wiederkehr der Schrift. Von den literarischen zu den technischen Medien. Weinheim 1991.

Wieland, Christoph Martin: AA = Wielands Gesammelte Schriften. Hg. v. der Deutschen Kommission der Königlich Preußischen Akademie der Wissenschaften. (Seit 1918: Preußische Akademie der Wissenschaften; seit 1954: der Deutschen Akademie der Wissenschaften; seit 1975 der Akademie der Wissenschaften der DDR.) Erste Abteilung: Werke (I); Zweite Abteilung: Übersetzungen (II), Berlin 1909ff.

– C = C. M. Wielands Sämmtliche Werke, (Ausgabe letzter Hand) Leipzig: Georg Joachim Göschen 1794–1811. 39 Bde und 6 Supplement Bde. Reprint: Hg. v. der Hamburger Stiftung zur Förderung von Wissenschaft und Kultur in Zusammenarbeit mit dem Wieland-Archiv, Biberach a.d. Riß und Dr. Hans Radspieler, in 15 Bde., Hamburg 1984. (Die sog. »Hamburger Reprint-Ausgabe« ist identisch mit C^1 plus Johann Gottfried Grubers: C. M. Wielands Leben. Neu bearbeitet, mit Einschluß vieler noch ungedruckter Briefe Wielands, 9 Bücher in 4 Teilen, Leipzig 1827/28 in 1 Bd.)

– Werke 1964 = Christoph Martin Wieland. Werke. Hg. v. Fritz Martini und Hans Werner Seiffert, 4 Bde., München 1964.

– Werke 1986 = Christoph Martin Wieland. Werke in zwölf Bänden. Hg. v. Gonthier-Louis Fink, Manfred Fuhrmann, Sven-Åge Jørgensen, Klaus Manger und Hansjörg Schelle. Deutscher Klassiker Verlag (= Bibliothek deutscher Klassiker 11), Frankfurt a.M. 1986ff. Erschienen sind bisher: Bd. 3: Geschichte des Agathon. Hg. v. Klaus Manger, Frankfurt a.M. 1986 und Bd. 9: Übersetzungen des Horaz I. Hg. v. Manfred Fuhrmann, Frankfurt a.M. 1986.

– Werke Göschen = C. M. Wielands Sämmtliche Werke. Hg. v. J. G. Gruber, Leipzig: Georg Joachim Göschen 1824–1858.

– Werke Hempel = Wieland's Werke. Hg. v. Heinrich Düntzer. 40 Teile in 16 Bde., Berlin: Hempel [1879/80].

– Don Sylvio E^1 = Der Sieg der Natur über die Schwärmerey, oder die Abentheuer des Don Sylvio von Rosalva, eine Geschichte worin alles wunderbare natürlich zugeht. Zwei Theile. Ulm: Auf Kosten Albrecht Friederich Bartholomäi, 1764. (Reprint in: Werke 1964, Bd. 1).

– Don Sylvio E^2 = Die Abentheuer des Don Sylvio von Rosalva. 2 Bde, Leipzig, Weidmanns Erben und Reich 1772.

– Don Sylvio C = Die Abenteuer des Don Sylvio von Rosalva. 2 Bde. In: C. M. Wielands Sämmtliche Werke. IV, Bd. 11 und 12, Leipzig: J. G. Göschen 1794ff. (= Ausgabe letzter Hand).

– Geschichte des Agathon. Unveränderter Abdruck der Editio princeps (1767). Bearbeitet von Klaus Schaefer. Berlin 1961.

– Der goldene Spiegel und andere politische Dichtungen. Nach dem Text der Ausgaben letzter Hand und der historisch-kritischen Akademie-Ausgabe. Anmerkungen u. Nachwort von Herbert Jaumann, München 1979.

– Aufsätze zu Literatur und Politik. Hg. v. Dieter Lohmeier. Reinbek 1970.

– Wie man liest. Eine Anekdote. In: Teutscher Merkur, 1781, I, S. 70–74.

– WBr = Wielands Briefwechsel. Hg. v. der Deutschen Akademie der Wissenschaften zu Berlin, Institut für deutsche Sprache und Literatur (seit 1975: Akademie der Wissenschaften der DDR, Zentralinstitut für Literaturgeschichte).

WBr 1: Briefe der Bildungsjahre (1. Juni 1750–2. Juni 1760). Hg. v. H. W. Seiffert, Berlin 1963.

WBr 2: H. W. Seiffert, Anmerkungen zu Bd. 1, Berlin 1968.

WBr 3: Briefe der Biberacher Amtsjahre (6. Juni 1760–20. Mai 1769). Hg. v. Renate Petermann und H. W. Seiffert, Berlin 1975;

WBr 4: Briefe der Erfurter Dozentenjahre (25. Mai 1769–17. September 1772). Hg. v. Annerose Schneider und Peter-Volker Springborn, Berlin 1979.

WBr 5: Briefe der Weimarer Zeit (21. Dezember 1772–31 Dezember 1777). Hg.v. H. W. Seiffert, Berlin 1983.
– AB I–IV = Ausgewählte Briefe von C. M. Wieland an verschiedene Freunde in den Jahren 1751–1810 geschrieben und nach der Zeitfolge geordnet, 4 Bde. Hg. v. Ludwig Wieland, Zürich 1815.
– Briefe an Sophie La Roche. Hg. v. Fr. Horn. Berlin 1820.
Wieland, Christoph Martin. Epoche – Werk – Wirkung. Von Sven-Åage Jørgensen, Herbert Jaumann, John A. McCarthy, Horst Thomé (= Arbeitsbücher zur Literaturgeschichte. Hg. v. Wilfried Barner und Gunter E. Grimm). München 1994.
Willenberg, Heiner: Zur Psychologie literarischen Lesens. Paderborn 1978.
Wilson, Daniel W.: »Die Fächer vors Gesicht!« Leser und Erotik in Wielands »Comischen Erzählungen«. In: Lessing Yearbook 11 (1979), S. 193–220.
– The Narrative Strategy of Wieland's »Don Sylvio von Rosalva«. Bern u. a. 1981.
Winckelmann, Johann Joachim: Geschichte der Kunst des Altertums. Hg. v. W. Senfft. Weimar 1964.
– Kleine Schriften, Vorreden, Entwürfe. Hg. v. W. Rehm. Berlin 1968.
Winklehner, Brigitte: Legitimationsprobleme einer Gattung: Zur Romandiskussion des 17. Jahrhunderts in Frankreich. Tübingen 1989.
Winter, H. G.: Probleme des Dialogs und des Dialogromans in der deutschen Literatur des 18. Jahrhunderts. In: Wirkendes Wort 20 (1970). S. 33–51.
Wisbert, Rainer: Das Bildungsdenken des jungen Herder. Interpretation der Schrift »Journal meiner Reise im Jahr 1769« (= Europäische Hochsschulschriften, Reihe II, Pädagogik, Bd. 297). Frankfurt a. M., Bern, 1987.
Wittmann, Reinhard: Buchmarkt und Lektüre im 18. und 19. Jahrhundert. Tübingen 1982.
– Bücherkataloge als Quelle, Wiesbaden 1984.
– Geschichte des deutschen Buchhandels. Frankfurt a. M. 1992.
Wolff, Christian: Vernünftige Gedanken von den Kräften des menschlichen Verstandes und ihrem richtigen Gebrauche in Erkenntnis der Wahrheit (= Deutsche Logik). Hg. und bearbeitet von H. W. Arndt. In: ders.: Gesammelte Werke. Hg. v. J. Ecole, J. E. Hofman, M. Thormann und H. W. Arndt. Bd. I,1. Hildesheim u. a. 1978ff.
Wolff, Erwin: Der intendierte Leser. In: Poetica 4,2 (1971) S. 141–166.
Wunderlich, Irene: Wielands Roman »Die Abenteuer des Don Silvio [sic] von Rosalva« und Ulm. In: Staats-Anzeiger für Württemberg, Beilage 7, 1. August 1919, S. 145–155.
Würzner, M. H.: Die Figur des Lesers in Wielands »Geschichte des Agathon«. In: Dichter und Leser. Hg. v. van Ingen e. a. Groningen 1972, S. 151–155.
Wuthenow, Ralf Rainer: Im Buch der Bücher oder der Held als Leser. Frankfurt a. M. 1980.
Yates, Frances A.: Gedächtnis und Erinnern. Mnemonik von Aristoteles bis Shakespeare. 3. Aufl. Berlin 1994.
Zedelmaier, Helmut: Art. Lesen, Lesegewohnheiten im MA. In: Lexikon des Mittelalters. Hg. v. Robert-Henri Bautier und Robert Auty. Bd. 5, Hiera-Mittel bis Lukanien. München, Zürich 1991, Sp. 1908f.
– Bibliotheca universalis und Bibliotheca selecta. Das Problem der Ordnung des gelehrten Wissens in der frühen Neuzeit (= Beihefte zum Archiv für Kulturgeschichte. Hg. v. Egon Boshof, Heft 33). Köln, Weimar, Wien 1992.
Zedler, Johann Heinrich: Grosses vollständiges Universal-Lexicon aller Wissenschaften und Künste [...]. 64 Bde. Leipzig und Halle 1732–1754.

VII. Personenregister

Die Seitenangaben beziehen sich auf den Text. Verweise auf Fußnoten stehen, wenn angebracht, in Klammern. Die Markierung des Fettdrucks verweist auf zentrale Stellen der Behandlung.